TRADUCTIONS DES CLASSIQUES
DU MOYEN ÂGE
sous la direction de Jean Dufournet
70

LA SUITE DU ROMAN DE MERLIN

DANS LA MÊME COLLECTION

1. CHRÉTIEN DE TROYES *Érec et Énide*
2. *Aucassin et Nicolette*
3. CHRÉTIEN DE TROYES *Cligès*
4. CHRÉTIEN DE TROYES *Le Chevalier de la charrette*
5. CHRÉTIEN DE TROYES *Le Chevalier au lion*
6. *Le Couronnement de Louis*
7. FRANÇOIS VILLON Œuvres (*Le Lais – Le Testament* – Poésies diverses)
8. *Le Roman de Renart*, br. I
9. ADAM LE BOSSU *Le Jeu de Robin et Marion*
10. *Vie de saint Alexis*
11. *Le Charroi de Nîmes*
12. *Le Roman de la Rose*, t. I, vers 1-4028 (GUILLAUME DE LORRIS)
13. MARIE DE FRANCE Lais
14. ADAM LE BOSSU *Le Jeu de la feuillée*
15. BÉROUL *Tristan et Iseult*
16. FRANÇOIS VILLON Ballades en jargon
17. *Le Roman de la Rose*, t. II, 2e partie ; vers 8213-12510 (JEAN DE MEUN)
18. CHRÉTIEN DE TROYES *Guillaume d'Angleterre*
19. BÉROUL *Le Roman de Tristan*
20. *Le Roman de la Rose*, t. II, 1re partie ; vers 4029- 8212 (JEAN DE MEUN)
21. *Le Roman de la Rose*, t. II, 4e partie ; vers 16700-21750 (JEAN DE MEUN)
22. HUON LE ROI *Le Vair Palefroi*
23. *Le Chevalier au barisel*
24. *Le Roman de la Rose*, t. II, 3e partie ; vers 12511-16699 (JEAN DE MEUN)
25. RUTEBEUF Poésies
26. RUTEBEUF *Le Miracle de Théophile*
27. JEAN RENART *Guillaume de Dole* ou *Le Roman de la Rose*
28. RUTEBEUF *Poème de l'infortune et de la croisade*
29. CHRÉTIEN DE TROYES *Le Conte du Graal*

(Suite en fin de volume)

LA SUITE DU ROMAN DE MERLIN

Traduit par
Stéphane MARCOTTE

PARIS
HONORÉ CHAMPION ÉDITEUR
2006
www.honorechampion.com

Diffusion hors France : Éditions Slatkine, Genève
www.slatkine.com

ISBN : 2-7453-1178-6 ISSN : 0180-4707

Pour mes parents,
Jacques et Paulette Marcotte-Marcq

AVANT-PROPOS

Nous présentons ici la traduction de la Suite du roman de Merlin, *d'après l'édition procurée par Gilles Roussineau (Genève, Droz [TLF 472], 1996, CXLVI-806 p.), dont la disposition en sections et paragraphes est respectée. Tous ceux qui se sont essayés à traduire l'ancien français savent combien il est appréciable de disposer d'une édition soigneuse. Dans le cas présent, les espérances du traducteur sont largement dépassées : ces pages n'auraient tout simplement pas vu le jour sans le travail de l'infatigable éditeur du* Perceforest. *Lui rendre hommage dans ce préambule est donc la moindre des choses.*

Il est d'usage, pour les traducteurs de l'ancien français, d'exposer leurs principes de conversion *; nous sacrifierons donc brièvement à la coutume. Toutefois, sans doute parce que l'étude et l'enseignement du français médiéval nous occupent exclusivement depuis assez longtemps déjà, nos observations, en se tenant même aux plus générales, concernent une masse de faits dans laquelle nous avons peine à faire un tri ; elles feront peut-être l'objet d'une publication spéciale. Quoi qu'il en soit, nous nous bornerons à indiquer l'esprit de ce travail. Ainsi qu'on le verra dans l'introduction, il nous paraît que le texte qu'on va lire est, indépendamment de son intérêt pour les historiens de la littérature du moyen âge et les spécialistes de la littérature arthurienne* *en particulier, aussi* profondément, *aussi* définitivement *moderne que* La Mort le roi Artu *ou* Le Conte du Graal, *et c'est cette modernité que nous avons cherché – en réduisant autant que faire se pouvait la distance qui nous rend étrangères les réalités du moyen âge – à révéler aux lecteurs les moins versés dans l'étude de notre ancienne langue. Nous voulions en effet que cette œuvre parle aux vivants, comme elle dut le faire en son temps, non par la qualité de son style sans éclat ni la discutable rigueur de sa composition, mais par les incertitudes spirituelle et formelle où elle se débat et qui s'accompagnent l'une l'autre tout au long du récit. Ce souci, qui privilégie en somme l'*intelligence *du texte, induit une pratique de traduction qui n'est pas exempte d'inconvénients mais qui nous a paru, dans le cas présent, préférable à toute autre.*

L'annotation, dont le caractère technique pourra quelquefois rebuter le profane, renvoie à l'édition de G. Roussineau[*]*. Elle se fait l'écho de nos doutes : c'est que précisément le traducteur n'est pas un traître, mais un interprète, qui déforme moins qu'il ne choisit (quoi que l'on fasse, en effet, même en s'obligeant à la plus* convenable *exactitude, traduire sera toujours une* hérésie, *dédaignée par les esprits qui ne consentent qu'à la perfection, considérée avec une certaine indulgence par ceux qui estiment qu'il y a là une manière d'exégèse qui en vaut une autre) ; ces notes sont aussi l'occasion de dialoguer avec nos prédécesseurs, de reconnaître une dette ou de faire part d'observations qui,*

---

[*] Des notes additionnelles, signalées par des astérisques, se trouvent à la fin du second volume.

pour quelques-unes, sont peut-être neuves. A ce sujet, un mot encore, dans l'espoir d'émousser la pointe du reproche de naïveté qui pourrait nous être adressé : tout, dans la Suite du roman de Merlin, *n'est évidemment pas original, il s'en faut de beaucoup, et nombre de nos remarques vaudraient pour bien des œuvres de la même veine que nous ne citons pas toujours ; mais les lieux communs ne sont pas nécessairement des traces mortes que l'on peut se dispenser de faire participer à la signification du texte : nous faisons au contraire le pari qu'ils se renouvellent dans l'atmosphère de ce roman, dont la plupart des critiques s'accordent à reconnaître la singularité.*

INTRODUCTION

Composée selon toute vraisemblance vers 1235-1240[1], *La Suite du roman de Merlin* – comme ce titre donné par l'éditeur l'indique on ne peut plus explicitement – fait suite au *Merlin* de Robert de Boron, qui raconte tout à la fois les débuts du mage[2], engendré par un démon dans le sein d'une jeune fille afin de faire pièce à la rédemption de l'humanité par le Christ, et les commencements du monde arthurien, de la conception au couronnement d'Arthur.

---

[1] G. Roussineau (*La Suite du roman de Merlin*, Genève, Droz [TLF 472], 1996, p. XL), qui suit ici F. Bogdanow (*La Version post-vulgate de la « Queste del saint Graal » et de la « Mort Artu ». Troisième partie du « Roman du Graal »*, Paris, Picard [SATF], t. 1, 1991, p. 59). Pour donner un point de repère, rappelons que la célébrissime *Mort le roi Artu* aurait été écrite vers 1230 (J. Frappier, *La Mort le roi Artu*, Genève, Droz et Lille, Giard [TLF 58], 1954, p. VIII).

[2] On trouvera les principales données sur le personnage de Merlin dans l'ouvrage de R. Trachsler (*Merlin l'enchanteur. Étude sur le Merlin de Robert de Boron*, Paris, Sedes, 2000, 160 p.), ainsi qu'une abondante documentation dans celui de M. Brasseur (*Merlin. Le veilleur du temps*, Paris, Errance, 2002, 142 p.), d'une facture moins académique.

Notre roman, dont Robert de Boron[3] n'est pas l'auteur[4], bien qu'il soit à maintes reprises invoqué comme tel dans le cours du texte[5], est donc la *continuation* – au sens spécifique de ce mot dans la littérature médiévale – du *Merlin*, ce qui revient à dire qu'il donne une suite *possible* (on verra qu'il en existe d'autres) à cette œuvre inachevée, en nous conduisant jusqu'à la mort de Merlin, et un peu au delà, au gré de péripéties où celui-ci joue le plus souvent un rôle d'observateur ou de metteur en scène et qui témoignent, autant que de l'habileté du *sage devinere*, du génie, quelquefois maladroit, toujours puissant, de l'auteur[6].

---

[3] Sur ce personnage, v. par ex. l'excellente mise au point de R. Trachsler, *op. cit.*, pp. 29-40.

[4] G. Paris et J. Ulrich, *Merlin. Roman en prose du XIIIe siècle*, Paris, Firmin Didot (SATF), 1886, t. I, 280 p. et t. II, 310 p. (*Introduction*, pp. XXV-XXVII) ; G. Roussineau, *op. cit.*, p. XXXIX.

[5] *Suite*, § 20, 57, 141, 150, 173, 313, 548. Sur le sens de ce type d'attribution, v. E. Baumgartner, « Masques de l'écrivain et masques de l'écriture dans les proses du Graal », in M.-L. Ollier (éd.), *Masques et déguisements dans la littérature médiévale*, Montréal-Paris, P. U. M.-Vrin, 1988, pp. 167-175 ; M. Stanesco, « Le Texte primitif et la parole poétique médiévale », in D. Boutet et L. Harf-Lancner (éds), *Écriture et modes de pensée au moyen âge (VIIIe-XVe siècles)*, Paris, P. É. N. S., 1993, pp. 151-155.

[6] Quelle que soit la difficulté que l'on éprouve à définir cette notion au moyen âge, difficulté particulièrement sensible lorsque l'œuvre est anonyme et transmise par plusieurs manuscrits, nous désignons par *auteur* celui qui a conçu ou mis en forme, puis dicté ou écrit l'œuvre que nous présentons ici. Nous userons de ce terme au singulier par commodité, en sachant que le pluriel serait peut-être plus approprié, du moins si l'on considère – ce qui est plausible –

Le *Merlin* s'achève sur le sacre d'Arthur, après avoir relaté, dans une demi-douzaine de paragraphes aussi noirs que *Rosemary's Baby*, la conception diabolique de Merlin[7] – dont les effets sont contrariés par la piété de sa mère –, sa naissance quelque part en orient[8], ses *enfances* et les prémices de son œuvre. *Son* œuvre : la fondation, la prospérité, l'éternelle gloire jusque dans la déchéance du royaume de Logres et de son roi *aventureus*.

Chronique légendaire d'un royaume promis au plus exceptionnel des destins, le *Merlin* nous conte le trépas du roi Constant et le lamentable règne de son fils Moine, tué à l'instigation d'un vassal félon, Vertigier, puis – tous événements qui adviennent conformément aux prédictions de Merlin et sont autant de manifestations de son immense et précoce pouvoir prophétique – la mort de l'usurpateur, la reconquête du royaume par les héritiers légitimes, Pandragon et Uter, et la fin glorieuse du premier, mort en défendant sa terre devant les Saxons dans la plaine de

---

que notre récit est une compilation de sources diverses agencées de manière originale (v. par ex. J. Marx, « La triple quête et l'aventure du Morholt, de Gauvain et d'Yvain », in *Mélanges offerts à Rita Lejeune*, Gembloux, Duculot, 1969, t. II, pp. 1063-1066).

[7] Pour tous les épisodes évoqués dans les lignes qui suivent, nous renvoyons une fois pour toutes à *Merlin. Roman du XIIIe siècle*, éd. A. Micha, Genève, Droz (TLF 281), 1979, LXXIV-341 p. (trad. par A. Micha : Robert de Boron, *Merlin*, Paris, Flammarion [GF 829], 1994, 240 p.). La lecture de ce texte est vivement recommandée avant celle de la *Suite*.

[8] Ce que suggère la prédiction de Merlin enfant au § 16 (ll. 88-89) de *Merlin* : « Je serai envoiez querre de vers occidant ».

Salisbury. Avec le règne d'Uter, qui prend le nom d'Uterpandragon après la mort de son frère, commence alors, dans le royaume pacifié, le temps des *merveilles* : une étoile passée quelque cent ans plus tôt des limbes de l'Histoire au firmament de la Littérature[9] paraît dans son éclat définitif, Arthur – *Arturo è una stella*[10] –, à l'issue

---

[9] Avec le *Roman de Brut* de Wace, vers 1155, qui réinterprète les données fournies par l'*Historia regum Britanniae* de Geoffroy de Monmouth écrite vers 1135. Rappelons qu'Arthur, chef breton en lutte contre les Saxons, aurait vécu à la fin du Ve s. La documentation de base sur ces questions se trouve toujours dans E. Faral, *La Légende arthurienne. Études et documents*. Première partie : les plus anciens textes ; t. 1, *Des origines à Geoffrey de Monmouth* ; t. 2, *Geoffrey de Monmouth, la légende arthurienne à Glastonbury* ; t. 3, *Documents*, Paris, Champion, 1929 (B.É.H.É 255, 256, 257). Sur le personnage d'Arthur, on peut aussi consulter les ouvrages, destinés à un large public, richement illustrés ou documentés, de C. Snyder, *A la recherche du roi Arthur. Mythes et réalités de la légende arthurienne*, Paris, Le Pré aux Clercs, 2001 (2000 pour la version anglaise), 192 p. ; M. Brasseur, *Le Roi Arthur. Héros d'utopie*, Paris, Errance, 2001, 280 p. ; Ph. Walter, *Arthur, l'Ours et le roi*, Paris, Imago, 2002, 234 p. ; C. Glot, *Le Grand Livre du roi Arthur*, Rennes, Ouest-France, 2003, 128 p. Signalons également d'utiles initiations à l'univers arthurien : A. Berthelot, *Arthur et la Table ronde. La Force d'une légende*, Paris, Gallimard (Découverte Littérature 298), 1996, 160 p. ; J. Bidard et A. Sancery, *L'Angleterre et les légendes arthuriennes*, Paris, Lectures en Sorbonne, 1997, 160 p. ; T. Delcourt, *La Littérature arthurienne*, Paris, PUF (*Que sais-je ?*, n° 3578), 2000, 127 p.*

[10] Elsa Morante, *L'Isola d'Arturo*, Turin, Einaudi (Tascabili 292), 1995 (1957), p. 11.

d'une mystification qui assimile le futur roi de Logres au plus célèbre tueur de monstres de la Fable[11]. En peu de mots, car l'histoire est bien connue, Uterpandragon s'éprend d'Ygerne, mariée au duc de Tintagel. Le refus de celui-ci de revenir à la cour, qu'il a quittée pour soustraire sa femme aux assiduités royales, détermine le souverain a envahir la terre de son vassal, et c'est au cours du siège de l'un des châteaux de ce mari peu complaisant que le roi, *angoisseus et destroiz de l'amor Egerne*[12], satisfait son désir grâce à la magie de Merlin et engendre Arthur, la nuit même où le duc de Tintagel est tué en combattant l'armée de son seigneur. Pour mettre fin aux hostilités, Uterpandragon épouse la duchesse et, dès sa naissance, l'enfant est remis comme prix de l'adultère à Merlin, qui le confie aussitôt à Auctor[13]. Cet humble vassal, qui ignore l'identité du nourrisson, pourvoit à l'éducation du petit prince jusqu'à son avènement, après la mort d'Uterpandragon. *La Suite du roman de Merlin*, qui est le vrai commencement du règne d'Arthur et l'amorce des aventures du Saint Graal, s'ouvre par la venue à Cardeul du roi Loth et de sa famille, un mois seulement après la fête de Pentecôte lors de laquelle Arthur, qui n'est encore que le fils de parents

---

[11] V. à ce sujet J. T. Mathewson, « What has Arthur to do with Hercules or Hercules with him ? », in *Actes du 14e congrès international arthurien*, Rennes, P. U. de Rennes II, 1984, t. II, pp. 423-441.

[12] *Merlin*, § 60, l. 2.

[13] *Merlin*, §§ 67-76. Le père adoptif d'Arthur est nommé Auctor dans le manuscrit Huth, Antor ou Autor dans d'autres manuscrits. La forme *Auctor* (lat. 'celui qui fait croître') est évidemment de riche signification.

inconnus aux yeux du monde, a reçu la couronne de son père pour avoir seul triomphé de l'épreuve imposée par Merlin (*Merlin*, § 87). C'est dire si la solution de continuité entre le récit des deux œuvres est ténue.

En dépit du lien narratif très étroit qui unit le *Merlin* à cette suite, et de l'attribution interne de l'œuvre à Robert de Boron, le ton général du roman et certaines discordances frappantes révèlent l'indépendance de leur composition respective[14]. Ainsi Ygerne, la mère d'Arthur, qui reconnaît son fils au début de la *Suite*, est-elle donnée pour morte dans le *Merlin* (§ 78, l. 53). Autre divergence significative, la femme du roi Loth d'Orcanie est la fille d'Uterpandragon dans la *Suite*, la sœur germaine d'Arthur donc, alors qu'elle n'est dans le *Merlin* que sa demi-sœur, fille d'Ygerne et du duc de Tintagel (§ 72). Ces deux divergences, parmi d'autres[15], qui intéressent beaucoup le début du roman, sont peut-être imputables à l'habileté et aux intentions propres de l'auteur ; elles contribuent en tout cas au pathétique et à la portée superficiellement[16] tragique du récit : la « résurrection » d'Ygerne ménage une scène de reconnaissance du plus bel effet (§§ 28-35),

[14] V. également les notes 15 et 31.

[15] Citons encore le cas de la Table Ronde, qui se retrouve, on ne sait pourquoi, chez Léodegan, roi de Carmélide et père de Guenièvre (§ 245), alors que le *Merlin* la laisse à Cardeul, cité de Logres où le père d'Arthur l'a installée (§ 49). V. G. Roussineau, *op. cit.*, p. 664, n. 245,10.

[16] Nous reviendrons sur ce point.

particulièrement théâtrale comme il se doit[17], d'ailleurs non exempte de cruauté, tandis que la recomposition généalogique fait de l'union d'Arthur et de la reine d'Orcanie, amants incestueux sans le savoir, un crime inexpiable qui sera cause de l'effondrement du Royaume de Logres.

Il existe deux autres suites du *Merlin*. L'une, dont la composition peut être située entre 1230 et 1245[18], est appelée *Suite-Vulgate* (v. biblio. n° 2 et 5). Elle se rattache en effet au cycle fondamental de la *Vulgate* arthurienne[19]

---

[17] Plus théâtrale que dans le répertoire dramatique qui use de ce procédé, puisque ici les répliques sont proprement préparées par Merlin et apprises par les 'acteurs' qu'il engage pour la circonstance.

[18] T. Delcourt, *op. cit.*, p. 66, retient 1230-1235 ; Ph. Walter (in *Le Livre du Graal*, Paris, Gallimard [Bibl. de la Pléiade], 2001, *Notice*, p. 1805) donne 1235-1245*. Sur la *Suite-Vulgate*, v. aussi R. Trachsler, « Pour une nouvelle édition de la *Suite-Vulgate* du *Merlin* », in *Vox romanica*, 60 (2001), pp. 128-148.

[19] A toutes fins utiles, rappelons que ce cycle, composé autour des années 1220-1230, dont l'appellation semble due à G. Paris et J. Ulrich, *op. cit.*, p. XXV, et qui est également appelé parfois *Lancelot-Graal*, comprend, dans son extension maximale, *L'Estoire del Saint Graal*, le *Merlin* de Robert de Boron et sa suite, *Le Livre d'Artus*, le *Lancelot* (ou *Lancelot propre* ou *Lancelot en prose*), *La Queste del Saint Graal*, *La Mort le roi Artu*. Outre la version à peu près complète du cycle donnée par le ms. de Bonn et publiée sous la direction de Ph. Walter (*Le Livre du Graal*, biblio. n° 5), on peut découvrir ces textes dans les éditions et traductions suivantes : *L'Estoire del Saint Graal*, éd. J.-P. Ponceau, Paris, Champion (CFMA 120 et 121), 1997 ; *Merlin* (v. biblio. n° 10, 11, 12 et 13 ; trad., biblio. n° 14, 15, 16, 17 et 19) ; suite du *Merlin* (v. biblio.

et fait peut-être après coup le lien entre le *Merlin* (qu'elle suit de plus près que notre texte) et le *Lancelot*[20]. On y trouve relatés, à la suite de la crise de succession dynastique qui survient à la mort d'Uterpandragon, les premiers faits du roi Arthur[21], dont ses guerres contre les Saxons et les Romains. Cette version, qui multiplie les scènes de batailles et que l'on désignait autrefois sous le nom de *Suite historique*, est bien différente de celle que nous présentons ici, baptisée par contraste *Suite romanesque,* au point de rendre impossible toute comparaison terme à terme. L'autre continuation, intitulée *Le Livre d'Artus* (v. biblio. n° 3), composée autour de 1240, s'apparente à

---

n° 5 ; trad., biblio. n° 8 ; la suite que nous traduisons ici, biblio. n° 4, peut sans inconvénient être lue dans le cycle de la *Vulgate*, bien qu'elle soit postérieure à ce cycle) ; *Le Livre d'Artus* (v. biblio. n° 3 ; ce texte est quelque peu en marge du cycle) ; *Lancelot*, éd. par A. Micha, Paris-Genève, Droz (TLF 247, 249, 262, 278, 283, 286, 288, 307, 315 ; à lire dans l'ordre 288, 307, 247, 249, 262, 278, 283, 286), 1978-1983 ; *La Queste del Saint Graal*, éd. A. Pauphilet, Paris, Champion (CFMA 33), 1923 et trad. E. Baumgartner, Paris, Champion (traductions des CFMA 30), 1979 ; *La Mort le roi Artu,* éd. J. Frappier, Genève-Lille, Droz (TLF 58), 1964 et trad. M. Santucci, Paris, Champion (traductions des CFMA 47), 1999 ou M.-L. Ollier, U. G. E. (10/18, n° 2268), 1992.

[20] V. G. Paris et J. Ulrich, *op. cit.*, p. XXXVII ; Ph. Walter, *op. cit.*, p. 1804. Cette hypothèse est contestée par R. Trachsler, *op. cit.*, p. 144.

[21] Tel est d'ailleurs le titre de la version de la *Suite-Vulgate* éditée par I. Freire-Nunes, dans *Le Livre du Graal* (v. biblio. n° 5), conformément à l'intitulé du manuscrit de Bonn.

la précédente[22] dont elle refait de fond en comble le dernier tiers ; elle exploite plus encore que la *Suite-Vulgate* le thème des guerres arthuriennes contre les Saxons et fait une large place au personnage de Gauvain.

Le statut de notre texte, également appelé *Suite-Post-Vulgate* ou *Suite-Huth*[23], est plus complexe. Certains chercheurs considèrent en effet qu'il appartient à un cycle postérieur à celui de la *Vulgate*, que des restes épars, français ou étrangers (notamment ibériques)[24], permettent

---

[22] Sur ce texte, v. par ex. J.-M. Fritz, « Artus (Livre d') », in *Dictionnaire des Lettres françaises. Le moyen âge*, éd. G. Hasenohr et M. Zink, Paris, Fayard (La Pochothèque), 1992, p. 105. On lira une appréciation très élogieuse de P. Gallais au sujet de ce roman méconnu dans « Scénario pour l'affaire Sagremor », in *Mélanges offerts à Rita Lejeune*, Gembloux, Duculot, 1969, t. 2, pp. 1025-1038. Pour le personnage de Merlin dans cette autre suite du *Merlin*, v. S. Brugger-Hacket, *Merlin in der europäischen Literatur des Mittelalters*, Stuttgart, 1991, pp. 150-151.

[23] Cette appellation lui vient du nom de l'un des possesseurs du principal manuscrit qui la contient, Henry Huth. L'édition de G. Roussineau repose sur trois mss. Ce sont les ms. A : Londres, B. L., Additional 38117 (dit ms. Huth), copié vers 1300, pour les §§ 1-443 ; ms. D : Paris, B. N. F. fr. 112, copié en 1470, pour les §§ 444-581 ; ms. B : Cambridge, U. L., Additional 7071, copié au XIVe s. et compléments au XVe s., pour les § 104, l. 7 à § 106, l. 13 et § 202, l. 11 à § 207, l. 21. Sur le ms. B. N. F. fr. 112, v. C. E. Pickford, *L'Évolution du roman arthurien en prose vers la fin du moyen âge d'après le manuscrit 112 du fonds français de la bibliothèque nationale*, Paris, Nizet, 1960, pp. 60-77.

[24] V. entre autres F. Bogdanow (*op. cit.*, pp. 60-97) ; P. Michon, *A la lumière du « Merlin » espagnol*, Genève, Droz (PFR 214),

de reconstituer partiellement[25]. Notre *Suite* se trouverait ainsi au cœur d'un vaste projet de refonte complète du cycle arthurien, à partir non seulement de la *Vulgate* mais aussi du *Tristan en prose*. Cette hypothèse, solidement argumentée par F. Bogdanow, ne fait cependant pas l'unanimité et notre *Suite* pourrait bien n'être qu'une œuvre isolée, sans insertion cyclique, malgré les fréquentes annonces faites dans le cours du roman qui font état d'une trilogie[26]. Il serait même loisible d'envisager au contraire que cette *Suite* ait été dès le départ conçue pour prendre la place de la *Suite-Vulgate* dans le cycle primitif[27], auquel, après son achèvement, elle aurait tâché de donner un

---

1996, 131 p. ; I. Freire-Nunes, *Le Graal ibérique et ses rapports avec la littérature française*, Villeneuve d'Ascq, Septentrion, 1998, 639 p.

[25] Sur ce cycle, on ne peut mieux faire que renvoyer au grand travail de F. Bogdanow : *La Version post-vulgate de la « Queste del saint Graal » et de la « Mort Artu ». Troisième partie du « Roman du Graal »*, Paris, Picard (SATF), t. 1-4, 1991-2001, tout particulièrement le premier chapitre de l'introduction qui figure au t. 1, 1991, pp. 29-59. La *Suite du roman de Merlin* est principalement évoquée aux pp. 39-49.

[26] V. R. Lathuillère, « Le *Roman du Graal* postérieur à la Vulgate (cycle du Pseudo-Robert de Boron », in *Grundriss der romanischen Literaturen des Mittelalters*, IV/1 : *Le Roman jusqu'à la fin du XIII*[e] *siècle*, éd. J. Frappier et R. R. Grimm, Heidelberg, 1978, pp. 615-622 ; G. Roussineau, *op. cit.*, pp. XXXII-XL (spécial. la n. 51).

[27] Les recherches de R. Trachsler (v. *supra*, n. 20), qui montrent que les liens de la *Suite-Vulgate* avec le cycle de la *Vulgate*, et notamment le *Lancelot*, sont moins nets qu'on ne le prétend, accréditent cette suggestion.

maximum de cohérence à moindres frais, en tenant compte aussi et surtout de l'événement majeur survenu après cet achèvement, savoir la rédaction du *Tristan en prose*. Notre texte, qui entretient d'étroits rapports avec la deuxième grande somme romanesque du moyen âge français[28], contient en effet assez d'allusions à la matière tristanienne[29] pour que l'on se demande si cette œuvre n'a

---

[28] V. G. Roussineau, « Remarques sur les relations entre la *Suite du roman de Merlin* et sa continuation et le *Tristan en prose* », in *Miscellanea Mediaevalia. Mélanges offerts à Philippe Ménard*, Paris, Champion, 1998, t. 2, pp. 1149-1162. L'auteur suggère que *La Suite du roman de Merlin* est postérieure au *Tristan en prose*, dont elle justifie après coup plusieurs épisodes – tout comme elle le fait d'ailleurs pour certains éléments du cycle de la *Vulgate*, et cette volonté explicative est vraiment la caractéristique de notre *Suite* – et que les copistes des deux œuvres ont probablement été en relation. La plus grande partie du *Tristan en prose* peut être lue dans l'édition dirigée par Ph. Ménard (*Le Roman de Tristan en prose*, Genève, Droz [TLF 353, 387, 398, 408, 416, 437, 450 (éd. D. Quéruel et M. Santucci), 462 (éd. B. Guidot et J. Subrénat), 474], 1987-1997). Une version différente est en cours de publication, également sous la direction de Ph. Ménard (*Le Roman de Tristan en prose*, Paris, Champion, [CFMA 123 (éd. J. Blanchard et M. Quéreuil), 133 (éd. M.-N. Laborderie et T. Delcourt), 135 (éd. J.-P. Ponceau), 144 (éd. M. Léonard et F. Mora)], 1997-2003). Les volumes donnés sans mention d'éditeur sont cités dans notre texte. Le début du roman a été édité par R. L. Curtis, *Le Roman de Tristan en prose*, t. 1, Munich, Max Hueber, 1963, 259 p. ; t. 2, Leiden, E. J. Brill, 1976, 279 p. ; t. 3, Cambridge, D. S. Brewer, 1985, 294 p.

[29] Nous n'employons pas rigoureusement ici le terme de *matière*, puisque le monde arthurien et le monde tristanien sont dès l'origine, ou presque, conjoints. Sur cette importante question, v. l'ouvrage non

pas été initialement conçue pour relier aussi naturellement que possible à la *Vulgate* (vers 1220-1230 ?), et tout particulièrement au *Lancelot*, le *Tristan en prose* (vers 1230-1235 ?). Notre *Suite* (vers 1235-1240 ?) serait ainsi le fruit de deux projets : l'un, modeste, aurait été d'assurer la promotion du tout nouveau *Tristan* en l'arrimant solidement au cycle déjà célèbre de la *Vulgate* ; l'autre, plus ambitieux, de relier tous les fils des principaux romans arthuriens en prose[30].

Quoi qu'il en soit des rapports entre notre texte et les autres massifs de la littérature arthurienne, un fait est sûr : contrairement à ceux des autres continuations du *Merlin*, l'auteur de cette *Suite* s'intéresse exclusivement, sinon à la psychologie de ses personnages – elle nous demeure largement inaccessible – du moins à ce qu'il faut bien nommer leur responsabilité personnelle dans l'enchaînement des

---

moins important de R. Trachsler, *Disjointures-Conjointures. Étude sur l'interférence des matières narratives dans la littérature française du moyen âge*, Tübingen und Basel, A. Francke (Romanica Helvetica 120), 2000, pp. 9-47.

[30] La première hypothèse paraît d'autant plus vraisemblable que, dans l'édition procurée par G. Roussineau, l'ultime phrase du roman (ms. B. N. F., fr. 112), qui évoque le combat entre Tristan et le Morhout, est clairement une invitation à se plonger dans le *Tristan en prose.* Quant au second point, la visée unificatrice de notre texte est patente. Soit dit en passant, elle explique nombre de discordances dans le roman, qui tantôt se rattache à la *Queste du Graal*, tantôt au *Lancelot*, tantôt à *La Mort le roi Artu*, tantôt au *Tristan*. Comme ces textes ne sont pas d'accord entre eux, le nôtre jongle pour donner de la cohérence à l'ensemble qu'ils forment malgré tout.

causes et des effets qui aboutiront à la destruction du monde arthurien. Fil tendu entre l'essor et la chute, *La Suite du roman de Merlin* – dont la portée diffère si considérablement à cet égard de celle de la *Suite-Vulgate*, tout orientée vers la célébration du roi élu[31] – tente d'expli-

[31] Pour s'en tenir à deux exemples déjà évoqués, la *Suite-Vulgate* ne ressuscite pas Ygerne. Cette soumission aux données du *Merlin* rend la reconnaissance d'Arthur par ses vassaux beaucoup plus longue et difficile (aucune parole n'étant à même de faire la lumière sur la conception et la naissance du jeune roi) et amène l'épreuve de force qui domine tout le début du roman, par laquelle sont mises en évidence les qualités royales d'Arthur, ce qui est proprement l'objectif de cette continuation. D'autre part, la liaison incestueuse entre Arthur et sa sœur (qui reste sa demi-sœur dans ce roman) ne fait l'objet, dans le ms. de Bonn, outre une mention allusive du *Merlin* (« Et saciés que li rois Loth a .v. fils de sa feme dont tu engendras l'un a Londres quant tu estoies esquiers », in *Le Livre du Graal*, § 224, p. 794 ; v. la note 4, p. 1801 [biblio. n° 13]), que d'un récit au ton de fabliau de la *Suite-Vulgate*, destiné au surplus à augmenter, aux yeux du lecteur, la valeur de l'ouvrage dans lequel il s'insère (« car maintes gens l'en priseroient mains qui la verité n'en sauroient », in *Les Premiers Faits du roi Arthur*, § 57, p. 868 [biblio. n° 5] ; le récit est aux §§ 58-59). Ici encore, la discrétion et l'absence de jugement sur cette faute capitale (qui du reste n'est pas alléguée dans la *Mort Artu* comme la cause principale du désastre de Salisbury) reçoivent une explication naturelle dans une œuvre qui a pour vocation de glorifier la personne d'Arthur et d'en célébrer les mérites. Dans les mêmes premières années du règne d'Arthur, la *Suite-Vulgate* lit donc la grandeur du lignage d'Uterpandragon, tandis que la *Suite-Post-Vulgate* y lit sa chute.

quer pourquoi la terre promise[32] sera pour longtemps changée en terre *gaste*. Voyons-y donc – mais ce n'est pas là, tant s'en faut, épuiser le sens de cette œuvre – une fable sur la fragilité des œuvres humaines, que leur perfection mondaine, leur élévation spirituelle, leur humilité même ne préservent pas du déclin. Voyons-y encore, si l'on veut, un appel au détachement lancé en un siècle bâtisseur de cathédrales et de châteaux, peut-être enclin, dans son exubérante foi en l'avenir, à oublier que toute gloire est passagère ici-bas[33].

*
* *

Conscient de l'exceptionnelle grandeur du règne d'Arthur, siècle d'or dans la chronologie légendaire de la Grande Bretagne, sensible aussi au caractère *merveilleux* de ce qui advient dans les royaumes bretons, l'on est généralement soucieux, dans le monde arthurien, de transmettre aux générations futures le souvenir d'événements hors du commun et de prodiges voués, par l'action des missionnaires

---

[32] V. par ex. *Joseph d'Arimathie* (éd. par G. Gros, in *Le Livre du Graal*, § 452, p. 419 [biblio. n° 5]).

[33] L'ouvrage de M.-T. Lorcin, *La France au XIIIe siècle* (Paris, Nathan [Université], 1975, 175 p.), reste une excellente introduction au contexte historique des grands textes arthuriens en prose, et de la *Suite du roman de Merlin* en particulier.

guerriers de la *pax arthuriana*, à disparaître[34]. Aussi, dans l'univers fictif de la *Suite* comme en celui d'autres textes, multiplie-t-on les signes, en confiant à la pierre, au parchemin, ou à quelque autre artifice le soin de porter à la connaissance de la postérité les faits curieux ou édifiants qui adviennent dans le royaume de Logres et ailleurs, avec, dans l'œuvre qui nous occupe, ceci de particulier que les événements qui y surviennent ont l'attrait de l'absolue nouveauté. Ce livre est en effet celui des fondations : le règne d'Arthur, son union avec Guenièvre, Escalibour et les aventures du Saint Graal, la Table Ronde, le code d'honneur du combat singulier, la malfaisance de Morgane et les enchantements de la Dame du Lac, tout – à l'exception notable, évidemment, de l'action de Merlin – débute ici ou prend son vrai départ, et le roi Marc lui-même, encore adolescent, fait une courte apparition pour constater

---

[34] Voir par exemple ce que disent le Chevalier aux Deux Épées (§ 223, ll. 50-53) : « ...je voel que elle [ceste aventure] soit mise en escrit, car aprés nos mors, quant elle sera amentieue a nos hoirs, elle sera moult volentiers escoutee et oïe, car trop est mervilleuse » ; Merlin (§ 281, ll. 29-33) : « ...voel jou que vous [...] fachiés metre en escrit toutes les aventures dont on contera en vostre court la verité pour chou que aprés nos mors sachent nostre hoir [...] les mierveilles qui averront au tans le roi aventureus » ou le Morhout (§ 487, ll. 39-42) : « Et vueil [...] que dessus leur lame soit escript comment ilz morurent pour ce que ceulx qui aprés nous viendront sachent ceste merveille, car c'est sans faille la greigneur merveille que je onques oïsse parler. »

avant l'heure les ravages de l'amour fou, auquel, ironie du sort, il dédie un mémorial (§ 115)[35].

Au souci désintéressé du témoignage, qui ne juge pas dignes de mémoire les seuls faits glorieux et qui s'exprime essentiellement par la relation neutre et scrupuleuse – mais orientée comme on le dira plus loin – de tout ce qui advient, s'adjoint nettement, dans notre texte, celui de faire paraître aux yeux des vivants la gloire du règne et d'en célébrer avec faste les hauts faits. Comme il est naturel, le roi cherche autant à perpétuer le souvenir de ses victoires qu'à goûter sans attendre aux joies de sa jeune renommée, d'où parfois le double usage des signes, qui lèguent un moment d'Histoire et le mettent pompeusement en scène pour flatter l'orgueil du prince. Les plus visibles de ces signes d'honneur, qu'Arthur croit ou voudrait éternels (§ 154, ll. 6-9) – parce que, de confiance, et malgré les oracles, il imagine que l'avenir ressemblera en tous points au présent – sont ceux qui viennent, s'ajoutant à ceux du passé[36], installer dans le paysage et la mémoire collective les triomphes du règne naissant, la victoire sur le roi Rion et ses satellites, par exemple, ou la déroute des cinq rois. Arthur montre à l'occasion qu'il ne répugne pas au culte de

---

[35]Arthur, Guenièvre, Gauvain, Keu, Girflet, pour ne citer qu'eux, sont enfants ou adolescents lorsque commence le roman (Arthur a moins de dix-sept ans au § 33). D'autres futurs grands hommes de la matière arthurienne sont encore au berceau (Lancelot, Mordret, Sagremor).

[36] Notamment le prodigieux cimetière établi en mémoire du roi Pandragon, tué lors d'un combat victorieux contre les Saxons (*Merlin*, § 47).

la personnalité, puisqu'il fait ériger une statue colossale – moins dans le goût du moyen âge français, d'ailleurs, que dans celui du Bas-Empire ou des régimes totalitaires du siècle passé – qui le représente en dompteur de rois (§ 153). L'abbaye *biele et riche* fondée après sa victoire contre les cinq rois (§ 352) témoigne déjà de plus d'humilité, d'une inquiétude dans le succès, de quelque doute sur l'efficacité de la propagande, mais on demeure généralement bien loin du souverain soucieux[37], au chef incliné, torturé par quelque douleur secrète, dont Chrétien nous livre assez souvent le portrait. Dans ce *Bildungsroman* qu'est aussi la *Suite*, Arthur est un jeune monarque guerrier aux ambitions de *sol invictus*[38], songeur quand l'événement le déconcerte (§ 38, ll. 1-2) mais prompt à réagir (§ 342, ll. 12-22) et peu enclin à laisser à d'autres le soin de régler ses affaires (§ 48, ll. 19-21)[39] ; il est jaloux de

---

[37] Cette image d'Arthur, souverain sensible aux signes et aux annonces, n'est cependant pas absente de notre texte (§ 38, ll. 1-6 ; § 42, ll. 1-5 ; § 169, ll. 6-9).

[38] Clairement affichées au § 13.

[39] A la fin du roman, plus âgé, il laisse passer l'affront, ayant définitivement assumé son état de roi, qui n'est pas celui de *chevalier errant* (§ 534, ll. 16-19). A ce sujet, G. Roussineau (*La Suite du roman de Merlin, Introduction*, p. IX) suggère qu'Arthur, qui est âgé de seize ans révolus au début du roman (§ 33, l. 17), a entre trente-cinq et trente-huit ans lorsqu'il s'achève. Bien qu'il soit relativement difficile, en raison du vague des indications chronologiques, de déterminer avec précision les intervalles temporels du récit (fortement anisochrone, au sens de G. Genette, *Figures III*, Paris, Seuil [Poétique], 1972, p. 122 et ss), trente-six ans est vraiment le

son pouvoir (§ 44, ll. 9-10), adepte d'une justice expéditive (§ 164) et récuse les oracles et la résignation qu'ils lui suggèrent (§ 73), quitte à rejouer le Massacre des Innocents pour sauver le royaume de Logres et se préserver lui-même de la fin de l'Ogre destitué par ses fils[40].

Mais Arthur, pas plus qu'il ne se soucie uniquement de laisser à la postérité le témoignage brut de son œuvre, ne bâtit pas seulement pour contempler de son vivant les reflets de sa gloire : inséparable du désir d'honneur est en effet celui, non moins individuel, d'immortalité. Car bien plus que la permanence de son être, la grande préoccupation du héros arthurien est la survie glorieuse de son *avoir été*[41]*, et la solidité du métal ou de la pierre semble à cet

---

maximum si l'on se fie aux données du texte. En effet, Gauvain est âgé de dix ans lorsqu'il arrive à la cour (§ 1, l. 9) ; il a au plus dix-huit ans lorsqu'il est fait chevalier (§ 275, l. 15). D'après la prédiction mentionnée au § 183 (l. 21) et celle de Merlin au § 314 (l. 39), il doit tuer Pellinor dans les dix ou douze années au plus qui suivront son adoubement, prédiction qui n'est pas accomplie lorsqu'il quitte la Roche aux Pucelles. Il ne peut ainsi avoir plus de trente ans à la fin du roman. Si donc un maximum de vingt années se sont écoulées entre le premier et le dernier paragraphe, Arthur ne peut être âgé que de trente-six ans, au plus, au terme de notre *Suite*.

[40] Cronos, vaincu et enchaîné dans le Tartare par les enfants qu'il avait eus de Rhéa, *sa propre sœur*, après avoir tenté de les dévorer pour échapper aux prédictions qui annonçaient qu'il serait détrôné par l'un de ses fils (Zeus).

[41] Voir par ex. au § 234, ll. 28-31, les paroles consolatrices de Balaan : « ... apriés nos mors nous verront veoir [...] li boin chevalier qui plainderont nos mesqueanches pour la boine chevalerie [...] qu'il orront conter de nous. »

égard le gage sûr d'une durée perenne : du pouvoir, au moins supposé, qu'ont les *ymages* de *sauver la vie*, l'exemple de Morgane et de ses compagnons, qui échappent à la mort par leur propre statufication, offre du reste une allégorie particulièrement frappante (§ 415). Dans notre *Suite*, le souverain de Logres est avec Merlin le seul à laisser des signes visibles de sa propre renommée. Certes, le mentor d'Arthur laisse au roi les idoles, mais il donne son nom à une île, après l'avoir garnie d'enchantements qui attesteront, dans les temps à venir, sa précellence (§ 242), ou bien encore réalise tel prodige – le tombeau ardent des deux enchanteurs musiciens –, non pour emplir de crainte les méchants, mais pour qu'il soit *tiesmoing et demoustranche de [sen] grant savoir* (§ 340, l. 25-30). Ce tour ne serait qu'un trait de vanité si Merlin devait vivre longtemps et c'est sa mort, qu'il sait prochaine, qui le pousse à prolonger le spectacle du châtiment infernal des deux sirènes mâles qu'il a mises hors d'état de nuire au cours de sa pitoyable odyssée. L'exploit pourrait d'ailleurs passer pour superflu, car Merlin ne paraît guère douter que la déesse aux cent bouches le fera vivre à jamais, et certains de ses propos font mesurer l'orgueil qui l'habite comme l'assurance et la volonté qu'il a de se survivre : *Quels que je soie [...] je vous di qu'ils sera plus parlé de mon sens apriés ma mort qu'il ne sera de vostre prouece apriés la vostre mort* (§ 125, ll. 10-12) ; mais il sait aussi que la mémoire n'est que par les objets qui la sollicitent et voudrait bien s'épargner par là le purgatoire de l'oubli lorsqu'il aura disparu (§ 314, ll. 25-27).

Qu'on en use pour instruire les générations futures, pour rendre visible sa gloire *hic et nunc* ou plus modestement sauver de l'oubli la mémoire d'un juste, ni la pierre, vouée au feu dès les premières lignes du roman (§ 3, l. 14), ni les *ymages*, dont la destruction est annoncée dans ses dernières pages (§ 570, l. 37), ni même les enchantements, destinés à s'interrompre avec la vie d'Arthur (§ 340, ll. 17-20) ou de Merlin (§ 154, l. 14), n'ont cependant le pouvoir de procurer à qui que ce soit l'infinie diffusion de la renommée. C'est pourquoi Merlin demande au roi, dès que l'Aventure surgit à la cour (§ 38), d'en faire consigner toutes les manifestations – la parole étant un conservatoire inadéquat[42]. Cette recommandation voue l'administration

[42] Les propos de certains personnages sembleraient suggérer que la parole non écrite puisse elle aussi conserver la mémoire de telle action d'éclat [« apriés ma mort en parleront cil dou roiame de Logres », § 399, l. 21 ; « il en sera parlé tant coume il avra crestiiens en la Grant Bretaigne », § 414, l. 16]), mais quoi qu'il en soit de l'interprétation exacte des formules employées à ce sujet, sans doute largement stéréotypées, il est certain que le modèle constant de l'Écriture explique que dans les faits l'on ne s'en remette pas, dans le monde arthurien, à la parole pour garder la mémoire de l'Histoire et en transmettre le dépôt aux générations à venir. La tradition orale exclut la constitution d'un *canon*, acte fondamental pour le christianisme (entre autres), que le pseudo-Robert de Boron, compilateur des récits qui sont fictivement à l'origine de notre *Suite*, réitère explicitement (§ 173). Le statut du *Lai de la Rose*, évoqué au § 537 (l. 15), est plus délicat ; rien ne dit que les paroles en soient écrites, et le contraire est plutôt vraisemblable (dans le *Roman de Tristan en prose*, *op. cit.*, éd. Ph. Ménard, t. I [353], la lettre-lai de Kahedin est écrite [§ 163 et § 166, ll. 30-43], mais non celle d'Yseut [§ 158 et § 159, ll. 1-5]). Si sa perennité est assurée (§ 537, ll. 21-23), pourtant, c'est qu'il s'agit de tout autre chose que d'un fragment

royale à produire du texte : cinquante clercs[43] sont commis au soin de rapporter les récits d'aventure fournis par les chevaliers, *pour chou que aprés nos mors sachent nostre hoir, li povre et li riche, les mierveilles qui averront au tans le roi aventureus* (§ 281, ll. 31-33). Point de Parlement, de chancellerie ni de Trésor, comme si l'Homme Roi et son Royaume ne vivaient que de la parole qui vient de la bouche de ceux qui ont fait ou vu l'Aventure. Ce n'est pas encore tout : Merlin, dont les prophéties sont elles-mêmes consignées, par ordre d'Arthur, dans l'attente de leur accomplissement[44], confie parallèlement à Blaise, père spirituel de sa mère, les événements connus de lui seul[45]. Ce sont ces trois écrits internes à la fiction qui sont censés avoir fourni la matière du texte parvenu jusqu'à nous (§ 294, l.14).

---

d'oralité : la composition musicale de Tristan en fait une œuvre d'art, d'ailleurs non pas destinée à célébrer la gloire de qui que ce soit mais à garder le souvenir d'un moment d'émotion, qui doit à sa seule beauté de pouvoir plaire (ll. 22-23) « tant comme le soulas de la harpe pourra durer. »

[43] V. également la note 365.

[44] Aux § 166 (l. 17) et 168 (l. 4). Bien qu'il n'en soit rien dit, cet écrit qui contient les prophéties de Merlin doit continuer celui dont il est question dans le *Merlin*, § 44 (ll. 8-15).

[45] *Merlin*, § 16 (ll. 36-117) et *Suite*, § 117 et 315. Sur l'évolution du rôle de ce personnage, v. les pertinentes remarques de M. Mikhaïlova, « Le clerc : personnage de la fiction/personnage-fiction. Le clerc écrivant dans la littérature arthurienne », in *Le Clerc au moyen âge*, Aix-en-Provence, CUER MA (Senefiance n° 37), 1995, p. 423.

Les monuments élevés par Arthur et les livres des clercs ne célèbrent ni ne recueillent les seuls faits du roi ou de Merlin : comme le héros arthurien de base, savoir le chevalier, fût-il roi[46], ne bâtit ni n'écrit, il leur revient également d'entretenir sa renommée. On voit bien à l'occasion le peuple recourir aux *ymages* pour maintenir vivace le souvenir d'un héros (§ 570) ou des malheureuses victimes d'un enchantement (§ 488, l. 6) ; parfois aussi un ermite (§ 182), la communauté d'une abbaye (§ 487, l. 44) ou d'une ville (§ 238) donnent aux corps une sépulture qui fera trace d'un nom ou d'un événement, mais c'est le plus souvent Arthur[47], centre d'où rayonne la gloire pourvoyeuse d'immortalité, qui, de sa propre initiative, se charge de faire vivre dans la pierre la mémoire de ceux qui le méritent, par leur rang ou les services rendus à sa personne*. Une église vient ici perpétuer le souvenir des braves tombés au champ d'honneur (§ 151, l 5) ou de Loth, l'ami perdu (§ 151, l 15) ; là, c'est une sépulture et un nom en la cathédrale de Camaalot pour une douzaine de rois vaincus (§ 151, l. 12) ou pour un fou clairvoyant (§ 533) ; là encore, une tombe *biele et riche* qui préserve la dépouille d'un chevalier inconnu dans l'attente de la révélation de son nom (§ 172, ll. 21-24). Quant aux corps

---

[46] Loth, Urien, Pellinor, Rion ne laissent aucun signe dans notre texte.

[47] Exception faite de Marc (§ 115) et de Gauvain (à la demande du Morhout, § 487, ll. 38-47), exceptions qui se justifient peut-être par le rôle central du premier dans les récits tristaniens (qui en fait un équivalent d'Arthur) et par le lien particulier qui unit le second au souverain de Logres.

de traîtres ou d'ennemis, ils finissent *par bos et par plaingnes* (§ 151, l. 8) ou brûlés (§ 443, l. 5), leur mémoire dispersée au vent, morts pour de bon[48].

S'il n'est pas bâtisseur, celui qui anime l'univers arthurien de sa *prouesse*, même *bien lettrés* (§ 225, l. 9 ; v. aussi § 480, l. 30), n'est pas davantage écrivain. Il n'est donc généralement pas maître des signes qui perpétueront sa mémoire ; tout au plus est-il invité à fournir – quand il ne le fait pas spontanément[49] – par le rapport de ses aventures, une matière que d'autres informeront. Contraint de surcroît à une véridicité totale (§ 278, ll. 27-36), celui qui revient raconter à la cour les péripéties de son voyage ne peut guère embellir ou amender ce qui sera sa *légende*. Du reste, même si pour le *chevalier errant* l'obsession de l'exploit est l'inévitable contrepartie de l'obsession de la mort, si l'immortalité est au cœur de sa quête, survivre à soi-même n'est pas le privilège de la vaillance ni de la perfection morale, fussent-elles le gage d'y parvenir : le dilemme d'Achille n'a pas ici son acuité homérique. Persuadé qu'il n'est de vie après la mort que par la *prouesse*, le guerrier peut bien, c'est son rôle, chercher à s'illustrer de toutes les manières possibles, ses *chevaleries*

---

[48] La tombe des braves est le lieu privilégié du souvenir (§ 234, ll. 27-31) : « ... nos cors [...] reseront [...] en un vaissiel mis, en cest liu meismes ou nous sommes orendroit, si que apriés nos mors nous verront veoir li preudomme et li boin chevalier qui plainderont nos mesqueanches pour la boine chevalerie et pour les biaus fais qu'il orront conter de nous. »

[49] Comme Balaain (§ 223, ll. 49-53) ou le Morhout (§ 487, ll. 39-43).

ne sont qu'un des aspects de sa renommée ; elles en sont, si l'on veut, les enluminures.

C'est que les qualités morales et chevaleresques mêmes des hommes engagés dans l'Aventure (et ceci vaut pour chacun des personnages de la *Suite*) importent finalement peu, car l'enjeu est moins la gloire que le sens. Nous en revenons ici à l'orientation du rapport des aventures advenues aux *chevaliers errants*. La mise en texte des aventures n'est pas tant destinée, en effet, à glorifier le royaume de Logres et ses héros qu'à donner par les histoires du sens à l'Histoire, en lui appliquant le modèle de l'Ancien et du Nouveau : comme l'Ancien Testament laisse voir le Nouveau par figures, l'ancienne chevalerie, pour s'en tenir à l'exemple le plus frappant, prépare la nouvelle et conduit à l'avènement d'un sauveur, *le Bon chevalier [...] qui mectra a fin les aventures* (§ 480, l. 36) et lèvera les enchantements qui pèsent sur le *roiame de Terre Gastee*, accomplissant ainsi la grande quête mystique de l'histoire arthurienne. Or, de même que la figure n'existe que par le texte qui relie et donne à relire les faits épars de l'Histoire[50], de même que son éclat importe moins que sa place dans une suite de figures, de même l'interprétation des événements qui surviennent au jour le jour dans le monde arthurien, *défigurés* par leur isolement, ne peut être complète qu'après coup, lorsque du fil de

---

[50] Lire à ce sujet l'article fondamental de Paul Beauchamp, « La figure dans l'un et l'autre Testament », *Recherches de sciences religieuses*, 59 (1971), pp. 209-224.

toutes les histoires on fait un texte[51]. C'est pourquoi il faut tout écrire[52], dès l'instant même où des flocons

[51] Ainsi, le sang du Sauveur dont Balaain approche le « Sainz Vasseax » (§ 206, l. 9) est-il préfiguré, au terme de la quête du chevalier, par la « plainne escuiele de sanc » (§ 188, l. 15) soutirée à une demoiselle pour guérir une châtelaine lépreuse et par le sang de Garlan, qui seul peut guérir le fils d'un chevalier (§ 195, ll. 16-19 et § 200, ll. 27-28) ; autre figure, dans le texte : le tombeau des amants érigé par Marc (§§ 114-115), qui annonce l'amour parfait de Tristan et Yseut (dont la sépulture sera érigée par ce même roi Marc dans *Le Roman de Tristan en prose*, *op. cit.*, éd. L. Harf-Lancner, t. IX [474], au § 85)*.

[52] Cette obsession de la chose écrite (tout intra-diégétique, soulignons-le, puisque ces récits sont censés perpétuer le souvenir des événements advenus dans le monde arthurien au sein même du récit), il est en un sens regrettable que les prototypes historiques des héros de cette fiction ne l'aient point partagée au même degré que ceux-ci – nous aurions été autrement mieux renseignés à leur sujet dans le cas contraire –, mais il est douteux que, si le règne du présumé Arthur avait, comme celui de Charlemagne, fait l'objet de relations contemporaines, la matière de Bretagne fût aussi propice au rêve : on en aurait fait, au mieux, une épopée, au pire une chronique, mais sans doute pas un roman, et l'épopée est morte, tandis que le roman n'en finit pas de nourrir. La quasi-disparition de l'Arthur historique et de ses compagnons d'armes est mille fois compensée par l'éternel retour de leurs avatars fictifs, et la machine romanesque, qui sert à bien autre chose qu'à conserver l'Histoire – la *vraie* ou *droite ystoire* évoquée à plusieurs reprises n'est, si elle existe, elle-même qu'un récit de fiction (§ 204, l. 3 ; § 240, l. 22 ; § 357, l. 18 ; § 469, l. 8 ; § 549, l. 38) –, est, pour l'obsédé d'immortalité, une invention autrement plus efficace que *la invención de Morel* imaginée par A. Bioy Casares, un sortilège bien plus durable que la *merveille* qui

ombreux viennent obscurcir le ciel du tout jeune royaume de Logres[53].

*

* *

Arthur, Merlin, les *chevaliers errants*, collectivement engagés dans une aventure qui les dépasse et dont ils ne saisissent pour la plupart d'entre eux que des bribes, tentent donc, chacun pour soi, d'accumuler assez d'honneur pour qu'il y ait à leur sujet matière à fabriquer des signes de gloire durables ; aussi la crainte d'une fin honteuse, qui priverait celui qui y aurait succombé du *pris et los*[54] qui fait vivre à jamais la mémoire des braves[55], donne aux

---

ressemble si étrangement à celle-ci (§§ 480-481 et § 504) et que l'on sait destinée à disparaître lorsque le *Bon Chevalier* aura fait son tour. En fait, comme l'a souligné M. Zink, il *fallait* que l'histoire arthurienne fût « douteuse » pour être féconde (*La Subjectivité littéraire. Autour du siècle de Saint Louis*, Paris, PUF [Écriture], 1985, p. 38 et ss).

[53] L'ordre de « metre en escrit » les aventures est donné par Merlin après l'annonce du meurtre d'un chevalier (§ 38, ll. 6-13).

[54] V. au § 555 (ll. 7-9) : « ...chascun bee a conquerre son ennemy et gaaigner illec pris et loz, a quoy cil avra failli qui sera mené jusqu'a oultrance. »

[55] À cet égard, l'esprit de la *Chanson de Roland* est indiscutablement vivant dans notre texte (v. 1091, éd. Segre, Genève, Droz [TLF 968], 2003) : « Melz voeill murir qu'a huntage remaigne ». Arthur déclare de même au chevalier qui a sur lui le dessus (§ 59, ll. 25-28), en un beau décasyllabe épique : « ...je douc plus honte que je ne faich le mort. » V. des professions de foi analogues aux § 138 (l.

plus modestes chevaliers le courage d'affronter plus fort que soi[56] et de lutter jusqu'à la mort. Ou plutôt, et ce n'est évidemment pas la même chose, jusqu'à son imminence, car la peur de mourir, qui fait pleurer les héros[57] ou leur donne d'amères pensées[58], finit presque toujours par peser plus lourd que l'honneur dans la balance des fins de combat[59] ; d'autant qu'à divers indices l'on soupçonne

---

13) ; § 140 (l. 15) ; § 290 (ll. 30-51) ; § 397 (l. 9) ; § 398 (l. 8) ; § 398 (l. 58) ; § 543 (l. 23).

[56] Gaheriet, face à soixante hommes en armes (§ 564, ll. 17-19), déclare : « ...je vouldroie mieulx estre mors que nous feussions en leur manaye tant que je eusse ou corps la vie. »

[57] Aux § 234 (l. 32) et § 308 (l. 16). L'idée de la mort est plus insupportable encore lorsque s'y associe la *mescheance* (§ 234, ll. 32-35 ; § 307, l. 62). Ce dernier terme semble impliquer non seulement que celui qui meurt n'a pas de chance, mais que la maîtrise de son destin lui échappe totalement (v. n. 377).

[58] Aux § 10 (l. 26) ; § 42 (ll. 1-8) ; § 497 (ll. 24-25).

[59] Aux § 130 (l. 17 et l. 28) ; § 269 (l. 6) ; § 284 (ll. 12-14) ; § 284 (l. 25) ; § 291 (ll. 20-26) ; § 510 (ll. 44-45) ; § 573 (l. 67). On est certes bien loin du 'réalisme' d'un Dinadan, pour qui « morir [...] est une fors cose et doutable » (*Le Roman de Tristan en prose*, *op. cit.*, éd. M.-L. Chênerie et T. Delcourt, t. II [387], § 28, ll. 12-13) dont il y a lieu de tenir compte *avant* de combattre, mais il faut une raison impérieuse, par exemple de cœur, pour qu'un chevalier consente à se laisser tuer plutôt que de s'avouer vaincu (§ 561, l. 36). La peur de la *recreandise*, à laquelle on sait avoir peu de chances d'échapper tant la peur de la mort est encore plus forte, peut conduire à fixer juridiquement des règles d'affrontement qui interdisent d'emblée de laisser la vie sauve au vaincu (§ 235, ll. 21-32), et l'on observe même ce paradoxe d'un chevalier qui, sachant que la peur de mourir finira bien par lui faire demander grâce,

que la gloire, fît-on pour l'obtenir des efforts démesurés, ne garantit pas l'immortalité. Nous l'avons dit plus haut : les édifices, les statues, les enchantements sont eux aussi périssables, et leur précarité rend l'écrit nécessaire ; mais l'écrit même, comme les souvenirs d'une mémoire humaine[60], est menacé d'effacement, ainsi qu'on le voit pour le nom des chevaliers de la Table Ronde mystérieusement gommé après leur mort (§ 354, l. 35-38). L'épitaphe

souhaiterait être mort pour ne pas avoir à le faire (§ 268, ll. 52-56). Heureusement, un *Deus ex machina* préserve toujours les héros majeurs d'avoir à choisir entre la mort et la *recreandise* (par ex. pour Arthur, aux § 61 et 398).

[60] Témoignage de la faiblesse de la mémoire humaine, l'amnésie dont Gauvain souffre à trois reprises : par désir, auprès d'Arcade (§ 458) ; par enchantement, pour avoir suscité la haine (§ 492) puis l'amour (§ 500) dans le cœur de fées. L'oubli, même au paradis des vierges, est une malédiction au moins égale à la mort, puisqu'il abolit ce qui a été vécu (§ 500, ll. 14-16) : « ...ilz avoient si mis en obli toutez les choses du monde qu'*il ne leur en souvenoit neant plus que s'ilz fussent a naistre* ». Merlin lui-même établit, sur l'Île aux Merveilles, un lit « estrange » (i. e. 'terrible') qui ôte la mémoire à ceux qui y passent la nuit aussi longtemps qu'ils séjournent sur l'île (§ 239, ll. 9-12). Il n'est d'ailleurs pas besoin d'enchantements pour effacer le souvenir : le temps et l'absence suffisent, comme le prédit Merlin à son ami (§ 314, ll. 25-27) : « ...quant je m'en serai partis et vous ne m'en verrés, vous ne connisterés quel ami vous averés perdu en moi. Vous m'averés moult tost oublié », et la mention du § 183 (v. n. 76) suggère peut-être *a contrario* la rapidité de leur action.

du poète[61] pourrait être celle de chacun des élus conviés au festin du Graal :

Here lies one whose name was writ in water,

aussi la perspective, à échéance plus ou moins lointaine, d'une complète disparition des signes forgés par les hommes pour se survivre oblige-t-elle à reconnaître que c'est en définitive à Dieu seul qu'il appartient de faire vivre un nom après la mort de celui qui l'a porté.

Les héros de la *Suite*, plus conscients qu'il n'y paraît de la fragilité de leurs œuvres, se préoccupent donc autant de leur salut éternel que de leur gloire terrestre *post mortem*. Chose curieuse, cependant, alors que les pratiques de dévotion ne sont pas rares dans notre texte[62], l'autorité de la religion n'est guère invoquée pour consoler le cœur pénétré du sentiment de finitude : on en appelle alors à la condition humaine[63] plus qu'à l'espoir d'une autre vie, et

---

[61] Il s'agit de l'épitaphe de John Keats, enterré à Rome, citée dans *The Oxford Companion to English Literature*, compiled and edited by sir Paul Harvey, Oxford, Clarendon Press, 1967 (4ème éd. revised by Dorothy Eagle), p. 444.

[62] Surtout la messe (v. notre *Index* I, F, s. v.) et la confession (v. *ibid.*). Même s'il est parfois en proie au doute, et quelle que soit d'autre part la réalité du substrat indo-européen, celtique en particulier, l'univers des romans arthuriens en prose est fondamentalement chrétien, dût-on, comme Pellinor, y violer une bergère au sortir de la confession (§ 310, ll. 14-20).

[63] Merlin à Arthur (§ 42, ll. 6-7) : « Et se tu muers, aussi fera chascuns » ; Arthur à Pellinor (§ 308, l. 21) : « ...par celle voie convenra il passer, et viex et jovenes. » Même référence à la nature

c'est la résignation, plus que la foi, qui vient apaiser l'esprit trop lucide. Encore se résigne-t-on à sa propre mort plus aisément qu'à celle d'autrui, et nulle parole consolatrice ne semble en mesure d'émousser la révolte ou de combattre l'accablement que provoque la disparition d'un être cher, au point que ce scandale change parfois la peur de mourir en désir de mort, comme le vertige est irrésistible attrait du vide. Lié au désespoir amoureux, à l'absolue déréliction ressentie après la perte de l'amant ou de l'aimée, au sentiment d'abandon, le suicide, qui n'est pas exceptionnel dans notre texte[64], ne suscite qu'admiration,

---

des choses dans le *Merlin* (§ 44, ll. 87-88) : « ...chascuns qui vit doit savoir que il morra. »

[64] Voir les § 111, 223, 269 et 295. La mort de la jeune fille tuée accidentellement par Gauvain est bien une manière de suicide (§ 269, ll. 22-25) : « ...quant elle vit que Gavains tenoit son ami en tel maniere et qu'il li voloit cauper le chief, *elle pense que miex veult elle morir que elle ne reskeue son ami de mort*, si se lanche erramment devant le caup et se laisse cheoir sour son ami. » Celui, passif, de Pellias est empêché de justesse par Gauvain (§ 465). Enfin, sans aller jusqu'au suicide, nombre de personnages manifestent un puissant désir de mort à la suite d'une déception sentimentale (§ 511, l. 3 ; § 559, l. 36), d'un affront (§ 420, l. 3), lorsqu'ils souffrent physiquement et moralement (§ 170, ll. 9-10 ; § 545, ll. 5-6 ; § 555, l. 32) ou s'estiment responsables de quelque malheur (§ 210, ll. 3-4 ; § 303, l. 2 ; § 465, l. 26 ; § 484, l. 2 ; § 505, l. 27 : c'est alors l'amour-propre, autant, ou plus, que l'excès de compassion qui leur fait désirer de mourir, sauf peut-être dans le cas de Gaheriet, § 564, ll. 52-55). V. sur ce motif M.-N. Lefay-Toury, *La Tentation du suicide dans le roman français du XIIe siècle*, Paris, Champion (Essais sur le moyen âge 4), 1979, 214 p. et, pour une vue générale

compassion ou étonnement : dans la *Suite*, en effet, les désespérés échappent, sinon à toute réprobation[65], du moins à tout jugement, tandis que le spectacle de la détresse condamne celui qu'il n'émeut pas[66]. En plein essor, l'univers arthurien fait ainsi l'apprentissage du désespoir et, dans le même temps que l'on édifie ça et là des monuments à la gloire des hauts faits du roi et de ses chevaliers, que l'on décrit pour la postérité la grandeur du règne commençant, il faut ériger des tombeaux pour y graver l'épitaphe de jeunes filles en fleurs.

La mort, soudaine, invisible[67], omniprésente, trace, en vérité, aux premières lignes de ce roman dont *playe mortele* est pour ainsi dire le dernier mot[68], son désolant

---

du sujet, J.-C. Schmitt, « Le suicide au moyen âge », *Annales* ESC 31 (1976), pp. 3-28.

[65] La damnation de l'âme de celui qui attente à ses jours est fugitivement évoquée (§ 111, l. 17 ; § 214, l. 15). Au § 111, la demoiselle qui se suicide évoque à la fois la perte de son âme et de celle de son ami, qui ne s'est pas, lui, suicidé (la mort volontaire et celle du pécheur mort sans confession sont mises sur le même plan). L'absence de jugement direct sur ce que l'Église considère, depuis saint Augustin au moins, comme un péché capital pourrait s'expliquer par la prégnance de l'héritage antique, notamment stoïcien (M.-N. Lefay-Toury, *op. cit.*, p. 3). J.-C. Schmitt (*op. cit.*, pp. 17-18), qui étudie les *realia*, se montre sceptique à ce sujet.

[66] C'est bien sûr le cas de Balaain (v. n. 76), mais aussi de Gauvain (§ 269) et de Pellinor (v. n. 120).

[67] V. au § 171.

[68] Dans l'édition procurée par G. Roussineau. Rappelons que le roman que nous traduisons est en partie lui-même une fiction et que cette édition est le fruit d'un assemblage de trois manuscrits ;

sillon, et la syllabe fatale ne cessera d'être entendue tout au long du récit, nue ou prolongée dans le nom de quelques personnages réputés nuisibles, dans notre roman (Mordret, Morgane[69]) ou ailleurs (le Morhout)[70] ; il n'est pas jusqu'au nom si familier de l'*orme* qui n'en fasse résonner la

---

l'œuvre qui en résulte ne correspond pas nécessairement, au mot ni au paragraphe près, à ce que les lecteurs ou auditeurs du moyen âge ont pu connaître, même s'il est probable que l'on s'en rapproche beaucoup.

[69] L'anti-Morgane, la Dame du Lac, se nomme Viviane dans la *Suite-Vulgate* (*Les Premiers Faits du roi Arthur*, § 255, p. 1057 [biblio. n° 5]), où elle ne tue pas Merlin, comme ici, par crainte et par haine, mais, par amour, le retient prisonnier ; dans notre récit, elle est appelée « Niviene » (§ 313, l. 27 ; var. *Nivene*, *Nievenne*). C'est un hasard, sans doute, s'il n'y a ni *mor(t)* ni *vi(e)* dans le nom de celle qui sauve Arthur contre Morgane mais se débarrasse de Merlin d'une façon particulièrement morganienne. V. aussi la fine observation de F. Dubost sur le nom de Nivienne dans *Aspects fantastiques de la littérature narrative médiévale (XIIe-XIIIe siècle). L'Autre, l'Ailleurs, l'Autrefois*, Paris, Champion (Nouvelle bibliothèque du moyen âge 15), 1991, p. 745.

[70] Son activité minautorienne est évoquée, pour que nul n'en ignore, au § 429, ll. 16-20. Nous nous garderons de forcer l'interprétation de ces données onomastiques. On observera cependant que Mordret, Morgane, le Morhout se succèdent au premier plan du roman : Mordret, dont il est question dès le début, disparaît au § 167 ; Morgane, dont la méchanceté se manifeste à partir du § 157 disparaît au § 441 ; le Morhout, apparu au § 422, tient jusqu'au dernier paragraphe. Il est curieux d'autre part d'observer que le seul héros positif dont le nom comporte la syllabe *mor* soit Sagremor, victime et frère de lait de Mordret.

presque-anagramme[71]. Dès l'ouverture, donc, la relation incestueuse d'Arthur et de sa sœur voue, quelques mois après le miraculeux avènement du fils d'Uterpandragon, le royaume et ses braves à la destruction ; comme dans la *Genèse*, le châtiment de la faute commise par un seul s'impose à tous[72]. L'histoire à peine éclose semble déjà flétrie : Arthur rêve que de monstrueux envahisseurs ravagent la terre de Logres (§ 3) et Merlin lui apprendra que ce songe est en effet une *apocalypse*[73]. Pourquoi, dès lors, aller jusqu'au bout de ce qui finit avant d'avoir commencé ? D'abord parce que l'expiation nécessite que tout soit intégralement vécu : c'est parce qu'Arthur aura connu la gloire et la prospérité que sa chute apparaîtra lamentable par contraste : rien n'est plus déplorable que le retournement de fortune qui déshérite les souverains et leur fait connaître, en leur vieillesse, des maux auxquels il n'est plus de remède ; et nulle punition ne peut être plus grande que le brusque sentiment d'impuissance ressenti par celui qui avait tous pouvoirs sur tout et sur tous. Arthur, promis au destin de Lear, *doit* jouir de cette notoriété que Dieu, par choix arbitraire, lui a conférée, pour que le Jour de Colère ait du sens. Mais ce n'est pas seulement ce demi-tour de roue qui fait la punition : l'autre aspect du châtiment est en effet qu'Arthur bâtira *en sachant que tout sera*

---

[71] Aux § 334 (l. 6) ; § 444 (l. 22) ; § 481 (l. 2) ; § 498 (l. 23).

[72] Principe général rappelé au § 116 (ll. 10-13) à propos de Balaain.

[73] Le terme est précisément utilisé par J.-M. Fritz pour caractériser la *Mort le roi Artu* (*op. cit.*, « Mort le roi Artu », pp. 1029-1030).

défait, que succèdera à l'euphorie la désolation sans nom et peut-être l'*oubli*. Les révélations de Merlin, qui pourraient sembler si étonnamment précoces, font d'Arthur un Sisyphe conscient – et Merlin n'hésite pas à lui remettre en mémoire son *grant duel* dans sa *grant joie* (§ 248) – dont tout le règne consistera à pousser bien haut un rocher que la pichenette divine précipitera du sommet.

A l'instar du roi, la plupart des personnages du roman connaissent ce même entrelacement des fils blanc et noir de leur destinée. Le sort des trois chevaliers désignés par Merlin pour ouvrir le bal des aventures est exemplaire à cet égard. Gauvain, Tor et Pellinor s'acquittent avec honneur de leur première mission, prologue aux aventures du Saint Graal ; mais chaque fois la faute vient offusquer la gloire qu'ils en retirent : Gauvain tranche la tête d'une demoiselle pour avoir refusé de faire grâce au chevalier qui se reconnaissait vaincu (§ 269) ; Pellinor ignore l'appel au secours de sa propre fille, qui en meurt (§ 295), et si Tor n'enfreint pas à proprement parler le code d'honneur de la chevalerie, il se laisse néanmoins prendre au piège de devoirs contradictoires et tue contre son gré un chevalier vaincu qui lui demande grâce (§ 291)[74]. L'éclat de la *prouesse*, on le voit, s'atténue sous le voile de la *mescheance* et il apparaît ici, dès le commencement des aventures du Saint Graal, que la gloire, comme le soleil, est *tachée*. L'ambivalence de toute entreprise humaine marque plus encore le parcours

[74] Gaheriet – et c'est l'une des manifestations de son statut d'élu – est préservé d'une mésaventure semblable (§ 562, l. 40).

du Chevalier aux deux Épées[75]. Celui qui assume, dans notre récit, le rôle de meilleur chevalier du monde enchaîne les exploits, mais chacune de ses actions est source de maux et de dérèglements, tandis que l'incommensurable indifférence à autrui[76] de cet *hom nés sour terre pour*

---

[75] Balaain est une figure hybride qui fait la transition entre le monde épique, par sa démesure, et le monde courtois en train de naître autour de lui. C'est un peu Roland perdu au pays d'Arthur – une manière de don Quichotte par son comportement décalé. Cet anti-Galaad (il ouvre une boîte de Pandore que Galaad seul peut refermer), anti-Perceval (il pose, lui, la question qui le conduit au Graal et à la Sainte Lance [§ 194, ll. 11-16 et § 206]), est un héros sans postérité (contrairement à son frère Balaan [§ 104, l. 12]) et sans amour (sa réponse, très inhabituelle, à la *conjuration* d'un chevalier qui l'interroge est significative à cet égard [§ 176, ll. 9-11]), incapable même de comprendre l'amour (§ 221), et en cela monstrueux. Quelques mots, au § 112 (l. 18), suggèrent qu'il a peut-être suscité une passion amoureuse, mais l'allusion, s'il y en a une, est ténue, et rien ne nous dit qu'il ait jamais éprouvé lui-même quoi que ce soit. Il n'est cependant pas pur comme Galaad, en qui l'amour humain n'est pas aboli mais transcendé par l'amour de Dieu : ses mains sont « ordes e cunchies » (§ 203, l. 29), « ordeez e vilainz, cunchiees de vileté et de l'ort venim de luxure » (§ 206, ll. 12-13), et ses extraordinaires mérites chevaleresques ne l'exemptent d'aucune tare de la condition humaine.

[76] V. par ex. aux § 179 (ll. 36-38), § 184 (ll. 37-42), § 185 (ll. 11-12) et surtout aux § 189 (ll. 12-15), § 190 (ll. 15-19), § 194 (ll. 28-32), § 207 (l. 30) et § 208 (ll. 12-13). La mort d'un compagnon tué sous sa protection lui apparaît comme un affront personnel (§ 171, ll. 14-15 ; § 180, 25-33) et c'est pour lui-même qu'il réclame alors la compassion (§ 181, ll. 9-12). La mention rapide du § 183 (ll. 7-8 : « ...ala veoir la ou ses compains gisoit, qu'il ne puet encore ou-

destruction de gent[77], qui apparaît à tel moment devant Arthur comme le barbet devant Faust[78], transforme un royaume aimé de Dieu en terre *gaste* et fait de lui un paria qui, à l'image du premier des intouchables[79], finira par

---

blier ») ne dénote pas nécessairement de l'apitoiement sur le sort d'autrui. Il n'est pas pour autant cruel (§ 111 ; § 177, ll. 13-16). L'humanité en lui pointe après le drame survenu chez le roi Pellehan (§ 207, l. 36 ; §§ 209-210), ce qui l'amènera du reste à provoquer une autre catastrophe pour avoir indiscrètement manié le pavé de l'ours (§§ 211-223).

[77] Au § 142 (ll. 20-21). Balaain, dont l'action, dans notre roman, s'étend sur quelque sept années, apparaît au § 96 et disparaît au § 238 (il est absent de quelque trente-cinq paragraphes sur cent quarante-trois [§§ 105-109 ; §§ 132-138 ; §§ 143-147 ; §§ 151-168]). Compte non tenu des massacres perpétrés contre les forces armées de Rion ou de Loth et des catastrophes qui surviennent par sa faute en Listinois, il commet quatre meurtres (§ 100, § 111, § 200, § 234) et cause indirectement la mort de huit personnes (§ 111, § 171, § 180, § 207, § 209, § 222, § 222, § 223). Et si l'on remonte dans sa biographie, on apprend qu'il a tué un parent du roi de Norhomberlande (§ 94, l. 30) et le frère d'une demoiselle (§ 98, l. 21).

[78] V. l'étonnant passage du § 169 (27-53) où Balaain, tel un mauvais génie, apparaît à point devant le roi pour satisfaire le vœu qu'il vient de formuler et s'engage du même coup dans la quête maudite. Ce souhait d'Arthur est la cause première du *Coup Douloureus*.

[79] Comme Caïn, Balaain est mystérieusement protégé de la vindicte des hommes après avoir blessé le roi de Listinois (§ 209, ll. 23-24). Ce chevalier offre du reste un raccourci saisissant des commencements malheureux de l'humanité, puisque, s'il tue son frère à l'instar de Caïn*, il est aussi comparé par Merlin à *Evain nostre mere* (§ 116, ll. 10-11).

tuer son frère, seul être qu'il eût sans doute voulu épargner[80].

---

[80] Le motif de l'affrontement – décrit, évoqué ou seulement annoncé – entre membres de la même fratrie est omniprésent dans notre roman, que ce soit entre frères consanguins (§§ 230-233 ; § 264 ; § 370 ; § 418, l. 27-28 ; §§ 538-543 ; § 568, ll. 3-10), entre frère et sœur (§ 106, l. 23 ; § 134, ll. 28-29 ; § 158-165, l. 6 ; § 512, l. 38) ou entre beaux-frères (§ 134, ll. 28-29). Le fait est d'autant plus significatif (il serait d'ailleurs rarissime dans les textes littéraires selon J. N. Fåborg, *Les Enfants dans la littérature française du moyen âge*, Copenhague, Museum Tusculanum Forlag [Études romanes 39], 1997, pp. 353-356) que la rupture de l'alliance fraternelle est clairement qualifiée de *desmesure* (§ 164, l. 7), de *folie* (§ 568, l. 8), de *pechié* (§ 574, l. 18). Et l'on pourrait, *mutatis mutandis*, joindre à ces exemples les conflits entre frères d'armes (§ 166, ll. 9-20 ; § 416, l. 25 ; § 458, l. 11 ; § 492 ; § 496, l. 84 ; § 552 ; § 571, l. 15) ou *nourris* (§ 167, ll. 15-20). Certes, ces affrontements ont des causes diverses, et celui qui oppose Balaain à Balaan est présenté non comme un effet de la méchanceté mais de la *mescheance* du premier, chacun des deux frères étant du reste tué, ce qui les assimile l'un et l'autre à Abel autant qu'à Caïn. Mais d'un point de vue anthropologique, qu'elle résulte de l'ignorance, de la jalousie, de la rivalité ou d'un ressentiment, voire d'un enchantement, il n'en reste pas moins que la violence qui ravage bon nombre de fratries du roman apparaît comme une forme de compensation de l'amour interdit qui a uni un frère et une sœur : l'éclatement est la conséquence de la fusion*. L'on peut d'autre part proposer une lecture spirituelle de cette récurrence. La faute d'Arthur découpe en effet la temporalité amorcée depuis la recréation de la Cène ; avant, il y a l'entente d'Uter et Pandragon (si parfaite que le survivant des deux frères réunit les deux noms en un seul) ; après, un déchaînement de folie meurtrière, effet du 'péché originel' dont Arthur se rend coupable en touchant au fruit interdit (le corps de sa sœur), de

Plus que les *simples* mortels, Merlin connaît ce destin mêlé. Sa puissance est presque sans limite[81] ; les vestiges de sa gloire – le cimetière de Salisbury, l'Île aux Merveilles, le tombeau des enchanteurs – doivent rappeler au monde quel incomparable magicien il fut, et son légitime orgueil se fait entendre à trois reprises dans le *je sui Merlins* qui dévoile moins un nom qu'une nature[82]. Pourtant, piégé par la femme qu'il aime et dont il ne parvient qu'à se faire craindre, le maître des enchantements, *bien*

même que le meurtre d'Abel est la conséquence directe du désordre occasionné par la transgression d'Ève et Adam. Cette opposition de fond entre l'avant et l'après ne doit évidemment pas être durcie : on peut citer des exemples de fratries unies (Balaain et Balaan eux-mêmes, malgré la méprise qui leur coûte la vie, Rion et Néro [§ 133], Gallinor et Gallin [§§ 535-536], Perceval et Agloval [§ 150, l. 37], Pellehan et Garlan [§ 201, ll. 3-4], les demoiselles de la Roche aux Pucelles et leur frère [§ 574]). On notera que l'onomastique signifie l'union par couplages phonétiques.

[81] Tout ne lui est cependant pas possible ; ainsi ne peut-il s'emparer d'Escalibour (§ 64) ; il se montre incapable de proposer à Morgane un subterfuge pour la sauver (§ 162, l. 20) ; il se trompe sur le sort des demoiselles qu'il a exilées sur le rocher (§ 496, l. 55).

[82] Aux § 19 (l. 10), § 34 (l. 20) et § 208 (l. 31). Cette formule, que Merlin est seul à utiliser, contraste avec les « j'ai a non Gavain » (§ 432, l. 7) ou « l'en m'appelle le Morholt » (§ 485, l. 3), que Merlin utilise aussi pour son compte (§ 309, l. 26). On comparera le « je sui Merlins » au « je sui Renart » de l'autre illusionniste majeur de la littérature médiévale (par ex. *Le Roman de Renart*, éd. M. Roques, Paris, Champion [CFMA 88], branche XII, p. 5, v. 13072).

enchantés à son tour[83] et devenu chose inerte dans les mains d'autrui, mourra d'une mort ignominieuse qu'il n'a cessé de prédire, sans d'ailleurs chercher à la détourner[84]. C'est que, si bienfaisant soit-il, sa personne physique est bel et bien à demi démoniaque, et l'on sait que le moyen âge échappe difficilement à l'idée qu'*on tient toujours du lieu dont on vient* ; il constitue à ce titre une menace, ou plutôt un sujet d'inquiétude[85]. Merlin, bénéfique mais doublement impur aux yeux du monde (par son être hybride et sa parenté satanique), ne peut en fait qu'être

---

[83] V. le § 385 (l. 20).

[84] Aux § 42 (ll. 10-14) ; § 154 (ll. 14-15) ; § 248 (ll. 37-40) ; § 281 (ll. 24-27) ; § 314 (l. 25) ; § 330 (l. 19) ; § 332 (l. 4) ; § 340 (l. 27) et probablement aussi au § 156 (ll. 2-3). Si par quelques traits Merlin fait voir son ascendance diabolique, sa soumission réitérée aux arrêts divins, et à celui qui prévoit sa mort en particulier, l'assimile au Christ, comme d'ailleurs, en partie, sa conception.

[85] Voyez ce que dit à son sujet la future Dame du Lac, qui redoute que son protecteur ne lui ravisse sa virginité (§ 379, ll. 21-24) : « ... je ne porroie avoir cuer de lui amer, se il me faisoit dame de toutes les riqueches qui sont desous le throsne, pour chou que je connois qu'il fu fiex d'anemi et qu'il n'est pas coume autre homme. » Merlin mourra donc parce qu'une femme craint qu'il n'agisse à son égard de la même manière qu'un démon a agi à l'égard de la mère de Merlin. L'origine diabolique de celui-ci est évoquée à plusieurs reprises dans le roman, avec haine (§ 30, ll. 25-26 ; § 309, l. 32) ou amusement (§ 52, ll. 27-28 ; § 53, l. 4).

expulsé d'une œuvre aussi ostensiblement, aussi *purement* trinitaire que l'est cette *Suite*[86].

Ce qui précède montre – et l'on ne saurait évidemment le nier, même si nous sommes loin de partager toutes les analyses de G. Roussineau à ce sujet (*op. cit.*, p. XXX)[87]

---

[86] C'est en tout cas ainsi que nous interprétons l'insistance de l'auteur sur la composition trine de son livre, fait de trois parties d'égales longueurs (§ 173, ll. 6-10) : « Et sacent tuit cil qui l'estoire monsigneur de Borron vauront oïr comme il devise son livre en .III. parties, l'une partie aussi grant comme l'autre, la premiere aussi grande comme la seconde et la seconde aussi grant coume la tierche » (v. aussi au § 239, ll. 21-22 : « il convient que les .III. parties de mon livre soient ingaus »), et dont l'équilibre ne doit surtout pas être perturbé par des récits digressifs (§ 330, l. 34 ; § 548, ll. 28-30), confiés pour cette raison à maître Hélie (§ 239, ll. 30-42), ou des répétitions (§ 20, 17-19).

[87] Cette divergence provient de notre lecture 'vétéro-testamentaire' de la *Suite*. L'histoire d'Israël montre en effet (et tel semble être l'un des modèles de l'histoire du Graal, dont Joseph d'Arimathie est le Moïse) que la morale divine est infiniment moins étriquée que celle des hommes et que le Salut passe par le péché (de David ou de Salomon pour ne citer qu'eux), jugé tel mais nécessaire à la rédemption (la conception d'Arthur est typique à cet égard). Nous en voulons pour preuve l'épisode de Pellias (§ 445 et ss) : la luxure de Gauvain, qui sauve Pellias de sa mélancolie suicidaire, est porteuse de vie, quand la chasteté de Balaain, dans des circonstances analogues, est porteuse de mort (§ 223) ; aussi l'effet finalement heureux du « péchié grant et orrible » d'Arcade et Gauvain (§ 458, l. 31) nous incite-t-il à nuancer beaucoup le jugement de G. Roussineau sur la portée cet épisode (*op. cit.*, p. XXX). Nous contestons en tout cas l'idée que l'auteur de la *Suite* soit imbu de « morale cléricale » (*ibid.*), quoiqu'il s'exprime en des termes qui pourraient le laisser

– que l'amour, qu'il se réduise ou non à l'attrait charnel, est une force redoutable et parfois destructrice. Non qu'il fasse l'objet d'une condamnation de principe de la part de l'auteur, qui se garde bien de le lier par nature au péché[88] et s'efforce plutôt d'en faire reluire le double tranchant[89] (son regard est d'ailleurs, nous semble-t-il, généralement moins celui d'un juge que d'un observateur curieux de l'effet des *passions*) ; mais, parce qu'il affaiblit, rend vulnérable, et surtout modifie à l'occasion du tout au tout

---

croire en effet.

[88] 'Catharisme' qui fut toujours marginal dans l'Église sous sa forme la plus radicale, et qui est du reste proprement hérétique, l'attrait sexuel préexistant au péché, comme on le voit dans les deux premiers chapitres de la *Genèse*.

[89] Cet effort pour présenter toujours la double face de toute chose est caractéristique de la manière de notre auteur. V. par ex. cette annonce (§ 244, ll. 5-8) qui se réalisera dans le *Lancelot* : « si tres grans biautés coume elle [Guenièvre] a puet bien nuire auchune fois. Et non pourquant un jour sera encore que sa biautés vous aidera tant que vous en recheverés terre a tel point que vous la cuiderés del tout avoir perdue ». On retrouve ce même penchant critique lorsqu'il est question de vérité (v. n. 114). Il conviendrait peut-être de mettre cette attitude intellectuelle en relation avec les symétries ou les couplages symboliques (v. n. 80, 126, 131) et narratifs (v. n. 110, 132) récurrents dans cette œuvre. Nous avons déjà évoqué (n. 80), à propos de l'inceste fraternel d'Arthur contrebalancé par l'éclatement des fratries, ce qui nous apparaît comme un mécanisme binaire de compensation ; songeons encore à Pellinor, qui retrouve un fils après avoir perdu sa fille ; à Balaain, vainqueur et vaincu dans son dernier combat ; à Merlin, enfermé à peu près au moment où Arthur retrouve la liberté (v. *infra*).

le comportement de ceux qui en subissent la loi[90], il est incontestablement un facteur de désordre, individuel et collectif. Nous avons évoqué plus haut les suicides qui ponctuent la première moitié de notre texte, ultimes crises du désespoir amoureux ; nous venons d'évoquer Merlin, que le charme féminin[91] *endort* et qui finit, comme Samson[92], par s'y laisser prendre (et certes sa mort métaphorise on ne peut plus explicitement les périls de l'*enjôlement*) ; il convient maintenant d'ajouter que la passion amoureuse ne fait pas seulement souffrir ou mourir : elle se joue des plus lucides[93], rend méchant[94], jaloux sans raison[95], humilie[96], déshonore ceux qui l'éprouvent en

[90] Voir entre autres le § 458 (ll. 1-3) et le § 497 (ll. 47-63).

[91] D'abord celui de Morgane (§ 157), puis celui de Nivienne (§ 315).

[92] V. *Juges* XVI.

[93] Parmi lesquels Merlin, bien sûr, mais aussi Gauvain (§ 457).

[94] V. les §§ 491-493, qui relatent la vengeance de la fausse vieille dont les avances sont repoussées par Gauvain et le Morhout.

[95] V. au § 235 le récit qui relate l'origine de la coutume qui coûte la vie à Balaain et à son frère.

[96] L'histoire de Pellias illustre abondamment cet effet de la passion amoureuse. Ce chevalier d'exception est en effet pris aux rets d'une relation qui confine plus au sado-masochisme qu'aux épreuves de la *fine amor* et son avilissement, qui va bien au-delà de la servitude d'amour (v. par ex. au § 467, ll. 42-44), ne présente en particulier rien de commun avec la soumission de Lancelot à Guenièvre dans *Le Chevalier de la charrete* (*sic*) de Chrétien de Troyes (éd. M. Roques, Paris, Champion [86], 1983, XLIII-242 p.). Du reste, le personnage ne conçoit l'amitié ou l'amour que comme un lien servile (« ne ne seroie puis com vostre compaignon, mez comme vostre chevalier et

les faisant meurtriers ou traîtres[97], met à leurs visages, quand elle devient *luxure*, des stigmates de possession[98]. Bref : le désir amoureux, qui pousse Arthur dans le lit de sa sœur et transforme Merlin en *pantin*, contribue, c'est vrai – mais avec l'orgueil[99], l'envie[100], le ressentiment[101], autres puissants ferments de ruine – à défaire l'ordre arthurien[102] ; et son *activation* intempestive porte indéniablement, après l'avoir souillé par l'inceste de son roi, un rude coup au royaume de Logres, dont le déclin s'amorce au moment même où s'en profile la gloire, en le privant de son principal soutien (§ 527, ll. 26-32).

A bien y regarder, nul, dans le roman, n'échappe donc à l'apparente fatalité qui noue l'échec au succès, la grandeur à la décadence, l'honneur à la honte, et qui confère aux héros une renommée fragile, mêlée, bien différente de

---

com vostre *serf* », § 456, ll. 8-9 ; « faites li [à Pellias] tel *prison* dont il se tiengne a paié », § 467, ll. 20-21). Si Balaain (v. n. 75) ignore le code courtois, Pellias le pervertit par excès.

[97] Tel chevalier décapite une maîtresse infidèle et son amant (§ 222) ; Gauvain trahit (§ 458).

[98] C'est le cas de Morgane (§ 27, ll. 8-11).

[99] Agravain est l'archétype de cette passion (§ 529 et ss). Elle causera la perte de Gauvain (§ 496, l. 85).

[100] Passion qui domine Agravain encore, Morgane, Domas (§ 370).

[101] Gauvain, qui n'a de cesse qu'il n'ait vengé son père, tuera ainsi Pellinor, l'un des fidèles d'Arthur, et Balaain provoquera le malheur du royaume de Listinois pour se venger du chevalier invisible qui a tué ses compagnons.

[102] L'un des motifs de notre texte est d'ailleurs celui du compagnonnage ou du lien vassalique brisé par la rivalité amoureuse, réelle ou supposée (§ 416, 458, 479, 548, 552).

celle qu'ils entrevoient dans leurs rêves de gloire et qu'ils souhaiteraient léguer au monde. Effet de l'ignorance, de l'orgueil ou du désir, l'humanité se fraye ici un chemin entre faute et rédemption. Si tous les personnages sont peu ou prou pécheurs – Gaheriet lui-même, *bonne chose et simple* (§ 539, l. 2), préfiguration de Galaad, est destiné à tuer sa mère (§ 533, l. 50) – la promesse du rachat paraît en effet dans la souffrance même de ces êtres pour la plupart foncièrement droits[103] : Balaain, mis à mort par son frère ; Gauvain, cruellement blessé au bras (§ 272) ; Pellinor, abandonné par son fils et achevé comme vil gibier ; Merlin, enterré vivant ; Arthur, promis au destin tragique qu'il connaît à l'aube de son règne ou jeté dans un cachot (§ 363, l. 6) qui évoque assez bien l'Enfer de Dante (et dont il sort le troisième jour suivant la trahison qui l'y précipite après avoir délivré ses compagnons) : ces images sont précisément le signe du pardon divin, puisqu'un

---

[103] Contrairement au *Tristan en prose* ou à la *Suite-Vulgate*, notre texte ne compte aucun *outlaw*, tels Breü sans Pitié (*Tristan en prose*) ou Bertholai (*Suite-Vulgate*). Garlan, dont la carrière, menée tambour battant il est vrai, est pour le moins courte, fait certes figure de professionnel du mal, mais sa parenté avec Pellehan, le roi saint, rend son rôle malaisément déchiffrable (situation comparable à celle qui unit le terrifiant Méléagant à son père, le vertueux Baudemagus, dans *Le Chevalier de la charrete*). Les deux autres 'mauvais' du roman, Morgane et Agravain, obéissent à des motivations complexes, au premier rang desquelles la passion amoureuse, pour la première, l'orgueil, l'envie et la frustration pour le second. Leur méchanceté, toute concentrée sur un unique objet, est obsessionnelle, proche de la déraison.

coupable puni est un coupable *qui a payé*. Aussi est-il, en définitive, bien difficile de trouver un univers romanesque plus noir et plus optimiste *à la fois*, et tandis que la mort y donne à toute chose sa véritable mesure, des hommes guidés par des prophètes découvrent là l'origine du péché comme la source du pardon[104].

*

* *

G. Roussineau écrit avec raison que "l'auteur de la *Suite du roman de Merlin* a introduit dans son œuvre un sombre climat de fatalité" (p. X), qu'une "gravité sombre qui ne manque pas de grandeur émane de [ce] roman" (p. XXXVIII), car tel est bien le *ton* de l'œuvre. Cependant, l'originalité de notre texte nous semble tenir moins dans cette atmosphère de tragédie, dans cette accumulation de présages qui concourent, dès les premières lignes, à composer le livre du destin, que dans la singulière exaltation de la liberté humaine qui s'y manifeste à chaque

---

[104] La croix est l'un des symboles de cette ambivalence, qui, par sa forme même, évoque précisément tous les possibles ; parfois nettement associée à la mort (§ 115), ou du moins au danger (§ 334, § 480), elle est le plus souvent un signe neutre, point de repère dans l'espace extérieur, pour le voyageur (§ 184, § 438, § 444), ou intérieur, pour celui qui prend une décision *cruciale* (§ 225, § 356, § 421).

page[105]. Certes, il n'y a pas lieu d'y revenir : la fin – des hommes, des empires – est omniprésente et justifie la *prouesse*, qui est tout autant le moyen de s'en défendre que de lui survivre par la gloire qu'elle procure. Mais la mort, qui suscite les comportements d'exception, est elle-même le fruit du péché, c'est-à-dire, comme dans la *Genèse*, d'un choix ; or, ce sont principalement les instants de décision, individuels ou collectifs, qui préludent à la faute, que selon nous cette œuvre cherche à mettre en évidence.

Elle ne le fait pas sans difficulté, sans se heurter à la contradiction inhérente à toute pensée du libre arbitre dans un monde réputé soumis à une puissance divine souveraine, censée contrôler intégralement les événements qui s'y passent[106] : on le voit bien aux réticences de Merlin

---

[105] Par des voies toutes différentes, Ph. Walter conclut dans le même sens la notice qu'il consacre à la *Suite-Vulgate* (*Les Premiers Faits du roi Arthur* [biblio. n° 5], p. 1823). Précisons que notre lecture de *La Suite du roman de Merlin*, différente de celle qui est habituellement faite de ce roman, ne signifie pas que nous y voyions l'œuvre d'un auteur confiant dans l'avenir de notre espèce : on peut croire au libre arbitre et douter de la capacité des hommes à en user convenablement.

[106] Il nous est absolument impossible d'entrer ici dans les détails, ce qui nécessiterait que l'on affine considérablement les concepts requis (dont nous usons ici de manière intuitive) et que l'on replace l'œuvre dans le contexte théologique pré-thomiste. Remarquons seulement que les problèmes abordés par la *Suite du roman de Merlin* sont toujours d'actualité (v. par ex. E. Drewermann, *Dieu immédiat*, Paris, Desclée de Brouwer, 1995, entretiens avec G. Jarczyk, p. 31). La 'doctrine' de notre texte sur la question des rapports entre liberté divine et liberté humaine, tout écartelée qu'elle

concernant sa propre mort ou à son refus de livrer toutes les données dont la connaissance permettrait d'infléchir le cours des choses. Lui qui semble capable de détourner la mort de ceux qui l'écoutent[107] laisse en effet sans réponse, parce qu'elle touche de près au pouvoir de Dieu de planifier l'Histoire (et donc de la rendre *prophétisable*) sans amoindrir la liberté des créatures, la question d'Arthur sur l'étrange soumission du devin aux accidents qu'il prévoit[108], de même qu'il s'abstient de fournir les préci-

---

soit, et sans doute parce qu'elle l'est, nous paraît proche de celle développée par nombre de théologiens catholiques contemporains, en tout cas éloignée de l'augustinisme qui nourrira en partie la réflexion de Thomas d'Aquin sur la prédestination (que l'auteur de notre texte n'a évidemment pas pu connaître pour des raisons chronologiques). V. par ex. G. Greshake, *Gnade als konkrete Freiheit. Eine Untersuchung zur Gnadenlehre des Pelagius*, Mayence, 1972, pp. 216-230 ; O. H. Pesch, *Thomas d'Aquin. Grandeur et limites de la théologie médiévale*, Paris, Cerf (Cogitatio fidei 177), 1989 (1994 pour la trad. de J. Hoffmann), pp. 179-206. La question du mal et de la liberté chez Thomas d'Aquin est plus particulièrement étudiée par L. Sentis, *Saint Thomas d'Aquin et le mal. Foi chrétienne et théodicée*, Paris, Beauchesne (Théologie historique 92), 1992 (v. l'introduction pp. 23-53 et le chap. IV, pp. 161-190).

[107] Même si la question n'a guère de sens, un texte n'étant rigoureusement que ce qu'il est, on peut imaginer que les bûcherons instruits par Merlin de leur fin tragique pouvaient théoriquement y échapper en suivant ses conseils (§ 52).

[108] Au § 42 (ll. 18-22). Même surprenante inertie de la part de la dame de la Roche aux Pucelles, devineresse universelle capable « de tout le monde honnir se elle voloit » (§ 513, ll. 56-57), qui laisse prendre son frère en otage (§ 573). Il y a bien sûr une nécessité

sions qui suffiraient à sauver le royaume de Logres (§ 16) ou la tête de Pellinor (§ 308) pour ne pas contrarier les desseins du *Haut Maistre* (§ 308, l. 8). La relation entre prescience divine et liberté humaine inconditionnée, tout comme celle entre la liberté divine et l'ordre du monde, ne fait évidemment pas dans notre texte l'objet d'un exposé en règle ; cependant la doctrine, intuitivement conforme selon nous au plus sain enseignement de l'Église, y est nette sur ces deux points, distincts mais étroitement corrélés : non seulement en Dieu l'Histoire est l'histoire des possibles, et l'être humain choisit librement dans l'infinité des chemins qui s'offrent à lui, mais toute décision de Dieu est révocable par Dieu même. Ainsi voit-on Merlin prédire à

---

narrative à donner à ces enchanteurs surpuissants un talon d'Achille (une femme pour Merlin, un frère pour les demoiselles), mais dans les deux cas, le texte suggère que la peur du péché limite leur pouvoir et les retient de se préserver des revers de fortune (§ 330, ll. 28-31 ; § 513, ll. 58-60). Ce qui est sûr, c'est que tantôt les enchanteurs utilisent ce qu'ils savent pour modifier le cours des événement, à leur bénéfice ou à celui d'autrui, tantôt non, et cette mystérieuse dialectique entre savoir prophétique et ordre divin semble n'obéir à d'autres règles que celles dictées par l'intuition du prophète. Un exemple de cet exercice d'intuition est celui de l'entrevue entre Loth et Merlin (§ 145). Celui-ci utilise tous les moyens *humains* dont il dispose pour fléchir le vassal révolté ; en désespoir de cause, il use d'*enchantement* pour donner à Arthur la possibilité de lutter à armes égales contre Loth (« il ne querroit que li rois euust plus de respit fors tant seulement que il eust vaincu les hommes au roi Rion », § 145, ll. 10-12) mais se garde d'intervenir dans la bataille, dont Arthur sort vainqueur par des moyens *humains*. Tout l'esprit du texte tient dans ce très subtil dosage de pouvoirs, humain et surnaturel.

Gauvain (§ 281, ll. 4-15) qu'il ne sera vaincu que par un seul chevalier... sauf si cette prédiction le conduit à se montrer imprudent, *car che n'est mie doute que chascuns ne puist bien sa mort haster, se il li plaist*[109] ; et lorsqu'il annonce sa propre mort, il se garde de lier la volonté du Maître Souverain à cette prédiction qui lui vient pourtant de Dieu (§ 42, ll. 17-18) : celui-ci peut bien en effet

---

[109] La responsabilité individuelle est constamment mise en exergue par les devins (v. cependant la note 374 au § 306). Pour en rester à Gauvain, la consultation prophétique qui lui est donnée à la Roche aux Pucelles (§ 496, ll. 83-85) est ainsi formulée : « ...ly homs estranges qu'il avra plus amé li donra la plaie mortel, *et ce lui adviendra par son orgueil* », propos que le Morhout ne manque pas de relever, alors que Gauvain n'y prête guère attention (§ 497, ll. 15-16). Merlin adresse un avertissement analogue à Arthur (§ 109, l. 17) : « il [Dieu] te secourra en tous liex, *se che n'est par vo defaute.* » Même restriction pour ce qui concerne le fourreau d'Escalibour, protecteur à condition de ne pas tenter le diable (§ 65, ll. 26-27) : « ...ja hom qui sour lui le porte ne perdera sanc ne ne rechevra ja plaie mortel, *pour qu'il soit armés a raison.* » Mentionnons enfin l'insistance avec laquelle Merlin promet à Balaain et Balaan qu'ils s'empareront du roi Rion *se cueurs ne leur faut* (§ 119, l. 21 ; § 121, l. 13 ; § 123, l. 7 ; § 126, l. 14). C'est encore le poids déterminant de la liberté humaine dans le cours des événements qui interdit de tuer l'innocent d'aujourd'hui au motif qu'il sera *probablement* coupable demain (§ 16, ll. 12-15). A cet égard, notre texte est bien dans la continuité spirituelle du *Merlin*, puisque dès le commencement on y insiste sur le fait que Merlin, qui a reçu à parts égales de Dieu et du démon, pourra librement choisir son camp (§ 10, ll. 31-33) : « ...si se tenra a laquele que il veura, car se il volt, il puet randre as deables lor droit et a Nostre Seingnor le suen. »

communiquer sa volonté aux créatures qu'il choisit pour être ses prophètes, cette information ne vaut pas promesse et nul ne saurait préjuger de son action, libre à tout instant comme celle des hommes[110].

---

[110] Ce qui explique que Merlin, tout en connaissant le sort promis à Arthur, qu'il prophétise dès les §§ 15-16, s'inquiète de le voir succomber dans le combat qu'il doit livrer contre Acalon (§ 331), éventualité qui semble bien repoussée en effet par l'intervention *in extremis* de Nivienne (§ 398). Cette crainte n'a guère de sens si l'on suppose que la volonté de Dieu est intangible. Voir aussi le § 559 (l. 62) où une demoiselle prophétise le succès de Gaheriet : « ...vous vendrés a bon chief de vostre queste, *se Dieux vous donne vie.* » Comme Dieu ne saurait être captif de sa propre volonté, nul ne peut se croire à l'abri pour avoir fait l'expérience de sa bienveillance, comme le montre bien la duplication de l'épisode de l'épée brisée. Arthur, qui dispose d'une arme de mauvaise qualité, brise son épée en affrontant Pellinor (§ 58) et se trouve en danger de mort (§ 60, l. 18). Merlin lui fait donc acquérir Escalibour, qui doit lui épargner pareille mésaventure à l'avenir. Or le même accident se reproduit lors de son combat contre Acalon (§ 396), parce que sa sœur lui a dérobé Escalibour pour la donner à son adversaire ; le voilà ainsi de nouveau en danger d'être « mors et hounis se Nostre Sires n'en pense (§ 331, l. 25) ». Qu'est-ce à dire, sinon que rien n'est acquis et que Dieu peut à tout moment contrarier des prévisions qu'il a lui-même suggérées ? Plus généralement, l'homme ne peut pas même se prévaloir de ses mérites envers Dieu (§ 506, ll. 32-33) : « ...ainsi espant Nostre Seigneur ses vengences sur les justes et sur les pecheurs tout à sa volenté. » Cette vérité, également exprimée par Merlin au § 306 (ll. 33-35), est dans l'esprit de *Job* (1, 21), voire du psaume 127 où le croyant reconnaît que les biens de fortune et la force mondaine dépendent de Dieu seul.

Chacun, ou presque, dans la *Suite*, parce que le monde arthurien est peuplé de diseurs d'aventure[111], connaît tout ou partie de son destin *probable*[112] avant qu'il s'accomplisse, mais cette connaissance, outre qu'elle ne saurait engager définitivement l'avenir, toujours soumis au libre vouloir de Dieu et des hommes, comme on vient de le dire, est elle-même, lorsqu'elle est suffisamment explicite[113] et pour peu qu'on l'*entende*, une libération[114] : loin d'avan-

---

[111] Par ex. § 96 (ll. 35-45) ; § 144 (ll. 14-17) ; § 179 (ll. 19-40) ; § 226 (ll. 16-23) ; § 240 (l. 18) ; § 245 (ll. 14-19) ; § 259 (l. 17) ; § 307 (ll. 10-15) ; § 321 (ll. 34-38) ; § 441 ; § 496 ; § 509 (ll. 96-102) ; § 512 (ll. 26-28 et ll. 37-39) ; § 533 (ll. 48-51) ; § 553 (ll. 52-56) ; § 571 (ll. 13-17). Il faut inclure, parmi les augures, les anonymes, auteur d'inscription (§ 225, l. 5) ou *vox populi* (§ 209, l. 24). Il convient aussi de distinguer les prophéties des prédictions inspirées par le bon sens (par ex. § 50, ll. 21-34) ou l'expérience (§ 438, ll. 10-11 ; § 563, ll. 16-18), même si leurs probabilités d'accomplissement ne sont pas moindres que celles des premières.

[112] V. les notes 110, 228, 236, 263.

[113] Ce qui n'est pas toujours le cas. V. par ex. aux § 244 (l. 11), § 306 (l. 45) ou les annonces faites sur la Roche aux Pucelles.

[114] Nous parlons ici de la vérité qui concerne les événements à venir ; celle qui concerne le passé est tout autant libératrice. C'est par la connaissance de son péché qu'Arthur s'affranchit du démon (lequel hait par dessus tout la lumière [§ 309, ll. 43-47]) et de ses démons (à cet égard, l'entretien avec Merlin qui fait suite au cauchemar du § 3 s'apparente curieusement à une psychanalyse [v. F. Dubost, *op. cit.*, p. 343]). Il est difficile de ne pas évoquer ici *Jean* VIII (32-35). En tout cas, qu'elle éclaire l'intérieur des consciences ou dévoile l'avenir, la vérité est incontestablement, dans notre *Suite*, ce par quoi l'Homme a prise sur son destin. On soulignera cependant que notre texte associe à la recherche de la vérité la

cer aveuglément, un être averti peut en effet choisir tout ensemble un parti et sa conséquence. Les prophéties, donc, font en principe les hommes pleinement responsables de leurs actes[115], aussi le tragique, si profondément étranger à l'esprit du christianisme lorsqu'on l'entend au sens d'une mécanique implacable dont l'individu est le jouet, n'est-il ici qu'une apparence, et l'on ne confondra pas les effets d'une liberté de plein exercice avec l'enchaînement des maux qui suivent la décision d'un dieu. Le sort du Chevalier aux Deux Épées, même en faisant la part des accidents, des provocations[116], des hasards qui nourrissent son entêtement, illustre au mieux cette relation sincère entre autonomie et destin. Son *errance* est jalonnée de prophéties

---

nécessité du discernement, et sans doute de la justice, en quoi il se montre ici, lorsque l'on compare son enseignement aux belles pages de Dietrich Bonhoeffer sur la question, incontestablement *en avance*. V. les notes 322 et 355.

[115] Lorsque Merlin, qui cherche à dissuader Balaain d'aller chez Pellehan, lui fournit en même temps toutes les indications qui lui manquaient pour pouvoir s'y rendre (§ 179), ce n'est pas inconséquence de sa part : si le Chevalier aux Deux Épées doit renoncer à accomplir sa vengeance, ce ne peut être qu'en toute lucidité, non par impuissance ou ignorance. Instruit des conséquences de son acte et disposant de toutes les informations pour agir, son choix est aussi libre que peut l'être un choix humain.

[116] Le soufflet que lui donne Garlan en est une (§ 200), et l'on ne peut nier que l'incident précipite les événements en faisant perdre à Balaain « tout sens et toute mesure » (§ 200, l. 17). Reste que sa décision de tuer Garlan est prise avant ce moment.

funestes qui ne l'arrêtent à aucun moment[117] ; ce n'est pas qu'il ne les tienne généralement pour plausibles : l'expérience lui révèle assez vite que les événements se déroulent conformément à ce qu'elles annoncent[118], mais le sens paroxystique de ce que l'on se doit à soi-même (contrepartie, peut-être, du souvenir traumatique de l'humiliation subie à la cour d'Arthur) le rend indocile à toute recommandation de prudence[119]. Balaain serait donc parfait dans le rôle du chevalier maudit si le narrateur ne prenait soin d'ajouter, après nous avoir dit qu'*a Nostre Seignur ne plout mie qu'il durast grantment*, qu'*il meismes fu auques achaison* de sa fin précoce, par son insatiable appétit d'aventures (§ 104, ll. 20-22)[120]. Ce guerrier

---

[117] V. § 96 (ll. 35-52) ; § 116 (ll. 5-27) ; § 179 (ll. 32-38) ; § 226 (ll. 16-23).

[118] La chose est en tout cas parfaitement claire pour lui au § 227 (ll. 1-2). Il en va de même pour Pellinor (§ 307, ll. 18-24).

[119] Lorsqu'il abandonne l'idée de tuer Gauvain pour sauver Pellinor, il cède moins aux oracles (§ 184, ll. 3-13) qu'à la nécessité d'achever ce qu'il a commencé (§ 183, ll. 32-37).

[120] S'il fallait véritablement décerner la palme du chevalier maudit dans la *Suite*, Pellinor la mériterait (v. d'ailleurs § 310, l. 25) autant que Balaain, auquel il ressemble à bien des égards, par son rôle dans la consolidation du pouvoir d'Arthur (v. par ex. § 148, l. 6) ou son indifférence à autrui en certaines circonstances (§ 295 ; § 296, l. 13 ; § 310, l. 20). On voit du reste Balaain prêt à tuer Gauvain, malgré son désir compulsif de plaire à Arthur, pour sauver Pellinor (§ 183). S'il ne provoque pas, comme Balaain, de catastrophe collective, il se montre, comme l'observe Merlin (§ 306, l. 28), singulièrement *mescheant* – c'est le premier adjectif que Pellinor emploie à propos de lui-même (§ 7, l. 22) – en enchaînant les mauvais choix, lorsqu'il

d'apocalypse, dont l'existence tôt tranchée n'est qu'une série à peu près ininterrompue de catastrophes, n'est pas seul à vouloir choisir librement son destin, mais l'amour-propre, dominant chez lui, se mêle chez d'autres au désir compulsif de savoir, qui ne s'accommode d'aucune précaution, pas plus que l'exigence d'honneur. Yvain et le Morhout, pour ne citer qu'eux, malgré le danger dont ils sont avertis, veillent au Perron du Cerf, où se rejoue chaque nuit le même scénario de mort et de résurrection. La satisfaction de leur curiosité est cher payée, mais quel chevalier digne de ce nom fuirait le risque en mettant sous le boisseau son désir de voir et de savoir ?

Le monde arthurien ne peut ainsi qu'aller vers le *martyre* annoncé au § 3 ; non que l'on y soit, comme chez les Troyens, victime des prophéties par incrédulité, mais parce que l'homme, pris aux lacs de l'honneur ou de la curiosité, donne tête baissée dans les panneaux du destin et refuse tout *détour* qui pourrait être interprété comme une manifestation de peur[121]. Aussi voit-on rarement les héros pris au

---

refuse de revenir sur ses pas et laisse mourir à son insu sa fille (§ 295), ou les erreurs d'appréciation, lorsqu'il tue Loth, croyant que celui-ci a tué Arthur (§ 149, l. 27), ou s'abstient d'élire Baudemagus à la Table Ronde (v. au § 354, ll. 14-22 et p.-ê. § 526, ll. 15-17).

[121] Voyez Arthur, auquel Merlin prédit – au nom du simple bon sens – qu'il sera vaincu par tel chevalier (§ 50, ll. 15-41) ; Balaain, auquel il annonce les maux qui viendront, pour lui et pour d'autres, de sa quête (§ 179, ll. 33-36) ; Gaheriet, auquel on recommande de ne pas entrer dans telle cité (§ 563, ll. 16-18) et dont ces paroles pourraient être la devise de tout *chevalier errant* (§ 563, ll. 31-32) : « ...mauvais est cil qui par parole s'esmaye. » La faiblesse de la prophétie, même si on lui attribue cette qualité, tient à cela : elle

piège de leurs choix exprimer de véritables regrets ; ce sont tout au plus des paroles de résignation qui leur viennent : *Ore est ensi [...]. Puis qu'il est fait, il ne puet mais remanoir*, dit Balaain après le Coup Funeste (§ 208, ll. 12-14) ; *ore est ensi*, dit à son tour Gauvain, après avoir, lui aussi, pris une décision malheureuse (§ 273, l. 22)[122]. Et si le chevalier déçu de ses choix exagère sa plainte, il se trouve toujours quelqu'un pour l'inviter à les assumer : *se vous vous en deviés ore occhirre, si en est il ensi avenu*, dira Nivienne à Pellinor (§ 303, l. 18)[123]. D'autres décisions, plus troubles, font exister la liberté : une demoiselle préfère le nain qui la battra au beau chevalier qui la protégerait (§ 447)[124] ; une autre encore trompe son bel

---

n'est que *flatus voci*.

[122] Et encore la demoiselle tuée alors qu'elle était sous la protection du Morhout (§ 483, ll. 3-4) : « ... vous n'en devés estre blasmés, car c'est par mon forfait ['par ma faute'] ».

[123] V. aussi Arcade à Gauvain, après la trahison de celui-ci (§ 465, ll. 28-29) : « Il ne peut mais remanoir qu'il ne soit ainsi avenu ».

[124] Le motif des amours entre une femme 'normale' et un nain ou une créature difforme, que l'on retrouve du reste aux §§ 478-480, n'est bien sûr pas propre à notre récit. Pour s'en tenir au plus près de notre texte en citant la *Suite-Vulgate*, on mentionnera l'exemple de Bianne, amoureuse du nain Énadain, dont le portrait physique est particulièrement chargé (*Les Premiers Faits du roi Arthur*, § 748, p. 1561 [biblio. n° 5]) ; mais la situation est tout autre que dans notre roman, la laideur d'Énadain étant le résultat d'un enchantement (*ibid.*, § 818, p. 1641). On trouverait sans peine, dans la littérature médiévale, d'autres exemples d'appariements contre nature (v. par ex. celui qui est évoqué dans *Brun de la Montaigne*, éd. P. Meyer, Paris, SATF, 1875, v. 1030 et v. 2833).

amant avec un chevalier hideux (§ 220). Les motivations sont ici plus difficiles à percer : perversion, peut-être[125], ou vœu inconscient d'auto-destruction que les modernes sciences de l'âme savent analyser ; mais on peut voir aussi dans ces choix déroutants le refus obstiné, désordonné, des contraintes qu'imposent la nature ou les conventions[126],

---

[125] Aucune raison claire n'est alléguée pour expliquer le comportement de ces demoiselles. Sommée de *choisir*, la première allègue la « mauvaistié » du beau chevalier (§ 447, l. 88), peut-être parce qu'il a préféré s'en remettre au jugement de Gauvain plutôt que d'affronter le nain ; elle ne fait cependant aucune allusion à ce démérite lorsque Gauvain la prie de s'expliquer (§ 442, ll. 38-43). La seconde n'a pas le loisir de se justifier, mais on notera que le beau chevalier a consenti à se vêtir en femme pour se rendre auprès d'elle (§ 216, l. 20) : ce travestissement momentané de sa virilité a pu le dégrader à ses yeux. On pourrait associer à ces deux demoiselles celle qui, « non mie par force, mez *pour sa volenté* » (§ 449, l. 55), laisse Gauvain pour le premier venu (§ 448), sans que quiconque – Gauvain, le chevalier qu'il consulte à ce sujet (§ 455, ll. 16-19), l'intéressée qu'il retrouve après avoir corrigé son séducteur (§ 469, l. 25) – puisse fournir d'explication. La conclusion que tirent Gauvain et Balaain de ces épisodes est banalement mysogyne (§ 220, ll. 18 ; § 447, ll. 101-102 ; § 449, ll. 68-69), ce qui ne fait que confirmer ce qui est dit à la note suivante, mais il n'est pas certain que le narrateur partage ce point de vue.

[126] Il convient de ne pas minimiser la part, à première lecture si importante dans notre roman, et si éloignée d'une pensée de la liberté, du déterminisme génétique, qui associe aux individus une nature assortie à leur origine (v. à ce sujet D. Boutet, *Charlemagne et Arthur ou le roi imaginaire*, Paris-Genève, Champion-Slatkine, 1992, pp. 190-191 et 484-485). Arthur ne doute pas que, pour les autres (§ 254) et pour lui-même (§ 13), *bon sang ne saurait mentir*,

et Merlin se fait également le défenseur de la *doxa* en cette matière lors de la présentation de Tor à la cour : « ...se vous fuissiés d'estrassion de vilain, ja ne vous presist talent de chevalerie mener » (§ 311, ll. 3-4). Mais Merlin est également victime de ce déterminisme. Lui qui s'est si nettement *affranchi* de ses origines diaboliques disparaît – et qu'on n'aille pas, comme on le fait quelquefois, lui chercher des cornes sur la tête en alléguant son goût pour les facéties de diablotin ou son désir d'*homme* : Merlin a définitivement choisi le camp de Dieu contre celui de l'ange déchu [§ 330, l. 30]) – parce que la femme qu'il aime ne croit pas cet affranchissement possible. Autre victime de l'injustice de ce préjugé, Yvain, chassé de la cour de son oncle parce qu'il est le fils de sa mère (§ 419, ll. 45-48). On pourrait penser que la réussite morale de ces personnages met la *doxa* déterministe en contradiction avec elle-même ; tel n'est pas le cas : il lui est aisé de justifier ces contre-exemples en suggérant que Merlin, Yvain, Tor échappent à leur ascendance négative parce que celle-ci est contrebalancée par l'influence positive d'un autre ascendant (la mère de Merlin, Urien, Pellinor), ce qui n'est pas le cas pour un pur fils de diables ou de vilains, naturellement voué au mal ou au médiocre. Mais si l'origine hybride de ces personnages conforte finalement la pensée du déterminisme naturel qui a cours dans l'univers arthurien, elle démontre aussi, et d'une manière bien plus éclatante, que l'individu en qui le bon et le mauvais sont également dosés par la nature est libre de choisir (v. *Merlin*, § 10, ll. 26-39). Un autre fait mérite du reste d'être évoqué : les mauvais sujets de notre roman (Morgane, Garlan, Agravain) ont tous trois pour frère un représentant éminent du bien que la grâce divine distingue entre tous (Arthur, Pellehan, Gaheriet), ce qui laisse penser que l'individu ne se détermine pas par son seul lignage et que le bien ou le mal en lui est au moins partiellement indépendant de la naissance. Ce n'est pas encore tout. L'idée que l'on puisse dénaturer un enfant et le rendre mauvais en le faisant allaiter non par sa mère noble mais par une femme de basse extraction est explicitement le refus d'un destin qui se construit en dehors du sujet[127]. S'il fallait choisir des symboles de l'obstinée transgression du convenu que nous discernons dans notre texte, ce pourrait être l'invraisemblable tentative de séduction faite par *une des plus belles damoiseles du monde* sous l'apparence d'*une dame de grant aage et moult vieille par semblant* (§§ 491-494), ou encore cette femme d'âge

---

formulée dans le *Merlin* (§ 74, l. 23 ; § 87, l. 22) pour expliquer les « mauvaises tesches ('qualités') » de Keu, « fols et vilains et fel » au dire de son propre père (§ 87, ll. 19-20). Or, dans notre roman, tout étiologique qu'il veut être, Keu s'affranchit plus que partiellement de ce destin d'Epsilon, sauvant par sa bravoure Arthur, la reine et le royaume (§ 330, ll. 8-11 ; §§ 346-347). Ce fait, et tout ce qui souligne l'inadéquation occasionnelle entre la naissance et le comportement (l'histoire de Pellias est à cet égard exemplaire [§ 454, ll. 5-11 ; § 462, l. 30 ; § 465, l. 79] ; v. aussi les §§ 309-312, où apparaît la mère de Tor), révèle un auteur moyennement dupe du préjugé génétique. On notera enfin que notre texte, s'il ne conteste pas malgré tout ouvertement le principe du déterminisme naturel, ne se prive pas en revanche pour combattre vigoureusement les préjugés sociaux (§ 94, ll. 32-39 ; § 247, ll. 23-30 ; § 462, l. 33), dans un esprit certes conforme à l'idéologie chevaleresque du début du XIIIe siècle, mais en termes suffisamment généraux pour que l'on s'interdise de restreindre son propos à l'élite guerrière de la société. Sur cette question, v. J. Larmat, *Les Pauvres et la pauvreté dans la littérature française du moyen âge*, Nice, Université de Nice Sophia Antipolis, 1994, pp. 31-45.

[127] Catherine Millet a écrit sur l'érotisme de la laideur quelques pages qui donnent aux épisodes que l'on vient d'évoquer (tout particulièrement celui du § 447) une résonance toute moderne (*Riquet à la houppe. Millet à la loupe*, Paris, Stock, 2003, p. 30 et ss.).

presque deux fois canonique chevauchant *tous jours desliee* (§ 437, ll. 6-12), apparemment indifférente à l'inadéquation de son état au nom de *demoiselle* que sa libre chevelure oblige à lui donner et qu'elle s'approprie en quelque sorte *à contre sens*.

On ne saurait évidemment passer sous silence le rôle des enchantements dans certains comportements aberrants. Lorsque Gauvain et le Morhout se livrent un combat sans merci, leur volonté n'y est pour rien (§ 492). Mais dans une œuvre somme toute largement dévolue au merveilleux, force est de constater que de tels exemples sont peu nombreux et, pour certains, difficiles à interpréter. Qu'on lise attentivement le tout début de l'épisode de la Roche aux Pucelles (§§ 497-498) ; on ne peut affirmer de bonne foi que la décision de Gauvain et du Morhout de rejoindre les douze demoiselles soit l'effet d'un enchantement. Le narrateur, en tout cas, n'en dit rien, alors qu'il précise par la suite que les deux compagnons sont artificiellement maintenus par leurs amies dans un état de béatitude. Même réticence à l'égard des propos d'une demoiselle qui accuse une rivale de lui avoir pris son ami en usant de sorcellerie (§ 559, ll. 30-34) ou d'un chevalier qui évoque le mauvais génie d'un lieu (§ 445, ll. 10-11 et n. 443). Merlin lui-même, enchanté par Nivienne, conserve assez de lucidité pour savoir quel risque il encourt en retournant en Grande Bretagne (§ 330, ll. 17-20 et § 332, l. 11) et l'on ne peut sans inexactitude prétendre qu'il agit sous l'effet d'un sort qui le domine. Rien ne le *force* en effet à regagner le royaume de Logres, et c'est d'abord pour complaire à la Demoiselle Chasseresse (le charme qui le lie est pour le coup tout à fait naturel) que Merlin choisit de rentrer pour sauver Arthur, préférant sans doute perdre la vie plutôt que l'estime de celle qu'il aime. Cela aussi est un libre choix, eût-il forme de dilemme[128].

Parce que leur créateur les a voulus libres et responsables[129], le comportement des personnages de la *Suite* et les péripéties qui la jalonnent sont souvent imprévisibles, ce qui est à l'origine de quelques effets de surprise particulièrement réussis. Nous venons d'évoquer la demoiselle qui, laissée libre de son choix, préfère contre toute attente un avorton à un Apollon ; le suicide d'une demoiselle après la mort de son ami (§ 111), le double meurtre commis par un chevalier désespéré (§§ 222-223) ou bien encore l'idylle de Gauvain avec celle qu'il prétendait offrir à un chevalier ami (§ 457), véritable parodie, *sans philtre*, de l'histoire de Tristan et Yseut, sont bien aussi les conséquences d'un libre agir, fût-il embrumé par la passion. Comme d'autre part la liberté implique la respon-

---

[128] Autre exemple ambigu d'enchantement qui paralyse la volonté : au § 145, Merlin retient Loth qui s'apprête à attaquer Arthur ; le narrateur indique qu'il le fait « par enchantement » (l. 16), mais, quelques lignes plus haut, le retard de Loth ne semble dû qu'à l'éloquence de Merlin (§ 145, ll. 8-10) : « ...si tenoit toutes voies le roi en sa parole et le faisoit a lui entendre et le destourboit d'aler avant au plus que il pooit... ». V. n. 108.

[129] Sur cette notion de responsabilité dans l'univers arthurien, v. F. Dubost, « *Mescheance*, merveille, mort dans *La Mort le roi Artu*. Recherche sur un champ associatif », in *'Imprimer en cœur d'homme fermeté d'espérance'. Moyen Age et Renaissance. Hommage au professeur François Rouy*, Nice (Publications de la Faculté des Lettres, n. s. 22), 1995, pp. 51-66.

sabilité, le texte ne cesse de nous rappeler qu'il n'y pas d'heure pour répondre de ses actes, ce qui là encore donne à quelques aventures un dénouement aussi soudain qu'inattendu : la demoiselle tuée à la cour du roi (§§ 99-100), le chevalier dont une demoiselle réclame la tête quand on *prévoit* qu'elle demandera sa grâce (§ 291), le Morhout brutalement attaqué par son samaritain (§ 485) sont autant d'exemples d'individus rattrapés par leur passé[130].

Outre son rôle dans le cours des événements, la liberté reconnue aux acteurs de cette histoire, hommes et Dieu, retentit sur la facture du récit. La présence de nombreux épisodes couplés, qui, reliés par de multiples détails, exposent deux faces d'une réalité similaire ou identique, illustre ainsi tantôt l'absence de déterminisme qui régit la conduite des hommes – ou à tout le moins des personnages de la *Suite* – tantôt le poids du vouloir souverain de Dieu. L'épisode de la demoiselle et du nain préféré au beau chevalier montre la déraison, voire la *diablerie* des femmes et la méchanceté des nains (§ 447 et § 471), mais celui de la dame et du nain condamnés injustement au bûcher fait voir au contraire le sens et la loyauté de l'un et de l'autre (§ 478), si bien qu'il n'est guère possible, au terme et à partir de ce roman, de mettre le comportement des femmes et des nains sur le compte de leur 'nature', et c'est finalement le poids tout relatif, malgré les préjugés des person-

---

[130] Comme le sera Arthur lui-même, ainsi qu'il est annoncé dès le § 3, ou la demoiselle qui manquera périr d'avoir préféré au bon la brute (§ 471). Inversement, une action méritante reçoit toujours sa récompense, directement ou non (§ 509, ll. 108-114).

nages eux-mêmes, des conditionnements sociaux ou naturels dans l'action des hommes qui se trouve signifié ici[131]. Ce même principe de duplication rend le rôle de la Providence – donc de la liberté divine – dans les affaires humaines patent, lorsque, par exemple, l'on compare le sort de Girflet (§§ 40-48) à celui de Gaheriet (§§ 535-556), tous deux confrontés à peine adoubés à un chevalier d'élite et sur chacun desquels Dieu a des vues bien différentes[132].

---

[131] Il en va de même pour les roux, qui, comme les nains, sont victimes de préjugés tenaces (v. M. Pastoureau, *Une Symbolique du moyen âge occidental*, Paris, Seuil [La librairie du XXIe siècle], 2004, pp. 197-209). Le 'méchant' de notre texte est bien roux (Garlan), mais cela n'empêche nullement Galligar le Roux d'être jugé digne de la Table Ronde et mis au rang des « preudoume et boin chevalier » (§ 354, l. 31-32).

[132] La plupart des épisodes couplés de notre texte illustrent l'absolue liberté de Dieu qui n'est, pas plus que celle des hommes, soumise à aucun déterminisme, pas même celui de sa propre volonté ; ainsi ceux d'Escalibour (v. n. 110) ou des tueurs invisibles, Garlan et le meurtrier du *Perron du Cerf* (§ 483). Garlan mort, le monde peut s'estimer débarrassé du danger de périr assassiné par une créature invisible, mais, dans un contexte tout autre il est vrai, les mêmes faits se reproduisent, prouvant une fois de plus que rien ne prend fin sans l'agrément de Dieu, qu'un même effet peut avoir de mutiples causes et que Dieu peut en user *comme* les méchants. Ce n'est bien sûr pas un hasard si Garlan, frère du roi aimé de Dieu qui détient la Sainte Lance, use des procédés utilisés par le gardien invisible des mystères du Graal, et le redoublement de l'épisode du meurtrier invisible est le signe le plus évident du changement de plan qui s'opère après le sacrilège de Balaain : son attentat met fin aux crimes d'un tueur en série bien humain mais a pour effet de

Plus généralement, le refus de soumettre la conduite des personnages à une quelconque prédestination sans toutefois amoindrir la puissance divine est peut-être à l'origine, en partie tout au moins[133], des nombreuses anomalies du

---

transposer cette œuvre de mort dans une sphère où la vengeance des hommes ne peut plus s'exercer. Autre doublet qui montre l'action humaine, même méritoire, soumise en dernier ressort au vouloir de Dieu, celui des deux suicides accomplis sous les yeux de Balaain. Incapable de prévenir le geste d'une demoiselle, il laisse celle-ci se donner la mort (§ 111) ; plus tard, dans des conditions similaires, il parvient à retenir le bras d'un chevalier sur le point de se tuer (§ 214) et l'on peut penser que cette fois il est parvenu à contrecarrer le destin. Mais son intervention n'a pour effet que de provoquer un double meurtre, sans empêcher en fin de compte le suicide du chevalier (§§ 222-223). C'est donc aussi la dialectique entre liberté humaine et liberté divine, conceptuellement difficiles à concilier, qui s'exprime dans ces doublets, qui montrent tantôt l'Homme maître de ses actes, tantôt incapable de rien maîtriser. Pour un autre exemple d'épisodes couplés qui montre que Dieu n'est pas même lié dans ses œuvres salvatrices par ce que les hommes appellent Bien et Mal, v. la note 87.

[133] On ne saurait nier que des explications factuelles puissent être en certains cas alléguées. Il est par exemple vraisemblable que la coexistence des deux épisodes du fourreau contrefait, qui semblent par trop étrangement s'ignorer l'un l'autre et dont le second seul est annoncé au § 66, provient de la compilation de sources distinctes ou d'une interpolation (v. la n. 396) ; il en va de même pour la double généalogie attribuée à Sagremor (§ 79 et § 580) et pour nombre d'autres détails qui ne peuvent être dus qu'à un auteur particulièrement étourdi ou, ce que nous croyons plus volontiers, à l'intervention, à des stades divers, de plusieurs auteurs. Rappelons aussi que notre *Suite* repose sur trois mss, ce qui peut expliquer certaines

récit, que l'on trouvera mentionnées en leur lieu dans les notes et que G. Paris et J. Ulrich traitaient avec un superbe dédain[134], faute, selon nous, de les avoir reliées à la métaphysique, et donc à la poétique, du texte[135]. Ces 'incohérences' narratives découlent en effet naturellement de la difficile tentative de concilier le libre arbitre de l'Homme et les desseins de Dieu. De fait, le heurt de ces deux puissances souveraines ne peut que susciter la contradiction entre les prophéties, de prophète ou de narrateur, et leur accomplissement : tandis que le destin des personnages est si bien entre leurs mains qu'il échappe à toute *autorité*, la

contradictions (v. n. 23, 68).

[134] *Op. cit.*, p. XLVIII. Parmi les épisodes « obscurs et incohérents » de l'histoire de Balaain, G. Paris et J. Ulrich mentionnent la prédiction du nain à Balaain après le meurtre de Lançor (§ 113, ll. 19-25) qui n'est pas suivie d'effet. Mais d'une part il s'agit d'une menace plutôt que d'une prophétie et d'autre part le nain, exprimât-il à cet instant la volonté divine, laisse explicitement à Dieu la maîtrise des événements (ll. 21-23) : « ...nus *fors Diex* ne vous porroit garandir que vous n'en morussiés si tost comme la verités en sera racontée de sa mort a son parenté... » Or Dieu a d'autres projets pour Balaain et cette vengeance n'y tient aucune place.

[135] Pour nuancer ce qui suit, il convient d'ajouter que contradictions ou fausses annonces caractérisent d'autres textes médiévaux, arthuriens en particulier. Notre intention n'est donc pas de ramener toutes les anomalies du texte à une seule cause, et encore moins d'imposer une interprétation unique de l'œuvre. L'idée que nous développons est seulement la suivante : les incohérences du texte s'expliquent *aussi* par le projet éthique que nous discernons dans le roman et peuvent être à ce titre considérées comme un élément de sa poétique, tout comme, sur un autre plan, son indifférence aux détails.

volonté divine peut à tout moment contrarier une annonce[136]. Et si l'on répugne à l'idée que l'œuvre puisse partiellement s'affranchir de son créateur, si l'on préfère invoquer la désinvolture de l'auteur[137] – certains indices laissent d'ailleurs supposer qu'il n'hésite pas à s'affranchir

---

[136] Comme on le constate à la lecture de l'Ancien Testament par l'histoire mouvementée du peuple d'Israël, Dieu n'est pas captif des prophéties qu'il suscite, pas plus que l'Homme n'avance sur une voie tracée. Même si l'on est toujours en droit d'évoquer la tradition textuelle pour expliquer certaines anomalies (v. n. 23, 68, 133), les prophéties manquées ou approximatives de Merlin peuvent être comprises comme des témoignages de la toute-puissance divine. L'une des plus remarquables étant celle qui concerne le jeune homme blessé par Garlan (§ 195, ll. 16-22 et § 209, l. 3). Voir aussi § 144 (l. 16), la prophétie faite à Loth ; § 154 (l. 21), celle qui concerne sa propre mort ; § 155 (l. 22), celle qui a trait à la dernière apparition de Balaan et Balaain devant Arthur. Certes, Merlin ne ment jamais (§ 144, ll. 18-20), mais ni l'action divine ni les errements des hommes ne sont en rien fixés par sa parole ; il manifeste d'ailleurs incidemment son incertitude (à propos de Balaain, il prédit à Arthur [§ 133, ll. 56-57] : « Vous ne l'averés em piece mais en vostre compaignie, *non par aventure jamais...* »). Sur les problèmes posés par la prophétie du § 106 (ll. 31-34), laissée sans suite (ce qui ne l'invalide pas nécessairement, car elle peut s'être accomplie pendant l'errance de Balaain), selon laquelle Balaain doit tuer le frère de la demoiselle qu'il a délivrée de l'épée, v. aussi la n. 236.

[137] Il est par exemple évident que l'auteur ne se relit pas, ce qui l'amène à commettre des erreurs de détail (à la Ponson du Terrail, si l'on veut). V. par ex. n. 237, 247, 249, 252, etc. (v. notre *Index* II, D, s. v. *anomalies*).

lui-même des contraintes narratives en improvisant *librement*[138] –, d'un remanieur, d'un compilateur ou d'un copiste[139] pour expliquer *tous* les écarts inattendus entre ce qui devrait être et ce qui est, nous suggérerons que si désinvolture il y a c'est que le souci de cohérence n'est pas ici *nécessaire* – ou serait de trop.

La question de la liberté ne se pose pas seulement en termes de morale individuelle : notre auteur n'en ignore pas, tant s'en faut, l'aspect politique, et le traitement éminemment stylisé qu'il en propose donne à son œuvre une actualité permanente. On voit en effet à plusieurs reprises Arthur exposé aux prétentions hégémoniques des maîtres du monde ; mais ce qui dans la *Suite-Vulgate* fait l'objet d'interminables combats est plutôt évoqué ici, assez succinctement d'ailleurs, dans les entrevues qui préludent au déclenchement des hostilités (§ 44, § 71), où l'on voit Arthur poser Dieu en principe de son pouvoir et refuser toute domination humaine. Or c'est entre autres raisons parce qu'Arthur assume radicalement son statut de souverain libre d'un royaume libre[140] que la liberté peut fonder

---

[138] Par exemple en modifiant en cours de route une situation lorsque la chose lui semble profitable à la conduite de son récit (v. n. 439).

[139] Certaines distorsions peuvent être naturellement dues au fait que nous ne disposons d'aucun ms. complet de la *Suite* (v. G. Roussineau, *op. cit.*, pp. XLI-LXII) et que nous lisons cette œuvre après assemblage de trois manuscrits (v. n. 23, 68, 133).

[140] S'il fallait, comme nous ne l'avons guère fait, faute de compétence, évoquer la 'celtitude' dans la *Suite*, c'est ici que nous le ferions en rapprochant l'intransigeance d'Arthur quant à sa

tels contrats vassaliques qui le font *seigneur lige* d'autres puissances : c'est librement que Pellinor[141] vient faire hommage au roi, qu'il remet sa liberté entre ses mains (§ 257), à l'instar du chrétien qui abandonne la sienne en celles de Dieu. Loin d'être une aliénation (comme le serait la soumission au roi Rion qui se pare des attributs de la virilité de ses *hommes*, § 71, l. 12), l'hommage au roi Arthur se présente comme l'extension d'une liberté *délimitée* par une liberté supérieure, dont toute la mission consiste à garantir son peuple de la *subjection*[142] et à donner au monde la *franchise* qui règne en ses bonnes

souveraineté de celle de Dumnorix « clamitans liberum se liberae esse civitatis » à l'instant de sa mort (*Guerre des Gaules*, 5, 7, 8). *La liberté ou la mort* pourrait être aussi, pour lui comme pour son peuple, la devise d'Arthur (§ 372, l. 13), qui craint plus que tout d'être « en autrui dangier » (§ 373, l. 2).

[141] Il convient de signaler également le libre hommage, du moins en intention, du roi de Carmélide, père de Gueniѐvre (§ 245, ll. 5-11), et celui, annoncé, de Galehot (§ 244, l. 9). C'est librement aussi que Lancelot et les siens se mettront au service d'Arthur.

[142] V. § 143 (l. 13) et 342 (ll. 21-22). Qu'Arthur soit un libérateur, par sa nature héracléenne ou par résurgence du mythe sotériologique diffus qui fait de lui le messie dont les Bretons attendent le retour (v. C. Bullock-Davis, « *Exspectare Arturum* : Arthur and the Messianic Hope », *Bulletin of the Board of Celtic Studies*, 29 [1981], pp. 432-40), c'est ce qui appert clairement aux §§ 374-375 déjà cités, où l'on voit le souverain se mettre personnellement en danger pour délivrer ses compagnons.

villes[143].Tout à l'inverse, le texte donne à voir et à méditer la perversion des relations vassaliques. Nous venons de citer l'exemple du roi Rion. Un autre épisode revient sur cette question importante. A la fin du roman, Gaheriet[144], que sa pureté met sur le même pied que Galaad ou Perceval et dont les aventures méritent pour cette raison une attention particulière, Gaheriet, donc, part à la recherche de Gauvain (§ 539), prisonnier des Circés de la Roche aux Pucelles. Son chemin le mène à Taraquin (§ 563). La demoiselle qui l'accompagne y est enlevée pour être remise à un Minautore local que les habitants de Taraquin craignent, haïssent, mais qu'ils se refusent de trahir, tenus par leur engagement vassalique, tout comme peut l'être, dans l'ordre moral, le chrétien qui met son âme *en autrui garde et en la saisine de l'anemi* (§ 312, l. 19) – parallèle qu'il n'est pas vain de relever tant se confondent, dans notre œuvre, les plans spirituel et temporel[145]. Gaheriet reprend

---

[143] Le commandement de Gaheriet aux habitants de Taraquin (§ 570, ll. 18-22) définit le rôle de l'État moderne : « Je vueil que vous n'arrestés jamais chevalier ne damoiselle ne escuier qui par cy passe, ainz aillent et viennent parmy ce chastel et parmy tout le païs *aussi franchement comme ilz font parmy la cité de Camalot.* »

[144] Le portrait de Gaheriet est moins flatté dans le *Lancelot* (*op. cit.*, t. II [TLF 249], p. 408, § 2 et § 5).

[145] La tentation faustienne (ou théophilienne) affleure nettement lorsqu'Arthur, pénétré du désir de connaître ses origines, promet de donner tout ce qu'il voudra, pourvu qu'il en dispose, à celui qu'il croit pourtant être un diable (§ 12, ll. 12-22). Ailleurs (§ 169 et ss), on le voit susciter à son insu l'apparition méphistophélique de Balaain (v. n. 78).

la jeune fille à ce géant au cours d'un combat que l'auteur traite avec la souveraine indifférence aux détails pittoresques ou aux scènes spectaculaires qui caractérise sa manière. L'essentiel vient ensuite : pour remercier Gaheriet, les habitants de Taraquin lui aliènent spontanément leur liberté toute fraîche en offrant de lui remettre *corpz et avoir et femmes et enfans* (§ 570), bref de remplacer un Tarquin par un autre[146]. Le jeune homme se contente de leur imposer un code d'honneur et ces citadins frustrés de servitude élèvent une statue pour commémorer leur libération, idole que les successeurs illégitimes d'Arthur s'empresseront de déboulonner (§ 570, ll. 41-42) avant de leur imposer un nouveau *servage*. Cet épisode, qui, dans la lecture idéologique que nous en faisons, met en scène avec une précoce lucidité l'avilissement consenti d'esclaves en quête de maître et la soumission au plus fort, fût-il le plus mauvais, laisse prévoir que l'abaissement du royaume de Logres et l'avènement du tyran tiendront autant à la défection des faibles qu'à la volonté divine.

Dans les perspectives que l'on vient d'exposer, l'entrée en scène tardive de Merlin, *après* l'inceste qui voue le royaume de Logres aux pires tribulations[147], et sa mort

---

[146] Dans un tout autre domaine, Pellias fait exactement de même lorsqu'il promet de se rendre *serf* de Gauvain si celui-ci le libère de son esclavage amoureux (§ 456, l. 9). V. n. 96.

[147] Il convient d'insister sur ce point : l'inceste commis par Arthur n'est pas une fatalité mais, comme l'observe également D. Boutet (*op. cit.*, p. 599), dont la lecture de cette *Suite* est cependant opposée à la nôtre (v. *Formes littéraires et conscience historique. Aux origines de la littérature française [1100-1250]*, Paris, PUF [moyen

prématurée apparaissent elles-mêmes indispensables pour que le monde arthurien conquière indépendance et liberté. Qu'aurait-il été sans Merlin ? Qu'aurait-il été, surtout, avec Merlin toujours ? Même si le maître de l'enchantement parle souvent en Cassandre (non faute d'être cru[148] mais par incapacité à jeter l'effroi chez ceux qu'il avertit), son absence rend infiniment plus vraisemblable une évolution que l'autorité de ses prédictions était toujours en mesure de

---

âge], 1999, pp. 183-187), le résultat d'une libre et consciente transgression de la loi divine qui fait, dans la société chrétienne du moyen âge, de l'adultère un péché (jugement fondé sur Ex 14,14 ; Dt 5,18 ; Mt 5,27-28). Ou, pour dire les choses autrement : l'inceste d'Arthur est d'abord un adultère, et si le roi ne savait pas qu'il commettait l'un, il ne pouvait ignorer qu'il commettait l'autre : *l'inceste est en quelque sorte la punition de l'adultère*. Pas plus que le drame de l'humanité après la faute originelle, transgression consciente d'un interdit, le drame du royaume de Logres n'est le fruit de l'ignorance ou d'un malheureux concours de circonstances, comme c'est le cas, par exemple, pour Œdipe, dont l'histoire est une *vraie* tragédie. Du reste, qu'il en coûte très cher de convoiter la femme de son voisin, on le voit bien avec l'aventure lamentable du roi Rion, qui perd son empire (comme Arthur, en somme) pour un rendez-vous galant avec la femme du duc des Vaus (§ 121, ll. 1-5).

[148] Les auditeurs de Merlin et de ses émules ne font qu'exceptionnellement preuve d'incrédulité (v. § 116, ll. 30-34 ; § 240, l. 20). En quelques occasions aussi, les personnages semblent ne pas entendre les prédictions (§ 533, ll. 47-61) ou font un réel effort pour ne pas comprendre des propos pourtant bien peu hermétiques (§ 166), ce qui n'est après tout pas plus surprenant dans ce texte que dans tel récit évangélique où les apôtres laissent passer sans réagir une annonce parfaitement claire de Jésus (v. par ex. Mt XXVI, 20-25).

régir, quand elle doit autant que possible obéir à la volonté de l'Homme, mélange d'aveuglement, de faiblesse et de conscience morale. Avec Merlin en chaperon d'Arthur, le royaume de Logres nous aurait peut-être légué l'équivalent littéraire d'un *coucou clock*, un tableau tout clair où n'aurait pu se manifester cette si humaine tension entre le vœu de bien faire et l'orgueil qui conduit au péché, donc à l'espoir de la rédemption. Pour que la nouvelle histoire du Salut dont le pseudo-Robert de Boron nous livre ici un fragment d'une rare puissance aille *librement* à son terme, le plan de Dieu exige le retrait – l'*incarcération* – du génie de Logres[149]. Ce n'est pas nouveau : il faut toujours que l'un diminue pour que l'autre croisse, et l'émancipation d'Arthur ne s'obtient qu'au prix de l'enfermement de son mentor[150]. Dès lors, les événements suivront naturelle-

---

[149] La perte définitive du fourreau d'Escalibour, qui rend Arthur invulnérable au combat (§ 156), après la disparition de Merlin, va dans le même sens, puisqu'elle rend à tout moment la mort d'Arthur possible et achève de lui donner ainsi sa complète liberté (l'invulnérabilité d'un héros prive ses choix de toute signification), libérant du même coup le récit. Morgane n'a pas tort de penser que c'est Dieu qui l'a amenée sur les lieux où elle a pu s'en emparer (§ 411, l. 13). Ce n'est évidemment pas l'interprétation que les personnages donnent des événements : la liberté étant douloureuse à assumer, on comprend qu'ils ressentent durement la perte de leurs assurances tous risques (§ 527, ll. 26-27).

[150] Sur cette compensation, v. aussi la n. 89. La totale dépendance d'Arthur à l'égard de Merlin est particulièrement sensible lors de la conversation qui précède l'épisode de la trahison du roi Loth (§ 133, ll. 55-59 ; ll. 69-75 ; § 134, ll. 37-39 et § 135, ll. 8-11).

ment leur cours, ou presque[151], sans être à tous coups précédés d'avertissements prémonitoires ou infléchis par une intervention *in extremis* du protecteur de Logres[152]. En cela, cette suite et fin du roman de Merlin, *franche* leçon de liberté laissée par un auteur sans nom à ses *hoirs* – nous – est bien le début du roman d'Arthur.

---

[151] Après la disparition de Merlin, la bienveillance de celui-ci continue de s'exercer sporadiquement sur le royaume de Logres par l'intermédiaire de ses disciples (v. § 398, l. 16 ; § 414, l. 11 ; § 441 ; § 493, ll. 5-6) ou de divers porte-parole (§ 531, l. 36) ; lui-même s'emploie une fois encore, du fond de son tombeau, à venir en aide au lignage de son ami. Reste que la Dame du Lac ne s'institue pas remplaçante de Merlin et qu'elle ne se substituera jamais au conseiller qu'il était. Ses pouvoirs, d'ailleurs limités (§ 414, l. 14), ne s'exerceront que ponctuellement, comme pourront le faire ceux d'autres personnes encore. Au reste, elle ne saurait avoir l'immense autorité morale de l'ancien confident d'Uterpandragon ni aussi son profond attachement pour Logres et son roi (§ 527, ll. 29-32). La mort de Merlin ne signifie donc pas la disparition du surnaturel, ni des facilités narratives qu'il permet : elle fait du roi le seul responsable de ses actes.

[152] A deux reprises au moins (§ 61 et § 398). Au § 398, c'est Nivienne qui intervient, mais elle ne fait que prendre la place de Merlin, 'empêché' par ses soins. Les personnages sont à ce point persuadés que Merlin interviendra toujours en faveur d'Arthur qu'ils peuvent se permettre d'apprendre l'existence d'un complot contre celui-ci sans chercher à le déjouer – ce qui donne du reste lieu à un remarquable effet d'économie narrative (§ 301). On voit bien par cet exemple que la présence de Merlin dans le roman, si l'auteur en assume honnêtement toutes les implications, voue les défenseurs de Logres à l'inaction et, à terme, le récit à l'insipidité.

BIBLIOGRAPHIE

Comme on peut s'en douter, la bibliographie concernant le personnage de Merlin et les œuvres qui lui sont en tout ou partie consacrées est immense. La liste que nous proposons est forcément incomplète et sans aucun doute injuste. On la complétera par le recours au Bulletin bibliographique de la Société Internationale Arthurienne, *fondée en 1948, qui paraît chaque année, et à* L'Esplumeoir, *publié par la* Société Internationale des Amis de Merlin, *fondée par A. Berthelot en 2001 (quatre numéros et un numéro spécial [2004] publiés à ce jour). Pour tout complément en général et ce qui concerne les textes espagnols et portugais qui intéressent de très près notre* Suite, *on se reportera à l'édition de G. Roussineau (biblio. n° 4), ainsi qu'aux travaux de F. Bogdanow (v. n. 25). Pour les versions ibériques, on se reportera également aux ouvrages de P. Michon et d'I. Freire-Nunes (v. n. 24). Les plus récentes éditions des versions françaises des* Prophéties de Merlin *sont signalées à la n. 274. Enfin, pour ne pas grossir démesurément cette bibliographie, les nombreux travaux signalés en note ne sont pas repris ici ; on trouvera la liste de leurs auteurs dans notre second index.*

Éditions des suites du Merlin

[1] *Merlin. Roman en prose du XIIIe siècle*, éd. G. Paris et J. Ulrich, Paris, Firmin Didot (SATF), 1886, t. I, pp. 147-280 et t. II, pp. 1-254 [d'apr. ms. Huth, Br. Libr., Ad. 38117 = §§ 1-443 de l'éd. Roussineau].

[2] *L'Estoire de Merlin*, éd. H. O. Sommer, in *The Vulgate Version of the Arthurian Romances, edited from the manuscripts in the British Museum,* Washington, The Carnegie Institution, t. II, 1908 (réimpression AMS Press, New York, 1979).

[3] *Le Livre d'Artus*, éd. H. O. Sommer, in *The Vulgate Version of the Arthurian Romances, edited from the manuscripts in the British Museum,* Washington, The Carnegie Institution, t. VII, 1913 (réimpression AMS Press, New York, 1979).

[4] *La Suite du roman de Merlin*, éd. G. Roussineau, Genève, Droz (TLF 472), 1996, t. I et II, CXLV-806 p. [v. notre n. 23 pour les mss]. Comptes rendus : A. Ballor, *Studi Francesi*, 132, XLIV (2000), p. 568 ; M.-J. Heijkant, *Zeitschrift für romanische Philologie*, 115 (1999), pp. 359-362 ; A.-J. Holden, *Romania*, 116 (1998), pp. 273-277 ; E. Kennedy, *Medium Aevum*, 67 (1998), pp. 154-155 ; G. Roques, *Revue de linguistique romane*, 61 (1997), pp. 582-583 ; M. Szkilnik, *Lettres Romanes*, 52 (1998), pp. 357-360 ; R. Trachsler, *Vox Romanica*, 57 (1998), pp. 274-276 ; P. Uhl, *Scriptorium*, 52 (1998), pp. 115*-116*, n° 297.

[5] *Les Premiers Faits du roi Arthur*, éd. I. Freire-Nunes, prés. par Ph. Walter, notes par A. Berthelot et Ph. Walter, in *Le Livre du Graal*, éd. prép. par D. Poirion, publ. sous la dir. de Ph. Walter, avec la collaboration d'A. Berthelot, R. Deschaux, I. Freire-Nunes et G. Gros, Paris, Gallimard (Bibl. de la Pléiade), 2001, texte pp. 807-1662 ; présentation, notes et var.

pp. 1803-1912 [d'apr. le ms. de Bonn S 526 ; version, très différente de la nôtre, dite *Suite-Vulgate*].

Traductions en français

[6] *Le Roman de Merlin l'Enchanteur*, H. de Briel, Paris, Klincksieck, 1971 [d'apr. l'éd. de G. Paris et J. Ulrich, biblio. n° 1], pp. 111-366. Citée sous **HDB**.

[7] *Merlin le Prophète ou le livre du Graal. Roman du XIIIe siècle mis en français moderne*, E. Baumgartner, Paris, Stock (Moyen Age),1980 [trad. partielle d'apr. l'éd. de G. Paris et J. Ulrich, biblio. n° 1, contrôlée et sporadiquement corrigée d'apr. le ms. de Cambridge, University Library, Additional 7071], pp. 189-318. Citée sous **EB**.

[8] *Les Premiers Faits du roi Arthur*, trad. par A. Berthelot et Ph. Walter, in *Le Livre du Graal* [trad. de la *Suite-Vulgate* ; v. *supra*, biblio n° 5], pp. 807-1662.

[9] *Merlin l'Enchanteur*, D. James-Raoul, Le Livre de poche (n° 19303, Libretti), 2001 [trad. de courts extraits d'apr. l'éd. de G. Roussineau], pp. 87-97. Citée sous **DJR**.

Le* Merlin. *Éditions citées

[10] *Merlin. Roman en prose du XIIIe siècle*, éd. G. Paris et J. Ulrich [v. *supra*, n° 1], t. I, pp. 1-146 [d'apr. ms. Huth, Br. Libr., Ad. 38117].

[11] *Merlin. Roman du XIIIe siècle*, éd. A. Micha, Genève, Droz (TLF 281), 1979, LXXIV-341 p. [d'apr. le ms. B. N. F. 747].

[12] *Merlin*, éd. B. Cerquiglini, in *Le Roman du Graal*, Paris, UGE, 10/18 (n° 1412, Bibliothèque médiévale), 1981, texte

pp. 73-195 [d'apr. le ms. de Modène, Biblioteca Estense, E. 39].

[13] *Merlin*, éd. I. Freire-Nunes, prés. et notes par A. Berthelot, in *Le Livre du Graal* [v. *supra*, n° 5], texte pp. 569-805 et introd., notes et var. pp. 1741-1803 [d'apr. le ms. de Bonn S 526].

Traductions en français

[14] *Le Roman de Merlin l'Enchanteur*, H. de Briel [v. *supra*, n° 6 ; d'apr. l'éd. de G. Paris et J. Ulrich], pp. 13-110.

[15] *Merlin le Prophète ou le livre du Graal. Roman du XIIIe siècle mis en français moderne*, E. Baumgartner [v. *supra*, n° 7 ; d'apr. l'éd. de G. Paris et J. Ulrich], pp. 13-187.

[16] *Merlin et Arthur : le Graal et le royaume*, E. Baumgartner, in *La Légende arthurienne, le Graal et la Table Ronde*, sous la dir. de D. Regnier-Bohler, Paris, Robert Laffont (Bouquins), 1989 [trad. partielle d'après. l'éd. de G. Paris et J. Ulrich], pp. 311-430.

[17] Robert de Boron, *Merlin*, A. Micha, Paris, Flammarion (GF 829), 1994 [d'après. l'éd. de A. Micha], 240 p.

[18] *Merlin*, A. Berthelot, in *Le Livre du Graal* [v. *supra*, n° 13], pp. 569-805.

[19] *Merlin l'Enchanteur*, D. James-Raoul [v. *supra*, n° 9 ; d'apr. l'éd. de A. Micha], pp. 47-77.

***Études sur la version française des suites du* Merlin**

BOGDANOW F., « The Rebellion of the Kings in the Cambridge MS. of the *Suite du Merlin* », *University of Texas Studies in English*, t. 34, 1955, pp. 6-17.

BOGDANOW F., « The *Suite du Merlin* and the PostVulgate *Roman du Graal* », in *Arthurian Literature in the Middle Ages*, éd. R. S. Loomis, Oxford, 1959, pp. 325-335.

BOGDANOW F., « Pellinor's Death in the *Suite du Merlin* and the *Palamedes* » (Ms. Brit. Mus., Add. 36673) », *Medium Aevum*, t. 29, 1960, pp. 1-9.

BOGDANOW F., « Essai de classement des manuscrits de la *Suite du Merlin* », *Romania*, t. 81, 1960, pp. 188-198.

BROWN A. C. L., « Balin and the Dolorous Stroke », *Modern Philology*, t. 7, 1909, pp. 203-206.

BRUCE J. D., « Pelles, Pellinor and Pellean in the Old French Arthurian Romances », *Modern Philology*, t. 16, 1918, pp. 113-128 et pp. 337-350.

BRUCE J. D., « Mordred's Incestuous Birth », in *Medieval Studies in Memory of Gertrude Schoepperle-Loomis*, Paris et New-York, 1927, pp. 197-208.

BRUGGER E., « L'Enserrement Merlin. Studien zu Merlinsage », *Zeitschrift für französische Sprache und Literatur*, t. 29, 1906, pp. 56-140 ; t. 30, 1906, pp. 169-239 ; t. 31, 1907, pp. 239-281 ; t. 33, 1908, pp. 145-194 ; t. 34, 1909, pp. 99-150 ; t. 35, 1910, pp. 1-55.

FOWLER D. C., « The Quest of Balin and the Mark of Cain », *Arthurian Interpretations*, Memphis State University, t. 15/2, 1984, pp. 70-74.

FREIRE-NUNES I., « Les Héritières de Merlin », in *Actes du premier colloque de la SIAM, L'Esplumeoir*, Amsterdam, 2004, pp. 37-46.

HIBBARD L. A., « Malory's Book of Balin », in *Medieval Studies in Memory of Gertrude Schoepperle-Loomis*, Paris et New-York, 1927, pp. 175-195.

KELLY R. L., « Malory's *Tale of Balin* reconsidered », *Speculum*, t. 54, 1979, pp. 85-99.

KRAPPE A. H., « L'enserrement de Merlin », *Romania*, t. 60, 1934, pp. 79-85.

LENDO R., « Du *Conte du Brait* au *Baladro del Sabio Merlin*. Mutation et récriture », *Romania* 119 (2001), pp. 414-439.

MANN J., « Taking the Adventure : Malory and the *Suite du Merlin* », in *Aspects of Malory (Arthurian Studies I)*, Woodbridge et Totowa, 1981, pp. 71-91.

MARX J., « Le personnage de Merlin dans le Roman de Balain », in *Fin du moyen âge et Renaissance. Mélanges de philologie française offerts à Robert Guiette*, Anvers, 1961, pp. 65-69.

MARX J., « Le thème du coup félon et le Roman de Balain », *Le Moyen Age*, t. 72, 1966, pp. 43-57.

MICHA A., « La *Suite-Vulgate* du *Merlin*, étude littéraire », in *De La Chanson de geste au roman*, Genève, Droz, 1976, pp. 403-409.

PICKFORD C. E., *L'Évolution du roman arthurien en prose vers la fin du moyen âge d'après le manuscrit 112 du fonds français de la bibliothèque nationale*, Paris, Nizet, 1960, pp. 60-77.

ROUSSE M., « Niniane en Petite-Bretagne », *Bulletin bibliographique de la Société internationale arthurienne*, t. 16, 1964, pp. 107-120.

SOMMER H. O., « The Queste of the Holy Grail forming the third part of the trilogy indicated in the *Suite du Merlin*, Huth MS. », *Romania*, t. 36, 1907, pp. 369-402 et 543-590.

VETTERMANN E., *Die Balen-Dichtungen und ihre Quellen*, Halle, 1918, *Behefte zur Zeitschrift für romanische Philologie*, 60.

VINAVER E., Introduction au *Roman de Balain*, éd. M. D. Legge, Manchester, 1942, pp. IX-XXX.

VINAVER E., « La genèse de la *Suite du Merlin* », in *Mélanges de philologie romane et de littérature médiévale offerts à Ernest Hoepffner*, Paris, 1949, pp. 295-300.

VINAVER E., « The dolourous Stroke », *Medium Aevum*, t. 25,1956, pp. 175-180.

WAIS K., « Morgain amante d'Accalon et rivale de Guenièvre », *Bulletin bibliographique de la Société Internationale Arthurienne*, t. 18, 1966, pp. 137-149.

WILSON R. H., « The Rebellion of the Kings in Malory and in the Cambridge *Suite du Merlin* », *University of Texas Studies in English*, t. 31,1952, pp. 13-26.

WILSON R. H., « The Cambridge *Suite du Merlin* re-examined », *University of Texas Studies in English*, t. 36,1957, pp. 41-51.

Courte sélection d'études sur le **Merlin**

BAUMGARTNER E., ANDRIEUX-REIX N., *Le Merlin en prose. Fondations du récit arthurien*, Paris, PUF (Études littéraires, Recto Verso), 2001, 128 p.

BAZIN-TACCHELA S., REVOL T., VALETTE J.-R., *Le « Merlin » de Robert de Boron*, Neuilly, Atlande (*Clefs concours-Lettres Médiévales*), 2000, 256 p.

BERTHELOT A., « Robert, le diable : instances d'énonciation et figures d'écrivain dans le *Huth-Merlin* », in *Figures de l'écrivain au Moyen Age, actes du colloque du Centre d'Études médiévales de l'université de Picardie (Amiens, 18-20 mars 1988)*, Göppingen, 1991, pp. 49-61.

COMBES A., « Du *Brut* au *Merlin* : le fils du diable et les incertitudes génériques », *Cahiers de recherches médiévales*, 5 (1998), pp. 15-32.

COOPER K., « Merlin romancier : Paternity, Prophecy and Poetics in the Huth *Merlin* », *The Romanic Review*, 77 (1986), pp. 1-24.

CRIST L. S., « Les livres de Merlin », *Mélanges de langue et littérature française du moyen âge offerts à Pierre Jonin*, Aix-en-Provence, CUER MA (Senefiance 7), 1979, pp. 197-210.

FERLAMPIN-ACHER C., QUÉRUEL D. (éds), *Merlin. Roman du XIIIe siècle, de Robert de Boron*, Paris, Ellipses, 2000, 128 p.

HÜE Denis (éd.), *L'enfant sans père*, Orléans, Paradigme (*Medievalia*, 26), 2000, 190 p.

LACHET C., « Merlin dans tous ses états », *Le Moyen Age*, t. CVII, 3-4, 2001, pp. 533-536.

MICHA A., *Etude sur le « Merlin » de Robert de Boron. Roman du XIIIe siècle*, Genève, Droz (PRF 151), 1980, 242 p.

MICHA A., « Les sources de la *Vulgate* du *Merlin* », in *De La Chanson de geste au roman*, Genève, Droz, 1976, pp. 319-345.

TRACHSLER R., *Merlin l'enchanteur. Etude sur le « Merlin » de Robert de Boron*, Paris, SEDES (Agrégations de Lettres), 2000, 158 p. [ouvrage indispensable qui contient une importante bibliographie].

Quelques autres ouvrages évoquant Merlin et la littérature merlinienne

BANNIARD M., « Adaptations et compromis entre rationalité et irrationalité : l'invention littéraire de Merlin (VIIe-XIe siècles) », in *Temps et histoire dans le roman arthurien*, éd. par J.-C. Faucon, Toulouse, Éditions Universitaires du Sud, chez Champion, 1999, pp. 33-45.

BERTHELOT A., « Merlin magicien ? », in *Magie et illusion au moyen âge,* Aix-en-provence, CUER MA (Senefiance n° 42), 1999, pp. 51-64.

BERTHET J.-C., BORD C., STALMANS N., WALTER Ph., *Le Devin Maudit. Merlin, Lailoken, Suibhne. Textes et étude*, Grenoble, ELLUG,1999, 252 p. (v. tout particulièrement la *Vie de Merlin*, éd. de B. Clarke, trad. par J.-C. Berthet et C. Bord, pp. 49-172).

BLOCH R. H., « Merlin and the Modes of Medieval Legal Thinking », in *Archéologie du signe*, éd. L. Brind'Amour et E. Vance, Toronto, 1983, pp. 127-144.

BLOCH R. H., « Le rire de Merlin », *Cahiers de l'Association internationale des Études françaises*, n° 37, mai 1985, pp. 7-21.

BROWN A. C. L., « The Esplumoir Merlin and Viviane », *Speculum*, t. 20, 1945, pp. 426-432.

BRUGGER-HACKET S., *Merlin in der europäischen Literatur des Mittelalters*, Stuttgart, Helfant edition, 1991, XII-368 p.

FOX M. B., « Merlin in the Arthurian Prosa Cycle », *Arthuriana*, 2 (1930), pp. 20-29.

HARDING C. A., *Merlin and Legendary Romance*, New York-Londres, 1988.

JARMAN A. O. H., *The Legend of Merlin*, Cardiff, University of Wales Press, 1960.

KRAPPE A. H., « Le rire du prophète », in *A Miscellany in honor of Frederik Klaeber*, Minneapolis, 1929, pp. 340-361.

LOOMIS R.S., « L'Esplumeor Merlin again », in *Bulletin bibliographique de la Société internationale arthurienne*, 9 (1957), pp. 73-83.

LOT F., « Étude sur Merlin », *Annales de Bretagne*, 15 (1900), pp. 325-347 et pp. 505-537.

MACDONALD A. A., *The Figure of Merlin in Thirteenth-Century French Romance*, Lewiston-New York-Queenstown, E. Mellen (Studies in Medieval Literature 3),1990.

MARX J., « Le sort de l'âme de Merlin mis en cause par l'évolution de son caractère », in *Mélanges offerts à R. Crozet*, Poitiers, 1966, t. II, pp. 981-983.

MICHA A., « L'Estoire de Merlin », in *Grundriss der romanischen Literaturen des Mittelalters*, IV/1, Heidelberg, 1978, pp. 590-600.

NITZE W. A., « The Esplumoir Merlin », *Speculum*, t. 18, 1943, pp. 69-79.

THORPE L., « Merlin's sardonic Laughter », in *Studies in medieval literature and languages in Memory to Frederick Whitehead*, éd. by W. Rothwell, W. R. J. Barron, D. Blamires and L. Thorpe, Manchester and New-York, M. U. P. -Barnes and Nobles,1973, pp. 323-339.

WALTER Ph., *Le Savoir du monde*, Paris, Imago, 2000, 256 p.

ZUMTHOR P. , « La délivrance de Merlin. Contribution à l'étude des romans de la Table Ronde », *Zeitschrift für romanische Philologie*, 62 (1942), pp. 370-386.

ZUMTHOR P. , *Merlin le Prophète. Un thème de la littérature polémique, de l'historiographie et des romans*, Lausanne, Payot, 1943 (réimpr. Genève, Slatkine 1973 et 2000), 312 p.

ZUMTHOR P. , « Merlin dans le *Lancelot-Graal*. Étude thématique », in *Les Romans du Graal aux XIIe et XIIIe siècles*, Paris, éd. du CNRS (colloques internationaux du CNRS 3), 1956, pp. 149-166.

LA SUITE DU ROMAN DE MERLIN

I

1. Il est dit à présent qu'un mois après le couronnement du roi Arthur la femme du roi Loth d'Orcanie se rendit à une grande assemblée de cour que le roi avait convoquée à Cardeul, au pays de Galles. Bien que cette noble dame fût la sœur du roi Arthur, elle ignorait tout de cette parenté. Elle vint à la cour en très somptueux équipage ; beaucoup de dames et de demoiselles l'accompagnaient, ainsi qu'un grand nombre de chevaliers. Elle amenait aussi avec elle les quatre fils qu'elle avait eus du roi Loth. C'étaient de très beaux enfants, dont le plus âgé, nommé Gauvain, n'avait que dix ans[153]. Le deuxième s'appelait Gaheriet[154], le troisième Agravain et le quatrième Guerrehet.

2. C'est ainsi que cette dame vint à la cour avec tous ses enfants, qu'elle chérissait tendrement. Elle était si resplendissante de beauté qu'on aurait difficilement pu voir ou

---

[153] Il y a donc quelque six ans d'écart entre Arthur et son neveu (§ 33, l. 17). Dans *La Mort le roi Artu*, cet écart est de seize ans (éd. Frappier, Genève, Droz [TLF 58], 1964, § 158, ll. 61-63 ; nous renvoyons désormais à cet ouvrage par *Mort Artu*).

[154] Cette succession ne correspond ni à l'ordre d'aînesse, puisque Agravain est l'aîné de Gaheriet (§ 530, l. 7 et *passim*), ni à celui des adoubements, Guerrehet étant apparemment fait chevalier avant Agravain (§ 532, l. 38), mais à celui des départs de la cour (ce qui est sans doute une coïncidence plutôt qu'une intention de l'auteur : l'essentiel est que Gaheriet soit cité avant Agravain).

citer une femme aussi belle. Le roi Arthur avait pour elle beaucoup de considération, parce qu'elle était la reine régnante[155] d'Orcanie et qu'elle était du noble lignage du roi Uterpandragon[156] ; il manifesta une très grande joie à cause de sa venue et lui fit un accueil fort chaleureux, ainsi qu'à ses enfants. En voyant son éclatante beauté, il en devint éperdument amoureux et la fit demeurer à sa cour deux mois entiers, tant et si bien que pendant cette période il coucha avec elle[157] et engendra en son sein

---

[155] *La Suite du roman de Merlin*, éd. Roussineau, § 2, l. 5 (nous renvoyons désormais à cet ouvrage par *Suite*) : *reine couronnee* ; trad. empruntée à HDB, p. 111.

[156] Dans le *Merlin* (éd. Micha, biblio. n° 11), la femme de Loth est la fille du duc de Tintagel et d'Ygerne, mère d'Arthur : « ...et quant il [Uterpandragon] avra ce fait et ostroié, [il faut] que il tout erramment marit l'ainznee fille le duc au roi Loth d'Orcanie... » (§ 71, l. 39). Sur cette différence, voir notre *Introduction*.

[157] Il est plus que probable que l'inceste commis par Arthur évoquait pour le lecteur ou l'auditeur médiéval celui que certaine rumeur imputait à Charlemagne (v. J. Frappier, *Mort Artu*, pp. XVI-XVII). Selon plusieurs sources, Roland serait en effet né d'une relation que l'empereur aurait eue avec sa sœur Gisèle. V. B. de Gaiffier, « La légende de Charlemagne. Le péché de l'empereur et son pardon », in *Recueil de travaux offert à M. Clovis Brunel*, Paris, Société de l'École des Chartes (Mémoires et Documents XII), 1955, pp. 490-503 ; R. Lejeune, « Le péché de Charlemagne », in *Studia philologica. Homenaje ofrecido a Dámaso Alonso*, t. II, Madrid, Editorial Gredos, 1961, pp. 339-371 ; J.-C. Payen, *Le Motif du repentir dans la littérature française médiévale (des origines à 1230)*, Genève, Droz, 1967, pp. 132-137 ; S. Martinet, « Le péché de Charlemagne, Gisèle, Roland et Ganelon », in D. Buschinger et A.

Mordret[158], par lequel tant de grands maux advinrent depuis sur la terre de Logres et dans le monde entier.

3. Le roi Arthur connut donc charnellement sa propre sœur et celle-ci porta l'enfant qui, par la suite, le fit mourir[159] et causa les souffrances et la destruction du royaume, ce dont vous pourrez entendre parler vers la fin de ce livre[160].

Lorsque la dame fut retournée chez elle, le roi Arthur rêva qu'il lui arrivait une aventure tout à fait hors du commun. Il lui sembla en effet qu'on l'avait, suivant ses ordres, installé sur un trône et qu'un très grand nombre d'oiseaux volaient au-dessus de lui ; il y en avait tant qu'il se demandait avec beaucoup d'étonnement d'où ils pou-

---

Crépin (éds), *Amour, mariage et transgressions au moyen âge*, Göppingen, Kümmerle Verlag (Göppinger Arbeiten zur Germanistik 420), 1984, pp. 9-16.

[158] V. entre autres E. Archibald, « Arthur and Mordret : Variations on an Incest Theme », *Arthurian Literature,* 8 (1989), pp. 1-27.

[159] Lors de la seconde bataille de Salisbury (*Mort Artu*, § 19, l. 1) : « Einsi ocist li peres le fill, et li filz navra le pere a mort. » Sur le rapport entre l'inceste commis par Arthur et la fin du monde arthurien, v. Ph. Walter, « La fin du monde arthurien », in *Apogée et déclin*, textes réunis par C. Thomasset et M. Zink, Paris, P. U. P. S. (Cultures et civilisations médiévales VIII), 1993, p. 166-168.

[160] Par « livre », il faut entendre la totalité de l'œuvre que le pseudo-Robert de Boron s'attribue et qui comporte trois parties (§ 173). La *Suite* contient la première partie (ou une partie de celle-ci si l'on considère que le *Merlin* en est le véritable début) et une partie de la deuxième (v. G. Roussineau, *op. cit.*, pp. XXXII-XXXIII).

vaient être tous venus[161]. A cette vision succéda celle d'un grand dragon[162] qui venait d'un autre côté et qui arrivait lui aussi en volant[163] ; cette créature était accompagnée dans son vol par une multitude de griffons, et tous ces animaux se répandaient dans le royaume de Logres. Partout où ils allaient, ils incendiaient tout ce qu'ils rencontraient, ne laissant derrière eux nulle place forte qui ne fût entièrement brûlée et détruite ; ainsi ce dragon

---

161 Ces oiseaux innombrables pourraient préfigurer les aigles de l'armée romaine qui envahit la terre d'Arthur et que celui-ci défait « entre Champaigne et Borgoigne » (*Mort Artu*, § 160, l. 49), juste avant d'apprendre que Mordret (le dragon) a usurpé le trône (§ 163). Il est fait mention du très grand nombre des assaillants par le messager qui lui annonce l'invasion : « mais onques ne veïstes si grant gent comme il ont » (*ibid.*, l. 15).

162 Symbole ambivalent, le dragon peut être la figure du bien comme du mal. Dans le *Merlin* (§ 29-30), le dragon blanc et le dragon roux symbolisent respectivement les héritiers légitimes de Logres et l'usurpateur Vertigier ; avant la première bataille de Salisbury, où Uter et Pandragon remportent la victoire sur les Saxons, un dragon rouge apparaît dans le ciel (§ 46). Arthur même réalise en lui cette ambivalence, par son père, Pandragon (où *pan* est peut-être le mot celte qui signifie ʻtêteʼ [bret. *pen*]), et par son fils, comme l'indique cette vision.

163 Ce songe diffère de celui que rapportent indirectement le *Lancelot* (*op. cit.*, t. V [TLF 283], p. 221, § 24) et la *Mort Artu* (§ 164, l. 5 et ss), puisque le roi y voit un *serpent* (i. e. un dragon) sortir de ses entrailles. On voit bien pourquoi l'image n'est pas reprise ici : la relation de cet accouchement symbolique après le récit de la conception de Mordret serait immédiatement interprétée par le lecteur, qui doit au contraire être éclairé par Merlin en même temps qu'Arthur.

apportait-il la dévastation et la ruine dans tout le pays. Et quand il en avait fini, il revenait aussitôt, attaquait le roi et ceux qui l'entouraient, si bien qu'il mettait à mort tous les compagnons du souverain, après quoi il s'en prenait à la personne de celui-ci avec une extrême brutalité. La lutte commençait alors entre eux, particulièrement violente et cruelle ; il advenait ainsi que le roi tuait le serpent ailé, mais, demeurant lui-même très grièvement blessé, il lui fallait mourir des suites de ce combat[164].

4. Le roi fut tellement effrayé par ce songe qu'il se réveilla et, ne sachant décider par lui-même de ce qu'il convenait de faire à ce sujet, il se trouva plongé dans un tel désarroi qu'après cela il ne put absolument plus fermer l'œil de la nuit[165] et que ce rêve ne cessa au contraire de

---

[164] Il est difficile de ne pas voir dans ce songe une réminiscence du songe de Charlemagne dans *La Chanson de Roland*, laisse 185 (éd. Segre, Genève, Droz [TLF 968], 2003, pp. 219-220).

[165] *Suite*, § 4, ll. 2-3 : *et fu tant a malaise qu'il ne sot quel conseil il peuust prendre de soi, que onques puis toute la nuit ne puet dormir...* ; HDB, p. 111 : « Il se sentait tellement inquiet qu'il ne savait que faire. » ; EB, p. 190 : « ...et ne put retrouver le sommeil tant il restait préoccupé et hésitant sur la conduite à tenir. » Nous comprenons : « et fu tant a malaise, qu'il ne sot quel conseil il peuust prendre de soi, que onques puis toute la nuit ne puet dormir... », et traitons la première subordonnée comme une causale-explicative, la seconde comme une consécutive corrélée à « tant ». Une autre interprétation syntaxique serait de rattacher la première subordonnée à *estre a malaise* : « il fut si troublé *de ne pas savoir...* que... ».

l'obséder[166].

Le lendemain, quand il fit jour, il dit à ses gens et aux seigneurs de son entourage : « Préparez-vous et montez à cheval, car je veux aller chasser. » Ils exécutèrent ses ordres aussitôt. Lorsqu'ils furent prêts, le roi, vêtu d'un habit de chasseur, monta sur un grand et vigoureux cheval et quitta ainsi Cardeul en compagnie d'un très grand nombre de serviteurs et de chevaliers. Quand ils furent entrés dans la forêt, ils débusquèrent un cerf adulte de belle taille, aussi lâchèrent-ils les chiens sur ses traces. Dès que la poursuite s'engagea, le roi, qui avait une bonne monture, précéda tous ses compagnons, et il s'en alla derrière la bête à si vive allure qu'il mit en peu de temps plus de deux lieues anglaises[167] entre eux et lui, si bien qu'il cessa de les voir et qu'il n'eut bientôt plus aucune idée de l'endroit où ils se trouvaient.

5. Le roi fut donc séparé de ses compagnons et fit autant qu'il le put galoper sa monture derrière sa proie. Il lui donna si longtemps la chasse à ce train que son cheval ne put le porter davantage mais s'abattit mort sous lui. Lorsqu'il se vit à pied, il fut fort embarrassé, car ses hommes étaient très loin de lui et du gibier qu'il poursuivait. Quant au cerf, il continua sa route sans ralentir

---

[166] V. un commentaire des §§ 4-22 dans F. Dubost, *Aspects fantastiques de la littérature narrative médiévale (XIIeXIIIe siècle). L'Autre, l'Ailleurs, l'Autrefois*, Paris, Champion (Nouvelle bibliothèque du moyen âge 15), 1991, pp. 343-345.

[167] La lieue anglaise, pour laquelle nous renonçons à donner un équivalent, « mesure entre 2 et 2,5 kilomètres » (G. Roussineau, *op. cit.*, p. 638, n. 4,16).

l'allure, de sorte que le roi le perdit rapidement de vue. Il marcha donc sur les traces de la bête, persuadé que les siens ne manqueraient pas de le rejoindre très bientôt, après avoir, sans aucun doute, capturé l'animal[168].

Au bout d'un moment, le roi fut las et en sueur. Ne pouvant plus avancer, il fit halte près d'une source*. Dès qu'il fut assis, il se mit à penser à ce qu'il avait vu la nuit dans son sommeil. Tandis qu'il réfléchissait, un bruit lui fit dresser l'oreille ; il perçut alors de nombreux jappements de chiens qui faisaient autant de vacarme que s'ils avaient été trente ou quarante, et ils venaient dans sa direction, lui semblait-il. Croyant que c'étaient ses limiers, il leva la tête et se mit à regarder du côté d'où il les entendait venir. Il ne tarda guère à voir arriver une énorme bête, qui présentait l'aspect le plus insolite qu'on eût jamais vu, tant la

[168] *Suite*, § 5, l. 7 : *car il cuide bien que sa gens i doivent venir tout a tans et que il l'aient pris tout certainnement* ; EB, p. 191 : « persuadé que ses gens allaient revenir auprès de lui et qu'ils avaient pris la bête. » L'accompli de *prendre* est délicat : les hommes du roi sont derrière lui, le cerf est devant, on voit donc mal comment le roi pourrait penser que les premiers ont déjà pris le second. Nous supposons qu'il s'agit d'un accompli projeté dans un futur évoqué par « doivent ». Cf. HDB, p. 112 : « car il pensait que ses gens viendraient à temps pour le prendre » (où « le » semble désigner Arthur, mais « tout certainnement » ne s'accorde pas avec cette solution – et n'est d'ailleurs pas traduit –, car il est si évident que les hommes du roi prendraient celui-ci en passant que cette certitude n'a pas besoin d'être mentionnée ; *prendre* signifie de surcroît plutôt 'faire prisonnier, capturer').

conformation de tout son corps était étrange, et plus encore à l'intérieur qu'à l'extérieur[169].

6. La bête, qui avait une furieuse envie de boire, fonça vers la source. Après l'avoir attentivement examinée, le roi se mit à se signer et se dit à lui-même : « Ma parole, je suis en train de voir la chose la plus extraordinaire que

---

[169] Sur cette « diverse beste », v. G. Roussineau, *op. cit.*, p. 638, n. 8,5 ; W. A. Nitze, « The *Beste Glatissant* in Arthurian Romance », *Zeitschrift für romanische Philologie*, 56 (1936), pp. 409-418 ; L. R. Muir, « The Questing Beast. Its Origins and Development », *Orpheus*, 4 (1957), pp. 24-32 ; E. Bozóky, « La *Bête Glatissant* et le Graal : les transformations d'un thème allégorique dans quelques romans arthuriens », *Revue d'Histoire des Religions*, 188 (1974), pp. 127-148 ; C. Roussel, « Le jeu des formes et des couleurs. Observations sur la *beste glatissant* », *Romania*, 104 (1983), pp. 49-82. Dans le *Tristan en prose*, c'est Palamède, rival de Tristan, qui poursuit cet animal ainsi décrit (éd. R. L. Curtis, t. 3, Cambridge, D. S. Brewer, 1985, § 790) : « cele beste avoit tot droitement piez ce [*sic* ; de] cerf, cuisses et queue de lion, cors de liepart ». L'adjectif « divers » employé pour caractériser cette bête semble faire moins référence à cette variété de formes (comme le suggère dans sa trad. HDB, p. 112, 181, etc.) qu'à sa *différence* (d'avec les autres animaux existants), d'où le sens bien attesté (v. G. Roussineau, *op. cit.*, gloss., p. 738, s. v. *divers*) de 'bizarre, étrange, extraordinaire' (plus loin, il est question avec le même sens d'"enchantemens assés diviers" [§ 239, l. 8]). V. à ce sujet Chr. Ferlampin-Acher, « Le monstre dans les romans des XIIIe et XIVe siècles », in M.-L. Ollier (éd.), *Écriture et modes de pensée au moyen âge (VIIIe-XVe siècles)*, Paris, P. É N. S., 1993, pp. 71-72 et, du même auteur, *Fées, bestes et luitons. Croyances et merveilles*, Paris, PUPS (Croyances et traditions), 2002, pp. 311-322.

j'aie encore jamais vue, et pour cause : je ne savais même pas jusqu'à ce jour qu'une bête aussi étrange que celle-ci existait... Du reste, si elle est extraordinaire au dehors, elle l'est encore plus au dedans, car, d'après ce que je puis entendre fort distinctement, il me semble tout à fait évident qu'elle a dans le ventre des chiens de chasse on ne peut plus vivants qui aboient... Jamais encore de tels prodiges n'ont été signalés ni vus au royaume de Logres... »

7. Telles furent les paroles du roi au sujet de cette créature. Dès qu'elle eut commencé à boire, les autres bêtes qui étaient en elle et qui jappaient se turent et demeurèrent silencieuses ; quand elle eut bu et qu'elle se fut écartée de la source, elles se remirent à japper comme auparavant et firent autant de bruit qu'en auraient fait vingt chiens de chasse sur la piste d'un animal sauvage. Ainsi la bête s'éloigna-t-elle de la source dans un grand vacarme de jappements et le roi ne la quitta pas du regard, tellement stupéfait par cet incroyable spectacle qu'il ne savait s'il dormait ou s'il veillait. Elle s'en alla à vive allure, en sorte que le roi cessa bientôt de l'entendre et de la voir. Quand elle eut disparu, il se remit à réfléchir plus intensément qu'il ne l'avait fait auparavant.

Comme il était à ce point absorbé dans ses pensées, un chevalier, qui était à pied, se présenta devant lui et l'interpella : « Hé ! toi, chevalier, qui es là en train de rêver, réponds à ce que je vais te demander. » Le roi l'entendit et leva la tête ; il lui dit : « Seigneur chevalier, que voulez-vous savoir ? – Je vous* demande, reprit l'autre, si vous avez vu passer par ici la bête extraordinaire, celle d'où sortent les jappements des chiens. – Certes, dit le roi, j'ai bien vu cette bête : elle était ici et elle vient juste de s'éloigner. Elle ne doit pas avoir fait deux lieues depuis son départ. – Ah ! mon Dieu, s'écria le chevalier, je n'ai vraiment pas de chance ! Si mon cheval n'était pas mort à l'instant, je l'aurais rattrapée, ainsi ma quête serait-elle finie. Ah ! Dieu, dire que j'ai suivi cette créature toute une année et même plus pour être fixé sur son compte !

8. – Comment ! seigneur chevalier, s'écria le roi, vous l'avez donc suivie si longtemps ? – Oui, seigneur. – Et pourquoi, noble chevalier ? S'il vous plaisait de me le dire, je ne vous en demanderais pas davantage. – Je ne vous le cacherai assurément pas, répondit l'autre. La vérité, et cela les miens et moi nous le savons parfaitement, est que cette bête doit mourir de la main d'un homme de ma famille, mais il faut que ce soit le meilleur chevalier du royaume, et le meilleur de ceux qui sont destinés à sortir de notre lignage[170]. Pour l'heure, il se trouve que l'on me considère comme le meilleur chevalier de toutes les terres qui nous appartiennent. C'est donc parce que je voulais savoir si j'étais vraiment le meilleur chevalier de ma parenté que je l'ai suivie si longtemps ; et ne voyez nulle présomption dans mes propos, mais seulement le désir de connaître la vérité sur moi-même. – Assurément, reprit le roi, vous avez satisfait ma curiosité, seigneur chevalier. A présent, vous pouvez vous en aller quand il vous plaira. – Oh ! je ne vais pas m'en aller à pied, répliqua l'autre, mais je vais attendre qu'un quelconque hasard conduise par ici un chevalier ou

---

[170] Comme on l'apprendra de Merlin, c'est Perceval, fils du chevalier qui parle (le roi Pellinor), qui doit capturer la bête (§ 17, l. 22). Sur cette annonce, v. G. Roussineau, *op. cit.*, p. 638, n. 8,5.

un homme d'armes – puisse Dieu en amener un de ce côté – qui veuille me donner son cheval. »

9. Tandis qu'ils parlaient ainsi, un écuyer s'approcha de l'endroit où ils étaient, monté sur un grand cheval, vigoureux et rapide ; il faisait tout son possible pour retrouver le roi. Quand celui-ci le vit arriver, il lui dit : « Descends et laisse-moi cette monture ; je veux poursuivre une bête qui s'éloigne d'ici. – Ah ! seigneur, s'exclama le chevalier, vous ne commettrez pas la bassesse de vous lancer à la poursuite d'un gibier qui m'appartient et que je traque depuis si longtemps ! Mais montrez-vous généreux et donnez-moi ce cheval, ainsi reprendrai-je ma quête, car je n'ai pas de temps à perdre. Si cette créature m'échappait par votre faute, vous en auriez le déshonneur et moi le préjudice. – Seigneur chevalier, dit le roi, vous menez cette quête depuis tant de jours qu'il est bien normal que vous y renonciez. Restez donc ici : je la continuerai à votre place, et cela jusqu'à ce que Dieu me donne l'honneur de l'achever, s'il lui plaît. – Comment ! s'écria l'autre, monsieur le chevalier indigne, vous voulez ainsi, contre mon gré, vous mêler de ma quête, alors qu'elle m'a causé tant de fatigues et de peines ? Assurément, vous n'en ferez rien ! » Il se dirigea alors vers l'écuyer et le jeta à bas du cheval, qu'il enfourcha avant que le roi ne s'en fût approché. Il dit alors à celui-ci : « Monsieur le chevalier indigne, si je puis m'en aller maintenant pour suivre ma bête, je ne vous en sais nul gré. C'est à vous de rester ; pour moi, je m'en vais. Et sachez que si j'en ai l'occasion je récompenserai fort bien le service que vous m'avez rendu, car vous vouliez me voler ma quête ! Du reste, le seul fait que vous prétendiez vous occuper d'une quête aussi éminente que celle-ci me donne à penser que vous n'êtes qu'un misérable fou, car je suis sûr que vous n'êtes pas de taille à vous occuper d'une affaire de cette importance ! – Chevalier, répliqua le roi, j'écouterai tout ce qu'il te plaira de me dire, mais sache bien au moins que si je croyais pouvoir te retrouver, aujourd'hui ou demain, où que ce soit, je te suivrais et je te montrerais à coups de lame d'acier que je suis, à mon avis, un aussi bon chevalier que toi et que je suis aussi digne que tu l'es d'entreprendre une haute quête. – Tu n'auras assurément pas à chevaucher beaucoup, repartit l'inconnu, si tu veux me trouver, car je passe tout mon temps dans ces bois pour suivre cette créature. – Je te promets donc, déclara le roi, que je ne serai satisfait que lorsque je saurai d'expérience qui de nous deux est le meilleur chevalier. – Quand tu voudras me retrouver, reprit l'autre, viens à cette source. Et sache, si tu veux m'y donner rendez-vous, que tu m'y trouveras, car j'y viens tous les jours. – Tu peux donc t'en aller, dit le roi, car je n'ai pas besoin d'en savoir davantage sur ton compte. »

10. Là-dessus, le chevalier s'en alla et chevaucha à vive allure dans la direction que sa bête avait prise. Quant au roi, il rejoignit l'écuyer et lui ordonna d'aller lui chercher un autre cheval. Celui-ci s'en retourna en toute hâte à pied vers l'endroit où il pensait retrouver ses compagnons ; alors, le roi resta là tout seul et se remit à réfléchir comme il l'avait fait précédemment. Il demeura longuement immobile, en proie à une telle perplexité, après les événements qu'il avait vus advenir dans son sommeil et dans la journée, qu'il n'était guère en mesure de se faire une opinion à ce sujet.

Comme il était ainsi plongé dans ses pensées, Merlin se présenta devant lui sous l'apparence d'un enfant de quatre ans[171]. Il reconnut parfaitement le roi dès qu'il le vit, mais

---

[171] *Suite*, § 10, ll. 10-11 : *un enfant de .XIIII. ans* ; le ms. de base porte *.IIII. ans*, leçon conservée par G. Paris et J. Ulrich (biblio. n° 1, t. 1, p. 153) et traduite comme telle par HDB, p. 114 et EB, p. 191, mais corrigée par G. Roussineau d'après l'accord du ms. B (v. n. 23) et des imprimés espagnols. Cette leçon paraît certes plus vraisemblable (mais quelle est la valeur d'un tel critère en pareil contexte ?). Plusieurs arguments nous incitent cependant à conserver le texte du ms. de base. 1°) Dans ce passage, Arthur n'a pas encore dix-sept ans (v. § 33, l. 17), ce qui fait une faible différence d'âge pour justifier le ton paternel dont il use lorsqu'il s'adresse au nouveau venu si celui-ci n'a que deux ou trois ans de moins que lui (ce point est bien sûr discutable : la position d'Arthur peut expliquer sa condescendance). 2°) Le terme d'*enfant,* récurrent dans tout ce passage, ne nous est évidemment d'aucun secours, de même que *valet* (§ 10, l. 15), qui peut désigner un enfant mâle de n'importe quel âge. D'après J. N. Fåborg (*op. cit.*, p. 453), qui cite un ex. convaincant mais dont le travail, il est vrai, doit être utilisé avec circonspection (il ne semble pas connaître les dictionnaires de Godefroy, Tobler-Lommatzsch et W. von Wartburg), *jovenchiel,* appliqué au singulier petit personnage (§ 22, l. 21), peut « désigner le tout petit enfant », tandis que *valeton*, employé par Arthur au § 13 (l. 13), toujours selon J. N. Fåborg (p. 458), « désigne le plus souvent un petit enfant ». Un peu plus tard, Arthur utilisera, en parlant de son interlocuteur, l'expression d'*enfes de petit aage* (§ 14, ll. 23-24), qui nous semble mieux convenir à un bambin de quatre ans qu'à un jeune garçon de quatorze, surtout dans la bouche d'un adolescent de seize ans (l'expression analogue *de petit d'aage* est d'ailleurs employée au § 320, l. 25, pour qualifier Lancelot âgé d'un an). 3°) Au § 13 (ll. 45-48), le roi chasse cet enfant qui prétend avoir

il le salua comme s'il ne savait pas qui il était. Le roi releva la tête et lui dit : « Dieu te bénisse, mon petit bonhomme ! Qui est tu ? » Merlin répondit : « Un garçon qui n'est pas de ce pays... Mais je m'étonne beaucoup que vous soyez ainsi préoccupé par ce chevalier, car il ne me semble pas qu'un homme qui ait quelque valeur doive se soucier d'une affaire pour laquelle il peut facilement

---

été en bons termes avec Uterpandragon : « ...tu n'es mie de l'aage que tu peuusses onques avoir veut mon pere se che fu Uterpandragons » ; *or, à ce stade du récit, la mort d'Uter ne remonte pas à plus de dix mois* (le roi est mort en novembre et nous sommes ici quelque trois mois après la Pentecôte de l'année suivante ; pour la chronologie de la fin du *Merlin*, v. A. Micha, *Etude sur le « Merlin » de Robert de Boron. Roman du XIII*[e] *siècle*, Genève, Droz [PRF 151], 1980, p. 156) ; si Arthur s'adresse à un garçon de quatorze ans, son argument n'a guère de portée. 4°) Dans notre texte, « quatre » porte une forte valeur symbolique (v. notre *Index* I, F, s. v. *nombres*, et n. 398), à quoi il faut ajouter que le passage de « quatre » à « quatre-vingts » (§ 14) évoque la même chose que le fameux « de sept à soixante-dix-sept ans », à savoir les deux extrémités de la vie consciente. 5°) Il faut enfin rappeler que Merlin a tenu ses premiers discours prophétiques à l'âge de dix-huit mois (*Merlin*, § 11, l. 2), qu'il élucide le mystère de la tour de Vertigier alors qu'il n'a que sept ans (*Merlin*, § 20, l. 101) et qu'il est bien dans ses habitudes, même dans notre récit où il se montre sobre d'effets, de mystifier ceux auxquels il s'adresse en empruntant les apparences qui correspondent le moins à ses paroles ou à ses actions (cf. *Suite*, § 115, ll. 31-33, où le roi Marc, en le voyant graver une épitaphe, « s'esmerveille trop de chou que uns vilains si rudes puet che faire »). V. Ph. Walter, « Merlin, l'enfant vieillard », in D. Chauvin (éd.), *L'imaginaire des âges de la vie*, Grenoble, ELLUG, 1996, pp. 117-133.

trouver aide et conseil. » Le roi regarda attentivement le petit garçon et s'étonna qu'il fît preuve d'autant de maturité dans ses propos. « Mon enfant, je crois que personne, hormis Dieu, ne pourrait m'être d'un quelconque secours sur le sujet qui me préoccupe. – En vérité, repartit Merlin, je connais toutes tes pensées et je sais tout ce que tu as fait aujourd'hui... Quel trouble inutile, sire roi ! Car il n'est rien que tu aies vu en dormant qui ne se réalise : telle est la volonté du Créateur du monde. Et même si tu as vu ta mort en songe tu ne dois pas t'en effrayer. » Si le roi fut stupéfait quand il l'entendit parler de la sorte, ce n'est pas étonnant. Merlin ajouta : « Pour accroître ta surprise, je vais te dire ce dont tu as rêvé cette nuit. – Sur ma tête, répliqua le roi, si tu peux faire cela, je le tiendrai pour un prodige encore plus grand que ceux que j'ai vus et entendus aujourd'hui. – Je vais donc te le dire, reprit Merlin. Tu auras alors des sujets de réflexion bien plus vastes qu'auparavant. » Il lui raconta alors point par point le songe qu'il avait fait[172].

11. Après avoir entendu tout ce que Merlin avait à lui dire, le roi se signa d'étonnement et répondit aussitôt : « Tu n'es pas un homme, une créature à laquelle on doive se fier, mais un démon, car une intelligence d'homme ne te permettrait pas de connaître des choses aussi cachées que celles que tu viens de me raconter. – Ce n'est pas parce que je te décris ton rêve, reprit Merlin, que tu peux affirmer avec raison que je suis un démon. Mais, moi, je te prouverais à bon droit que c'est toi qui es un diable et un

---

[172] Cette dernière phrase ouvre le § 11 dans l'édition.

ennemi de Jésus-Christ, et que tu es le chevalier le plus criminel de ce pays. Car tu es roi par sacre, revêtu de l'honneur et de la dignité dont la faveur de Jésus-Christ, et nulle autre, t'a paisiblement[173] assuré la possession ; or tu as commis, Arthur, un crime aussi considérable que celui de connaître charnellement ta propre sœur, engendrée par ton père et portée par ta mère, et tu as ainsi engendré un fils qui sera tel que Dieu sait bien qu'il doit être, car il provoquera nombre de grands maux sur la terre[174]. »

12. Là-dessus, le roi, que ces propos avaient outragé, répondit en disant : « Vrai démon, tu ne peux prétendre connaître les choses dont tu m'accuses que si tu sais véritablement que j'ai une sœur. Mais cela tu ne peux pas le savoir, ni toi ni un autre, puisque moi-même je l'ignore, et personne, il me semble, ne peut être mieux informé que moi sur ce point ; or je ne sais rien à ce sujet. – Tu te trompes, répliqua Merlin, je t'en donne ma parole. Je suis

---

[173] *Suite*, § 11, l. 11 : *seurement* ; HDB, p. 115 : « sans aucun doute » ; EB, p. 192 : Ø ; DJR, p. 89 : Ø ; GR, p. 794, s. v. *seurement* : 'assurément, certainement'. La trad. proposée s'appuie sur le fait que la succession d'Uterpandragon, dans notre *Suite*, s'effectue sans heurt, sinon sans murmure, tout à l'inverse de ce qui se passe dans la *Suite-Vulgate*. V. *Le Livre du Graal* (biblio. n° 13), p. 776, § 210 et ss.

[174] *Suite*, § 11, l. 16 : *en terre* ; HDB, p. 115 : « dans le royaume » ; EB, p. 192 : « sur cette terre » ; DJR, p. 89 : « dans ce pays ». La trad. proposée s'appuie sur le § 2 (l. 11) : « ...Mordrec, par cui tant grant mal furent puis fait en la terre de Logres et *en tout le monde* » ; « en terre » signifie d'ailleurs nettement 'sur terre' au § 116 (l. 25).

mieux informé que toi de cette affaire, car toi-même tu en ignores tout. Je sais parfaitement, en effet, qui est ton père et qui sont ta mère et tes sœurs, et quoique je n'aie pas vu celles-ci depuis longtemps je sais bien qu'elles sont vivantes et en bonne santé ». Arthur avait beau croire que l'autre lui mentait, persuadé qu'il était d'avoir affaire à un démon, il éprouva un grand réconfort en entendant cela, ce qui lui fit dire, malgré ses doutes : « Si tu peux me faire connaître de manière certaine mon père, ma mère et mes sœurs et que tu m'apprennes de quel lignage je suis issu, je te donnerai absolument tout ce que tu pourras me demander, pour autant que j'en dispose. – M'en donnes-tu ta parole de roi ? demanda Merlin. Car sache bien que si tu me mentais un mal plus grand que tu ne l'imagines pourrait t'en advenir. – Je te le promets loyalement, répondit le roi. – Je vais donc te le dire, reprit Merlin, et je te le prouverai très bientôt.

13. Sache que tu es noble, d'un lignage qui n'est rien de moins que celui d'un fils de roi et de reine, et que ton père était un chevalier accompli. – Comment ! s'écria le roi, suis-je donc aussi noble que tu le dis ? S'il en était ainsi, il ne serait plus question pour moi de me reposer longuement avant d'avoir soumis la plus grande partie du monde, et je ne m'arrêterais que lorsque ce serait chose faite. – En vérité, reprit Merlin, quoi que tu fasses à ce sujet, ta très haute naissance est dès à présent un fait établi[175]. Vois

---

[175] *Suite*, § 13, l. 7 : *il ne demourra mie pour chou que tu n'aies assés gentillece* ; HDB, p. 115 : « tu es assez bon gentilhomme pour y réussir » ; EB, p. 193 : « ce n'est pas le défaut de noblesse qui

maintenant ce que tu feras de cette noblesse, car si ta valeur est aussi grande que l'était celle de ton père, non seulement tu ne perdras jamais de terre mais tu en conquerras beaucoup. – Et comment s'appelait mon père ? demanda le roi. Cela, tu peux bien me le dire. – Certainement, répondit Merlin ; il s'appelait Uterpandragon et il a été le seigneur de tout ce pays. – Au nom de Dieu ! s'exclama le roi, si celui dont tu me parles est mon père, je ne puis manquer d'être un homme de mérite ; j'ai tellement entendu parler de lui, en effet, qu'il serait extraordinaire, je le sais bien, qu'un héritier indigne puisse descendre d'un homme aussi accompli qu'il l'était. Mais en vérité, même si la chose était tout à fait certaine, il serait assurément très difficile d'en persuader les hommes qui comptent dans ce

---

t'en empêchera » ; G. Roussineau (*op. cit.*, gloss., p. 734, s. v. *demourer*) et DJR, p. 90 : « ce n'est pas le manque de noblesse qui t'en empêchera ». Ces versions reposent sur la trad. litt. suivante : 'cela ne sera pas empêché (litt. ne tardera pas) par le fait que ta noblesse soit insuffisante'. Elles sont plausibles et s'accordent avec ce qui suit. La nôtre repose sur la comparaison avec l'exemple en tous points identique cité au même endroit par G. Roussineau (pour le § 409, l. 17) et qui s'interprète exactement comme nous interprétons celui-ci. Il faut ajouter que le *il* de *demourra* impersonnel est généralement associé à une proposition complétive subséquente (ici *que tu n'aies assés gentillece*), tandis que les versions citées supposent que « il » équivaut ici à *ce* anaphorique. Si notre version est la bonne, Merlin suggérerait ici à Arthur que sa noblesse est établie indépendamment de ses exploits guerriers. Nous comprenons donc littéralement : 'il ne tardera pas à cause de cela (i. e. que tu réalises ou non tes ambitions) que tu aies une haute noblesse (*ne* est explétif)'.

pays. – Je le leur ferai si bien savoir, dit Merlin, qu'ils en seront tous parfaitement informés avant la fin du mois, en sorte qu'ils sauront et tiendront pour vrai que tu es le fils d'Uterpandragon et de la reine Ygerne. – Ce que tu me dis est si étonnant, reprit le roi, que j'aurais du mal à te croire là-dessus, et je vais te dire pourquoi. Si j'étais le fils de celui dont tu me parles, on ne m'aurait pas confié à l'autorité d'un humble vassal* comme l'était celui qui m'a élevé, et d'autre part mes origines ne seraient pas aussi obscures qu'elles le sont, car il aurait été impossible à celui qui m'a élevé de ne pas connaître mon identité, alors que lui-même m'a dit qu'il n'était pas mon père et qu'il ne savait pas qui j'étais. Et toi, qui es un étranger, comment est-il possible que tu sois mieux informé de ces choses que celui auprès duquel j'ai toujours vécu ? – Si ce que tu viens d'entendre de ma bouche, répliqua Merlin, n'est pas entièrement vrai, ne t'acquitte pas de ce que tu me dois. Sache aussi que ce n'est ni le mépris ni la haine de ta personne qui m'ont fait parler comme je l'ai fait, mais l'affection que j'ai pour toi, et ce que je t'ai appris à l'instant concernant le péché que tu as commis avec ta sœur, avec laquelle tu as couché comme je te l'ai dit, ne sera jamais révélé par moi : sois sûr que je le cacherai aussi bien que tu le feras toi-même, moins, d'ailleurs, par affection pour toi que par amitié pour ton père, qui m'aimait beaucoup et qui a fait beaucoup pour moi, comme moi pour lui. – Parles-tu sérieusement ? – Oui, bien sûr, répondit Merlin. – Au nom de Dieu, déclara le roi, je peux donc te dire à présent que je ne te croirai plus dorénavant sur quoi que ce soit, car tu n'es pas d'âge à avoir jamais pu connaître mon père, si c'était Uterpandragon ; c'est pourquoi il n'a jamais rien pu faire pour toi, non plus que toi pour lui. Pour cette raison, je te prie de t'en aller, car je ne veux pas rester davantage en compagnie de quelqu'un qui prétend me faire croire un mensonge aussi manifeste ! »

14. A ces mots, Merlin fit paraître un vif mécontentement et, s'éloignant rapidement du roi, il choisit la partie la plus drue de la forêt pour s'y enfoncer aussitôt. Alors, il changea l'apparence qui était à ce moment la sienne pour prendre l'aspect d'un grand vieillard de quatre-vingts ans, vêtu de gris, qui semblait si faible qu'il pouvait à peine marcher. Ainsi déguisé, il se présenta devant Arthur ; son apparence était celle d'un homme avisé. Il salua le roi comme s'il ne le reconnaissait pas et lui dit : « Que Dieu vous garde, seigneur chevalier, et qu'il vous donne de mener à bonne fin ce qui vous préoccupe, car j'ai le sentiment que quelque chose vous tracasse. – Dieu vous entende, vénérable seigneur, dit le roi, car j'aurais assurément bien besoin de son aide. Venez vous asseoir, s'il vous plaît, près de moi, jusqu'à l'arrivée de mon écuyer ». Merlin ayant alors pris place à son côté, ils se mirent tous deux à parler de choses et d'autres et, dans toutes les réponses qu'il obtint aux questions qu'il lui posa, le roi trouva son compagnon si éclairé qu'il en fut tout étonné. Merlin lui dit alors : « Pourquoi étiez-vous si profondément absorbé dans vos réflexions quand je suis arrivé ici ? – Vénérable seigneur, dit le roi, jamais un homme de mon âge, en aussi peu de temps, n'a vu ni entendu autant de choses extraordinaires que j'en ai vu et entendu depuis hier soir, endormi ou éveillé. Et ce que je tiens pour le plus grand prodige, c'est qu'un tout petit enfant s'est présenté à moi tout à l'heure et m'a parlé de certaines choses que j'aurais crues ignorées de tout mortel, hormis de moi seul. – Seigneur, dit le vénérable vieillard, cela ne doit pas vous étonner, car il n'est rien de si caché qu'on ne finisse par le découvrir. Et même si quelque chose était fait sous terre, on le saurait au-dessus ». Puis il ajouta : « Seigneur, au nom de Dieu, remisez vos inquiétudes et ne vous mettez plus martel en tête, mais dites-moi ce qui vous préoccupe et je vous conseillerai de telle manière à ce sujet que vous vous tiendrez renseigné sur tous les points qui vous intriguent. »

15. Le roi considéra le vieillard, qui lui fit l'effet, tant par son visage que par les propos qu'il tenait, d'un homme plein de bon sens, aussi pensa-t-il qu'il lui dirait une partie de ses affaires et garderait le silence sur le reste. Il se mit alors à lui raconter son rêve, comme ce récit l'a exposé, puis il relata fidèlement l'épisode de la bête et du chevalier. Lorsque le roi eut rapporté tout ce qu'il lui plaisait de dévoiler, Merlin répondit : « Quant à ce rêve, sire, je vais vous aider à y voir clair autant que je le pourrai sans commettre de méfait. Sachez qu'un chevalier, qui est déjà engendré mais pas encore né, vous fera connaître la souffrance et le malheur. A cause de lui, votre terre sera entièrement détruite, tandis que les chevaliers accomplis du royaume de Logres se feront tuer et tailler en pièces, laissant ce pays orphelin des valeureux guerriers que vous y verrez de votre temps.

16. Les agissements de cet être voué au mal laisseront donc dévastée la terre où nous sommes. – En vérité, reprit le roi, si les choses se passent comme vous me le dites, ce sera un terrible malheur ; mieux vaudrait alors, ce me semble, et ce serait une charité plus grande, détruire dès sa naissance cette méchante petite créature[176] qui doit venir au monde que de laisser tant de calamités advenir par sa faute. Et, puisque vous m'en avez autant dit, il est impossible que vous ne sachiez parfaitement quand naîtra cet enfant et de qui ; je vous prie donc de me le dire, car, s'il plaît à Notre Seigneur que je connaisse les circonstances exactes de sa naissance, vous pouvez être sûr que je le ferai brûler dès qu'il paraîtra sur terre. – En vérité, répliqua Merlin, jamais, s'il plaît à Dieu, il n'arrivera malheur à la créature de Notre Seigneur par ma faute, car, tout fourbe qu'il sera à la fin de sa vie, aussi longtemps que cet être sera innocent, celui qui le tuerait serait un criminel. Et je

---

[176] *Suite*, § 16, l. 5 : *cele chaitive personne et chis chaitis cors* ; HDB, p. 117 : « cet être nocif » ; EB, p. 197 : « cette malheureuse créature » ; G. Roussineau (*op. cit.*, gloss., p. 723, s. v. *chaitif*) 'de faible constitution, frêle, débile'. Nous sommes là typiquement devant un problème de traduction insoluble. Il y a d'abord « personne »/« cors », dont on peut, non sans quelque mauvaise conscience, se débarrasser en le traitant comme un couple de (para)synonymes. Il y a ensuite la valeur de « chaitif », qui peut dénoter aussi bien la faiblesse physique que morale, et comment trancher dans un cas tel que celui-ci ? On relève bien ailleurs « chetive personne » (§ 471, l. 25), « chetive chose » (§ 478, l. 24), mais c'est en parlant de nains dont la petitesse s'accompagne d'une caractérisation morale peu flatteuse. Il y a enfin la difficulté du point d'application de cet adjectif : porte-t-il sur la créature telle qu'elle est au moment où Arthur parle (un embryon, en somme) ou au contraire sur la créature telle qu'elle sera après sa naissance (un nouveau né) ? Dans le second cas, l'article défini conviendrait mieux que le démonstratif pour traduire « cele ».

vous dis que je me sens déjà si chargé du poids de mes péchés et si coupable envers Notre Seigneur que jamais, si Dieu le veut, je ne commettrai le crime d'aider à faire mourir un enfant, une créature qui ne fait aucun mal ; ne me demandez donc rien de tel, car je n'en ferai rien. – Alors, vous haïssez ce royaume d'une haine mortelle, répliqua le roi, et je vais vous le prouver. Vous dites, et je le crois tout à fait, que le royaume de Logres sera dévasté et détruit par le fait d'un seul chevalier. Ne vaudrait-il donc pas mieux faire périr seul celui qui sera cause de ce terrible malheur que de laisser mourir tant de gens par ses agissements ? – Oui, c'est vrai, répondit Merlin, sa mort vaudrait mieux que sa vie. – Je vous affirme donc, reprit le roi, qu'il vaut mieux que vous nous disiez de qui il naîtra, plutôt que de nous le cacher, car si vous le révélez le pays pourra être sauvé, tandis qu'il sera perdu si vous le dissimulez. – Sire, déclara Merlin, il vaudrait mieux le révéler que le cacher, si l'on voulait prendre en considération le bien du royaume. Mais quoi que cette terre puisse y gagner, moi, j'y perdrais beaucoup, car j'y perdrais mon âme, qui m'est, pour l'heure, plus chère que tout ce pays. C'est pourquoi je ne vous apprendrai rien : je préfère sauver mon âme que ce royaume. – Vous pouvez bien me dire, au moins, demanda le roi, quand il naîtra, et où. » Merlin se mit à sourire et lui dit : « Tu crois, grâce à cela, le trouver, mais tu ne le trouveras pas, car cela ne plaît pas à Notre Seigneur. – En vérité, repartit le roi, je le trouverai pourtant. Si je connais l'heure et le lieu de sa naissance, jamais cette terre ne sera détruite par lui, car je le préviendrai. – Je vais donc te le dire, dit Merlin, et cependant tu n'arriveras à rien. Sache qu'il naîtra le premier jour de mai, dans le royaume de Logres. – Est-ce vrai, demanda le roi ? – Oui, sache-le, répondit Merlin. – Je ne parlerai donc pas davantage de cette affaire, dit le roi, et je m'en tiendrai là, sans plus faire aucune question à ce sujet. Mais réponds-moi donc encore : tu dois me renseigner sur tout ce que je vais te demander.

17. Tout à l'heure, la bête la plus étrange, par son extraordinaire aspect, dont j'aie jamais entendu parler est venue ici, et elle portait en elle d'autres bêtes qui aboyaient. J'ai le sentiment d'avoir rêvé, car il me semble bien qu'aucune créature terrestre ne peut faire entendre sa voix aussi longtemps qu'elle est dans le ventre de sa mère. – Certes, dit Merlin, ta stupéfaction ne m'étonne pas, car il est certain que la chose est aussi prodigieuse pour les oreilles que pour les yeux. – Dis-moi donc ce que c'est, demanda le roi. – C'est une aventure liée au Graal, répondit Merlin. Je ne puis t'en dire davantage, car ce n'est pas à moi de le faire : quelqu'un de plus digne que moi te le dira. – Et qui est cette personne ? demanda le roi. – Elle n'est pas encore née, répondit Merlin, ni même engendrée, mais elle le sera bientôt. Et c'est, ajouta-t-il, le chevalier que tu as vu chasser la bête qui l'engendrera. » Le roi demanda alors à Merlin : « Tu sais que je l'ai vu ? – Je le sais parfaitement, dit-il, et je n'ignore rien des arrangements décidés entre vous. – Dis-moi donc, demanda le roi, qui est ce chevalier ? – Tu le sauras bien, répondit Merlin, si tu te mesures à lui à la lance ; je ne te dirai absolument rien de plus à son sujet pour cette fois. Mais, à propos de la bête, je puis au moins te dire que tu ne connaîtras jamais le fin mot de cette aventure avant que celui qui sera issu de ce chevalier te le fasse connaître. Il s'appellera Perceval le Gallois*, parce qu'il sera originaire de Galles, et ce sera l'un des meilleurs chevaliers du monde ; son mérite envers Notre seigneur sera grand, car il gardera sa virginité avec un soin si extraordinaire qu'il sortira de sa mère vierge et qu'il entrera vierge en terre. Telle sera la vertu du chevalier qui t'expliquera les événements liés à cette bête, et tu n'en sauras absolument rien avant qu'il le fasse[177].

18. Au nom de Dieu, reprit le roi, il me faudra donc beaucoup patienter, s'il en est comme tu me le dis. – Ainsi en sera-t-il, dit Merlin. – Mais toi, qu'en sais tu ? demanda le roi. Connais-tu donc si bien l'avenir ? – En vérité, oui, répondit Merlin ; Dieu m'a accordé cette grâce, par sa miséricorde. – Puisque tu connais l'avenir, repartit le roi, tu devrais être parfaitement informé de ce qui a été fait de ton temps. – Assurément, répliqua Merlin, je le suis. Je connais l'exacte vérité sur la plupart des choses dignes d'être rapportées qui ont été faites dans ce pays depuis que je suis né. – Tu pourras donc, poursuivit le roi, m'apprendre quelque chose que je désire beaucoup savoir. – Je vais te le dire, dit Merlin, car je sais bien ce que tu veux me demander. – Tu le sais ? Je ne te l'ai pas encore dit ! répliqua le roi. Comment est-ce possible ? – Tu verras bien, dit Merlin, si je le sais. Maintenant, tais-toi un peu et écoute-moi. » Alors, il lui dit : « "Qui était mon père ?", voilà ce que tu veux me demander, et tu crois que per-

---

[177] Sur la bête monstrueuse et Perceval, v. G. Roussineau (*op. cit.*, p. 638, n. 8,5 ; p. 640, n. 17,9 et n. 17,22).

sonne ne le sait, puisque tu l'ignores toi-même ; pourtant, certains le savent et je vais te montrer que c'est mon cas, puis je ferai connaître la vérité à ceux de ce pays, parce qu'ils s'interrogent à ce sujet. »

19. Le roi leva la main et se signa, tant il était étonné par ce qu'il venait d'entendre ; il dit à Merlin : « Je suis stupéfait de t'entendre parler de la sorte, car tu devines mes pensées, et je n'aurais pas cru quelqu'un capable de faire cela, hormis Dieu. Aussi permets-moi, s'il te plaît, de savoir qui tu es et dis-moi comment tu t'appelles. Et, si tu veux rester en ma compagnie, je ferai tout ce que tu me demanderas à cause de la grande clairvoyance dont tu es pourvu. – Roi, j'ai l'intention de ne plus jamais te dissimuler qui je suis. Sache que je suis Merlin, le puissant devin dont tu as si souvent entendu parler ».

20. A présent, le récit dit qu'en entendant ces mots le roi fut si heureux que nul n'aurait pu l'être davantage ; il tendit les bras vers Merlin et lui dit : « Ah ! Merlin, puisque tu es celui dont tous les sages et tous les savants de ce monde parlent, je ne mettrai plus jamais tes paroles en doute. Au nom de Dieu, si tu veux me réconforter, lève mes incertitudes sur ce qui me tourmente tant ! – Volontiers, dit Merlin. Je te certifie que le roi Uterpandragon était ton père et qu'il t'a engendré en Ygerne alors qu'elle n'était pas encore reine. » Alors, il lui raconta la tromperie grâce à laquelle Uterpandragon avait couché pour la première fois avec elle. « Et quand j'ai su que tu allais naître je t'ai demandé en don à ton père. Il a répondu qu'il te donnerait volontiers à moi parce qu'il savait bien que j'avais pour lui une très grande affection. » Après cela, il raconta au jeune homme les événements qui le concernaient[178] et lui expliqua comment il l'avait fait nourrir du lait destiné à Keu, puis il lui apprit tout ce qu'il était advenu d'Uterpandragon et d'Ygerne, exactement comme le récit l'a déjà rapporté. Monseigneur Robert de Boron ne veut pas revenir sur ce qu'il a déjà relaté[179], car il n'a pas l'intention de grossir son livre en se répétant ; au contraire, il ne s'écarte pas de sa route et continue comme suit.

21. Lorsque le roi eut appris tout ce qui touchait à sa naissance et à sa personne, il dit à Merlin : « Merlin, tu as beaucoup aimé mon père et tu lui as été très fidèle ; quant à lui, il ne t'était pas médiocrement attaché. Personne au monde n'est mieux renseigné que toi à mon sujet : au nom de Dieu, conseille-moi et dis-moi comment je pourrais dissimuler le péché que j'ai commis en connaissant charnellement la femme du roi Loth. Je ne puis te le cacher, car je sais bien que tu le sais, et je ne voudrais en aucune manière que l'on apprenne la vérité sur qu'il m'est arrivé. – Si je t'indiquais le moyen de cacher ce péché, répliqua Merlin, je pécherais mortellement moi-même, car trois personnes sont au courant, celles qui sont le plus étroitement liées au service de ta chambre : il faudrait d'abord les faire mourir, et, cela, je n'irais pas jusqu'à te

---

[178] *Suite*, § 20, l. 13 : *Apriés li conte le vie de lui et l'afaire ;* HDB, p. 120 : « puis il lui retraça son enfance » ; EB, p. 199 : « Enfin, il lui raconta la suite des événements ».

[179] Dans *Merlin* (§§ 65-76).

le conseiller. Mais pour ce qui est de faire connaître à ceux du royaume que tu es le fils d'Uterpandragon[180], je n'aurai de cesse que je ne le leur fasse clairement savoir. – Je ne te demande rien de plus, déclara le roi, car tu m'aurais alors rendu un service considérable. »

22. Pendant qu'ils parlaient ainsi de cette affaire, les compagnons de chasse du roi, qui le cherchaient à travers la forêt, arrivèrent de ce côté. Quand ils retrouvèrent leur seigneur, ils en furent tout joyeux et lui apprirent qu'ils l'avaient longuement cherché partout. Le roi monta aussitôt sur un de ses chevaux et fit monter Merlin sur un autre, ainsi s'en retournèrent-ils promptement à Cardeul.

Tout au long du chemin, Merlin s'entretint à voix basse avec le roi, lui expliquant comment il s'y prendrait pour que les habitants du royaume eussent la certitude qu'il était fils d'Uterpandragon. « Je veux, disait-il, que vous fassiez savoir à tous vos vassaux, jusqu'à trois journées de cheval autour de Cardeul, qu'ils devront être à votre cour dimanche en huit et que chacun devra amener sa femme. Vous ferez également savoir à la reine Ygerne qu'elle aura à s'y trouver et vous lui demanderez d'amener avec elle sa fille Morgane[181]. Alors, quand elle sera arrivée et que les

---

[180] Une seule allusion discrète sera encore faite à ces gens qui savent (§ 26, ll. 11-14), après quoi il ne sera plus question d'eux, ni *a fortiori* de ce qu'ils pensent de la relation d'Arthur avec sa propre sœur.

[181] Dans notre *Suite*, Morgane est la fille d'Uterpandragon (au § 404, l. 13, elle se dit « fille de roi ») et d'Ygerne (§ 22, l. 15). Elle

Grands du royaume seront rassemblés dans votre palais, je ferai en sorte, avec l'aide de Dieu, qu'elle sache que vous êtes son fils. » Le roi répondit qu'il ne demandait rien de plus. « Dites-moi donc, demanda Merlin, qui était, selon vous, celui qui vous a parlé tout à l'heure près de la source, sous les traits d'un jeune garçon ? – Je ne savais qu'en penser, dit le roi, mais maintenant je crois bien que c'était vous, car j'ai souvent entendu dire que vous prenez l'apparence que vous voulez, changeant de couleur et d'aspect comme il vous plaît. Pour cette raison, je ne crois pas que ç'ait été quelqu'un d'autre que vous-même. – En vérité, dit Merlin, c'était bien moi. Et, de même que vous avez été abusé, votre mère a été victime des apparences la nuit où vous avez été engendré, car elle croyait que c'était

---

est donc la sœur germaine d'Arthur. Dans le *Merlin* (§ 72, l. 6, biblio. n° 11), elle est dite « bastarde » (id. dans le *Livre du Graal*, p. 740, § 172, biblio n° 13 [malgré les imprécisions du texte à ce sujet, il nous paraît difficile d'envisager qu'elle soit la bâtarde d'Ygerne comme le fait A. Berthelot, *Livre du Graal*, p. 1793, n. 5]). Cette réfection généalogique contribue à la dramatisation du récit en rendant plus monstrueuse la haine de Morgane pour son frère. Elle offre un autre intérêt narratif en donnant à la sœur d'Arthur un motif de haine familiale plausible, qu'elle allègue peut-être à ses amants pour les dresser contre son frère (§ 161, ll. 20-22), après le crime supposé sur Mordret et la mort du roi Loth, respectivement neveu et beau-frère de Morgane et d'Arthur. Le narrateur écarte cependant tout motif de cette sorte (§ 376, ll. 1-5). Sur Morgane, v. entre autres L. Harf-Lancner, *Les Fées au moyen âge. Morgane et Mélusine. La naissance des fées*, Genève, Slatkine, 1984, pp. 263-288.

son mari qui couchait avec elle, et non le roi Uterpandragon. »

23. Ils parlèrent tant et si bien de la sorte qu'ils parvinrent à la ville. Le roi descendit de cheval dans la cour de son palais et fit descendre Merlin, qu'il emmena avec lui à l'intérieur ; il se montra fort joyeux de sa présence et lui prodigua de grandes démonstrations d'amitié. Puis il fit tenir sans délai des lettres à tous ses vassaux, exigeant qu'ils fussent au jour dit à sa cour de Cardeul. Il n'oublia pas non plus d'envoyer un message[182] personnel à la reine Ygerne, demandant qu'elle y fût en personne, sans envoyer qui que ce soit à sa place, accompagnée de sa fille Morgane.

24. Les uns et les autres furent donc appelés à la cour de Cardeul, et ils se demandèrent avec beaucoup d'étonnement pourquoi le roi les convoquait. Les uns s'y rendirent parce qu'ils le craignaient, les autres, parce qu'ils étaient curieux d'entendre ce qu'il dirait. Quand la reine Ygerne entendit que le roi la convoquait à la cour, elle craignit qu'il ne voulût lui enlever sa terre et lui prendre tous ses biens, aussi demanda-t-elle au roi Loth et à sa fille, ainsi qu'à

---

[182] *Suite*, § 23, l. 7 : nous interprétons *son propre message*, qui fait écho à *ses briés* (l. 5), où le possessif est identiquement rendu par un indéfini, avec le sens de 'message' plutôt que 'messager' en raison de la complétive qui suit et qui nous paraît en développer le contenu. HDB, p. 121 « son propre messager » ; EB, p. 201 : « son messager personnel ».

tous ses autres parents, de l'accompagner, et ceux-ci déclarèrent que si le roi voulait lui faire tort en quelque manière ils feraient tout ce qui était en leur pouvoir pour l'aider[183]. Merlin demanda à Urfin de venir à la cour et l'autre s'y rendit dès qu'il sut que Merlin s'y trouvait ; celui-ci fut tout heureux de sa venue et manifesta beaucoup de joie en le voyant[184]. De son côté, le roi fit venir Auc-

---

[183] *Suite*, § 24, ll. 7-9 : *Si manda le roi Loth et sa fille et tout son autre parenté a venir a court a li, et que se li rois li vouloit faire tort par auchune aventure, il li aideroient a tout lour pooir* ; HDB, p. 121 : « afin de l'assister de tout leur pouvoir si le roi, par aventure, voulait lui faire du tort » ; EB, p. 202 : « pour la défendre, le cas échéant, contre le roi ». On peut en effet comprendre litt. 'leur disant que si le roi voulait lui faire tort en quelque manière ils l'aideraient de toute leur puissance'. Cependant, le texte, auquel ces traductions correspondent, présente certaines anomalies : (1) le conditionnel *aideroient* (on attendrait *aidassent*) ; (2) *de tout lour pooir* est généralement, dans ce contexte, une mention mise dans la bouche de celui qui proclame son intention de faire quelque chose ou de venir en aide à quelqu'un plutôt que dans celle de la personne qui sollicite cette aide. Notre traduction suppose donc que, ellipse hardie ou faute dans la tradition manuscrite (les mss A et B sont apparemment d'accord cependant), un verbe déclaratif ayant pour agent les parents d'Ygerne est omis.

[184] *Suite*, § 24, ll. 9-12 : *Merlin manda Urfin qu'il venist a court, et chil i vint si tost que il sot que Merlins i estoit, si en fu moult liés et moult li fist grant joie quant il le vit* ; HDB, p. 121 : « Il [Merlin ou Urfin ?] éprouva une grande joie quand il le vit » ; EB, p. 202 : « Merlin de son côté convoqua Urfin qui s'empressa de venir dès qu'il sut que le devin était à la cour et qui fut extrêmement heureux de le revoir. » Selon nous, le membre de phrase introduit par *si* s'applique plutôt à Merlin, car *faire joie a aucun* se dit toujours, dans

tor. Quand il fut arrivé, Merlin le prit à part avec Urfin et dit à celui-ci : « Tu sais parfaitement qu'Uterpandragon m'a donné son premier héritier pour que je fasse de lui ce que je voudrais. – C'est vrai, dit Urfin, je sais précisément quel jour il est né et vous a été remis. – Et vous, demanda-t-il à Auctor, savez-vous qui vous a remis Arthur ? » Auctor regarda attentivement Merlin et lui répondit : « C'est vous qui me l'avez remis, et c'était tel jour ». Et il lui indiqua lequel. Auctor et Urfin se remémorèrent alors ces événements en précisant non seulement le jour mais aussi l'heure auxquels ils s'étaient passés[185]. Après quoi, Merlin leur ayant fait savoir qu'Arthur était le fils d'Uterpandragon, ils déclarèrent qu'il n'y avait jamais eu, au royaume de Logres, de joie pareille à celle que ses vassaux manifesteraient quand ils apprendraient cela, car ils le haïssaient et le méprisaient parce qu'ils ne savaient rien de sa parenté.

---

notre texte, de celui qui accueille. Nous interprétons donc la première coordonnée (par « et ») comme une incise du point de vue syntaxique, dont le contenu est repris par « en » dans la proposition introduite par « si » : *Merlin manda Urfin qu'il venist* [...] *si fu moult liés* [de sa venue].

[185] *Suite* , § 24, ll. 20-21 : *Et lors sont ambedui ramembrant par le jour et par l'eure* ; HDB, p. 122 : « Ils [Merlin et Auctor ou Urfin et Auctor ?] se souvinrent alors tous les deux de la date et de l'heure » ; EB, p. 202 : « Auctor et Urfin s'accordèrent donc sur le jour et l'heure ». La brièveté de l'expression rend l'interprétation délicate et l'identification du sujet même n'est pas assurée. Nous comprenons *par* au sens de 'en faisant état de'.

25. Le roi accueillit fort joyeusement Urfin, car Merlin lui avait appris que les puissants vassaux de son royaume accorderaient beaucoup de créance à son témoignage sur cette affaire, principalement pour cette raison qu'il avait été très proche du roi Uterpandragon. Merlin dit à Auctor : « Auctor, veille à être accompagné, le jour venu, de tes voisins, qui savent bien à quelle époque Arthur t'a été remis ». L'autre déclara qu'il amènerait des témoins de la chose qui seraient bien dignes d'être crus. Merlin demeura ainsi avec le roi jusqu'au jour où les gens arrivèrent au palais, comme cela leur avait été ordonné.

26. Ce jour-là, il y eut énormément de monde à la cour. La reine Ygerne y vint en très somptueux équipage, accompagnée d'un grand nombre de chevaliers. Cependant, elle craignait énormément que le roi ne voulût lui enlever sa terre et qu'il ne refusât de lui laisser gouverner un territoire aussi grand que celui qu'elle tenait parce qu'elle était femme. Lorsqu'elle arriva à la cour, le roi Arthur l'accueillit très chaleureusement et la reçut fort bien, ainsi que ceux qui l'accompagnaient, et il ordonna à ses serviteurs de l'honorer et de la chérir plus que toutes les personnes présentes. Ceux-ci firent exactement ce qu'il avait ordonné, mais ils s'en étonnèrent beaucoup et se demandèrent pourquoi il leur était demandé d'agir ainsi. Certains étaient parfaitement au courant de ce qui s'était passé entre le roi et la femme du roi Loth, de sorte qu'ils étaient persuadés qu'il faisait cet accueil à la mère pour l'amour de la fille.

27. Le jour dont je vous parle, vous auriez pu voir, dans le palais du roi, beaucoup de chevaliers magnifiquement vêtus et équipés, ainsi que nombre de belles demoiselles et de belles dames estimées pour leur beauté. Mais, de toutes les femmes présentes à la cour ce jour-là, c'est Morgane, la fille d'Ygerne, qui fut réputée la plus belle et qui fut honorée comme telle. Et, jusqu'au jour où elle se mit à apprendre des enchantements et des sortilèges, il ne fait aucun doute que ce fut une belle jeune femme. Mais, dès lors que le démon fut entré en elle et que sa conduite fut inspirée par la luxure et par le diable, elle perdit si complètement sa beauté qu'elle devint fort laide et que plus personne, depuis, à moins d'être ensorcelé, ne la trouva belle.

28. Quand les tables furent dressées et que l'on fut assis dans la grande salle du palais, Urfin se présenta devant le roi et déclara, assez haut pour être distinctement entendu de tous : « Roi arthur, je m'étonne beaucoup que tu acceptes qu'une dame perfide et indigne d'avoir une terre sous son autorité mange à ta table. Si quelqu'un voulait remonter aussi haut qu'il serait possible de le faire à la lumière de la vérité, il verrait très clairement qu'elle est coupable de meurtre et de trahison. Et, puisque tu as une si haute idée de toi-même que tu tolères qu'une créature aussi criminelle mange à ta table[186], tu ne mérites assuré-

---

[186] *Suite*, § 28, ll. 8-9 : *Et puis que tu te tiens a si vaillant homme que tu sueffres que si desloial mengüe a ta table* ; cette leçon, qui provient d'une correction du ms. A d'apr. le ms. B, lui-même fautif

ment pas d'être considéré comme un roi mais bien comme l'homme le plus scélérat qui soit au monde ! » Le roi fit mine d'être vivement irrité par ces propos et il répondit aussitôt : « Urfin, prends bien garde, avant d'aller plus loin, à ne rien dire dont tu ne puisses prouver la véracité, car tu passerais pour un insolent et il pourrait t'en cuire. – Sire, je sais bien que telle mange à votre table qui ne devrait pas y manger, pas plus qu'elle ne devrait avoir de terre sous son autorité, bien qu'elle en gouverne une vaste étendue, belle et prospère, car elle a commis de mon temps et du vôtre un meurtre et une perfidie si atroces qu'elle ne pouvait en commettre de pires. Et, si elle était femme à vouloir le nier, je serais prêt à le prouver contre le meilleur chevalier de sa cour, s'il y en avait d'assez hardi pour contester en son nom cette accusation et m'affronter en champ clos. – Sans mentir, dit le roi, vous en avez dit suffisamment. Maintenant, il faut que vous révéliez, devant

---

ici, « n'est pas assurée », au dire de G. Roussineau lui-même (*op. cit.*, p. 641, n. 28,8). La leçon de A, corrigée par G. Paris et J. Ulrich (biblio. n° 1), t. 1, p. 166, paraît en effet également recevable : *Et puis que on te tient a si vaillant homme (a si vaillant) homme, [et tu] sueffres que si desloial...* 'Et puisque toi que l'on considère comme un homme si honorable tu tolères qu'une créature aussi perfide...'. La correction adoptée par G. Roussineau est néanmoins meilleure si l'on considère qu'à ce stade du récit Arthur est encore « tenu pour vil » (§ 34, l. 29) par ses vassaux, qui le « contrehaoient et despisoient por chou que il ne savoient nule chose de son parenté » (§ 24, ll. 24-26). Pour cette même raison, la correction *puis que tu, que on tient* suggérée par A.-J. Holden (*Romania*, 116 [1998], p. 275) ne s'impose pas.

tous les nobles seigneurs ici présents, le nom de celle que vous chargez d'une accusation aussi grave. – En vérité, répondit Urfin, je vais vous dire exactement ce qu'il en est : c'est la reine Ygerne, qui est assise là, et elle ne sera certainement pas assez impudente pour oser me démentir. »

29. Alors, bien ostensiblement, le roi fit mine d'être tout à fait abasourdi par cette étonnante révélation ; il dit à Ygerne : « Madame, vous avez bien entendu ce que ce chevalier a dit contre vous. Voyez donc ce que vous ferez là-dessus, car s'il pouvait prouver devant la cour ce qu'il a dit, vous n'auriez jamais plus d'autorité sur la moindre parcelle de terre qui soit en mon pouvoir. Et, même si je voulais y consentir moi-même, je me couvrirais de honte, car une dame telle qu'il la décrit ne devrait assurément pas, à mon avis, continuer de vivre parmi les hommes, mais devrait être condamnée à la prison perpétuelle ou être enterrée vive. »

Les accusations d'Urfin plongèrent la reine dans un profond désarroi, parce qu'elle savait bien qu'il connaissait une bonne partie de ce qui la concernait. Cependant, elle répondit, sans consulter personne : « Sire, s'il avait présenté son gage pour me convaincre de meurtre et de trahison, je suis persuadée qu'il se trouverait quelqu'un pour me défendre contre cette accusation, avec l'aide de Dieu, car je n'ai assurément jamais commis semblable infamie, Dieu le sait bien. » Aussitôt, Urfin s'avança vivement et tendit son gage vers la main du roi en déclarant, assez haut pour être entendu de tous : « Seigneurs vassaux du royaume de Logres, sachez que ce procès vous concerne autant que moi. Car voici la reine Ygerne, qui a conçu du roi Uterpandragon, lors de leur première union charnelle, un héritier. Après sa naissance, on a bien su que c'était un garçon, mais elle, qui aspirait plus à détruire ce royaume qu'à lui être profitable, n'a pas voulu lui laisser cet enfant mâle ; au contraire, elle s'en est débarrassée, pour qu'il soit tué ou subisse quelque autre sort, je ne sais, en sorte qu'à ma connaissance, personne, depuis, n'a su ce qu'était devenue cette créature. Cette dame, roi Arthur, n'a-t-elle pas commis un crime contre son propre enfant ? Ce qu'a conçu son cœur perfide et sans pitié n'a ainsi rien eu de commun avec tout ce que d'autres mères peuvent faire ou ressentir, car toutes les mères aiment naturellement leur progéniture. Et si elle voulait nier avoir commis ce crime je serais prêt à en faire la preuve. Mais je ne crois pas qu'il me faille revêtir la cotte de mailles pour cela, car elle sait bien que je dis la vérité. »

30. Le roi fit mine de trouver la chose tout à fait extraordinaire ; il se signa, considéra la reine et demanda : « Ah ! madame, ce que prétend cet homme est-il vrai ? S'il en est ainsi, vous avez assurément agi de manière infâme. » La reine était si confuse qu'elle ne savait que répondre, car elle avait immédiatement compris que l'autre disait la vérité. Une grande clameur s'éleva alors et il y eut un beau tumulte dans la salle où se tenait la cour, car tous les convives, tant les humbles que les puissants, qui avaient entendu ce qui venait d'être dit de cette affaire, se mirent à parler en même temps, déclarant qu'Urfin disait certainement la vérité et que la reine était vraiment digne de recevoir la mort, puisqu'elle avait agi ainsi. Le roi les rappela au calme et au silence. Quand le brouhaha se fut apaisé, il dit à la reine : « Madame, répondez aux accusations de ce chevalier. »

La reine, qui savait que les accusations portées contre elle étaient fondées, était à ce point épouvantée qu'elle était toute tremblante de peur. Alors, elle parla, et toute sa personne laissa transparaître l'intense frayeur qu'elle éprouvait : « Ah ! Merlin, maudit sois-tu ! J'en suis là par ta faute, car tu as reçu l'enfant et tu as fait de lui ce que tu as voulu ». Merlin prit à son tour la parole et dit à la reine : « Madame, pourquoi maudissez-vous Merlin ? Il vous a été utile et vous a aidés à maintes reprises, vous et le roi Uter, et la situation de votre époux aurait sûrement été tout autre qu'elle ne l'a été sans lui ». Elle regarda celui qui venait de parler et répondit : « S'il nous a été bénéfique au début, il nous l'a fait payer cher à la fin, car, le premier enfant que Dieu nous avait envoyé, il l'a emporté, et je ne sais pas ce qu'il en a fait. Il a bien montré son origine diabolique et démoniaque, puisqu'il n'a pas voulu que l'enfant soit chrétien et qu'il l'a au contraire emporté sans attendre qu'il ait reçu le baptême, parce qu'il ne voulait pas que Dieu ait part en cette créature. – Madame, dit Merlin, je donnerais de ces événements une version plus exacte que la vôtre, si je le voulais. – Ce serait impossible, dit-elle, car vous ne pourriez pas connaître ces choses mieux que moi. – Sire, demanda Merlin au roi, vous plairait-il d'entendre pourquoi Merlin a emporté l'enfant ? – Il l'a donc emporté ? demanda le roi. – Oui, répondit Merlin, soyez-en certain, et je vais vous raconter, si vous le voulez, comment les choses se sont passées, à condition que vous fassiez jurer à la reine, sur les reliques, qu'elle ne me démentira pas si je dis la vérité. » Alors, le roi fit aussitôt apporter les reliques dans la salle où ils étaient en train de manger. La reine se leva de table et dit à Merlin : « Je vais prêter ce serment, sous réserve que vous me disiez qui vous êtes. » Elle s'agenouilla et jura aussitôt sur les reliques qu'elle ne le contredirait pas s'il disait la vérité, puis elle se releva après les avoir baisées. Le roi lui fit regagner sa place et dit alors à Merlin : « Dites ce que vous avez promis de nous révéler. – Je vais le faire volontiers, sire. » A cet instant, la reine se releva vivement, s'avança et dit à Merlin : « J'exige que vous vous nommiez avant de poursuivre. » Il reprit aussitôt sa véritable apparence, celle qu'elle lui avait vue autrefois[187], et répondit : « Madame, si vous ne connaissez pas mon nom, je vais vous le dire, mais j'avais pensé que vous sauriez qui je suis, et vous auriez vraiment dû me reconnaître, car vous m'avez déjà vu autrefois. » Elle le regarda attentivement et le reconnut aussitôt. Elle lui répondit alors : « Maintenant, je sais parfaitement que c'est vous qui avez porté contre moi cette accusation. Vous

---

[187] Il est, semble-t-il, exceptionnel que Merlin se métamorphose ainsi *in praesentia*. Sur les métamorphoses de Merlin, v. entre autres Ph. Ménard, *Le Rire et le sourire dans le roman courtois en France au moyen âge (1150-1250)*, Genève, Droz (PFR 105),1969, pp. 354-356 ; C. Noacco, « Les métamorphoses de Merlin. Réminiscences antiques et celtiques dans le monde arthurien », in J.-C. Faucon (éd.), *Temps et histoire dans le roman arthurien*, Toulouse, Éditions Universitaires du Sud, chez Champion, 1999, pp. 145-153 ; A. Berthelot, « Merlin, ou l'homme sauvage chez les chevaliers », in *Le Nu et le vêtu au moyen âge (XIIe-XIIIe siècles)*, Aix-en-Provence, CUER MA (Senefiance n° 47), 2001, pp. 17-28.

avez commis une perfidie, il me semble, car ce que j'ai fait de mon enfant, je l'ai fait par ordre de mon seigneur le roi ; aussi faut-il que vous le rendiez, ou ce sera votre mort, car, sur ma tête, on vous l'a donné, je le sais parfaitement. Et si vous vouliez le nier, tous vos sortilèges ne pourraient absolument pas empêcher que je vous fasse supplicier pour obtenir vos aveux. »

31. Merlin se mit alors à sourire et dit au roi : « Sire, cette dame peut dire ce qu'elle veut : je l'écouterai, parce qu'elle est de haut rang. Mais je réaffirme que, si vous le souhaitiez, je terminerais ce que j'avais commencé à vous dire, et je vous expliquerais pourquoi Merlin a emporté l'enfant ». Le roi répondit : « Je veux d'abord savoir de votre propre bouche si vous êtes Merlin, et faites en sorte que mes vassaux entendent distinctement votre réponse. » Merlin répondit : « Je suis vraiment Merlin. » A ce moment, tous les autres seigneurs, qui l'avaient vu dans le passé et qui le reconnurent alors, s'écrièrent d'une seule voix : « Sire, c'est Merlin, soyez-en sûr. » Ils croyaient, en effet, que le roi ne le connaissait pas. Alors, le roi leur demanda le silence et, quand le calme fut complètement revenu, il déclara : « Merlin, il faut que vous répondiez à la question que vous a posée cette dame. – De quoi s'agit-il, sire ? – De l'enfant qui vous a été remis. – Pour l'amour de Dieu, sire, dit la reine, rendez-moi justice sur ce point, s'il vous plaît, en présence des vassaux de votre royaume. » Le roi s'adressa de nouveau à Merlin : « Merlin, répondez, car vous y êtes tenu. – Je le ferai volontiers, sire, et sachez que ce que je vais vous dire ici sera l'exacte vérité.

32. Il est vrai que l'enfant dont nous parlons ici m'a été donné alors qu'il était encore dans le ventre de sa mère : garçon ou fille, son père avait consenti à me le laisser. Quand il est né, selon le plaisir de Dieu, le roi m'a si bien tenu parole qu'il m'a mis en possession de cet enfant. J'avais beaucoup aimé le père, ce qui ne pouvait qu'être profitable au fils[188], et il en a bien été ainsi, car, aussitôt entré en possession de cet enfant, je l'ai mis à l'abri, entre de bonnes mains, chez une certaine personne qui l'a élevé aussi tendrement que son propre fils, et même plus[189]. Si celui à qui je l'ai confié voulait nier que je le lui ai remis, j'obligerais sa bouche à le reconnaître, qu'il le veuille ou non. » Alors, il se tourna vers Auctor, qui était assis, et lui dit : « Auctor, je vous réclame ce que je vous ai confié, cet enfant qu'Uter vous avait si instamment prié d'élever : c'est celui qu'on me demande. » Auctor répondit : « Merlin, sachez en vérité que je me suis si bien acquitté de ma tâche que tous ceux du royaume devraient m'en savoir bon gré. – Rendez-moi cet enfant, dit Merlin, comme je vous l'ai confié. – Vous le rendre comme vous me l'avez confié, répliqua Auctor, je ne puis le faire, car il n'est pas à moi, mais c'est moi qui lui appartiens. Cependant, je vais vous le montrer, grand et fort, tandis que vous ne m'avez remis qu'une petite et faible créature. »

---

[188] *Suite*, § 32, l. 6 : *si en devoit estre miex au fil* ; HDB, p. 125 : « et le fils profita de cet amour » ; EB, p. 209 : « il était juste que l'amour que j'avais porté au père profitât au fils ».

[189] Arthur a été nourri du lait de la mère de Keu, allaité quant à lui par une nourrice (*Merlin*, § 87, ll. 1-6).

33. Alors, il se leva, s'approcha du roi et lui dit : « Sire, ne soyez pas fâché si je porte la main sur vous ». Le roi répondit qu'il ne le serait pas ; Auctor lui saisit aussitôt le poignet[190], puis il dit à Merlin : « Merlin, voici la créature que vous m'avez confiée : l'ai-je bien gardée ? – Si c'est lui, dit Merlin, on ne doit te faire aucun reproche, mais je ne te crois pas encore, et je ne te croirai pas si tu ne me donnes pas immédiatement des signes de reconnaissance plus précis. » Auctor répondit : « Je vais le prouver par le témoignage de tous mes voisins, qui savent bien quel jour il m'a été remis et qui ont, depuis ce moment, côtoyé l'enfant tous les jours. » Ceux qu'Auctor avait fait venir à la cour s'avancèrent alors vivement et déclarèrent qu'ils témoignaient que les choses étaient bien comme leur voisin l'avait dit. « Vous ne nous apprenez rien, tous autant que vous êtes, repartit Merlin, mais dites-moi seulement si vous savez à quelle époque cet enfant a été remis à Auctor. » Ils s'écrièrent tous d'une seule voix : « Nous le savons parfaitement. – Et combien de temps peut-il s'être écoulé, demanda Merlin, depuis cette date ? – Cela fera bientôt dix-sept ans », répondirent-ils. Ils lui indiquèrent alors le jour où les dix-sept ans devaient être révolus. Le chapelain qui avait baptisé l'enfant dit alors à Merlin : « Merlin, il a reçu le baptême de ma main le jour même qu'ils te disent, et il porte mon nom*, non à cause de ma personne, mais parce que cela avait été ainsi demandé à Auctor, comme celui-ci me l'a dit lui-même. »

---

[190] Trad. de *puing* 'poing' empruntée à HDB, p. 126*.

34. Alors, Merlin dit aux seigneurs qui étaient présents : « Nobles et puissants seigneurs du royaume de Logres, puis-je m'estimer quitte envers vous par le témoignage de ces gens ? » Et ils répondirent : « Merlin, vous le pouvez, car on les considère comme d'honnêtes personnes. – Sans mentir, reprit Merlin, je crois qu'on ne pourra donc plus désormais m'accuser des faits qui me sont reprochés en cette cour. » Il s'adressa alors à la reine : « Madame, vous m'avez redemandé votre premier né, qui m'a été remis avec l'accord du roi, et je vous le rends tout autre qu'il m'a été donné. » Alors, il prit Arthur par le bras et lui dit : « Arthur, ton père t'a donné à moi en récompense de tous mes services. Tu étais mien, je te rends ta liberté, car je ne perds pas pour autant le droit de t'interpeller à l'avenir[191]. Mais je déclare encore ceci, sur mon âme et sur

---

[191] *Suite*, § 34, ll. 11-12 : *De chou que tu fus miens te cui je, k'encore te porrai je aparler et a droit* ; texte difficile, comme le montrent les variantes (p. 575, n. 34,11) : G. Paris et J. Ulrich, p. 172, interprètent « cui » comme *cuit* et suppriment le premier « te ». D'où la trad. de HDB, p. 126, qui colle à cette leçon : « tu as été à moi, c'est pourquoi je crois avoir encore le droit de te donner des conseils ». La version d'EB, p. 211, qui recherche avant tout la cohérence avec ce qui suit (Merlin renonce à ses droits sur Arthur en le rendant à Ygerne), adopte cette même leçon mais semble également inspirée par celle du ms. B qui a « appeller » pour « aparler » : « Je pourrais encore dire, en toute justice je pense, que tu es toujours à moi mais... ». Selon nous, il conviendrait peut-être de lire : *De chou que tu fus miens (te) cui[t] je k'encore te porrai je [appeler] et a droit* : ʻje crois que je pourrai encore t'obliger à bon droit à respecter la promesse selon laquelle tu m'as été donnéʼ, ce qui

tout ce que je tiens de Dieu : je veux que tout le monde sache que la reine Ygerne est ta mère et que tu es son fils, et j'affirme que le roi Uterpandragon t'a engendré la première nuit où il l'a rejointe. Aussi convient-il que tu ailles auprès d'elle ; revendique-la comme ta mère et qu'elle te revendique comme son fils. Quant à vous, nobles et puissants seigneurs du royaume de Logres, je vous dis de ne plus mépriser votre seigneur parce que vous ignorez quel est son lignage. Je suis Merlin, qui connais ce qui est obscur et caché, vous le savez bien, et pour cette raison vous devez croire ce que je vais vous dire. Sachez qu'il vous faut aimer et estimer votre seigneur, d'abord parce que c'est la faveur de Dieu, et nulle autre, qui vous l'a donné ; ensuite, parce qu'il est, malgré sa jeunesse, le plus sage prince qui soit au royaume de Logres ; enfin, parce qu'il est aussi noble que peut l'être un fils engendré par le roi Uterpandragon. Et comme, dans l'ignorance où vous étiez de ses origines, vous l'avez jusqu'à présent méprisé au fond de vous-mêmes, je vous demande de ne plus l'accepter désormais à contrecœur, mais de le considérer

offrirait l'avantage de donner un sens immédiatement satisfaisant à la suite. En tout état de cause, nous adoptons la leçon de G. Roussineau (*op. cit.*, p. 642, 34,11, où « cui » est interprété comme *quit* 'quitte', i.e. 'libère'), qui présente l'avantage de ne pas retoucher le texte et de donner un sens convenable à tous les mots de la phrase, même si la valeur du *mais* (traduit par EB mais non par HDB) qui introduit la suite reste délicate ; il peut aussi bien se lier à « cui » : 'je te libère, mais ce n'est pas tout : je te remets à ta mère', qu'à « te porrai je aparler » : 'je pourrai encore te parler, mais pour le moment...'.

comme votre seigneur légitime, et par la volonté de Notre Seigneur, et par son lignage. »

35. A ces mots, une joie immense et vraiment extraordinaire éclata dans la salle, car le roi se leva de table et courut à l'endroit où se trouvait la reine Ygerne, sa mère ; il prit dans ses mains son visage et l'embrassa ; elle fit de même et tous deux pleurèrent de joie et d'émotion. Quand les vassaux du roi virent cela, ils n'auraient pas été plus heureux si Dieu avait été parmi eux ; ils déclarèrent que Merlin n'avait jamais apporté au royaume de Logres une joie aussi grande que celle qu'il lui avait procurée ce jour-là, « et, ajoutaient-ils, béni soit Dieu qui l'a amené ici en ce jour, car, maintenant que l'on sait qui est le roi et de quel noble lignage il est issu, ce royaume ne sera que plus estimé durant toute notre vie ».

Vive fut donc la joie provoquée par cet événement dans le royaume de Grande Bretagne, partout où s'exerçait l'autorité du roi Arthur, et ces festivités se prolongèrent quinze jours tout entiers.

36. Un jour où la fête battait son plein, comme le roi était assis pour le déjeuner et que le premier mets lui avait été servi, il advint qu'un écuyer pénétra à cheval dans la grande salle du palais, à laquelle on accédait de plain-pied en venant du dehors. Il tenait devant lui un chevalier mortellement blessé, qui avait eu, très peu de temps auparavant, le corps traversé d'une lance ; ce chevalier était encore équipé de sa cotte de mailles et de ses jambières de fer, mais il n'avait pas de casque sur la tête.

37. L'écuyer tenait le chevalier devant lui et, quand il fut à l'entrée de la salle, il ne se trouva personne pour lui en interdire l'accès ; c'est pourquoi il se présenta, toujours à cheval, devant ceux qui mangeaient. Il mit aussitôt pied à terre et déposa son maître sur le sol, qui était jonché d'herbe fraîche. Il dit alors, assez haut pour être entendu de toutes les personnes présentes : « Roi Arthur, ce qui me fait venir à ta cour, c'est le besoin pressant que j'ai de ton aide et de ton appui, et je vais te dire pourquoi je m'adresse à toi. Il est vrai que tu es roi et seigneur de cette terre, par la grâce de Notre Seigneur et, lorsque tu es entré en possession de ce royaume, tu as promis devant le peuple que tu t'efforcerais de réparer tous les torts que l'on y commettrait, que les auteurs en soient des chevaliers ou non[192]. Or il se trouve qu'un chevalier, que je ne connais pas, vient, par orgueil, de tuer mon maître dans la forêt qui se trouve à côté d'ici. Maintenant, on va voir comment tu vengeras sa mort. »

38. Le roi fut très contrarié par ce qu'il venait d'apprendre ; il en devint tout songeur et cessa de prêter attention à ce que l'écuyer lui disait. Merlin se mit à le regarder avec insistance, puis il lui dit : « Roi, cet événement te bouleverserait-il ? Ne te mets pas martel en tête pour cela, car tu aurais fort à faire si tu voulais t'offusquer chaque fois qu'il en adviendra de tels à ta cour... C'est la première aventure qui y soit advenue, aussi me déplaît-il

---

[192] *Merlin*, § 90 (ll. 35-48).

beaucoup qu'elle ait commencé de cette manière, car c'est un sombre et fâcheux présage... Fais mettre celle-ci par écrit, et les autres ensuite, telles qu'elles adviendront dans le royaume de Logres. Sache qu'avant que tu quittes ce monde tant d'aventures seront advenues que l'on pourra faire un grand livre de toutes celles qui auront été consignées. Je te dis cela parce que je ne veux pas que de tels événements te fassent perdre contenance, et je tiens au contraire à ce que tu réagisses avec vigueur quand tu les verras se produire. » Le roi répondit qu'il n'avait jamais rien vu de tel advenir dans son royaume : sa stupéfaction aurait été moindre si de tels événements avaient été fréquents. Alors, il demanda à l'écuyer où était le chevalier qui avait tué son maître. Celui-ci répondit : « Sans mentir, si quelqu'un voulait aller vers lui, il pourrait le trouver dans la forêt, non loin de l'endroit par où l'on y pénètre, dans une clairière[193] entourée de broussailles. Là, à côté d'une source, est plantée une tente, la plus somptueuse et la plus belle que j'aie jamais vue. C'est à cet endroit que demeure le chevalier, nuit et jour, en compagnie de deux écuyers seulement, et, devant sa tente, il a fait dresser

---

[193] *Suite*, § 38, ll. 21-22 : *dedens la foriest, a l'entree en une praerie qui est enclose de brokes ;* HDB, p. 128 : « à l'orée de la forêt, dans une prairie... » Cette trad. suit l'édition de G. Paris et J. Ulrich, p. 175 : « dedens la foriest a l'entree, en une praerie... » Cette ponctuation nous semble préférable. Certes, il est bien dit ensuite qu'Arthur, quand il part à la recherche du chevalier, pénètre dans la forêt (§ 50, l. 4), mais rien ne dit qu'il s'y enfonce profondément.

contre un arbre lances et boucliers, obligeant tout chevalier qui emprunte ce chemin à combattre contre lui. – Par Dieu, dit le roi, voilà une initiative bien extraordinaire ; l'homme est doté d'un beau courage pour vouloir éprouver tous les chevaliers qui passent par là. Il convient à présent d'aviser à cette situation, car il a commencé ce que nul n'a osé entreprendre avant lui. Et vous, Merlin, qui savez ce que l'on doit faire, je vous prie de me conseiller à ce sujet. – Certainement, répondit Merlin, je n'y manquerai pas, et je vais à l'instant vous apprendre comment agir en cette circonstance, de telle sorte qu'on procèdera ainsi pendant toute la durée de votre vie ; mais après vous personne n'aura assez de valeur dans ce pays pour pouvoir maintenir cet usage, car vos successeurs n'auront pas vos mérites[194]. Maintenant, écoutez ce que je vais vous dire. Et vous, seigneurs chevaliers ici présents, s'il vous semble que je parle bien, dites-le.

39. La vérité est que cet homme a inauguré les aventures qui mettront aux prises des chevaliers en combat singulier et, puisqu'il a commencé de cette manière, il faut qu'un

---

[194] *Suite*, § 38, ll. 38 : *mais apriés ne verra nus si preudom en ceste terre qui maintenir la puisse, car il ne vaurront mie tant* ; HDB, p. 128 : « mais après votre mort, aucun roi n'aura assez de sagesse pour en maintenir l'observance, et la valeur de leurs chevaliers ne sera pas aussi grande. » Il est difficile de déterminer le référent de « il », qui pourrait, comme le suggère HDB, désigner les chevaliers chargés d'appliquer la coutume. La cohérence thématique rend cependant plus plausible notre interprétation.

autre chevalier répare le mal qu'il a commis. – Il faut donc, repartit le roi, qu'un chevalier de cette cour y aille. – En effet », dit Merlin.

40. A ces mots, un écuyer préposé au service de la table du roi s'avança vivement. Il s'appelait Girflet et c'était le fils de Do. Le roi Arthur l'aimait tout particulièrement, car il était beau, aimable, vif et ils avaient le même âge, Girflet n'étant l'aîné du roi que de trois mois. L'air fort décidé, il se présenta devant le souverain et lui dit : « Sire, je vous ai servi jusqu'ici le mieux possible, aussi vous prié-je de me donner des armes et de me faire chevalier en récompense de mes services, car, en vérité, je crois que je ne pourrais pas, en ce moment, être armé de la main d'un homme plus accompli que vous. C'est pourquoi, cher seigneur, je vous demande de m'adouber ; ainsi irai-je voir aussitôt quel est l'homme qui a de la sorte, par orgueil, commencé à tuer les chevaliers qui passent devant sa tente. Et, si votre cour n'est pas vengée de lui par moi, je ne devrai pas en être blâmé. – Girflet, cher ami, dit le roi, ce n'est vraiment pas une petite affaire, et vous êtes bien jeune pour la prendre à votre compte en affrontant un chevalier d'élite. En vérité, je sais bien que, si ce n'était pas un chevalier vaillant et de haute volée, jamais il ne se serait engagé dans une entreprise de cette importance. Pour cette raison, je vous conseille de rester à l'écart de cette histoire, car j'enverrai là-bas quelqu'un d'autre, plus aguerri dans ce métier que vous ne l'êtes, parmi les chevaliers ici présents. – Sire, reprit Girflet, c'est la première faveur que je vous aie demandée depuis que vous avez été couronné : si j'ai jamais fait quelque chose qui vous ait plu, ne me la refusez pas ! » Il se mit alors à genoux devant le roi et réitéra sa prière en pleurant. Le roi lui dit : « Je vais t'accorder ce que tu demandes, mais il m'en coûte, que Dieu m'abandonne si je mens*, car je t'aime beaucoup, aussi ne pourrai-je qu'être affligé si les choses tournent mal pour toi. Attends donc jusqu'à demain matin : je te ferai chevalier et te donnerai des armes. Tu pourras alors t'en aller vers lui, si le cœur t'en dit ». L'autre répondit au roi qu'il attendrait donc jusqu'au lendemain, puisqu'il le voulait, et il le remercia beaucoup de ce qu'il lui avait accordé.

41. La chose en resta donc là. Le roi fit installer le blessé le plus confortablement possible dans une chambre du palais, mais il ne devait guère survivre que trois jours, car l'autre chevalier lui avait donné un coup mortel. Le soir, Merlin alla trouver le roi et lui dit : « Vous aimez beaucoup Girflet, et vous avez raison, car il vous aime de tout son cœur et il a été élevé avec vous ; aussi vous dis-je que si vous n'y remédiez il ne reviendra jamais vivant de l'endroit où il ira demain, car celui qui se trouve dans la forêt est un excellent chevalier, et il est particulièrement valeureux. Savez-vous d'ailleurs qui il est ? – Non, répondit le roi. – Alors sachez donc, dit Merlin, que c'est le chevalier auquel vous avez parlé il y a quelques jours, celui qui avait si longuement donné la chasse à la bête extraordinaire que vous avez vue. En conséquence, il adviendra que, si Girflet, qui est brave, mais jeune et peu endurci, l'affronte, cet homme, qui est puissant, résistant et dans la force de l'âge, aura tôt fait de le tuer si le combat se prolonge, et si Girflet mourait alors en cette occasion ce serait une très grande perte, car s'il vit assez longtemps il sera aussi bon chevalier que celui-ci, voire meilleur. Du reste, je vous fais une prédiction que vous verrez un jour s'accomplir : de tous les chevaliers du monde, il sera celui qui vous tiendra le plus longtemps compagnie ; après qu'il vous aura quitté, non par sa volonté mais par la vôtre, aucun chevalier ne sera plus à vos côtés ni ne vous verra, si ce n'est en songe, et votre disparition sera le plus grand malheur qui adviendra de votre temps dans le royaume de Logres[195]. »

42. A ces mots, le roi tomba dans un abîme de réflexion, car il comprit aussitôt que c'était de sa mort que Merlin parlait, aussi fut-il à cet instant profondément troublé par ces paroles. Merlin lui demanda : « Roi, qu'es-tu en train de ruminer ? Il faut que les choses adviennent comme Notre Seigneur en a décidé. Ne sois pas inquiet, car ce que je t'ai dit à ce sujet n'adviendra pas de mon vivant. Et s'il est vrai que tu dois mourir, songe que c'est le sort de chacun ; en vérité, si tu savais à quel point ta fin sera honorable, tu t'en réjouirais beaucoup, et c'est d'ailleurs bien ce que tu feras. Tu peux vraiment dire que ta mort et la mienne seront fort différentes. – Pourquoi me dis-tu

---

[195] V. *Mort Artu*, §§ 192-193. Le fait est mentionné aux premières lignes de ce roman (*ibid.*, § 1, ll. 9-14) : « ...si l'apela *La Mort le Roi Artu*, por ce que en la fin est escrit conment li rois Artus fu navrez en la bataille de Salebieres et conment il se parti de Girflet qui si longuement li fist compaignie que aprés lui ne fu nus hom qui le veïst vivant. »

cela ? demanda le roi. – Parce que, répondit Merlin, tu mourras dans l'honneur et moi dans l'infamie ; tu recevras une magnifique sépulture et moi je serai enterré vivant : c'est bien là une mort ignominieuse. » En entendant cela, le roi se signa et s'écria : « Comment ! Merlin, ta mort sera-t-elle aussi infamante que tu le dis ? – Elle le sera, dit Merlin, et je ne vois rien qui puisse m'en préserver, hormis Dieu. – Il est étonnant, reprit le roi, que tu ne puisses te soustraire, par ton grand savoir, à un malheur aussi terrible que celui dont tu me parles. – Laissons donc cela, repartit Merlin, car je n'ai rien dit qui n'advienne exactement comme je l'ai annoncé, et parlons plutôt de Girflet, qui est en danger de mort si nous n'y remédions.

Il ne fait aucun doute que dès qu'il aura été fait chevalier personne au monde ne pourrait l'empêcher d'aller affronter le chevalier de la forêt ; ainsi adviendra-t-il que cet homme, qui est extrêmement puissant, lui fera toucher terre du premier coup. Ensuite, s'ils en viennent à croiser le fer, c'en sera fait de Girflet, car l'autre est le plus habile manieur d'épée du pays. Voyons donc ce que l'on peut faire à ce sujet. – En vérité, je n'en sais rien, dit le roi. – Je vais donc vous le dire, reprit Merlin. Il est entendu que vous l'adouberez ; ensuite, quand il aura reçu de votre main l'ordre de chevalerie, il n'osera pas vous refuser, comme il est normal, la première faveur que vous lui demanderez. Et savez-vous ce que vous requerrez de lui ? Qu'il revienne aussitôt qu'il aura jouté contre le chevalier, quelle que soit l'issue de cette rencontre. Par cette requête, on pourra le sauver de la mort. » Le roi déclara que cet avis était bon et loyal.

43. Le lendemain, le roi Arthur adouba Girflet. Celui-ci était grand, il avait la beauté de la jeunesse et son corps était extrêmement souple. Dès qu'il lui eut conféré l'ordre de chevalerie, le roi lui dit, devant tous ceux qui étaient présents : « Girflet, je vous ai fait chevalier, vous ne pouvez pas me refuser la première faveur que je vous demanderai. – Sire, c'est vrai ; faites votre demande, car je suis prêt à vous l'accorder si je le puis. » Le roi lui dit alors : « Je veux que, dès que vous aurez affronté le chevalier à la lance, quelle que soit l'issue du combat, vous reveniez ici, sans en faire davantage, à pied ou à cheval. » Girflet répondit : « Sire, puisque tel est votre plaisir, je le ferai si je le puis. » Alors, il fit venir ses armes et déclara qu'il ne retarderait pas davantage sa visite au chevalier. Quand il fut entièrement armé, il monta à cheval et prit un bouclier, dont il passa la courroie à son cou[196], puis on lui apporta une très bonne lance, fort solide, après quoi il partit aussitôt de la cour, refusant d'emmener avec lui un serviteur ou un écuyer. De son côté, le roi demeura tout préoccupé dans son palais, car il avait beaucoup d'affection pour Girflet. Les tables furent dressées et tous ceux qui étaient là y prirent place.

Tandis que le roi mangeait, voilà que douze hommes, vêtus chacun d'une précieuse étoffe de soie blanche, entrent dans la salle. Ils étaient tous très âgés et ils avaient les cheveux tout blancs. Chacun portait à la main un rameau d'olivier en signe d'amitié. Quand ils arrivèrent

[196] Pour cette manière de porter le bouclier, v. la planche V dans l'édition de G. Roussineau, p. CXLV.

devant le roi, ils s'arrêtèrent et le saluèrent ensemble ; il leur rendit leur salut, en homme qui connaissait parfaitement les usages. L'un d'eux prit la parole au nom de tous et dit :

44. « Roi Arthur, l'empereur de Rome[197], à qui tous ceux qui exercent une autorité en ce monde sont tenus d'obéir, te fait savoir qu'il te faut lui envoyer le tribut que doit ton royaume. Ne le prive pas de ce qui lui revient plus longtemps qu'il ne l'a été, car de grands maux en adviendraient, d'abord pour toi, puis pour tes vassaux, et ta terre en serait détruite. Veille donc bien à agir sagement cette fois, car si tu ne le fais pas tu es voué à une mort prochaine ! »

Quand ils eurent ainsi transmis leur message, le roi répondit : « Messieurs, je ne tiens absolument rien de Rome ni ne veux jamais rien tenir d'elle. Ce que je tiens, je ne le tiens que de Dieu ; le pouvoir et la faveur dont je jouis, il me les a accordés pour la destruction de mon âme si je n'en use pas comme je le dois, pour son salut si je gouverne par eux mon peuple comme un père doit le faire. Aussi est-ce à celui qui m'a accordé cette prééminence, messieurs, que je dois rendre le tribut de tous les honneurs qui m'adviendront en sa garde, et je ne suis tenu de le faire à personne d'autre, car personne d'autre ne m'a mis en possession de ce que j'ai. J'insiste donc pour que vous disiez à votre empereur qu'il n'a pas été avisé quand il m'a fait transmettre un tel message, car je ne suis pas homme

[197] Rappelons que l'Arthur historique aurait vécu à la fin du Vème siècle.

à lui verser de tribut ni à me reconnaître son vassal pour quelque terre que ce soit ; tout au contraire, je vous affirme que s'il pénétrait demain dans mon royaume pour faire la guerre, il ne reverrait jamais plus Rome, pourvu que Dieu ne me soit point par trop hostile. Et veillez à ne plus avoir désormais l'audace d'entrer sur ma terre pour tenir de tels propos, car vous pourriez vous en trouver mal : sachez que si vous n'étiez pas des ambassadeurs je vous ferais châtier ; ce serait assurément toute ma réponse à votre requête. – Nous vous défions donc à l'instant, de par la puissance de Rome et de par toutes les terres qui lui sont soumises, et nous vous affirmons que rien de ce que vous avez fait jusqu'à présent n'est de nature à vous attirer d'aussi grands maux que ceux qui vous adviendront. – Allez-vous-en, dit le roi : vous vous êtes bien acquittés de votre ambassade*. »

45. Ils quittèrent alors le roi, sortirent du palais et remontèrent sur leurs chevaux qu'ils avaient laissés dans la cour. Arthur demeura parmi ses hommes et se mit à parler de l'empereur, disant que celui-ci manquait vraiment de jugement pour lui avoir intimé l'ordre de payer un tribut à Rome, car il ne ferait cela pour aucune créature terrestre. Mais le récit cesse maintenant de parler du roi et de ses compagnons et retourne à Girflet.

II

46. Le récit dit à présent que lorsque Girflet eut quitté la cour il chevaucha à vive allure, équipé de toutes ses armes comme il l'était à son départ, jusqu'à ce qu'il parvînt à la forêt. Il se dirigea ensuite du côté où il croyait avoir le plus de chances de trouver le chevalier et chevaucha tant et si bien de la sorte qu'il arriva dans la clairière où celui-ci avait établi son campement ; il alla vers la source et vit la tente, aussi splendide qu'on la lui avait décrite. A l'entrée de celle-ci était attaché un grand et vigoureux cheval, plus noir qu'une mûre, et devant, à un petit arbuste, était suspendu un bouclier qui appartenait au chevalier. Voyant cela, Girflet poussa son cheval à coups d'éperons de ce côté, s'approcha du bouclier et le fit tomber à terre. Le chevalier jaillit aussitôt de la tente et dit à Girflet, dès qu'il le vit : « Ah ! seigneur chevalier, vous avez agi grossièrement en abattant mon bouclier. C'est à moi que vous auriez dû vous en prendre, si je vous avais causé du tort, et non au bouclier, qui ne vous demandait rien ! » Girflet répondit qu'il l'avait fait pour lui témoigner son mépris, puis il ajouta : « Et maintenant, tires-en réparation, si tu le peux ! – Ayez donc l'obligeance, demanda le chevalier, de me dire qui est votre seigneur. » Girflet déclara que c'était le roi Arthur. « Vraiment ? Répondez donc, reprit le chevalier, au nom de la loyauté que vous lui devez, à la question que je vais vous poser. Depuis combien de temps êtes-vous chevalier ? – En vérité, répondit Girflet, vous avez invoqué une telle autorité pour me forcer à vous répondre* que je ne vous mentirai pas. Je vous déclare sincèrement que j'ai reçu l'ordre de chevalerie aujourd'hui, de la main du roi Arthur lui-même. – Sérieusement, vous êtes si jeune dans ce métier et malgré cela vous vous êtes chargé d'une entreprise aussi considérable que l'est celle de combattre contre moi, qui suis l'un des plus renommés chevaliers de mon pays ? Retournez donc sur vos pas et que Notre Seigneur fasse de vous un homme de mérite ! Assurément, vous le serez, s'il plaît à Dieu, car vous avez dignement inauguré votre carrière dans le métier des armes. – Comment donc ! chevalier, s'écria Girflet, vous voulez ainsi que je m'en aille sans vous affronter à la lance ? C'est impossible. – Il en sera pourtant ainsi, répliqua le chevalier, car je ne vous affronterai pas maintenant : si je vous blessais, je ne m'en consolerais jamais. J'ai en effet l'espoir que vous serez un jour un chevalier accompli, avec l'aide de Dieu. – Toutes vos raisons sont inutiles, dit Girflet. Il faut que vous montiez à cheval et que vous preniez votre bouclier et votre lance : nous jouterons alors ensemble. Et si vous me le refusez vous me ferez faire quelque chose dont on me fera honte, car je suis à cheval et je vous frapperai alors que vous êtes à pied. »

47. Quand le chevalier entendit ces mots, il répondit en souriant : « En vérité, seigneur chevalier, s'il plaît à Dieu, vous ne commettrez certainement pas votre première mauvaise action par ma faute. » Il se dirigea alors vers son cheval, y monta, prit son bouclier et sa lance, puis il dit au jeune homme : « Seigneur chevalier, je voudrais vous conseiller encore d'en rester là, avant qu'il ne vous en prenne mal. » Girflet répliqua qu'il souhaitait que Dieu ne lui vînt jamais en aide s'il renonçait ainsi au combat et le chevalier déclara qu'il ne l'en prierait plus désormais ; il éperonna sa monture et se tourna vers le jeune homme, qui fit exactement de même. Ils s'élancèrent l'un vers l'autre de toute la vitesse qu'ils purent tirer de leurs chevaux et se frappèrent le plus violemment possible. Girflet fit voler sa lance en morceaux ; quant à son adversaire, qui le prit comme il le fallait, en homme qui n'avait pas l'habitude de manquer son coup, il le frappa si rudement qu'il lui transperça le bouclier et la cotte de mailles, lui enfonçant dans le côté gauche le fer de sa lance avec une bonne partie du bois, de telle manière que le fer ressortit de l'autre côté. Heureusement pour Girflet, sa blessure ne fut pas mortelle. L'autre, qui était d'une grande force, le poussa violemment et le fit tomber à la renverse. Comme Girflet touchait le sol, la lance qui l'avait atteint se brisa, en sorte qu'il resta à terre, le fer de l'arme bien planté dans le corps. Le chevalier acheva sa course et revint sur ses pas.

Quand il vit son adversaire étendu sur le sol, incapable de se relever, il mit rapidement pied à terre, persuadé de l'avoir tué ; il en fut fort affligé et plaignit très vivement le sort du jeune homme, disant que sa mort était une perte et que, s'il avait vécu longtemps, il n'aurait pu manquer d'être un bon chevalier, car il était très brave. Alors, il lui délaça son casque, le lui ôta et lui abaissa la mentonnière de son capuchon de mailles pour lui permettre de respirer s'il était encore en vie[198]. Après être resté un long mo-

---

[198] *Suite*, § 47, ll. 28 : *pour le vent recueillir ;* HDB, p. 133 : « pour laisser passer l'air ». Malgré le caractère quelque peu paradoxal de la situation (le chevalier est persuadé que Girflet est mort mais lui découvre le visage pour le laisser respirer), on ne peut guère comprendre autrement que le font HDB et G. Roussineau

ment sans connaissance, Girflet revint à lui et se releva avec autant de vigueur que s'il avait été tout à fait indemne ; il se dirigea vers son cheval, que l'autre avait retenu, et, pour quelqu'un de très grièvement blessé[199], il l'enfourcha assez facilement. Après avoir remis son casque, il prit son bouclier et dit alors à son adversaire : « En vérité, seigneur, je ne puis nier que vous soyez un chevalier accompli : vous savez vous servir d'une lance beaucoup mieux que je ne le pensais. Mais – que Dieu me prive de son aide si je mens – si j'avais la permission d'en faire davantage, je ne manquerais pas, tout blessé que je suis, de voir ce que vous valez à l'épée. » L'autre répondit : « Il est certain, jeune seigneur chevalier, que vous avez assez de cœur au ventre pour entreprendre de grandes choses. Puissiez-vous, par la grâce de Notre Seigneur, gagner en force et en maturité, car vous seriez alors l'un des meilleurs chevaliers du monde. » Girflet ne releva aucun de ces propos et repartit à vive allure, si grièvement blessé que personne, à sa place, quel qu'en fût l'enjeu, n'aurait pu

(*op. cit.*, gloss., p. 787, s. v. *recueillir*). Cf. § 130 (ll. 10-11) : « pour recueillir le vent et pour reprendre s'alainne ».

199 *Suite*, § 47, ll. 31-32 : *si monte assés bien comme de chevalier qui moult estoit navrés durement* ; HDB, p. 133 : « et y monta avec peine comme le fait un homme grièvement blessé ». Cf. cette notation à propos d'Arthur mortellement blessé à la tête après la bataille de Salisbury (*Mort Artu*, § 191, ll. 27-28) : « Lors monte seur un cheval assez legierement ». La trad. d'HDB s'accorde mal avec ll. 29-30 : « si se dreche aussi vighereusement que se il fust tous sains... »

tenir en selle, à moins de posséder un courage hors du commun[200].

48. Il chevaucha ainsi tant et si bien qu'il parvint à la cour dans la soirée ; il entra dans la grande salle du palais à cheval, le fer de la lance encore fiché dans le corps. Quand le roi le vit arriver ainsi ensanglanté, il en éprouva un vif chagrin et lui dit : « Ah ! Girflet, vous auriez assurément mieux fait de rester ici ! Je vous disais bien que vous n'étiez pas de taille à résister contre ce chevalier... Que pensez-vous de lui ? – Sire, que Dieu m'abandonne si je mens, c'est le meilleur chevalier que j'aie vu depuis longtemps et le plus magnanime que j'aie jamais rencontré, car en me voyant si jeune il a montré beaucoup de répugnance à m'affronter à la lance, et il m'aurait finalement tué s'il lui avait plu de le faire, mais il ne l'a pas voulu et m'a au contraire rendu mon cheval en me disant qu'il lui en coûtait beaucoup de m'avoir blessé. – Par Dieu, s'écria le roi, c'est un chevalier digne de respect, et il a de belles qualités, non seulement de bravoure mais de civilité ! Si seulement il pouvait plaire à Dieu que je lui ressemble ! » Les médecins furent alors convoqués ; ils firent désarmer Girflet, lui ôtèrent le fer de la lance et déclarèrent au roi qu'il n'était pas à craindre qu'il mourût, car ils étaient persuadés de le guérir en très peu de temps.

---

[200] Sur le déroulement de ce combat et celui de tous les autres, v. P.-A. Sigal, « Les coups et blessures reçus par le combattant à cheval en occident aux XIIe et XIIIe siècles », in *Le Combattant au moyen âge*, Publications de la Sorbonne, Société des Historiens Médiévistes de l'Enseignement Supérieur Public, 1995, pp. 171-186.

Mais maintenant le récit cesse de parler de lui et dit que le roi Arthur pensa beaucoup au chevalier durant la nuit. S'il avait pu le rejoindre si discrètement que ses hommes n'en fussent pas informés, il l'aurait fait volontiers. Le roi eut donc, cette nuit-là, l'esprit agité : il ne dormit guère et réfléchit beaucoup. Un peu avant le lever du jour, il appela l'un de ses plus proches serviteurs attachés au service de sa chambre et lui dit : « Va immédiatement me chercher mes armes et mon cheval, et tout ce qui est nécessaire à un chevalier, et fais cela si discrètement que nul ne le sache à part toi. – Ah ! sire, s'écria l'autre, que voulez-vous en faire ? – Ne t'en soucie pas, répondit le roi, et sois sans inquiétude, car je reviendrai, s'il plaît à Dieu, au lever du jour. »

49. L'autre n'osa refuser d'exécuter les ordres de son maître ; il courut préparer au plus vite tout ce que son seigneur lui avait demandé. Quand il revint dans la chambre du roi, il trouva celui-ci vêtu et chaussé. « Sire, dit-il, tout ce que vous m'avez demandé est prêt. – C'est parfait », dit le roi, et il prit aussitôt ses armes. Lorsqu'il fut entièrement armé, il mena sa monture hors de la cité par un jardin qui était près de sa chambre. Une fois hors des murs, le roi monta sur son cheval et prit son bouclier et sa lance. Alors, il dit à son serviteur : « Je veux que tu restes près de cet arbre et que tu m'attendes jusqu'à mon retour, car, si tu rentrais au palais, mes hommes te presseraient de questions à mon sujet en constatant mon absence. » L'autre répondit : « Vous avez raison, sire. C'est pourquoi je resterai ici et vous attendrai jusqu'à ce que Dieu vous ramène. »

50. Le roi, équipé de toutes ses armes comme il l'était, quitta là-dessus son serviteur et chevaucha sans presser sa monture jusqu'à ce qu'il parvînt à la forêt. Il faisait alors grand jour et c'était une belle et claire matinée. Comme il était entré dans le bois, il rencontra Merlin[201] qui fuyait à toutes jambes à cause de trois croquants qui, la cognée en bandoulière[202], voulaient lui couper la tête. Quand le roi vit Merlin et le reconnut, il n'en crut pas ses yeux. Il se dirigea vers celui qui suivait son ami de plus près et lui cria : « Fuis, croquant, ne le touche pas ou je te tue sur-le-champ ! ». Voyant ce chevalier armé qui le menaçait, l'individu prit la fuite et s'enfonça dans la partie de la forêt où il pensait se mettre le plus vite à l'abri ; les autres, qui n'étaient pas petitement effrayés par cet homme en armes, firent de même.

Le roi rejoignit alors Merlin et lui dit : « Merlin, votre dernière heure était arrivée si Dieu ne m'avait pas conduit

---

[201] Cet épisode nous rappelle que Merlin (Myrddin dans sa version celtique) est primitivement un *homo silvaticus*, 'homme des forêts', 'homme sauvage', aspect que la littérature arthurienne atténue considérablement jusqu'à le faire disparaître (v. par ex. A. Berthelot, « Merlin : du substrat celtique à la réalité politique du XIIIe siècle », in *Le Héros dans la réalité, dans la légende et dans la littérature médiévale*, éd. D. Buschinger et W. Spiewok, Griefswald, Reineke Verlag [WODAN, 63], 1996, pp. 1-9).

[202] *Suite*, § 50, ll. 5-6 : *leur cuingnies a leur cols* ; HDB, p. 135 : « leur cognée sur l'épaule ». Plus loin (§ 52, l. 13) il est dit que les paysans avaient *les cuingnies en leurs mains*. Il est possible qu'il y ait là quelque ironie : c'est son bouclier, arme défensive, que le chevalier porte à son cou. V. n. 196.

vers vous en cette occasion. – Roi, dit Merlin, ne vous inquiétez donc pas pour moi, car vous êtes plus près de la mort que je ne l'étais si l'on ne s'occupe pas de votre affaire. – Et qu'en savez-vous ? demanda le roi. – Je le sais parfaitement, dit Merlin. N'êtes-vous donc pas venu ici pour combattre le chevalier de la tente ? – Oui, c'est vrai, répondit le roi. – Soyez donc sûr, reprit Merlin, que jamais vous ne ferez le poids contre lui, et je vais vous dire pourquoi. Ce chevalier est résistant, il est fort, il a l'expérience du combat et il a de la vaillance et de l'audace, alors que vous êtes jeune, peu endurci, sans expérience, et vous n'êtes pas aussi fort de moitié que vous le serez dans cinq ans. De plus, votre équipement ne vaut rien et vous n'avez pas d'épée digne de vous, alors qu'il a le meilleur armement du pays, à mon avis, et avec cela il dispose d'une épée qui convient parfaitement à un combattant tel que lui, car je vous garantis qu'aucun chevalier de ce pays n'en a d'aussi bonne en sa possession. Voyez à présent comme vous êtes bien muni contre cet homme ! Je ne vois rien qui puisse vous être utile en ce moment, sinon votre grand courage et votre intrépidité débordante. Je vous prie donc instamment de rebrousser chemin, car ce serait un immense malheur et une immense perte si vous, qui devez accéder à un très grand honneur et connaître un destin beaucoup plus exceptionnel que vous ne sauriez l'imaginer, vous périssiez de la sorte. – Merlin, rien de ce que vous pourriez me dire ne me ferait rebrousser chemin avant d'avoir éprouvé ce chevalier à l'épée et à la lance. – Eh bien, puisque vous refusez de m'écouter, dit Merlin, bonne chance, car je ne m'en mêle plus ! »

51. Alors, le roi lui demanda : « Merlin, pourquoi ces hommes vous donnaient-ils la chasse tout à l'heure ? » Merlin se mit à sourire, puis il répondit : « A cause de propos que je leur ai tenus et qui sont pourtant la vérité. » Le roi lui demanda quels étaient ces propos. « Je vais vous dire exactement ce qu'il en est, déclara Merlin.

52. Comme je traversais tout à l'heure cette forêt, seul comme vous le voyez, la vérité est que le hasard m'a amené près de ces croquants, qui coupaient deux chênes et se démenaient pour les abattre au plus vite. Je leur ai demandé : "Pourquoi vous dépêchez-vous tant de faire cette besogne ? – Parce que nous sommes pressés, ont-ils répondu. – Vraiment ? Ce n'est pas de chance, leur ai-je dit. Vous êtes donc fort pressés d'aller à votre perte ?[203] En vérité, vous commettez une grande sottise, car soyez sûrs que plus tôt vous verrez ces arbres abattus, plus tôt vous mourrez. Deux d'entre vous, en effet, seront pendus à ces chênes mêmes, et le troisième sera tué de l'une de vos cognées." A ces mots, ils sont entrés dans une rage folle, et ils se sont précipités sur moi, la cognée à la main, pour me tuer. Ils m'auraient fait un mauvais parti, s'ils en avaient eu la possibilité. – Dites-moi donc, Merlin, est-il vrai qu'il leur arrivera ce que vous avez dit ? – Mais

---

[203] *Suite*, § 52, ll. 6-7 : *Voire a maleure, fis jou, si vous est grant besoing que vous venés a vostre honte* ; notre traduction, qui suppose une ponctuation différente (*Voire ? a maleure, fis jou. Si vous est grant besoing que vous venés a vostre honte* ?), repose sur la comparaison avec § 46 (ll. 25-28) et § 95 (ll. 8-9).

certainement, répondit Merlin, car dès que le moment sera venu[204] vous pouvez être sûr qu'ils se battront ensemble pour un cheval qu'ils auront acheté entre-temps : chacun voudra le garder pour lui, parce que l'affaire leur semblera bonne. Ils vont donc se disputer pour l'avoir et deux d'entre eux, qui sont frères, tueront le troisième, qui est leur cousin germain. A cet instant, les autorités de la ville arriveront et les prendront sur le fait ; elles les feront saisir et pendre aux chênes mêmes qu'ils auront apportés de la forêt, parce que le bois se trouvera à portée de main. » Le roi se mit à sourire de cette histoire et déclara que Merlin ne tenait pas ces événements de Dieu mais de l'Esprit du mal. « Ne parlez donc pas davantage de mon savoir, répliqua Merlin. Je crois qu'il vous sera bientôt plus utile que toute votre puissance[205]. »

53. Ils cheminèrent tant et si bien en devisant de la sorte qu'ils arrivèrent dans la clairière où le chevalier avait établi son campement. En regardant autour de lui, le roi ne vit Merlin nulle part ; il se mit à sourire et se dit que celui qui

---

[204] *Suite*, § 52, ll. 17 : *si tost comme il seront la venu, il s'entremelleront ja ensamble pour un cheval qu'il achateront entre voies* ; HDB, p. 136 : « aussitôt qu'ils seront arrivés, ils se querelleront au sujet d'un cheval qu'ils achèteront en chemin » ; « arrivés » où ? Le texte n'est pas clair ; la suite montre que les trois hommes sont sortis de la forêt et arrivés en ville. Nous interprétons sans certitude « la « comme un adverbe temporel.

[205] Cet épisode évoque ceux relatés dans le *Merlin*, §§ 24-25 et §§ 42-43. Il n'est cette fois plus question de vérification : Merlin est désormais cru sur parole.

voulait s'assurer du diable avait fort à faire : il était persuadé que Merlin était encore à ses côtés et voilà qu'il l'avait si complètement perdu qu'il n'avait plus la moindre idée de l'endroit où il se trouvait.

Lorsque le roi arriva près de la source, il trouva le chevalier pourvu de toutes ses armes, à l'exception de son bouclier et de sa lance, assis à l'entrée de sa tente sur un siège qui ressemblait à un trône[206]. Le roi lui dit sans le saluer : « Seigneur chevalier, qui vous a donné l'ordre de garder le passage de cette forêt et de faire en sorte que tout chevalier, étranger ou non, qui la traverse en prenant ce chemin soit obligé de jouter contre vous ? – Seigneur chevalier, répondit l'autre, je me suis moi-même octroyé ce droit, sans requérir le mandat ni la permission d'autrui. – Vous avez fort mal agi, reprit le roi, en ne demandant pas, à tout le moins, au seigneur de cette terre l'autorisation d'agir de la sorte. Aussi je vous ordonne, de par lui, d'ôter d'ici votre tente ; et n'ayez plus jamais l'audace de vous aviser d'entreprendre ce genre de chose. » L'homme répondit qu'il n'était pas question d'y renoncer, ni pour lui ni pour un autre, avant que le hasard eût amené un chevalier qui pût se rendre maître de lui par les armes. « Sur ma

---

[206] *Suite*, § 53, ll. 8-9 : *qui se seoit en une kaiiere* ; HDB, p. 136 : « il était assis sur une chaise » ; G. Roussineau (*op. cit.*, gloss, p. 723, s. v. *chaiiere*) donne 'chaise, siège' pour cette occ. Le même mot est employé au § 3 (l. 6) pour désigner le siège que réclame Arthur dans son rêve et au § 474 (l. 24 « chaire ») pour le siège qu'occupe le roi Pellinor lors de la commémoration de son couronnement. Or on apprendra par la suite que le chevalier de la tente est précisément le roi Pellinor.

tête, répliqua le roi, voici venu celui qui le fera, ou c'est moi qui serai ici même honteusement défait. Je veux donc que vous vous mettiez en garde, car je vous défie ; montez immédiatement sur votre cheval : si vous ne le faisiez pas, je vous infligerais un traitement qui vous vaudrait un complet déshonneur en vous attaquant alors même qu'en cette circonstance vous vous trouvez ainsi à pied[207] ! »

54. Le chevalier répondit qu'il avait entendu parler bien des orgueilleux et qu'il faisait très peu de cas de leur orgueil : il ne méprisait pas moins celui-là et il était persuadé qu'il ne tarderait pas à le modérer. Alors, il alla vers son cheval, y monta, prit son bouclier et sa lance et demanda au roi Arthur s'il voulait combattre. Celui-ci répondit qu'il n'était pas venu là pour autre chose. Ils

---

[207] *Suite*, § 53, ll. 26-27 : *u autrement vous feroie jou toute vilounie la ou vous en estes ensi tout a piet ;* HDB, p. 137 : « si vous ne voulez pas que je commette la vilenie de vous frapper alors que vous êtes à pied » ; G. Roussineau (*op. cit.*, gloss., p. 802, s. v. *vilenie*) propose pour « vilounie » la glose suivante : 'traitement brutal, violent', qui ne semble pas signalée dans le dictionnaire de Tobler-Lommatzsch (11,4 87, 20, s. v. *vilenie* ; *faire vilenie* est, toutes constructions confondues, rangé sous *Gemeinheit, gemeine Handlung*), mais que suggèrent également, dans un contexte analogue (*faire vilenie a aucun*) qui exclut en principe la trad. de HDB, D. Lalande et T. Delcourt (*Le Roman de Tristan en prose*, t. 5, Genève, Droz [TLF 416], 1992, gloss., p. 438, s. v. *vilonnie* : 'brutalité, violence', pour les § 470, l. 17 et § 471, l. 27). La trad. du « en » (l. 27) est particulièrement délicate ; nous supposons qu'il renvoie très vaguement à la situation évoquée par cette scène.

mirent aussitôt plus d'un arpent[208] de distance entre eux et s'élancèrent à toute vitesse l'un sur l'autre, lances baissées ; ils se frappèrent ainsi avec une telle violence que leurs armes volèrent en morceaux, puis ils se heurtèrent, du corps et du visage, en sorte qu'ils furent à moitié assommés par le choc. Mais ni l'un ni l'autre ne tomba cette fois et tous deux poursuivirent au contraire leur course, mal d'aplomb et l'allure incertaine. Quand ils eurent fait demi-tour, le roi mit la main à l'épée et voulut se précipiter sur son adversaire, mais celui-ci lui dit : « Ah ! seigneur chevalier, s'il vous plaît, attendons encore pour faire parler nos lames. Je vais vous dire ce que nous allons faire, et nous agirons ainsi en hommes de qualité. Nous avons de bonnes et robustes lances à foison : recommençons la joute, vous et moi, jusqu'à ce que l'un de nous deux soit renversé, après quoi nous pourrons, si vous y tenez, commencer à tailler. » Le roi répondit qu'il y consentait et le chevalier apporta aussitôt deux lances ; il en offrit une à son adversaire et prit l'autre pour lui-même, puis il invita de nouveau le roi au combat. Ils se chargèrent mutuellement et firent une nouvelle fois voler leurs lances en morceaux, mais aucun des deux ne fut renversé sur le sol. Alors, le chevalier dit au roi : « Que Dieu m'abandonne si je mens, seigneur chevalier, j'ignore qui vous êtes, car je n'ai jamais rencontré de manieur de lance aussi remarquable que vous. N'allez pas vous flatter de m'avoir

---

[208] L'arpent est une « ancienne mesure de longueur (entre 35 et 50 m.) » (G. Roussineau, *op. cit.*, gloss., p. 714, s. v. *arpant*).

amadoué, cependant, car je ne le dis pas par amitié à votre égard, mais à cause de la valeur que vous montrez. »

55. Le roi ne répondit rien à ce discours. L'autre poursuivit : « Je vous prie de livrer un troisième combat. » Le roi lui répliqua qu'il ne manquerait certainement pas de lui donner satisfaction aussi longtemps qu'il pourrait tenir en selle. Le chevalier apporta aussitôt une autre lance au roi et celui-ci la prit, bien qu'il se ressentît beaucoup des deux combats qu'il venait de livrer, car son adversaire était extrêmement puissant. Alors, ils s'élancèrent fort impétueusement l'un vers l'autre, chacun bien fâché de n'avoir pas abattu celui qui lui faisait face. Ils se chargèrent avec une telle ardeur qu'il sembla vraiment, au vacarme que firent les chevaux, que la terre dût s'effondrer devant eux. Quand ils arrivèrent à portée l'un de l'autre, ils se frappèrent si rudement que le fer des lances traversa les boucliers, mais tous deux avaient des cottes de mailles si solides qu'ils ne purent les endommager. Ils arrivaient avec une grande force, aussi firent-ils voler leurs lances en morceaux et, au moment du choc des corps et des boucliers, le roi vola à terre et son cheval s'abattit sur lui. L'autre acheva sa course et revint très vite près de son adversaire.

Cependant, le roi s'était déjà relevé, mais il n'avait plus de monture, car sa bête s'était enfoncée dans la forêt. Quand le chevalier le vit à pied, il lui dit : « Seigneur chevalier, vous voyez bien ce qu'il en est, et vous savez parfaitement que j'ai l'avantage pour combattre à l'épée, car vous êtes à pied et je suis à cheval. Mais, comme vous êtes le meilleur manieur de lance que j'aie jamais rencontré, je vous dispenserais de ce combat, si la chose était à votre convenance, car pour moi je ne voudrais en aucune manière, en quelque lieu que ce soit, que sous mes yeux ou par ma faute vous subissiez une honteuse défaite. » Le roi déclara que jamais, s'il plaisait à Dieu, il ne renoncerait à se battre à l'épée, même si le combat à la lance avait mal tourné pour lui ; au contraire, il irait jusqu'au bout, et que celui à qui Dieu donnerait la victoire la prît. Quand le chevalier entendit ces mots, il s'écria : « Comment ! vous voulez vous battre contre moi, qui suis à cheval, alors que vous êtes à pied ? Vous voyez bien que je suis en position de force ! – Quel que soit votre avantage, répliqua le roi, je ne renoncerai pas à me battre : je serais en effet déshonoré à jamais, si je le le faisais, car je suis encore indemne et vigoureux. »

56. Quand il vit qu'il ne pouvait en être autrement, le chevalier eut alors l'idée d'un beau geste qu'on n'avait, à cette époque, jamais vu au royaume de Logres et que de nombreux hommes de mérite imitèrent depuis. Comme le roi, tenant son bouclier un peu de biais, se dirigeait l'épée à la main vers son adversaire, qui était à cheval, celui-ci se recula un peu en le voyant s'approcher et lui dit : « Un instant, seigneur chevalier ! Jamais, s'il plaît à Dieu, je ne me battrai contre vous aussi longtemps que je serai à cheval et vous à pied, car, si je remportais la victoire ainsi, je n'en recevrais assurément nul honneur. » Alors, il mit aussitôt pied à terre et attacha sa monture à l'entrée de sa tente. Puis il mit son bouclier au bras, tira l'épée et dit au roi : « Combattre contre vous, seigneur chevalier, me procurera maintenant plus d'honneur que si j'étais resté à cheval. Cependant, je voudrais vous conseiller encore, pour votre bien, de renoncer à ce combat. » Le roi répondit qu'il n'en était pas question. Alors, le chevalier s'élança et lui donna un grand coup sur son bouclier, de sorte qu'il en abattit un morceau. Le roi ne fut pas lent à réagir mais lui assena sur le casque le coup le plus violent qu'il pût amener de son épée brandie, en sorte que le chevalier fut lourdement chargé quand il en soutint le poids. Mais il était fort et brave, il avait l'expérience du combat et maniait habilement l'épée ; il harcela donc si bien le roi de son arme trenchante qu'avant la fin de ce premier assaut celui-ci avait au corps deux blessures pour la moindre desquelles un autre se serait estimé frappé à mort. Ainsi le roi avait-il déjà perdu beaucoup de sang, car son adversaire disposait d'une arme excellente, mais, comme il avait du courage et de l'intrépidité de reste, il ne baissa les bras à aucun moment et résista aux coups que l'autre lui assenait sans aucun répit. Il n'avait d'ailleurs pas été si peu efficace qu'il n'eût lui-même soutiré du sang au chevalier en plusieurs endroits, car il lui avait infligé de nombreuse blessures, petites et grandes.

57. Le combat se prolongea si longtemps de la sorte que tous deux finirent par être très éprouvés. Le roi avait largement bénéficié du fait qu'il était beaucoup plus souple et plus rapide que l'autre chevalier, comme pouvait l'être un jeune homme qui n'avait encore ni barbe ni moustache, et s'il avait été aussi bien armé, pour l'épée et tout le reste, que son adversaire, monseigneur Robert de Boron, qui a mis cette histoire par écrit, déclare très nettement que le roi aurait assurément pu avoir, à la longue, la meilleure part en ce combat, car il n'aurait pas perdu autant de sang. Et, cela, c'était un fait qui avait sensiblement diminué sa vélocité et qui lui avait enlevé une grande partie de sa force et de ses capacités.

58. Après le premier assaut, quand ils se furent un peu reposés, le chevalier appela le roi à reprendre le combat. Celui-ci l'assaillit vigoureusement, mais son attaque aurait été bien plus vive encore s'il n'avait pas perdu une telle quantité de sang. Cette fois, donc, il advint que le roi brandit son épée pour en assener un coup à son adversaire, lequel en fit tout autant de son côté pour frapper le roi, si possible, de sorte que, lorsque les épées se rencontrèrent et que les lames s'entrechoquèrent, il fallut que la plus mauvaise cédât et se rompît. Comme l'épée du chevalier était la meilleure et la plus solide, elle trancha complètement celle du roi au ras de la poignée, si bien que celle-ci lui demeura dans la main, tandis que la lame tomba sur le sol.

59. Quand le roi vit qu'il avait perdu son épée, il ne fut pas trop rassuré, car il se sentait épuisé et ses blessures le faisaient souffrir ; de plus, il connaissait son adversaire pour un excellent chevalier. Il ne sut donc que faire, car il se voyait désormais en danger de perdre la vie et tout honneur en ce monde ; jamais il n'avait éprouvé de crainte aussi grande que celle qu'il ressentit à ce moment-là. Quant au chevalier, lorsqu'il le vit privé d'épée, il résolut de le mener jusqu'à la peur de mourir, pour voir s'il parviendrait quand même à lui arracher une parole qui révélât quelque lâcheté, car au vu de ce qui précédait[209] il savait bien qu'il était d'une authentique bravoure. Alors, il se mit à faire pleuvoir les coups, lui martela le casque et déchiqueta sa cotte de mailles. Le bouclier du roi avait été mis en pièces, mais avec ce qui lui en restait il se couvrit, tint bon et résista à la puissance de son adversaire : il avait si bien appris l'art du combat à l'épée que celui-ci ne parvenait que rarement à le frapper ailleurs que sur l'arme dont il se protégeait.

Le chevalier était donc fort étonné de la résistance que le roi lui opposait et, sachant bien que celui qu'il combattait avait perdu une grande quantité de sang, il se demandait comment il pouvait soutenir si longtemps ses assauts : il lui en coûterait beaucoup de le mettre à mort, car il avait trouvé en lui un chevalier excellent et très valeureux, et il l'estimait plus que tous ceux qu'il eût jamais affrontés. Alors, il dit au roi, pour le mettre à l'épreuve : « Seigneur chevalier, vous voyez ce qu'il en est. C'en est fait de vous, si vous ne vous reconnaissez pas définitivement vaincu dans ce combat. Sachez-le bien : si vous ne remettez pas sans condition votre vie entre mes mains, rien ne pourra la racheter et je vous couperai la tête ! – En vérité, monsieur

---

[209] *Suite*, § 59, l. 9 : *de tant set il bien qu'il est drois hardis* ; HDB, p. 139 : Ø ; contrairement à G. Roussineau (*op. cit.*, gloss., p. 796, s. v. *tant*) qui donne ici à « tant » une valeur cataphorique, nous y voyons plutôt un anaphorique, comme dans *pour tant* (§ 509, l. 170).

le chevalier[210], répliqua le roi, vous êtes fou de me demander cela. Jamais, s'il plaît à Dieu, la crainte de mourir ne me fera dire quelque chose qui puisse me déshonorer, car je crains assurément plus le déshonneur que la mort. – Vaines paroles, repartit le chevalier. Il vous faut dire autre chose, ou vous allez mourir. – Quand la mort viendra, dit le roi, il me faudra la recevoir. Mais je ne la crois pas encore si proche de moi que vous le dites. » Aussitôt, il jeta à terre son bouclier et le reste d'épée qu'il tenait à la main, se précipita sur son adversaire, lui enserra la taille et le souleva à au moins un pied au dessus du sol, puis il le renversa violemment sous lui et le maintint à terre, l'écrasant ainsi de son poids. Le chevalier tomba si rudement qu'il en fut tout étourdi ; le roi lui saisit alors le casque avec tant de brutalité qu'il en rompit les attaches et, que l'autre le voulût ou non, le lui arracha de la tête avant de le jeter au loin. S'il avait alors eu de quoi causer quelque dommage au chevalier, le combat aurait été fini, mais il n'avait absolument rien dans les mains, aussi ne put-il guère lui faire de mal.

60. Quand le chevalier vit qu'il avait ainsi le dessous et que l'autre, qui le plaquait au sol, lui avait enlevé son casque, il ne fut pas trop rassuré : son épée, qui lui avait

---

[210] *Suite*, § 59, l. 24 : *dans chevaliers* ; HDB, p. 140 : « sire chevalier » ; A. Duplat (« Étude stylistique des apostrophes *chevaliers* et *vassal* [*sic*] dans les romans de Chrétien de Troyes », *Bulletin des jeunes romanistes,* 20 [1974], p. 87) suggère « sieur chevalier » pour rendre « le caractère archaïque et insolent » de cette formule.

échappé des mains lorsqu'il était tombé, se trouvait à la portée de son adversaire ; s'il parvenait à s'en emparer, le combat était perdu, il le savait parfaitement. C'est pourquoi, craignant de mourir, il rassembla ses forces, saisit son ennemi de toute la puissance de ses deux bras et le serra si rudement contre sa poitrine qu'il sembla à celui-ci qu'il allait mourir étouffé. Le roi perdit ainsi toute vigueur et toute énergie tant cette étreinte était violente. Quand le chevalier vit que son adversaire lâchait prise, il le fit basculer et se retrouva sur lui à son tour, puis il s'efforça d'atteindre l'épée et parvint à s'en emparer. Dès qu'il la tint, il mit de côté toute générosité et se disposa à couper la tête du vaincu, tant la peine et la souffrance qu'il avait endurées, et la peur qu'il avait ressentie, l'avaient contrarié. Comme il voulait trancher les lacets du casque de son ennemi, Merlin, qui n'était pas loin et qui avait assisté à tout le combat, fut d'avis, en voyant le roi en danger de mort, qu'il se pourrait bien qu'il attendît trop : s'il tardait, si peu que ce fût, il n'arriverait jamais à temps.

61. Alors, il gagna le plus vite possible le lieu de l'affrontement et vit que le chevalier avait déjà dépouillé le roi de son casque. Lorsqu'il vit cela, il eut peur et se dirigea vers lui : « Ah ! chevalier, ne le touchez pas et ne lui faites plus de mal, car vous rendriez le royaume de Logres orphelin d'un bon seigneur ! – Comment ! s'écria le chevalier, est-ce donc le roi Arthur ? – Oui, en vérité », répondit Merlin. Mais l'autre était en colère, aussi répliqua-t-il qu'il ne renoncerait certainement pas pour cette raison à le tuer, et il leva l'épée pour le frapper. Voyant cela, Merlin jeta un charme qui endormit le chevalier sur le corps d'Arthur, puis il aida celui-ci à se redresser et déclara : « Tu peux constater maintenant que mon savoir t'est plus utile que ta bravoure, et ce matin je t'ai prédit que les choses se passeraient de cette manière. » Le roi se releva promptement et vit le chevalier qui dormait, totalement immobile, aussi fut-il persuadé qu'il était mort et que Merlin l'avait tué par l'un de ses enchantements. Il lui dit aussitôt : « Ah ! Merlin, tu as mal agi en tuant ce chevalier ! Cette perte ne sera jamais réparée, car c'était d'après moi le meilleur chevalier du monde. J'aurais mieux aimé – que Dieu me prive de son aide si je mens – avoir perdu mon meilleur château que de le voir ainsi tué par toi ! – Comment ! repartit Merlin, tu crois donc qu'il est mort ? – C'est ce qu'il me semble, répondit le roi. – Sache donc qu'il est bien vivant et qu'il ne s'éveillera que lorsque tel sera mon bon plaisir. – Il s'en est fallu de peu, reprit le roi, que je ne perde l'honneur et la vie à cause de mon épée, qui m'a fait défaut. – Ne vous avais-je pas bien dit, répliqua Merlin, qu'elle ne résisterait pas longtemps ? Sachez que je ne connais en ce pays qu'une seule bonne épée, et elle se trouve dans un lac où habitent des fées. Si vous pouviez l'avoir, vous la garderiez jusqu'à la fin de votre vie[211]. – Ah ! cher ami Merlin, pourriez-vous faire en sorte que je l'aie ? – Je vous mènerai assurément jusqu'à l'endroit où elle se trouve, répondit Merlin, mais vous ne pourriez pas l'obtenir par moi, car je n'ai là nul

---

[211] V. *Mort Artu*, §§ 192-193. C'est Girflet qui, à la demande d'Arthur, jettera l'épée dans le lac d'où elle est venue.

pouvoir. Cependant, je sais parfaitement que vous l'aurez, et d'une manière telle que vous en serez tout émerveillé.

62. Maintenant, nous allons nous rendre tous les deux chez un ermite ; vous vous y reposerez jusqu'à demain. Nous partirons alors ensemble de chez lui, après qu'on aura examiné et pansé vos blessures, et nous irons du côté où je vous ai dit que se trouvait l'épée, à condition que nous puissions chevaucher à ce moment-là, mais je crains que vous ne soyez blessé si grièvement qu'il soit dangereux pour vous de voyager. » Le roi répondit qu'il n'avait aucune blessure qui l'empêchât de chevaucher. Alors, il enfourcha la monture du chevalier contre lequel il avait combattu et s'en alla avec Merlin. Celui-ci le conduisit dans un ermitage situé sur une colline. L'occupant du lieu était un homme de grand mérite et il menait une très sainte vie ; il avait été un chevalier prodigieusement valeureux, quand il était dans le monde, et il savait parfaitement soigner les blessures.

63. Quand le roi fut entré chez l'ermite et qu'il eut mis pied à terre, on le désarma et le saint homme examina ses plaies. Il déclara au roi qu'il n'avait rien à craindre, car il guérirait très rapidement, n'ayant aucune blessure qui fût très dangereuse. Ce jour-là, ainsi que le lendemain, le roi et Merlin restèrent à l'ermitage, et ils n'en bougèrent absolument pas, puis ils s'en allèrent et cheminèrent jusqu'à ce qu'ils parvinssent non loin de la mer[212]. Mer-

---

[212] *Suite*, § 63, l. 7 : *tant qu'il vinrent a la mer auques pres* ; HDB, p. 142 : « ...tant qu'ils arrivèrent assez près de la mer ».

lin se dirigea vers une montagne, qui se trouvait à leur droite, et ils continuèrent de cheminer jusqu'à ce qu'ils vissent un lac. Il dit alors à son compagnon : « Roi, que pensez-vous de cette étendue d'eau ? – Merlin, répondit le roi, elle me paraît extrêmement profonde et telle que personne n'y entrerait sans périr. – Assurément, repartit Merlin, vous dites vrai. Toute personne qui entrerait là sans la permission des fées mourrait aussitôt. Et c'est dans ce lac, sachez-le bien, que se trouve la bonne épée dont je vous ai parlé. – Dans ce lac ? demanda le roi. Et comment pourra-t-on l'obtenir ? – Vous le verrez, répondit Merlin, très bientôt, s'il plaît à Dieu. »

Tandis qu'ils parlaient ainsi, ils regardèrent vers le milieu du lac et virent une épée apparaître au dessus de l'eau, tenue au bout d'un bras qui apparaissait jusqu'au coude ; ce bras était revêtu d'une précieuse étoffe de soie blanche et la main tenait l'épée entièrement hors de l'eau. « Maintenant, reprit Merlin, vous pouvez voir l'épée dont je vous ai parlé, celle que vous emporterez. – Ah ! Dieu, s'écria le roi, comment pourrions-nous l'avoir ? Car nul homme ne saurait entrer dans ce lac sans périr. – Dieu vous enverra quelque secours, dit Merlin. Patientons donc encore un peu. » Comme ils parlaient ainsi de l'épée, ils virent venir, du côté de la mer, une demoiselle ; elle était montée sur un cheval de promenade noir, vraiment petit[213], et l'état d'échauffement dans lequel elle se trouvait montrait bien qu'elle était venue en toute hâte.

---

[213] *Suite*, § 63, ll. 30-31 : *un palefroi noir petit, ne mie grant* ; HDB, p. 142 : « un petit cheval noir ». On pourrait p.-ê. comprendre 'plutôt petit que grand'.

64. Quand elle arriva près du lac, elle salua le roi et Merlin, qui lui rendirent son salut ; elle leur dit : « Je sais parfaitement que vous attendez jusqu'à ce que vous obteniez cette épée d'une manière ou d'une autre. Mais c'est folie que d'y compter, car, sans nul doute, vous ne l'aurez jamais, sinon par moi. – En vérité, mademoiselle, répliqua Merlin, je sais parfaitement qu'on ne peut l'avoir que par vous, car si quelqu'un d'autre que vous pouvait s'en emparer je le saurais bien. Mais ce lac a été si bien enchanté par vos soins qu'après cela tout enchantement serait sans effet. C'est pourquoi je voudrais vous demander comme une faveur d'aller la chercher et de la remettre à mon seigneur le roi, car nous savons bien que personne au monde, aujourd'hui, n'en ferait meilleur usage que lui. – Je le sais parfaitement, répliqua-t-elle, et si j'ai chevauché avec tant de hâte c'est pour arriver à temps lors de votre venue ; aussi vous dis-je que s'il me promettait de m'accorder la première chose que je lui demanderai j'irais chercher l'épée pour la lui donner. » Le roi promit de satisfaire sa demande si cela était en son pouvoir. « Je ne vous en demande pas davantage », reprit-elle. Elle s'engagea donc aussitôt sur l'étendue d'eau et franchit à pied sec, sans qu'aucun endroit de sa personne fût mouillé, la distance qui la séparait de l'épée, qu'elle alla ainsi chercher. Quand elle l'eut prise, la main qui la brandissait rentra dans l'eau et disparut pour cette fois. La demoiselle revint vers le roi et lui dit : « Sire, voici l'épée. Soyez sûr que je ne crois pas qu'il y en ait deux aussi bonnes dans le monde entier. Et si je pensais que vous n'en feriez pas bon usage vous ne l'auriez certainement pas, car elle recèle un trésor plus grand que vous ne l'imaginez. »

65. Le roi prit l'épée[214] et remercia vivement la demoiselle de la lui avoir donnée. Elle lui dit : « Sire, je m'en vais d'ici, car j'ai beaucoup à faire ailleurs. Souvenez-vous bien que vous me devez une contrepartie, car je vous la demanderai peut-être plus tôt que vous ne le pensez. » Il lui répondit qu'il la lui devait en effet : qu'elle vînt l'exiger quand il lui plairait, car il s'acquitterait de sa dette selon son pouvoir. Elle s'en alla aussitôt et Merlin la recommanda vivement à Dieu et la remercia beaucoup de la faveur qu'elle leur avait accordée.

Alors, le roi considéra attentivement l'arme qu'elle lui avait donnée et vit que le fourreau en était extrêmement précieux, aussi en fit-il grand cas. Puis il dégaina l'épée, l'examina et elle lui parut si bonne et si belle qu'il fut persuadé qu'il n'en existait pas de semblable dans le monde entier. Merlin demanda au roi : « Sire, que pensez-vous de cette épée ? – J'y attache un si grand prix, répondit le roi, qu'il n'est aucun château au monde pour lequel je la donnerais, et je ne crois pas qu'aucune armure puisse résister contre elle, à condition que ce soit un homme de

---

[214] Dans une des versions du *Merlin* associée à la *Suite-Vulgate*, Escalibour (puisque c'est d'elle qu'il s'agit) est le nom de l'épée fichée par Merlin dans une enclume de fer pour que soit désigné roi l'homme capable de la retirer (*Le Livre du Graal*, p. 789, § 221, biblio. n° 13). Dans la version de Modène (biblio. n° 12) et dans le groupe de mss auquel appartient le *Merlin* édité par A. Micha (biblio. n° 11), ainsi que le *Merlin* du ms. Huth qui contient notre *Suite* (biblio. n° 10), l'épée libérée par Arthur ne reçoit pas de nom (§§ 83-91). Sur cette scène, v. E. Vinaver, *A La Recherche d'une poétique médiévale*, Paris, Nizet, 1970, pp. 140-141.

valeur qui la tienne en main. – Dites-moi donc, reprit Merlin, lequel de ces deux objets vous semble le plus précieux, le fourreau ou l'épée ? – L'épée, répondit le roi ; elle me semble même plus précieuse que cent fourreaux pareils à celui-là. Pourtant, c'est le plus magnifique que j'aie jamais vu, et je ne crois pas qu'il en existe d'aussi beau dans le monde. – En vérité, sire, dit Merlin, je vois bien, maintenant, que vous n'avez qu'une faible idée de la faveur que la demoiselle vous a accordée. Soyez certain que le fourreau a plus de valeur que cent épées semblables, car le cuir dont il est fait possède un tel pouvoir que jamais l'homme qui le portera sur lui ne perdra de sang ni ne recevra de blessure mortelle, pourvu qu'il soit raisonnablement équipé. »

66. C'est ainsi que Merlin parla de l'étui de cette épée, et il disait la vérité. Mais comment la chose était possible, le récit n'en dit rien maintenant ; pour en parler, il attend plutôt le moment où l'histoire racontera comment Morgane, sœur du roi Arthur, vola le fourreau à son frère pour le donner à son amant, qui devait combattre contre le roi : à cause de ce vol, celui-ci aurait été tué si Merlin n'avait pas remédié à la chose[215]. Le récit attend donc qu'il soit

---

[215] Pour brève qu'elle soit, cette annonce ne peut s'appliquer qu'au second épisode du fourreau volé (v. §§ 376-401, et tout particulièrement le § 398 où Nivienne sauve Arthur d'après les indications de Merlin). Le premier épisode (§§ 158-164), qui n'est aucunement évoqué ici (non plus qu'au § 67) et auquel le second ne fait pas la moindre allusion, semble être une interpolation ou le résidu d'un noyau plus ancien. V. n. 6, 133.

question de cette affaire pour expliquer comment il était possible que ce fourreau eût le pouvoir que Merlin lui attribuait[216].

67. Quand le roi entendit que Merlin louait autant cet objet, il lui demanda : « Merlin, me dis-tu la vérité ? – La chose ne sera pour toi évidente, répondit Merlin, que lorsque tu l'auras perdu. – Comment ! Merlin, je vais donc le perdre ? – Il te sera volé, dit Merlin. Maintenant, cesse de m'interroger à ce sujet, car je n'en dirais pas davantage. » Là-dessus, ils s'éloignèrent tous deux du lac. Le roi emporta l'épée et la mit à sa taille, tout heureux que le destin lui eût envoyé quelque chose d'aussi précieux. Lui et Merlin cheminèrent tant et si bien qu'ils revinrent à l'emplacement où le roi avait auparavant combattu le chevalier. Ils virent la tente, aussi magnifique qu'elle l'était lorsqu'ils l'avaient vue précédemment, mais pas le chevalier.

68. Le roi demanda à Merlin : « Savez-vous ce qu'est devenu le chevalier ? – Oui, répondit Merlin, je vais vous le dire. Tout à l'heure, il s'est trouvé que le hasard a conduit de ce côté un chevalier de votre cour qu'on appelle Héglan et qui est de Camaalot. Quand cet homme et lui se sont vus, ils se sont élancés l'un sur l'autre et le combat a duré jusqu'au moment où Héglan, incapable de résister davantage et craignant de mourir, a pris la fuite. Ainsi a commencé, en direction de Cardeul, une chasse qui dure

---

[216] Ces explications sur la puissance magique du fourrreau ne nous seront pas données.

encore, et je vous dis que nous rencontrerons le chevalier occupé à suivre Héglan vers la ville. – Sachez donc, reprit le roi, qu'en ce qui me concerne il ne peut échapper au combat, car, s'il ne rencontrait pas d'adversaire plus fort que lui, aucun chevalier ne pourrait jamais plus passer devant sa tente sans être tenu de combattre. – En vérité, dit Merlin, si vous m'en croyez, vous ne l'attaquerez certainement pas maintenant, car vous n'en retireriez nul honneur, étant donné que vous êtes frais et point trop fatigué, tandis qu'il est las et éprouvé. » Le roi déclara qu'il renoncerait donc au combat pour cette fois. Alors, il demanda à Merlin : « Merlin, dites-moi comment il peut se faire que la demoiselle ait marché sur l'eau sans se mouiller. » Merlin se mit à rire[217] et dit : « Sire, les choses n'étaient pas telles que vous les avez vues ; mais je vais vous dire ce qu'il en est de cet endroit, car je le sais parfaitement.

69. Il existe bien là-bas un grand lac, extraordinairement profond. En son milieu se trouve un rocher sur lequel il y a de belles et somptueuses demeures, ainsi qu'un palais prodigieusement grand[218]. Mais ces constructions sont

---

[217] On observera que Merlin rit peu dans notre texte. V. Ph. Ménard, *Le Rire et le sourire dans le roman courtois en France au moyen âge (1150-1250)*, Genève, Droz (PFR 105),1969, p. 356, n. 93.

[218] *Suite*, § 69, ll. 2-3 : *maisons bieles et riches et palais grans et miervilleus* ; HDB, p. 144 : « belles et riches maisons ainsi qu'un grand et merveilleux palais » ; « palais », qui est au pluriel ici, peut désigner une salle d'apparat (v. G. Roussineau, *op. cit.*, gloss., p. 776, s. v. *palais*), d'où la traduction au singulier qui semble la

ainsi entourées d'une barrière d'enchantements que nul, s'il n'y habite, ne peut en voir quoi que ce soit de l'extérieur. Là où vous avez vu s'engager la demoiselle, il n'y avait pas d'eau, mais un pont de bois que tout le monde ne peut pas voir. C'est par là même que passent ceux qui se rendent sur ce rocher, car ils voient le pont, invisible aux autres. – Au nom de Dieu, dit le roi, je veux bien croire qu'il en soit ainsi, car autrement elle n'aurait pas franchi si rapidement la distance qui la séparait de l'épée. »

70. Ainsi cheminaient-ils tout en parlant, si bien qu'ils approchèrent de la ville. Alors, le roi et Merlin rencontrèrent le chevalier de la tente. Ils n'échangèrent pas une parole, mais continuèrent chacun leur chemin et le roi entra dans la cité. Vous n'avez encore jamais vu de joie aussi grande que celle que les habitants de la ville lui manifestèrent en le voyant, car ils avaient éprouvé une bien grande inquiétude à son sujet. Le soir de son retour, le roi Urien lui demanda la main de sa sœur Morgane et il la lui accorda très volontiers, car il n'aurait pas trouvé meilleur parti dans les pays qui dépendaient de son autorité. Il lui donna de surcroît un vaste territoire pris sur son royaume, ainsi qu'une place forte, appelée Taruc, qui était située au bord

---

plus appropriée, le palais dont il est question comportant plusieurs salles exceptionnelles (cf. dans le même contexte « maisons et sales [...] bieles et riches », § 328, l. 21). Ici comme en d'autres endroits nous traitons « grans et miervilleus » comme un hendiadyn. V. à ce sujet l'analyse de J.-R. Valette, *La Poétique du merveilleux dans le « Lancelot en prose »*, Paris, Champion, 1998, 68-72.

de la mer mais qui était si bien fortifiée qu'on n'aurait pas pu trouver mieux à cet égard.

71. Le roi Urien de Garlot[219] fit de grandes et magnifiques noces ; il était très heureux d'avoir fait un aussi noble mariage. La première nuit qu'il coucha avec Morgane, il engendra un fils, Yvain, celui qu'on appela le Fils du Roi Urien[220].

Le roi Arthur quitta les festivités et se rendit à Carlion. Un jour, comme il était à table, un chevalier se présenta devant lui, superbement équipé et magnifiquement paré ; il dit au roi, quand il le vit parmi ses hommes : « Roi Arthur, le roi Rion, seigneur de Norgales, te fait savoir qu'il a vaincu jusqu'à onze rois, qui sont tous à son service, et en souvenir de cette victoire il a pris à chacun sa barbe et en a fait border l'un de ses manteaux. Mais, parce qu'il

---

[219] Dans le *Merlin* dont procède notre *Suite* (p. 120 du n° 10 ; § 72, l. 6, du n° 11), Morgane est mariée, du vivant d'Uterpandragon, à Neutres (ou Nantes) de Garlot (ou de Sorhaut), personnage totalement absent de notre texte. Selon d'autres versions (p. 176 du n° 12 ; § 172, p. 740, du n° 13), elle n'est pas mariée en même temps que ses sœurs et le roi lui fait donner une solide instruction. Cette nouvelle réfection généalogique a peut-être pour but de rattacher le fils d'Urien, Yvain, héros prestigieux de la Table Ronde s'il en est, depuis Chrétien, à la famille d'Arthur. Notre texte est en tout cas le seul récit en prose à suggérer ces liens familiaux (v. G. Roussineau, *op. cit*, p. 645, n. 71,4). On observera au passage la belle continuité, dans l'ordre des signifiants, de Neutres à Urien...

[220] Pour le distinguer d'Yvain l'Avoutre, bâtard du roi Urien. Le fils légitime d'Urien est le Chevalier au Lion dont les aventures sont racontées par Chrétien de Troyes.

t'estime plus qu'aucun de ceux qu'il a vaincus, il te fait savoir que si tu ne veux pas perdre ta terre tu dois te rendre auprès de lui et le reconnaître comme ton seigneur, afin qu'il te la concède en fief. Ce même commandement te prescrit de lui envoyer ta barbe : il la fera suspendre aux cordons de son manteau. Agis ainsi qu'il te le demande, sinon tu ne pourras pas l'empêcher de te prendre ta terre, car tu serais incapable de résister contre sa puissance. »

72. Le roi Arthur se mit à rire, lorsqu'il entendit ce qu'on lui ordonnait, et quand le messager eut achevé de parler, il lui dit : « Cher ami, je ne pense pas que je sois celui auquel le roi Rion t'a envoyé, car je n'ai jamais eu de barbe, étant encore trop jeune pour cela. Et même si j'en avais déjà il ne l'aurait pas : j'aimerais mieux avoir la tête tranchée ! Je le tiens pour le roi le plus fou dont j'aie jamais entendu parler pour m'en avoir fait donner l'ordre. Aussi tu lui diras que, s'il entre sur ma terre pour me causer du tort, il lui sera impossible d'en repartir, ou plutôt il n'en repartira pas sans avoir eu quelque sujet de contrariété. Dis-lui cela de ma part. » L'autre répondit qu'il lui transmettrait ce message sans faute ; il quitta alors le roi et reprit le chemin par lequel il était venu.

Quand il fut parti, le roi commenta abondamment l'événement et déclara qu'il n'avait jamais entendu parler d'un ordre aussi insensé ni aussi orgueilleux que l'était celui que ce monarque lui avait fait transmettre. Il demanda ensuite à ceux qui étaient autour de lui : « Y a-t-il quelqu'un parmi vous qui connaisse le roi Rion ? – Sire, répondit un chevalier qui s'appelait Narran, je le connais depuis longtemps. Sachez que c'est un des plus beaux chevaliers du monde et que, de toutes les guerres qu'il entreprend, il n'en commence aucune sans l'achever tout à son honneur. C'est pourquoi je crains beaucoup qu'il ne vous fasse plier avant la fin de celle-ci. » Alors, le roi déclara que, quoi qu'il dût lui arriver, il aurait voulu que l'autre fût déjà là pour guerroyer.

73. On parla beaucoup de cette affaire. Quelque temps plus tard, le roi dit à Merlin : « Merlin, le moment où vous avez dit que naîtrait celui qui amènerait la destruction de ce royaume par ses œuvres sera bientôt proche. Sachez donc que je ferai prendre et enfermer dans un donjon, ou deux, ou trois, si nécessaire, absolument tous les enfants qui naîtront dans le royaume au mois dont vous m'avez parlé, et c'est là que je les ferai élever jusqu'à ce que j'aie pris une décision au sujet ce que vous m'avez dit. – Roi, dit Merlin, vous vous donnez du mal pour rien. Sachez que vous ne le trouverez pas et que les choses se passeront au contraire comme je l'ai dit, car il faut qu'il en soit ainsi. » Le roi répliqua qu'il s'en tiendrait exactement à ce qu'il avait décidé de faire.

74. Il attendit donc jusqu'aux environs de la date que Merlin lui avait indiquée et il fit alors parcourir en tous sens la totalité du royaume de Logres afin que tous les nouveau-nés qui s'y trouvaient lui fussent apportés. On aurait difficilement persuadé les gens du pays que le roi réservait à leurs enfants un sort aussi extraordinaire que celui qui les attendait, aussi chacun lui envoya-t-il le sien. Et on lui en apporta tant, avant le jour de la naissance du petit Mordret, qu'il en fit bien mettre dans un donjon plus de cinq cent cinquante, dont l'aîné n'avait pas plus de trois semaines.

75. Ainsi firent les humbles et les puissants, car, dès que leurs enfants étaient nés et qu'ils avaient reçu le baptême, ils les faisaient apporter au roi et celui-ci ordonnait aussitôt qu'on les enfermât dans ses donjons. Le roi Loth, qui savait que sa femme était enceinte et sur le point d'accoucher, demanda à maintes reprises au roi ce qu'il avait l'intention de faire de tous ces enfants qu'il faisait ainsi rassembler, mais celui-ci refusa chaque fois de lui répondre, car il ne voulait rien lui révéler de ses projets. Quand le roi Loth sut que sa femme était délivrée et qu'il vit que l'enfant était né, il le fit baptiser sous le nom de Mordret, puis il dit à la reine, sa femme : « Madame, je veux envoyer votre fils au roi, votre frère, car tous le font ainsi. – Je le veux bien, dit la dame, puisque tel est votre plaisir. »

76. Alors, le roi fit placer son fils dans un magnifique berceau. Comme sa mère l'y déposait, il advint que la tête de l'enfant vint s'y heurter, en sorte qu'il fut grièvement blessé au front. Cette blessure, dont Mordret conserva depuis la cicatrice toute sa vie*, causa un vif chagrin au roi, ainsi qu'à tous les autres, mais cela ne les empêcha pas de le mettre dans le berceau sans attendre. Ils le déposèrent ensuite dans un navire, lui donnant pour compagnons un grand nombre de dames et de chevaliers, auxquels le roi déclara qu'ils voyageraient ainsi par mer et qu'ils conduiraient l'enfant chez le roi Arthur, son oncle. « Et quand vous y serez, ajouta-t-il, dites-lui que je lui envoie son neveu. » Les autres répondirent qu'ils s'acquitteraient bien de ce message, pourvu que Dieu les laissât arriver à bon port.

77. C'est ainsi que les gens du roi Loth quittèrent la cité d'Orcanie. Alors, le vent se mit à souffler dans la voile de leur navire et les eut en peu de temps si bien éloignés du port qu'ils perdirent complètement la terre de vue. Ils voguèrent donc de la sorte ce jour-là et la nuit suivante, mais, le lendemain, ils eurent un autre temps, car une si grande tempête se leva sur la mer que tous les occupants du navire commencèrent à crier : « Ah ! Jésus-Christ, ne nous laissez pas mourir ici ! Ayez pitié de nous et de cette petite créature, qui est fils de roi ». Ainsi les uns et les autres criaient-ils, invoquant les saints et les saintes, auxquels ils adressaient des vœux et des supplications. Cependant, la mer était si agitée, le vent était devenu si violent que le navire alla heurter un rocher, se brisant de la sorte instantanément en plus de dix morceaux. Hormis le nouveau-né, qui était couché dans son berceau, tous ceux qui se trouvaient à bord périrent.

Alors que tous les compagnons de l'enfant étaient morts noyés et que le berceau flottait non loin du rivage, un pêcheur, qui se trouvait dans une petite embarcation en train de pêcher, vint de ce côté. Quand il découvrit le berceau et le nourrisson tout près de la terre ferme, il en fut extrêmement heureux ; il prit donc l'un et l'autre et fit passer le tout dans son bateau. Mais lorsqu'il vit l'enfant pourvu d'un somptueux trousseau, enveloppé qu'il était dans des langes de soie et d'autres effets encore, il comprit très vite qu'il avait affaire au rejeton d'une famille de haut rang, aussi n'en fut-il que plus heureux. Il regagna aussitôt la terre, prit le berceau avec l'enfant, l'accrocha à son cou et s'en retourna en toute hâte vers la ville, non sans faire un détour pour rentrer chez lui, de sorte qu'on ne s'aperçut de rien ; il montra à sa femme, qui était à la maison, ce que Dieu leur avait envoyé. « En vérité, dit la dame, c'est une très grande chance, et Dieu nous l'a accordée pour nous tirer d'embarras, car du prix de ce précieux berceau nous pourrons vivre dans l'aisance et comme des personnes de qualité pendant vingt ans, aussi ai-je le sentiment que Dieu a fait cela pour nous secourir*.

78. – Femme, dit le brave homme, cet enfant est issu d'un haut lignage, il est aisé de s'en apercevoir. Il faudra l'élever le mieux possible, car si Dieu faisait que ses parents puissent le reconnaître cela ne pourrait que nous être profitable et ils nous en récompenseraient. – Cela se pourrait bien, dit-elle, et il est d'autre part impossible qu'il ne soit pas reconnu avant longtemps. Cependant, plutôt que de le garder, il serait encore mieux, à mon avis, de l'apporter dans l'état où nous l'avons trouvé au seigneur de cette terre ; s'il apprenait en effet par quelque hasard que nous avons trouvé un nouveau-né et que nous ne le lui avons pas apporté tout aussitôt, il nous ferait périr, nous et notre famille. » Son mari déclara qu'elle avait donné le meilleur et le plus sûr conseil. « Maintenant, ajouta-t-il, mettons-nous, vous et moi, en route : nous offrirons cet enfant au seigneur du pays. » Elle approuva entièrement cette décision.

79. Ils prirent donc Mordret, sortirent de chez eux et s'en allèrent droit au château qui exerçait sa juridiction sur tout le pays. Ils y trouvèrent le seigneur du lieu, appelé Nabur l'Impétueux, qui avait un petit garçon âgé de cinq semaines, nommé Sagremor. Celui-ci devint par la suite compagnon de la Table Ronde et fut un chevalier d'exception, que l'on nomma, à juste titre[221], Sagremor l'Impétueux, ainsi que le récit le racontera en détail plus tard.

Nabur fut extrêmement heureux de recevoir l'enfant que ces gens lui apportaient, car, d'après les splendides effets dont il était enveloppé, il pensait bien qu'il était issu d'une honorable famille, puissante et de haut rang. Ayant fait don au pêcheur, en remerciement de son présent, d'une récompense dont l'autre s'estima entièrement satisfait, il garda l'enfant, qu'il fit placer auprès de Sagremor, son fils, et les deux nourrissons furent ainsi élevés ensemble à sa demande. Il déclara que si Dieu les fortifiait assez pour qu'ils parvinssent à l'âge d'être faits chevaliers, il ferait en sorte qu'ils fussent adoubés en même temps.

---

[221] *Suite*, § 79, l. 7 : *et ot non en son droit non Sagremor li Derrés*. Le sens de cette expression est moins évident qu'il n'y paraît : la légitimité du surnom de Sagremor est-elle liée au fait qu'il l'hérite de son père ou à son impétuosité naturelle ? HDB, p. 148 : « et fut nommé Sagremor l'Impétueux » ; EB, p. 216 : « que l'on appela à juste titre Sagremor le Desreé ». D'après la version d'EB, ce ne peut être que pour la seconde raison, car, sans que l'on sache pourquoi, « Nabur li Derrés », père de Sagremor, y devient « Nabor le Noir » (p. 216). Quant à l'explication fournie par notre texte du surnom de Sagremor au § 580, elle ne nous est d'aucun secours, car Sagremor y est présenté comme le fils du roi de Hongrie.

80. Mordret échappa donc à la mort, tandis que tous les autres furent noyés, car le sort en avait décidé ainsi. Le duc Nabur fit soigner la blessure que l'enfant avait au front et vit sur un écrit qui était placé dans le berceau qu'on l'appelait Mordret, mais il n'y trouva rien de plus, concernant sa naissance et son lignage. C'est ainsi que Mordret fut secouru après avoir été exposé au péril de la mer. Mais à présent, le récit cesse de parler de ces événements et revient au roi Arthur.

III

81. Le roi Arthur, dit le récit, avait fait rassembler dans ses donjons les enfants qui naissaient à cette époque dans son pays, comme je vous l'ai raconté. Quand la date indiquée par Merlin fut passée, le roi décida qu'il les ferait tous tuer, car il était persuadé que celui qui devait être cause de si grands maux se trouvait dans l'un de ces donjons, avec les autres. Une nuit, comme il était au lit et qu'il dormait, il lui sembla qu'un homme venait se présenter devant lui ; il était d'une si haute taille qu'il n'en n'avait jamais vu de plus grand, et quatre animaux le portaient, mais le roi ne pouvait absolument pas les identifier.

82. Cet homme disait au roi : « Roi, pourquoi t'apprêtes-tu à commettre un crime aussi grand, toi qui veux détruire des créatures saintes et innocentes, exemptes et pures encore du péché du monde ? Il aurait mieux valu que le Créateur du ciel et de la terre ne t'ait pas accordé la faveur que tu as reçue. Il t'avait établi pour être le berger de ce peuple et tu t'es changé en démon meurtrier. Quel mal peuvent donc t'avoir fait ces créatures que tu veux mettre à mort ? En vérité, si tu le fais, le Souverain Maître, auquel tu dois la puissance que tu détiens, prendra de toi une telle vengeance qu'il en sera parlé à tout jamais ! »

83. Le roi considérait cet imposant personnage, et ce qu'il lui disait le plongeait dans la stupéfaction, aussi se mettait-il à méditer sur ces propos ; cependant, l'homme poursuivait : « Je vais te dire ce que tu vas faire, et cela devra bien apaiser ta soif de vengeance. Fais-les tous mettre sur la mer, dans un navire privé de capitaine, dont les voiles seront déployées et que tu feras ensuite pousser vers le large. Puis, que ce navire aille du côté où le vent le poussera : s'ils peuvent échapper à un tel danger, Jésus-Christ montrera bien qu'il les aime et qu'il ne veut pas la perte de ces enfants ; cette mesure doit bien te suffire si tu n'es pas le roi le plus criminel qui ait jamais vécu sur terre. » Le roi répondait alors à cet homme : « En vérité, vous m'avez indiqué une formidable vengeance. J'agirai exactement comme vous l'avez dit. – Ce n'est pas une vengeance que tu accompliras, car ils ne t'ont jamais fait de mal, ni à toi ni à autrui, mais tu agiras de la sorte parce que tu le veux et que tu t'imagines empêcher ainsi la destruction du royaume de Logres. Pourtant, tu n'y parviendras pas, car elle adviendra en tous points comme le fils du démon te l'a dit. »

84. Là-dessus, le roi s'éveilla, avec le net sentiment que l'imposant personnage qui lui avait parlé était encore devant lui. Quand il comprit qu'il avait rêvé, il se recommanda à Notre Seigneur et fit le signe de la croix sur son visage. Il décida de se conformer exactement au songe qu'il avait fait au sujet des nourrissons. Ce jour-là, il fit préparer un très grand navire, mais ceux-là mêmes qui s'en occupaient n'auraient absolument pas pu dire alors quelles étaient ses intentions. Le soir, dès la tombée de la nuit, le roi fit prendre tous les enfants, qui étaient au nombre de sept cent douze, et il ordonna qu'on les mît dans le vaisseau. Quand ils y furent, il fit tendre la voile, et le vent, qui était levé, y souffla aussitôt, en sorte que le navire fut en peu de temps poussé vers la haute mer.

85. C'est ainsi que les enfants furent exposés à la mort ; mais il ne plaisait pas à Notre Seigneur qu'on les mît ainsi en danger, car il voyait là des créatures qui n'avaient pas mérité de périr de cette manière ; aussi, par son intervention miséricordieuse, le navire aborda-t-il près d'une cité qu'on appelait Amalvi. C'était une belle place forte, solidement établie, dont le seigneur était un roi qui avait été longtemps païen, mais qui était depuis peu devenu chrétien et qui aimait et craignait beaucoup Notre Seigneur. Sa femme venait de lui donner un fils, qu'on appelait Canor, mais dont le nom fut changé depuis en la cour du roi Arthur. En effet, comme ce chevalier n'était pas beau mais qu'il avait la peau noire, brunie par le soleil, comme son père, et que d'autre part il était vaillant et hardi au plus haut point, on l'appela partout dès lors le Laid Hardi. Le récit parle souvent de lui quand il en vient à la quête du Graal, et même avant.

86. Lorsque le navire eut abordé le rivage de la ville dont je vous ai parlé, il se trouva que le roi Orian sortit du château et s'en alla par hasard se divertir sur le port en compagnie d'un grand nombre de chevaliers. Quand il vit le bateau qui venait d'arriver, il dit à ceux qui étaient avec lui : « Allons voir ce qu'il y a dans ce navire, car il me semble qu'il vient de loin. » Ils se dirigèrent alors de ce côté à vive allure parce qu'ils voyaient que tel était le plaisir du roi. Quand ils furent arrivés au bateau et qu'ils eurent pénétré à l'intérieur, ils se signèrent d'étonnement en découvrant tous les enfants qui s'y trouvaient. Le roi dit à ses compagnons : « Par la miséricorde de Dieu, d'où ces enfants peuvent-ils venir et qui a pu en rassembler un si grand nombre ? Car je n'aurais pas cru qu'il pouvait y en avoir autant dans le monde entier. – Sur ma tête, sire, dit un vieux chevalier, je vais vous dire ce qu'il en est, sans mentir d'un seul mot.

La vérité est que le hasard m'a conduit, il n'y a pas très longtemps, au royaume de Logres, si bien que je suis arrivé à la cour du roi Arthur. Là, avant de quitter ces lieux, j'ai bel et bien vu que le roi faisait rassembler tous les enfants de son royaume à mesure qu'ils naissaient et qu'il les faisait enfermer dans ses donjons. Mais nul ne parvenait à savoir pourquoi le roi agissait de la sorte. Maintenant, je crois et je suis persuadé que la vérité est celle-ci : ce sont les puissants du royaume qui leur ont fait ainsi prendre la mer, peut-être parce que ces enfants devaient leur apporter quelque malheur. Ils n'ont pas pu supporter de les voir mourir sous leurs yeux et pour cette raison il leur ont fait prendre la mer en les confiant à la protection de Notre Seigneur et à la garde de Fortune. Et chacun peut voir que si les puissants de Logres avaient attaché autant de prix à la vie de ces enfants qu'à leur mort, ils n'auraient pas laissé le bateau partir sans personne à la barre. »

87. A ces mots, le roi répondit : « Je crois que tout ce que vous me dites est la vérité, et votre explication me paraît très vraisemblable. Voyons donc ce que nous pourrons faire des enfants, car, puisque Dieu nous les a envoyés, je voudrais qu'ils soient mis en un lieu où peu de gens les sachent. En effet, puisque le roi les a fait exposer au danger de mourir, je sais bien que s'il venait à apprendre que je les ai, il ne m'en saurait absolument aucun gré ; peut-être même qu'il me haïrait d'avoir fait cela, au contraire, et je ne voudrais en aucune manière être en butte à sa haine, car il pourrait en arriver malheur à ma terre et à moi.

88. – Sire, reprit le vieux chevalier, je vais vous dire ce que vous pourrez faire à ce sujet. Confiez ce bateau à des gens qui sachent naviguer, puis faites conduire ces enfants vers l'un ou l'autre de vos domaines qui se trouvent sur quelque île, en pleine mer. On pourra assurément les y garder si discrètement que le roi Arthur n'en entendra jamais parler. » Le roi mit ce plan à exécution ; ainsi ordonna-t-il que les enfants fussent installés dans l'un de ses domaines, avec autant de nourrices qu'il leur en fallait. Après quoi, il fit construire un solide château fort. Quand il fut bâti, le roi l'appela, à cause de ces enfants, le Château des Nouveau-Nés. Mais à présent, le récit cesse de parler d'eux et revient au roi Arthur.

IV

89. A présent, le récit dit que, lorsque les puissants du royaume de Logres apprirent ce que le roi avait fait de leurs enfants, leur colère et leur affliction furent si vives qu'on ne pourrait en éprouver de plus grandes. Ils allèrent trouver Merlin, parce qu'ils savaient qu'il était en très bons termes avec le roi, et ils lui dirent : « Merlin, comment pourrons-nous répondre au crime que ce roi a commis ? Jamais roi n'en a commis d'aussi grand. – Ah ! nobles seigneurs, dit Merlin, au nom de Dieu, refrénez votre colère, car il a fait cela pour le bien de tous ceux du royaume de Logres. Soyez absolument sûrs, en effet, qu'au mois où nous sommes est né dans ce pays un enfant dont les œuvres et les menées doivent détruire si complètement ce royaume que tous les hommes de valeur qui survivront à cette créature trouveront la mort sur le champ de bataille[222]. Ainsi ce pays est-il voué à rester orphelin, sans roi ni chevaliers dignes de ce nom. Cette prophétie n'est pas une invention, sachez-le, mais elle est aussi vraie que le fait que vous me voyez en train de vous parler. Et c'est parce que le roi voudrait de tout son cœur que ce désastre soit conjuré et qu'il n'advienne jamais de son temps, pas

---

[222] Il s'agit de la bataille de Winchester, livrée, après la mort de Mordret à Salisbury (*Mort Artu*, § 190), par ses deux fils à Lancelot et son lignage (*ibid.*, §§ 196-198). Quelques chevaliers, et non des moindres, survivront cependant au carnage, dont Lancelot, Bohort, Hestor et Bliobéris. Il est vrai que ceux-ci ne sont du royaume de Logres que par adoption.

plus à vous qu'à lui, qu'il a agi avec ces enfants comme il l'a fait. »

90. Quand les seigneurs entendirent ces mots, ils dirent à Merlin : « Est-il vrai qu'il l'a fait dans cette intention ? – Oui, que Dieu m'abandonne si je mens, répondit Merlin. Et au sujet de vos enfants, j'ajoute encore ceci : sachez en vérité qu'ils sont en parfaite santé et qu'ils ont échappé à la mort, car il ne plaisait pas à Notre Seigneur qu'ils meurent, et avant dix ans vous retrouverez la plupart d'entre eux robustes et bien portants. » Ces paroles de Merlin les réconfortèrent grandement, aussi réprimèrent-ils leur chagrin et leur colère, car ils avaient une absolue confiance dans tout ce qu'il leur disait. Ils renoncèrent ainsi à toute poursuite contre le roi pour ce qu'il avait fait et déclarèrent qu'ils ne lui en sauraient jamais mauvais gré. C'est ainsi que Merlin fit la paix entre le roi et ses vassaux : le pays aurait pu se trouver fort mal de cette discorde, si Merlin ne les avait pas réconciliés.

91. Un jour, à l'heure du déjeuner, le roi était à table et il avait déjà été servi de tous les mets qui lui étaient destinés. Tandis que l'on conversait dans la grand-salle du palais, on vit entrer un chevalier ; il était entièrement armé, à cheval, mais dans un tel état que le sang lui sortait par les côtés en plus de trois endroits, et sa monture était si mal en point, elle aussi, par suite de la course qu'elle avait faite, qu'elle s'effondra sous lui dans la salle dès qu'il fut entré. Le chevalier, qui était très vif et très souple, se releva d'un bond et dit au roi : « Sire, je vous apporte des nouvelles particulièrement mauvaises et fort déplaisantes.

Le roi Rion est entré sur votre terre avec une armée si formidable que vous n'en avez jamais vu de plus grande ; il brûle et dévaste votre pays, et il massacre tous ceux de vos hommes qu'il peut rencontrer. Il a déjà pris je ne sais combien de vos châteaux. Si vous n'y remédiez, vous aurez perdu toute votre terre dans peu de temps. »

92. Le roi, qui avait écouté ce discours avec attention, répondit au chevalier : « Où as-tu vu le roi Rion pour la dernière fois ? Veille à me dire la vérité ! – Sire, il se trouvait près de l'une de vos places fortes, appelée Tarabel, dont il avait assiégé le château avec une telle quantité de gens que c'en était tout bonnement prodigieux. – Qu'il assiège donc, dit le roi, car je le ferai déloger pour sa honte, s'il plaît à Dieu, très bientôt. » Il commanda alors aux serviteurs de désarmer le chevalier et de l'emmener dans une des chambres du palais pour lui donner des soins, et ceux-ci firent ce qui leur avait été prescrit. Puis il donna l'ordre aussitôt de rédiger les lettres de convocation et les fit envoyer de tous côtés à ses vassaux, leur intimant l'ordre de venir promptement à Camaalot, sans aucun retard. Quand ceux-ci entendirent que le roi les convoquait dans une situation aussi pressante, ils se préparèrent le plus vite possible et se dirigèrent en hâte vers la cité ; aussi auriez-vous pu voir se rassembler, en l'espace de trois mois, plus de quatre mille chevaliers, dont même les plus couards comptaient se montrer vaillants et hardis.

93. Le roi avait donc convoqué ses vassaux et ils étaient venus en toute hâte. Le jour où il devait se mettre en route, une demoiselle très belle et somptueusement parée, qui était au service de celle qu'on appelait la Dame de l'île d'Avalon[223], se présenta au palais. Elle dit au roi : « Roi, la dame de l'île d'Avalon, dont je dépends, m'envoie vers toi afin que j'obtienne en ta cour aide et assistance pour quelque chose qui m'est extrêmement pénible et dont je pense n'être jamais délivrée si je ne le suis pas ici. » Alors, elle ôta de ses épaules le manteau dont elle était revêtue et dit au roi : « Roi, comme tu peux le voir, je porte au côté l'épée que voici. Mais sache que je n'en suis pas maîtresse au point de pouvoir la tirer du fourreau ou de l'ôter de ma taille ; ce privilège, en effet, n'est pas accordé à une femme, ni même à un chevalier, s'il n'est pas le meilleur de ce pays et le plus loyal, d'une loyauté qui ne laisse place à nulle duplicité, nulle ruse, nulle traîtrise. Mais celui qui sera tel pourra, lui, défaire les nœuds qui retiennent cette épée, l'amener à soi[224] et me délivrer ainsi de cette cruelle entrave, car aussi longtemps que je porterai cette

---

[223] Ce personnage, comme le montre amplement la suite, ne peut absolument pas être assimilé à Morgane (ainsi que le suggère F. Dubost, *op. cit.*, p. 407 et p. 748).

[224] *Suite*, § 93, ll. 16-17 : *...si porra desnoer les regnes de l'espee et aporter avoec soi l'espee ...* ; HDB, p. 152 : « et emporter celle-ci » ; EB, p. 223 : « et l'emporter ». Notre version repose sur (1) la comparaison avec le récit de la délivrance (§ 96, ll. 18-20) : « Lors prent les regnes de l'espee et met les mains as neus et *les desnoue erraument et tire l'espee a lui* » ; (2) les paroles prononcées par la demoiselle après l'intervention du chevalier qui la délivre : « Mais pour chou se vous m'avés delivree ne fu il pas el couvenant que l'espee vous remansist » (§ 96, l. 29). Il s'agit d'autre part du verbe *aporter* et non *emporter*, qui sera utilisé par la suite (§ 96, l. 35, 38, 51, 53) lorsqu'il sera effectivement question d'emporter l'épée.

arme nuit et jour avec moi de cette manière je ne pourrai jamais goûter ni plaisir ni repos. »

94. Quand le roi entendit ce que disait la demoiselle, il répondit : « En vérité, mademoiselle, vous m'étonnez beaucoup, car il me semble que n'importe qui pourrait facilement vous ôter l'épée qui est ceinte à votre côté. – Sachez donc, sire, dit-elle, qu'il n'en est pas comme vous le croyez, car nul ne pourrait la détacher s'il n'était pas tel que je vous l'ai décrit. – Ma parole, dit le roi, il faut donc absolument que chacun, parmi les chevaliers, s'y essaie, car celui qui pourra la détacher en retirera beaucoup d'honneur ; en triomphant de cette épreuve, il montrera en effet qu'il est le meilleur chevalier de son pays et qu'il possède autant de qualités que vous l'avez dit. Comme je suis le seigneur de cette terre et de tous ceux qui sont ici, je m'y essaierai le premier, non que je croie être le meilleur chevalier de ce pays, mais pour inciter, par mon exemple, les autres à tenter leur chance. » Le roi Arthur se leva alors de l'endroit où il était assis, s'approcha de la demoiselle et prit les attaches de l'épée, croyant ainsi les dénouer, car il pensait que c'étaient des attaches ordinaires, mais ce fut impossible. La demoiselle lui dit : « Ah ! roi, n'y employez pas tant de force, car la force est ici inutile ! Celui qui viendra à bout de cette aventure ne fera pas de tels efforts. » Alors, le roi regagna sa place et dit à ceux qui étaient avec lui : « Cette aventure n'est pas pour moi. Essayez-vous-y donc, vous tous, et que celui à qui Dieu en donnera l'honneur le prenne ! » Tous les seigneurs, l'un après l'autre, essayèrent alors d'ôter cette épée, mais aucun d'eux n'y parvint.

Ceux qui étaient présents tentèrent donc tous leur chance, à l'exception d'un pauvre chevalier qui était originaire du Norhomberlande[225]. Cet homme avait été dépouillé de ses biens par le roi de ce pays pour avoir tué un parent de celui-ci. Ce roi l'avait aussi fait mettre en prison et il y était resté pendant plus de six mois, mais il en était récemment sorti. C'est pourquoi il était si pauvre qu'il n'avait presque rien. Toutefois, s'il était pauvre d'avoir, il était riche de courage, d'audace et de vaillance, car dans tout le royaume de Logres il n'y avait pas à cette époque de meilleur chevalier. Et parce qu'on le voyait pauvre, on lui en faisait honte, en société ; on ne parlait jamais de lui et nul ne prêtait attention à sa personne, car on ne s'intéresse vraiment pas beaucoup aux pauvres gens parmi les riches.

95. Quand tous ceux qui étaient au palais, humbles et puissants, hormis ce chevalier, eurent essayé de détacher l'épée, le roi, persuadé que tous étaient venus, dit à la demoiselle : « Mademoiselle, il vous faut aller ailleurs, si vous voulez être délivrée, car ici, me semble-t-il, vous ne trouverez personne qui le fasse. Cela me chagrine énormément, car si quelqu'un de ma maison avait pu mener cette affaire à bonne fin j'en aurais retiré un grand honneur. – Ah ! Dieu, s'écria-t-elle, c'est donc ainsi privée d'aide que je vais m'en aller de cette cour où il y a tant de chevaliers accomplis ? En vérité, puisque que j'ai échoué ici, je ne sais plus où aller maintenant, car je m'étais déjà rendue à

---

[225] Sur l'itinéraire de ce chevalier, nommé Balaain, dans notre roman, v. F. Dubost, *op. cit.*, pp. 407-410.

la cour du roi Rion, où je n'ai pas pu obtenir plus d'aide que je ne viens de le faire à la vôtre. – Mademoiselle, reprit le roi, nous ne pouvons présentement faire autre chose pour vous, puisque tel n'est pas le plaisir de Notre Seigneur. – Ah ! Dieu, dit-elle, il me semble donc maintenant qu'il me faudra supporter à jamais cette peine, ce supplice, cette souffrance, et pourtant, je ne l'avais pas mérité ! »

96. Alors, la demoiselle se mit à pleurer à chaudes larmes, puis elle déclara qu'elle allait partir et recommanda le roi et tous ses compagnons à Dieu. Quand le chevalier pauvre vit qu'elle ne resterait pas davantage et qu'elle partait pour de bon, il s'avança vivement, fort dépité que nul ne lui eût demandé d'essayer de détacher l'épée, comme on l'avait fait pour les autres. Il interpella donc la demoiselle et lui dit devant toute l'assistance : « Ah ! mademoiselle, ayez l'amabilité d'attendre que j'aie essayé de détacher l'épée comme les autres l'ont fait ! « Elle le vit d'apparence si modeste qu'elle ne put s'empêcher de dire : « En vérité, seigneur chevalier, je crois que vous tenterez votre chance en vain, car j'aurais peine à croire que vous soyez le meilleur chevalier de cette salle, où il y en a tant de bons rassemblés au moment où je vous parle. » Il fut profondément mortifié, aussi répliqua-t-il, sous l'effet de l'indignation : « Mademoiselle, ne me méprisez pas pour ma pauvreté : j'ai connu des jours meilleurs. J'ajoute qu'il n'y a personne ici à qui je refuserais de se frotter à mon bouclier[226]. » Il saisit alors les attaches de l'épée, mit les mains aux nœuds, les défit en un instant et amena l'arme à lui. Puis il dit à la demoiselle : « Vous voici libre de toute entrave : vous pouvez maintenant vous en aller quand il vous plaira, mais l'épée me restera, car il me semble que je l'ai gagnée. » Alors, il la retira du fourreau et se mit à l'examiner ; elle lui parut si belle et si bonne qu'il songea qu'il n'en avait jamais vu qu'il estimât autant. Dès qu'il l'eut remise dans le fourreau, la demoiselle lui dit : « Seigneur chevalier, vous m'avez délivrée et vous avez ainsi acquis beaucoup d'honneur à cette occasion, car ce que vous avez fait prouve et manifeste clairement que vous êtes le meilleur chevalier ici présent. Mais, si vous m'avez délivrée, il n'était pas pour autant stipulé que l'épée vous demeurerait, aussi vous prié-je de me la rendre, la civilité devant être en vous à la mesure de votre vaillance. » Le chevalier répondit qu'il ne lui rendrait pas l'épée, dût-il passer pour un rustre aux yeux de toute la cour. « Je vous affirme donc, reprit la jeune fille, que si vous l'emportez il vous arrivera malheur, car sachez bien que le premier homme que vous en tuerez sera celui que vous aimez le plus au monde. » Il déclara qu'il emporterait l'épée, même s'il devait en être tué lui-même. « Vraiment ? Qu'il en soit donc ainsi, reprit la demoiselle, puisque tel est votre plaisir, et soyez sûr que

---

[226] *Suite*, § 96, ll. 17-18 : *Encore n'a il nul chaiens a qui je veaisse mon escu* ; HDB, p. 154 : « il n'y a aucun chevalier ici que j'hésiterais à rencontrer en champ clos » ; EB, p. 226 : « il n'y a personne ici à qui j'aie jamais refusé ma protection ».

vous ne l'aurez pas eue deux mois en votre possession[227] que vous vous en repentirez. Mais je vais vous apprendre encore une autre chose, tout aussi étonnante, et sachez qu'elle adviendra exactement comme je vous le raconte maintenant. Avant la fin de cette année, vous combattrez un chevalier qui vous tuera de cette épée, et vous le mettrez vous aussi à mort de cette même arme[228]. C'est justement parce que je ne voulais pas que ce malheur advienne à un chevalier aussi remarquable que vous l'êtes que je voulais la reprendre, car – que Dieu me prive de son aide si je mens – aussi longtemps qu'elle n'aurait pas été entre les mains d'un chevalier, vous n'auriez pas eu à craindre de mourir au combat. Emportez-la donc, si tel est

---

[227] S'il est ici fait allusion à la mort du chevalier et à son combat contre son frère, cette prédiction ne colle pas avec la mention ultérieure des exploits accomplis par lui au cours de la première année qui suit ces événements (§ 104, l. 24) – dans un manuscrit différent, il est vrai, de celui qui contient cette prédiction (le ms. B. supplée le ms. Huth de § 104, l. 7 à § 106, l. 13). En fait, il doit s'écouler quelque sept ans entre le départ de Balaain de la cour et sa mort. En effet, Gauvain est âgé de onze ans à l'enterrement du roi Loth (§ 152, l. 9), que Balaain contribue à défaire. Il en a dix-huit au § 275 (l. 15), lors de sa première aventure, qui lui est attribuée quelques jours après son adoubement. Cette cérémonie a lieu le jour où Arthur épouse Guenièvre (§ 255), ce qui se produit très peu de temps après le retour de Merlin à la cour (§ 243), à la suite de son séjour sur l'île où il s'attarde deux mois après la mort des deux frères (§ 239, l. 8).

[228] Cette curieuse prédiction, réitérée au § 141 (ll. 33-35), ne se réalisera pas (§§ 230-234). V. sur ce point G. Roussineau (*op. cit.*, n. 96,45, pp. 648-649)*.

votre plaisir, en sachant bien que vous emportez votre mort avec vous. » L'autre répliqua que, même si la mort devait en être la conséquence, il l'emporterait, car l'épée lui paraissait très belle et très bonne. Alors, il dit à son écuyer, qui était devant lui : « Va, apporte-moi mes armes et amène-moi mon cheval, car je n'ai pas l'intention de demeurer davantage en cette cour où l'on m'a bien montré que la pauvreté fait tenir maints hommes de mérite pour gens de bas étage. »

97. L'écuyer sortit pour exécuter les ordres de son maître. Cependant, le roi, qui avait vu ce qui venait de se passer, était tout honteux des paroles qu'il avait entendu prononcer par le chevalier. Il s'approcha donc de lui et lui dit : « Ah ! seigneur chevalier, au nom de Dieu, ne m'en veuillez pas d'avoir fait preuve de grossièreté envers vous ! Je suis entièrement prêt à faire la réparation qui vous conviendra et que vous déciderez. Mais à la vérité je ne savais pas quel chevalier vous étiez : si donc j'ai manqué de courtoisie à votre égard, je ne mérite aucun reproche[229],

---

[229] *Suite*, § 97, ll. 5-8 : *...pour Dieu ne vous poist de chou que j'ai esté vilains viers vous ! [...] Mais certes je ne vous connissoie, si n'en doi pas estre blasmés* ; HDB, p. 155 : « vous ne devez certes pas me blâmer de ne vous avoir pas connu » ; EB, p. 228 : « il ne faut pas pourtant me tenir rigueur de vous avoir méconnu ». Nous rattachons plutôt le « en » de la proposition en « si » ('donc') à ce qui précède celle en « mais » (laquelle atténue la grossièreté du roi) ; « en », rendu par l'hypothétique, renvoie ainsi à « de chou que j'ai esté vilains viers vous » (l. 5). L'idée nous paraît être : étant donné le grand nombre de chevaliers d'élite qui sont ici, j'ai assez à faire

car il y a tant d'hommes de mérite en ce lieu que je ne sais auprès duquel m'empresser. Restez donc ici, seigneur chevalier, je vous en prie, et je vous promets qu'aussi longtemps que je vivrai je ne manquerai plus jamais à mes devoirs de compagnon envers vous, car je vous accorderai assurément tout ce que vous pourrez me demander, si je le puis, afin que vous continuiez d'appartenir à ma maison. » Le chevalier répondit qu'il ne resterait en aucune manière pour cette fois, quelque prière qu'on lui adressât et quelque don qu'on pût lui faire. Alors, le roi se déclara fort peiné de cette décision, expliquant qu'il n'avait jamais vu en sa cour de chevalier dont il eût autant souhaité la compagnie qu'il désirait la sienne.

98. Toutes les personnes présentes parlèrent beaucoup du chevalier qui était venu à bout de l'épreuve où tous les autres avaient échoué : certains dirent qu'il était versé dans la magie et que c'était à cela qu'il devait d'avoir réussi, plus qu'à sa vaillance.

Comme on parlait de ces événements dans la grande salle du palais, voilà qu'une demoiselle y pénètre à cheval et, sans descendre de sa monture, se présente devant le roi et lui dit : « Roi, tu me dois une récompense : acquitte-t'en devant tous les hommes de mérite qui sont ici. » Le roi examina la demoiselle et reconnut celle qui lui avait donné l'épée, aussi lui répondit-il : « Certes, mademoiselle, il est vrai que j'ai une dette envers vous, et je m'en acquitterai selon mon pouvoir. Mais, s'il vous plaît, répondez à une

---

à m'occuper d'eux sans de surcroît m'occuper de ceux dont je ne connais pas la valeur.

question que j'ai oublié de vous poser. – De quoi s'agit-il ? – Dites-moi quel est le nom de l'épée que vous m'avez donnée. – Sachez donc, répondit-elle, que le véritable nom de cette épée est Escalibour[230]. – Maintenant, demandez, reprit le roi, ce qu'il vous plaira, car je vous le donnerai, si je le puis. – Je vous demande, dit-elle, la tête de la demoiselle qui a apporté ici cette épée ou celle du chevalier qui la détient. Et savez-vous pourquoi je vous demande quelque chose d'aussi extraordinaire ? Sachez que cet homme a tué l'un de mes frères*, qui était un chevalier accompli, et que cette demoiselle a fait tuer mon père. Pour cette raison, je souhaite ardemment être vengée de l'un ou de l'autre. »

99. Quand le roi entendit cette demande, il recula, complètement stupéfait, puis il déclara : « Mademoiselle, je vous prie au nom de Dieu de me demander autre chose, car je vous accorderais assurément de fort mauvaise grâce un tel don pour m'acquitter envers vous. En vérité, si je faisais mettre à mort l'une de ces deux personnes, qui n'ont aucun tort envers moi, chacun pourrait m'accuser d'avoir commis là un acte indigne, tout à la fois fourbe et cruel. » Quand le chevalier entendit que la demoiselle demandait sa tête, il alla vers elle et lui dit : « Ah ! mademoiselle, je vous ai longuement cherchée ; il y a plus de trois ans que j'essaie sans répit de vous retrouver. C'est vous qui avez

---

[230] Le *Merlin* du ms. de Bonn (biblio. n° 13), § 221, p. 789, explique ainsi le nom d'*Escalibor* : « Et c'est un non qui dist en ebrieu "trenche fer et acier et fust" ». V. la n. 1 de ce § 221, p. 1800.

brûlé mon frère par votre poison, et c'est parce que, vous haïssant d'une haine mortelle, je ne pouvais mettre la main sur vous que j'ai tué le vôtre. Mais puisque les choses se sont passées de telle manière que je vous ai retrouvée ici, il n'est pas question que je vous cherche ailleurs.

100. Alors, il sortit l'épée[231] du fourreau. Quand la demoiselle le vit approcher, elle voulut sortir de la salle pour lui échapper. Il lui cria : « Ce n'est qu'un échange de bons procédés : là même où vous avez demandé ma tête au roi, je lui donnerai la vôtre ! » Il fit alors un bond jusqu'à la jeune fille et lui donna un coup d'épée si violent qu'il lui fit voler la tête sur le sol, puis il la ramassa, se présenta devant le roi et dit : « Sire, sachez donc que vous voyez ici la tête de la demoiselle la plus perfide qui soit jamais entrée en votre cour, et vous n'auriez pas tardé à connaître bien des malheurs si elle y avait séjourné longuement, aussi puis-je vous affirmer qu'aucune joie n'a jamais égalé celle qu'on manifestera sur la terre de Norhomberlande dès qu'on apprendra sa mort. »

---

[231] Il est grammaticalement impossible de préciser s'il utilise la sienne ou celle qu'il vient d'obtenir. Le texte indique bien par la suite (§ 141, l. 31-33) que Balaain ne combattra qu'une seule et ultime fois avec cette dernière, mais cette exécution n'est pas un combat. D'autre part, si la demoiselle qui lui a remis cette arme fait certes allusion au premier homme qui en sera tué par lui (§ 96, l. 36), le meurtre de cette demoiselle n'infirmerait pas nécessairement cette prédiction.

101. Quand le roi vit cela, il entra dans une violente colère, aussi répondit-il au chevalier : « En vérité, monsieur le chevalier, vous êtes l'auteur de la plus grande infamie que j'aie jamais vu commettre par un chevalier pourvu des qualités que je croyais être les vôtres, et je n'aurais jamais cru qu'il s'en trouverait un, étranger ou de mon entourage, assez audacieux pour m'infliger un affront aussi grand que celui que vous m'avez fait subir. Car personne, assurément, n'aurait pu m'en infliger de plus grand que celui de tuer devant moi une demoiselle qui était sous ma sauvegarde et que je devais protéger. Dès lors qu'elle était dans ma maison, en effet, elle n'aurait dû avoir ni défiance ni crainte à l'égard de quiconque, quelque tort qu'elle ait pu causer à autrui ; au contraire, ma maison aurait dû lui être une protection contre tous, aussi longtemps qu'elle s'y serait trouvée. Tels étaient ici l'usage et la coutume, jamais enfreints avant que vous les piétiniez par votre orgueil. Et je vous affirme que même si vous étiez mon frère vous vous repentiriez de ce que vous avez fait. Maintenant, quittez promptement ma cour et allez-vous-en, et sachez bien que je ne serai vraiment satisfait que lorsque ce grave outrage aura été vengé. »

102. Lorsque le chevalier entendit que le roi était à ce point ulcéré par ce qu'il avait fait, il comprit qu'il avait commis une offense et une faute considérables en tuant la demoiselle sous les yeux du souverain lui-même. Alors, il s'agenouilla devant le roi et lui dit : « Ah ! sire, au nom de Dieu, pitié ! je reconnais sincèrement que je me suis rendu coupable d'une très grande faute. Au nom de Dieu, pardonnez-la-moi, s'il vous plaît ! » Le roi répondit qu'il ne voulait pas lui pardonner. « Vraiment, sire ? Je vous demande alors seulement de faire preuve d'assez de civilité, puisque je suis venu à votre cour, pour m'accorder de n'être inquiété ni par vous ni par vos hommes. – En vérité, répliqua le roi, je n'en ferai rien, mais je les prie instamment de faire en sorte que cet affront soit vengé, car le préjudice est pour eux comme pour moi : puisque ni leur présence ni la mienne ne vous ont retenu, que vous ne vous êtes abstenu de commettre votre acte odieux ni par considération envers notre honneur ni par crainte, nous pouvons bien dire en effet que vous avez fait de nous peu de cas. Allez-vous-en d'ici, car vous n'aurez rien d'autre de ma part pour cette fois ! »

103. Quand le chevalier entendit qu'il n'obtiendrait rien de plus et qu'il ne pourrait trouver grâce pour sa faute, il se releva, quitta la cour et revint à son logis, sans avoir lâché la tête de la demoiselle. De retour chez lui, il vit son écuyer et lui dit : « Voici la tête de la demoiselle que j'avais si longuement cherchée. – Et où l'avez-vous trouvée ? » demanda l'autre. Le chevalier lui raconta alors aussitôt comment la demoiselle s'était présentée devant le roi et comment elle avait demandé sa tête à lui, puis il relata sans rien omettre tout ce qui était arrivé, ainsi que la réponse du roi et son départ de la cour. Le jeune écuyer se mit alors à pleurer à chaudes larmes et dit à son maître : « Ah ! seigneur, vous avez mal agi, puisqu'en commettant ce crime, pour châtier cette demoiselle, vous avez perdu la compagnie de ceux de la cour et l'amitié du roi... Si seulement cette femme de malheur pouvait n'avoir jamais vu le jour ! – Calme-toi donc, repartit le chevalier, car si j'ai, par le crime que j'ai commis, perdu la compagnie du roi, je ferai bientôt en sorte, s'il plaît à Dieu, qu'il se réconcilie avec moi, si toutefois il dépend de la vaillance d'un homme que la colère d'un noble chevalier soit apaisée[232]. – Et que comptez-vous faire ? demanda l'écuyer. – Je compte, répondit le chevalier, lui apporter la tête de son ennemi le plus acharné, de l'homme qu'il craint le plus à présent, ou de le lui envoyer bien vivant pour qu'il soit son prisonnier. – Et qui est cet homme ? – C'est le roi Rion, l'homme le plus puissant que je connaisse à ce jour dans le monde, après le roi Arthur. Et tout puissant qu'il est maintenant, je ne doute pas de le livrer à celui-ci, avec l'aide de Dieu : c'est quelque chose qui devrait assurément me valoir son pardon, si je devais un jour l'obtenir. – Que Dieu vous en accorde donc le pouvoir, dit le jeune homme, car je désire assurément beaucoup qu'il en advienne comme vous l'avez dit. – Je vais te dire exactement ce que tu vas faire, reprit le chevalier. Nous allons nous séparer et tu t'en iras au royaume de Norhomberlande ; tu emporteras avec toi la tête de la demoiselle et tu la montreras à mes

---

[232] *Suite*, § 103, ll. 18-20 : *se nus frans chevaliers se puet apaisier pour prouece qui en houme peust estre* ; HDB, p. 157 : « un loyal chevalier peut être apaisé si l'on accomplit des prouesses pour lui » ; EB, p. 232 : « si du moins un noble cœur peut être apaisé par la prouesse d'autrui ». Il n'y a, semble-t-il, pas lieu de tenir compte de la remarque de A.-J. Holden (*Romania*, 116 [1998], p. 275) qui considère que *nus frans chevaliers* « ne se rapporte pas au roi Arthur [comme le suggère G. Roussineau, *op. cit.*, p. 641, n. 103,18] mais à celui qui parle ». Aucun emploi d'*apaisier* qui accrédite cette suggestion ne se trouve dans TL 1,421,51.

proches, là où tu sais les trouver. Tu pourras leur dire que je me suis ainsi vengé de celle qui a tué mon frère, et en un lieu où il y avait abondance des meilleurs chevaliers du monde. » L'autre répondit qu'il s'acquitterait bien de ce message, sans rien omettre, mais demanda comment il pourrait le retrouver au retour. « Je crois, dit-il, que tu me trouveras à la cour du roi Arthur, car avant que tu reviennes, j'aurai, s'il plaît à Dieu, obtenu mon pardon du roi. »

104. Alors, il prit ses armes, monta sur son cheval et, ceignant l'épée qu'il tenait de la demoiselle, la joignit à celle qu'il portait auparavant, de sorte qu'il en eut deux à son côté. Il prit aussi un bouclier, ainsi qu'une grosse et robuste lance, puis il quitta la ville et se dirigea vers l'endroit où il pensait que se trouvait le roi Rion avec toute son armée ; quant à l'écuyer, il partit de son côté, comme le lui avait ordonné son seigneur.

Le chevalier s'en alla donc, avec les deux épées, et à cause de ces deux armes qu'il porta depuis aussi longtemps qu'il vécut, il perdit son premier nom, car on l'appelait auparavant Balaain le Sauvage. Un de ses frères, qui n'était pas moins bon chevalier que lui, était appelé Balaan le Sauvage, et c'est de celui-ci que fut issu par la suite Dodinel le Sauvage, qui devint depuis compagnon de la Table Ronde et fut renommé pour ses hauts faits et sa grande bravoure[233]. Balaain, en revanche, perdit dès lors

---

[233] Il n'y a pas nécessairement contradiction, comme le suggère G. Roussineau (*op. cit.*, n. 104,12, p. 649), entre cette annonce et le fait que les circonstances de cet engendrement ne sont pas rapportées

son nom, de sorte qu'à cause des deux épées qu'il portait il ne fut plus appelé Balaain, mais que tout le monde l'appela le Chevalier aux Deux Épées, et c'est par ce nom qu'il fut connu en tous lieux[234]. S'il avait vécu longtemps, après ces événements, son renom aurait par la suite dépassé celui de tous ceux qui portèrent les armes dans le royaume de Logres. Mais il ne plut pas à Notre Seigneur qu'il se maintînt longtemps en vie, en quoi lui-même eut sa part de responsabilité, car il entreprit d'accomplir de très grandes choses pour se réconcilier avec le roi, et chaque fois qu'il entendit parler d'une aventure, proche ou lointaine, il y alla pour tenter d'en venir à bout. Il en fit donc tant, en cette première année, qu'il en sera parlé à tout jamais. Et comme il ne refusait aucun adversaire, quel qu'il fût, il mourut quand il retrouva son frère, avec lequel il se battit, l'un et l'autre trouvant la mort en cette occasion pour ne s'être pas reconnus. Ce fut une perte très malheureuse, car ils étaient tous deux si bons chevaliers que dans tout le royaume de Logres il n'y avait pas deux combattants de cette trempe. Mais le récit cesse maintenant de parler d'eux et revient au roi Arthur.

---

dans notre texte (nous sommes ici dans le ms. B, v. n. 23, 68, 133).

[234] Ce Chevalier aux Deux Épées est distinct de Mériadeuc, qui portera le même surnom après une épreuve similaire (mais aux conséquences tout autres), dont l'histoire est racontée dans un roman arthurien du premier tiers du XIIIe s., *Le Chevalier aux deux épées* (éd. W. Foerster, Halle, 1877). V. à ce sujet G. Roussineau (*op. cit.*, n. 96,14, pp. 647-648).

V

105. A présent, le récit raconte que, lorsque le chevalier eut quitté le palais avec les deux épées, le roi demeura très soucieux, car l'offense que cet homme avait commise en sa cour même lui était insupportable. Il demanda à ceux qui étaient là : « Que pourra-t-on faire au sujet de ce chevalier qui a ainsi enfreint la coutume de ma cour et de ma maison ? Je ne pensais pas que quelqu'un serait assez impudent pour oser commettre une telle offense sous mes yeux et devant autant d'hommes de mérite qu'il y en a ici. Voyez donc ce que l'on peut faire là-dessus, car je ne voudrais pas voir quiconque, si haut soit son rang et si grande mon amitié pour lui, s'autoriser de ce précédent pour commettre un acte aussi injustifiable que celui qu'a perpétré cet homme. » Alors, un chevalier d'Irlande, que l'on considérait comme très vaillant et qui croyait sans nul doute être l'un des meilleurs chevaliers, s'avança vivement. Très bon chevalier, il l'était, assurément, mais pas autant qu'il l'imaginait. Il avait éprouvé une très vive jalousie à l'égard de celui qui était venu à bout de l'épreuve de l'épée, alors que lui-même y avait échoué. Il lui semblait que c'était par quelque ruse, car il ne pouvait pas croire qu'un chevalier eût en lui plus de vaillance qu'il n'en avait lui-même. Il dit au roi : « Sire, si tel était votre plaisir, et si j'étais sûr que vous ne m'en sauriez pas mauvais gré, je vous vengerais, vous et cette cour, du grand affront que ce chevalier vous a fait, de telle manière que je lui ferais prendre la mesure de son offense. – Je ne vous en saurais absolument pas mauvais gré, répondit le roi, ni moi ni quelqu'un d'ici ; au contraire, je vous donne toute liberté d'agir comme vous l'avez dit et de faire en sorte que la cour en retire de l'honneur, car je ne veux pas que d'autres s'autorisent de ce précédent. » Le chevalier le remercia vivement et sortit, puis il rentra chez lui, demanda ses armes et fit seller son cheval. Quand il fut armé le mieux possible, il enfourcha sa monture, prit son bouclier et sa lance et s'en alla à toute vitesse à la poursuite de Balaain. Mais le récit cesse maintenant de parler de lui et retourne au roi Arthur et à la demoiselle qui avait apporté l'épée.

VI

106. Le récit raconte qu'après que le chevalier d'Irlande eut quitté la cour pour suivre Balaain le roi fit porter le corps de la jeune fille tuée dans une des chambres du palais, pour que fussent accomplis tous les rites que l'on accomplissait alors pour tous les chrétiens défunts. Mais le récit cesse maintenant de parler d'elle et poursuit de la manière suivante :

Comme on avait emporté la jeune fille, Merlin pénétra dans la grande salle du palais. Quand il vit la demoiselle qui avait apporté l'épée, il lui parla de la sorte : « Pourquoi êtes-vous venue ici ? Maudite soit celle qui vous a envoyée et maudite soyez-vous d'être venue, car votre présence n'a vraiment fait que du mal en cette cour ! » Alors, il se tourna vers le roi et lui dit : « Roi Arthur, sache donc en vérité que cette demoiselle est la plus perfide qui soit jamais entrée en ta cour, et je vais t'expliquer pourquoi.

La vérité est qu'elle a un frère, beaucoup plus jeune qu'elle, qui est un excellent chevalier, vaillant et intrépide.

Elle s'est d'autre part éprise – comme je le sais parfaitement – du chevalier le plus fourbe et le plus traître qui soit au royaume de Logres. Or il s'est trouvé, quelque temps après qu'elle était tombée amoureuse de cet homme, que son frère a rencontré celui-ci par hasard. Ils se sont attaqués et ont si bien combattu l'un contre l'autre que le frère a tué l'ami de la demoiselle, causant à celle-ci un tel chagrin qu'elle a décidé qu'elle ne connaîtrait jamais plus de repos avant d'avoir provoqué sa mort. Elle était fort amie de la Dame de l'île d'Avalon, aussi l'a-t-elle suppliée si instamment de la venger de ce frère qui lui avait tué son amant que la dame a accepté de l'aider. Elle a aussitôt ceint à cette demoiselle l'épée qu'elle a apportée en cette cour, en lui disant : « Il faut que celui qui ôtera cette épée de ta ceinture soit le meilleur chevalier de son pays, le plus loyal et qu'il soit entièrement dépourvu de duplicité. Cherche-le donc jusqu'à ce que tu le trouves. Et sache que celui qui te délivrera de l'épée mettra ton frère à mort par sa seule valeur de chevalier[235] ; ainsi te vengera-t-il par cette arme de ce qui t'afflige le plus. »

107. Cette perfide demoiselle a donc été mise en possession de l'épée pour que son frère en reçoive la mort, et c'est bien ce qui arrivera, car il en sera tué très bientôt. Mais ce n'est pas seulement à son frère qu'il adviendra malheur par cette arme : les deux hommes que je sais véritablement être les meilleurs chevaliers du royaume de

---

[235] *Suite*, § 106, l. 33 : *par force de chevalerie* ; c'est-à-dire à la régulière, sans recourir au démon (cf. § 509, l. 83 : « ...ne par force d'ennemy, ains sera par sa valeur... »).

Logres mourront également par elle[236]. Voyez donc de

[236] Le texte est ici fort embarrassant. On comprend spontanément que les quatre « en » de ce passage se rapportent à l'épée (§ 106, l. 33 ; § 107, l. 2, l. 3, l. 4). Mais cela est en totale contradiction avec ce que dit la demoiselle que Balaain a délivrée de cette arme (§ 96, ll. 36-38), et qui est confirmé par la suite (§ 141, ll. 28-33 ; v. aussi § 202, l. 6), à savoir que le premier (et le dernier) homme tué de cette épée par Balaain sera son frère. Il semble donc exclu que cette arme ait pu tuer le frère de la demoiselle, épisode qui ne nous est du reste pas rapporté. La première de ces quatre occ. de « en » pourrait à la rigueur être comprise comme une cataphore de « de chou dont tu ies plus courechie » (§ 106, ll. 33-34) ; elle peut aussi, avec les deux suivantes, s'interpréter comme se rapportant au don fait par la dame de l'île d'Avalon à la demoiselle, l'épée étant une cause indirecte de la mort du frère de la demoiselle, puisque l'essentiel est le choix d'un chevalier d'exception par l'épreuve du baudrier enchanté. La quatrième occurrence du pronom « en » peut quant à elle – mais l'interprétation précédente convient également ici – se rapporter directement à l'épée, puisque « les deux hommes » dont il est question, Balaain et son frère, mourront effectivement après que cette épée aura été utilisée. Tout cela manque évidemment de naturel, même si l'on répugne à aller contre le texte qui insiste si lourdement sur l'utilisation toute particulière de cette épée par Balaain (ajoutons, si on ne lui impute pas cela à duplicité, que l'attitude indignée de la demoiselle à l'épée lorsque Balaain prétend garder l'arme qu'il vient de détacher [§ 96, ll. 26-52] ne plaide pas du tout en faveur d'une utilisation de cette épée dans la vengeance qu'elle poursuit). L'on peut cependant arguer des nombreuses contradictions qui parsèment notre texte pour donner à « en » l'interprétation la plus évidente (ce que nous faisons) : il serait artificiel de vouloir à tout prix résoudre celle qui se présente ici quand il en est d'autres, guère moins gênantes (dont le § 155 qui concerne également cette épée), qu'aucune

quel immense malheur cette femme sera la cause ! Assurément, il me semble, et c'est la vérité, qu'elle aurait mérité de mourir plus que celle qui est morte ici tout à l'heure. – Au nom de Dieu, Merlin, dit le roi, vous dites vrai, car sa mort me semble avoir été l'effet d'un acte absolument injustifiable. » Quand la demoiselle entendit que le roi donnait raison à Merlin, elle ne demeura pas davantage à la cour mais sortit précipitamment. Le roi dit ensuite à Merlin :

108. « Merlin, que peut-on faire au sujet du chevalier qui a montré un tel mépris pour ma cour que, sans égard pour moi ni pour ceux qui s'y trouvaient, il s'est laissé allé à tuer la demoiselle devant nous tous ? – Ah ! sire, répondit Merlin, ne parlez surtout pas de sa mort ! C'est un grand malheur, en vérité, qu'il ne soit pas destiné à vivre longtemps, car c'est un chevalier d'une valeur et d'un mérite exceptionnels, et sachez que, dans les dix années à venir, il ne mourra aucun chevalier de votre cour dont vous regrettiez autant la mort que vous regretterez la sienne quand vous l'apprendrez. Pour cette raison, je vous prie, au nom de Dieu, sire, de lui accorder votre pardon, car sachez

acrobatie ne permet de réduire. La contradiction peut recevoir plusieurs explications factuelles (réminiscence indue d'autres textes [V. G. Roussineau, *op. cit.*, p. 649, n. 106,31], compilation de plusieurs suites du *Merlin*, étourderie, désinvolture...), mais elle peut aussi, comme la plupart de celles que nous relevons, ressortir au projet particulier de notre *Suite* qui subordonne les prophéties au bon vouloir de Dieu et aux libres errements des hommes (v. n. 110, 228, 263).

bien que cet homme est vraiment digne qu'on lui pardonne une faute grave ; du reste, je vous assure que si vous le connaissiez aussi bien que je le connais ce que vous lui avez dit suffirait à vous causer du remords. Quant à vous, puissants seigneurs, qui lui savez mauvais gré de ce qu'il a fait, je vous prie de n'avoir plus d'animosité à son égard ; soyez sûrs en effet qu'avant peu il en fera une éclatante réparation à la cour, et il montrera vraiment qu'il méritait plus d'avoir l'épée qu'aucun autre qui soit en vie aujourd'hui. – Ah ! Merlin, dit le roi, il me semble que vous le connaissez bien : au nom de Dieu, dites-moi qui il est ! – Je vous déclare, répondit Merlin, qu'il s'appelle Balaain le Sauvage et qu'il est, cela je le sais parfaitement, le meilleur chevalier du monde ; c'est pourquoi je regrette sa disparition prochaine, car sa mort surviendra plus tôt qu'il ne le faudrait pour le royaume de Logres ».

109. Quand les puissants du royaume entendirent ce que disait Merlin, la colère qu'ils éprouvaient auparavant contre le chevalier s'apaisa complètement et chacun pria pour lui, demandant à Notre seigneur de le conduire, où qu'il allât. Le roi lui-même ne fut plus aussi fâché contre lui qu'il l'était, car il croyait tout ce que disait Merlin, en sorte qu'il aurait alors voulu n'avoir pas parlé au chevalier aussi durement qu'il l'avait fait. « Ah ! roi, reprit Merlin, tu as remarqué trop tard sa présence ! Sache qu'il n'aura plus que peu d'occasions de te rendre service et d'être à tes côtés : c'est fort regrettable ! » Ainsi parlèrent-ils l'un et l'autre du chevalier. Puis le roi demanda à Merlin : « Merlin, que me dites-vous du roi Rion ? Pourra-t-il me nuire en quelque manière ? – Tu peux te mettre en campagne en toute sécurité, roi, répondit Merlin, car Notre Seigneur t'accordera un honneur beaucoup plus grand que tu ne le penses, et il ne t'a pas placé si haut pour te faire trébucher aussi vite. Pour cette raison, ne sois pas inquiet, car il te viendra en aide où que tu ailles, si toi-même tu ne manques pas à tes devoirs. » Ainsi Merlin parla-t-il au roi ; il l'admonesta encore au sujet du chevalier et le roi lui répondit qu'il regrettait beaucoup ce qu'il lui avait dit. Mais là-dessus, le récit cesse maintenant de parler d'eux et en revient au chevalier d'Irlande, que nous avons laissé au moment où il partait de chez lui.

VII

110. Le récit dit maintenant que lorsque le chevalier eut quitté son logis, armé comme il l'était, il sortit de la ville à cheval et repéra les traces du chevalier qui s'en allait devant lui, bien qu'il eût quelque peine à les identifier ; mais le sort lui fit prendre le chemin même que l'autre avait emprunté. Il se hâta si bien de chevaucher de la sorte qu'il rejoignit celui qu'il cherchait au pied d'un mont. Il lui cria d'aussi loin qu'il pensait pouvoir être entendu de lui : « Monsieur le chevalier, tournez votre bouclier par ici ou je vous frapperai par derrière et votre honte sera plus grande ! »

111. Balaain chercha du regard l'auteur de ces paroles et comprit qu'il lui fallait sur-le-champ combattre à la lance. Il répondit à son poursuivant, assez haut pour être distinctement entendu de lui : « Chevalier, avant que nous nous battions, dis-moi à qui tu es. » L'autre répondit : « Je suis au roi Arthur, qui m'a envoyé ici pour te nuire. Je te défie, aussi prends garde à moi, car il te faut combattre ! » Balaain répondit : « En vérité, je suis vraiment désolé que tu lui appartiennes, car, si je te tue, j'en serai alors plus coupable envers lui que je ne l'étais auparavant et j'accumulerai ainsi faute sur faute. » Alors, il dirigea sa monture vers son adversaire, serra son bouclier contre sa poitrine et abaissa sa lance.

L'autre arriva de toute la vitesse qu'il put obtenir de son cheval ; il transperça ainsi le bouclier de Balaain et lui brisa sa lance en pleine poitrine, mais il ne put le faire bouger de sa selle. Quant à Balaain, il le frappa si violemment qu'il transperça, lui aussi, le bouclier de son ennemi, mais il lui déchira de surcroît sa cotte de mailles et lui enfonça son arme dans le corps, si bien que le fer, avec une bonne partie de la hampe, ressortit de l'autre côté. Porté par la puissance de son élan, il poussa le chevalier à terre par dessus la croupe de son cheval ; lorsqu'il retira sa lance, l'autre se raidit en sentant l'étreinte de la mort. Balaain acheva sa course, fit aussitôt demi-tour et tira l'épée, car il ne pensait pas que son adversaire eût déjà perdu la vie. Quand il fut arrivé près de lui et qu'il eut attendu quelques instants, il vit que la terre, tout autour du corps, était entièrement couverte de sang. Il comprit alors parfaitement qu'il était mort, et il en fut extrêmement contrarié, parce que ce chevalier était de la maison du roi Arthur. Il se mit à réfléchir à ce qu'il pourrait faire, car il lui aurait volontiers rendu quelque honneur, si cela avait été possible.

Tandis qu'il réfléchissait ainsi, voilà qu'une demoiselle arrive de ce côté, chevauchant à toute vitesse. Quand elle fut parvenue à l'endroit où le chevalier était couché, elle mit précipitamment pied à terre, car elle n'imaginait pas qu'il fût déjà mort. Mais lorsqu'elle vit et comprit ce qu'il en était, elle se mit à manifester une si vive douleur que Balaain, qui la regardait, déclara qu'il n'en avait vraiment jamais vu de telle. La demoiselle perdit connaissance à plusieurs reprises. Quand au bout d'un moment elle eut recouvré ses esprits et qu'elle put parler, elle dit à Balaain : « Ah ! seigneur, vous avez tué deux cœurs et deux corps en un, et vous causerez la perte de deux âmes pour une seule. » Alors, elle saisit l'épée du chevalier, la sortit du fourreau et reprit : « Ami, il convient que je vous suive, car il me semble vraiment que la mort ne m'a que trop attendue. Si elle vous avait été aussi douce qu'elle me le paraît à présent, jamais deux êtres ne seraient morts aussi heureux que nous l'aurions été ! » Alors, elle se frappa de l'épée en pleine poitrine, si violemment qu'elle s'enfonça la pointe jusqu'au cœur. Elle se tenait à cet instant près du corps du chevalier et Balaain, qui voulait lui ôter l'épée des mains en voyant qu'elle avait l'intention de se tuer, fut, malgré sa hâte, absolument incapable de l'empêcher de s'en frapper d'abord.

112. Quand il vit le dénouement de cette aventure, il ne sut que dire, car il était si profondément stupéfait qu'il ne savait même pas s'il dormait ou s'il était éveillé ; il n'avait en effet jamais rien vu ici-bas qui l'eût autant étonné que ce qui venait de se passer. Il se contenta donc de déclarer que cette demoiselle s'était vraiment montrée fidèle à celui qu'elle aimait et qu'il n'avait pas imaginé qu'un amour aussi sincère pût entrer dans un cœur de femme.

Tandis qu'il se livrait à ces considérations et qu'il se demandait ce qu'il pourrait faire des deux corps, car il ne comptait pas les laisser là, il regarda vers la forêt et en vit sortir Balaan, son frère, entièrement armé, accompagné seulement d'un écuyer. Quand il le vit arriver, il alla à sa rencontre et lui souhaita la bienvenue. L'autre, qui l'entendit, pouvait l'identifier à cause de ses armes, qu'il avait déjà vues. Dès qu'il le reconnut, il ôta précipitamment son casque et vous l'auriez vu alors pleurer de joie et d'émotion, tandis qu'il s'écriait : « Ah ! mon frère, j'ai cru que je ne vous reverrais plus jamais. Quelle heureuse aventure a mis fin à votre rigoureuse captivité ? » Balaain lui expliqua que c'était la propre fille du roi qui l'avait délivré et que, sans elle, il aurait encore été prisonnier. « Mais quel hasard, poursuivit-il, vous amène par ici ? – En vérité, répondit Balaan, on m'a rapporté, au Château des Quatre Carrières, que vous étiez libre et qu'on vous avait vu à la cour du roi Arthur. C'est parce que j'espérais vous y trouver que je venais par ici avec tant de hâte. Dites-moi donc si vous y avez été. » Balaain répondit qu'il venait juste de la quitter. « Et pourquoi en êtes-vous parti ? » lui demanda son frère. Il lui raconta alors aussitôt tout ce qui lui était arrivé et parla de la cour, de l'épée et de la demoiselle qu'il avait tuée, ce qui l'avait conduit à quitter la cour aussi vite[237], car autrement il y aurait longuement

---

[237] Ce rapport n'est pas exact : dépité d'avoir été ignoré, Balaain avait pris la décision de quitter la cour avant le meurtre de la demoiselle (§ 97, ll. 14-16).

séjourné, en compagnie des hommes de mérite qui s'y trouvaient. Et depuis qu'il l'avait quittée le sort lui avait encore été si contraire qu'il avait tué ce chevalier, ce qui l'affectait profondément. « Et cette demoiselle, reprit son frère, comment est-elle morte ? » Il le lui raconta aussitôt. Alors, Balaan déclara que cette jeune fille avait vraiment aimé d'un amour sincère et qu'à cause de cette fidélité il ne ferait plus jamais défaut à une demoiselle qui lui demanderait de l'aide. « Et qu'allons-nous pouvoir faire de ces corps, Balaain, mon frère ? » demanda-t-il encore. Celui-ci répondit qu'il ne savait quelle décision prendre à ce sujet : que Dieu l'abandonnât s'il mentait !

113. Tandis qu'ils parlaient ainsi, voilà qu'un nain, qui venait de la ville, arrive de toute la vitesse qu'il pouvait obtenir de son cheval. Quand il fut arrivé près des corps et qu'il les reconnut, il se mit à manifester un très vif chagrin, s'arrachant les cheveux et se frappant les paumes l'une contre l'autre. Après s'être livré à ces manifestations de douleur un bon moment, il demanda aux deux chevaliers : « Lequel de vous deux, dites-moi, a tué cet homme ? » Balaain répondit : « Pourquoi le demandes-tu ? – Parce que je veux le savoir, dit le nain. – Eh bien, sache, dit Ballain, que c'est moi qui l'ai tué ; mais, que Dieu m'abandonne si je mens, c'était pour me défendre, et je n'ai éprouvé nul plaisir à le faire, au contraire : j'en ai été accablé et je le suis encore. – Et pour cette demoiselle, demanda le nain, dites-moi également la vérité, puisque vous me l'avez dite pour le chevalier. » Balaain lui raconta aussitôt tout ce qui s'était passé sous ses yeux et lui expliqua comment la demoiselle s'était donné la mort pour l'amour du chevalier.

« En vérité, dit le nain, si elle l'a fait, ce n'est pas fort étonnant, car c'était l'un des plus dignes chevaliers du monde et il était fils de roi. Soyez donc certain qu'en le tuant vous vous êtes condamné à mort, car il était issu d'un si noble lignage et d'un chevalier si digne lui-même que personne, hormis Dieu, ne pourrait empêcher ses parents de vous faire mourir dès qu'ils apprendront la vérité sur sa fin : ils vous chercheront en effet dans le monde entier plutôt que de renoncer à vous trouver. – Je ne sais, dit le chevalier, ce qu'il en adviendra ; toujours est-il que je regrette beaucoup ce qui est arrivé, non que je craigne sa parenté, mais à cause du roi Arthur, dont il était chevalier. »

114. Tandis que les deux chevaliers parlaient ainsi avec le nain, on vit sortir de la forêt le roi Marc, qui prit depuis pour femme Yseut la Blonde, comme ce récit lui-même le racontera en détail parce que cela est nécessaire, à cause d'une aventure dont parle l'histoire du Graal. Le roi Marc venait alors d'être couronné et il n'avait pas plus de dix-sept ans ; il se rendait auprès du roi Arthur pour l'aider dans sa guerre, car toute sa terre était soumise au royaume de Logres. Quand il fut arrivé à l'endroit où les deux corps étaient étendus sur le sol et qu'il apprit ce qui s'était passé par le récit des deux frères, il déclara qu'il n'avait jamais entendu parler d'une demoiselle qui eût été aussi fidèle à celui qu'elle aimait : à cause d'elle et de la loyauté dont elle avait fait preuve[238], il honorerait ces deux corps.

115. Alors, il ordonna à tous ceux qui l'accompagnaient de mettre pied à terre, ce qu'ils firent aussitôt. Puis il déclara : « Je veux que l'on cherche une pierre tombale dans ce pays, la plus belle et la plus précieuse qu'on puisse trouver ; qu'on la fasse apporter ici le plus vite possible, car, sachez-le bien, je n'ai pas l'intention de quitter cet endroit avant qu'ils soient enterrés ensemble, sur le lieu même où ils ont reçu la mort. » Quand ils eurent entendu ces ordres, les compagnons du roi se mirent à parcourir le pays en tous sens pour chercher une dalle funéraire, tant et si bien qu'ils en trouvèrent une, dans une église, telle que le roi la voulait. Ils la firent porter là où était leur seigneur, qui avait déjà fait dresser sa tente sur place, en homme qui entendait ne pas bouger avant d'avoir fait ce qu'il avait l'intention de faire. Lorsqu'il vit que la pierre avait été apportée, il la fit poser sur les corps, après leur avoir fait donner une magnifique sépulture, puis il fit graver, dans la partie inférieure, une inscription qui disait : *Ici repose*

---

[238] *Suite*, § 114, ll. 12-13 : *pour l'amour et pour la loiauté de li fera il hounour a l'un et a l'autre* ; HDB, p. 163 : « en raison de son amour et de sa fidélité, il ferait rendre de grands honneurs aux deux corps ». Nous voyons plutôt dans cette coordination un zeugme entre un génitif objectif (« pour l'amour de li » : 'la considération qu'il a pour elle') et un génitif subjectif (« pour la loiauté de li » : 'la loyauté qu'elle a eue'). Même tour au § 248 (l. 11) : « pour l'amour et pour la douchour de cele table ».

Lançor, fils du roi d'Irlande[239], *et près de lui repose Lione, son amie, qui se tua de chagrin dès qu'elle vit qu'il était mort.* A l'extrémité la plus épaisse de la dalle[240], le roi fit ensuite placer une croix de bois, qui était particulièrement magnifique car il s'y trouvait beaucoup d'or, d'argent et de pierres précieuses de toutes sortes.

Comme il voulait partir, Merlin arriva de ce côté sous l'apparence d'un robuste paysan et se mit à graver en lettres d'or, dans la partie supérieure de la pierre tombale, une inscription qui disait : *En cet endroit s'affronteront à l'épée les deux amants les plus loyaux de leur temps*[241]. *Et ce combat sera le plus prodigieux de tous ceux qui auront eu lieu avant celui-là ou qui auront lieu après sans mort d'homme.* Lorsqu'il eut fini, après avoir bien examiné son travail il se remit à écrire et inscrivit deux noms au

---

[239] Rappelons qu'Yseult, future femme du roi Marc, est la fille du roi d'Irlande ; Lançor est donc le frère de celle-ci*.

[240] *Suite*, § 115, l. 19 : *au gros chief de la tombe* ; HDB, p. 163 : « à la tête de la tombe ». E. Baumgartner et M. Szkilnik (*Le Roman de Tristan en prose*, t. VI, Genève, Droz [TLF 437], 1993, gloss., p. 459, s. v. *cief*) glosent « gros cief » : 'partie la plus large d'une dalle funéraire'. L'expression est utilisée de nouveau au § 383 (ll. 44-45) pour une *lame* ('dalle') que l'on soulève. Nous supposons pour notre part que ces pierres tombales, légèrement déclives, ont une section longitudinale triangulaire, mais la différence entre le « gros chief de la tombe » et le « cief de la tombe » (l. 23) est pour nous peu claire. HDB, p. 163, traduit cette dernière expression « à la tête du tombeau », ce qui ne nous avance guère.

[241] Le combat entre Lancelot du Lac et Tristan est rapporté dans le *Roman de Tristan en prose*, Genève, Droz (TLF 398), 1991, t. III, éd. G. Roussineau, §§ 248-258.

milieu de la dalle ; l'un était celui de Lancelot du Lac et l'autre celui de Tristan. Quand ce fut fait, le roi, qui examinait le résultat, fut extrêmement étonné qu'un personnage aussi grossier que ce paysan pût faire cela, aussi lui demanda-t-il qui il était. « Roi, dit Merlin, je ne te le dirai pas, mais tu le sauras un jour, lorsque Tristan le loyal sera surpris avec son amie ; on te tiendra alors certains propos sur mon compte qui te déplairont. »

116. Alors, il dit à Balaain : « Seigneur chevalier, cause d'un grand malheur, pourquoi as-tu laissé cette demoiselle se tuer ? – Je n'ai pu, répondit Balaain, être assez prompt pour lui ôter l'épée des mains avant qu'elle le fasse. – Tu ne seras pas aussi lent que tu l'as été ici, reprit Merlin, quand tu assèneras le coup fatal par lequel trois royaumes seront dévastés et réduits à la misère pendant vingt-deux ans. Et sache qu'aucun homme n'a porté ni ne portera jamais de coup aussi funeste, aussi terrible que le sera celui-là, car il en adviendra malheurs et calamités de toutes sortes. Il me semble que nous avons retrouvé en toi notre mère Ève, car, de même que le grand malheur, la calamité que nous subissons tous comme une expiation[242] est

---

[242] *Suite*, § 116, ll. 12-13 : *que nous tout comparons* ; HDB, p. 164 : « nous payons sa faute (par de grands malheurs et de grandes misères) » ; G. Roussineau (*op. cit.*, gloss., p. 726, s. v.) glose *comparer* par 'payer, expier'. Cette acception nous paraît douteuse dans le cas présent, si l'on considère que « la grant dolour et la grant misere » (l. 12), antécédent de la relative précitée, désigne plutôt le châtiment postérieur à la faute originelle que la faute elle-même : on ne peut en effet dire que ces maux sont payés ou expiés

advenue par ses œuvres et que nous vivons jours après jours dans les peines par sa faute, de même les habitants de trois royaumes seront détruits et réduits à la misère par le coup que tu donneras. Tout comme il était défendu de manger le Fruit Funeste, il est en effet défendu par le Maître Souverain lui-même de faire ce que tu feras. Ta valeur ne sera donc pas en cause, lorsque ces événements adviendront, car tu es actuellement le meilleur chevalier qui soit au monde ; mais tu provoqueras ce malheur parce que tu enfreindras le commandement que nul ne doit enfreindre et que tu mutileras l'homme qui aujourd'hui a le plus de mérites envers Notre Seigneur ici-bas. Si tu savais combien cet acte sera malheureux et comme il sera chèrement payé, tu reconnaîtrais que jamais un malheur aussi considérable que celui que tu provoqueras n'est advenu sur terre par la faute d'un homme seul ; aussi l'heure viendra-t-elle bientôt où tu préférerais être mort plutôt que d'avoir donné ce coup. « Alors, le chevalier demanda à Merlin qui il était pour lui prédire ainsi son avenir, et Merlin répondit : « Tu ne le sauras assurément pas cette fois, mais qui que je sois, cela t'arrivera. » Balaain déclara : « Dieu veuille que ce que tu dis ne soit pas vrai. Si je pensais qu'un tel malheur doive advenir par

---

par les hommes, puisqu'ils sont eux-mêmes une expiation. Nous adoptons donc la glose fournie par Godefroy 2,206c (s. v. *comperer* ; un seul ex. du début du XIVe s., comme le ms. de base pour ces §§) 'subir comme une expiation'. Cela dit, le sens du mot *douleur* est délicat dans ce passage et l'on ne saurait péremptoirement affirmer qu'il dénote plutôt le malheur-résultant (comme à la l. 25) que le malheur-causant (comme à la l. 23, ce qui donne justement à *comparer* [l. 24] le sens de 'payer').

moi comme tu le dis, je me tuerais plutôt que de ne pas te démentir, et j'aurais raison de le faire, car ma mort vaudrait mieux que ma vie ».

117. Après ces paroles, Merlin ne s'attarda pas davantage, mais il partit de son côté si soudainement que ni le roi Marc ni les autres qui étaient là ne surent ce qu'il était devenu. Il ne s'était guère éloigné quand il rencontra Blaise[243]. Il alla vers lui, se montra extrêmement joyeux de le voir et lui dit : « Blaise, soyez le bienvenu. Je vais bientôt m'acquitter de ce que je vous ai promis en Norhomberlande[244], car j'ai beaucoup réfléchi à la manière dont vous pourriez achever votre livre. Allez-vous-en à Camaalot et attendez-moi là-bas. A mon retour, après la honteuse défaite du roi Rion et après avoir vu comment le chevalier malchanceux se comportera dans cette grande bataille, je reviendrai vers vous ». Blaise lui demanda alors quand il pensait revenir. « Dans un mois, dit-il, je vous rejoindrai. Et savez-vous à quel endroit vous me retrouve-

---

[243] Rencontre pour le moins inopinée que l'auteur amène sans le moindre souci de vraisemblance.

[244] Nous n'avons pas trouvé, dans le *Merlin*, de référence correspondant exactement à l'allusion faite ici. C'est en effet bien loin de la Grande Bretagne, chez sa mère, que Merlin s'engage à visiter Blaise en Norhomberlande pour lui donner la matière de son livre, chronique des événements qui adviennent de son temps qu'il appelle le *Livre du Graal* (voir *Merlin*, § 23, ll. 14-66). Par la suite, Merlin visitera régulièrement Blaise et tiendra scrupuleusement ses engagements d'informateur, mais on ne voit pas qu'il lui fasse d'autre promesse.

rez ? A Camaalot même. » Blaise quitta aussitôt Merlin, en sorte qu'ils allèrent chacun de leur côté. Mais le récit cesse maintenant de parler d'eux et retourne à Balaain et à son frère.

VIII

118. Le récit dit maintenant que lorsque le moment vint de se séparer, avant que les deux frères prissent de leur côté pour aller vers l'armée du roi Rion et que le roi Marc se dirigeât vers la ville, celui-ci demanda à Balaain comment il s'appelait, et Balaan, qui ne voulait pas que le nom de son frère fût connu[245], dit au roi : « Sire, il vous est facile de le savoir. Les deux épées qu'il porte indiquent quel est son nom. Sachez donc que lorsque vous entendrez parler du Chevalier aux Deux Épées il s'agira de lui. » Le roi répliqua que puisqu'il portait ces deux épées c'était bien le nom qui lui convenait.

119. Alors, ils se séparèrent les uns des autres et les deux chevaliers s'en allèrent tout droit vers l'armée du roi Rion. Ils n'avaient pas fait un long chemin quand ils rejoignirent Merlin, qui faisait route à pied, mais sous une autre apparence que celle qu'il avait prise pour leur parler auparavant. Quand ils furent à sa hauteur, il s'arrêta et leur demanda : « Où allez-vous ? – En quoi cela te regarde-t-il ? demanda Balaain. Quel intérêt aurions-nous à te le

[245] Peut-être pour le mettre à l'abri d'éventuelles représailles d'Arthur ou de la famille de Lançor (§ 113, ll. 19-25).

dire ? – Un intérêt si grand, répondit Merlin, que, si vous vouliez et osiez entreprendre ce que je vous dirais, jamais deux chevaliers n'auraient eu autant d'honneur qu'il vous en échoirait avant demain matin, car vous pourriez accomplir en une nuit ce que vous voulez faire et aquérir tant de gloire qu'il en serait parlé à tout jamais. » Balaain lui demanda, pour le mettre à l'épreuve : « Et que sais-tu de ce que nous voulons faire ? – Je sais, répondit-il, que vous cherchez à nuire au roi Rion autant que vous le pourrez. Mais tous vos plans ne vous seront pas aussi utiles que celui que j'ai à vous proposer, si vous avez l'audace de le mettre en pratique. Sachez que vous l'exécuterez facilement, par votre valeur à tous deux, si toutefois le courage ne vous fait pas défaut. »

120. Quand ils entendirent ces paroles, leur stupéfaction fut complète ; ils lui répondirent : « Montre-nous donc comment nous pourrons acquérir un honneur aussi grand que celui que tu nous annonces, et si nous voyons que la chose est possible, nous ferons exactement ce que tu nous indiqueras. – Eh bien, je vais m'expliquer plus clairement, reprit Merlin.

121. Apprenez donc que le roi Rion, qui campe près d'ici avec toute son armée, a rendez-vous cette nuit avec la femme du duc des Vaux pour coucher avec elle. Sachez ainsi qu'il quittera son camp pour se rendre au château où demeure la dame. Dès qu'il fera nuit, il se mettra en route pour venir par ici, accompagné de quarante chevaliers, certains armés, d'autres non, et il traversera cette contrée ; il sera alors pourvu d'un armement de couleur rouge et monté sur le plus grand cheval de toute la troupe : vous pourrez le reconnaître à ces marques. Je vous ai révélé ces choses parce que, si vous avez le courage et l'audace d'essayer de vaincre le roi, si le cœur ne vous fait pas à l'un et l'autre défaut pour cela, je vous tiens tous les deux pour des chevaliers de si grande valeur que je sais parfaitement que vous en serez capables. Jamais encore un honneur aussi grand que celui qui vous reviendra n'est échu à deux chevaliers, car sachez bien que le roi sera bel et bien entre vos mains, de sorte que vous pourrez l'emmener chez le roi Arthur pour qu'il soit son prisonnier, ou ailleurs, si tel est votre plaisir. »

122. A ces mots, ils se sentirent nettement plus joyeux qu'ils ne l'étaient jusqu'alors ; ils demandèrent à Merlin : « Quelle assurance aurons-nous de ta bonne foi dans cette affaire ? Car, si nous savions que tu n'as pas inventé cette histoire, nous ne manquerions pas, même au prix de tout ce royaume, d'aller à sa rencontre. – Je vais vous dire, répondit Merlin, ce que je vais faire pour vous. Je vais vous accompagner jusqu'à ce que je vous aie mis sur le chemin qu'empruntera le roi. Afin que vous disposiez en ma personne d'un gage plus sûr que ma parole, je resterai avec vous jusqu'à ce que je vous aie montré le roi et ses compagnons. » Ils répondirent que de cette manière ils iraient avec lui : s'il voulait les tromper ou leur faire courir quelque danger, ce serait lui qui s'en repentirait d'abord, car il serait le premier à en mourir. « N'ayez aucune crainte, repartit Merlin. Que Dieu me prive de son aide si je mens, je ne vous ferai jamais de mal, en effet, pas plus qu'à aucun chevalier désireux d'aider le roi Arthur, car il est sans aucun doute celui que je voudrais le plus au monde aujourd'hui voir s'élever parmi les hommes ».

123. Quand ils eurent entendu ce que Merlin leur avait dit, ils déclarèrent : « Puisque tu es prêt à nous accompagner, de notre côté, nous suivrons tes conseils autant que nous le pourrons. Mais si nous nous apercevons que tu nous as menti et que le roi ne vienne pas, sache que nous te tuerons. – Je consens que vous le fassiez si le roi ne vient pas, dit Merlin, mais si vous manquez sa capture par votre lâcheté, je refuse qu'il m'en arrive aucun mal. – Allons-y donc ensemble », dirent-ils. Ils se mirent aussitôt en route et cheminèrent jusqu'à ce qu'ils parvinssent sur un mont, les deux frères à cheval et Merlin à pied. L'un des deux frères l'aurait pris en croupe, s'il l'avait voulu, mais il avait refusé, disant qu'il irait à pied pour cette fois.

124. Le chemin qu'ils prirent les conduisit donc sur un grand mont très boisé. Merlin les mena sous le couvert des arbres et leur dit : « Vous resterez ici en attendant que le roi passe sur ce chemin. Pour l'instant, veillez à satisfaire les besoins de vos chevaux et les vôtres, si vous le pouvez. » Ils mirent aussitôt pied à terre et laissèrent paître leurs montures après les avoir débarrassées de leurs mors ; après quoi, ils songèrent autant que possible à leur propre bien-être, mais il leur fallut se contenter de peu, car ce soir-là ils n'eurent rien à boire ni à manger.

125. C'est ainsi qu'ils attendirent sous le couvert des arbres, si bien que la nuit tomba. Merlin ne les quittait pas et leur parlait de toutes sortes de choses pour leur rendre l'attente moins pénible. Ils lui demandèrent à plusieurs reprises qui il était, à quoi il répondait : « Je suis un homme, tel que vous pouvez le voir. Qu'est-ce que cela peut bien vous faire, du moment que je vous montre ce que je vous ai promis ? » Ils finirent par lui dire qu'ils ne lui en demandaient pas davantage. Balaain ajouta cependant : « A mon avis, pour ne pas oser vous nommer, vous ne devez pas être un homme de bien. – Qui que je sois, répliqua Merlin, je vous dis qu'on parlera plus de mon savoir après ma mort qu'il ne sera parlé de votre vaillance après la vôtre, et pourtant vous êtes l'un des meilleurs chevaliers du monde, et l'un des plus courageux. »

126. Tous trois parlaient donc ensemble de maintes choses. Quand la lune[246] fut levée, belle et brillante, Merlin dit aux deux frères : « Préparez-vous, car le roi approche. » Comme il disait ces mots, ils virent passer devant eux un écuyer, tout seul, monté sur un grand cheval de combat, qui chevauchait de toute la vitesse qu'il pouvait obtenir de sa monture. Le Chevalier aux Deux Épées demanda à Merlin : « Sais-tu qui est ce cavalier qui s'en va à si vive allure ? – Oui, répondit Merlin, c'est le messager du roi qui est parti en avant pour annoncer la venue de son maître à la femme du duc. Maintenant, préparez-vous, car il ne va plus tarder beaucoup. Et, au

---

[246] *Suite*, § 126, l. 2 : *Et quant la lune fu levee biele et clere* ; le ms. porte *la biele* 'la lune', leçon qui peut être conservée (v. G. Roques, *Revue de linguistique romane*, 61 [1997]), p. 583). Cela dit, est-il si sûr que *quant la biele fu levee biele et clere* soit la bonne leçon* ?

nom de Dieu, si vous avez jamais été bons chevaliers, c'est le moment de le montrer, car je vous certifie que vous pouvez acquérir ici une gloire qui vous restera éternellement. Mais si le cœur vous manque, en sorte que la couardise puisse s'introduire en vous, sachez que rien ne pourrait empêcher que vous soyez tués et mis en pièce, car ceux qui viennent avec le roi ne sont pas si niais qu'ils n'aient tôt fait de voir si vous êtes des hommes de valeur ou non.

127. Je vous dis cela, nobles seigneurs, parce que vous pouvez en cet instant apporter la paix au royaume de Logres et venger le roi Arthur de l'homme qui peut le plus lui nuire au monde. Sachez que si vous manquez maintenant la capture du roi Rion vous n'aurez jamais plus une occasion aussi favorable. – Ne vous inquiétez donc pas, dirent-ils, car, s'il plaît à Dieu, nous en viendrons bien à bout. » Alors, ils montèrent sur leurs chevaux et prirent leurs boucliers et leurs lances. Ils se tenaient à l'ombre des arbres, de sorte que ceux qui suivaient le chemin auraient difficilement pu les voir.

128. Après être restés ainsi un petit moment à cheval, munis de leur bouclier, de leur armure et de leur lance, ils entendirent venir dans leur direction le bruit des chevaux qui avaient déjà gravi la hauteur et qui étaient visibles sur le plateau qui formait le sommet du mont où ils se trouvaient. Sur ce plateau, qui s'étendait bien sur huit lieues anglaises, tant en largeur qu'en longueur, il y avait une belle et grande forêt, qui recouvrait la plus grande partie du mont. Ils attendirent ainsi un court moment, après qu'ils eurent vu apparaître les premiers membres de l'escorte royale. Ils arrivaient un par un, car le chemin qui courait à flanc de montagne et qui permettait d'accéder à ce plateau était étroit, de sorte que deux cavaliers ne pouvaient y chevaucher de front. Quand on vit bien sur le plateau jusqu'à dix compagnons du roi, les deux frères voulurent s'élancer, car ils étaient très impatients de les affronter, mais Merlin leur dit : « Attendez encore un peu jusqu'à ce que le roi les ait rejoints, nous pourrons alors le surprendre facilement, car cette attaque suffira à frapper de stupeur ceux qui seront avec lui. » Ils répondirent : « Au nom de Dieu, ne nous faites pas attendre trop longtemps ! – Ne vous occupez pas de cela, dit Merlin, car je vous indiquerai le moment d'agir beaucoup mieux que vous ne le reconnaîtriez vous-mêmes. » A ces mots, les deux chevaliers se tinrent parfaitement tranquilles.

129. Au bout d'un moment, quand il y eut bien jusqu'à vingt-deux chevaliers sur le plateau, Merlin dit aux deux frères : « Vous souvenez-vous de ce que je vous ai dit ce matin, sur la manière dont vous pourriez identifier le roi ? Il est maintenant parfaitement reconnaissable : on va voir ce dont vous êtes capables, car ils sont désormais à vous ! » A ces mots, le Chevalier aux Deux Épées n'attendit pas davantage ; il s'élança en direction du roi, de toute la vitesse qu'il put obtenir de son cheval, et lui cria de loin : « Roi, prends garde à toi ! » Puis il frappa si brutalement son adversaire qu'il lui transperça d'entrée la cotte de mailles, car il n'avait pas de bouclier, et lui enfonça sa lance dans le corps ; le fer ressortit de l'autre côté, mais le coup n'avait fait que traverser le flanc droit, en sorte que la blessure ne fut pas assez profonde pour être mortelle. Balaain venait avec une telle impétuosité, sa course était si rapide qu'il poussa violemment le roi, aussi le porta-t-il à terre avec tant de rudesse que celui-ci se fit grand mal en tombant et qu'il s'évanouit à cause de la vive douleur qu'il éprouva, croyant mourir sur place. Cependant, lorsqu'il vit son frère exposé au danger, Balaan s'élança quant à lui vers les autres, là où il vit qu'il y avait le plus de monde, et il se trouva qu'il rencontra d'abord le neveu du roi. Il lui assena un coup si violent, de toutes ses forces, qu'il lui planta le fer de sa lance dans le corps, puis il le poussa ainsi à terre sans qu'il lui fût possible de se relever, car la mort l'avait déjà saisi.

Lorsque chacun des frères eut donné son coup de lance, ils sortirent l'épée du fourreau et commencèrent à distribuer de grands coups de tous côtés, à abattre des chevaliers et à les faire passer par dessus leurs montures, plongeant tous ceux qui étaient encore en selle et qui les voyaient accomplir pareils prodiges dans une telle stupéfaction qu'ils étaient persuadés d'avoir affaire à plus d'une centaine d'assaillants ; à ceux-là, il semblait donc qu'ils ne tiendraient pas longtemps, car à tout instant ils voyaient l'un des leurs tomber de cheval. Quand d'autre part ceux qui composaient le reste de la troupe et qui suivaient le roi virent, alors qu'ils gravissaient encore le mont, qu'on avait commencé à se battre, et quand ils aperçurent leurs camarades qui fuyaient ou qui étaient couchés, morts ou blessés, ils ne doutèrent pas que toute l'armée du roi Arthur leur eût tendu une embuscade, aussi prirent-ils rapidement la fuite. Ne voyant d'autre moyen de salut, ils laissèrent leurs montures dévaler de la montagne, car ils s'imaginaient vraiment pouvoir ainsi fuir et échapper au danger. Mais la vallée était si escarpée et si haute qu'ils laissaient une mort incertaine pour une mort assurée : immanquablement, en effet, tous ceux qui agissaient de la sorte mouraient aussitôt.

130. C'est ainsi que les hommes du roi Rion furent défaits et, parmi les quarante chevaliers qui l'accompagnaient, il y eut un si grand nombre de tués qu'il n'en resta que douze en vie, sans compter le roi. Encore étaient-ils dans un tel état, par suite des multiples blessures qu'on leur avait infligées, qu'aucun n'était capable de se relever, et ils restaient étendus, comme morts. Quand les deux frères virent qu'ils avaient si complètement défait leurs ennemis, ils allèrent auprès du roi afin de vérifier s'il était encore vivant. Ils délacèrent son casque, le lui ôtèrent de la tête, puis baissèrent son capuchon de mailles pour lui permettre, le cas échéant, de respirer et de reprendre son souffle. Après être resté un moment dans cet état et s'être quelque peu reposé, il poussa le soupir d'un homme qui revenait à lui et ouvrit les yeux. Les deux frères lui dirent : « Tu seras tué sans pitié si tu ne t'engages pas à te constituer prisonnier ! » Ils levèrent alors leurs armes et firent mine de vouloir lui couper la tête. En voyant les lames de leurs épées levées sur lui, il eut peur de mourir, aussi répondit-il précipitamment : « Ah ! nobles chevaliers, ne me tuez pas ! Vous pouvez gagner plus en me laissant la vie qu'en me tuant, car ma mort ne vous sera d'aucun profit, mais ma vie peut vous rapporter quelque chose, et il n'est rien que je ne fasse pour la sauver. – Promettez-nous donc, dirent-ils, que vous ferez ce que nous vous ordonnerons. » Il le leur promit. Ils lui garantirent alors la vie sauve et déclarèrent qu'il n'avait rien à craindre d'eux, car ils ne lui feraient pas davantage de mal. Ils allèrent de même auprès des combattants qui n'étaient pas encore trop grièvement blessés pour leur annoncer qu'ils étaient morts s'ils ne s'engageaient pas à se constituer prisonniers là où ils leur donneraient ordre de le faire et ceux-ci, qui avaient peur de mourir, s'y engagèrent. Les deux frères leur garantirent alors également la vie sauve et leur assurèrent qu'ils ne porteraient plus la main sur eux.

131. Tandis qu'ils se mettaient ainsi d'accord, Merlin s'approcha et dit aux deux frères : « J'ai deux mots à vous dire ; venez par ici. » Ils le suivirent et il leur dit : « Vous avez eu beaucoup de chance dans cette aventure. Notre Seigneur vous a octroyé un très grand honneur en vous accordant de capturer, par votre vaillance, un homme aussi puissant que l'est ce roi. Maintenant, je vais vous dire ce que vous allez faire, si vous voulez acquérir l'amitié du roi Arthur et vous réconcilier avec lui. Partez d'ici tout de suite et emmenez ces prisonniers au château de Tarabel. Il n'est pas fort éloigné et vous êtes si favorisés par le sort que vous y trouverez le roi*. Sachez qu'il vient y coucher cette nuit avec une grande partie de son armée et qu'il attend la bataille qui doit avoir lieu demain avec une appréhension extrême, car on lui a affirmé qu'il y a beaucoup plus de monde dans l'armée du roi Rion que dans la sienne. C'est pourquoi il est à présent inquiet et redoute autant cet affrontement, et même les plus intrépides, parmi ses compagnons, éprouvent de la crainte à cause de ce qui leur a été rapporté sur les forces considérables dont dispose l'ennemi. C'est donc parce que dans ses rangs l'inquiétude est maintenant aussi forte que je vous affirme que vous ne pourriez rien faire pour le roi Arthur qui lui soit aussi agréable que ce que vous avez fait, et je vous assure qu'aucune nouvelle ne saurait lui plaire autant que celles que vous avez à lui apprendre, surtout en ce moment précis. – Dites-nous donc, demandèrent-ils, s'il est bien vrai que nous trouverons le roi Arthur à l'endroit que vous nous avez indiqué ? – Oui, répondit Merlin, et si vous vous dépêchez vraiment vous y arriverez avant l'heure de son coucher. – Ah ! Dieu, nous aurions bien de la chance si nous pouvions le voir et lui parler avant le jour* ! – Si vous y arrivez aussi vite que moi, vous y serez avant le moment que je vous ai dit. » Ils déclarèrent alors qu'ils y arriveraient donc bien à temps, car ils pensaient y être aussi rapidement que lui. « Alors faites vite, car j'y serai bientôt », répliqua Merlin, et il se sépara d'eux.

Les deux frères ayant rejoint le roi Rion et ses compagnons, Balaain déclara : « Nous vous sommons, au nom de votre promesse, de vous en aller maintenant au château de Tarabel, sans vous arrêter, et là vous vous rendrez au roi Arthur de notre part. » Balaan intervint alors : « Pas de notre part, mais de la part du Chevalier aux Deux Épées. » Le roi Rion repartit : « Je vous donne ma parole que je suis absolument incapable de chevaucher sans mourir de douleur avant d'arriver là-bas. Voyez donc ce que vous pouvez faire à ce sujet. » ils confectionnèrent aussitôt une civière de voyage, y déposèrent le roi, puis descendirent du mont. Quand les prisonniers furent arrivés dans la plaine, ils cheminèrent avec beaucoup plus de hâte qu'il n'aurait convenu à leur état, car ils étaient tous grièvement blessés.

Cependant, ils ne ralentirent pas la marche à cause du roi, car les deux frères leur enjoignaient de se hâter. Ils firent donc route de cette manière, endurant bien des souffrances, jusqu'à ce qu'ils arrivassent au château. Parvenus devant l'entrée, les deux frères restèrent dehors et dirent à celui qui gardait la porte : « Cher ami, vois-tu ces prisonniers que nous amenons au roi Arthur ? Conduis-les devant lui et veille à n'en perdre aucun. Nous te certifions que l'arrivée de ces hommes sera un événement qui lui fera éprouver la plus grande joie de sa vie dès qu'il connaîtra leur identité. » L'autre répondit qu'ils pouvaient être tout à fait tranquilles et qu'il conduirait les prisonniers auprès du roi.

Merlin, cependant, avait déjà parcouru la distance qui le séparait de Tarabel. Dès son arrivée, il se rendit auprès du roi et le trouva encore éveillé, conversant dans sa chambre avec le roi Marc et quatre autres seigneurs. Il les consultait sur sa guerre, mais ils ne pouvaient guère le conseiller, car ils craignaient beaucoup d'affronter le roi Rion, à cause de ce qu'ils avaient entendu dire de ses troupes. Lorsqu'il fut entré dans la pièce, Merlin alla vers eux et dit : « Roi, je t'apporte, à toi et à tous ceux qui vivent sous ton règne, des nouvelles belles et bonnes, concernant les événements les plus heureux qui soient jamais advenus dans tout ce royaume. Sache que le plus puissant de tes ennemis est pris et qu'il se rend à toi pour être ton prisonnier, par la plus belle aventure dont tu aies jamais entendu parler. »

132. Le roi releva la tête et vit que c'était Merlin qui lui apportait ces nouvelles. Il lui demanda : « Dis-moi, Merlin, qui est cet ennemi ? – C'est le roi Rion, répondit-il, qui a été fait prisonnier et qui arrive ici, de sorte que tu le verras bientôt dans la grand-salle de ton palais. » Cette nouvelle plongea le roi dans une complète stupéfaction, car il ne pouvait pas croire que ce fût vrai. Il dit : « Est-il donc possible, Merlin, que ce que tu viens de me dire soit arrivé ? – Mais oui, répondit Merlin, et tu le verras clairement dans moins de temps qu'il n'en faut pour parcourir une lieue anglaise à cheval. Maintenant, sors de ta chambre, viens dans la grand-salle avec tes vassaux et comporte-toi si magnifiquement, de manière si imposante et si honorable, ordonne à tous ceux qui t'entoureront d'avoir un maintien si digne que le roi Rion en soit frappé de stupeur quand il se présentera devant toi. » Quand le roi comprit que la chose était aussi certaine que Merlin le lui disait, sa stupéfaction fut à son comble et il s'écria : « Ah ! Dieu, soyez béni, puisque vous m'accordez un honneur aussi grand sans que je l'aie mérité ! »

133. Alors, le roi, débordant d'allégresse, fit demander à tous ses vassaux qui avaient pris logement à Tarabel de se rendre auprès de lui. Ils vinrent aussitôt en si grand nombre que toute la grand-salle du château fut pleine de monde, après quoi les douze chevaliers du roi Rion ne tardèrent guère à faire leur entrée, portant leur seigneur sur la civière de voyage. Quand ils furent entrés, ils se mirent à manifester la plus grande douleur du monde et déposèrent la civière au milieu de la salle, tout en pleurant. Dès que le roi Rion se vit entouré de ses hommes et qu'il sut qu'il était en présence du roi Arthur, il se remit debout tant bien que mal, car il était très grièvement blessé, et il demanda qu'on lui désignât le roi. Les serviteurs le lui montrèrent.

Il alla aussitôt vers lui, s'agenouilla et lui dit : « Roi Arthur, celui qui m'envoie à toi pour que je sois ton prisonnier est le Chevalier aux Deux Épées ; il m'a capturé, par le plus grand prodige que j'aie jamais vu, avec l'aide d'un seul homme. J'avais pourtant avec moi quarante chevaliers en armes[247], mais lui et son compagnon ont tué tous les membres de mon escorte, hormis ceux que vous voyez ici. Moi-même, si je ne lui avais pas donné ma parole de roi que je me rendrais à vous sans condition, il m'aurait tué sans s'accorder le moindre répit. Je m'acquitte à présent de ma promesse, car je me soumets entièrement à votre pouvoir. Vous pouvez maintenant faire de moi tout ce qu'il vous plaira, me tuer ou me laisser vivre. » Le roi répondit qu'il consentait à le recevoir prisonnier. Alors, les autres s'avancèrent ; ils se soumirent tout comme leur seigneur l'avait fait et le roi accepta leur soumission, enchanté de cette aventure que Dieu lui avait envoyée. Le roi Rion lui dit : « Sire, au nom de Dieu, si vous ne souhaitez pas ma mort, faites-moi conduire en un lieu où je puisse me reposer et être soigné. Sachez que j'en ai besoin, car je suis si grièvement touché et j'ai perdu tant de sang depuis le moment où j'ai été blessé que je ne pourrais autrement tenir bien longtemps sans mourir. » Le roi ordonna aussitôt qu'on les emmenât, lui et ses compagnons, qu'on les installât dans les chambres du palais et

---

[247] *Suite*, § 133, ll. 17-18 : *Et si avoie avoec moi chevaliers .XL. armés* ; déclaration qui contredit en partie celle de Merlin au § 121 (ll. 5-7) : « Si tost comme il sera anuitié verra, en sa compaignie .XL. chevaliers, *dont li un seront armé et li autre desarmé* ».

qu'on fît venir pour eux les médecins afin qu'ils examinassent leurs blessures. Les serviteurs du roi firent exactement ce qu'il avait ordonné, car ils conduisirent les blessés là où il leur avait demandé de le faire.

Après cela, le roi demanda : « Merlin, savez-vous qui est le chevalier qui m'a rendu un service aussi considérable que celui de m'envoyer prisonnier un homme de la puissance du roi Rion ? – Sire, répondit Merlin, je le connais bien et, si tel est votre plaisir, je vais vous l'apprendre. – Je le désire vivement, repartit le roi, et il me tarde beaucoup de le savoir. – Sachez-donc, reprit Merlin, que c'est le chevalier qui a commis un forfait aussi grand que celui de tuer la demoiselle en votre cour, et cela sous vos yeux, ce qui vous a mis dans une telle colère contre lui que vous l'avez chassé. – J'en suis bien fâché, dit le roi. Je m'en repents, à présent, car il a amplement réparé sa faute. Je voudrais maintenant, s'il y consentait, qu'il revienne à la cour, et si je lui avais dit quelque chose qui l'ait offensé je lui ferais pleine et entière réparation à sa convenance, car en vérité je ne pensais pas qu'aucun chevalier de ce monde pourrait en faire autant qu'il en a fait pour moi. – Roi, dit Merlin, n'en dites pas davantage : vous avez suffisamment exprimé vos regrets. Vous ne l'aurez pas de sitôt en votre compagnie, et peut-être plus jamais. Mais vous avez maintenant un autre sujet de préoccupation : souciez-vous-en. – Je vous écoute, répliqua le roi, car je ne ferai rien là-dessus sans votre avis. – Je vous demande, reprit Merlin, si vous avez l'intention de combattre les hommes du roi Rion. – Comment donc ! s'écria le roi, ne devront-ils pas demeurer en paix, dès lors qu'ils apprendront que leur seigneur est mon prisonnier ? – Roi, répondit Merlin, soyez sûr que rien ne pourrait leur faire croire qu'il l'est véritablement. Et d'autre part, même si la chose ne faisait pour eux aucun doute, le roi Rion a un frère, appelé Néro, qui est un riche et puissant roi. Aussi vous dis-je que celui-ci fera combattre l'armée du roi Rion contre vous et vos troupes, quoi qu'il puisse leur arriver. C'est pourquoi il vous faut aviser à vos affaires et vous munir si bien contre vos ennemis qu'ils ne puissent vous prendre au dépourvu et vous jouer de mauvais tour. » Le roi répondit : « Merlin, je ne ferai rien faire sans vos conseils. Donnez-nous donc quelque avis qui puisse nous aider, car nous voulons suivre en toute chose vos recommandations.

134. – Je veux vous apprendre ici quelque chose, reprit Merlin, mais vous auriez vraiment peine à le croire si je vous le disais, et c'est quelque chose qui peut vous coûter votre terre. » Le roi répéta : « Nous voulons suivre en toute chose vos recommandations. – Eh bien, sachez que vous aurez affaire demain à des gens particulièrement redoutables. D'abord, aux hommes du roi Rion : leur nombre est suffisamment important pour dépasser celui des vôtres. Ceux-là, il est certain que vous ne courez pas un très grand danger en les affrontant, car leur ardeur au combat diminuera beaucoup dès qu'ils apprendront ce qui est arrivé à leur roi, et comme leur confiance sera très fortement ébranlée par son absence ils pourront être facilement vaincus, et ils le seront sans aucun doute. Mais, même si tout se passe comme vous le souhaitez et que vous ayez le dessus, sachez que vous aurez affaire à quelqu'un qui n'aura guère moins le pouvoir de vous nuire que le roi Rion. Savez-vous qui c'est ? C'est le roi Loth d'Orcanie, votre beau-frère, le meilleur chevalier que vous connaissiez en votre royaume, en particulier parmi ceux qui portent couronne. Il vous en veut et vous hait mortellement. Et savez-vous pourquoi ? Vous n'avez pas oublié quel traitement cruel vous avez infligé aux enfants que vous aviez fait réclamer par toute votre terre ? C'est à l'époque où vous vous les faisiez remettre que votre sœur, la femme du roi Loth, a eu un enfant. Ils vous l'ont envoyé par bateau et, quoi qu'il lui soit arrivé, qu'il soit mort ou vivant, le roi Loth est persuadé qu'on vous l'a apporté et que vous lui avez fait prendre la mer avec les autres. Ils ont donc conçu, tant votre sœur que le roi, une telle haine envers vous qu'ils ont rassemblé tous les hommes de valeur et les meilleurs chevaliers du royaume d'Orcanie et qu'ils les ont fait venir jusqu'à Camaalot sous couvert de vous aider ; mais il n'en est rien, et ce n'est au contraire que pour vous nuire. Demain, au moment de combattre contre le frère du roi Rion, nous verrons donc le roi Loth venir vous attaquer avec ses troupes, lorsque les autres seront face à vous : cela se passera au même moment. Voyez donc ce que vous pourrez faire en de telles circonstances, car tout ce que je vous ai dit vous arrivera exactement comme je vous l'ai annoncé – que Dieu me prive de son aide si je mens. »

135. Quand il apprit ces événements, le roi ne fut pas peu stupéfait, car le roi Loth était à ses yeux l'homme le plus redoutable de sa terre ; aussi dit-il à Merlin : « Puisque le roi Loth me veut du mal, je ne sais plus que dire, car s'il y a bien un homme, sur ma terre, en qui j'aurais eu confiance, si la situation l'avait exigé, c'est lui, et il est aussi celui pour lequel j'aurais moi-même fait le plus, comme cela me semblait être de mon devoir. – Les choses se passeront de telle sorte que vous saurez demain à quoi vous en tenir à ce sujet, répliqua Merlin. – Dites-moi donc, reprit le roi, ce que l'on peut faire, car, s'il m'attaque par derrière tandis que je me trouve face à mes ennemis, le royaume de Logres courra alors le risque de perdre tout honneur. – Je vais vous dire, répondit Merlin, ce que vous ferez, et vous prendrez vos dispositions à ce sujet comme je vous l'indiquerai.

Le roi Loth est un excellent chevalier, particulièrement valeureux, et l'on a bien des raisons de le craindre beaucoup. Faites-lui d'abord part de votre amitié, puis faites-lui savoir qu'il ne doit en aucune manière s'abstenir de venir au secours du royaume de Logres, comme c'est son devoir de le faire, et qu'il doit prendre en pitié la couronne, afin que l'honneur du royaume ne subisse nulle atteinte par sa faute. Faites-lui savoir aussi que vous voulez qu'il conduise votre premier corps de bataille et qu'il se charge de faire porter votre étendard ; demandez-lui de venir vous aider à conserver l'honneur du royaume comme un loyal vassal doit aller aider à maintenir l'honneur de son seigneur ; et dites-lui que si vous lui avez causé quelque tort dans les affaires de ce monde, vous lui ferez, à sa demande, une réparation aussi haute que les vassaux du royaume de Logres pourront la proposer. Faites-lui savoir tout cela dès à présent et puis nous prendrons nos dispositions d'après la réponse qu'il nous fera tenir. – Et où pensez-vous, demanda le roi, qu'on puisse le trouver ? – Il est près d'ici, dit Merlin, à deux lieues anglaises, avec toute son armée, et il n'attend que le moment où vous serez aux prises avec les troupes du roi Rion ; il espère vous défaire facilement alors. Hâtez-vous donc de lui faire parvenir le message que je vous ai dit : vous n'avez pas de temps à perdre, car le roi Néro sera bientôt tout près d'ici. »

136. Le roi appela alors deux de ses chevaliers ; il leur ordonna de se rendre auprès du roi d'Orcanie en forçant leurs montures et leur confia un message qu'il formula le mieux possible. Ils quittèrent aussitôt la cour et cheminèrent si bien qu'ils parvinrent au camp du roi Loth. Ils allèrent directement vers la tente que celui-ci occupait et le saluèrent de la part du roi Arthur. Ils lui communiquèrent ensuite la teneur exacte du message qu'on leur avait confié, lui demandant, à lui et à ses hommes, de ne pas s'abstenir délibérément de porter secours à leur seigneur[248].

---

[248] *Suite*, § 136, l. 7 : *Et puis li content le message tout ensi comme il lour avoit esté cargié et que il ne le laissaissent mie a lour ensient* ; nous adoptons l'interprétation proposée par G. Roussineau (*op. cit.*, p. 651, n. 136, 7), qui ne rend cependant pas bien compte du pluriel de « laissaissent ». On peut la justifier par les propos de Merlin au § 135 (l. 15), dont ceux-ci peuvent être considérés comme la reprise : « ... et li faites a savoir que il *ne laisse en nule maniere* que il ne sekeure le roiame de Logres... » Cependant, le complet brouillage référentiel (« le » et, surtout, « il » n'ont pas de source d'anaphore évidente) fait qu'il ne serait pas impossible d'interpréter cette subordonnée comme une relative (avec mention pléonastique du pronom « le » renvoyant à « message », l. 6) ou comme une explicative, coordonnées de façon insolite à la comparative précédente. On traduirait alors respectivement, après trad. « confié » : '(et) qu'ils n'auraient pas délibérément manqué de transmettre' ou 'car

Quand le roi Loth entendit la requête du roi Arthur, il donna libre cours à sa colère et répondit aux messagers : « Dites à votre maître qu'il ne doit compter ni sur mon aide ni sur quoi que ce soit dont je pourrais le faire bénéficier, et je lui montrerai dès que possible que je suis tenu non de l'aider, mais de lui nuire de toutes mes forces et par tous les moyens qui sont en mon pouvoir. – Comment ! sire, s'écrièrent les messagers, en sera-t-il donc ainsi ? – Oui, répondit le roi, de telle manière que je m'emploierai à lui ravir sa terre et à lui ôter la couronne de la tête, car c'est tout ce qu'il mérite ; pareil scélérat ne devrait d'ailleurs plus porter la couronne, selon moi, puisqu'il a commis un crime aussi considérable que celui de tuer les enfants de son royaume, et si ses vassaux s'étaient comportés aussi dignement qu'ils l'auraient dû, ils ne l'auraient assurément plus, depuis, tenu pour leur seigneur, mais ils l'auraient tué et anéanti, comme on doit anéantir un roi perfide et cruel. Allez-vous-en d'ici et dites-lui bien qu'il ne me trouvera jamais disposé à faire la paix avec lui avant que j'aie vengé mon fils, la petite créature qu'il aurait dû aimer autant que sa propre chair et qu'il a détruite et mise à mort sans raison : c'est pour cela que je l'anéantirai, si Dieu me l'accorde. Rapportez-lui ma

---

ils n'auraient pas délibérément manqué de le transmettre' (ou 'car ils n'y auraient pas délibérément manqué' si « le » renvoie non à « message » mais à « content le message »). V. HDB (p. 174 : « s'efforçant de ne rien oublier ») qui, bien qu'assez éloigné du texte, a compris ainsi. Signalons pour finir que ce membre de proposition ne figure pas dans le manuscrit B.

réponse. » Les messagers répondirent qu'ils lui transmettraient ce message, mais qu'ils regrettaient beaucoup de l'avoir trouvé en d'aussi mauvaises dispositions.

137. Sur ce, les messagers quittèrent le roi, remontèrent sur leurs chevaux et cheminèrent si bien qu'ils revinrent auprès du roi Arthur, auquel ils rapportèrent fidèlement les intentions du roi Loth à son égard. Cette réponse affecta profondément le roi et le trouble qu'il éprouva à cet instant fut sans commune mesure avec les sentiments qui l'agitaient d'ordinaire. Merlin lui dit : « Roi, ne te décourage pas, car Notre Seigneur viendra à ton secours. Sache bien qu'Il ne t'a pas accordé souveraineté à ce point éminente pour te la retirer aussi vite, si tu ne L'offenses pas très gravement. Chevauche donc sans crainte et dispose tes troupes le mieux possible ; je te dis que Notre Seigneur te fera connaître aujourd'hui le plus grand honneur qui soit advenu depuis longtemps à un roi pécheur. Je veux aussi que tu te confesses de tout ce dont tu te sens coupable envers Lui : sache que cela te sera très profitable et d'un grand secours. »

138. Le roi agit tout comme Merlin le lui avait conseillé. Dès que le jour fut levé, il mit ses hommes en ordre de bataille et vit qu'il disposait bien de mille chevaliers, sans compter les hommes d'armes, piétons et cavaliers. Il constitua aussitôt dix groupes de combattants et demanda à ses vassaux s'il marcherait sur l'ennemi ou s'il resterait sur place pour le recevoir. Ils furent d'avis de l'attendre là où ils étaient, ainsi leurs chevaux ne seraient-ils pas fourbus pour avoir galopé à travers la plaine.

Le roi Arthur avait donc constitué ses corps de bataille et il s'était arrêté au milieu d'une plaine pour attendre la venue de ses adversaires. Il avait fortement exhorté ses hommes à bien se comporter, en sorte que l'honneur du royaume de Logres ne fût point anéanti ce jour-là par leur faute, et ceux-ci lui avaient répondu qu'ils préféraient mourir sur place plutôt que de ne pas être victorieux dans ce combat. Mais le récit cesse maintenant de parler du roi et de ses compagnons et retourne aux deux frères qui avaient amené le roi Rion au roi Arthur.

IX

139. Maintenant, le récit raconte qu'après avoir remis leurs prisonniers entre les mains du portier les deux frères quittèrent Tarabel et gagnèrent à cheval un ermitage qui n'était situé qu'à une lieue anglaise de cette ville. Le Chevalier aux Deux Épées connaissait très bien l'ermite, aussi l'appela-t-il, tant et si bien que celui-ci le reconnut et ouvrit aussitôt sa porte pour l'accueillir très chaleureusement dans son logis, lui et son frère. Il fit tout ce qu'il put pour leur procurer quelque bien-être et leur offrit du pain et de l'eau, car il n'avait rien d'autre chez lui. C'est là que les deux frères passèrent la nuit ; après avoir satisfait leurs propres besoins et ceux de leurs montures avec ce qu'ils trouvèrent dans cette maison, ils dormirent jusqu'au lendemain. Le matin, quand le soleil fut levé, ils sortirent du lit et se firent armer par leurs écuyers.

C'est alors qu'un jeune homme, parent de l'ermite, entra et leur dit : « J'ai d'incroyables nouvelles à vous donner.

Aujourd'hui, le plus grand combat qui ait jamais été livré dans le royaume de Logres aura lieu près d'ici, car le roi Arthur et les hommes du roi Rion vont sous peu s'affronter en bataille rangée dans une plaine qui se trouve par là devant. – En es tu certain ? demandèrent les chevaliers. – Oui, répondit-il, car j'ai vu les bannières flotter au vent. – Que Notre Seigneur, dirent les deux hommes, vienne en aide au roi Arthur, car ce serait assurément une perte très douloureuse s'il était vaincu. »

Ils allèrent alors se concerter tous deux à l'écart sur ce qu'ils pourraient faire ; Balaan demanda : « Seigneur, comment souhaitez-vous que nous nous rendions à cette bataille ? – Je veux que nous y allions par ce côté, lui répondit Balaain, et quand nous verrons que le frère du roi Rion[249] aura commencé le combat, nous nous dirigerons vers lui. Si le sort nous était si favorable, par la volonté de Notre Seigneur ou pour une autre raison, que nous puissions le surprendre parmi ses hommes, je pense qu'il ne pourrait pas s'échapper facilement avant d'avoir conclu avec nous un accord qui nous convienne, et, si Dieu nous accordait tant de chance que nous puissions le capturer et le remettre entre les mains du roi Arthur, je crois qu'alors j'obtiendrais vraiment son pardon et que je retrouverais l'amitié et l'affection qu'il avait pour moi avant que je tue la demoiselle*. » Se trouvant parfaitement d'accord sur ce plan, ils allèrent trouver l'ermite, prirent congé de lui et se dirigèrent aussitôt vers l'endroit où ils savaient que la bataille devait avoir lieu. Ils n'étaient guère allés bien loin

---

[249] On ne voit pas comment les deux frères ont appris cela.

quand ils virent toute la plaine couverte de chevaliers en armes et, de part et d'autre, les étendards et les magnifiques ban-nières multicolores flotter au vent. Cependant, Néro, le frère du roi Rion, était déjà parfaitement informé de la capture de son frère, mais il l'avait si bien cachée à ses troupes que personne ne connaissait encore la vérité, à l'exception d'un de ses cousins germains qui lui avait appris le fait. Et le matin, quand les principaux seigneurs de l'armée demandèrent où était le roi, il leur répondit : « Chevauchez sans crainte, car lui et moi nous conduirons le premier ou le dernier bataillon. Ne soyez donc pas inquiets, car vous ne donnerez pas un seul coup sans l'avoir à vos côtés. »

140. Néro mit donc ses troupes en ordre de bataille ; il constitua dix unités de combat, comme l'avait fait le roi Arthur, mais il disposait de forces bien supérieures en nombre à celles de son adversaire. Quand il eut fait pour le mieux, il lança les trois premiers bataillons à l'assaut, et là, lorsque les deux armées se rencontrèrent, vous auriez pu voir des lances se briser, des chevaliers tomber, des chevaux complètement livrés à eux-mêmes courir dans tous les sens : il n'y avait en effet personne pour les retenir, car chacun avait beaucoup d'autres sujets de préoccupation. Mais les hommes du roi Arthur étaient moins nombreux, aussi le premier choc fut-il difficile à supporter et ils furent mis à rude épreuve. S'ils n'avaient pas été aussi valeureux et aussi bons chevaliers qu'ils l'étaient, ils auraient pu être rapidement défaits, mais ils étaient vifs, lestes, dans la force de l'âge et jeunes pour la plupart, résignés à recevoir la mort plutôt que de perdre leur honneur dans la bataille, et tout cela fut cause qu'ils opposèrent une telle résistance, ce jour-là, qu'il y eut beaucoup de morts et de mutilés dans leurs rangs. Quand les lances furent brisées, on mit de part et d'autre la main à l'épée et les deux camps commencèrent à se mêler pour des combats si dangereux, si meurtriers qu'un observateur aurait pu voir en peu de temps la place entièrement couverte de chevaliers morts et mutilés. Cependant, les guerriers du roi Arthur, mettant toutes leurs forces dans cet affrontement, se rendirent maîtres du terrain, en sorte que la défaite fut le lot des hommes du roi Rion, dont les trois premiers corps de bataille furent contraints de tourner les talons, se jetant sur ceux de leurs compagnons qui venaient les secourir de toute leur puissance. Dans les renforts qui leur arrivaient, il y avait trois autres bataillons, parfaitement ordonnés et dont tous les combattants étaient bardés de fer et solidement armés.

141. Lorsque ces renforts furent sur eux, quantité d'hommes du roi Arthur furent jetés à terre et beaucoup furent blessés et mis à mal, car ils étaient trop peu nombreux pour faire face à ces nouveaux assaillants. Il est fort possible que dans cet affrontement ils n'auraient guère tardé à se faire tuer, en sorte que pas un seul n'aurait quitté la place sans avoir été taillé en pièces, si le roi Arthur n'avait pas envoyé à leur secours trois corps de bataille, en bon ordre et bien équipés. Alors, ses troupes firent assez bonne figure et cependant il y avait beaucoup plus de monde du côté du roi Rion que du sien. C'est ainsi que furent engagés, des deux côtés, tous les bataillons, car dès que les uns étaient en difficulté, ils étaient immédiatement secourus par leurs compagnons.

Quand les deux frères virent que le roi Arthur s'était engagé à son tour dans le combat, ils déclarèrent qu'ils avaient trop attendu pour nuire à leurs ennemis et qu'ils les avaient trop longtemps laissés tranquilles. Ils se dirigèrent alors vers le dernier corps de bataille, celui-là même où était Néro, et ils allèrent là où ils virent le plus grand nombre de combattants aux prises. Ils rencontrèrent ainsi en chemin deux chevaliers que l'on considérait comme des hommes de grande valeur et leur plantèrent leurs fers de lance dans le corps, sans que les boucliers ou les cottes de mailles pussent rien empêcher ; ils les jetèrent donc à bas de leur chevaux, dans un tel état qu'ils n'avaient plus besoin de médecin, tous deux ayant été blessés à mort, et les deux lances se brisèrent lorsque les cavaliers touchèrent le sol. Les deux frères sortirent l'épée du fourreau et commencèrent à distribuer aux uns et aux autres de grands coups, à abattre et à tuer des chevaliers, à faire sauter casques et boucliers des têtes et des épaules, et les deux hommes accomplissaient de si prodigieux faits d'armes sous les yeux de leurs ennemis que tous ceux qui les voyaient en étaient stupéfaits. Si quelqu'un me demandait avec quelle épée Balaain combattait, je répondrais que c'était avec la sienne et non avec celle qui avait appartenu à la demoiselle. En effet, jamais il ne combattit avec cette épée avant le jour où il fut opposé, en champ clos, à son frère Balaan, de sorte que, pour ne pas l'avoir reconnu, il le blessa mortellement de cette arme, dont son frère fit à son tour usage pour l'achever, ainsi que Robert de Boron ne tardera pas à le raconter plus loin dans la seconde partie de son livre.

142. La bataille fut rude, ce jour-là, dans la plaine de Tarabel, et le roi Arthur se comporta fort bien pendant cette journée ; il estropia et tua bon nombre d'ennemis, faisant dûment connaître à ses adversaires la valeur de son épée, Escalibour. Ils payèrent cher le fait qu'elle taillait aussi bien, car il tua de sa main, de cette épée même, avant que la bataille fût terminée, plus de vingt chevaliers, et il en estropia plus de quarante. Keu, son sénéchal, se comporta aussi très bien de son côté et il en fit tant qu'il conserva longtemps, par la suite, la gloire et la réputation qu'il obtint ce jour-là. Hervil de Rivel, qui était à cette époque un tout jeune chevalier, se conduisit également bien pour sa part. Mais nulle belle action que lui ou d'autres aient pu faire ce jour-là ne fut autant louée que le furent celles du Chevalier aux Deux Épées, car il se livrait à des actes de bravoure si éclatants, où qu'il se portât, que tous le regardaient avec stupéfaction, et ses ennemis disaient que ce n'était pas un chevalier mortel, mais quelque créature surnaturelle ou quelque démon qu'un sort contraire avait amené là. Le roi Arthur lui-même, comme il l'avait bien observé, déclara après avoir vu les prodiges qu'il accomplissait que ce n'était pas un chevalier comme les autres, mais un homme né sur terre pour tuer des gens. Ces mots, il les dit à Girflet et cela fut ensuite rapporté en maints lieux.

143. Les deux camps avaient donc commencé à se mêler l'un à l'autre pour s'affronter à l'épée. Cependant, Merlin s'en était allé vers le roi Loth et l'avait trouvé en train de préparer ses troupes le mieux possible pour attaquer le roi Arthur. Merlin lui dit alors : « Hé ! roi Loth, tu as été jusqu'ici très loyal envers ton seigneur naturel, mais te voici à présent comme un homme qui se lasse de faire de bonnes œuvres vers la fin de sa vie. Tu as été loyal jusqu'à ce jour et maintenant, alors que tu approches de ta fin, tu veux devenir déloyal et faire en sorte que le peuple n'ignore rien de ta déloyauté ! Vois donc : comment pourrais-tu te montrer plus déloyal qu'en faisant défaut dans le danger à ton seigneur, alors qu'il combat pour toi et pour son peuple et qu'il risque sa vie pour vous préserver, toi et tous les autres, de la sujétion des princes étrangers ? Et toi, au péril qui le menace, tu te prépares à en ajouter un autre ! Car tandis qu'il s'expose pour te défendre contre tes ennemis, tu t'apprêtes à faire tout ce que tu peux pour le tuer. Vois donc si ce n'est pas là de la déloyauté et de la trahison ! – Merlin, répliqua le roi, si je le hais, ce n'est pas étonnant, car tout récemment il s'est rendu coupable de l'acte le plus déloyal qu'un roi ait jamais commis, causant ainsi un préjudice à tous les grands vassaux de ce royaume et me privant moi-même d'un descendant que Dieu m'avait envoyé. Il n'a pas eu le moindre égard au fait que cet enfant était à moi, qui étais le plus grand vassal de son royaume et qui lui étais si étroitement apparenté que je n'étais rien de moins que le mari de sa sœur[250], pas plus qu'il n'a pris en considération le fait que mon fils était son propre neveu. Vois donc à ton tour si la trahison que tu me reproches n'est pas l'effet de sa déloyauté même !

---

[250] *Suite*, § 143, l. 24 : ... *et se estoie si ses amis que je avoie sa serour a feme...* ; on pourrait aussi comprendre, car l'intention consécutive n'est pas nette : 'et qui étais son parent ainsi, à savoir que...'. V. n. 410, 422.

144. – Dis-moi donc, demanda Merlin, crois-tu vraiment qu'il ait tué ton enfant ? – Oui, répondit le roi, je le sais de la façon la plus certaine. Il lui a fait prendre la mer avec les autres, c'est pourquoi je ne pourrai jamais plus l'aimer, et je ne veux pas qu'il y ait amitié ni paix entre nous, mais guerre, tous les jours de ma vie. – Roi, dit Merlin, tu as tort. Tu ne devrais pas tenir des propos dénués de fondement. Sache que Mordret est vivant. Et si tu voulais renoncer à ce que tu as entrepris maintenant, je te promets que je te le montrerais parfaitement sain et sauf avant deux mois. – Personne ne me fera croire qu'il est en vie tant que je ne l'aurai pas vu, répliqua le roi, quoi qu'on puisse me dire. – Alors, que comptes-tu faire ? lui demanda Merlin. – Il n'est pas question que je parte sans avoir combattu, répondit le roi, et je me vengerai d'Arthur sur le champ de bataille, si la mort ne m'en empêche pas. – Et moi je te dis, déclara Merlin, que si tu prends le risque de combattre tu y perdras ton honneur, car tu sortiras vaincu de cet affrontement ; tu seras fait prisonnier et la plupart de tes hommes seront tués. Tu n'as vraiment aucune raison de ne pas me croire, car tu sais fort bien que je n'ai pas la réputation de mentir lorsque j'affirme que quelque chose est vrai[251]. Si tu ne suis pas mes conseils, tu t'en repenti-

---

[251] Il y a pourtant dans les propos de Merlin, sinon un mensonge, du moins une inexactitude, puisqu'il est dit plus bas (§ 145) que Merlin « savoit bien que li uns d'aus deus i morroit, se la bataille feroit ensamble » (ll. 19-20), ce qui est conforme à l'événement. La perspective de tomber vivant aux mains d'Arthur et de subir le châtiment des traîtres est peut-être jugée par Merlin plus convaincante que celle d'une mort glorieuse au combat pour retenir le roi

ras. » Le roi déclara que nul ne le ferait renoncer à chercher vengeance, même au péril de sa vie. « Alors bonne chance, reprit Merlin, car il est certain que tu t'en repentiras à un moment où tu ne pourras plus rien y faire. Ton repentir viendra trop tard : ce sera un grand malheur. »

145. Tandis que Merlin parlait ainsi au roi, plusieurs grands seigneurs étaient présents et chacun disait au souverain : « Ah ! sire, au nom de Dieu, faites ce que Merlin vous recommande ! Jamais en vérité ses conseils ne vous nuiront, à vous ni à personne d'autre. » Mais le roi persistait à dire qu'il n'en ferait absolument rien.

Cependant, parce qu'il savait bien qu'à cet instant le roi Arthur était en train de combattre et qu'une attaque du roi Loth à ce moment précis aurait pu avoir de graves conséquences, Merlin ne cessait d'occuper le roi par ses paroles, retenait son attention et l'empêchait autant que possible d'avancer[252], sans chercher toutefois à laisser au roi Arthur plus de répit qu'il n'était nécessaire pour vaincre les hommes du roi Rion. Pour cette raison, Merlin retarda le roi Loth jusqu'au milieu de la matinée, le retenant de telle manière que son cheval ne parcourut pas une distance de plus de quatre arpents de terre ; et, tout cela, il le fit en usant d'enchantements, jusqu'à ce qu'il pût voir qu'il était

---

Loth. Merlin semble d'ailleurs lui-même incertain de l'issue de la bataille.

[252] Le roi Loth s'est donc mis en route sans que le narrateur nous en ait informé.

temps que la bataille eût lieu[253]. L'aide considérable qu'il apporta au roi Arthur ne faiblit à aucun moment, car il préférait de beaucoup voir celui-ci sain et sauf et le roi Loth mort plutôt que l'inverse : il savait bien que l'un des deux mourrait si la bataille les mettait aux prises[254].

146. Juste après le milieu de la matinée, un messager arriva devant le roi Loth et lui dit : « Sire, je vous apporte des nouvelles tout à fait incroyables : le roi Arthur a vaincu les hommes du roi Rion. Jamais vous n'avez vu combat aussi acharné ni aussi rude que l'a été celui-ci, car il y a eu beaucoup de morts de part et d'autre. Malgré cela, le roi fait mener devant lui tant de prisonniers qu'ils sont plus de cinq cents, tous des hommes puissants, autant que

---

[253] *Suite*, § 145, l. 16 : *...tant que il peust veoir que la bataille devoit avenir...* ; trad. de G. Roussineau (*op. cit.*, p. 651, n. 145,16) : « aussi longtemps qu'il pouvait voir que la bataille allait avoir lieu » ; HDB, p. 179 : « Il savait que le roi Loth devait se battre contre le roi Arthur » ; A.-J. Holden (*op. cit.*, p. 275) : « jusqu'au moment où il pouvait voir quel serait le résultat de la bataille ».

[254] *Suite*, § 145, l. 20 : *se la bataille feroit ensemble* ; HDB, p. 179 : « il savait que le roi Loth devait se battre contre le roi Arthur » ; G. Roussineau (*op. cit.*, gloss., p. 753, s. v. *ferir*) : « si la bataille avait lieu entre eux » ; l'éditeur (*op. cit.*, p. 652, n. 145,20) suggère que *ferir* est intransitif « avec *bataille* pour sujet » et renvoie aux § 331 (l. 40) et § 401 (l. 13) ; « ensemble » fait difficulté dans ce cas (aucun emploi similiaire dans TL, 3,1735,19, s. v. *ferir*) et nous pensons qu'il y a ici confusion entre le tour intransitif, bien représenté aux paragraphes signalés par G. Roussineau, et l'emploi transitif, représenté par ex. au § 401 (ll. 12-13). En conséquence, nous suggérerions de corriger *se la bataille feroient ensemble*.

je puisse en juger. » Quand le roi entendit ce qui s'était passé, il en fut complètement stupéfait et regarda tout autour de lui pour voir s'il pourrait trouver Merlin, car il voulait lui couper la tête parce qu'il venait de comprendre clairement que Merlin l'avait ensorcelé et qu'il l'avait retardé à dessein. Il dit alors à ses hommes : « Merlin m'a tué. Si j'avais chevauché en forçant l'allure dès ce matin, j'aurais défait le roi et fait triompher ma cause. A présent, j'en suis plus éloigné que je ne l'ai jamais été et jamais plus, aussi longtemps que je vivrai, les circonstances pour attaquer le roi ne me seront aussi favorables qu'elles l'étaient ce matin. Je ne sais plus que faire, maintenant, car si je me rends auprès de lui il me fera prendre comme son ennemi, parce que je n'ai pas voulu faire ce qu'il m'avait demandé ; et si je retourne sur mes terres, il assemblera ses troupes et m'attaquera avec son armée, ainsi me détruira-t-il, moi et mon royaume, sans avoir plus de pitié pour moi que je n'en aurais eu pour lui si je l'avais vaincu. Je ne sais donc pas quelle décision prendre. Je ne vois nulle part de salut pour moi. » Alors, un de ses chevaliers, qui était son cousin germain, lui répondit : « Sire, vous n'obtiendrez jamais votre grâce du roi si vous ne la lui disputez pas à coups d'épée. Livrez-lui bataille sans crainte, car Notre Seigneur vous accordera la victoire. – Allons-y donc, dit le roi ; je n'ai absolument pas l'intention de m'en aller sans livrer bataille. » Alors, il demanda au messager : « Le roi Arthur a-t-il beaucoup de monde avec lui ? – En vérité, non, répondit le jeune homme, et les plus frais d'entre eux sont presque tous blessés et épuisés par la bataille qu'ils ont aujourd'hui gagnée.

147. – Maintenant, en route, donc, reprit le roi, et veillez à vous comporter si formidablement qu'aucun d'eux ne demeure en selle après votre course ! » Ses hommes répondirent qu'ils étaient prêts à le faire, puisque telle était véritablement sa volonté. Là-dessus, ils ne s'attardèrent pas davantage mais constituèrent aussitôt leurs corps de bataille et suivirent le chemin qui les menait droit au camp du roi Arthur.

Cependant, Merlin était déjà retourné auprès du roi ; il l'avait trouvé blessé, plus ou moins grièvement, en plus de sept endroits et ses hommes étaient occupés à le désarmer pour qu'il voyageât plus à son aise, car ils ne pensaient pas qu'il lui fallût encore combattre ce jour-là. C'est alors que Merlin lui dit : « Ah ! roi, remets ta cotte de mailles et ne te désarme pas, car tu as plus à faire que tu ne l'imagines. Voici le roi Loth d'Orcanie, avec tous ses vassaux, qui marche sur toi en ordre de bataille ; tu peux d'ailleurs déjà voir les bannières de son armée, là-haut, sur ce mont, et les étendards dressés qui viennent par ici à vive allure contre toi. – Ah ! Dieu, s'écria le roi, le terrible fléau que voici ! C'est pour mon péché que Vous m'envoyez ce tourment. Je crois maintenant que les hommes de bien paieront les fautes que j'ai commises envers Vous ! » Quand ses vassaux entendirent cela, tous en furent profondément bouleversés, aussi lui dirent-ils : « Roi, ne sois pas inquiet, mais chevauche sans crainte, car Notre Seigneur te conduira et te fera triompher de tes ennemis, de telle sorte que tu vaincras, tandis qu'ils n'auront que déshonneur. »

148. Un des chevaliers qui entouraient le roi prit alors la parole ; c'était celui qui avait si longuement donné la chasse à la bête extraordinaire, celui-là même qui, par la suite, engendra Perceval, comme ce récit le racontera en détail. Il s'était si bien comporté dans la bataille, ce jour-là, qu'il n'y en avait que pour ses beaux faits d'armes et ceux que le Chevalier aux Deux Épées avait accomplis avec son frère. « Sire, dit-il au roi, ne vous laissez pas abattre par ce nouveau coup, car soyez sûr que vous vaincrez. » Le roi répondit : « Seigneur chevalier, je vous remercie de m'avoir apporté une aide aussi considérable. Sachez donc bien que toute ma confiance est en Dieu, en vous et dans les autres braves qui sont ici. En vérité, si tous mes chevaliers étaient en tous points[255] semblables à vous, je suis sûr que mes ennemis ne résisteraient pas longtemps. Je vous prie de me dire qui vous êtes, car je ne vous reconnais pas aux armes que vous portez. – Je ne vous le cacherai pas, dit-il. Je suis le chevalier que vous avez vu suivre la bête extraordinaire. C'est parce que je connais votre mérite que je suis venu vous aider, et non parce que je tiens une terre de vous, puisqu'il n'en est rien, vous le savez parfaitement. – En vérité, dit le roi, vous en tiendrez quand il vous plaira, car vous en êtes bien digne. »

Quand Arthur et les siens eurent mis leurs troupes en ordre de bataille, ils allèrent droit vers les hommes du roi Loth. Vous auriez pu voir, lorsque les deux premiers bataillons se rencontrèrent, beaucoup plus de chevaliers

---

[255] *Suite*, § 148, l. 12 : *par devise* ; HDB, p. 181 : Ø ; G. Roussineau (*op. cit.*, gloss., p. 738, s. v. *devise*) glose *par devise* par 'autant qu'on peut le souhaiter'. Nous adoptons plutôt les gloses de Gdf, 2,702c 'exactement, entièrement' ; TL 2,1876,49 'völlig, gänzlich'.

abattus et de gens massacrés qu'il n'y en avait jamais eu, car ils étaient bons chevaliers de part et d'autre, et le choc fut à ce point d'une violence mortelle que, parmi les chevaliers abattus dans le premier assaut, vous auriez déjà pu en voir cent couchés sur le sol, dont l'âme avait quitté le corps.

149. Ce combat, qui fut si cruel et si meurtrier, commença vers le milieu de la matinée et se prolongea, à n'en pas mentir, jusqu'au soir. Si le roi Loth n'avait pas été un aussi bon chevalier qu'il l'était, ses hommes auraient été plus rapidement défaits qu'ils ne le furent, mais à lui tout seul il supportait si bien tout le poids de la bataille que tous ceux qui le regardaient se signaient d'étonnement en songeant qu'ils n'auraient pas cru qu'il fût possible d'endurer la moitié de ce qu'il supportait. Il saisissait à ce point toutes les occasions d'accomplir un acte de bravoure ou de porter un coup, sous les yeux de tous ceux qui avaient le courage de ne pas fuir devant lui, que même les plus audacieux, du côté d'Arthur, pour peu qu'ils l'eussent bien observé, étaient gagnés par la terreur en le voyant frapper.

Quand le roi Arthur vit ce prodigieux spectacle et qu'il eut bien reconnu le roi Loth, il déclara : « Ah ! Dieu, quel malheur qu'un homme aussi vaillant que celui-ci se rende coupable d'un tel crime ! Car, à en juger par la valeur que je vois en lui, il me semble vraiment qu'il est bien digne de régner sur le monde entier. » Le roi Loth, qui n'aspirait à rien d'autre qu'à pouvoir tuer le roi Arthur, l'entendit. Il laissa courir son cheval dans sa direction, l'épée brandie, en homme qui ne pensait qu'à le faire mourir. Lorsque le roi Arthur le vit arriver, il se trouva qu'il n'était pas aussi parfaitement prêt à le recevoir que l'autre l'était à l'attaquer ; il tira donc sur la bride de son cheval et chercha à parer le coup de son bouclier, mais Loth, qui avait dirigé son arme contre lui, le manqua et atteignit ainsi le cheval, juste devant l'arçon. L'épée était bonne et bien affilée, le coup venait de haut et le roi Loth était extrêmement vigoureux ; il frappa donc si violemment le cheval qu'il le trancha en deux au niveau des épaules, en sorte que la bête s'écroula morte sur le sol et que le roi bascula en avant. Le chevalier qui avait donné la chasse à la bête extraordinaire fut alors persuadé que le roi était mort ; il en fut profondément affligé et déclara que c'était une perte immense, car ceux du royaume de Logres ne retrouveraient plus de roi aussi accompli que l'était celui-là, « aussi, ajouta-t-il, le vengerai-je, si jamais je le puis ».

150. Alors, il laissa courir son cheval en direction du roi Loth, l'épée brandie. Quand celui-ci le vit arriver, il ne chercha pas à se dérober devant lui mais l'attendit de pied ferme, sans bouclier, car il avait perdu le sien dès le début du combat. L'autre le frappa avec une telle violence que ni le casque ni la coiffe de fer n'empêchèrent qu'il le pourfendît jusqu'aux épaules, puis il retira son épée d'une secousse, faisant ainsi voler le roi Loth à terre.

Lorsque ceux d'Orcanie virent ce coup, ils furent tellement frappés de stupeur qu'ils ne surent quelle décision prendre, puisque celui en qui ils avaient tant de confiance pour l'emporter, à supposer que la victoire dût revenir à l'un des deux camps[256], avait été tué ; en revanche, quand les hommes du roi Arthur virent mort celui qui leur avait causé plus de pertes et les avait plus affaiblis, durant toute cette journée, que ne l'avaient fait la moitié de ses compagnons, ils se sentirent nettement plus rassurés qu'ils ne l'avaient été jusqu'alors. Ils se ruèrent donc sur les hommes du roi Loth, tuant, abattant, mutilant le plus grand nombre possible d'ennemis, jetant leurs adversaires dans une telle épouvante qu'ils ne purent résister longtemps mais tournèrent les talons et abandonnèrent promptement la place pour s'enfuir de toute la vitesse qu'ils purent obtenir de leurs chevaux, en hommes qui n'aspiraient qu'à se mettre à l'abri, car ils voyaient bien que la défaite était tout entière dans leur camp. Les autres, qui les haïssaient mortellement, leur donnèrent la chasse et les massacrèrent en si grand nombre que les chemins sur lesquels ils passaient en furent jonchés.

C'est ainsi que ceux d'Orcanie furent défaits. Ils reçurent ce jour-là une honte qui leur resta longtemps attachée, et la trahison qu'ils avaient commise sur le champ de bataille, agissant en sujets déloyaux, en traîtres, en fourbes à l'égard du seigneur auquel ils étaient liés par un serment qui passait tous les autres, leur fut constamment rappelée. Ils furent donc défaits et le roi Pellinor tua le roi Loth d'Orcanie. Par la suite, tous les fils de celui-ci, quand ils accédèrent au noble état de chevalier, voulurent venger la honte de leur père et de toute leur parenté, en conséquence

---

[256] *Suite*, § 150, ll. 10 : *se jamais fust vaincue* ; HDB, p. 182 : Ø ; on pourrait aussi comprendre 'à supposer que la victoire dût leur revenir'.

de quoi Gauvain, le fils aîné, tua depuis Pellinor, Lamorat et Driant. Il tua aussi Agloval lors de la quête du Saint Graal, comme Monseigneur Robert de Boron le racontera en détail dans son livre. Mais si Perceval, le noble chevalier, qui était frère d'Agloval, avait appris la mort de son frère lorsqu'elle advint, il l'aurait sans aucun doute vengé, car il l'aimait plus qu'aucun frère ne pourrait en aimer un autre.

151. Quand la victoire eut été obtenue, si largement que parmi tous ceux d'Orcanie il n'en restait pas un seul qui n'eût été tué ou fait prisonnier, le roi fit emporter ceux de ses chevaliers qui étaient morts et il fit placer tous les corps ensemble dans une énorme cavité naturelle creusée dans le rocher, par dessus laquelle il fit bâtir une église où l'on prierait pour les âmes de ceux qui étaient enterrés là. On ne fit pas tant de cérémonie pour les autres corps, qui furent seulement mis en terre dans les plaines et les bois avoisinants. Dans la bataille qui avait opposé Arthur au roi Rion, il était advenu que les douze rois dont je vous ai parlé[257] avaient été tués. Le roi Arthur fit emporter leurs

---

[257] *Suite*, § 151, l. 9 : *...tout chil .XII. roi ...* ; les onze rois qui étaient asservis au roi Rion (§ 71) plus le roi Néro, frère de Rion (§ 133), comme le suggère G. Roussineau (*op. cit.*, p. 652, n. 151,9). Le nombre douze est d'une grande fréquence dans notre texte (v. notre *Index* I, F, s. v. *nombres*), sans qu'on puisse déterminer sa valeur avec certitude (contrairement à ce qui paraît être le cas dans la *Chanson de Roland* ; v. J. Ribard, *Le Moyen âge. Littérature et symbolisme*, Genève, Slatkine, 1984, pp. 31-32), même s'il est possible de suggérer qu'il évoque à la fois l'achèvement et la

corps et les fit enterrer ensemble dans l'église Saint-Étienne de Camaalot, puis il fit écrire le nom de chacun sur leur sépulture. Mais en ce qui concerne le roi Loth, parce qu'il l'avait beaucoup aimé, il lui rendit un hommage bien plus éclatant, car il le fit placer dans une tombe absolument magnifique. De plus, il fit établir en son honneur, à cet emplacement même, une église qui fut particulièrement renommée depuis lors et qui le sera jusqu'à la fin du monde, et cette église fut appelée l'église Saint-Jean.

152. La reine, femme du roi Loth, et ses quatre fils, qui étaient de très beaux enfants, se rendirent aux obsèques ; tous éprouvèrent, lors de la cérémonie, un très grand chagrin[258], car ils avaient beaucoup aimé le défunt. Le roi Urien y vint également, ainsi que Morgane, sa femme, dont la grossesse était si avancée qu'elle était sur le point d'accoucher. D'une extrême perfidie, elle avait le génie de l'intrigue et son esprit n'était jamais à court de mauvaises pensées.

---

perfection (comme multiple de quatre) et la quantité non aléatoire (v. n. 383). Douze rois dominés par Arthur plutôt que onze, c'est bien toute la supériorité d'Arthur dans l'ordre symbolique et spirituel qui s'exprime ici.

[258] *Suite*, § 152, ll. 2-3 : *si i ot moult grant duel et des uns et des autres, car moult amoient le roi Loth* ; HDB, p. 183 : « Tous témoignèrent du plus grand chagrin, car ils avaient tous beaucoup aimé leur père » ; le texte est moins précis, mais nous pensons que c'est en effet ce qu'il faut comprendre, à cause de « si ».

Quand le roi fut enterré, Gauvain, son fils aîné, qui était un enfant extrêmement beau et qui n'avait que onze ans, manifesta une douleur si extraordinaire que tous ceux qui en furent les témoins en ressentirent une vive émotion. Quand il se fut lamenté sur le sort de son père d'une manière telle qu'aucun enfant de son âge n'aurait pu mieux exprimer son chagrin, il prononça des paroles qui furent bien entendues et que l'on n'oublia pas ; les voici : « Ah ! sire, qu'il m'a causé une perte douloureuse, le roi Pellinor, votre meurtrier ! Qu'il a abaissé et appauvri notre lignage en vous tuant ! Et le royaume de Logres lui-même, en vérité, en sera plus appauvri qu'il ne l'aurait été par la mort des sept meilleurs rois qui s'y trouvent ! Plaise à Dieu, sire, qu'aucun de mes faits d'armes ne recueille jamais de louange avant que j'aie vengé votre mort de la façon qui convient, et qui est de prendre une vie de roi pour une vie de roi ! » Gauvain savait déjà parfaitement que le roi Pellinor avait tué son père. C'étaient là de très nobles paroles, surtout venant d'un enfant comme l'était Gauvain à cette époque, de sorte que ceux qui les entendirent en furent très étonnés. Aussi quelques-uns, parmi eux, déclarèrent-ils : « Cet enfant a prononcé de nobles paroles ; il vengera un jour son père. » Et il le fit exactement comme il l'avait dit, car depuis il tua le roi Pellinor et deux de ses enfants[259].

153. Le roi Arthur, qu'une aventure aussi belle que celle que lui avait envoyée Notre Seigneur remplissait d'allé-

---

[259] Il est fait mention de trois fils tués par Gauvain au § 150 (l. 32) : Lamorat, Driant et Agloval.

gresse, déclara que la célébration de cette victoire aurait lieu huit jours plus tard. Il fit alors confectionner douze rois de métal, magnifiquement recouverts d'or et d'argent, chacun ayant sur la tête une couronne d'or et portant son nom écrit sur la poitrine. Outre cela, il fit faire un roi à l'image du roi Loth, le plus ressemblant possible. Ensuite, il fit faire une autre effigie de roi, dix fois plus magnifique que toutes les autres, et cette effigie fut faite à sa propre image. Quand toutes ces statues furent achevées, chacun des treize rois était représenté tenant un chandelier à la main, mais le dernier, celui qui était fait à l'image du roi Arthur, tenait une épée sans fourreau et il était représenté dans une attitude menaçante. Quand tout cela fut accompli, le roi fit placer les statues tout en haut de la principale fortification du château, où elles se dressaient au-dessus des créneaux, de sorte que tous les habitants de la ville les voyaient distinctement. Chacun des treize rois avait sur son chandelier un gros cierge allumé et, au milieu d'eux, se trouvait l'effigie du roi Arthur, beaucoup plus haute que toutes les autres, l'épée à la main, dans une attitude menaçante à l'égard de ceux qui l'entouraient. Et ceux-ci, cependant, s'inclinaient devant lui, comme s'ils imploraient sa clémence pour quelque faute*.

154. Quand tout cela eut été fait comme je vous l'ai décrit, la fête commença alors dans Camaalot ; elle dura huit jours pleins. Au premier jour de ces festivités, le roi Arthur, en regardant les cierges, dit à Merlin, qui était à côté de lui : « Merlin, il me semble que ce serait merveilleux si ces cierges pouvaient brûler perpétuellement, sans jamais s'éteindre, de nuit ou de jour, malgré le vent ou la pluie. – Soyez sûr, répondit Merlin, que je vous les ferai durer beaucoup plus longtemps que vous n'oseriez l'imaginer. » Alors, il lança aussitôt un enchantement, puis il dit au roi : « Roi, sachez que ces cierges ne s'éteindront pas avant que mon âme se sépare de mon corps. Le jour où ils s'éteindront, deux prodiges adviendront sur votre terre, car je serai livré à la mort par ruse de femme et le Chevalier aux Deux Épées assènera le Coup Funeste[260] malgré la défense de Notre Seigneur, à cause de quoi adviendront les aventures du Saint Graal, tout particulièrement au royaume de Logres. Malheurs et catastrophes commenceront alors à s'abattre sur toute la Grande Bretagne, et il en surviendra dès lors si souvent que tous ceux qui les verront se produire en seront remplis d'effroi. Et cela durera sans nul doute pendant vingt-deux années.

155. – Merlin, reprit le roi, par ce que vous venez de me dire, je pourrai facilement connaître le jour de votre disparition, où que vous soyez[261]. – Ce qui est sûr, répliqua Merlin, c'est que vous pourrez connaître ainsi le jour où les aventures commenceront, car alors ces cierges s'éteindront et, en plein jour, une grande obscurité s'étendra sur tout ce pays, de sorte que les gens n'y verront goutte vers l'heure de midi. A ce moment même, vous serez en train de chasser et vous aurez mis pied à terre près

---

[260] Cette prédiction ne se réalisera pas et l'on verra Merlin réapparaître après la mort de Balaain (§ 238), bien après le *Coup Douloureus*.

[261] Comme on le verra, il n'en sera rien et Arthur n'apprendra la mort de Merlin que par le rapport de ses chevaliers (§ 527).

d'une source pour tuer votre prise ; l'obscurité vous surprendra alors de telle manière que vous ne saurez plus où chercher la bête. Aussi vous dis-je qu'à cet instant vous ne manquerez pas d'éprouver une frayeur intense[262]. » Cette prédiction piqua vivement la curiosité du roi, aussi demanda-t-il : « Merlin, vous pouvez bien me dire quand cela arrivera. – Vous ne le saurez jamais par moi, répondit Merlin, ni vous ni quelqu'un d'autre. » Le roi le laissa alors tranquille sur ce sujet, mais il lui posa une autre question : « Dites-moi ce que le roi Pellinor est devenu, ainsi que les deux frères qui ont si bien montré leur valeur dans la bataille. Je les ai fait chercher partout et l'on n'a pas pu les retrouver. Ils en ont tant fait pour moi que je ne serai satisfait que lorsque je les aurai récompensés selon mon pouvoir. – Pour ce qui concerne les deux frères, dit Merlin, sachez que vous ne les verrez pas aussi tôt que vous l'espérez. Et quand vous les verrez, vous n'en aurez nul plaisir, car ils ne vous apporteront que du désagrément, faute de vous avoir reconnu[263]. »

---

[262] Cet épisode ne figure pas dans la suite du roman tel qu'il nous a été transmis.

[263] *Suite*, § 155, ll. 22-24 : *Et quant vous les verrés ne vous en sera il point bel, car il vous feront tout anui par mesconnissanche ;* HDB, p. 186 : « ...car ils te feront bien du mal par erreur ». Voici ce qu'écrit G. Roussineau (*op. cit.*, p. 653, n. 155,23) : « En fait, Arthur ne reverra pas les deux frères, qui s'entretueront "par mesconnissanche". A la ligne 24, il faut comprendre *anui* au sens de "peine, chagrin" et *mesconnissanche* au sens de "méprise, ignorance de leur identité" (234,20 "je vous ai mort par mesconnissanche" dira Balaan à Balaain...) ». Cette interprétation, qui suggère que les deux frères causeront du chagrin au roi en se tuant faute de s'être reconnus, est

156. Ce jour-là, ils parlèrent longuement, sur maints sujets, jusqu'au moment où Merlin dit au roi : « Roi Arthur, je ne vais pas tarder à vous quitter, mais je vais vous dire quelque chose, et vous m'en croirez si vous êtes sage. Gardez bien le fourreau de votre épée, car je vous affirme que vous n'en retrouverez jamais plus d'aussi prodigieux si vous le perdez, et ne le mettez dans les mains de personne en qui vous n'ayez une confiance absolue, car si l'on découvrait quel est ce fourreau vous ne le récupéreriez jamais plus. Du reste, vous avez assurément pu voir, l'autre jour, le service qu'il vous a rendu, car vous avez reçu dans la bataille plusieurs blessures, et malgré cela vous n'avez guère perdu de sang. – Je le garderai, dit le roi, aussi bien que je le pourrai. »

Ce jour-là, le roi Rion prêta hommage au roi Arthur et devint son vassal pour la terre qu'il possédait ; quant au roi

---

peu naturelle et il ne nous semble pas nécessaire de s'écarter du sens littéral, si éloigné soit-il de ce qui advient dans la suite du texte. Il s'agit là d'une des multiples prophéties manquées de Merlin (c'est d'ailleurs évident pour la première partie de la phrase, comme le fait remarquer G. Roussineau, puisqu'Arthur ne reverra que Balaain, au § 169) et l'on observera au passage, les notes précédentes l'attestent, que tout ce qui précède est farci d'annonces sans suite. Si l'on considère que ces écarts ne sont pas volontaires ou semi-volontaires (par ex. si l'auteur a changé son projet en cours de route et négligé de revoir son texte) et destinés à montrer la limite des prophéties soumises à la seule volonté divine (cf. n. 110, 112, 228, 236), il faut recourir à des explications factuelles, la plus évidente étant que ces §§ étaient à l'origine indépendants de ceux qui relatents la mort des deux frères.

Arthur, il établit des rois dans tous les royaumes qui lui étaient soumis[264].

157. On parla beaucoup des cierges qui brûlaient comme on l'a dit, et quand Morgane sut que c'était Merlin qui avait fait cela par enchantement, elle songea qu'elle se rapprocherait de lui et qu'elle se ferait enseigner une si grande partie de son savoir qu'elle pourrait accomplir, partout où elle le voudrait, bon nombre de ses désirs[265]. Alors, elle se lia d'amitié avec Merlin et le pria de lui transmettre une partie de ses connaissances, s'engageant à faire pour lui tout ce qu'il oserait lui demander. Quand il vit qu'elle était d'une si grande beauté, il devint éperdument amoureux d'elle et lui dit : « Madame, pourquoi vous en ferais-je un secret[266] ? Tout ce que vous voudrez me demander, je le ferai selon mon pouvoir. – Grand merci, seigneur, dit-elle, je verrai bien si c'est vrai, car je vous demande maintenant de si bien m'initier à la magie qu'il n'y ait femme dans ce pays qui en sache plus que moi. » Il répondit qu'il le ferait volontiers.

---

[264] *Suite*, § 156, ll. 14 : *qui estoient desous lui* ; « lui » peut désigner Rion, seigneur des autres rois vaincus, ou Arthur.

[265] Cette phrase est rattachée au § 156 dans l'éd. Roussineau.

[266] *Suite*, § 157, ll. 4-5 : *Dame, pour coi le vous celeroie je ?* ; HDB, p. 186 : « Madame, pourquoi vous le cacher ? » ; DJR, p. 90 : « à quoi bon vous le cacher ». On peut voir, comme ces deux traducteurs, en « le » un cataphorique renvoyant à ce qui suit immédiatement (ll. 5-6) ou un anaphorique, renvoyant à « che qu'il savoit » (l. 2).

En peu de temps, car elle était fine, rusée et avide de s'instruire, il lui en apprit tellement qu'elle sut une grande partie de ce qu'elle désirait connaître, et cet enseignement, tant des doctrines que des pratiques de la sorcellerie, lui plut beaucoup. Quand vint pour elle le moment d'enfanter, elle eut un garçon, que l'on baptisa Yvain, et il fut, depuis, un chevalier renommé pour sa grande valeur et sa grande force. Lorsqu'elle fut aussi savante qu'elle le désirait en matière de pratiques de sorcellerie, elle chassa Merlin de son entourage, parce qu'elle s'était bien aperçue qu'il l'aimait d'un amour qui n'avait rien de chaste, en lui disant qu'elle le ferait mourir s'il ne s'éloignait pas d'elle immédiatement. Il en éprouva un très vif dépit mais ne voulut pas lui faire de mal, à cause du roi Arthur, qu'il aimait beaucoup ; il s'enfuit donc au plus tôt de sa présence.

158. Dans le royaume, il y avait un chevalier très beau et extrêmement vaillant que Morgane aimait d'amour et qui l'aimait de même. Ils se fréquentèrent si assidûment l'un l'autre qu'il finit par la connaître charnellement, et la manière d'être et d'agir de cet homme plut tant à la dame qu'elle se mit à l'aimer plus qu'aucun autre.

Morgane était à demeure chez le roi, qui se fiait plus en elle qu'en n'importe qui au monde, et à cause de cette confiance il lui donnait son épée à garder, en lui disant chaque fois : « Au nom de Dieu, gardez-la-moi et soyez plus attentive encore au fourreau qu'à autre chose, car c'est l'objet que j'aime le plus et qui doit m'être le plus précieux au monde. » Ces recommandations étonnèrent beaucoup la jeune femme, qui se demanda ce qu'elles pouvaient signifier, aussi en parla-t-elle au chevalier qu'elle aimait. Quand elle eut fini, il lui dit : « Eh bien, je vous prie, si vous m'avez jamais aimé, de faire en sorte que vous sachiez pourquoi ce fourreau lui est aussi précieux, car ce n'est pas sans raison. – Je serai en mesure de vous le dire bientôt, repartit Morgane, si je puis le lui demander. »

159. Un jour, elle posa la question au roi Arthur. Il avait une entière confiance en elle, aussi lui expliqua-t-il sans hésiter un instant pourquoi ce fourreau lui était à ce point précieux. « Sans mentir, reprit Morgane, après les révélations que vous venez de me faire je peux vous dire qu'aucun homme ne l'aura jamais entre ses mains, si ce n'est vous. Désormais, je le garderai avec beaucoup plus de soin que je n'aurais pu le faire auparavant. »

Lorsque le soir son ami vint la trouver, elle lui conta aussitôt tout ce que le roi lui avait dit. « Foi de chevalier, dit-il, puisque ce fourreau possède une aussi grande vertu, je veux l'avoir. – J'y consens, répliqua Morgane, mais vous attendrez que j'en aie fait faire un semblable, de forme et d'aspect, car si je vous le donnais maintenant et que le roi vienne à me le redemander ensuite, il me tuerait aussitôt si je ne pouvais le lui montrer, celui-ci ou un fourreau identique. – Dépêchez-vous donc, dit-il, car je ne serai satisfait que lorsque je l'aurai. »

160. Alors, Morgane fit venir devant elle un homme qui réalisait ce genre d'ouvrage, afin qu'il lui fît un fourreau semblable à celui-ci. Il examina l'objet et déclara qu'il le ferait sans difficulté, à condition d'avoir toujours l'original sous les yeux. Pour ne pas courir le risque de perdre le modèle, Morgane installa cet homme dans une des chambres du palais, où il travailla tant et si bien qu'il réalisa la copie demandée. Les deux fourreaux furent si parfaitement identiques qu'il n'était pas trois personnes au monde capables de les distinguer l'un de l'autre. Quand ce fut fini et que Morgane vit l'ouvrage en tous points parfait, elle eut peur que l'artisan ne révélât son secret en quelque lieu et que le roi ne la tuât s'il venait à découvrir la supercherie, aussi lui fit-elle couper la tête sans tarder et ordonna que son corps fût jeté à la mer.

Elle fit ensuite demander à son ami de venir lui parler. Il la rejoignit et, comme il était dans la chambre de Morgane et qu'ils examinaient attentivement les fourreaux en les comparant l'un à l'autre, il advint que le roi Arthur, qui revenait de la chasse, entra dans la grand-salle du château. Ils s'affolèrent et craignirent que si le roi les trouvait ainsi seuls il ne leur en fît grief, aussi s'enfuirent-ils chacun de leur côté dans les chambres du palais, abandonnant les fourreaux sur un lit, l'un à côté de l'autre, et l'épée sur un tapis. La porte de la pièce était fermée, en sorte que nul n'y pénétra.

Le roi regagna sa chambre et y trouva Morgane, qui avait pris l'initiative de venir se présenter à lui. Elle resta un bon moment avec son frère, puis elle retourna d'où elle était venue. Une fois chez elle, Morgane examina les fourreaux et fut profondément troublée en s'apercevant qu'elle ne pouvait les distinguer l'un de l'autre, tant ils étaient ressemblants. Il advint alors, comme il plut à Dieu, qu'elle prit le fourreau efficace et qu'elle y mit l'épée, croyant toutefois faire le contraire, puis, ce même jour, elle remit l'autre fourreau à son ami en lui disant : « Vous voici maintenant en possession d'un objet dont la vertu pourrait difficilement recevoir son juste prix[267]. Je vous en fais maître. » Son ami prit ce fourreau, persuadé d'avoir obtenu satisfaction, et l'emporta avec lui.

Cette même semaine, il arriva qu'il combattit un chevalier qui était son ennemi et qu'il avait rencontré dans une forêt, et il se trouva que ce à quoi il se fiait le plus ne lui fut d'aucun secours et ne lui servit à rien ; au contraire, il fut si grièvement blessé dans ce combat et il perdit tant de sang qu'il aurait dû en mourir. Cependant, il en réchappa vaille que vaille et rentra chez lui, si blessé et si mal en point qu'il pouvait à peine tenir en selle. Cette aventure le contraria beaucoup, car il fut persuadé que Morgane l'avait

---

[267] *Suite*, § 160, ll. 30-31 : *chou que par bontés ne porroit pas estre esligié legierement* ; G. Roussineau (*op. cit.*, p. 654, n. 165,18) : « ce qui ne pourrait pas être acquis facilement par des actions méritoires » ; suivant cette traduction, Morgane reconnaît que le fourreau ne pouvait être acquis que malhonnêtement, mais le personnage nous semble peu enclin à confesser ouvertement sa fourberie. Le ms. porte apparemment *chou que bontés ne porroit pas estre esligie legierement*, leçon corrigée par G. Paris et J. Ulrich (*op. cit.*, I, p. 269) en *chou la cui bontés ne porroit pas estre eligie* (sic) *legierement* ; HDB, p. 187, traduit : « Vous possédez maintenant un objet dont le pouvoir ne pourrait pas facilement être détruit » ; on ne voit pas bien d'où sort « être détruit » : G. Paris et J. Ulrich (*op. cit.*, gloss., II, p. 259, s. v.) glosent normalement *eligier* 'payer' ; G. Roussineau (*op. cit.*, gloss., p. 748, s. v.) glose *esligier* 'acquérir' (avec renvoi à la note 160,31 [corr. 160,30]). Selon nous, la leçon du ms. peut être conservée, en donnant à « que » la valeur de *dont* ; si l'on préférait toutefois la correction apportée par l'éditeur, nous traduirions « par bontés » plutôt par 'même par des actes de bravoure'.

volontairement trompé, aussi résolut-il de s'en venger, s'il en avait un jour la possibilité. Mais il ne voyait pas comment il pourrait le faire sans révéler toute l'histoire au roi. Il réfléchit alors à la manière dont il pourrait tout lui découvrir sans qu'il en sût mauvais gré à quelqu'un d'autre qu'à Morgane.

161. Un jour, le roi alla chasser dans une grande et profonde forêt et il se fit qu'il distança tous ceux qui l'accompagnaient, sauf ce chevalier, qui le suivait de plus près qu'aucun autre. Quand il se fut livré à cet excercice autant qu'il en avait envie, il fit demi tour avec son compagnon. Ils commencèrent alors à bavarder, évoquant toutes sortes de sujets, jusqu'au moment où le chevalier lui dit : « Sire, si je pensais n'avoir rien à craindre, je vous apprendrais quelque chose ; et sachez que je le ferais pour votre bien et dans votre intérêt. – Parlez, dit le roi, car vous n'avez absolument rien à craindre, bien au contraire, si j'y vois mon profit. – Sire, reprit le chevalier, j'implore votre miséricorde pour avoir trempé dans une machination destinée à vous nuire ; et je vais vous dire ce dont il s'agit. La vérité est que votre sœur Morgane vous hait ; j'ignore pourquoi, mais cette haine est si grande qu'elle ne cherche qu'à provoquer votre mort de toutes les manières possibles. Pour cette raison, elle m'a fait appeler, il y a quelque temps, auprès d'elle et m'a fait jurer sur les reliques que je ferais absolument tout ce qu'elle me demanderait de faire. Ce serment obtenu, elle m'a dit ceci : « Je veux que tu me venges de mon frère, le roi Arthur, qui m'a tué mon neveu et mon beau-frère[268], et je veux que tu m'en venges en le tuant au plus vite. » Je lui ai répondu : « Madame, je ne pourrais faire cela sans mourir. – De ce côté, m'a-t-elle dit, tu n'as rien à craindre, car je te munirai d'un objet qui te protégera : aussi longtemps que tu le porteras sur toi, tu ne perdras pas une goutte de sang ni ne recevras de blessure mortelle. » Alors, elle m'a remis le fourreau d'une épée, en me disant : « Je te le donne. Il te sera aussi utile que je te l'ai dit. Et sache que si tu me venges de mon frère comme je te l'ai indiqué, je ferai de toi un homme suffisamment riche et puissant pour tout le reste de ta vie. » Sire, c'est ainsi que m'a parlé votre sœur. Mais parce que je vous suis attaché par un serment de fidélité qui passe tous les autres et que je ne dois pas chercher à vous nuire, quoi qu'il arrive, je vous ai révélé toute l'affaire, et je vous prie de vous garder d'elle ; soyez bien certain en effet qu'elle ne hait personne autant que vous. »

162. Quand le roi entendit ces mots, il se signa d'étonnement et réclama le fourreau au chevalier : « Donnez-moi donc le fourreau, et sachez que je prendrai une éclatante vengeance de cette trahison. » L'autre le lui donna aussitôt, s'imaginant avoir bien fait sa besogne, et le roi retourna directement au château où il avait laissé Morgane.

Cependant, Merlin, grâce à ses artifices et à sa magie, était au courant de tout ce qu'Arthur avait dit au chevalier ; quand il vit le roi revenir au château dans un tel état de

---

[268] Mordret et son père, le roi Loth, mari de la sœur de Morgane et d'Arthur.

fureur, il eut la certitude qu'il tuerait aussitôt Morgane si elle ne s'était promptement mise à l'abri. Il aimait beaucoup la jeune femme, quoiqu'elle l'eût chassé de sa présence, aussi se précipita-t-il chez elle et lui dit : « Préparez-vous à mourir d'une mort cruelle ! » Alors, il lui rapporta tout aussitôt la conversation qui avait eu lieu entre le roi et le chevalier. Quand elle comprit ce qui se passait, elle craignit énormément que le roi ne la fît mettre à mort. Elle implora donc la pitié de Merlin, s'agenouilla devant lui et lui dit : « Ah ! Merlin, ayez pitié de moi ! Si vous ne m'aidez pas dans cette extrémité, on me fera périr dans les tourments, et en vérité vous savez bien que je n'ai jamais dit au chevalier ce dont il m'a accusée auprès du roi. – Comment pourrais-je vous aider ? demanda Merlin. – Je vais vous le dire exactement, répondit-elle. Vous allez rester ici ; moi, je vais prendre un cheval et quitter ce château en faisant mine de vouloir m'en aller définitivement. Quand le roi reviendra et qu'il demandera à me voir, vous l'informerez qu'on m'a volé le fourreau de l'épée et que, craignant sa réaction, j'ai été prise d'une si grande frayeur que je n'ai pas osé rester ici. Si vous vous acquittez bien de ce message, ma paix sera faite avec mon frère et le chevalier sera cruellement châtié. » Merlin répondit que pour l'amour d'elle il ferait volontiers tout ce qu'elle lui avait demandé. Elle fit aussitôt seller une de ses montures et cacha dans le palais le fourreau dont elle avait la garde, afin que le roi ne pût le trouver, puis elle quitta immédiatement le château, toute seule, sans que quiconque l'accompagnât.

163. Après cela, le roi, qui avait retrouvé ses compagnons, ne tarda guère à revenir de la forêt. Quand il fut arrivé, il demanda aussitôt où se trouvait sa sœur Morgane. Merlin s'avança vivement et lui dit : « Sire, cela va mal ; elle s'est enfuie de chez vous et retourne dans son royaume. – Et pourquoi s'en va-t-elle ? demanda le roi. – Parce qu'on lui a volé, sire, par je ne sais quel malheur, le fourreau d'une épée que vous lui aviez confié[269] en lui recommandant instamment de vous le garder avec le plus grand soin, et voilà qu'elle l'a perdu, à cause d'un fourbe de chevalier qui était dans son entou-rage, aussi redoute-t-elle tant votre colère qu'elle est partie sans oser vous attendre. »

164. Quand le roi entendit cela, ses pensées prirent aussitôt un autre tour et il fut alors persuadé que le chevalier avait volé le fourreau et qu'il lui avait raconté cette histoire parce qu'il haïssait Morgane pour une raison quelconque. Il ressentit alors une vive colère et considéra le chevalier avec une fureur extrême, en lui disant : « Ah ! seigneur chevalier, il s'en est fallu de peu que vous ne

---

[269] *Suite*, § 163, ll. 7-8 : *le fuerre d'une espee* ; expression singulière : Merlin semble ignorer de quelle épée il s'agit, comme si cet épisode était totalement indépendant de ce qui précède. D'autres anomalies incitent d'ailleurs à y voir une interpolation, ou le résidu d'un noyau primitif de la *Suite* mal raccordé au reste, conservé peut-être tel quel parce que le comportement de Merlin, qui du coup y apparaît fort étrange, a valeur prémonitoire pour la suite des événements, en suggérant dès ce moment que l'amour perturbe considérablement les facultés du devin.

m'ayez fait commettre la plus grande folie qu'un roi ait commise depuis longtemps, car, si j'avais trouvé ma sœur maintenant, je l'aurais tuée à cause de vos paroles ! Mais à présent je sais parfaitement que tout ce que vous m'avez appris n'était que mensonge. » Alors, il dégaina son épée et lui dit : « Voici le salaire de vos calomnies ! » Et il lui assena un tel coup qu'il lui sépara la tête du tronc et la lui fit voler à plus d'une lance de distance. Alors, il demanda à Merlin : « Où croyez-vous que l'on puisse retrouver ma sœur ? » Lorsque celui-ci le lui eut appris, le roi envoya des cavaliers sur les traces de Morgane, en leur enjoignant de piquer leur monture, et ceux qui étaient ainsi partis à sa recherche la retrouvèrent dans une abbaye de moniales et l'amenèrent au roi. Quand il la vit, il lui rendit le fourreau, en lui disant : « Gardez-le donc mieux à l'avenir, car le sort me l'a rendu. Si je vous avais trouvée ici, vous l'auriez payé cher. » Le roi croyait toujours que le fourreau qu'il avait en sa possession était celui qu'il avait reçu avec l'épée.

C'est ainsi que Morgane, par sa ruse, fit la paix avec son frère, dont elle cherchait à provoquer la mort par tous les moyens. Le roi ne s'aperçut pas de ses mauvaises intentions et pour cette raison il la garda auprès de lui.

165. Le roi Urien séjourna longuement à la cour du roi Arthur, pour l'amour de sa femme, qui y était à demeure de jour comme de nuit. Comme elle avait un jugement très fin pour bien des choses, le roi Arthur l'aimait beaucoup, mais, par la suite, il conçut pour elle une haine mortelle, comme ce récit le raconte, et à juste titre, car elle faillit le faire tuer.

Urien avait un neveu, qui était très beau et plein de vigueur, et il avait tant de discernement pour son âge que tous s'en étonnaient : il n'était aucun enfant vivant à cette époque au royaume de Logres que l'on estimât doté d'autant de qualités, car il était beau, vaillant et il avait beaucoup de bon sens. Âgé de dix-sept ans, il était sur le point d'être élevé au rang de chevalier et le roi Urien n'aimait personne au monde autant que ce garçon, que tous appelaient Baudemagus. Le jeune homme fréquentait très volontiers le fils du roi Loth qu'on appelait Gauvain, ainsi que Gaheriet, le frère de celui-ci ; aucune compagnie ne lui plaisait autant que la leur, et il n'était l'aîné de Gauvain que de six mois[270].

---

[270] Contrairement à G. Roussineau (*op. cit.*, p. 654, n. 165,18), qui maintient la leçon de A (« .VI. ans ») nous pensons que la leçon de B est ici la bonne. En effet, six ans semblent une bien grande différence d'âge, peu compatible avec l'expression restrictive employée. Ajoutons que l'on voit mal un jeune homme de dix-sept ans se plaire à ce point en la compagnie d'un enfant de onze ans. Certes, tel est bien l'âge de Gauvain au § 152 (l. 9), mais nous ignorons quelle durée sépare l'enterrement de Loth de l'épisode raconté au § 166, qui n'est aucunement situé (« Un jour orent li enfant laiens servi... ») et qui suit une mention, au § 165 (l. 1 : « Li rois Uriiens repaira moult a la court le roi Artus »), susceptible de recouvrir une ellipse considérable, bien dans les habitudes de notre auteur. Si l'on considère maintenant la chronologie des événements qui suivent le § 166, on s'aperçoit que la mort de Balaain doit lui être postérieure de quelques mois seulement. C'est en effet le lendemain du jour évoqué au § 166 que Balaain se met en route pour le royaume de Listinois (§ 169), où il arrive peu de temps après (§ 196) et dont il sort une dizaine de jours plus tard (§ 211), après

166. Un jour, ces jeunes gens avaient servi les convives au palais. Le roi avait alors fini de manger et tous trois, par jeu, allaient et venaient dans la grand-salle. Baudemagus était au milieu, le bras droit sur l'épaule de Gauvain, le gauche sur celle de Gaheriet, et tous trois vinrent à passer de la sorte devant Merlin. Celui-ci se mit à les regarder et entra aussitôt dans une fureur extrême, s'écriant, si haut que presque toutes les personnes présentes purent l'entendre distinctement* : « Ah ! Baudemagus, à ta droite se trouve celui par qui tu périras, et c'est un grand malheur, car nul prince plus sage que toi ne mourra, de ton temps et de ton vivant, dans ce pays. » La plupart de ceux qui étaient là entendirent ces mots mais ils ne les comprirent pas très bien, car ils ignoraient tout des événements à venir. Le roi Arthur demanda à Merlin de lui répéter ses

---

quoi son *errance*, bien que nous n'ayons aucune précision à ce sujet (§ 224, ll. 9-13), ne dure sans doute pas plus d'une année, jusqu'à sa mort. Deux mois après celle-ci, Merlin arrive à la cour pour les préparatifs du mariage d'Arthur qui aura lieu très peu de temps après (§§ 243-255). Le jour même du mariage, Gauvain, âgé de quelque dix-huit ans (§ 275, l. 15), est fait chevalier, *peu de temps après Baudemagus* (§ 242, l. 10 et § 165, l. 11). Entre le § 166, où Gauvain serait âgé de seize ans et demi, et le § 255, il semble donc qu'un intervalle de dix-huit mois soit une estimation raisonnable. Il serait en revanche délicat de préciser l'âge de Gaheriet. Celui-ci est en effet adoubé à la fin du roman, alors que Gauvain doit avoir entre vingt-six et trente ans. En prenant l'estimation basse, et en supposant que Gaheriet soit adoubé vers l'âge de vingt ans, il doit avoir au minimum six ans de moins que son aîné, ce qui là encore plaide en faveur de l'âge que le ms. B attribue à Gauvain (si celui-ci n'a que onze ans au § 166, Gaheriet en aurait en effet cinq au plus).

propos, mais il refusa, et ceux qui les avaient entendus lui rapportèrent exactement ce qu'ils lui avaient entendu dire. Le roi fit aussitôt mettre ces paroles par écrit, sans toutefois savoir ce qu'elles signifiaient. Cependant, par la suite, il comprit parfaitement cette prophétie, car il apprit de source certaine que monseigneur Gauvain, depuis, avait tué Baudemagus[271].

167. Les uns et les autres, au palais, parlèrent beaucoup de Baudemagus en cette occasion, si bien que le père de Sagremor – celui-là même qui faisait élever Mordret avec son fils –, que ce seigneur, dis-je, qui était venu à la cour ce jour-là, dit au roi Urien, près duquel il se trouvait : « Sire, vous devez vous réjouir beaucoup d'avoir pourvu à l'éducation de Baudemagus aussi bien que vous l'avez fait, car pour l'heure je ne connais assurément aucun jeune homme de noble naissance qui mérite d'être estimé autant que lui dans tout ce pays. Si seulement il plaisait à Dieu que je puisse avoir un héritier qui lui ressemble ! Car en vérité je le chérirais énormément. – Par Dieu, répliqua le roi Urien, je l'aime tant que je ne crois pas que je l'aimerais davantage s'il était mon fils, et je l'aime plus pour ses qualités que pour notre parenté. » A ces mots, Merlin s'avança vivement et dit au père de Sagremor : « Quant à l'éducation donnée par chacun de vous, le roi Urien a plus de raisons de se féliciter des soins qu'il a pris – et il n'y manquera pas – que vous n'en avez de vous réjouir des vôtres, car il verra les siens produire de bons fruits, tandis que les vôtres, ainsi que vous vous en apercevrez, abouti-

---

271 V. *Mort Artu*, § 3 (ll. 29-30).

ront à vous faire mourir avant l'heure de la pointe d'une lance tranchante[272]. Et l'une de ces deux créatures qui sont maintenant ensemble fera mourir l'autre[273]. Vous pouvez vraiment dire que vous avez mis le loup avec l'agneau : tout comme le premier se réjouit de la mort du second, l'un de ces deux êtres se réjouira de la mort de son compagnon ; et ce jour-là sera celui où la Bataille Meurtrière aura lieu dans la plaine de Salisbury, celui où l'éminente chevalerie du royaume de Logres sera mise à mort et anéantie. »

168. Les deux hommes furent très étonnés par ces paroles et les rapportèrent aussitôt au roi ; celui-ci répondit : « Ce sont des prophéties de Merlin », et il demanda que l'on mît celles-ci par écrit avec les autres[274]. Ceux

---

[272] Contrairement à G. Roussineau (*op. cit.*, gloss., p. 773, s. v.), nous donnons à *norreture* le sens d''éducation' à la fois à la l. 15 et à la l. 16.

[273] V. *Mort Artu*, § 190, ll. 42-45 : « ...et Mordrés lesse corre a Sagremor et le fiert si durement voiant le roi qu'il en fet le chief voler en mi la place. » Ce meurtre a lieu dans les derniers instants de la bataille de Salisbury (*Mort Artu*, §§ 180-191).

[274] Ce recueil de prophéties, distinct du livre que Merlin dicte à Blaise, a été entrepris après la réalisation des prédictions de Merlin sur la triple mort d'un vassal de Pandragon (v. *Merlin*, § 44, ll. 8-15). Une édition des *Prophesies de Merlin* a été donnée, sous ce titre, par A. Berthelot, Cologny-Genève, Fondation Martin Bodmer (Bibliotheca Bodmeriana. Série Textes VI), 1992, 450 p. V. également N. Koble, *Muances et polyphonie romanesque : les « Prophesies de Merlin » en prose (Étude et texte)*, thèse de doctorat de Paris III, 2001, deux vol., 803 p. ; G. Veysseyre, *Édition partielle des*

qui avaient reçu l'ordre de le faire obéirent. Alors, le roi dit à Merlin : « Merlin, dites-moi au moins si ces événements que vous annoncez en ma présence adviendront de mon temps. – En vérité, oui, répondit Merlin, je ne prononce aucune parole maintenant obscure dont la vérité ne vous apparaisse avant que vous quittiez ce monde. » Et le roi déclara qu'il désirait beaucoup qu'il en fût ainsi.

169. Le lendemain, vers midi, alors qu'il avait fait dresser ses tentes hors de la ville, dans une prairie, le roi, qui se sentait un peu fatigué, se coucha dans celle qu'il occupait, qui se trouvait au bord du chemin, entre de petits arbrissaux, après avoir ordonné que personne ne demeurât dans les parages[275], à l'exception de ceux qui avaient en charge le service de sa chambre. Des pensées qui lui étaient particulièrement pénibles lui vinrent alors à l'esprit, et cela le rendit si triste que nul n'aurait pu l'être davantage. Tandis qu'il était en proie à ces réflexions, qui l'empêchaient de dormir, un bruit lui fit dresser l'oreille et il perçut le martèlement des sabots d'un cheval qui arrivait

« *Croniques des Bretons* », thèse de doctorat de Paris IV, 2003, t. 3/5, 213 p.

[275] *Suite*, § 169, ll. 5-6 : *et ot commandé que tout se partesissent d'illuec entour fors que ses cambrelens ;* HDB, p. 191 : « il avait commandé à tout le monde, sauf à son chambellan (*sic*), de le laisser méditer » ; EB, p. 233-34 : « après avoir ordonné à tout le monde de se retirer sauf à ses chambellans ». La suite montre que les serviteurs sont à l'extérieur de la tente (§ 169, ll. 13-14). La trad. d'EB, ambiguë compte tenu de ce qui la précède immédiatement, est à vrai dire interprétable en ce sens.

au grand galop sur le chemin, hennissant et faisant le plus grand vacarme qu'on puisse imaginer. Le roi se leva vivement de son lit pour voir ce que c'était ; il sortit de sa tente et constata que tous ses serviteurs dormaient. Il vit alors venir, du côté du château de Méliot, un chevalier équipé de toutes ses armes qui manifestait la plus grande douleur du monde et qui disait dans sa langue : « Ah ! mon Dieu, en quelle occasion ai-je mérité de devoir provoquer un aussi grand et un aussi douloureux malheur ?... Et pourtant je ne m'en sens pas capable... Non, rien ne m'était plus étranger que de commettre de tels crimes ! « Après avoir dit ces mots, il recommença à se plaindre, autant, sinon plus, que précédemment. Lorsqu'il arriva à la hauteur du roi, celui-ci lui dit : « Ah ! seigneur chevalier, je vous prie au nom de la civilité de me dire pourquoi vous manifestez un tel chagrin. » Le chevalier répondit : « Seigneur, je ne vous dirai rien, car vous n'avez pas le pouvoir d'y remédier. » Et il passa son chemin sans parler davantage. Quand le roi vit qu'il ne saurait rien de plus, il en fut fort affligé et se dit à lui même : « Ah ! Seigneur Dieu, comme il m'en coûte de ne pas savoir pourquoi ce chevalier est si malheureux ! » Cependant, celui-ci continua son chemin en direction d'une montagne et le roi le suivit du regard aussi longtemps qu'il le put en répétant : « Ah ! Dieu, comme il m'en coûte de ne pas connaître le secret de ce chevalier ! » Comme il le regardait s'en aller, il ne tarda pas à voir arriver le Chevalier aux Deux Épées qui traversait le chemin ; c'était le chevalier dont il appréciait le plus au monde, à cette époque, la valeur de combattant, et celui-ci venait droit vers lui. Quand il aperçut le roi, il alla à sa rencontre et lui dit : « Sire, je suis prêt à faire pour vous tout ce que je pourrais ici-bas[276]. – Vous me l'avez bien montré, répliqua le roi, il n'y a pas longtemps[277]. Mais je vous prie de me rendre encore un service qui ne vous donnera pas grand mal, à mon avis. » L'autre répondit que, même s'il devait lui en donner beaucoup, il essaierait de le lui rendre, puisqu'il le lui demandait. « Je voudrais, reprit le roi, que vous suiviez un chevalier qui vient de passer par ici. » Il lui montra la route par où le chevalier s'en allait. « Et faites en sorte, en usant d'amabilité ou autrement, qu'il revienne vers moi. Sachez que je ne lui veux pas de mal, mais j'aimerais vraiment connaître, s'il y consentait, la raison du violent chagrin qu'il manifestait lorsqu'il est passé devant ma tente. – Sire, dit le Chevalier aux Deux Épées, merci beaucoup, puisqu'il vous plaît de me demander cela. J'irai volontiers, et je vous l'amènerai, s'il plaît à Dieu. »

170. Alors, il se remit en selle, quitta le roi et s'en alla à très vive allure sur les traces du chevalier. Il n'était pas

---

[276] Cette mise en scène – arrivée soudaine de Balaain, son offre de service au roi à peine celui-ci vient-il de formuler un souhait, le fait même que les serviteurs ne s'éveillent pas malgré le bruit (ll. 11-12) – fait irrésistiblement songer à l'apparition du diable ou d'un mauvais génie. Qu'il faille voir ici l'affleurement de la tentation faustienne que nous avons signalée dans notre introduction est confirmé par le funeste résultat de l'obéissance de Balaain. Sur ce qui suit, v. E. Vinaver, *op. cit.*, pp. 144-149.

[277] Si nos calculs (v. n. 270) sont justes, quelque six années doivent séparer cette scène de la bataille contre les armées de Rion et de Loth.

parti depuis longtemps lorsqu'il le vit cheminer devant lui ; l'homme portait une sorte de cape blanche sur sa cotte de mailles et son cheval était couvert d'un tissu de la même couleur. Le Chevalier aux Deux Épées pressa tant sa monture qu'il le rejoignit au pied du mont vers lequel il s'était dirigé. Aux côtés du chevalier se trouvait une demoiselle qui lui disait : « Pourquoi tant de chagrin ? Si vous ne le faisiez pas, un autre le ferait à votre place. » Il répondait : « J'aimerais mieux être mort depuis plus de dix ans que d'être obligé d'aller au bout de cette aventure. » Et il se lamentait de nouveau. Alors, le Chevalier aux Deux Épées s'approcha de lui et lui dit : « Seigneur, que Dieu vous protège ! » L'autre en retour appela sur lui la bénédiction divine. « Très cher seigneur, reprit le Chevalier aux Deux Épées, je voudrais vous prier, au nom de Dieu et de la chevalerie, de revenir sur vos pas et d'interrompre un moment votre voyage jusqu'à ce que vous ayez parlé au roi Arthur, qui demande à vous voir. » Le chevalier répliqua : « Seigneur, ne m'en veuillez pas : sachez que je ne puis en aucune manière rebrousser chemin pour cette fois. Au nom de Dieu ne prenez pas ce refus pour de l'orgueil, car, en vérité, si je pouvais le faire, je le ferais volontiers. – Ah ! seigneur, s'écria le Chevalier aux Deux Épées, au nom de Dieu, vous ne parlez pas sérieusement ! Si vous ne revenez pas en arrière, vous aurez fait de moi un homme mort*, car j'ai promis au roi que je vous amènerai à lui, d'une manière ou d'une autre[278]. » Le chevalier répéta qu'il ne rebrousserait pas chemin, car il ne le pouvait pas. « Et

---

[278] Aucune promesse formelle ne figure au § 169.

soyez sûr, ajouta-t-il, que si je le faisais il m'arriverait malheur. – Si vous ne revenez pas, reprit l'autre, vous m'obligerez à commettre une bien vilaine action, car je vous attaquerai et vous combattrai de toutes mes forces ; il m'en coûterait, cependant, que Dieu m'abandonne à l'instant si je mens, parce que vous me semblez être un homme de mérite. – Comment ! s'exclama le chevalier, il me faudra donc me battre contre vous si je ne fais pas demi-tour ? Ma parole, je n'ai jamais entendu dire quelque chose d'aussi insensé[279] ! – Au nom de Dieu, repartit le Chevalier aux Deux Épées, il faut que vous reveniez ; j'en suis désolé, que Dieu m'abandonne si je mens, mais je n'ai pas le choix, car j'ai promis au roi que je ferais mon possible pour vous ramener. – Sans mentir, répliqua l'autre, je sais bien que si je vous accompagne il m'en arrivera quelque malheur, en sorte qu'il me faudra abandonner la quête que j'ai entreprise[280], et quand je l'aurai abandon-

[279] Cette remarque n'est pas sans évoquer les multiples remises en cause du combat gratuit entre inconnus qui parsèment le *Tristan en prose* (Genève, Droz, publ. sous la dir. de Ph. Ménard). V. par ex. t. I ([TLF 398], 1991, éd. Ph. Ménard), § 112 et ss ; § 122 et ss. L'esprit général de notre texte est cependant fort éloigné du *Tristan* sur ce point (à moins de considérer que le duel fratricide qui oppose Balaain à son frère constitue une leçon qui se passe de commentaire).

[280] *Suite*, § 170, ll. 35-36 : *je sai bien [...] qu'il me meskerra en auchune maniere, qu'il me couverra a laissier ceste queste...* ; on peut tout autant comprendre 'car il me faudra...' ; analyse différente dans HDB, p. 193 : « et que je serai obligé... » et EB, p. 237 : « et qu'il me faudra abandonner... » (« qu'il me couverra... » est traité comme une complétive qui dépend de « sai »).

née, qui la reprendra* ? – Moi, répondit le Chevalier aux Deux Épées, et jamais de ma vie je ne l'abandonnerai avant de l'avoir achevée. – Si vous vouliez me le promettre, reprit l'autre, je reviendrais en arrière. » Balaain le lui promit. « Je vais donc retourner sur mes pas, déclara le chevalier, mais sachez bien que je veux que vous me preniez sous votre protection, de sorte que vous soyez jugé responsable de ce qui pourrait advenir, car vous y êtes tenu par la promesse que vous m'avez faite. » Balaain répondit qu'il le ferait volontiers.

171. Le chevalier fit alors demi-tour et dit à son compagnon : « Allez devant, car je vais vous suivre. Ils se mirent donc en route et cheminèrent tant et si bien qu'ils furent bientôt proches de la tente du roi. Quand ils n'en furent éloignés que d'une portée d'arc, le chevalier qui suivait s'écria : « Ah ! seigneur chevalier aux deux épées, je suis mort ! C'est pour mon malheur que je me suis trop fié à votre protection, et si je suis tué en votre compagnie la honte en sera pour vous et le dommage pour moi. » A ces mots, le Chevalier aux Deux Épées chercha son compagnon du regard et vit qu'il était tombé de cheval. Il revint aussitôt sur ses pas et mit pied à terre. Quand il l'eut rejoint, il vit qu'il avait été frappé d'un coup de lance en plein corps, si violemment que le fer l'avait traversé de part en part. Il fut alors si affligé qu'on ne pourrait l'être davantage et il s'écria : « Ah ! Dieu, je suis déshonoré, puisque cet homme de mérite est ainsi mort sous ma protection ! » Le chevalier lui dit avec une extrême difficulté : « Seigneur chevalier, je suis mort. C'est vous qui devez en être blâmé. Maintenant, il vous faut entrer dans la quête que j'avais commencée et la mener à bien selon votre pouvoir. Prenez mon cheval, qui vaut mieux que le vôtre, et suivez la demoiselle que vous avez vue en ma compagnie. Celle-ci vous mènera là où vous devez aller et vous montrera sous peu celui qui m'a tué[281]. On verra alors comment vous me vengerez ! » Dès qu'il eut prononcé ces paroles, il se raidit et son âme se sépara de son corps.

172. Le roi Arthur était arrivé sur les lieux avant que le chevalier fût mort et il avait entendu une grande partie de ses propos. Le Chevalier aux Deux Épées lui dit : « Sire, je suis déshonoré, puisqu'un homme d'un tel mérite est mort sous ma protection ! – En vérité, répliqua le roi, je n'ai jamais vu un prodige aussi grand que celui-là, car j'ai bien vu le coup mais pas celui qui l'a donné. » Alors, le Chevalier aux Deux Épées saisit la lance qui avait frappé son compagnon et la lui retira du corps, puis il dit au roi : « Sire, je m'en vais d'ici. Je vous recommande à Dieu, car je n'ai pas l'intention de remettre jamais les pieds à votre cour avant d'avoir vengé ce chevalier et achevé la quête qu'il avait entreprise. » Il se dirigea alors vers la monture de son compagnon, l'enfourcha, puis il prit son bouclier et s'éloigna des tentes pour rejoindre la demoiselle. Le roi

---

[281] Par la suite, on voit Balaain persuadé qu'il ne pourra achever sa quête sans la conduite de la jeune fille (§ 189, l. 13 ; § 190, l. 16). On ne voit pas cependant que celle-ci lui fournisse le moindre renseignement à ce sujet. C'est grâce à Merlin (§ 179, l. 14) et à un chevalier qui l'héberge (§§ 194-195, ll. 1-13) que Balaain parvient jusqu'à Garlan.

resta prés du chevalier qui gisait à ses côtés ; il était si effaré qu'il ne savait que dire. Comme il regardait autour de lui, ceux qui avaient en charge le service de sa chambre arrivèrent et lui demandèrent : « Sire, qui a tué ce chevalier ? – Je n'en sais rien, répondit-il, que Dieu m'abandonne si je mens. » Tandis qu'ils échangeaient ces paroles, Merlin se joignit à eux et déclara : « Roi, ne te laisse pas déconcerter par cette aventure, car tu en verras encore de plus étonnantes, mais fais faire une très belle tombe, mets-y le corps du chevalier et fais écrire dessus ces mots : *Ici repose le Chevalier Inconnu.* Et sache que le jour où tu apprendras son nom – et tu ne l'apprendras pas avant que l'heure soit venue – il y aura une telle joie à la cour qu'il n'y en aura jamais eu et qu'il n'y en aura jamais plus d'aussi grande en ce lieu. » Le roi fit comme Merlin le lui avait dit.

173. Maintenant, le récit cesse de parler du roi et de Merlin pour parler du Chevalier aux Deux Épées et pour raconter comment il acheva la quête qu'il avait prise à son compte, comment il assena le coup par lequel advinrent au royaume de Logres les aventures qui durèrent vingt-deux ans, et comment enfin il eut le malheur de tuer son frère et d'être tué par lui. Et que tous ceux qui voudront entendre l'histoire rédigée par monseigneur de Boron sachent de quelle manière il a divisé son livre en trois parties d'égale longueur, la première aussi longue que la deuxième et la deuxième aussi longue que la troisième. La première partie va jusqu'au commencement de la quête dont il vient d'être question, la deuxième, jusqu'au commencement de la quête du Graal[282] et la troisième s'achève exactement avec la mort du roi Marc, après la mort de Lancelot. Et il mentionne cela à la fin du premier livre, afin que, si l'histoire du Graal était altérée par certains traducteurs qui viendraient après lui, toutes les personnes avisées qui se consacreraient à une écoute attentive de son récit pourraient, par ces indications, savoir s'il leur est donné en entier ou altéré et se faire une idée précise de l'importance d'une éventuelle lacune. Après avoir ainsi exposé le plan de son livre, il retourne à son sujet de la manière suivante :

X

174. A présent, le récit raconte que, lorsque le Chevalier aux Deux Épées eut quitté le roi Arthur, il se dirigea en pleurant, triste et soucieux, vers l'endroit où il avait laissé la demoiselle. Quand elle le vit arriver, elle s'écria : « Ah ! seigneur chevalier, comme vous avez mal agi en laissant tuer sous votre protection ce chevalier ! Je n'en connaissais pas de meilleur au monde... Certes, nous n'avons pas avec

---

282 *Suite*, § 173, l. 12 : *el commenchement dou Graal* ; HDB, p. 195 : « au commencement de l'aventure du Graal » ; EB, p. 239 : « au début de la quête du Graal ». C'est nécessairement de cette dernière qu'il s'agit, car les aventures du Graal commencent après le Coup Funeste (§ 277, l. 15), ce qui donnerait une deuxième partie bien courte. V. sur cette trilogie G. Roussineau, *op. cit.*, pp. XXXII-XXXVIII.

vous gagné au change, et il est sûr que cette affaire ne vous[283] rapportera rien de bon, car, tout comme j'étais certaine que ce chevalier achèverait ce qu'il avait commencé, je sais parfaitement aussi que vous ne serez jamais assez puissant ni assez valeureux pour mener la quête à son terme, et que vous y laisserez au contraire votre vie, en chevalier lâche et indigne. Il me semble, et à juste titre, que la mort aurait beaucoup mieux fait de vous prendre et de l'épargner, plutôt que l'inverse. »

175. Le chevalier était si affligé qu'il ne savait que dire. Là-dessus, chacun s'en alla de son côté et, tout comme ils en étaient convenus[284], la demoiselle se dirigea vers la ville et Balaain vers la forêt. Comme il y pénétrait, il rencontra un chevalier qui n'avait pour tout armement que son épée ; il revenait de la chasse, accompagné seulement de deux lévriers qui le suivaient. En arrivant à la hauteur l'un de l'autre, les deux hommes se saluèrent. Quand celui qui était désarmé vit le Chevalier aux Deux Épées manifester une aussi grande douleur, il s'arrêta, profondément stupéfait, et déclara qu'il se montrerait vraiment indigne s'il n'apprenait pas la raison de ce chagrin. Il revint aussitôt sur ses pas et lui dit : « Ah ! seigneur chevalier, je vous prie, pour l'amour de Dieu et au nom de la civilité, de me dire d'où vous vient cette peine, car il me semble

---

[283] *Suite*, § 174, l. 8 : *ne ja preus ne biens ne vous en averra* ; *nous* serait plus attendu ici ; c'est la leçon de l'éd. de G. Paris et J. Ulrich (*op. cit.*, II, p. 1).

[284] Nous n'avons aucune mention de cet accord.

que vous ne manifesteriez pas une telle douleur sans un très puissant motif[285]. – Le motif, répondit l'autre, en est si puissant qu'il ne s'agit ni plus ni moins que de mon honneur irrémédiablement perdu, et jamais, aussi longtemps que je vivrai, je ne pourrai tant faire que j'obtienne un jour un honneur aussi grand que la honte qui m'a été infligée ; c'est pour cela que je manifeste un tel chagrin. – Ah ! noble chevalier, reprit l'autre, puisque cette honte est si grande que nul honneur ne pourrait lui être comparé, je vous prie donc, au nom de la civilité et des nobles sentiments que nous devons nous témoigner, de me dire quel événement en a été la cause et comment cela vous est arrivé. Et je vous donne ma parole de chevalier qu'à partir de maintenant je serai votre compagnon dans la honte, de telle sorte que je ne vous abandonnerai pas, quoi qu'il arrive, à moins que vous ne le souhaitiez ou que la mort ne me sépare de vous, jusqu'à ce que cette honte soit vengée : j'aimerais mieux mourir, assurément, que de la laisser impunie. »

176. Cette offre laissa le Chevalier aux Deux Épées profondément stupéfait, car il était persuadé de n'avoir jamais rien fait pour ce chevalier qui fût de nature à provoquer de sa part un tel dévouement en sa faveur ; du reste, il n'avait nulle envie de le mettre au courant de cette affaire, à cause du terrible malheur qui s'y rapportait. Toujours aussi affligé, il répondit donc : « Ah ! seigneur chevalier, pareille histoire, en vérité, je ne vous la raconte-

---

[285] Ou : 'vous ne me semblez pas homme à manifester...'

rais en aucune façon. – Vous le ferez, je vous en prie, pour l'amour de la créature que vous aimez le plus au monde. – Et moi je vous affirme, reprit Balaain, pour l'amour de la créature que j'aime le plus au monde, que je ne vous dirai rien pour cette fois. Vous n'avez pas autant de civilité que je le pensais, pour m'interroger malgré que j'en aie sur mes affaires. » L'autre fut alors très dépité et sa contrariété fut telle qu'il faillit vraiment perdre la tête. Il répondit : « Je vous garantis que vous me le direz, si j'ai la possibilité de vous y contraindre, et j'aimerais mieux mourir que de ne pas le savoir. » Alors, il lança vivement la main vers le cheval de son interlocuteur et le saisit par le mors en disant : « Vous êtes pris, par la Sainte Croix. Vous ne m'échapperez pas, si je peux vous retenir, avant de m'avoir répondu. » Le Chevalier aux Deux Épées oublia alors son chagrin ; il se mit à sourire et dit : « Mais c'est qu'il s'imagine m'avoir pris aussi facilement... Ma parole, voilà bien le chevalier le plus fou que j'aie jamais rencontré ! » Cependant, comme l'autre le retenait toujours par le mors de sa monture en répétant qu'il était pris, il lui répondit qu'il se libérerait quand il le voudrait. Il mit alors la main à l'épée et déclara, non qu'il eût l'intention de mettre sa menace à exécution, mais parce qu'il voulait effrayer le chevalier : « Seigneur chevalier, si vous n'ôtez pas votre main, vous vous en repentirez, car je vous la couperai, aussi me ferez-vous commettre une action vile, vu que je suis armé et que vous ne l'êtes pas. » Quand l'autre entendit ces mots, il retira la main et s'écria : « Qu'est-ce que vous dites, chevalier indigne ? Que Dieu vous inflige une honte beaucoup plus grande que celle que vous avez déjà ! Voulez-vous donc me frapper, alors que je suis désarmé ? – Si je vous frappais, répondit Balaain, ce ne serait guère étonnant, car vous êtes le chevalier le plus fâcheux et le plus grossier que j'aie jamais rencontré, vous qui voulez contraindre les gens à vous parler de ce qui les regarde. » L'autre repartit : « Je n'ai jamais rien désiré autant que je désire savoir ce qui vous est arrivé. Et puisque vous ne voulez rien dire de bonne grâce, je crois que vous me le direz par la force. – Je ne sais pas ce que je vais faire, répliqua le Chevalier aux Deux Épées, mais par la force, je ne vous dirai rien, à mon avis. »

Alors, le chevalier désarmé partit à travers la forêt en suivant le chemin principal, jusqu'à ce qu'il parvînt à sa demeure, une haute tour fortifiée, environnée de marais, où il trouva ses gens qui l'attendaient. Il leur demanda ses armes ; ils les lui apportèrent, puis ils l'armèrent aussi vite que possible, sans oser à un seul moment lui demander où il voulait aller. Quand ils l'eurent armé à sa convenance, il monta à cheval, le bouclier au cou et la lance au poing. Ses gens voulaient le suivre, mais il le leur défendit expressément ; il s'en alla donc de la sorte de chez lui, tout seul, et chevaucha tant et si bien qu'il entra dans la forêt[286], où il retrouva les traces du Chevalier aux Deux Épées. Il piqua si vigoureusement sa monture à la poursuite de celui-ci qu'il vous le rejoignit au fond d'une vallée. Dès qu'il le

[286] Il est difficile de suivre le déplacement de ce chevalier. Au § 175 (ll. 4-5), Balaain le rencontre « a l'entree de la forest », alors qu'il semble en sortir après avoir chassé ; au § 176 (l. 42), il s'en va « tout le grant chemin par la forest » pour rentrer chez lui, avant de se mettre « en la forest » (§ 176, l. 51) pour rejoindre Balaain.

vit, il s'écria : « Maintenant, Monsieur le chevalier, je vais savoir ce que je vous ai longuement prié de me dire. L'heure est venue de combattre. – Comment ! répliqua le Chevalier aux Deux Épées, il me faudra me battre contre vous ou vous apprendre, contre mon gré, ce que je ne voudrais révéler à personne ? – En vérité, telle est bien la situation, répondit l'autre. Décidez-vous, car vous ne pouvez pas vous en aller sans avoir fait votre choix. – Et moi je vous dis que pour cette fois je ne révélerai ce que vous me demandez à personne, ni à vous ni à quelqu'un d'autre. – Il ne vous reste donc plus qu'à vous défendre contre moi, reprit le chevalier, car il vous faut combattre. » Le Chevalier aux Deux Épées lui répondit qu'il aimait mieux combattre que de lui apprendre contre son gré ce qu'il voulait savoir. Après ces paroles, ils s'éloignèrent l'un de l'autre sans attendre davantage. Les deux cavaliers avaient de belles et bonnes armures, de bonnes et robustes lances ; ils se précipitèrent donc l'un vers l'autre et se frappèrent si rudement que les fers de leurs armes s'enfoncèrent dans les boucliers ; mais les cottes de mailles étaient si solides et si résistantes qu'ils ne purent les endommager. Le Chevalier aux Deux Épées précipita son adversaire au sol avec tant de brutalité qu'il s'en fallut de peu que celui-ci n'eût les bras brisés dans sa chute. Cependant, il était très brave et très alerte, aussi se releva-t-il promptement et mit la main à l'épée, manifestant clairement son intention d'en découdre.

177. Voyant cela, le Chevalier aux Deux Épées lui demanda : « Comment ! cela ne vous suffit pas ? – Non, répondit l'autre. Vous ne vous en irez pas ainsi, pas avant que je sache la vérité sur ce que je vous demande, si je le puis. – Vraiment ? repartit le Chevalier aux Deux Épées, vous voulez donc courir le risque de mourir pour savoir ce qui s'est passé, alors que vous ne pourriez rien y gagner ? Car quand vous le saurez, vous n'y gagnerez rien. Sans mentir, je n'ai encore jamais entendu pareille extravagance ! » L'autre répéta qu'il aimait mieux mourir que de ne pas le savoir. Alors, le Chevalier aux Deux Épées se mit à sourire et se signa d'étonnement. Il répondit sans plus tarder : « Remettez-vous donc en selle, seigneur chevalier, et faites route avec moi ; je vais vous raconter comment j'ai été déshonoré, car j'aime mieux vous l'apprendre que de courir le risque de vous tuer, ou d'être tué par vous. Je suis en effet convaincu que vous êtes un chevalier accompli. » L'autre le remercia vivement de ce geste généreux ; il remonta rapidement à cheval et reprit sa lance qui était encore entière, après quoi ils se remirent immédiatement en route à travers la forêt.

Le Chevalier aux Deux Épées commença aussitôt à lui raconter l'aventure du chevalier qu'il avait fait retourner vers la tente du roi Arthur, à la prière de celui-ci, expliquant qu'il s'était engagé à le conduire sain et sauf jusqu'au roi et que le chevalier avait été tué sous sa protection. Il lui raconta exactement comment les choses s'étaient passées. « Et parce qu'il a été tué sous ma protection et dans des circonstances aussi tragiques, conclut-il, j'ai un tel chagrin que jamais, aussi longtemps que je vivrai, je n'aurai de joie dans mon cœur avant de l'avoir vengé de celui qui l'a tué – s'il est possible qu'une vengeance en soit prise d'une manière ou d'une autre. Et je n'y renoncerai pas, quelque peine et quelque souffrance que je doive endurer pour cela.

178. Vous savez maintenant d'où vient mon chagrin et pourquoi je m'y abandonne comme vous l'avez vu. Sachez aussi que le chevalier ne peut être vengé que par un tronçon de l'arme même qui l'a frappé[287]. – Comment le vengerez-vous donc, demanda l'autre, puisque vous n'avez pas cet objet ? – Je ne manquerai pas de l'avoir au moment opportun, répondit le Chevalier aux Deux Épées, car une demoiselle qui m'accompagnera dans cette quête l'emporte avec elle. – Et où est cette personne ? Car je ne la vois pas ici avec vous. – Elle m'a quitté il y a peu de temps mais viendra me retrouver demain, près d'un calvaire qui se trouve au milieu de cette forêt, à l'orée de laquelle nous nous sommes elle et moi séparés. – Répondez donc, reprit l'autre, à cette question. Comment pensez-vous retrouver celui qui vous a infligé cette honte, puisque vous n'avez même pas pu l'identifier quand il était devant vous ? Car s'il n'avait pas été devant vous, ou tout au moins proche de vous, il n'aurait pas pu le tuer. – Je ne sais pas comment il sera retrouvé, répondit le Chevalier aux Deux Épées, mais j'ai en ce jour repris à mon compte la quête du chevalier assassiné de telle manière que je ne l'abandonnerai jamais de ma vie avant de l'avoir achevée, pour mon honneur ou pour ma honte. – Puisse Notre Seigneur vous y aider, dit l'autre chevalier, car c'est assurément là une bien grande et bien pénible entreprise. Et, parce que vous m'avez appris tout ce qui a trait à cette quête, je m'y associe, et je fais vœu à Notre Seigneur et à tous les chevaliers dignes de ce nom que jamais, aussi longtemps

---

[287] On ne sait d'où Balaain tire cette information.

que je vivrai, je ne l'abandonnerai avant qu'elle soit achevée, par moi ou par un autre. Et je vous prie, au nom de la bienveillance et de la civilité que nous devons nous témoigner, de la mener à mes côtés. » Le Chevalier aux Deux Épées répondit qu'il y consentait, puisqu'il s'engageait ainsi pour de bon dans cette entreprise. Ils échangèrent aussitôt la promesse d'être l'un pour l'autre de loyaux compagnons tout le temps qu'ils resteraient ensemble.

179. Alors, les deux chevaliers se mirent en route. Ils n'avaient pas fait beaucoup de chemin lorsqu'ils rencontrèrent Merlin, qui était parfaitement au courant de tout ce qu'ils venaient de dire et qui s'était rendu méconnaissable en revêtant un habit de frère convers entièrement blanc. Quand il aperçut les deux chevaliers, il les salua et leur dit : « Cette association que vous avez si fermement établie ne durera pas aussi longtemps que vous le croyez, car elle sera rompue très bientôt. – Et qu'en savez-vous ? demanda le Chevalier aux Deux Épées. – Je ne vous dis que cela pour le moment, répondit Merlin, et vous n'en saurez pas davantage par moi pour cette fois. Mais je vais vous apprendre maintenant autre chose que vous désirez beaucoup savoir. Celui que vous cherchez, celui-là même qui a tué devant les tentes le chevalier que vous aviez pris sous votre protection, sachez en vérité qu'il s'appelle Garlan et qu'il est le frère de Pellehan. – Ma foi, dit le Chevalier aux Deux Épées, je connais bien Pellehan, mais je n'ai jamais entendu parler de ce Garlan. Néanmoins, puisque je connais son nom, il est impossible que je ne le trouve pas, si à force de chercher un homme on peut finir par le trouver un jour. – Je vous donne un bon conseil, reprit

Merlin : rebroussez chemin et abandonnez cette quête, car en vérité, si vous l'achevez, vous assènerez un coup qui aura de si douloureux et de si malheureux effets pour le royaume de Logres que même le coup d'épée naguère donné lors du combat entre le roi Lambor et le roi Urlan[288] n'aura pas provoqué de plus grand malheur ni de plus grand fléau que ceux qui adviendront par le coup de la Lance Vengeresse. Et ce crime, Balaain, tu n'auras pas le pouvoir de le réparer, ni toi ni personne qui soit en vie aujourd'hui ; au contraire, il sera la cause du malheur et de la ruine de ce royaume, ainsi que de beaucoup d'autres. Cette désolation durera jusqu'à ce que vienne celui qui mettra un terme aux aventures de la Grande Bretagne. Quant à toi, qui susciteras cette immense douleur, si tu vas là où tu comptes aller, tu en mourras et tu connaîtras toi-même en mourant une immense douleur. – En vérité, repartit le Chevalier aux Deux Épées, que j'en meure ou non, et même si je devais alors connaître une mort plus ignoble qu'aucun homme ait jamais connue, je poursuivrai néanmoins cette quête de toutes mes forces et je l'achèverai ; et, quand bien même tous les malheurs du monde devraient en être la conséquence, je ne m'abstiendrais

---

[288] Allusion au coup donné par le roi Varlan au roi Lambar (qui, comme le roi Pellehan, était « l'ome del monde de crestiens ou il avoit greignor foi et greignor creance et ou Nostre Sires avoit greignor part »), qui transformera leurs royaumes en *terre gaste* (*La Queste del Saint Graal*, éd. A. Pauphilet, Paris, Champion [CFMA 33], 1923, p. 204 ; trad. E. Baumgartner, Champion [traductions des CFMA 30], 1979). V. G. Roussineau, *op. cit*, pp. XVII-XVIII.

cependant pas de venger celui qui a été tué sous ma protection*. – Tu le vengeras donc, dit Merlin, mais sache que tu t'en repentiras tellement, après, que tu regretteras d'être en vie. » Sur ce, les chevaliers quittèrent Merlin et firent route à travers la forêt en suivant le chemin principal, comme ils l'avaient fait précédemment. Cependant, Merlin continuait de les suivre, voulant voir comment les choses tourneraient pour eux.

180. Ils cheminèrent tant et si bien qu'ils arrivèrent près d'un ermitage, devant lequel il y avait un cimetière que traversait la route de ceux qui passaient par là. Ils y pénétrèrent, le Chevalier aux Deux Épées en tête, profondément absorbé dans les réflexions qu'avaient suscitées en lui les paroles de Merlin, qu'il n'avait cependant pas reconnu. Son compagnon, plein d'entrain, venait derrière. Quand ils furent au milieu du cimetière, ce chevalier poussa un très grand cri, comme celui d'un homme qui aurait été fort grièvement blessé, et il s'écria, si haut que celui qui le précédait l'entendit parfaitement : « Ah ! seigneur compagnon, je suis mort ! Mort pour être resté trop longtemps en votre compagnie ! » Le Chevalier aux Deux Épées fut profondément stupéfait en entendant ces paroles, aussi est-ce plein d'appréhension qu'il chercha son compagnon du regard ; il vit qu'il était tombé de cheval et qu'il gisait sur le sol, comme s'il était mort, en effet. Il revint aussitôt sur ses pas. Quand il l'eut rejoint, il mit pied à terre et vit qu'il avait, tout comme l'autre, reçu un coup de lance à travers le corps, aussi meurtrier, sinon plus. La lance était encore entière. Il lui délaça aussitôt le casque, abaissa la mentonnière de son capuchon de mailles et vit qu'il n'y avait plus rien à faire, que son âme s'était séparée de son corps. Il regarda tout autour de lui et ne vit aucune créature mortelle qui pût lui avoir donné ce coup. Quand il eut bien compris que pour l'heure il ne saurait pas qui avait fait cela, il en fut extrêmement affligé et s'écria : « Ah ! Dieu, comment n'éprouverais-je pas un immense dépit[289], quand il m'est impossible d'apercevoir celui qui m'a infligé cette honte et cette terrible humiliation, maintenant et l'autre fois ! » Alors, il recommença à se lamenter, aussi fort que précédemment, déclarant qu'il était le plus misérable et le plus infortuné de tous les chevaliers qui eussent jamais porté les armes, car, disait-il, il comprenait désormais clairement que Fortune lui était plus contraire et plus hostile qu'à tout autre.

181. Tandis qu'il se lamentait ainsi, un ermite de très sainte vie, qui demeurait en cet ermitage, vint dans sa direction. Quand il vit le chevalier manifester une si grande douleur, il se mit à le tancer et à le blâmer très vivement, disant qu'il ne se comportait pas en brave et qu'il était particulièrement indigne d'un chevalier de gémir, quoi qu'il advînt, à moins qu'il ne le fît en repentir de ses péchés. « C'est pour cela seulement qu'il faut pleurer, pas pour autre chose. – Mon père, répondit le chevalier, si je pleure et me lamente plus qu'aucun autre, ce n'est pas fort

[289] *Suite*, § 180, ll. 26 : *tant puis avoir grant duel quant je ne puis veoir...* ; HDB, p. 202 : « quel grand chagrin que de ne pas être capable... » ; EB, p. 248 : « quelle douleur de ne pas pouvoir identifier... »

étonnant, car je me vois plus infortuné, plus maltraité par le sort que quiconque. » Alors, il lui raconta ce qui lui était arrivé, et avec l'autre chevalier et avec celui-ci. « Encore, ajouta-t-il, me serait-ce une grande consolation si j'avais pu voir celui qui les a si soudainement tués, mais c'est impossible, il me semble, car il agit comme un fantôme, et c'est cela qui me désole le plus. – Je vous répète, reprit le saint homme, qu'un vrai chevalier voyageur prend les événements comme ils viennent, qu'ils soient bons ou mauvais. Cela dit, il est certain que les deux aventures qui vous sont arrivées aussi soudainement m'étonnent au plus haut point, bien que vous me sembliez homme à devoir, quoi qu'il arrive, puiser réconfort et courage en vous-même plutôt que vous lamenter de la sorte, car en vérité celui qui cède au découragement, quelles que soient les circonstances, ne me paraît pas posséder une grande force d'âme. »

182. Le bon ermite en dit tant au Chevalier aux Deux Épées qu'il adoucit beaucoup sa peine et lui mit au cœur plus de courage qu'il n'en avait avant de l'avoir rencontré[290]. Le saint homme le fit entrer dans son ermitage et l'aida à se désarmer, puis il retourna auprès du chevalier

---

[290] *Suite*, § 182, ll. 2-3 : *et plus le reconforte que il ne faisoit devant* ; HDB, p. 203 : « Le prêtre parla au Chevalier aux Deux Épées jusqu'à ce qu'il l'eût calmé et quelque peu réconforté » ; EB, p. 249 : « L'ermite [...] parvint à apaiser et à réconforter le chevalier ». Nous comprenons : « et il lui donna plus de courage qu'il [le chevalier] ne s'en donnait lui-même avant. » (cf. *soi reconforter* au § 12, l.12).

qui gisait mort au milieu du cimetière et lui retira la lance du corps. Quand il eut accompli pour sa dépouille les rites que l'on accomplissait à cette époque pour la dépouille d'un chevalier chrétien, suivant les prescriptions de la sainte Église, l'ermite et son hôte ensevelirent le corps, pourvu de tout son armement, car en ce temps-là, quand on enterrait un chevalier, on lui laissait son armure et l'on plaçait ses armes à côté de lui.

183. Quand ils eurent enterré le chevalier, ils posèrent sur sa sépulture une grosse pierre, qui tint lieu de pierre tombale, et laissèrent le tout en cet état. Le Chevalier aux Deux Épées passa le reste de la journée avec l'ermite, qui lui prodiga force bonnes paroles et l'exhorta beaucoup à bien se comporter. Le lendemain, dès que le soleil fut levé et que le saint homme eut chanté la messe, le chevalier s'arma, monta sur son cheval et, accompagné de son hôte, alla voir l'endroit où reposait son compagnon, auquel il ne pouvait s'empêcher de penser encore. Quand ils y furent, ils se mirent à examiner la pierre qui couvrait l'emplacement et ils découvrirent à son extrémité une inscription. Le chevalier demanda : « Mon père, que pensez-vous de cela ? Il me semble qu'il n'y avait hier soir aucune des lettres qui sont ici gravées. – Par Dieu, dit le saint homme, il n'y en avait pas, en effet. Soyez sûr que c'est là un événement extraordinaire. Mais voyons maintenant la signification de ce message, car je suppose qu'elle est de quelque importance. » Alors, il se mit à lire l'inscription et vit qu'elle disait très clairement : *Dans ce cimetière, Gauvain vengera le roi Loth son père, car il tranchera la tête du roi Pellinor dans les dix premières années qui* *suivront son adoubement.* Tel était exactement le contenu de ce qui était écrit. Quand le Chevalier aux Deux Épées eut bien entendu ces paroles, il s'écria : « Ah ! Dieu, quel malheur si les choses se passent comme cette inscription l'annonce ! » Puis il demanda à l'ermite : « Mon père, connaissez-vous le roi Pellinor ? – En vérité, non, répondit celui-ci. – Sachez donc que c'est aujourd'hui le chevalier le plus accompli que je connaisse au monde, c'est pourquoi il y a lieu de maudire copieusement Fortune quand il est ainsi condamné à mourir, et de la main d'un enfant qui ne vaudra jamais, d'après moi, la moitié de ce que ce chevalier vaut aujourd'hui. Si je n'étais pas engagé dans cette quête, je ferais assurément ce qui est en mon pouvoir pour le préserver de cette mort, car j'aimerais mieux tuer Gauvain, à l'âge qu'il a maintenant, que de le laisser tuer ce chevalier exemplaire, dont la disparition sera une perte beaucoup plus grande que ne le serait celle de cet enfant. »[291]

184. Comme ils parlaient ensemble de cette affaire, ils virent un écuyer s'approcher d'eux à vive allure. Il les salua aussitôt de la part de Merlin et leur dit : « Merlin vous fait savoir que c'est lui qui a gravé cette inscription cette nuit, et il vous dit qu'il est inutile de vous mettre martel en tête à ce sujet, car tout adviendra exactement comme vous pouvez le voir écrit. – En vérité, répliqua le Chevalier aux Deux Épées, c'est bien regrettable. On

---

[291] Balaain réagit comme Arthur aux propos de Merlin concernant Mordret (§ 16, ll. 3-7).

perdrait beaucoup moins par la mort de Gauvain que par celle du roi Pellinor. – Vous vous trompez, reprit l'écuyer. Merlin m'a ordonné de vous dire que Gauvain sera un meilleur chevalier que le roi Pellinor, quand il aura atteint l'âge d'homme. C'est pourquoi vous ne devez pas regretter la mort de l'un plus que celle de l'autre. » Ainsi parla l'écuyer, qui repartit aussitôt à vive allure, sans s'attarder davantage auprès d'eux. Dès qu'il l'eut perdu de vue, le Chevalier aux Deux Épées dit au bon ermite qui était à ses côtés : « Mon père, je ne puis demeurer ici davantage, je vous recommande à Notre Seigneur. Et au nom de Dieu, souvenez-vous de moi dans vos prières et vos oraisons. » Le saint homme lui répondit qu'il ne l'oublierait pas et il resta au cimetière, tandis que le chevalier s'enfonçait de nouveau dans la forêt pour se diriger du côté où il pensait trouver la demoiselle.

Quand il fut arrivé près du calvaire, il aperçut la jeune fille, qui était déjà descendue de cheval pour se reposer et qui était assise devant la croix, attendant sa venue. Dès qu'ils se virent, ils se saluèrent et elle lui dit : « Seigneur chevalier, vous avez été beaucoup plus long que prévu. Avez-vous eu quelque empêchement ? – Oui, mademoiselle, répondit-il. Depuis que nous nous sommes séparés, il m'est arrivé une aventure qui m'afflige et me contrarie au plus haut point, c'est pourquoi j'ai quelque retard. » Il lui raconta aussitôt exactement ce qui était arrivé au chevalier qu'il avait accueilli en sa compagnie, et que l'on avait tué, alors qu'il était à ses côtés, si soudainement qu'il n'avait à aucun moment pu voir qui l'avait frappé. Quand elle eut entendu le récit de cette aventure, elle se mit à soupirer et s'écria : « Ah ! pauvre de moi, c'est de cette façon que mon ami a été tué[292], le plus aimable et le meilleur des chevaliers que je connaissais au monde ! – Mademoiselle, dit le chevalier, ainsi vont les choses. Il faut prendre les aventures comme elles adviennent ici bas. – Ces aventures-là, reprit-elle, qui font mourir les hommes de mérite d'une manière aussi misérable, sont plus détestables et plus tragiques que d'autres. – Montez à cheval, reprit-il, car nous n'avons pas de temps à perdre. »

Elle se mit en selle aussitôt et ils s'en allèrent à travers la forêt, cheminant ainsi jusqu'à la tombée du jour. Le soir venu, ils arrivèrent en vue d'un très beau château, entièrement ceint de murailles et de fossés, qui se trouvait dans une vallée et dont la construction ne laissait rien à désirer. Balaain chevauchait en tête et la demoiselle le suivait, à bonne distance. Dès que le chevalier fut entré dans le château, des gens postés en haut de la tour qui contrôlait l'entrée firent descendre une porte coulissante, de sorte qu'il se retrouva à l'intérieur, tandis que la demoiselle était encore dehors. Quand il se vit enfermé et qu'il eut compris que la jeune fille était restée de l'autre côté, il ne sut que faire, car il ne pouvait ressortir et celle-ci ne pouvait entrer.

185. Tandis qu'il s'interrogeait sur ce qu'il pourrait faire, il dressa l'oreille en entendant que sa compagne, restée à l'extérieur, se mettait à crier : « Ah ! Chevalier aux Deux Épées, toi qui m'a laissée dehors, secours-moi, viens à mon aide, ou je suis perdue, car ici se trouve la demoiselle qui

---

[292] Au regard de ce qui précède, il est difficile de dire s'il s'agit du chevalier tué au § 171.

me hait le plus au monde, et elle veut me faire couper la tête sans que je l'aie mérité[293] ! Si tu tardes trop, tu n'arriveras jamais à temps pour empêcher que je ne sois tuée. » Quand il entendit la demoiselle, il éprouva un si cruel embarras qu'on ne saurait en éprouver de plus grand, car d'une part il ne pouvait aucunement sortir de cet endroit sans se jeter du haut des murailles, mais d'autre part, si elle était tuée alors qu'elle était en sa compagnie, c'en était fait à tout jamais de son honneur. Alors, il descendit de cheval et se dirigea vers la tour qui commandait l'entrée du château. La porte étant ouverte, il se précipita à l'intérieur et grimpa jusqu'en haut à toute vitesse. Parvenu au sommet, il vit jusqu'à douze hommes d'armes qui gardaient la tour, mais qui étaient à ce moment-là entièrement désarmés. Il sortit aussitôt l'épée du fourreau, les interpella et déclara qu'ils étaient tous morts s'ils ne lui ouvraient pas la porte. La vue de cet homme bardé de fer, qui venait vers eux l'épée à la main, les terrifia. Comme ils étaient désarmés, ils s'enfuirent donc de tous côtés sans l'attendre et il se dirigea vers la fenêtre de la tour pour regarder dehors et pour voir quelle était la cause des cris de la demoiselle.

Quand il eut passé la tête à l'extérieur, il vit qu'elle était avec deux chevaliers. Ceux-ci lui disaient : « Si vous ne faites pas ce que nous vous demandons, vous ne pouvez

---

[293] Il est pourtant évident, ensuite, que la demoiselle découvre ce château et son occupante en même temps que Balaain. Il ne sera d'ailleurs nullement question de haine particulière à l'égard d'une quelconque demoiselle.

pas échapper à la mort, car nous vous couperons la tête sur-le-champ. Et sachez que ce que nous vous demandons est la coutume du château et qu'aucune demoiselle n'y vient sans qu'on l'exige d'elle. » La jeune fille, qui voyait qu'on la pressait ainsi et qui avait peur de mourir, leur demanda ce qu'ils lui voulaient. « Nous vous le dirons, répondirent-ils, quand vous nous aurez promis de le faire. Et sachez que votre honneur sera sauf. » Elle le leur promit aussitôt, pensant que de nulle part ne lui viendrait du secours. Cependant, le Chevalier aux Deux Épées, qui voyait ces chevaliers la harceler de la sorte, continuait d'éprouver le plus cruel embarras qui se puisse imaginer, car il ne pouvait en aucune manière la rejoindre sans se précipiter du haut de la tour, vu qu'il lui était tout à fait impossible d'ouvrir la porte.

186. Alors, il se dit à lui-même qu'il préférait la mort, s'il fallait qu'il meure, plutôt que de voir la demoiselle mourir parce que son aide lui aurait fait défaut. Il se signa, recommanda sa vie à Notre Seigneur et s'élança aussitôt du haut de la tour. Ayant eu la chance de ne se faire aucun mal, il escalada le fossé. Quand il arriva près de la demoiselle, il mit la main à l'épée et dit à ceux qui étaient avec la jeune fille qu'ils avaient eu tort de s'en prendre à elle. Cependant, les deux chevaliers avaient été si surpris en le voyant sauter d'une telle hauteur qu'ils en étaient tout effarés ; ils laissèrent donc la demoiselle et reculèrent à cause de la crainte qu'il leur inspirait. Le Chevalier aux Deux Épées s'approcha de la jeune fille, la prit par la main et lui dit : « Mademoiselle, quelle était la cause des cris que vous poussiez à l'instant ? – Seigneur, répondit-elle, je criais parce qu'ils voulaient me tuer si je ne leur promettais pas de respecter la coutume du château. Et ils se sont faits si pressants que je le leur ai promis, à condition que mon honneur soit sauf. – Je suis fâché, repartit le chevalier, qu'ils aient eu votre parole à un moment ou à un autre, car je crains qu'ils ne vous somment de la respecter. Mais de toute façon je ne sais comment me procurer un cheval, car le mien est resté à l'intérieur. »

187. Comme il parlait de ces événements avec la demoiselle, il regarda vers le château et vit s'ouvrir la porte qui jusqu'alors avait été fermée ; il en sortit une bonne dizaine de chevaliers entièrement armés, qui lui amenaient sa monture. Ils la lui rendirent sur-le-champ, en disant : « Tenez, seigneur chevalier, car nous ne voulons rien retenir de ce qui vous appartient. » Il récupéra son cheval, tout heureux qu'on le lui rendît. Les nouveaux venus reprirent immédiatement la parole et dirent à la demoiselle : « Mademoiselle, acquittez-vous de votre promesse ; vous le devez, car autrement vous seriez déloyale et parjure. – En vérité, répliqua celle-ci, j'y suis prête, si je le puis. » Aussitôt, une autre demoiselle, qui tenait dans les mains une écuelle d'argent, très grande comme l'exigeait sa fonction[294], vint de leur côté. Lors-

[294] *Suite*, § 187, l. 13 : *assés grant par raison* ; G. Roussineau (*op. cit.*, gloss., p. 786, s. v. *raison*) glose trois occ. délicates (dont celle-ci) de *par raison* 'raisonnablement, comme il convient, selon de justes proportions' ; HDB, p. 207 : Ø ; EB, p. 254 : « une écuelle d'argent d'assez grandes dimensions ». L'idée de conformité

qu'elle vit la compagne du Chevalier aux Deux Épées, elle lui dit : « Mademoiselle, il vous faut remplir pour nous cette écuelle de votre sang. Telle est la coutume de ce château, et aucune demoiselle venant ici ne poursuit sa route sans l'avoir fait. Si vous vous y refusez, on pourra vous convaincre de déloyauté et de parjure, mais si vous le faites de bon cœur, ce sera considéré comme un très beau geste de votre part. Du reste, si vous ne le faites pas de votre plein gré, vous le ferez malgré vous, car aucune demoiselle étrangère ne pourrait partir d'ici sans s'acquitter de ce tribut. » Quand la jeune fille entendit ce que l'autre lui demandait, elle fut frappée de stupeur et ne sut alors donner d'autre réponse que celle-ci : « J'aimerais savoir, avant de m'exposer au danger de mourir, pour quelle nécessité vous exigez une telle quantité de mon sang. S'il pouvait en advenir du bien, en effet, je ne refuserais pas de le faire, mais s'il ne devait en advenir ni bien ni mal, je ne prendrais en aucune manière cette peine, car il me paraît tout à fait évident que ce serait ma mort. » La demoiselle du château lui répondit : « Je vais vous dire ce qu'il en est. Vous le ferez alors plus courageusement, je pense.

(à une fonction, une situation) nous semble ici la meilleure, ainsi que pour l'occ. du § 202, l. 33 : « mult grante e haute par raison ». L'occ. du § 359 (l. 10) : « grant par raison » nous semble en revanche ressortir à l'idée de proportion, de juste mesure (v. TL, 8,221,19-20, s. v. 'in richtigem Masse').

188. La vérité est que la dame de ce château a récemment contracté cette repoussante et ignoble maladie qu'est la lèpre, et elle en est si gravement atteinte que vous n'avez jamais vu de dame plus cruellement touchée par ce mal qu'elle ne l'est. Nous avons fait beaucoup d'efforts et pris beaucoup de peine pour obtenir sa guérison, et elle aurait été guérie si cela avait été possible, mais telle n'a pas encore été la volonté de Notre Seigneur. Nous avons consulté bien des gens à ce sujet, en tous lieux, sans que quiconque ait jamais été en mesure de nous conseiller, hormis un très vieil homme, qui nous a dit : « Je vais vous dire comment elle guérira, si vous voulez suivre mes recommandations. » Nous lui avons répondu que nous le ferions, si pénibles soient-elles. Il a donc poursuivi : « Si vous consentez à faire en sorte que vous puissiez obtenir une pleine écuelle du sang d'une jeune fille vierge en intention et en actes, fille de roi et de reine, et en oindre votre dame, sa maladie disparaîtra aussitôt et elle en sera complètement guérie[295]. » C'est ainsi que ce vénérable vieillard nous a indiqué le moyen de guérir notre maîtresse, et nous avons aussitôt juré qu'aucune demoiselle ne passerait ni ne viendrait jamais plus par ici sans s'acquitter du tribut exigé par la coutume que nous établirions, en

---

[295] Il sera bientôt fait de nouveau mention d'une guérison qui ne peut s'obtenir que par le sang (§ 195, l. 18). On en trouve également un exemple dans le *Lancelot* (*op. cit.*, t. VIII [TLF 307], p. 227). Ce sera alors l'état d'Agravain qui requerra ce don.

sorte qu'il est juste que vous le fassiez, comme l'ont fait les autres qui sont venues avant vous[296]. »

189. La jeune fille répondit aussitôt : « Voilà assurément une coutume fort déplaisante et particulièrement ignoble. Mais, puisque les autres demoiselles de passage l'observent, je l'observerai moi aussi, même si je devais mourir en ce lieu pour l'avoir fait ; je crois d'ailleurs que je n'ai guère de chances de survivre à cette épreuve, car aucune demoiselle ici-bas, si robuste soit-elle, ne pourrait espérer échapper à la mort si elle perdait autant de sang que pourrait en contenir cette écuelle. » Aussitôt, le Chevalier aux Deux Épées s'avança vivement et, parlant assez haut pour être parfaitement entendu et compris de tous, il déclara : « Mademoiselle, je vous défends de faire cela, car sachez bien que vous ne pourriez le faire sans mourir. Et, si vous mouriez maintenant de la sorte, qui me guiderait dans la quête que j'ai entreprise et que je ne puis achever que si vous me montrez le chemin ? – Quelque chose me dit, répondit-elle, que je n'en mourrai pas[297], et pour cette raison je le fais avec plus d'assurance. » Il fut très contrarié de sa décision mais n'osa pas s'y opposer.

---

[296] Contrairement à ce que l'on observe dans la *Queste del saint Graal, op. cit.*, p. 237, les habitants du château ne cherchent aucunement à s'assurer que la demoiselle qu'ils viennent d'appréhender remplit les conditions précitées.

[297] Ce qui contredit ce qu'elle vient de dire § 189 (ll. 4-5).

190. Ceux qui les entouraient emmenèrent la demoiselle au château, ainsi que le Chevalier aux Deux Épées. Quand ils furent entrés dans le donjon, ils désarmèrent le chevalier. Pourtant, il voulait s'en aller, mais la demoiselle le pria de rester pour la nuit, afin qu'il vît comment elle s'en sortirait. Il répondit qu'il le ferait, uniquement parce qu'il était inquiet à son sujet. Aussitôt, il entra jusqu'à six demoiselles, qui dénudèrent les bras de la jeune fille en lui disant qu'elles lui prendraient autant de sang qu'il leur en faudrait. Elles pratiquèrent immédiatement une saignée de chaque côté et soutirèrent la mesure voulue. La quantité de sang laissée dans cette opération par la demoiselle fut si abondante qu'elle s'évanouit. On étancha sa blessure dès que ce fut fini[298] et on l'emporta dans une des chambres du château pour qu'elle s'y reposât.

Cette nuit-là, le Chevalier aux Deux Épées fut très inquiet à cause de la jeune fille ; il craignait beaucoup qu'elle ne mourût, car il ne voyait pas comment il pourrait achever sa quête sans elle, vu qu'il ne savait pas de quel côté il devait chercher celui qui avait tué le chevalier devant les tentes. Cependant, il en avait déjà tant appris qu'il savait parfaitement que le meurtrier était un chevalier capable, s'il ne lui plaisait pas d'être aperçu, de se dissi-

---

[298] *Suite*, § 193, ll. 12-13 : *il li estance* ; G. Roussineau (*op. cit.*, gloss., p. 749, s. v.) glose *estanchier* 'cesser de couler' ; l'éditeur comprend donc 'le sang cesse aussitôt de lui couler' ; mais il semble peu vraisemblable que cela se produise spontanément. G. Paris et J. Ulrich (biblio. n° 1, t. II, p. 18) corrigent en « elles li estancent » ; on pourrait proposer *il li estancent*, avec *il* comme forme de fém. pl.

muler de telle manière que nul ne pût jamais le voir quand il était en route, ce qu'il ne pouvait faire lorsqu'il séjournait quelque part.

191. Toute la nuit, le chevalier pensa beaucoup à la demoiselle, car sa crainte de la voir mourir était très grande, et le lendemain, dès qu'il fit jour, sans avoir entendu la messe et avant même d'avoir récupéré ses armes, il entra dans la chambre où elle était couchée, se dirigea droit vers son lit, la salua et lui demanda comment elle allait et comment elle se sentait. Elle lui rendit son salut et lui répondit qu'elle n'éprouvait aucun mal, grâce à Dieu, et qu'elle était prête à se mettre en route. « Mais la dame de ce château, comment va-t-elle ? Est-elle guérie ? – En vérité, non, répondit-il ; ce que vous avez fait ne lui a pas été le moins du monde bénéfique. – A Dieu ne plaise aucunement que cela le soit et qu'elle guérisse grâce à moi de son mal[299], s'écria la jeune fille. Je souhaite au contraire qu'une mort cruelle l'emporte bientôt ! Ce serait assurément une grande joie ; jamais, en effet, coutume aussi néfaste et aussi criminelle que l'est celle-ci ne fut établie pour une femme malade, car je suis certaine que mille demoiselles en mourront encore sans l'avoir mérité, à mon avis. – Mademoiselle, reprit le chevalier, préparez-vous ; nous n'avons en effet que faire de nous attarder en cet endroit, mais dès que vous serez habillée nous nous

[299] Souhait contradictoire avec ce qui suit, puisque la guérison de la dame mettrait *ipso facto* fin à la coutume qui menace la vie des demoiselles.

mettrons en selle. – Je voudrais, répliqua-t-elle, être déjà sortie d'ici, car aucun château ne m'a jamais inspiré tant d'aversion. » Sur ce, le chevalier alla revêtir son armure. Les serviteurs du château lui demandèrent : « Seigneur, n'entendrez-vous pas la messe ici avant de partir ? – Non, répondit-il, car ce que l'on fait en ce lieu m'est si odieux que je suis fâché d'y être jamais entré. » Il monta alors à cheval, ainsi que la demoiselle, qui était déjà prête ; elle était cependant très amaigrie et très pâle à cause du sang qu'elle avait perdu. Quand ils furent en selle, ils quittèrent le château et recommandèrent aux démons tous ses occupants, puis ils franchirent les portes et s'en allèrent ainsi.

192. La demoiselle paya donc son tribut à la coutume du château et elle échappa à la mort. Elle eut en cela plus de chance que celles qui lui succédèrent, car toutes les demoiselles qui vinrent là par la suite en moururent. Cette funeste coutume dura fort longtemps, depuis, sans que la dame du château guérît ni mourût jamais de son mal, jusqu'au moment où vint en ce lieu la vertueuse demoiselle, la sœur de Perceval le Gallois, qui mit un terme à cette aventure. La dame fut en effet guérie par son sang dès qu'elle en fut ointe[300], ainsi que le récit le rapporte lorsqu'il raconte la grande quête du Graal. Mais il cesse maintenant de parler de cela, car il saura bien dire la vérité à ce sujet quand il en sera temps.

---

[300] *La Queste del Saint Graal*, *op. cit.*, pp. 236-242.

XI

193. Le récit raconte maintenant que le Chevalier aux Deux Épées fit route en compagnie de la demoiselle toute la journée et les trois jours suivants sans qu'il arrivât d'aventure digne d'être racontée. Ils chevauchèrent ainsi tous les deux, jour après jour, en sorte qu'ils se trouvèrent fort éloignés de la cité de Camaalot et que la langue parlée dans ces contrées devint si différente de la leur qu'ils ne la comprirent presque plus[301].

194. Un soir, ils reçurent l'hospitalité chez un humble vassal, dont le logis se trouvait à l'entrée d'un bois. C'était un homme de très grand mérite, qui les accueillit le plus aimablement et le plus chaleureusement possible. Quand les tables furent dressées et qu'ils eurent pris place, le chevalier dressa l'oreille lorsqu'il perçut la voix d'un homme qui faisait entendre une plainte très douloureuse ; et cette plainte, qui provenait d'une des chambres de la demeure, dura tout le temps du repas. Il aurait très volontiers demandé ce que cela pouvait être, mais il n'osait interroger son hôte tant qu'ils étaient assis pour le dîner. Quand ils eurent mangé et que les tables furent enlevées, le chevalier lui dit : « Cher hôte, si je ne craignais pas de

---

[301] Cette notation rappelle celle du § 169 (l. 17) au sujet du premier chevalier abattu par le chevalier invisible, façon peut-être de suggérer que celui-ci était originaire des contrées maintenant traversées par Balaain et sa compagne. Observons cependant qu'il n'est fait état par la suite d'aucun problème de communication.

vous déplaire[302], je vous poserais une question qui me tient fort à cœur. – Demandez, répliqua cet homme de bien, et je vous répondrai, si je le puis. – Je voudrais que vous me disiez quelle est la personne qui se plaint dans une des chambres de votre maison. – En vérité, cher hôte, répondit l'autre, je vais vous le dire très volontiers. Sachez que c'est mon fils ; il est oppressé par une terrible souffrance qui lui vient d'une blessure qu'on lui a récemment infligée, et le coup lui a été si soudainement porté qu'il n'a pas vu son agresseur, bien que la chose se soit passée aux environs de midi et qu'au moment où il a été blessé il n'y ait eu autour de lui ni murs ni arbres susceptibles de le dérober à sa vue. Pour cette raison, il me semble qu'il a été victime d'une sorte d'enchantement. » A ces mots, le Chevalier aux Deux Épées l'interrompit en disant : « Mon hôte, je vous dis qu'il n'y a pas d'enchantement là-dessous, mais que l'auteur de cette attaque est un chevalier qui a le pouvoir de se rendre invisible aussi longtemps qu'il le désire[303], à condition qu'il aille à cheval. Et sachez, mon hôte, que s'il a frappé votre fils comme vous me le dites, il m'a fait pis encore, car il a tué un chevalier qui allait sous ma

---

[302] Contrairement à Perceval qui se tait pour son malheur (*Le Conte du Graal*, éd. F. Lecoy, Paris, Champion [CFMA 100], vv. 3178-3297), Balaain pose pour son malheur la question qui lui ouvre la voie vers le Graal et la Sainte Lance (v. § 206, ll. 8-10).

[303] Curieuse conception de l'enchantement que celle de Balaain, pour qui le pouvoir de se rendre invisible en montant à cheval ne relève pas de l'enchantement. Notons que l'on ne voit pas d'où Balaain tire cette information qui contredit d'ailleurs celle donnée au § 197 (l. 15).

protection, ce dont je suis si affligé que je n'aurais pas éprouvé une peine plus intolérable s'il m'avait moi-même blessé à mort. » Alors, il lui parla du chevalier qu'il avait fait revenir vers la tente du roi Arthur pour complaire à celui-ci et qui avait été tué sous sa protection, et de celui qu'il avait accueilli quelques jours auparavant comme compagnon dans sa quête et qui avait été à son tour tué derrière lui de la même manière. L'autre se mit alors à se signer d'étonnement. « Cher hôte, reprit Balaain, savez-vous comment ce chevalier s'appelle ? – Non, seigneur, car je n'ai jamais entendu parler de lui. – Eh bien, sachez donc qu'il s'appelle Garlan et qu'il est le frère de Pellehan, le roi de Listinois. » L'autre se signa de nouveau et déclara : « Sur ma tête, je n'ai aucune peine à croire ce que vous me dites. Ce Garlan, je le connais bien et, il n'y a pas un an, il m'a dit quelque chose qui m'incite fortement à penser, maintenant que cela me revient en mémoire, que c'est lui qui a blessé mon fils comme il l'est à présent. Il s'est en effet trouvé qu'au cours d'un tournoi auquel nous nous étions rendus, lui et moi, je l'ai abattu deux fois dans la même journée sous les yeux de tous. Et quand il a vu, lui qui était beaucoup plus puissant que je ne l'étais, qu'il ne pourrait se venger de moi, il m'a dit qu'avant la fin de l'année il me donnerait un sujet d'affliction en la personne de mon meilleur ami. Il a bien tenu la promesse qu'il m'avait faite, il me semble, car il a blessé à mort mon fils, l'homme que j'aimais le plus au monde. – Ah ! Dieu, s'écria le Chevalier aux Deux Épées, comment pourrais-je le trouver ? Il n'est personne ici-bas que je verrais aussi volontiers que lui ! – En vérité, répondit l'hôte, je vous indiquerai comment vous pourrez le trouver et le voir distinctement, si vous voulez faire ce que je vais vous dire. » L'autre répliqua que rien ne l'en empêcherait, quelque peine qu'il lui en coûtât.

195. « Voici donc comment vous allez vous y prendre, poursuivit l'hôte. Le fait est que le roi Pellehan de Listinois réunira beaucoup de monde pour une grande assemblée de cour, dimanche en huit, en la Ville du Palais Périlleux[304]. Lors de cette fête, Garlan doit servir aux tables, et il servira, je le sais parfaitement ; tous les hommes de mérite de maints royaumes seront aussi présents. Si vous pouvez entrer au palais ce jour-là, sachez que vous le trouverez. » Ces paroles mirent au cœur du Chevalier aux Deux Épées plus de joie qu'il n'en éprouvait jusqu'alors, aussi déclara-t-il : « Cher hôte, béni soit Dieu qui m'a conduit ici ! Maintenant, je suis sûr, par ce que vous venez me dire et de m'apprendre, que je mènerai ma quête à son terme, si elle doit l'être un jour. » Alors, la demoiselle s'adressa à son tour à leur hôte : « Cher hôte, croyez-vous que votre fils puisse guérir ? – En vérité, répondit-il, je ne sais que dire à ce sujet, car il est très grièvement blessé. Cependant, un vieil homme, qui a reçu ici l'hospitalité la semaine dernière, m'a dit que mon fils

---

[304] *Suite*, § 195, l. 4 ; *au Chastiel del Pallés Perilleus* ; HDB, p. 210 : « au château du Palais Périlleux » ; EB, p. 261 : « au château du Palais périlleux ». On pourrait aussi comprendre 'au Château de la Salle Périlleuse'. Rappelons que *chastel* peut signifier 'château' ou 'ville pourvue d'un château' et que *palais* signifie 'palais' ou 'salle principale d'un palais.'

guérirait[305], mais que cela ne se produirait pas avant que sa blessure ait été ointe du sang du chevalier qui l'a blessé. Je lui ai demandé qui lui avait appris cela, et il m'a répondu : "C'est Merlin, le savant devin, qui m'a ordonné de vous dire que votre fils ne pourrait pas guérir autrement." » A ces mots, le Chevalier aux Deux Épées reprit la parole et déclara : « Cher hôte, s'il est vrai que votre fils doive guérir par le sang de ce chevalier, sachez qu'il en guérira, si vous voulez me suivre, ou quelqu'un d'autre de votre maison. Si je réussis à le trouver, jamais sang d'homme n'aura été aussi largement répandu que le sera le sien, où que je puisse le trouver, quand bien même je devrais mourir sur place. – Alors, je vous donne ma parole, dit l'hôte, que je vous suivrai jusque là, car il n'est rien que je désire autant que la santé de mon fils, et je vous promets par dessus le marché de vous y conduire par le plus court chemin. » Balaain le remercia beaucoup de son offre.

196. Cette nuit-là, le Chevalier aux Deux Épées ne manqua de rien et se trouva fort bien logé. Il était très satisfait des renseignements qu'il avait obtenus dans cette maison. Le lendemain, dès qu'il fit jour, il se leva et entendit la messe en ce lieu même, où il y avait une petite chapelle. Ensuite, il revêtit son armure, monta à cheval et se mit en route, avec la demoiselle et son hôte. Ils voyagèrent ainsi de compagnie toute la semaine et la suivante, sans trouver d'aventure dont on doive faire mention, tant et si

---

[305] Prédiction contraire à l'événement (§ 209, l. 3).

bien qu'ils arrivèrent ensemble directement dans la cité où le roi Pellehan tenait sa cour et qu'ils y pénétrèrent tous trois de bon matin.

L'organisation de la fête prévoyait que nul chevalier ne serait admis à la cour sans être accompagné de sa sœur ou de son amie ; quant aux chevaliers qui ne satisferaient pas à cette condition, ils ne pourraient y paraître en aucune manière. Le Chevalier aux Deux Épées et sa demoiselle purent donc entrer au palais, mais, comme nulle demoiselle n'accompagnait leur hôte, celui-ci dut rester dehors, ce qu'il regretta amèrement. Dès que le Chevalier aux Deux Épées fut entré, il vit qu'il y avait là autant de chevaliers que si tous ceux du royaume de Logres étaient réunis. Lorsque les serviteurs le virent tout armé dans le palais, ils coururent immédiatement à sa rencontre ; ils le firent descendre de cheval et le menèrent dans une des chambres du château, ainsi que sa demoiselle. Ils le débarrassèrent aussitôt de son armure et lui apportèrent, pour qu'il s'en revêtit, des vêtements neufs à sa taille, car il y en avait là en quantité. Ils l'emmenèrent ensuite dans la grand-salle et le firent asseoir avec les autres chevaliers, mais ils ne purent aucunement obtenir de lui qu'il leur laissât son épée[306] et renonçât à la porter à la ceinture : il déclara que telle était la coutume de son pays qu'aucun chevalier ne mangeait en un lieu étranger, surtout en un lieu aussi prestigieux que la cour d'un roi, sans avoir son épée au

---

[306] Balaain ne porte qu'une épée, la sienne propre, puisqu'il n'est pas censé se servir de celle obtenue de la demoiselle avant son dernier combat (v. au § 202, ll. 10-11).

côté, et que s'ils ne lui permettaient pas d'observer cette coutume, il s'en retournerait d'où il était venu. Pour cette raison, ils le lui permirent.

197. Les chevaliers que le roi Pellehan avait réunis là étaient très nombreux. Quand ce fut l'heure de déjeuner et que les tables eurent été dressées, chacun prit place, sauf ceux qui devaient servir. Il avait été décidé, pour cette fête, que chaque chevalier aurait son amie assise à ses côtés. Lorsque chacun fut installé, le service commença, particulièrement somptueux. Balaain se mit à interroger un chevalier qui était assis à sa gauche : « Dites-moi qui est Garlan, le frère du roi Pellehan. » L'autre le lui montra, en disant : « Le voilà, ce grand aux cheveux roux ; c'est le chevalier le plus extraordinaire du monde. – En quoi est-il extraordinaire ? », demanda le Chevalier aux Deux Épées comme s'il n'en savait rien, et qui le demandait afin d'avoir à ce sujet plus de renseignements qu'il n'en possédait. « Quand il est armé, lui répondit son voisin, personne ne peut le voir aussi longtemps qu'il lui plaît de se dissimuler[307]. – Ma parole, répliqua Balaain, ce que vous me dites là est en effet extraordinaire ; il me serait impossible de croire une chose pareille. – Pourtant, c'est la vérité, repartit le chevalier.

198. – Dites-moi donc, reprit le Chevalier aux Deux Épées, s'il vous nuisait au point de mériter la mort, comment vous vengeriez-vous de lui, puisque vous cesse-

---

[307] Ce n'est pas exactement ce qui a été dit au § 194 (l. 28).

riez de le voir dès qu'il serait armé ? – Sans mentir, répondit l'autre, s'il m'avait causé du tort, je l'attaquerais dès que je le verrais, armé ou désarmé. – Vous m'avez dit vous-même que vous ne pouvez pas le voir armé. – Je l'attaquerais donc désarmé. – Vraiment ? Mais si vous êtes armé et que vous mettiez la main sur lui alors qu'il ne l'est pas, tout le monde vous jugera lâche et sans honneur. – Il faudrait s'en venger d'une manière ou d'une autre, répliqua le chevalier. Je vous ai dit ce que je ferais à ce sujet et personne ne pourrait agir autrement. »

199. Alors, le Chevalier aux Deux Épées se mit à réfléchir. Quand il eut longuement médité, il regarda celui qui avait tué le chevalier qu'il avait pris sous sa protection, si cruellement embarrassé qu'on ne saurait l'être davantage, car si l'autre lui échappait cette fois-ci, il était convaincu qu'il ne le reverrait plus jamais ; mais s'il le tuait à ce moment-là devant le roi Pellehan et devant toute l'assemblée, il ne voyait pas comment il pourrait quitter le palais sans être tué à son tour et taillé en pièces, eût-il la vaillance des six meilleurs chevaliers du monde. Cette situation le rendait perplexe et il ne pouvait donc se résoudre à prendre un parti, partagé entre la crainte, s'il tuait Garlan à cette occasion, de ne pas s'en sortir vivant et la certitude de ne plus jamais l'avoir à sa portée s'il lui échappait.

200. Ce dilemme le jetait dans un abîme de réflexions, et son désarroi était si grand qu'au lieu de manger et de boire il restait perdu dans ses pensées. Il demeura si longuement absorbé de la sorte que vint le moment où tous les plats eurent été servis : il aurait tout à fait pu, alors, se lever de table comme il s'y était assis, car il n'avait pas pris la moindre goutte ou la moindre bouchée de ce qu'on y avait apporté. Garlan le Roux s'en était parfaitement rendu compte ; il était en effet de ceux qui servaient les convives et il avait donc bien remarqué que l'autre n'avait touché à rien. Il jugea cette attitude extrêmement offensante, car il était persuadé que l'autre s'était abstenu de manger par mépris. Alors, il s'approcha de lui, leva la main et lui assena un grand coup à la face qui lui marqua de rouge tout le visage, puis il lui dit : « Redressez la tête, seigneur chevalier, et mangez comme les autres, car le sénéchal vous l'ordonne ! Maudit soit celui qui vous a appris à vous tenir à la table d'un homme de qualité, puisque vous n'y faites que penser. » Quand le Chevalier aux Deux Épées se vit ainsi frappé par Garlan, il ressentit une telle colère qu'il fut absolument incapable de raisonner et qu'il perdit toute mesure. Aussi répondit-il : « Garlan, ce n'est pas le premier déplaisir qui me vient de toi. » L'autre répliqua : « Eh bien, venge-toi quand tu le pourras ! – C'est bien ce que je vais faire, repartit le Chevalier aux Deux Épées, beaucoup plus tôt que tu n'oserais le penser ! » Il sortit l'épée du fourreau et reprit : « Garlan, tu as devant toi le chevalier que tu as fait venir à ta suite de la cour du roi Arthur, au prix de grandes peines et de grandes fatigues ; jamais plus tu ne frapperas un homme de mérite à la table d'un roi ni ne tueras de chevalier par trahison ! » Alors, aussitôt, il le frappa en pleine tête d'un coup d'épée si violent qu'il le pourfendit entièrement jusqu'à la poitrine et l'abattit sur le sol, puis il s'écria : « Mon hôte, vous pouvez prendre maintenant du sang de Garlan pour guérir votre fils ! » S'adressant ensuite à sa compagne, il lui dit :

« Mademoiselle, donnez-moi le tronçon de l'arme qui a tué le chevalier devant les tentes. » Elle le lui donna, car elle l'avait posé près d'elle. Il le prit, se leva vivement de table[308] et en frappa Garlan, qui gisait à terre, avec une telle force qu'il lui transperça les deux côtés[309]. Il déclara alors, assez haut pour être parfaitement entendu de tous : « Maintenant, peu m'importe ce que l'on fera de moi, car j'ai bien achevé ma quête ! »

201. A ces mots, il se fit un beau tumulte par toute la cour. Les uns et les autres criaient : « Prenez-le ! prenez-le ! » Le roi lui-même, qui était complètement hors de lui

---

[308] *Suite*, § 200, l. 32 : *et saut lors de la table* ; HDB, p. 213 : « quitta vivement la table » ; EB, p. 266 : « bondit de la table ». Si étonnant que cela puisse paraître, il faut supposer que Balaain ne s'est pas levé pour frapper Garlan.

[309] Ce geste fait penser à celui qui consiste, pour se débarrasser définitivement d'un vampire, à lui transpercer le cœur d'un pieu (v. C. Lecouteux, *Histoire des vampires. Autopsie d'un mythe*, Paris, Imago, 2002, p. 119 et suiv.). On n'en conclura pas que l'auteur de notre *Suite* est le précurseur de Bram Stoker : l'examen des traditions folkloriques révèle en effet que cette opération rituelle fort ancienne n'était pas réservée aux seuls vampires mais à tous les « défunts dangereux » (C. Lecouteux, *op. cit.*, pp. 70-71 et p. 124). Notre récit présente cependant un autre point commun avec certaines traditions du vampirisme : la croyance au pouvoir guérisseur du sang du vampire pour ses victimes (C. Lecouteux, *op. cit.*, pp. 132-133). Pour le motif, mais traité bien différemment, du tronçon de l'arme d'un assassin servant à tuer celui-ci, v. Raoul de Houdenc, *La Vengeance Raguidel*, éd. G. Roussineau, Genève, Droz (TLF 561), 2004, vv. 192-196 et vv. 5416-29.

à cause de son frère qu'on venait de lui tuer sous ses yeux, s'écria : « Capturez-le-moi, mais prenez garde à ne pas le tuer ! » Le Chevalier aux Deux Épées lui lança : « Sire roi, n'ordonnez pas que l'on me prenne, mais venez-y vous-même ; il est bien normal que vous le fassiez, il me semble, car on vous tient pour un des meilleurs chevaliers du monde. » Le roi était à n'en pas mentir un très bon chevalier, rempli de zèle pour le service de Dieu, et l'on ne connaissait pas, à cette époque, dans toute la Grande Bretagne, de prince qui fût autant que lui aimé de Notre Seigneur. Il était transporté de chagrin et de colère à cause de la mort de son frère et des paroles du chevalier, aussi déclara-t-il qu'il le vengerait en effet, s'il le pouvait.

202. Alors, il se leva vivement de table et cria à tous les autres : « Qu'aucun de vous n'ait l'audace de porter la main sur cet homme, car j'espère bien venir à bout de lui tout seul. » Puis il courut s'emparer d'une longue perche de bois qui se trouvait au milieu de la salle, la brandit et s'élança ainsi contre son adversaire, qui avait l'épée à la main – pas celle dont il avait délivré la demoiselle à la cour, mais l'autre. Quand le chevalier le vit arriver, il ne refusa pas l'affrontement mais leva son arme. L'attaque du roi le surprit, car le bâton de celui-ci vint frapper son épée de côté ; le coup fut si violent qu'il la lui brisa au ras de la garde, en sorte que la lame tomba sur le sol et qu'il ne lui resta que la poignée dans la main[310]. Lorsque le

---

[310] Le cataclysme qui va survenir est donc, ironie du sort, en partie dû au fait que Balaain ne porte pas ses deux épées avec lui ce jour-là, puisque c'est la raison pour laquelle il commet le sacrilège de

Chevalier aux Deux Épées vit cela, il ressentit plus qu'une légère frayeur, aussi bondit-il sans perdre un instant vers une des chambres du palais, où il pensait en effet trouver quelque chose pour se défendre ; mais quand il y fut il n'y trouva absolument rien et son trouble ne fit que croître, car il voyait que le roi le suivait toujours, le bâton levé. Plus loin encore, il y avait une autre pièce ; il s'y précipita également mais ne trouva rien de plus que dans la première. Tout ce dont il put se rendre parfaitement compte, ce fut que cette chambre et la précédente étaient les plus belles du monde et les plus somptueuses qu'il eût jamais vues.

Il regarda alors autour de lui et vit que la porte d'une troisième pièce, qui était encore plus éloignée, était ouverte, aussi se dirigea-t-il de ce côté pour y pénétrer, car il espérait toujours y découvrir une arme pour se défendre contre celui qui était à ses trousses. Quand il voulut en franchir le seuil, une voix lui cria : « Malheur à toi qui pénètres ici, car tu n'es pas digne d'entrer en un aussi noble lieu ! » Il entendit fort bien la voix, mais il ne changea pas de direction pour autant et se précipita au contraire dans la chambre, qu'il trouva si magnifique qu'il n'aurait pas cru possible qu'il en existât d'aussi belle dans le monde entier. Elle était prodigieusement grande et elle sentait bon comme si toutes les épices du monde y avaient été apportées. Il y avait là une table d'argent, qui reposait sur trois pieds du même métal, très grande et très haute comme il convenait à sa fonction. Sur cette table, exacte-

---

frapper Pellehan avec la Sainte Lance (§ 203, l. 1-7)*.

ment au milieu, il y avait un vase d'argent et d'or, dans lequel se dressait une lance, la pointe en bas. Si quelqu'un avait examiné attentivement cette arme, il aurait été fort étonné de la voir tenir ainsi droite, car elle ne prenait appui nulle part, et il se serait demandé comment un tel prodige était possible.

203. Le Chevalier aux Deux Épées examina la lance mais ne comprit guère à quoi il avait affaire ; il s'en approcha donc et entendit de nouveau une voix crier très fort à son intention : « Ne la touche pas, pécheur ! ». Malgré ces mots, il ne s'abstint nullement de la saisir à deux mains, et il en frappa le roi Pellehan, qui était déjà derrière lui, avec une telle violence qu'il lui transperça les deux cuisses. Sentant qu'il était très grièvement blessé, le roi se laissa tomber sur le sol ; le chevalier retira alors la lance et la remit derrière lui, dans le vase où il l'avait prise. Dès qu'elle y fut de nouveau, elle resta aussi droite qu'elle l'était auparavant.

Après avoir agi de la sorte, il s'en retourna rapidement vers la grand-salle du palais, car il lui semblait qu'il s'était parfaitement vengé, mais avant qu'il n'y fût parvenu, toute la salle se mit à trembler, et toutes les chambres du palais également : les murs craquaient tous avec autant de fracas que s'ils allaient s'abattre et se briser aussitôt. Devant ce prodige, l'effroi de tous ceux qui étaient assis dans la salle fut tel qu'il n'y eut personne d'assez vaillant pour pouvoir se tenir debout, mais les uns et les autres commencèrent à tomber ici et là, comme s'ils étaient tous morts. Tous gardaient les yeux fermés, car ils s'attendaient à tout moment à disparaître entièrement dans l'abîme, et parce qu'ils sentaient que le palais chancelait et tremblait aussi fort que s'il allait s'écrouler à l'instant ils étaient persuadés que la fin du monde était arrivée et qu'ils devaient mourir sur l'heure. Alors se fit entendre parmi eux une voix aussi forte qu'un clairon de bataille, qui fit distinctement entendre ces mots : « Maintenant commencent les prodigieux événements du Royaume aux Aventures, et ils ne cesseront pas avant que soit chèrement payé le fait que des mains impures et souillées aient touché la Sainte Lance et blessé le meilleur des princes ; ainsi le Maître Souverain se vengera-t-il de ce sacrilège sur ceux qui ne l'ont pas mérité. »

204. Cette voix fut entendue par toute la cité, aussi tous ceux qui étaient au palais en furent-ils si épouvantés qu'ils s'évanouirent tous sans exception, et l'histoire authentique dit qu'ils demeurèrent prostrés dans cet évanouissement pendant deux jours et deux nuits. Plus de cent personnes moururent dans le château à cause de cette frayeur intense. Quant aux autres, ceux qui étaient dans la cité et non dans le palais, beaucoup moururent également de peur ; bon nombre, aussi, eurent les membres brisés ou furent estropiés, car, lorsque le château fut secoué, plusieurs maisons de la ville s'effondrèrent et une grande partie des murailles s'abattit, blessant ainsi quantité de chevaliers et de petites gens à l'intérieur des murs. Certains en sortirent indemnes, mais il est sûr qu'il n'y eut personne d'assez audacieux, dans toute la ville, pour oser pénétrer dans le palais pendant les deux premiers jours. Et ils n'y seraient même pas entrés après ce temps si Merlin ne s'était pas rendu dans la cité pour voir le terrible malheur qui s'y était produit, tant parmi les pauvres que parmi les riches, car il savait bien que le coup de la Lance Vengeresse ne serait pas donné sans que de grands prodiges s'ensuivissent.

Quand il entra dans la ville, il en trouva les habitants si mal en point et si désemparés que le père ne pouvait aider le fils ni le fils le père. Et parmi ceux qui étaient les mieux portants, aucun n'était assez hardi pour oser entrer dans le château, car chacun était persuadé que tous ceux qui s'y trouvaient étaient morts. A son arrivée, Merlin leur demanda des nouvelles des occupants du palais, et ils lui répondirent d'une seule voix : « Seigneur, nous ne savons rien, et nous n'osons pas y aller, car nous sommes persuadés que c'est par le château que ce malheur nous est venu. – Ah ! s'écria-t-il, vous êtes les plus lâches, les plus poltrons que j'aie jamais vus, vous qui n'osez même pas monter là-haut pour vous rendre compte de l'état dans lequel se trouve votre seigneur, le roi Pellehan, et ainsi voir si celui auquel vous devez une fidélité absolue est mort ou vivant ! Suivez-moi ; je marcherai devant et nous verrons comment il va. – Allez, dirent-ils, et nous vous suivrons. »

205. Alors, Merlin se dirigea vers la porte du château, la franchit et vit à l'entrée le portier et deux hommes d'armes qui gisaient, morts, écrasés par le pan d'une tour en pierres de taille qui s'était abattu sur eux. « Ces trois-là, dit Merlin, vous pouvez les prendre et les mettre en terre, car ils n'auront plus jamais besoin de médecin : il y a plus d'un jour qu'ils sont morts. » On les emporta donc. Merlin continua d'avancer et, dans la cour, il vit les corps de chevaliers et d'hommes d'armes : il y en avait bien deux cents, tous étendus sur le sol ; l'un était mort d'épouvante, l'autre de la chute d'une pierre ou d'une poutre ; d'autres, qui n'étaient pas morts, demeuraient étendus là comme s'ils étaient encore évanouis, car ils étaient persuadés que le prodige auquel ils avaient assisté ne voulait pas finir. Ceux qui étaient en vie, Merlin les fit remettre sur leur séant et les réconforta beaucoup ; il leur dit : « Levez-vous, car vous n'avez plus rien à craindre. Le cataclysme qui vous a causé une si grande frayeur a pris fin. » Ils lui demandèrent : « Seigneur, dites-vous la vérité ? – Oui, leur répondit-il, soyez pleinement rassurés. » Alors, ceux qui le pouvaient se relevèrent, et les autres, qui n'avaient pas assez de force pour se remettre debout, furent transportés en ville pour y recevoir des soins et y séjourner jusqu'à ce qu'ils fussent rétablis. Merlin se dirigea ensuite vers la résidence royale. Quand il eut gravi les marches qui y menaient, il vit, étendues au milieu de la grand-salle, plus de sept cents personnes, chevaliers, demoiselles[311] et écuyers ; bon nombre avaient perdu la vie, et même les

---

[311] *Suite*, § 205, l. 23 : *damoisels* ; occ. glosée 'jeune homme noble qui n'est pas encore chevalier' par G. Roussineau (*op. cit.*, gloss., p. 731, s. v.). Nous croyons qu'il s'agit plutôt d'une forme anglo-normande de *damoiselle* (v. *Anglo-Norman Dictionary*, fasc. 2, *damosel*, p. 139b, s. v. *dameisele*). Il doit y avoir autant de chevaliers que de demoiselles dans la salle (v. § 196, ll. 11-17 ; § 197, ll. 4-6). Rappelons cependant que les §§ auxquels on vient de renvoyer n'appartiennent pas au ms. utilisé pour les § 202, l. 11-§ 207, l. 21, ce qui laisse place à un (faible) doute.

plus valides n'avaient pas la force de s'asseoir, mais tous étaient comme morts. Merlin s'adressa aux rescapés, assez haut pour qu'ils pussent l'entendre distinctement : « Que ceux d'entre vous qui sont vivants se lèvent : elle a pris fin, la tourmente qui vous a tourmentés de la sorte. »

206. Quand les survivants entendirent ces mots, ils se remirent sur leur séant, ouvrirent les yeux comme des gens qui revenaient d'un songe et demandèrent : « Ah ! Dieu, ce cataclysme est-il maintenant terminé ? – Oui, répondit Merlin, relevez-vous tous et soyez rassurés. » Alors, ceux qui le purent se relevèrent ; les autres, on les emporta de différents côtés. Pour sa part, Merlin continua de parcourir le palais, allant de chambre en chambre, si bien qu'il parvint près de celle où se trouvaient la Sainte Lance et le Saint Vase qu'on appelait le Graal[312]. Il s'agenouilla

---

[312] La présence du Graal n'a pas été signalée lorsque Balaain a pénétré dans la chambre (§ 202). Elle peut être déduite d'un élément descriptif de la pièce (§ 202, ll. 30-31), « soef flerant ainsi cum se toutez lez espicez du monde y fussent aporteez » (cf. *La Queste del Saint Graal. Roman du XIIIe siècle*, éd. A. Pauphilet, Paris, Champion [CFMA 33], 1984, p. 15, ll. 21-24). Il est également possible, bien que peu vraisemblable, que le vase qui contient la Sainte Lance (*orçuel* [§ 202, l. 34] ou *orchuel* [§ 203, l. 9]) soit assimilé par erreur au « Sainz Vasseax » (§ 206, l. 9). Sur ce mot, bien attesté au sens de 'vase, cruche, bénitier', v. W. Roach, *The Continuations of the Old French « Perceval » of Chretien de Troyes*, t 1, *The First Continuation. Redaction of Mss TVD*, Philadelphia, American Philosophical Society, 1952, pp. 438-439, n. du vers 13325 ; v. aussi pour le § 202, G. Roussineau, *op. cit.*, p. 658, n. 202, 34 et 202, 36.

aussitôt et dit à ceux qui étaient près de lui : « Ah ! Dieu, comme il a fait preuve d'une audace insensée, le pécheur misérable et maudit qui, de ses mains impures et ignobles, souillées d'ignominie et du poison immonde de la luxure, a touché un bois aussi noble et aussi précieux que celui que je vois là ! Comme il a fait preuve d'une audace insensée en mutilant de cette arme un homme aussi vertueux que l'était le roi Pellehan ! Ah ! Dieu, qu'il coûtera cher, cet outrage, ce crime si grand ! Qu'ils le paieront cher, ceux qui ne l'avaient pas mérité ! Que de peines et de souffrances endureront pour cela les chevaliers accomplis du royaume de Logres, et que de prodiges et d'aventures périlleuses adviendront bientôt à cause du coup funeste qui a été porté ici ! »

207. Ainsi parla Merlin, les yeux et le cœur pleins de larmes. Quand il eut récité, devant la porte de la chambre, les prières et les oraisons qu'il connaissait, il se releva et demanda à ceux qui étaient autour de lui : « Y a-t-il un prêtre avec vous ? – Oui, répondirent-ils, un moine de Cîteaux. » Merlin l'appela et lui dit : « Mon père, si vous avez l'armure des soldats de Jésus-Christ, munissez-vous-en. – Je ne l'ai pas, répondit l'autre, mais je sais parfaitement qu'elle se trouve dans une chambre du château, car je l'y ai mise moi-même le jour où ce terrible malheur est advenu ici. – Mon père, repartit Merlin, allez la prendre et revêtez-la ; entrez ainsi dans cette pièce, car nul ne doit entrer dans ce lieu très saint s'il ne porte les emblèmes de Jésus-Christ. » Le bon moine eut la conviction profonde que Merlin disait vrai, aussi fit-il ce que celui-ci lui avait prescrit.

Lorsque le prêtre fut entièrement habillé comme s'il avait voulu chanter la messe, Merlin reprit : « Maintenant, mon père, vous pouvez vraiment entrer avec assurance, car vous êtes parfaitement muni pour pénétrer dans un lieu très saint. Entrez dans cette pièce ; vous m'en ferez sortir le chevalier que vous y trouverez[313], ainsi que le roi Pellehan, et vous les amènerez ici, de sorte que nous puissions les emporter où nous voudrons. » Le religieux agit exactement comme Merlin le lui avait demandé ; il fit donc sortir de la chambre le chevalier, encore étendu, évanoui, et le déposa près de Merlin, qui l'appela par son vrai nom et lui dit : « Balaain, ouvre les yeux. » Celui-ci répondit : « Ah ! Dieu, où suis-je ? – Tu es encore, dit Merlin, chez le roi Pellehan, où tu en as tant fait que tous ceux qui te reconnaîtront ici-bas te haïront désormais et te voudront du mal. » Le chevalier ne répondit rien à ces propos, car il sentait bien qu'il était coupable de ce dont Merlin l'accusait ; il lui demanda cependant comment il pourrait sortir du château, car, ainsi qu'il le déclara, il avait entièrement achevé sa quête. Merlin lui répondit : « Suivez-moi ; je vous emmène et vous prends sous ma protection jusqu'à ce que vous soyez hors de cette cité, car si les habitants vous reconnaissaient et apprenaient que c'est vous qui êtes la cause des maux qu'ils ont endurés, personne ne pourrait les empêcher de vous mettre en charpie avant que vous n'ayez

---

[313] Normalement, Balaain a quitté la pièce ou se trouvait la Sainte Lance aussitôt après avoir frappé le roi (§ 203, ll. 11-12).

atteint les portes[314]. – Et de la demoiselle qui est venue ici avec moi, demanda le chevalier, avez-vous quelque nouvelle ? – Oui, répondit Merlin, vous pouvez la voir morte dans la grande salle de ce palais. Tout ce qu'elle a gagné à voyager en votre compagnie, c'est que vous l'avez tuée. »

208. Les paroles de Merlin attristèrent profondément le chevalier, car il voyait bien que ce qu'il lui disait était la pure vérité. Il lui demanda de le faire sortir : il n'avait aucune raison de s'attarder davantage, dès lors que la demoiselle était morte. « En vérité, répondit Merlin, même si vous ne me le demandiez pas, je le ferais, car je ne voudrais pas vous voir mourir déjà. » Alors, le chevalier, qui était toujours étendu sur le sol, se releva et Merlin le conduisit hors du palais. En arrivant dans la cour, ils y virent beaucoup de gens mal en point, ainsi que nombre d'estropiés et de morts. Merlin dit au chevalier : « Tout le mal que tu vois ici, c'est toi qui en est la cause. Contemple donc ton œuvre ! – C'est ainsi, répliqua le chevalier. Ce qui est fait est fait. – C'est vrai, » repartit Merlin.

Ils traversèrent donc la ville, si bien qu'ils parvinrent aux portes et les franchirent. Le chevalier était pourvu d'un bouclier, d'une lance et de tout son équipement, car il

---

[314] Balaain sera désormais protégé, ici par Merlin, plus mystérieusement ensuite (v. aussi au § 209, ll. 21-27). Son sort fait songer à celui de Caïn après le meurtre d'Abel (Gen, 4,13-15).

n'avait rien laissé au palais, sauf son épée[315], qui avait été brisée, comme ce récit l'a déjà raconté. Merlin lui dit : « Vous avez perdu votre cheval. – C'est vrai, répondit Balaain, je ne sais pas ce qu'il est devenu. Il me faudra donc aller à pied, il me semble. – Vous n'en ferez rien, repartit Merlin, si je le puis. Attendez-moi donc ici, je reviens tout de suite. » Merlin rentra alors dans la cité et fit tant qu'il trouva une bonne et solide monture ; il l'amena au chevalier, car il ne rencontra personne pour l'en empêcher, et la lui donna. L'autre se mit en selle et Merlin lui dit : « Savez-vous pourquoi je fais tout cela ? Sachez que ce n'est pas pour vous mais par amitié pour le roi Arthur, dont vous êtes le chevalier, je le sais bien. » Balaain répondit : « Vous m'avez rendu un grand service, et je voudrais bien, si vous y consentiez, savoir qui vous êtes. – Je vais vous le dire, répondit Merlin. Je suis Merlin le devin, celui dont tant de gens parlent. Je ne sais si vous avez jamais entendu parler de moi. » Alors, le chevalier s'inclina profondément et dit : « Merlin, je ne vous reconnaissais pas ; ceux qui ont avec vous plus de familiarité ne vous reconnaissent d'ailleurs pas davantage. Peut-être que je ne vous reverrai plus jamais, peut-être que si. Mais que je vous revoie ou non, sachez que je suis votre

[315] Balaain a été désarmé au § 196 (ll. 20-25). A aucun moment, ensuite, il n'a eu normalement le loisir de récupérer ses armes. Notons de surcroît qu'il n'est fait aucune allusion à sa seconde épée, celle de la demoiselle au baudrier enchanté, qu'il utilisera au § 230. Ici encore, cette contradiction et ce silence peuvent s'expliquer par la solution de continuité dans le ms. A.

chevalier, où que je puisse me trouver. Et ce n'est que justice, car vous m'avez plus aidé que jamais homme ne l'a fait. – Je sais bien, dit Merlin, ce que vous feriez pour moi, si je vous le demandais. Allez avec Dieu : qu'il vous protège et vous garde du malheur où que vous alliez ! »

209. Là-dessus, ils se quittèrent, et Merlin retourna dans la cité. Comme le chevalier s'en allait en longeant la ville, il vit près des remparts le corps de son hôte qui avait été tué par la chute d'un créneau. Il ressentit alors un vif chagrin, car à cet instant il mesura l'étendue de sa faute mieux qu'il ne l'avait fait auparavant. Après être resté là un long moment à le regarder, il se remit en route. Tandis qu'il chevauchait à travers le pays, il vit les arbres couchés au travers du chemin, les cultures détruites et tout ce qu'il apercevait était aussi ravagé que si la foudre s'était abattue en tous lieux ; et à n'en pas mentir elle était tombée en de nombreux endroits, mais pas partout. Dans les villes qu'il traversait, il pouvait voir que la moitié des gens, tant parmi les bourgeois que parmi les chevaliers, étaient morts, et dans les campagnes, c'était les corps sans vie des paysans qu'il découvrait. Que vous dire de plus ? Le royaume de Listinois, comme il le découvrit, était si complètement ruiné, les dégâts subis d'un bout à l'autre de sa terre l'avaient rendu tellement inhospitalier, qu'il fut communément appelé par la suite le royaume de Terre Dévastée ou le royaume de Terre Étrangère. Et lorsqu'il traversait les villes, qu'elles fussent importantes ou modestes, tous ceux qui le voyaient passer lui disaient : « Ah ! chevalier, tu nous a fait entrer dans une ère de misère et de désolation dont nous désespérons de sortir jamais. Que Dieu te conduise en un lieu où tu sois taillé en pièces par de cruelles armes ! Car tu nous a fait tant de mal que tous les humains réunis ne pourraient pas réparer ta faute ; ce n'est pourtant pas nous qui prendrons la vengeance de ton crime, mais Dieu, le souverain vengeur, qui te mènera vers une aventure aux conséquences pour toi si funestes que nous nous réjouirons infiniment lorsque nous saurons ce qui t'est arrivé ! »

210. Ainsi parlaient les puissants et les humbles dans toutes les villes où il arrivait, en sorte qu'il en éprouvait un tel chagrin, une telle tristesse qu'il aurait vraiment voulu que le feu du ciel s'abattît sur lui pour le foudroyer, car il était si bien conscient de tout le mal qu'il leur avait causé qu'il n'imaginait pas que quiconque, hormis Dieu, pût jamais rendre au royaume de Listinois son ancienne prospérité[316]. Il chevaucha ainsi cinq jours entiers, sans

---

[316] *Suite*, § 210, ll. 4-6 : *car il connissoit bien qu'il lour avoit tant de mal fait qu'il ne veoit pas que nus fors Diex ne le porroit jamais metre en aussi boin point comme il avoit devant esté* ; HDB, p. 217 : « ...il leur avait fait tant de mal qu'il n'y avait que Dieu qui put (*sic*) le réparer complètement » ; EB, pp. 271-272 : « ...il avait causé à ces gens tant de maux que personne, sauf Dieu, ne pourrait désormais lui rendre son bonheur passé ». Nous suivons l'interprétation donnée par G. Roussineau de ce passage très ambigu (référence de « le », v. *op. cit.*, p. 659, n. 210,6), en nous fondant sur § 209 (l. 23) : « tu nous as fait tant de mal que tous li mondes nel porroit amender », plutôt que sur § 209 (l. 14), comme le suggère l'éditeur. L'interprétation d'E. Baumgartner est néanmoins recevable, si l'on considère le monstrueux égocentrisme de Balaain.

jamais trouver de contrée qui ne fût dévastée, changée en terre de douleur et de désolation. Chaque nuit, il couchait dans les ermitages qu'il rencontrait dans les antiques et profondes forêts du royaume, et tous les ermites qui le recevaient dans leur logis ne manquaient pas de lui dire : « Seigneur, nous ne vous hébergerions en aucune manière, si ce n'était pour l'amour de Dieu et l'honneur de la chevalerie, car vous nous avez apporté, sans que nous l'ayons mérité, la misère et la ruine, et elle ne s'en iront pas grâce à vous. » Quand ces hommes de bien tenaient de tels propos au chevalier, il ne trouvait rien à leur répondre, car il savait bien qu'ils disaient la vérité, et il était alors au comble de l'affliction. Il chemina donc à grandes étapes, impatient qu'il était d'avoir franchi les limites de cette terre où il avait agi comme il l'avait fait. Quand il plut à Dieu qu'il en sortît et qu'il revint en terre hospitalière, il se sentit nettement moins déprimé qu'il ne l'avait été jusque là. Il chevaucha de la sorte huit jours, sans jamais s'écarter de son chemin et sans qu'il lui arrivât d'aventure digne d'être rapportée.

211. Le neuvième jour, il advint que le sort l'amena dans une grande et profonde forêt ; il y entra et chemina le long d'un sentier, tout seul, sans rencontrer âme qui vive. Il fit ainsi route du matin jusqu'à midi. Il arriva alors devant une tour forte qui se dressait dans une grande vallée ; là, il vit un cheval de belle taille attaché à un arbre. Il s'arrêta pour voir à qui était cette bête, car il ne doutait pas qu'elle eût un maître, et il se mit donc à regarder tout autour de lui. Comme il examinait ainsi les environs, il aperçut au pied de la tour un chevalier de haute stature, bien découplé ; ce chevalier était tellement beau, à tous égards, que je ne chercherai pas à vous parler d'un plus bel homme que lui. Il était assis par terre, sur l'herbe verte, si profondément plongé dans ses pensées que nul ne pourrait l'être davantage. Le Chevalier aux Deux Épées examina cet homme qui réfléchissait aussi intensément et, tout étonné, il se demanda qui cela pouvait être.

212. L'inconnu demeura donc longuement absorbé de la sorte ; au bout d'un moment, il jeta un profond soupir, puis il s'écria : « Que ma joie tarde à venir ! » A cet instant, le Chevalier aux Deux Épées songea que si ce chevalier restait longtemps encore perdu dans ses pensées et que ce qu'il attendait ne vînt pas, il risquait, parce qu'il n'y avait personne avec lui, de se faire grand tort à lui-même, vu que le diable s'introduit volontiers dans le cœur des gens seuls. Il s'avança alors et lui dit tout doucement : « Que Dieu vous sauve, seigneur chevalier, et qu'il vous envoie de la joie, car il me semble que vous en auriez grand besoin ! » L'autre reprit aussitôt ses esprits, mais il était si contrarié d'avoir été tiré de sa rêverie qu'on ne pourrait l'être davantage. Aussi répondit-il, sous le coup d'une vive colère : « Allez-vous-en d'ici, monsieur le chevalier[317] ! En m'arrachant à mes songes, vous m'avez tué. Je crois que je n'y trouverai jamais plus autant de douceur que je le faisais à l'instant. Maudite soit l'heure de votre venue ! » Alors, il se remit à réfléchir aussi intensément qu'il

---

[317] *Suite*, § 212, l. 15 : *sire vassaus* ; HDB, p. 218 : « messire » ; notre trad. rencontre celle d'A. Duplat, *op. cit.*, p. 92.

l'avait fait auparavant. Voyant cela, le Chevalier aux Deux Épées se retira ; il regrettait beaucoup de lui avoir parlé, car son intervention lui avait été fort odieuse, il s'en rendait bien compte. Lorsqu'il se fut suffisamment éloigné, il s'arrêta, désireux de savoir, s'il le pouvait, à quoi mèneraient ces réflexions dans lesquelles le chevalier demeurait si obstinément plongé.

213. Il resta donc là jusqu'au milieu de l'après-midi pour voir si le chevalier sortirait de sa rêverie, mais celui-ci ne bougea absolument pas et demeura au contraire songeur pendant tout ce temps. Vers le milieu de l'après-midi, il poussa un très grand soupir, beaucoup plus profond que le précédent, et s'écria : « Eh ! madame, votre retard me tue ! Si vous tardez davantage, vous ne me reverrez plus, sinon mort ! » Il retomba aussitôt dans le silence et n'ajouta pas un seul mot. Alors, le Chevalier aux Deux Épées comprit bien que c'était la pensée d'une dame ou d'une demoiselle qui occupait à ce point l'esprit de l'inconnu, et il en fut bien fâché. Pour cette raison, comme il le dit lui-même, il ne quitterait pas cet endroit de toute la journée mais attendrait jusqu'à la nuit pour voir si celle dont l'absence affligeait tant ce chevalier viendrait enfin.

214. Vers le soir, alors que déjà le soleil déclinait, le chevalier reprit : « Ah ! madame, vos promesses et la manière dont vous les tenez me feront mourir ! Je ne puis attendre davantage désormais ! » Alors, il sortit son épée du fourreau et déclara : « Madame, en me faisant don de cette épée, c'est ma mort que vous m'avez donnée, car je vais maintenant perdre la vie par cette arme ; je ne pourrais pas en effet supporter davantage la terrible douleur que j'éprouve sans répit à cause de vous ! » Quand le Chevalier aux Deux Épées, qui était resté un bon moment assis sous un arbre, vit cela, il se releva, car il voyait bien qu'il n'y avait pas de temps à perdre et que l'autre se tuerait sur-le-champ si l'épée ne lui était pas ôtée des mains. Il s'avança alors vivement vers le chevalier et lui saisit le poing qui tenait l'épée en disant : « Ah ! seigneur chevalier, au nom de Dieu, ayez pitié de vous-même ! Que voulez-vous faire ? Voulez-vous détruire votre corps et perdre votre âme ? » L'autre tourna alors les yeux dans sa direction, éprouvant un tel chagrin de n'avoir pas encore mis son projet à exécution que la mort ne lui en paraissait que plus souhaitable. Il répondit aussitôt : « Si vous ne me laissez pas mon épée de bonne grâce, je l'aurai malgré vous ; je vous en tuerai d'abord et moi ensuite ; le malheur sera alors plus grand qu'il ne le serait si j'étais seul à mourir. C'est pourquoi je vous prie de me la laisser. – Je vais vous la laisser, dit le Chevalier aux Deux Épées, à condition que vous me disiez, avant d'en faire davantage, qui vous êtes et qui est celle que vous aimez tant. Et je vous donne ma parole de chevalier que, si vous consentez à m'apprendre sur vous ce que je vous demande, je ne prendrai plus jamais de repos avant de vous avoir mis en possession de celle dont l'absence vous met dans un tel état, pour autant que l'on puisse y parvenir en y consacrant toute sa peine. Et sachez que je n'ai jamais rien fait aussi volontiers ni d'aussi bon gré que je ferai cela pour vous réconforter, car vous êtes le chevalier le plus malheureux que j'aie jamais rencontré. »

215. À ces mots, le chevalier refréna beaucoup sa colère et demanda : « Qui êtes-vous pour proposer de me rendre un si grand service ? Je vous prie de ne pas me cacher votre nom et de me dire qui vous êtes, car il se peut que vous soyez tel que je renonce à cette entreprise désespérée à cause de vous, mais il se peut aussi que je n'y renonce pas : j'aimerais mieux en effet mourir vite que de vivre longtemps et de me consumer dans une douleur aussi grande que celle que j'ai commencé d'endurer, car il n'en est aucune qui se compare à celle-ci. – En vérité, dit le Chevalier aux Deux Épées, je ne vous cacherai rien de ce que vous m'avez demandé. J'ai reçu à mon baptême le nom de Balaain, mais maintenant, et depuis peu*, on m'appelle le Chevalier aux Deux Épées. » Quand l'autre entendit ces paroles, il tendit aussitôt la main en disant : « Tenez, seigneur, mon épée : je vous en fais maître. Je n'en ferai plus rien aujourd'hui qui puisse vous contrarier, car je vous connais pour un si bon chevalier que je sais parfaitement que vous tiendrez votre promesse, pour autant que la valeur d'un homme seul puisse avoir quelque utilité en cette occasion. Sachez que je vous connais beaucoup mieux que vous ne le pensez : vous êtes l'homme qui, à la cour du roi Arthur, a délivré la demoiselle de l'épée qu'elle portait, ce que nul, là-bas, n'avait pu faire avant vous[318]. » Balaain répondit que c'était effectivement lui.

---

[318] Il est étrange que le chevalier ne fasse allusion qu'à ce seul 'exploit' de la vie de Balaain. L'épisode des §§ 211-224, bizarrement isolé des épisodes précédents et suivants, pourrait être une interpolation.

« Mais je vous prie maintenant de me parler de vous, dit-il. – Je le ferai volontiers, répondit l'autre, aux conditions que vous avez dites. – Quant à ce dont nous sommes convenus, répliqua le Chevalier aux Deux Épées, ne vous en inquiétez nullement, car je m'en acquitterai, s'il plaît à Dieu, d'une manière qui fera votre bonheur. » Alors, le chevalier commença à lui raconter son histoire.

216. « Monseigneur Balaain, commença-t-il, je suis un chevalier originaire de ce pays, issu d'humbles vassaux et d'une très modeste famille. Mais, par ma vaillance, Dieu merci, j'ai tant fait, depuis que j'ai reçu l'ordre de chevalerie, que j'ai conquis beaucoup de grandes terres et de fiefs importants ; ainsi, près du lieu où nous sommes, il y a trois beaux et puissants châteaux que j'ai conquis sur le duc de Harniel, dont le pays, du côté de Sorelois, est voisin de ma terre. J'ai donc tant fait, par ma vaillance, que je suis fort redouté, dans ce pays et ailleurs, et que la fille du duc dont je vous ai parlé, la plus belle demoiselle que l'on connaisse en quelque terre que ce soit, m'a donné son amour, avec de telles assurances que je m'estime comblé et béni du ciel. Que vous dire de plus ? Je n'aime qu'elle ici-bas et elle n'aime que moi. Et je sais bien que je ne pourrais pas vivre sans elle, car je mourrais sur-le-champ, ou je vivrais, selon qu'il lui plairait de m'abandonner ou de me garder. Je suis donc entièrement à la merci de ma bien-aimée, car je ne vis que par elle.

Il y a maintenant de cela plus de trois jours, je me trouvais dans un château situé près d'une forteresse où elle séjournait avec son père et, tandis que j'attendais le messager que je lui avais envoyé pour connaître ses intentions, elle m'a fait apporter une de ses robes par une demoiselle. Celle-ci m'en a revêtu et m'a entièrement habillé en femme, puis elle m'a emmené dans cet état, au nez des dames et des chevaliers présents chez son père, jusque dans la chambre de sa maîtresse, où j'ai passé deux jours. Quand j'en suis parti, tout heureux de ma bonne fortune, elle m'a promis qu'elle quitterait son père en cachette et qu'elle serait aujourd'hui à midi devant cette tour, ajoutant qu'alors elle me suivrait pour de bon, de telle manière que je la prendrais pour femme dès que nous serions en l'un de nos châteaux.

217. Telle fut la promesse de ma demoiselle, de mon amie, la créature que j'aime le plus au monde, et il me semble qu'elle a mal tenu son engagement envers moi, car je l'ai attendue aussi longtemps que je le devais, et même plus, et elle n'est pas encore arrivée. J'en ai le cœur étreint d'une telle souffrance, oppressé de si douloureuses pensées que je n'aurai jamais de joie avant de connaître la raison de ce retard : je sais parfaitement en effet qu'elle serait venue, si elle l'avait pu et si son père ne l'avait retenue, car il est impossible que son retard ait une autre cause[319].

Je vous ai maintenant raconté toute mon histoire et je vous ai expliqué pourquoi j'étais si soucieux. A présent, je vous prie de tenir votre promesse envers moi et de faire en

---

[319] Ces paroles qui attribuent le retard de la demoiselle à une cause autre que sa propre volonté sonnent bien autrement que celles des §§ précédents (§ 213, l. 6 ; § 214, ll. 2-3) et ôtent toute justification à la tentative de suicide.

sorte que je sois mis en possession de mon amie, si jamais vous pouvez le faire. – En vérité, répliqua le Chevalier aux Deux Épées, j'y consacrerai volontiers toute ma peine, et pour vous réconforter et pour la demoiselle, puisqu'il se trouve qu'elle vous aime. Mais il faudra que vous me conduisiez à l'endroit où elle demeure, car j'ignore où il se trouve et je risquerais donc de m'égarer avant longtemps. – C'est fort juste, reprit l'autre. Je suis prêt à vous conduire jusque là, seigneur ; ce n'est pas à plus de six lieues anglaises, nous y serons très vite. Mettons-nous en selle immédiatement et hâtons-nous d'y aller, car il fera bientôt nuit. » Tous deux enfourchèrent alors leurs montures et traversèrent la forêt, sous la conduite du chevalier, qui connaissait parfaitement la route. Ils parlèrent ensemble de maintes aventures, afin que le trajet parût moins long, et cheminèrent tant et si bien qu'ils sortirent des bois. La franche clarté de la lune leur permit de voir distinctement leur chemin. Quand ils furent à peu près à une lieue de distance de la forêt, ils descendirent dans une grande vallée et virent devant eux une forteresse entourée de fossés profonds, dans lesquels il n'y avait pas d'eau, ainsi que d'une palissade et d'une haie. Alors, tous deux mirent pied à terre et, comme ils ne voulaient pas que l'on entendît leurs chevaux, ils les attachèrent à deux arbres. Le Chevalier aux Deux Épées demanda à son compagnon : « Vous restez ici ? – Non, seigneur : je vais au contraire vous accompagner et vous conduire jusqu'à la haie ; je vous mènerai, si je puis agir comme je le pense, à un endroit d'où vous pourrez rejoindre la chambre de ma demoiselle. – Je ne demande rien de plus », dit l'autre. Tous deux alors s'en allèrent ensemble et firent le tour de la haie, si bien qu'ils se trouvèrent devant une planche[320] qui enjambait le fossé et par laquelle on se rendait quelquefois dans le jardin de la demoiselle ; mais il fallait placer une claie ou une autre planche à côté, car celle-ci était si étroite que le passage aurait été très dangereux sans autre aide, vu que le fossé au dessous, qui était à sec, était si profond que nul ne pouvait y tomber sans se briser une jambe ou une cuisse.

218. Quand ils furent près de la planche, le Chevalier aux Deux Épées demanda à son compagnon : « Est-ce là le passage ? – Oui, seigneur, il n'y en a pas d'autre, si l'on ne veut pas emprunter l'entrée principale. – Ma parole, celui-ci n'a vraiment rien d'engageant. Cependant, s'il plaît à Dieu, ce n'est pas cela qui m'empêchera de traverser... Mais dites-moi donc où vous pensez que je puisse trouver votre amie. – Seigneur, répondit l'autre, la première porte que vous verrez à votre droite est celle de sa chambre. – Et à quoi la reconnaîtrai-je, si je parviens à l'endroit où elle se trouve ? – Vous pourrez la reconnaître au fait qu'elle est la créature la plus blonde qui soit ; je n'en ai jamais vu de telle et vous-même ne verrez jamais chevelure aussi blonde ni aussi bouclée. – Vous m'en avez assez dit, repartit le Chevalier aux Deux Épées. Avec de telles indications je ne pourrai manquer de la reconnaître si je la vois. – Je redoute beaucoup ce passage, reprit son compagnon. – N'ayez pas

[320] Le mot « fust » (l. 39), continûment utilisé dans ce passage, pourrait se traduire par 'tronc' (le mot *planche* est attesté dans notre texte au § 265, l. 31).

la moindre inquiétude, car je le franchirai bien, s'il plaît à Dieu. »

219. Le Chevalier aux Deux Épées mit alors son bouclier à son cou et jeta sa lance dans le jardin, puis il s'engagea sur la planche à califourchon, car il lui aurait été impossible de passer autrement. Il était si bien armé qu'il ne lui manquait rien et il passa ainsi de l'autre côté. Quand il y eut pris pied, il dit à son compagnon : « Attendez-moi là, car je vous apporterai bientôt, si je le puis, des nouvelles de ce qui vous intéresse. – Que Dieu vous accompagne, répondit son compagnon ; il me tarde beaucoup de vous voir revenir. » Alors, le Chevalier aux Deux Épées traversa le jardin, qui était très beau et fort grand ; la lune, belle et claire, brillait et lui permettait de voir distinctement son chemin. Il avança tant et si bien qu'il parvint à l'endroit dont l'autre lui avait parlé ; il éprouva alors un sentiment de vive satisfaction, car il ne doutait pas que la porte de la chambre eût été laissée ouverte, afin que la fraîcheur de l'herbe et des plantes du jardin pénétrât dans la pièce. Il entra aussitôt et se déplaça le plus doucement possible, pour que ses armes ne fissent aucun bruit. On y voyait parfaitement, car il y avait deux cierges allumés qui donnaient une très vive clarté. Il parcourut du regard toute la chambre, qui était spacieuse, si bien qu'il aperçut près d'un coffre un lit magnifique. Il alla directement de ce côté, car il était persuadé d'y trouver la demoiselle endormie. Quand il y fut, il ne vit absolument personne. Il regarda tout autour de lui, en sorte qu'il découvrit au pied du lit les vêtements de la jeune fille et ceux d'un chevalier – ou d'un écuyer, cela il ne put en décider. Il se sentit alors tout à fait décontenancé, car il fut aussitôt convaincu qu'un homme avait couché avec la demoiselle, et il se dit à lui même : « En vérité, je sais bien maintenant où ils se trouvent. Ils sont allés s'étendre dans ce jardin pour bénéficier plus largement qu'ici de la fraîcheur. C'est pour cela que j'ai trouvé la porte de cette chambre ouverte. Ah ! femme, comme il est bassement trompé celui qui se fie en toi ! Ah ! chevalier, vous qui avez été en ce jour étreint d'une telle souffrance pour l'amour d'elle, votre amour est assurément plus sincère que le sien ! En vérité, si je le puis, vous ne connaîtrez plus jamais à cause de cette femme une détresse aussi grande que celle où je vous ai vu aujourd'hui, car je vous rendrai témoin, avant le jour, de sa perfidie et de sa trahison ».

220. Là-dessus, il sortit de la chambre, très peiné et fort en colère. Il entra dans le jardin et l'arpenta tant et si bien en tous sens qu'il aperçut, sous un pommier[321], la demoiselle couchée sur une courtepointe de précieuse soie écarlate. Un chevalier la tenait très étroitement serrée entre ses bras ; ils s'étaient mis sous la tête une très grande quantité d'herbe qui leur servait d'oreiller et tous les deux dormaient aussi profondément que s'ils n'avaient pas dormi depuis un mois entier. Le chevalier considéra la demoiselle à la clarté de la lune et constata qu'elle était très belle. Ensuite, il examina le chevalier qui la tenait ainsi embras-

---

[321] Ce détail, le fait que la scène se passe en un jardin, la nudité voilée des amants, la mysogynie du propos, tout cela évoque de manière précise le récit de la *Genèse*.

sée et s'aperçut qu'il était d'une extrême laideur. « Ah ! Dieu, s'écria-il, la vilaine union que voilà ! Que cette demoiselle, qui est si belle, abandonne le chevalier que j'ai rencontré aujourd'hui, si beau, si gracieux et si valeureux, à mon avis, pour prendre celui-ci, qui est tellement laid qu'il ne serait pas digne d'entrer en un lieu ou serait mon compagnon, cela relève pour moi du prodige. Ah ! Dieu, c'est bien là un choix de femme ! Que Notre Seigneur ne me vienne jamais en aide si je ne montre pas clairement ce qu'il en est à celui qui a été si malheureux aujourd'hui, ainsi verra-t-il quelle grande folie ce peut être que de s'éprendre d'une femme avec trop de passion ! » Alors, il s'éloigna de cet endroit, les laissant endormis ensemble, et s'en fut jusqu'à ce qu'il parvînt à la planche sur laquelle il avait franchi le fossé. Il appela son compagnon et lui dit : « Il faut absolument que vous passiez de ce côté, car je vais vous faire voir quelque chose d'extraordinaire ! » Quand l'autre entendit ces mots, son inquiétude augmenta considérablement ; il s'approcha de la planche, se signa et traversa. Quand il eut rejoint son compagnon, il lui demanda : « Qu'allez-vous me montrer ? – Vous le verrez bien, répondit-il, mais suivez-moi et ne faites aucun bruit pour ne pas réveiller votre amie. » Ils traversèrent alors le jardin, en sorte qu'ils arrivèrent là où les deux amants étaient en train de dormir. Le Chevalier aux Deux Épées montra au chevalier son amie : « Voilà celle que vous aimez si sincèrement. Vous pouvez voir à présent si vous étiez sage, lorsque vous vouliez vous tuer parce qu'elle vous faisait attendre. Sachez donc qu'elle tenait plus à celui qui la tient ainsi étroitement embrassée qu'à vous, et pourtant il n'est pas aussi beau ni aussi gracieux que vous l'êtes ! »

221. En voyant cela, le chevalier ressentit un tel chagrin qu'il faillit vraiment perdre la raison. Il s'écria : « Ah ! pauvre de moi, qu'est-ce que je vois ? » Alors, il tomba à la renverse sur le sol et le sang lui jaillit du nez et de la bouche ; il resta un long moment évanoui. Le Chevalier aux Deux Épées regretta alors profondément de lui avoir mis sous les yeux ce spectacle qui devait lui être une leçon, car il comprit bien à cet instant que son compagnon en était anéanti de douleur. Quand celui-ci revint à lui, il dit au Chevalier aux Deux Épées : « Ah ! seigneur, vous m'avez tué en me montrant si ouvertement mon immense infortune ! Certes, si vous étiez désarmé, rien au monde ne m'empêcherait de vous tuer pour vous récompenser de m'avoir découvert cela ! Et vous l'auriez bien mérité, car vous avez commis la plus grande bassesse qu'ait jamais commise un chevalier. Que Dieu vous donne de passer le reste de votre vie aussi heureux que je le serai désormais, ainsi saurez-vous ce qu'éprouve un homme qui aime vraiment d'amour ! »[322]

---

[322] Ce récit, qui met tragiquement en évidence les dangers de la sincérité alliée à une totale absence de discernement, aurait pu servir d'illustration aux lumineuses observations de D. Bonhoeffer sur le sujet (« Que signifie dire la vérité ? », in *Éthique*, trad. fr. Lore Jeanneret, Genève, Labor et Fides, 3ème éd., 1989, pp. 308-316).

222. Alors, il tira l'épée du fourreau et, donnant à son coup le maximum d'élan, il frappa si violemment les amants endormis qu'il leur coupa la tête à tous deux, de telle manière qu'ils ne prononcèrent plus jamais une seule parole depuis[323]. Quand il eut fait cela, il se sentit un peu soulagé. Mais ensuite, en voyant et en prenant conscience qu'il avait tué son amie, la créature qu'il aimait le plus au monde, il s'en repentit très vivement et s'écria : « Ah ! malheureux, qu'ai-je fait, moi qui ai mis à mort mon cœur et ma dame, celle par qui je vivais et de qui venaient tous mes biens et toutes mes joies ? Ah ! pauvre de moi, quel malfaiteur a jamais commis un tel crime et une telle perfidie ? Aucun, assurément ! » Alors, il se mit à se lamenter, à se maudire et à manifester la plus grande douleur du monde. Son compagnon le réconfortait le mieux possible, mais il lui répondait que tout réconfort était inutile, car jamais plus, aussi longtemps qu'il vivrait, il ne reprendrait courage, et toute joie était pour lui définitivement perdue. Le Chevalier aux Deux Épées fut alors si

---

[323] Cet épisode, présenté comme un fait divers à la fois sordide et tragique, évoque celui que conte Béroul, dans lequel un forestier conduit le roi Marc auprès de Tristan et Yseut qu'il a découverts endormis dans la forêt. Le premier mouvement du roi est de tuer les amants (*Le Roman de Tristan*, éd. E. Muret, 4ème éd. revue par L. M. Defourques, Paris, Champion [CFMA 12], 1947, pp. 57-63, vv. 1835-2054 ; trad. P. Jonin, Paris, Champion [trad. des CFMA 19], 1974, 190 p.). On ne peut s'empêcher de penser que l'auteur, que l'on voit quelquefois jouer avec les motifs du grand répertoire courtois, joue avec la matière narrative du célèbre roman, comme pour dire au lecteur : voilà comment l'histoire de Tristan et Yseut *aurait pu* finir. Il nous raconte d'ailleurs une autre fin plus loin*.

affligé qu'il aurait voulu n'avoir jamais eu l'idée de montrer au chevalier son amie dans la situation où elle s'était trouvée.

223. Quand le chevalier se fut longtemps plaint et lamenté, qu'il eut exprimé sa douleur jusqu'à l'aube, se livrant à de telles manifestations de chagrin que c'en était prodigieux, il déclara au Chevalier aux Deux Épées : « Seigneur, vous pouvez voir, à présent, ce que vous avez gagné en me découvrant mon immense infortune. » Alors, il prit son épée par le pommeau et s'en frappa en plein ventre avec une telle force que la pointe apparut de l'autre côté, au milieu du dos. Il tomba alors en arrière et poussa un grand cri de douleur, puis il commença à se raidir sous l'effet de la souffrance ; ses yeux se révulsèrent et son âme quitta aussitôt son corps.

Quand le Chevalier aux Deux Épées vit le dénouement de cette aventure, il déclara que c'était la chose la plus extraordinaire qu'il eût jamais vue advenir depuis le jour où la demoiselle s'était tuée pour son ami. Il se sentit si désemparé, après ce qui venait de se passer, qu'il ne sut que faire ni que dire : s'il restait à cet endroit et qu'il y fût trouvé, on croirait tout de bon qu'il avait tué ces trois personnes, vu qu'il était armé et que les autres ne l'étaient pas. On se mettrait donc à crier pour ameuter tout le monde contre lui, ce qui ne pourrait manquer de lui causer quelque sérieux désagrément. Il laissa finalement les corps comme ils étaient, regagna le passage et, après avoir franchi le fossé, se signa à maintes reprises à cause de ce qu'il avait vu. Il s'adressait de vifs reproches et se traitait de tous les noms, en disant que sans son intervention ce malheur ne serait jamais arrivé et que ces gens n'auraient pas trouvé une telle mort. « Et, en vérité, ajouta-t-il, c'est la malchance, plus que toute autre chose, qui a provoqué ce malheur, car je suis à coup sûr le chevalier le plus malchanceux qui soit, la preuve en a été bien faite, ici et ailleurs. » Ainsi se lamentait-il à cause des événements auxquels il avait assisté et, dans cet état de chagrin et de profonde contrariété, il se dirigea vers son cheval et l'enfourcha.

Le jour venait alors de se lever et les petits oiseaux saluaient le matin de leurs chants, volant d'arbre en arbre, manifestant leur joie et leur plaisir, comme on peut le voir souvent. Quand il fut en selle, il se mit en route et chemina en se laissant conduire par le hasard, car, c'est un fait certain, il chevauchait sans but précis. Une fois sorti de la vallée, il rencontra un écuyer qui se dirigeait tout droit vers la forteresse qu'il venait de quitter. Il l'arrêta et lui demanda s'il y allait. « Oui, seigneur, répondit l'autre, mais pourquoi demandez-vous cela ? – Parce que, dit-il, quand tu arriveras là-bas tu découvriras un spectacle fort étonnant, que personne, hormis Dieu, n'est en mesure d'expliquer, si ce n'est moi, qui ai vu ce qui s'est passé ; et parce que je veux que les habitants du château connaissent les circonstances exactes des faits qui se sont produits là-bas, je vais t'en faire part, et puis tu les leur rapporteras comme je te les aurai racontées. » Alors, il lui apprit comment le chevalier et la demoiselle avaient d'abord été tués et comment l'autre chevalier s'était ensuite donné la mort à son tour quand il avait pris conscience qu'il avait tué son amie. Lorsque l'écuyer eût entendu le récit de ces événements, il se signa plus de vingt fois, en disant qu'il n'avait jamais entendu parler de toute sa vie de quelque chose d'aussi incroyable. « Et sais-tu, demanda le chevalier, pourquoi je t'ai ainsi raconté cette aventure ? Parce que je veux qu'elle soit mise par écrit, car après notre mort, quand elle sera relatée à nos descendants, on prêtera très volontiers l'oreille pour l'écouter, tant elle est extraordinaire. »

224. A présent, le récit dit qu'ils se séparèrent là-dessus. L'écuyer s'en alla vers l'endroit où gisaient les trois morts et il vit que le deuil des habitants du château avait déjà commencé ; ils ne savaient pas comment les choses s'étaient passées et faisaient au contraire toutes sortes de suppositions à ce sujet. Alors, l'écuyer s'avança vivement devant eux et leur raconta toute la vérité sur cette aventure, expliquant qu'il la tenait d'un chevalier qui avait tout vu de ses propres yeux.

Ainsi advinrent ces événements, dont il fut beaucoup parlé par la suite dans le pays. Quant au Chevalier aux Deux Épées, qui les avaient rapportés à l'écuyer, il continua de chevaucher à travers cette contrée, tantôt d'un côté, tantôt de l'autre, se laissant conduire par le hasard. Un jour, vers la première heure de la matinée, il advint qu'il s'approcha d'un bourg fortifié, qui était situé sur une hauteur. Ce bourg, en partie ceint par un cours d'eau puissant et rapide, était défendu, du côté droit, par la mer, et il était si bien bâti à tous égards que, dans toute la contrée, il n'y en avait pas de plus beau ni de plus plaisant.

225. Quand il fut à une demi-lieue de ce bourg, il vit un grand cimetière, dans lequel il y avait de nombreuses tombes, anciennes et nouvelles. Au bout de ce cimetière, du côté de la cité, il y avait une croix toute neuve, qui portait l'inscription suivante : *Hé ! toi, chevalier voyageur en quête d'aventures, je te défends d'approcher de ce bourg : sache que celles qui adviennent là-bas sont bien lourdes pour un certain chevalier*[324]. Il examina ce message et en comprit parfaitement le sens, car il lisait très bien*. Alors, il se mit à regarder la ville, qui lui parut fort belle. Il souhaita aussitôt que Dieu ne lui vînt jamais en aide s'il retournait sur ses pas avant de l'avoir vue de l'intérieur. « Et l'on devrait assurément, ajouta-t-il, me considérer comme un chevalier indigne et lâche si je rebroussais chemin pour quelque parole que je puisse voir écrite. » Il dépassa alors la croix et se dirigea à vive allure vers le bourg. Il n'était guère allé bien loin quand il rencontra un humble vassal, fort âgé, aux cheveux tout grisonnants, qui lui dit, dès qu'il arriva à sa hauteur :

---

[324] *Suite*, § 225, l. 7 : *elles ne sont mie legieres a un chevalier* ; HDB, p. 217 : « ...ne sont pas bénignes à un chevalier » ; la trad. d'HDB n'est pas plus claire que le texte. On peut évidemment comprendre 'pour un chevalier (quelconque)' ou 'pour un chevalier seul', mais dans le premier cas l'AF se passerait plutôt de l'article et dans le second la relation avec ce qui suit ne serait pas nette, puisque l'aventure du bourg ne concerne de toute façon qu'un chevalier à la fois. Si l'on accorde quelque importance au fait qu'il s'agisse d'une « crois toute nueve » (§ 225, l. 4), on peut supposer que cette inscription est spécialement destinée à Balaain, c'est-à-dire à 'un certain chevalier'. On se gardera toutefois de faire une preuve de cet indice : il y a d'autres croix neuves dans notre texte (§ 356, l. 35 ; § 421, l. 23).

« Seigneur chevalier, vous avez franchi les bornes qui marquent le territoire de cette ville ; désormais, vous ne pouvez plus revenir en arrière. – Je vais encore pousser plus loin, répliqua le chevalier : il me sera alors plus difficile ainsi de revenir sur mes pas, puisque vous vous inquiétez de me voir rebrousser chemin avant que je n'aie la volonté de le faire. »

Ainsi parla cet homme de bien au chevalier ; quant à celui-ci, il ne changea pas du tout de direction pour autant mais continua de l'avant. Quand il fut à trois portées d'arc des murs, il dressa l'oreille en entendant que quelqu'un s'époumonnait à sonner du cor dans la maîtresse tour de la ville, comme si l'on avait pris un cerf ou un sanglier. Cela le fit sourire et il se dit à lui-même : « Qu'est-ce que c'est ? Ceux qui sonnent ainsi la prise croient-ils m'avoir capturé ? » Quand il eut dit ces paroles, il vit une bonne centaine de demoiselles, et même plus, sortir par la principale porte de la cité et venir vers lui. Elles faisaient des rondes, dansaient, chantaient et manifestaient, en voyant s'approcher le chevalier étranger, la plus grande allégresse qu'on puisse voir ici-bas. Quand il fut près d'elles, toutes s'écrièrent d'une seule voix : « Bienvenue au vaillant chevalier qui réjouira aujourd'hui toutes les dames et demoiselles de cette ville en combattant à la lance ! » Il leur rendit leur salut et bénit toute la troupe ; quant aux jeunes filles, elles l'entourèrent en manifestant la plus grande joie du monde. Il fut si stupéfait de cette liesse dont il était la cause qu'il ne sut que dire, tandis qu'elles ne cessaient de lui faire cortège, dansant et tournoyant tout autour de lui[325].

Quand il fut près du pont qui menait à la ville, il vit bien sortir de celle-ci jusqu'à vingt chevaliers, très somptueusement vêtus et équipés, montés sur de grands chevaux de combat ; chacun d'eux le salua et lui dit : « Seigneur, soyez le bien venu ! » Il leur rendit à tous leur salut en s'inclinant ; à cet instant, le sénéchal de la cité vint se mettre à ses côtés et il franchit la porte de la ville sous sa conduite. Le Chevalier aux Deux Épées demanda alors à son compagnon : « Seigneur chevalier, je vous prie de me dire pourquoi ces demoiselles m'accueillent avec tant d'allégresse et me font pareille fête. – Seigneur, c'est à cause de la joie qu'elles éprouvent à la pensée qu'elles vous verront bientôt manier la lance contre le chevalier de la tour de l'île. – Vraiment ? Et qu'en savent-t-elles ? Rien ne leur dit que je veuille combattre. – Seigneur, même si vous ne le voulez pas, il vous faut le faire, car telle est la coutume de notre ville qu'aucun chevalier étranger n'y vient sans être obligé d'affronter le seigneur de cette tour. » Ce disant, il lui montra la tour en question, qui était au milieu d'une île. Cette île était très belle et fort plaisante, et la tour qui se dressait en son milieu était un remarquable ouvrage. Le Chevalier aux Deux Épées dit au sénéchal : « Les gens qui ont établi cette coutume n'étaient pas fort civils, car elle est vraiment détestable et bien digne de rustres. Quand un chevalier voyageur, en effet, vient de

[325] Le contraste est saisissant entre l'accueil haineux du chevalier en Listinois et cette réception enthousiaste, visage riant de la mort.

contrées lointaines, épuisé et éprouvé par de longues étapes, croyez-vous qu'il soit aussi frais, pour combattre dès son arrivée, que le sera le seigneur de la tour, qui n'aura fait que se reposer ? En vérité, même si ce voyageur était le meilleur chevalier du monde, je ne m'étonnerais pas s'il était vaincu en combattant dans de telles conditions. Notez bien que je ne dis pas cela pour moi, car je ne suis pas si épuisé ni si éprouvé par la route ; au contraire, il me plaît bien autant de combattre que de me reposer, mais je le dis pour la coutume, qui est, je le répète, la plus détestable et la plus digne de rustres que j'aie jamais vue dans toutes mes pérégrinations. – Seigneur, dit le sénéchal, ainsi l'ont établie ceux qui nous ont précédés, et elle ne s'éteindra pas de notre vivant, à mon avis. »

226. Ils traversèrent ainsi le bourg tout en parlant, accompagnés des demoiselles, qui manifestaient encore une allégresse aussi grande qu'elles l'avaient fait au début, si bien qu'ils parvinrent à la rivière et y trouvèrent toute prête la barque dans laquelle le Chevalier aux Deux Épées devait entrer. « Seigneur, dit le sénéchal, votre bouclier me paraît être en assez mauvais état. Si vous le vouliez, je vous en ferais apporter un autre, qui vaudrait mieux que celui que vous avez. » Le chevalier répondit qu'il le voulait bien et il tendit son bouclier à un serviteur. Celui-ci le prit et, l'emportant, se précipita vers la ville. Il revint aussitôt avec un autre bouclier, qu'il remit au chevalier en disant : « Prenez celui-ci, seigneur, qui me semble meilleur que le vôtre. » Le Chevalier aux Deux Épées le prit, le mit à son cou et entra dans la barque avec son cheval, si bien équipé qu'il ne lui manquait rien.

Comme les mariniers étaient prêts et commençaient à ramer pour conduire la barque de l'autre côté, une jeune fille s'avança vivement et dit au chevalier, qui s'éloignait déjà de la rive : « Seigneur chevalier, il est vraiment malheureux que vous ayez changé votre bouclier : si vous l'aviez à votre cou, vous ne mourriez pas aujourd'hui ; au contraire, votre ami vous reconnaîtrait et vous le reconnaîtriez aussi. Mais – c'est ce que Merlin vous fait dire par moi – ce malheur que Dieu vous envoie est la vengeance qu'il prend pour ce que vous avez fait chez le roi Pellehan ; encore cette vengeance n'est-elle pas aussi grande que le fait l'aurait demandé. »

227. Ces paroles l'épouvantèrent, car il avait déjà vu advenir une partie des faits dont la jeune fille venait de lui parler. Et ce qui le terrifiait encore plus, c'était que Merlin lui faisait savoir qu'il s'agissait de la vengeance du crime qu'il avait commis chez le roi Pellehan ; dans ces conditions, il aurait voulu avoir donné le monde entier, s'il lui avait appartenu, pour n'être jamais entré dans le bourg, car la crainte, qui de sa vie n'avait pu pénétrer dans son cœur, lui tenait désormais compagnie. Ce qui le rassurait beaucoup, cependant, c'était qu'il se sentait en bonne santé, en pleine possession de ses moyens, fort, alerte et qu'il connaissait sa valeur au combat ; il pensait donc fermement qu'il aimait mieux jouer le tout pour le tout et mourir, s'il fallait en venir là, que de faire quelque chose qui passât pour de la couardise. D'autre part, le fait qu'on lui avait dit qu'il n'avait à se garder que d'un seul chevalier lui était d'un grand réconfort, car il se sentait si valeureux et si expert au maniement des armes qu'il n'imaginait pas qu'il y eût un seul chevalier au monde capable de le vaincre ou de le tuer sans recevoir de son côté un traitement identique, ou pire.

228. Il demeura ainsi soucieux pendant le temps que dura la traversée et, lorsque l'embarcation aborda l'île, il réfléchissait encore très intensément à ce que la demoiselle lui avait dit. Cependant, les mariniers firent sortir du bateau la monture du chevalier et lui dirent : « Seigneur chevalier, à quoi pensez-vous ? Réfléchir ne vous servirait à rien pour ce que vous avez à faire. Il vous faut aller au combat. » Il se leva aussitôt et déclara que ce n'était pas le combat qui le rendait pensif ; il traversa alors l'embarcation[326] et se signa en mettant pied à terre, puis il inspecta ses armes pour s'assurer qu'il n'y manquait rien et resserra les sangles de son cheval le mieux possible. Il reprit ensuite son bouclier et sa lance, monta à cheval et, tournant ses regards en direction du bourg, il vit aux remparts et aux créneaux une multitude de dames et de demoiselles qui étaient montées là-haut pour voir le combat. Il les maudit toutes, ainsi que tous ceux qui gouvernaient la ville, ceux qui avaient établi cette coutume et ceux qui la maintenaient, car c'était la plus détestable et la plus malhonnête dont il eût jamais entendu parler. « Et – que Dieu me prive

---

[326] *Suite*, § 228, ll. 7-8 : *si s'en passe parmi la nef* ; HDB, p. 228 : « il traversa la barque ». Notre trad. suppose que le bateau aborde par la proue (comme un bac) pour permettre au cheval de débarquer ; si le chevalier est assis à l'arrière, il doit alors traverser toute l'embarcation.

de son aide si je mens –, ajouta-t-il, s'il plaisait à Notre Seigneur que j'échappe vivant de ce combat, je ferais un jour détruire ce bourg et tous ses habitants, car ceux qui ont instauré une telle coutume ne valent assurément pas grand-chose. »

229. Il est dit à cet endroit du récit que le chevalier se parlait ainsi à lui-même, et il lui tardait beaucoup d'avoir commencé le combat, puisqu'il ne pouvait faire autrement. Il ne se passa guère de temps avant qu'il vît sortir de la tour un chevalier portant avec beaucoup de prestance un armement de couleur rouge : son bouclier, sa lance et toutes les pièces d'armure étaient de cette couleur, mais son cheval était plus blanc que neige. Il sortit sur sa monture, au pas, si bien équipé qu'il ne lui manquait rien de ce qui pouvait être nécessaire à un chevalier. Quand il aperçut son adversaire, il dirigea vers lui la tête de son cheval et se couvrit étroitement de son bouclier, accomplissant ce geste avec beaucoup d'élégance et une parfaite maîtrise. De son côté, lorsqu'il le vit, le Chevalier aux Deux Épées se souvint aussitôt de Balaan, qui se préparait au combat avec plus d'élégance et de distinction que quiconque. Ainsi son cœur lui parla-t-il immédiatement de son frère, dès qu'il le vit, et son cœur ne mentait pas, car c'était lui, sans aucun doute : ils se seraient aussitôt reconnus s'ils n'avaient pas changé leurs armes.

230. C'est ainsi que ces amis du même sang, ces frères, issus d'un même père et d'une même mère, s'élancèrent l'un contre l'autre de toute la vitesse qu'ils purent tirer de leurs chevaux, lance baissée, comme des ennemis mortels, à la manière de bêtes enragées ; ils se frappèrent alors si violemment qu'ils transpercèrent leurs boucliers et les trouèrent du fer de leurs lances ; mais les cottes de mailles étaient si solides, si résistantes qu'ils ne purent les endommager. Tous deux étaient de très grande force, aussi firent-ils voler leurs lances en morceaux, après quoi, poussés par leur élan, ils se heurtèrent du corps et du bouclier si rudement qu'ils se renversèrent l'un l'autre à terre, tellement étourdis et meurtris qu'aucun des deux n'eut la force de se relever avant un long moment et qu'ils demeurèrent au contraire étendus, entièrement immobiles comme s'ils étaient morts. Au bout d'un certain temps, le chevalier de la tour se releva le premier, car il avait beaucoup moins souffert de sa chute que son adversaire. Il dégaina donc son épée, en homme qui n'avait rien perdu de sa souplesse et de sa vivacité, et il se disposa à attaquer son frère. Quand l'autre le vit arriver, il ne fut pas rassuré et la crainte de mourir lui donna la force de se relever plus vite que ne l'aurait fait un autre en pareil état. Il sortit lui aussi sa lame du fourreau et se couvrit la tête de son bouclier. Alors, son frère, qui avait levé haut son épée, le frappa si brutalement qu'il lui abattit un grand morceau de l'arme dont il se protégeait, et le coup, qui avait emporté la partie inférieure du bouclier, lui trancha de surcroît cinq cent mailles de sa cotte de fer en se prolongeant vers le bas. De son côté, le Chevalier aux Deux Épées n'épargna aucunement son adversaire mais lui donna, avant qu'il se fût couvert, un si grand coup sur le casque que la solidité de celui-ci ne put empêcher l'arme de s'y enfoncer de plus d'un doigt, si bien que l'autre fut à moitié assommé par la violence du choc.

231. Les deux frères commencèrent donc à s'affronter à l'épée dans un combat d'une prodigieuse intensité, se livrant de multiples et incessants assauts. Tous deux étaient pleins de bravoure et d'orgueil, et ils se sentaient si sûrs de leur valeur de chevalier qu'ils n'avaient d'abord fait nul cas l'un de l'autre. Chacun commençait pourtant à éprouver, à l'égard de son adversaire, une crainte peu commune, car ils se découvraient mutuellement d'une telle force pour donner et recevoir des coups qu'ils comprenaient bien qu'ils n'étaient pas l'un et l'autre apprentis dans ce métier. Pour cette raison, tous deux assenaient leurs coups avec une certaine retenue[327], chacun restant sur ses gardes et se couvrant le mieux possible, en sorte qu'ils n'attaquaient pas aussi souvent qu'ils l'auraient pu. Cependant, si le Chevalier aux Deux Épées s'était senti, au cours de cet affrontement, aussi vigoureux qu'il l'était au début, il n'aurait aucunement redouté son ennemi ; mais il se sentait blessé et meurtri à cause de la chute brutale qu'il avait faite au commencement du combat et, pour cette raison, il prenait plus de précautions et se protégeait plus que son adversaire, ménageant ses forces pour la fin. Son frère,

---

[327] *Suite*, § 231, ll. 10-11 : *Et pour chou n'i avoit nul d'eus qui se desroiast de caus geter* ; G. Paris et J. Ulrich (*op. cit.*, II, gloss., p. 259, s. v. *desroier*) : 'qui témérairement lançât des coups' ; HDB, p. 229 : « C'est pourquoi ils ne frappaient pas sans réfléchir » ; G. Roussineau (*op. cit.*, gloss., p. 736, s. v. *desroier*) glose *soi desroier de* + infinitif 'cesser de' (Gdf 2,640a, s. v. *desreer*), ce qui ne s'accorde guère à la suite. TL (2,1724, s. v. *desrëer*) glose 'das Mass überschreiten, sich übermütig benehmen' où l'emporte l'idée de démesure et de pétulance qui convient ici.

cependant, plus jeune que lui, plus grand et plus frais, ne cessait de le harceler avec vigueur et lui lançait des coups puissants dont il sentait tout le poids. Du reste, lui-même ne l'épargnait aucunement mais lui donnait souvent pour sa part de si grands coups de son épée tranchante que l'autre se trouvait fort mal lorsqu'il les recevait.

Le premier assaut dura tant, avant qu'ils fissent paraître leur intention de se reposer pour reprendre leur souffle, qu'aucun des deux n'aurait pu cacher l'occupation à laquelle il se livrait[328], car leurs casques étaient brisés, défoncés, et le cercle de métal qui en renforçait l'armature était rompu ; les parties supérieures et inférieures de leurs boucliers étaient en morceaux, trouées, déchiquetées ; leurs cottes de fer étaient démaillées, déchirées, en lambeaux, et le corps de ces braves était mis à mal, affaibli et blessé, à tel point que le sang leur coulait de plusieurs endroits. Les épées tranchantes qu'ils maniaient les avaient dès ce moment mis dans un tel état que le plus sain des deux avait au corps sept blessures dont un autre serait très probablement mort. La place où ils combattaient était entièrement couverte de leur sang ; des mailles de leurs cottes, des morceaux et des débris de leurs boucliers la jonchaient aussi. Pourtant, alors que la terrible animosité qui les opposait n'avait pas faibli, il leur fallut se reposer,

---

[328] *Suite*, § 231, ll. 24-25 : *n'i a chelui a cui il ne pere bien de lour mestier* ; G. Roussineau (*op. cit.*, gloss., p. 771, s. v.) glose cette occ. de *mestier* 'besoin, gêne, difficulté' ; HDB, p. 230 : « Tous les deux avaient bien prouvé qu'ils étaient exercés au métier des armes ».

qu'ils le voulussent ou non, car ils devaient reprendre leur souffle, mal gré qu'ils en eussent. Ils se séparèrent donc, posèrent leurs boucliers devant eux et s'y appuyèrent. Aucun des deux ne parla, mais ils se contentèrent de s'examiner mutuellement, aussi étonnés l'un que l'autre : celui de la tour, parce qu'il avait trouvé un adversaire de cette valeur, car il n'aurait pas cru que dans tout le royaume de Logres il y eût un chevalier capable de soutenir le combat aussi longtemps que celui-ci l'avait fait ; l'autre, parce qu'il n'aurait pas imaginé que celui de la tour eût été capable d'endurer ce qu'il lui avait infligé : il était persuadé qu'en frappant comme il l'avait fait ce jour-là il aurait tué le plus grand géant du monde. C'est pourquoi ils faisaient désormais tous deux si grand cas l'un de l'autre qu'ils n'auraient pu s'estimer davantage.

232. Quand ils se furent ainsi reposés, tout en se louant mutuellement à part soi, jusqu'à ce qu'ils eussent pu reprendre quelque peu haleine, le Chevalier aux Deux Épées reprit le premier ses armes ; son adversaire en fit autant et ils se livrèrent alors un nouvel assaut, si implacable, et qui leur laissait si peu de chances d'en réchapper, que personne ne les aurait vus sans éprouver de la pitié, pour peu qu'il connût leur valeur de chevalier. Et s'ils s'étaient auparavant blessés et mis à mal, ils firent encore pis cette fois. En effet, comme leurs cottes de fer étaient déjà démaillées et déchirées, que leurs boucliers avaient tellement rapetissé qu'ils ne valaient plus grand-chose, ils se frappaient à découvert, à même la chair – quoique ce fût sans beaucoup de vigueur, il est vrai, car ils en étaient incapables pour avoir déjà entièrement consumé leur puissance et leurs forces. S'ils avaient été aussi vigoureux à ce moment-là qu'ils l'avaient été au début du combat, celui-ci aurait été vite fini, car ils étaient pour ainsi dire désarmés, mais ils n'avaient plus assez d'énergie, alors, pour pouvoir s'infliger de grandes blessures : leur force et leur capacité à se battre les avaient en effet si complètement abandonnés qu'ils pouvaient à peine tenir debout et garder en main leurs boucliers et leurs épées. Il n'y avait d'ailleurs rien d'étonnant à cela, car ils s'étaient si bien menés l'un l'autre à coup d'épée tranchante, frappant tantôt ici et tantôt là, qu'ils avaient chacun quatre blessures mortelles*, tant à la tête que sur le corps. Ce fut la raison qui leur fit d'abord abandonner le combat.

233. L'affrontement entre les deux frères dura si longtemps de la manière que je vous ai décrite qu'ils leur devint absolument impossible d'en supporter davantage. Ce fut le chevalier de la tour qui, le premier, rompit le combat. Et tandis qu'il se reculait, dans un tel état qu'il ne pouvait plus tenir debout ni garder en main son épée, il dit à son frère : « Ah ! seigneur chevalier, vous m'avez tué, mais vous ne pouvez pas dire que vous m'avez vaincu. » Le Chevalier aux Deux Épées répondit : « Seigneur chevalier, je vous en dis tout autant : vous m'avez blessé à mort, la chose est sans remède, mais vous ne m'avez pas vaincu... Il est certes bien malheureux que vous mouriez, car vous êtes assurément le meilleur chevalier que j'aie jamais rencontré. J'en ai pourtant rencontré beaucoup, sur lesquels j'ai remporté de complètes victoires, mais je vous loue et vous estime plus qu'aucun d'eux, car vous êtes le plus exceptionnel de tous. Néanmoins, vous pouvez bien dire que c'est pour votre malheur que vous entendez cet éloge, car vous mourez de l'avoir mérité, et je puis bien dire aussi que ce fut une mauvaise heure que celle où je vous ai vu, car votre vaillance est la cause de ma mort. Mais, au nom de Dieu, avant que je rende le dernier soupir, dites-moi, s'il vous plaît, votre nom, en sorte que je sache qui m'a tué. – En vérité, répondit l'autre, je vous le dirai volontiers. Sachez que je m'appelle Balaan et que je suis le frère du meilleur chevalier que l'on connaisse aujourd'hui au monde, le Chevalier aux Deux Épées. Celui-là sera fort triste quand il apprendra ma fin. »

234. Quand le Chevalier aux Deux Épées comprit que c'était son frère qui se trouvait devant lui, il en fut si bouleversé que le chagrin qui lui entra dans le cœur lui fit perdre connaissance et qu'il tomba à la renverse. L'autre, qui le regardait, crut qu'il était mort, aussi se traîna-t-il jusqu'à lui, car il n'avait plus assez de force pour marcher. Il lui délaça le casque, le lui ôta de la tête et abaissa la mentonnière de son capuchon de mailles ; il vit ainsi qu'il avait trois blessures à la tête, si larges et si profondes qu'un médecin aurait été inutile, car il ne pouvait qu'en mourir. Il l'examina très longuement mais ne put absolument pas le reconnaître, car il avait le visage maculé de sang et de sueur, les yeux fermés et enflés, la bouche pleine de glaire[329] et d'écume sanglante. Lorsque le

[329] *Suite*, § 234, l. 11 : *la bouce plainne de limon* ; G. Roussineau (*op. cit.*, gloss., p. 764, s. v.) glose *limon* 'boue' ; HDB, p. 231 : Ø ; nous suivons plutôt TL 5,480,34 : 'Schleim' ('mucosité, glaire').

Chevalier aux Deux Épées revint à lui, il s'écria : « Ah ! cher frère, quel malheur est arrivé ici ! Je suis le Chevalier aux Deux Épées dont vous parlez, c'est moi qui vous ai tué, et notre infortune est ici telle que vous m'avez tué, vous aussi. Maudite soit la coutume de ce bourg et tous ceux qui l'ont établie, car il nous faut mourir avant l'heure ! » Quand l'autre entendit que c'était son frère, il en éprouva un immense chagrin et il répondit : « Seigneur, puisque je vous ai tué par ignorance, personne ne doit m'en blâmer, et vous êtes aussi exempt de reproche, car il est sûr que vous ne pouviez pas me reconnaître mieux que je ne l'ai fait... Non, nous n'y sommes pour rien, et nous pouvons sans nul doute affirmer au contraire que jamais un malheur comme celui qui nous est arrivé n'est advenu à deux frères. Cependant, ce doit être pour nous un grand réconfort que de nous être retrouvé à nos derniers moments, car tout comme nos corps sont sortis d'un même habitacle, ils seront déposés dans un même habitacle, en ce lieu même où nous sommes à présent, de sorte qu'après notre mort les hommes de mérite et les bons chevaliers viendront nous voir, et ils déploreront notre infortune à cause de nos éminentes qualités de chevalier et des beaux faits qu'ils entendront raconter à notre sujet. » Alors, tous deux se mirent à pleurer, en proie à une très vive émotion, et ils s'écrièrent ensemble : « Ah ! Dieu, pourquoi avez-vous consenti qu'une telle infortune et qu'un si grand malheur nous adviennent ? »

235. Tandis qu'ils déploraient ainsi le malheur qui leur faisait trouver la mort dans de telles conditions, une dame dans la fleur de l'âge, qui exerçait sa domination sur la ville, sur la tour et sur tout le pays environnant, s'approcha d'eux. Cette dame demeurait en permanence sur l'île, dans la tour, au point que rien au monde n'aurait pu l'en faire partir, et elle n'avait en sa compagnie que six hommes d'armes et six demoiselles, qui se tenaient continûment à son service, ainsi qu'un seul chevalier. C'était à l'origine un chevalier qui l'avait ainsi confinée dans ce donjon, parce qu'il n'avait pas confiance en elle, et lorsqu'elle y avait été enfermée, elle lui avait demandé : « Seigneur, pourquoi m'avez vous mise ici ? – Parce que je veux être sûr, répondit-il, que personne d'autre que moi ne se rende auprès de vous. – N'avez-vous donc pas confiance en moi ? – Non, répondit le chevalier. – J'ai encore moins confiance en vous, répliqua la dame. – Eh bien, je ferai tout ce que vous m'ordonnerez, vous n'aurez alors plus aucun sujet de défiance. – Promettez-le-moi », demanda-t-elle. Il le lui promit aussitôt. « Me voici donc rassurée, reprit la dame, car vous m'avez promis que vous ne bougerez jamais plus de cette tour de mon vivant, et que vous m'y tiendrez au contraire compagnie nuit et jour. » Le chevalier, qui était épris d'elle, déclara alors qu'il y consentait. Il demeura donc dans la tour avec la dame. Au bout d'une demi-année, l'exercice des armes, auquel il avait coutume de se livrer, lui manqua énormément. Il fit alors venir devant lui les habitants du bourg et leur fit jurer sur les reliques qu'aucun chevalier voyageur ne traverserait jamais plus la cité sans qu'ils l'amenassent sur l'île pour combattre contre lui. S'il rencontrait quelqu'un qui pût le vaincre et se rendre maître de lui par les armes, il exigeait que cet homme le mît à mort et que la dame lui restât. Il voulait en effet que la chose se fît en sorte qu'aucun chevalier ne quittât jamais plus l'île vivant. Et il fit jurer à tous les habitants de la cité qu'ils maintiendraient cette coutume après sa mort[330].

236. La dame arriva auprès des chevaliers ; l'état des deux hommes, lorsqu'elle les vit si grièvement blessés, lui inspira les craintes les plus vives. Balaan lui dit : « Ah ! madame, au nom de Dieu, accordez-moi une faveur qui ne vous coûtera aucunement ! » Elle la lui accorda très volontiers et il l'en remercia beaucoup, puis il lui dit : « Madame, vous m'avez accordé qu'après notre trépas vous ferez mettre nos corps dans une belle et digne sépulture, à l'emplacement où nous sommes maintenant couchés, de telle sorte que nous reposerons l'un avec l'autre dans une même tombe. Et savez-vous, madame, pourquoi je demande que nous soyons mis en un même habitacle ? Parce que nous sommes sortis d'un même habitacle, à savoir le ventre de notre mère ; sachez en effet que cet homme est bel et bien mon frère et que nous sommes fils des mêmes parents. »

237. A ces mots, la dame ressentit vraiment un immense chagrin, car elle voyait bien que les deux hommes étaient

---

[330] On sait qu'il revient traditionnellement aux *bons chevaliers* de mettre fin aux coutumes iniques (v. par ex. § 569, ll. 37-38). Ironie du sort, une nouvelle fois, celle-ci est la seule que le Chevalier aux Deux Épées aura été capable d'abolir, par extinction simultanée des deux candidats possibles à son maintien. Comme par une terrible compensation, il paie de sa vie le privilège réservé aux chevaliers élus.

l'un et l'autre d'excellents chevaliers ; elle accorda donc de très bon cœur à Balaan ce qu'il avait demandé et se mit à pleurer, tant elle était émue. Elle appela ensuite ses gens, qui étaient à la porte de la tour, et ceux-ci vinrent immédiatement. Elle leur demanda de désarmer les deux hommes et de les porter à l'intérieur afin de leur donner tous les soins qu'ils pourraient. Ils leur ôtèrent aussitôt leurs armures, mais une fois désarmé le Chevalier aux Deux Épées dit tout bas à la dame : « Madame, ne me faites surtout pas transporter ailleurs, mais faites venir pour moi le chapelain, et qu'il apporte avec lui mon Sauveur, car je suis en train de mourir. » L'autre frère fit la même demande. La dame appela les mariniers qui étaient de l'autre côté de la rivière et leur demanda d'aller chercher le prêtre, ainsi accomplirait-il les rites requis pour ces deux chevaliers qui se mouraient. Les mariniers firent aussitôt ce que la dame leur avait ordonné et ils firent passer le prêtre sur l'île, muni de ce que les chevaliers avaient demandé. Quand on eut accompli à leur intention les rites qui doivent l'être pour des chevaliers chrétiens et que tous deux eurent imploré le pardon de leur Sauveur pour leurs péchés et leurs mauvaises actions, ils dirent à la dame : « Madame, occupez-vous de nous comme vous nous l'avez promis, afin que nous soyons enterrés en ce lieu même. » Et elle leur répondit tout en pleurant que cette promesse leur serait bien tenue.

238. Après cela, les deux frères perdirent l'usage de la parole, en sorte que personne, ensuite, ne les entendit plus prononcer un seul mot. Ils restèrent en vie jusqu'au soir, puis ils quittèrent ce monde, le plus jeune avant l'aîné.

Tous ceux de la cité se firent transporter sur l'île pour voir le surprenant dénouement de cette affaire. Quand ils surent que les deux combattants étaient frères, ils déclarèrent que c'était là un très grand malheur, puisque ces deux braves avaient reçu la mort l'un par l'autre. Ils prirent la pierre tombale la plus précieuse qu'ils purent trouver dans le pays et, après les avoir enterrés ensemble sur le lieu même où ils avaient perdu la vie, ils en couvrirent leur sépulture ; ils firent écrire le nom du plus jeune sur la pierre, tout en bas, mais, pour l'autre, ils ne surent que faire, car ils ne connaissaient pas son nom. Tandis qu'ils s'interrogeaient les uns les autres sans qu'aucun pût renseigner son voisin, Merlin arriva parmi eux et leur dit : « Laissez cela, car le reste ne vous regarde pas : vous vous êtes parfaitement acquittés de ce qui vous concernait dans cette affaire. »

239. Ils reculèrent alors pour voir ce que ferait l'homme qui parlait de la sorte. Celui-ci alla droit à la pierre tombale sous laquelle les deux frères reposaient et se mit à graver sur l'une des extrémités du monument, dans la pierre même, une inscription qui disait : *Ici repose Balaain, le Chevalier aux Deux Épées, qui assena par la Lance Vengeresse le Coup Funeste, à cause duquel le royaume de Listinois connaît le malheur et la ruine.*

Quand Merlin eut fait cela, il demeura sur l'île plus de deux mois, et il y jeta des sorts tout à fait extraordinaires. A côté de la tombe, il fit apparaître un lit si redoutable que par la suite nul ne put y dormir sans perdre la raison et la mémoire[331] ; et l'enchantement fut réglé de telle manière que celui qui le ferait ne se souvînt de rien qu'il eût pu faire auparavant, aussi longtemps qu'il demeurerait sur l'île. Cet enchantement dura jusqu'à ce que Lancelot, le fils du roi Ban de Bénoïc, vînt en ce lieu. Alors, le sort attaché à ce lit fut levé, non par Lancelot, mais par un petit anneau qu'il portait, qui révélait tous les enchantements.

Cet anneau lui avait été donné par la Demoiselle du Lac[332], comme le rapporte la grande histoire de Lancelot, cette même histoire qui doit être traitée à part de ce que raconte mon livre ; non qu'elle soit sans rapport avec celui-ci et qu'elle n'en soit extraite, mais parce qu'il convient que les trois parties de mon ouvrage soient d'égale grandeur. Or, si je l'y ajoutais, la partie médiane en serait trois fois plus grande que les deux autres. Pour cette raison, il me faut renoncer à insérer dans mon œuvre la grande histoire qui raconte la naissance et les actions de Lancelot, et j'entends parler des neuf descendants de Nascien[333] exactement comme le requiert le vénérable récit du Saint Graal, sans rien raconter qui ne soit absolument nécessaire ; au contraire, j'en dirai beaucoup moins que ce que je

---

[331] Ce lit et ses propriétés sont évoqués dans le *Lancelot* (*op. cit.*, t. VI [TLF 286], p. 55).

[332] La remise de cet anneau est racontée dans le *Lancelot* (*op. cit.*, t. VII [TLF 288], p. 270).

[333] *La Queste del Saint Graal*, *op. cit.*, pp. 135-138. Nascien, beau-frère du roi Ewalac de Sarraz, en Orient, est l'ancêtre de Lancelot. Son fils, Celydoines, est le premier roi d'Écosse. Lancelot, fils de Ban, est l'avant-dernier degré de cette lignée et Galaad, son fils, le dernier.

trouve dans l'histoire écrite en latin. Je prie d'autre part monseigneur Hélie[334], qui a été mon frère d'armes, mon compagnon de jeunesse et de maturité, que, par amitié pour moi et pour alléger un peu mon lourd fardeau, il entreprenne la traduction, selon les indications que je lui donnerai, d'un rameau de l'histoire que je relate dans cet ouvrage ; ce rameau sera appelé le *Récit du Cri*[335], et il est extraordinairement plaisant à entendre et à raconter. Je ne le séparerais certainement pas de mon livre, si je ne craignais que celui-ci n'en fût trop long, mais pour cette raison je le mettrai à part et le lui enverrai : je le sais si savant et si habile que je suis bien sûr qu'il aura tôt fait de le traduire, s'il veut se donner un peu de peine pour cela, ce que je le prie de faire. Mais je vais maintenant en rester là pour ce qui est de cette requête, car, s'il plaît à Dieu et à Hélie, celui-ci fera ce que je lui demande, et je vais me remettre à raconter une partie de ce que Merlin fit sur l'île.

240. Quand Merlin eut fait ce lit et d'autres choses extraordinaires que je ne puis ici vous décrire, car elles vous seront relatées comme il convient au cours du récit, en temps et en lieu, il prit l'épée que Balaain avait appor-

---

[334] Sur Hélie, « sans doute un auteur imaginaire », v. G. Roussineau, *op. cit.*, p. 662, n. 239,35.

[335] Sur ce récit, dont l'existence est « probablement fictive », v. G. Roussineau (*ibid.*) et surtout C. E. Pickford, *L'Évolution du roman arthurien en prose vers la fin du moyen âge d'après le manuscrit 112 du fonds français de la bibliothèque nationale*, Paris, Nizet, 1960, pp. 72-77. Pour le « cri » dont il est ici question, v. ici-même § 387.

tée, en ôta le pommeau et le remplaça aussitôt par un autre. Quand il eut fait cela, il dit à un chevalier qui était devant lui : « Essayez donc de saisir ce pommeau. » L'autre essaya et il s'en fallut de beaucoup qu'il y réussît. Merlin se mit à rire et l'autre lui demanda pourquoi il riait. « Je ris, dit Merlin, parce que vous imaginiez que vous pourriez l'attraper. – Pourquoi ? demanda l'autre. Aurait-ce été un tel prodige si je l'avais fait ? – En vérité, oui, répondit Merlin, car il n'est aujourd'hui aucun chevalier au monde qui puisse le faire. – Et viendra-t-il un jour en cette île un homme qui en soit capable ? demanda le chevalier. – Oui, répondit Merlin, un seul, qui s'appellera Lancelot ; il emportera d'ici cette épée et en tuera le chevalier qu'il aura le plus aimé au monde[336]. » Après cela, voici ce qu'il écrivit sur le pommeau de l'arme : *De cette épée mourra Gauvain*[337]. Et cette inscription qu'il fit alors, Gaheriet, frère de Gauvain, la trouva par la suite. Quand il la vit et en comprit le sens, il jugea que tout cela n'était qu'invention et fut persuadé que c'était un mensonge. Mais, depuis, Lancelot tua Gauvain de cette épée, après la mort de Gaheriet, comme la véritable histoire le raconte vers la fin de notre livre.

---

[336] Cette épée et cette prédiction sont évoquées dans le *Lancelot* (*op. cit.*, t. VI [TLF 286], p. 55).

[337] Des conséquences d'un combat singulier livré contre Lancelot, qui se trouve raconté aux §§ 151-157 de *La Mort le roi Artu*, où il n'est cependant pas fait mention de cette épée.

241. C'est ainsi que Merlin fit sur cette île la plupart des enchantements qu'il pratiqua en cette occasion, de sorte que maints chevaliers qui y vinrent depuis, avec l'intention d'en venir à bout en usant de force et de bravoure, durent s'avouer trompés et vaincus sans gloire par ces sortilèges. Quand Merlin eut fait en ce lieu une grande partie de ce qu'il voulait faire, il quitta l'île en la laissant ainsi enchantée. Mais il ne s'en tint pas là, car il établit sur la rivière un pont de fer qui n'avait pas un demi-pied de large et il déclara qu'on pourrait ainsi reconnaître les chevaliers intrépides, car nul, à moins d'être particulièrement hardi, n'aurait jamais l'audace d'emprunter ce passage pour aller d'une rive à l'autre. Au bout de ce pont, du côté de la ville, à l'entrée de cet ouvrage, il intalla un gros bloc de marbre et il y enfonça par enchantement une épée dont il plaça le fourreau juste à côté, de telle manière qu'il vous aurait semblé qu'il n'était fixé à rien et qu'on aurait pu le prendre très facilement ; mais tel n'était pas le cas. Ensuite, sur le pommeau de l'arme, il inscrivit ces mots étonnants : *Le premier qui essaiera d'ôter cette épée d'ici en sera le premier blessé.* Et les choses se passèrent exactement comme il l'avait écrit, car peu de temps après l'arrivée de Galaad, le chevalier parfait, à la cour du roi Arthur, Gauvain, qui, encouragé par son oncle, fut le premier à essayer d'ôter cette arme du perron, en fut le premier blessé, comme l'histoire le racontera en détails. Ensuite, Merlin grava sur le bloc de marbre même une autre inscription, qui disait : *Cette épée ne sera jamais ôtée d'ici, si ce n'est par la main du meilleur chevalier du monde, et que jamais nul homme ne tente de l'enlever s'il ne se sent le meilleur chevalier de tous, car il lui arriverait malheur.*

Puis il poussa ce bloc de marbre dans la rivière et, par les enchantements auxquels il se livra en ce lieu, fit tant qu'il flotta pendant de très longues années au fil de l'eau depuis ce jour ; on le vit en maints pays et il parcourut tant de lieux, pendant si longtemps, qu'il arriva par la suite à Camaalot et qu'il aborda au port de la cité le jour même de l'arrivée de Galaad à la cour[338].

242. Quand il eut fait cela, et beaucoup d'autres prodiges encore que je ne peux pas vous raconter ici, car ce n'est ni le lieu ni le temps, il s'en alla en disant aux habitants de la cité qu'il voulait que cette île fût appelée l'Île de Merlin, et ceux-ci lui répondirent qu'elle serait appelée ainsi. Depuis, personne ne fut jamais assez audacieux pour l'appeler autrement que l'Île de Merlin ou l'Île aux Merveilles. Ayant tout réglé de la sorte, donc, il partit et chemina tant et si bien qu'il parvint à Cardeul, où le roi Arthur séjournait en compagnie d'un grand nombre de gens. Il apprit que celui-ci avait récemment fait Baudemagus chevalier et vit que tous ceux de la cour manifestaient à cette occasion une très grande joie et fêtaient grandement l'événement, car, parmi tous les jeunes hommes de la cour, on n'en connaissait aucun qui fût plus aimé et plus estimé qu'il l'était pour sa sagesse et sa civilité.

243. Quand Merlin fut arrivé à la cour, il rencontra beaucoup de gens qui lui témoignèrent leur joie de le revoir, car tous étaient ravis de son retour. Le roi lui dit : « Merlin, que dois-je faire ? Mes vassaux me font honte et

---

[338] Épisode qui ouvre *La Queste del Saint Graal, op. cit.*, pp. 5-6.

me reprochent – et ils prétendent ne pas y manquer un seul jour – de ne pas prendre femme. Que me conseillez-vous là-dessus ? Car sans votre conseil je ne ferais rien à ce sujet, et je veux tout au contraire agir entièrement selon votre avis et avec votre approbation, comme l'a fait mon père. – Sire, répondit Merlin, ils ont raison de vous y inciter, car il est assurément raisonnable que vous soyez désormais marié. Mais dites-moi donc si vous connaissez une femme qui vous plaise plus qu'une autre, car un homme aussi puissant que vous l'êtes peut bien avoir une épouse à sa convenance. – Oui, répondit le roi, j'en connais une qui me plaît beaucoup et c'est celle-là que j'aime. Et si je ne l'ai pas, je ne me marierai jamais. – Au nom de Dieu, répliqua Merlin, puisque vous l'aimez, si vous ne l'obtenez pas, c'est que Merlin n'est qu'un incapable. Dites-moi donc qui elle est et j'irai la chercher, non point seul mais avec l'escorte que vous me donnerez. – C'est Guenièvre, la fille du roi Léodegan de Carmelide, répondit le roi, l'homme chez qui se trouve la compagnie de la Table Ronde que vous et mon père, le roi Uterpandragon, avez fondée[339]. Cette Guenièvre est aujourd'hui

[339] La fondation de la Table Ronde est racontée dans le *Merlin* (§ 49). Contrairement au *Merlin* associé à la *Suite-Vulgate* (v. par ex. *Le Livre du Graal*, biblio. n° 13, § 217, p. 784), notre texte n'explique pas pourquoi elle a quitté Logres pour le royaume de Carmélide. V. A. Micha, « La Table Ronde chez Robert de Boron et dans la *Queste del Saint Graal* », in *Les Romans du Graal aux XIIe et XIIIe siècles*, Paris, CNRS (Colloques internationaux du CNRS, 3), 1956, p. 127, n. 21 ; G. Roussineau, *op. cit.*, p. 664, n. 245,10.

la demoiselle la plus vertueuse, la plus belle et la plus louée de toutes celles que je connaisse sur les Îles de la Mer[340]. Pour cette raison, je veux l'avoir. Et si je ne l'ai pas je ne prendrai jamais femme[341].

244. – En vérité, repartit Merlin, pour ce qui est de la beauté de la jeune fille, vous dites vrai, car elle est la plus belle que je connaisse aujourd'hui dans le monde. Mais, si

---

[340] *Suite*, § 244, l. 23 : *es isles de mer* ; G. Roussineau a corrigé d'après le ms. B (Cambridge, Univ. Lib., Additional 7071), sans donner les raisons de son choix, le ms. de base (B. L., Additional 38117) qui porte « en l'isle de mer », leçon conservée par G. Paris et J. Ulrich et traduite par 'notre île' par HDB, p. 236 et EB, p. 276. L'expression *isles de mer* apparaît, dans un contexte d'ailleurs similaire, dans *Le Conte du Graal* (*op. cit.*, vv. 414-417 : « N'ot chevalier de si haut pris [...] an totes les Isles de mer » ; v. aussi gloss., p. 127, s. v. *Isles*), où elle semble désigner le pays d'où est originaire le père de Perceval.

[341] Arthur doit être âgé ici de vingt-quatre ans, tandis que Guenièvre doit avoir douze ans pour le moins. L'écart d'âge entre le roi et son épouse est donc nettement moindre que dans *La Mort le roi Artu*. La reine y a cinquante ans au § 4 (l. 20) et le roi quatre-vingt-douze ans au § 158 (ll. 61-62). Même en tenant compte du temps écoulé entre ces deux §§, la différence d'âge est considérable (v. la conclusion de J. Frappier à son étude de la chronologie du roman, *Étude sur « La Mort le roi Artu », roman du XIIIe siècle*, Genève, Droz [PFR LXX], 1972, p. 360 : « L'ensemble de *La Mort Artu* remplit donc un peu plus de six années »). On en comprend la raison : il s'agit, dans la *Mort Artu*, d'atténuer le scandale de l'adultère commis par la reine avec Lancelot (qui a trente-sept ans de moins qu'Arthur, *Mort Artu*, § 158, ll. 60).

vous n'aviez pas été épris d'elle, je vous aurais alors fait prendre une autre demoiselle, que je vous aurais recommandée de préférence, car une beauté aussi exceptionnelle que la sienne peut vraiment être néfaste parfois, même si l'avenir vous réserve de voir un jour où cette beauté vous sera d'un tel secours que vous retrouverez grâce à elle une terre à un moment où vous croirez l'avoir complètement perdue. » Il lui fit cette annonce à cause de Galehot, qui lui rendit sa terre alors qu'il l'avait entièrement conquise et qui lui voua une fidélité absolue, tout cela par amitié pour Lancelot[342]. Le roi ne comprit pas les paroles par trop sybillines que son ami lui dit alors, mais les choses se passèrent depuis exactement comme celui-ci l'avait annoncé, ainsi que le raconte le récit qui parle de l'histoire du Saint Graal et en relate les épisodes en détail. Merlin dit encore au roi : « Sire, puisque Guenièvre vous plaît tant, il suffit que vous me donniez une escorte et j'irai la chercher en Carmélide. » Le roi déclara qu'il la lui donnerait aussi grande qu'il oserait ou pourrait la lui demander ; c'est ainsi qu'il désigna pour l'accompagner cent chevaliers de sa maison, auxquels il ajouta un grand nombre d'écuyers et de serviteurs qu'il mit à sa disposition. Merlin partit aussitôt avec toute sa suite et voyagea si bien par mer et par terre qu'il arriva chez le roi Léodegan. Il lui demanda la main de sa fille pour le roi Arthur, disant que celui-ci ferait d'elle la reine du royaume de Logres et de maints autres pays.

---

[342] *Lancelot* (*op. cit.*, t. VIII [TLF 307], p. 85, § 69).

245. Ces paroles réjouirent beaucoup le roi Léodegan, aussi répondit-il immédiatement à Merlin, qu'il n'avait cependant pas encore reconnu : « Que Dieu accorde tout honneur au roi Arthur, car lui-même me fait un honneur beaucoup plus grand que je n'aurais jamais osé le lui demander. Il peut prendre ma fille et faire ce qu'il veut de moi et de mon royaume, car en vérité rien ne m'a jamais causé autant de joie que les paroles que je viens d'entendre. Je lui donnerais ma terre, s'il le voulait, cependant je sais bien qu'il n'en a nul besoin, car, grâce à Dieu, il en est abondamment pourvu. Mais je vais lui envoyer ce qui m'est le plus cher : je veux parler de ma Table Ronde. Les chevaliers qui y siègent ne sont pas au complet, pourtant, et il en manque au contraire cinquante, morts depuis que le roi Uterpandragon a quitté ce monde. Je les aurais déjà remplacés par cinquante autres que j'avais choisis, mais un saint ermite m'a dit de ne pas m'en occuper. « Pourquoi ? lui ai-je demandé. – Parce que, m'a-t-il répondu, cette table passera bientôt aux mains de certain homme de mérite qui la conservera mieux que vous ne le feriez. Et celui-là y fera asseoir cinquante chevaliers, parmi les plus accomplis, dont vous chercheriez en vain l'équivalent dans votre pays. » Tels ont été les propos que m'a tenus cet homme de bien et pour cette raison j'ai laissé la Table Ronde dans l'état où elle se trouvait, en sorte qu'il n'y siège aujourd'hui que cent chevaliers sur les cent cinquante qu'elle devrait compter. – En vérité, c'est exact, dit Merlin, c'est bien le nombre de chevaliers requis[343] et ils prendront très bientôt place à cette table, s'il plaît à Dieu, car elle sera désormais aux mains de quelqu'un qui lui conférera durablement une force et un pouvoir plus grands qu'elle n'en a jamais eu ; et il lui fera connaître, avant de mourir, une dignité si haute et une si grande renommée qu'après lui il ne se présentera personne d'assez téméraire pour oser entreprendre d'en perpétuer l'existence. – Que Dieu lui accorde de la mettre et de la garder en cet état, dit le roi, afin qu'il y trouve profit et honneur ! »

246. Alors, les cent chevaliers qui étaient compagnons de la Table Ronde furent tous convoqués. Quand ils furent arrivés, le roi leur dit : « Seigneurs, votre compagnie, dans le temps où vous avez vécu dans mon entourage, a diminué de cinquante chevaliers ; je le regrette, et je ne suis pas assez considérable ni assez puissant pour oser remplacer un seul d'entre eux. Mais, parce que je vous aime tous autant que si vous étiez au complet et que si j'avais engendré chacun de vous de ma propre chair, parce que je veux aussi que votre honneur croisse et se renforce désormais, je vais vous envoyer auprès de quelqu'un qui pourra

---

[343] Dans les différentes versions du *Merlin* (p. 96 du n° 10 ; § 49, l. 30, du n° 11 ; p. 160 du n° 12 ; § 127, p. 696, du n° 13), la Table Ronde est en fait instituée pour cinquante chevaliers. Dans la *Suite-Vulgate* cependant (v. biblio. n° 5), il est question de deux cent cinquante chevaliers de la Table Ronde (*Le Livre du Graal*, p. 1324, § 531). Seul le *Lancelot* donne le même nombre que notre texte (*op. cit.*, t. VI [TLF 307], p. 21, § 34). V. aussi A. Micha, *op. cit.*, pp. 119-136*.

parfaitement veiller au maintien de votre association. Je sais bien qu'il le fera volontiers et qu'il vous aimera autant que le père aime son fils. Il y a chez lui tant d'hommes de valeur et il en séjourne tant à sa cour qu'il n'aura aucun mal à trouver, parmi eux, cinquante chevaliers d'élite pour les mettre en votre compagnie, de sorte qu'il pourra, sans même quitter son palais, compléter le juste nombre des chevaliers de la Table Ronde, qui doit être de cent cinquante, ce que de mon côté je serais incapable de faire en cherchant dans ce pays tout entier. – Sire, demandèrent les chevaliers, qui est celui que vous louez tant et qui est si puissant ? – C'est, répondit-il, le roi Arthur. » Ils tendirent tous alors les mains vers le ciel en disant : « Ah ! Dieu, béni sois-tu, puisque tu nous as destinés à avoir un tel père ! Celui-ci aura vraiment pour nous des soins tout paternels et nous traitera comme si nous étions ses fils. En vérité, nous ne demandions à Dieu que de nous mettre entre ses mains[344]. – Vous y serez bientôt, si tel est Son plaisir. Que Notre Seigneur lui donne force et puissance afin qu'il puisse assurer le maintien de votre association pour son honneur et pour le vôtre ! »

---

[344] *Suite*, § 246, ll. 23 : *nous ne prions Dieu fors qu'il nous mesist entre ses mains* ; nous suivons G. Roussineau (*op. cit.*, p. 664, n. 246,23) qui identifie « prions » comme un indicatif imparfait refait sur la base forte (G. Paris et J. Ulrich, *op. cit.*, II, p. 63, corrigent en « pr[oi]ions »). On pourrait cependant traiter « prions » comme un présent de l'indicatif et donner à « mesist » une valeur modale d'atténuation : ‛nous ne demandons à Dieu que de bien vouloir nous mettre entre ses mains'.

247. Merlin séjourna là trois jours avec son escorte. Au moment du départ, le roi versa beaucoup plus de larmes pour les compagnons de la Table Ronde que pour sa fille, ainsi embrassa-t-il d'abord chacun de ses chevaliers et sa fille ensuite ; et toutes les belles choses qu'il pouvait y avoir chez lui, que ce fût pour se parer ou se divertir, sachez qu'il les envoya au roi Arthur. Là-dessus, les messagers qui emmenaient la demoiselle quittèrent le roi, accompagnés des chevaliers de la Table Ronde. Ils cheminèrent tant et si bien qu'ils parvinrent au royaume de Logres ; là, ils apprirent que la cour séjournait à Londres[345] et se dirigèrent de ce côté. Quand ils furent presque arrivés, Merlin fit annoncer au roi sa venue et lui fit connaître quelles personnes l'accompagnaient : qu'il prît bien ses dispositions pour venir à leur rencontre joyeusement, en manifestant beaucoup d'enthousiasme. Quand le roi entendit que les chevaliers de la Table Ronde venaient à sa cour pour y demeurer, son bonheur fut complet, car il n'avait pas de plus cher désir au monde que de les avoir auprès de lui. Alors, il sortit de Londres, accompagné

---

[345] Dans le *Merlin* édité par A. Micha (biblio. n° 11), ainsi que dans le *Merlin* du ms. Huth qui contient notre *Suite* (biblio. n° 10), Logres est à plusieurs reprises donnée pour une ville (§ 79, l. 9 ; § 81, l. 12, 22 ; § 89, l. 2 ; § 91, l. 1 pour [11] et p. 130, 133 pour [10]). Dans une des versions du *Merlin* associée à la *Suite-Vulgate* (v. biblio. n° 13), Logres est confondu avec Londres (*Le Livre du Graal*, p. 792, § 223) : « ... a Logres sa cité qui ore est apelee Londres en Engle-terre... » Notre auteur est ici fidèle à la tradition antérieure à Robert de Boron (Wace, Chrétien) qui assimile Logres à l'Angleterre ou à la partie orientale de celle-ci.

d'une suite nombreuse, et alla à leur rencontre ; il leur témoigna à tous beaucoup d'honneur et il les reçut avec tant de joie et de chaleur qu'ils s'estimaient heureux d'être venus dans ce pays.

On prépara les noces et l'on fixa l'époque et le jour où elles auraient lieu. Alors, Merlin dit au roi : « Roi, choisis les cinquante meilleurs chevaliers que tu puisses trouver sur toutes les terres qui dépendent de toi. Et, si tu apprends qu'un pauvre chevalier est homme de mérite par sa force et sa vaillance, ne manque pas de le mettre au nombre de ceux-ci malgré sa pauvreté. Mais, s'il s'en trouve un de très bonne naissance et de haut lignage pour vouloir y siéger sans être un excellent chevalier, veille à ne surtout pas l'accepter, car un seul, dès lors qu'il n'aurait pas d'aussi grandes qualités de chevalier que les autres, jetterait l'opprobre sur celles de ses compagnons et en abaisserait le prix. – Merlin, dit le roi, vous connaissez chacun mieux que moi, les bons chevaliers et les mauvais. Choisissez vous-même ceux que vous jugerez les plus dignes. – Soit, dit Merlin. Puisque vous vous en remettez entièrement à moi pour cette affaire, je la mènerai à bonne fin, de telle manière que je ne devrai assurément pas en être blâmé ; du reste, j'aurai tôt fait de les choisir, de sorte qu'ils prendront possession de leur siège le jour de vos noces : ainsi fêtera-t-on en même temps que votre mariage l'intégrité retrouvée de cette noble Table.

248. Alors, le roi envoya des messagers à travers son royaume pour faire savoir à tous les seigneurs qui tenaient des terres de lui qu'ils devaient venir tel jour à Camaalot pour la fête de ses noces, et ceux-ci y vinrent le plus vite possible. Quand ils furent arrivés, le roi dit à Merlin : « Occupez-vous de la Table Ronde. – Je vais le faire », répondit Merlin. Il commença alors à choisir parmi les chevaliers présents ceux qu'il savait être les plus accomplis. Quand il en eut choisi jusqu'à quarante-huit, ils les sépara des autres et leur dit : « Désormais, il vous faut vous aimer les uns les autres et vous chérir comme des frères, car à cause de cette table, à laquelle vous serez assis, et de la douceur qu'elle exhale, naîtront dans vos cœurs une telle joie et une telle amitié que vous en quitterez vos femmes et vos enfants pour être les uns avec les autres et pour passer ensemble vos jeunes années. Cependant, votre assemblée ne connaîtra assurément pas de mon temps son absolue perfection, et vous ne serez pas au complet avant que vienne s'asseoir en ce lieu le Bon Chevalier, le meilleur parmi les bons, celui qui viendra à bout des périlleuses aventures du royaume de Logres et qui réussira là où tous les autres auront échoué. » Merlin se dirigea ensuite vers les cent cinquante sièges de bois tout neufs que le roi Arthur avait fait faire ; il s'approcha de celui du milieu et le montra au roi et à tous les autres qui étaient là, chevaliers et dames, en leur disant : « Voici le Siège Périlleux : ayez bien en mémoire, après ma mort, que je l'ai ainsi appelé. » Le roi demanda à Merlin : « Merlin, pourquoi l'avez-vous appelé *périlleux* ? – Sire, parce que s'y asseoir présente un si grand danger qu'aucun chevalier ne pourra jamais le faire sans mourir ou sans être mutilé*, jusqu'au moment où viendra le Parfait Chevalier, qui mettra un terme aux aventures prodigieuses entre toutes du royaume de Logres. Celui-là s'assoira sur ce siège et pourra s'y tenir, mais cela ne durera pas longtemps. – Et comment s'appellera ce chevalier ? demanda le roi. – Cela, je ne vous le révélerai pas, car il ne vous serait d'aucun profit de le savoir maintenant, mais je puis au moins vous dire que celui qui l'engendrera n'a pas encore deux ans[346]. – Celui qui doit occuper ce siège n'est donc pas près de venir, fit observer le roi. – C'est vrai, dit Merlin. Quant à moi, je m'estimerais heureux si je pouvais voir le moment où la chose s'accomplira, car en ce pays il y aura alors une joie si grande qu'aucune, dans le passé ni à l'avenir, ne pourra lui être comparée. Et entre ce jour et celui où tu entendras parler du grand malheur de ton règne[347] il se passera beaucoup de temps, mais après le second tu ne vivras guère, car le grand dragon que tu as vu en songe te détruira. – Quel beau présent vous me faites, Merlin, dit le roi, en me rappelant que je connaîtrai un grand malheur le jour où je connais une si grande joie ! – Je le fais, repartit Merlin, parce que, si à chaque événement heureux tu te souvenais de cette douloureuse journée, tu en serais plus humble envers ton Créateur, qui t'a

[346] Il s'agit de Lancelot qui nous sera présenté aux §§ 320-321. Il sera alors (§ 320, l. 25) dit qu'il « n'avoit pas encore un an d'aage », alors que plusieurs mois auront passé (le temps du séjour de Nivienne à la cour dure à lui seul quatre mois au moins, § 316, l. 2). Sur la différence d'âge entre Arthur et Lancelot, v. n. 341.

[347] *Suite*, § 248, ll. 41-42 : *de ton grant duel* ; HDB, p. 240 : « ...le grand malheur qui te frappera » ; EB, p. 281 : « ...(celui où vous sera rappelée) votre grande douleur ». Il nous semble que le jour auquel Merlin fait allusion est celui où, après qu'il a vaincu les Romains, un messager vient annoncer au roi l'usurpation de Mordret (*Mort Artu*, §§ 163-164).

conféré la haute dignité où tu te trouves, et tu le craindrais davantage, en sorte que tu pécherais moins que tu ne le feras. »

249. C'est ainsi que Merlin parla au roi. Quand il eut choisi les quarante-huit chevaliers, il appela les cent autres et leur dit : « Voici les frères que je vous ai choisis. Que Notre Seigneur mette la paix et la concorde entre vous, comme il l'a mise entre ses apôtres. » Alors, il leur demanda à tous de s'embrasser les uns les autres. Puis il appela les évêques et les archevêques du pays et leur dit : « Il convient que vous bénissiez et que vous revêtiez du signe de la croix ces sièges, sur lesquels prendront place ces hommes d'exception, et il est vraiment juste que vous le fassiez, car maints chevaliers de noble et glorieuse vie devant Dieu et devant les hommes y prendront bientôt place. C'est pourquoi il est vraiment juste que vous bénissiez ce lieu, et Notre Seigneur, par sa grâce et par sa bonté, s'il lui plaît, le sanctifiera. » Alors, il fit placer la Table Ronde devant les chevaliers et fit asseoir chacun à sa place. L'archevêque de Canterbury leur donna aussitôt sa bénédiction, tandis que les autres membres du clergé adressaient à Notre Seigneur prières et oraisons afin qu'il les maintînt désormais en paix et en concorde parfaites, comme peuvent et doivent l'être des frères de sang.

250. Quand les représentants du clergé eurent fini, Merlin demanda aux chevaliers de se relever et leur dit : « Il faut que vous prêtiez hommage au roi Arthur, qui est votre compagnon à cette table. Et, quand vous l'aurez fait, il vous jurera sur les reliques qu'il maintiendra dorénavant votre compagnie dans le plus grand honneur possible, aussi longtemps qu'il vivra. » Ils répondirent qu'ils étaient tout prêts à le faire et se relevèrent aussitôt pour aller se présenter devant le roi et lui prêter hommage. Comme les chevaliers avaient quitté leur place, Merlin alla d'un siège à l'autre et vit sur chacun d'eux, en les examinant, le nom de celui qui s'y était assis. On pouvait lire ces mots : *Ici doit s'asseoir un tel* (et chaque fois figurait un nom différent). Tous les sièges étaient ainsi marqués, sauf celui du milieu et le dernier : sur ces deux-là, personne n'avait encore pris place. Quand Merlin vit ces inscriptions, il déclara aux seigneurs qui étaient là : « Sans mentir, seigneurs, vous pouvez voir ici quelque chose qui tient manifestement du miracle, car il plaît à Dieu que ces braves soient assis comme nous les avons placés, puisqu'il a fait apparaître sur chaque siège, écrit en toutes lettres, le nom de celui qui doit s'y asseoir. Bénie soit l'heure où cette œuvre a été commencée, car ce signe ne peut présager qu'un très grand bien ! »

251. Quand ceux qui étaient au palais entendirent ces paroles, ils coururent çà et là, d'un siège à l'autre, pour voir si c'était vrai. Voyant que tel était le cas, ils déclarèrent : « Cette association plaît à Notre Seigneur et il en adviendra de grands biens ; béni soit celui qui l'a fait naître par ses conseils, car tout le royaume de Logres sera particulièrement redouté grâce à elle aussi longtemps que ses membres voudront être unis ! » Tous les hommes qui savaient juger de ces choses tinrent cela pour un grand prodige et dirent que si la chose n'avait pas plu à Notre

Seigneur jamais un tel miracle ne se serait produit. Quant aux compagnons de la Table Ronde, ils se présentèrent sans retard devant le roi et lui prêtèrent hommage. Il les reçut pour ses vassaux au titre de sa terre et au titre de la Table Ronde, dont il était compagnon comme les autres, car Merlin l'avait mis au nombre des élus pour les grandes qualités de chevalier qu'il lui connaissait, et il lui avait assigné la toute première place à la table[348].

252. Quand cette affaire eut été ainsi réglée, Gauvain, qui était un beau jeune homme, alla trouver son oncle le roi et lui dit : « Sire, je vous demande, au nom de Dieu, de m'accorder une faveur. » Le roi la lui accorda, sous réserve que la chose dépendît de lui. « Sire, grand merci, dit Gauvain, vous venez de m'obliger d'une manière qui m'agrée tout particulièrement. Et savez-vous comment ? En acceptant de me faire chevalier le jour où vous connaîtrez vous-même une grande joie, le jour où vous épouserez la

---

[348] Sur la Table ronde et l'interprétation de « droit au commenchement de la table » (§ 251, ll. 15-16), v. G. Roussineau, *op. cit.*, pp. 665-666, n. 251,15. On peut imaginer, comme le suggère G. Roussineau, que la table forme un cercle évidé non fermé (v. par ex. illustration dans A. Berthelot, *Arthur et la Table ronde. La Force d'une légende*, Paris, Gallimard [Découverte Littérature 298], 1996, pp. 56-57, d'apr. *Queste del Saint Graal et Mort Artu*, ms. italien, vers 1370-1380, BNF fr. 343). On peut aussi imaginer que la place du roi Arthur est indiquée par un dais qui constitue le point de départ repère du cercle, mais cette représentation rendrait moins bien compte de § 256 (ll. 14-23).

vertueuse Guenièvre » Le roi lui répondit que cela lui convenait parfaitement, dès lors que telle était sa volonté.

253. Ce soir-là, Gauvain veilla dans la cathédrale Saint Étienne de Camaalot et, avec lui, il n'y eut pas moins de dix autres jeunes nobles que le roi devait tous faire chevaliers en l'honneur de son neveu Gauvain. Le lendemain, comme le roi venait à peine de se lever et que les seigneurs de sa cour commençaient à s'assembler dans le palais, voilà qu'arrive, au trot d'un cheval de somme décharné et poussif, un paysan qui amenait un de ses enfants, jeune garçon de l'âge de quinze ans, lequel était assis sur une pitoyable jument. Ainsi monté, le paysan entra dans le palais avec son fils et se mêla aux seigneurs sans que quiconque lui interdît l'entrée. Il se mit à demander qui était le roi Arthur et un serviteur s'avança vivement pour le lui montrer. Accompagné de son garçon, le paysan, toujours à cheval, s'approcha alors du roi, le salua et parla ainsi en présence de tous ceux de la cour :

254. « Roi Arthur, c'est l'excellente renommée qui court sur toi en tous lieux, proches et lointains, qui m'envoie ici, car tous sont unanimes à dire que tu viens en aide à quiconque vient vers toi, si désemparé soit-il, et que nul ne saurait faire preuve de tant d'audace pour te demander une faveur que tu n'en montres autant pour l'accorder, à condition que tu en aies le pouvoir. C'est donc à cause de ce que l'on m'a rapporté à ton sujet que je suis venu te trouver, afin que tu m'accordes la faveur que je vais te demander. Sache que cette requête ne peut te nuire en rien. » Le roi considéra le paysan qui s'exprimait avec autant d'éloquence et, tout étonné, il se demanda ce qu'il voulait obtenir de lui. L'homme poursuivit : « Roi, me donneras-tu ce que je suis venu chercher ici ? – Assurément oui, répondit le roi, à condition que je le puisse. » L'autre sauta donc aussitôt à bas de sa monture et alla lui baiser les pieds ; son fils fit de même et tous deux le remercièrent de ce qu'il leur avait octroyé. Alors, le paysan dit au roi : « Sire, savez-vous ce que vous m'avez accordé ? Eh bien, vous m'avez accordé que vous ferez chevalier, en ce jour, mon fils que vous voyez ici et que vous lui mettrez l'épée au côté avant même que de l'avoir ceinte à Gauvain, votre neveu. » Le roi, tout en souriant, confirma son accord par ces mots : « Je ferai ce que tu me demandes, mais je te prie de me dire qui t'a suggéré d'accomplir une telle démarche, car il me semble que tu n'étais pas destiné à porter tes regards vers un état aussi haut que l'est celui de chevalier et que rien ne prédisposait ton garçon à s'occuper de ce genre de chose. – Certes, répondit le brave homme, c'est aussi mon avis, mais celui de mes fils que j'ai amené ici m'en parle, que je le veuille ou non, car si cela ne tenait qu'à moi il n'aspirerait pas à un état aussi haut que celui-ci ; il serait au contraire paysan, comme ses frères, et vivrait de sa peine comme le font ses autres parents. Mais lui, quoi que je puisse lui dire, ne veut absolument rien entendre et ne consent qu'à être chevalier. » Le roi déclara qu'il trouvait cela fort surprenant, puis il demanda encore au paysan : « Dis-moi quelle est ta situation et combien tu as d'enfants. » L'autre répondit : « Sire, je vais vous le dire. Sachez que je pousse ma charrue pour travailler la terre, et, en cultivant mon bien par ce labeur, je gagne de quoi vivre et de quoi subvenir aux besoins de mes enfants. – Combien en as-tu ?

demanda le roi. – J'en ai treize. Douze travaillent pour vivre[349] et ont embrassé mon état, mais celui-ci n'y consent en aucune manière et dit au contraire qu'il sera chevalier ou rien. Je ne sais d'où peuvent lui venir ces dispositions. » Tous les seigneurs présents au palais se mirent alors à rire en entendant ces paroles. Mais le roi, qui était très sage, prit cette affaire au sérieux et demanda au jeune homme : « Mon jeune ami, veux-tu être chevalier ? » Celui-ci répondit : « Sire, il n'y a rien au monde que je désire autant que d'être fait chevalier de votre main et d'être compagnon de la Table Ronde. – Que Dieu fasse de toi un homme de mérite, reprit le roi, car tu as plus d'ambition que n'en ont tes frères. En vérité, je t'accorde tout ce que tu m'as demandé ; et je crois que si quelque ascendant ne t'avait pas donné sa noblesse jamais ton cœur n'aurait pu t'attirer vers un état aussi haut que l'est celui de chevalier. Que Dieu fasse donc que tu te montres digne d'un tel honneur, car personne ici ne sera fait chevalier aujourd'hui avant que tu le sois[350]. » Alors,

---

[349] Comme on le verra (§ 309), si la mère du jeune homme est la première épouse du paysan (ce qui est plausible mais non précisé), ce garçon doit être l'aîné de ces treize enfants, or il a quinze ans (§ 253, l. 8) : le benjamin de cette progéniture laborieuse aurait donc au mieux ... deux ans.

[350] La sagacité d'Arthur tient autant à sa propre expérience d'enfant 'sans père' qu'à son charisme de roi qui « sait deviner la condition sociale des êtres » (G. Roussineau, *op. cit.*, p. 666, n. 254,50) – l'expérience faite par Arthur en sa jeunesse n'a peut-être même finalement pour but que de faire de lui un homme capable de s'affranchir des apparences (encore qu'il discerne trop tard le mérite

le jeune homme le remercia vivement.

255. Là-dessus, Gauvain et ses compagnons arrivèrent. Quand le roi les vit s'approcher, il les appela fort aimablement et leur dit : « Avancez et apportez vêtements, linges, armures et épées. » Puis il les fit tous habiller, d'abord le jeune paysan, ensuite Gauvain et enfin les autres. A cette époque, il était d'usage en Grande Bretagne, lorsqu'on faisait un nouveau chevalier, de revêtir entièrement le candidat d'une précieuse étoffe de soie blanche sur laquelle on plaçait la cotte de mailles, puis on lui mettait l'épée à la main ; c'est dans cette tenue qu'il allait entendre la messe, où qu'il se trouvât. Quand il l'avait entendue, il lui fallait retourner à l'endroit où on l'avait habillé ; c'est à ce moment que celui qui devait le faire chevalier lui ceignait l'épée. Les futurs chevaliers furent donc préparés suivant cette coutume.

Le jour était alors venu où le roi Arthur devait prendre femme et où les chevaliers de la Table Ronde devaient se jurer les uns aux autres qu'ils ne manqueraient pas de se porter mutuellement assistance[351], mais qu'ils se comporteraient au contraire en loyaux compagnons aussi longtemps qu'ils vivraient. Le roi était prêt, ainsi que la reine, les futurs chevaliers et tous les autres ; ils se rendirent donc ainsi à la cathédrale, dans une liesse et un enthousiasme tels que je ne saurais vous en décrire de plus

---

de Balaain [§ 101]). L'onomastique offre (fortuitement ?) un lien entre les deux situations : comme Auctor est le père d'un fils qui n'est pas le sien, Tor est le fils d'un homme qui n'est pas son père.

[351] G. Roussineau, *op. cit.*, gloss., p. 752, s. v. *faillir*.

grands. A cette fête furent présents tant de rois, de ducs et de comtes que c'en fut tout bonnement prodigieux. C'est ce jour-là que, dans la cité de Camaalot, la reine Guenièvre fut associée au sacre du roi Arthur[352], et tous deux portèrent désormais couronne. A cette époque, la reine Guenièvre était la plus belle jeune fille que l'on connût dans le monde entier.

Après la messe, quand ils furent sortis de l'église et revenus au palais, le roi demanda au paysan : « Comment t'appelles-tu ? – Sire, je m'appelle Arès le Vacher. – Et ton fils, comment s'appelle-t-il ? – Sire, on le nomme Tor[353]. – On le nommera désormais, dit le roi, Tor Fils-d'Arès. » Depuis le moment où le roi le lui eut donné, ce nom lui resta. Il prit alors l'épée que portait le jeune homme et lui en donna les coups rituels. A ce propos, que tous ceux qui écoutent cette histoire sachent que le premier homme qui donna les coups rituels sur les épaules et la tête d'un nouveau chevalier, ce fut le roi Arthur. Quand il eut fait

---

[352] *Suite*, § 255, ll. 22 : *Et fu chelui jour la roine Gennevre sacree avoec le roi Artus* ; HDB, p. 243 : « On sacra ce jour-là la Reine (*sic*) Guenièvre en compagnie du Roi (*sic*) Arthur » ; EB, p. 284 : « (En ce jour) la reine Guenièvre fut couronnée avec Arthur... ». A moins de supposer qu'il y a là une contradiction de plus, ces versions ne conviennent pas. V. au § 11 (l. 10) ce que Merlin dit à Arthur : « tu ies rois sacrés ». V. aussi *Merlin*, § 91 (l. 53) : « si le pristrent [Arthur] et sacrerent et l'enointrent... »

[353] Tor, c'est-à-dire vraisemblablement Taur 'taureau', fils présumé d'un vacher, porte sa valeur dans son nom. Nous rendons en Tor Fils-d'Arès le nom que lui donne Arthur et qui apparaît dans l'édition sous la forme « Tor, li fiex a Arés » (§ 255, ll. 29-30), en considérant qu'il s'agit là d'un nouveau nom propre.

cela, il lui ceignit l'épée et lui dit : « Puisse Notre Seigneur faire de toi un homme de mérite, car, que Dieu me prive de son aide si je mens, je voudrais beaucoup qu'il en soit ainsi. » Alors, Merlin s'avança vivement et dit : « Sire, homme de mérite, il le sera, et bon chevalier ; du reste, il ne pourrait que l'être, par son lignage, car, en vérité, il n'est rien de moins que fils de roi, et son père est l'un des meilleurs chevaliers du monde. » Alors, il dit au paysan : « Paysan, tu n'es qu'un misérable, toi qui prétends qu'il est ton fils[354]. En vérité, il ne l'est pas et, s'il l'était, il n'aurait nulle attirance pour l'état noble, pas plus que ses autres frères, mais il ne serait qu'un paysan, conformément à sa nature. Et si tu ne veux pas révéler au roi de qui il est le fils, je le lui dirai, car je sais aussi bien que toi comment s'est faite la chose. » Quand le paysan entendit que Merlin parlait avec tant d'assurance, il demeura bouche bée et ne sut que dire. Merlin poursuivit : « Ou tu diras de qui il est le fils ou je le dirai moi-même, car je sais de façon certaine qu'il n'est pas le tien et toi-même tu le sais parfaitement. » A cet instant, Tor Fils-d'Arès prit la parole et dit à Merlin :

---

[354] *Suite*, § 255, ll. 41-42 : *moult ies chaitis, qui cuides que che soit tes fiex* ; HDB, p. 243 : « tu as eu beaucoup d'outrecuidance de penser que ce jeune homme fût ton fils ». Le sens de *cuidier* fait difficulté. Comme Merlin accuse à cet instant le paysan de cacher la vérité (v. cependant la n. 369), il est difficile de lui donner sa valeur habituelle de 'penser, croire, imaginer', qui ferait du paysan une dupe alors que Merlin le traite de menteur. Le principal problème vient de ce que le paysan est effectivement dupe, et que si l'on rapporte cette phrase non aux lignes qui suivent immédiatement mais aux déclarations du § 294 (ll. 35-36) on peut bien donner à *cuidier* son sens usuel.

« Cher seigneur, que je sois son fils ou non, que vous importe ? Si je le suis, je n'en ai point regret, et si je ne le suis pas, pourquoi déshonorer ma mère ?[355] – Cher seigneur, répondit Merlin, elle ne peut guère être déshonorée par ce que je lui impute, car l'homme dont je parle est roi par sacre, et, outre cette noblesse, il est l'un des meilleurs chevaliers qu'on ait vus depuis longtemps porter les armes en ce pays. – Quel qu'il soit, répliqua le nouveau chevalier, je voudrais bien, si vous y consentiez, que vous vous absteniez d'en parler pour cette fois. – Eh bien, soit », dit Merlin.

256. Sur ce, le roi fit son neveu Gauvain chevalier, car il lui ceignit l'épée, puis il fit de même pour tous les autres compagnons du jeune homme. Quand il eut fini, les réjouissances commencèrent aussitôt dans le palais. Certains dirent de Gauvain, parce qu'ils le voyaient beau et sûr de lui : « S'il vit assez longtemps, celui-là se vengera un jour de l'homme qui a tué son père. »

Cette même journée, ceux qui en avaient le droit prirent place à la Table Ronde et tous les sièges furent occupés, sauf deux, le Siège Périlleux et celui qui finissait la série. On commença donc le service et le roi dit à Merlin :

---

[355] L'acharnement de Merlin se heurte un moment au bon sens de Tor (il y a un aspect 'Jeanne d'Arc' en ce fils de bergère, qui a entendu la voix du sang, jusque dans sa manière de mettre l'adversaire hors combat par une rhétorique irrésistible), pour qui la vérité n'est pas une fin en soi. Nous ne pouvons que renvoyer ici encore aux pages de D. Bonhoeffer sur le sujet (*op. cit.*, spécial. p. 310 : « il y a une vérité satanique » ; v. aussi l'*exemplum* des pp. 312-313).

« Merlin, vous n'avez pas encore complètement achevé votre tâche, il me semble, car le dernier siège est vide et attend son possesseur. – Ne soyez pas en peine pour cela, répondit Merlin. Quand il plaira à Notre Seigneur, il sera occupé, et, si je renonce à lui assigner tout de suite un occupant, ce n'est pas parce qu'il n'y a pas ici suffisamment de bons chevaliers, mais parce que la fin doit être semblable au commencement. A la première place siège un roi, un roi doit siéger à la dernière. Vous êtes roi et bon chevalier, et vous siégez au commencement, à la première place ; je mettrai donc à la dernière un chevalier aussi bon ou meilleur que vous ; de cette manière, on commencera par une personne de haut rang et l'on finira de même, et il doit en être ainsi pour un lieu aussi vénérable que l'est la Table Ronde[356]. » Voilà comment, ce jour-là, on s'accommoda de cette place vide, et l'on manifesta tant de joie et d'entrain dans la cité de Camaalot que tous, pauvres et riches, ne pensaient qu'à se réjouir et à faire la fête.

257. Le lendemain, un peu avant la grand-messe, le roi Pellinor arriva à la cour à cheval ; il mit pied à terre et alla dans une des chambres du palais, puis il se rendit dans la salle d'apparat, magnifiquement vêtu. Dès qu'il vit le roi Arthur, il alla s'agenouiller devant lui et lui dit : « Roi

---

[356] V. n. 348 pour cette disposition des sièges de la Table Ronde. Indépendamment du problème 'géométrique' qui se pose, l'essentiel semble bien être que la Table Ronde commence et finisse en majesté : c'est aussi en cette évocation du temps cosmique, et non seulement par sa forme, qu'elle est représentation du monde, que Dieu a créé et auquel il viendra mettre un terme.

Arthur, je suis venu ici pour voir la fête de tes noces, être témoin de ta joie et du grand honneur qui t'est rendu. Sache que je t'estime et te loue plus que tous les rois que je connais aujourd'hui dans le monde. En vérité, si tu ne méritais pas d'être estimé et loué, Notre Seigneur ne t'aurait pas mis à la place éminemment honorable qui est la tienne. Mais il savait bien que tu surpasserais tous tes pairs, par ta valeur et ta civilité. C'est donc parce que je sais parfaitement que tu seras le plus accompli des rois chrétiens qui vivront en ton temps que je suis venu à ta cour pour t'honorer. Et sais-tu comment ? En te prêtant hommage et en devenant désormais ton vassal, devant tous les seigneurs de ton royaume, pour que tu puisses désormais compter sur moi et me mettes au nombre de tes amis. » Aussitôt, il lui tendit le bord doublé de fourrure de son manteau. Merlin s'avança vivement et dit au roi Arthur : « Ah ! sire, recevez-le pour votre vassal et remerciez-le du grand honneur qu'il vous fait, car en vérité il n'aurait pas agi de cette manière si tel n'avait pas été son plaisir ; et sachez qu'il est aussi noble que vous et qu'il est roi comme vous l'êtes. » Le roi le reçut aussitôt pour son vassal, se mit debout devant lui, puis le fit asseoir à ses côtés et le remercia vivement de son hommage. Alors, Merlin parla assez haut pour être entendu de tous ceux qui étaient dans la grand-salle du palais : « Seigneurs compagnons de la Table Ronde, vous pouvez maintenant donner libre cours à votre joie, car sachez bien qu'en ce jour votre assemblée sera complète et que seul le Siège Périlleux restera vacant. » Tous bénirent alors Notre Seigneur pour cette nouvelle, mais ils ne savaient pas encore quel compagnon Merlin voulait leur donner, car il y avait beaucoup de rois dans le palais, et ils ignoraient lequel d'entre eux il avait choisi.

258. A présent, le récit raconte qu'à l'heure du déjeuner, quand les tables furent mises, Merlin alla trouver le roi Pellinor et lui dit : « Suivez-moi. » L'autre se leva aussitôt et suivit Merlin, qui le mena directement à l'un des deux sièges vacants de la Table Ronde et lui parla ainsi : « Asseyez-vous là, car cette place vous revient. Sachez que je ne fais pas cela parce que je vous aime plus qu'un autre, mais parce que je vous tiens pour un bon chevalier et que je connais votre loyauté. » Alors, il le fit asseoir sur le siège qu'il lui avait indiqué. Quand le roi Arthur vit cela, il dit à Merlin : « Certes, Merlin, il serait vraiment fou celui qui voudrait se mêler de cette affaire à votre place, car nul ne pourrait s'en occuper aussi bien, avec autant de clairvoyance que vous le faites. Et que Dieu me refuse à jamais son aide s'il y a ici et maintenant un homme aussi réellement digne que celui-ci de s'asseoir à cette place. » Tous ceux qui étaient présents furent d'accord avec ces paroles, hormis Gauvain. Celui-ci, à la vérité, dès qu'il eut reconnu le roi Pellinor et qu'on lui eut rappelé qu'il avait tué son père, dit à son frère Gaheriet : « Ah ! cher frère, comment n'éprouverions-nous pas un immense dépit en voyant l'homme qui a tué de ses mains notre père, le roi Loth, être l'objet de telles marques d'honneur et occuper une place aussi éminente dans ce palais ! – Cher frère, répondit Gaheriet, dites-moi ce que vous voulez que je fasse. Je suis encore votre écuyer, aussi ne dois-je pas porter la main sur un chevalier, quoi qu'il arrive. Cependant, si vous m'y incitez, me voici prêt à aller le tuer sur-le-champ devant toutes les personnes ici présentes : je suis parfaitement en mesure de le faire, car j'ai une épée qui m'a été apportée avant hier de notre pays, la plus tranchante et la meilleure que j'aie vue depuis longtemps. Je vous garantis que j'aurai assurément tôt fait de le tuer de cette arme, si vous êtes d'accord, car je lui voue une haine mortelle, et il n'est pas de créature au monde que je haïsse autant que lui. – Vous n'en ferez rien, cher frère, répliqua Gauvain ; vous n'agirez pas de la sorte, car si vous portiez la main sur lui aussi longtemps que vous êtes écuyer vous n'auriez pas mérité l'honneur d'être fait chevalier. Mais laissez-moi le soin, à moi qui suis chevalier, de tirer vengeance de cet homme et je vous dis que cette vengeance sera aussi éclatante que celle qu'un fils de roi doit tirer de celui qui a tué son père. – Et comment comptez-vous agir, cher frère ? demanda Gaheriet. – Je compte, répondit Gauvain, attendre qu'il ait quitté cette cour : quand il en partira, je m'en irai après lui et ferai une ou deux étapes à sa suite. Dès que je le trouverai seul, qu'il n'y aura que lui et moi, s'il est armé, je l'attaquerai ; et s'il est désarmé je lui ferai prendre ses armes. Je me sens si vigoureux, si alerte et si fort que je ne peux absolument pas imaginer qu'il tienne longtemps devant moi. Et, s'il plaisait à Dieu que j'aie le dessus, je ne manquerais pas pour tout l'or du monde de lui trancher la tête comme il a tranché celle de mon père, d'après ce qu'on m'a dit. » Gaheriet déclara : « Il est hors de question que je renonce à le tuer sur-le-champ, si vous ne me promettez pas de m'emmener avec vous lorsque vous irez vous occuper de cette affaire, en sorte que je puisse assister à votre affrontement. » Gauvain lui donna sa parole de frère qu'il le ferait et ils n'en dirent pas davantage alors à ce sujet.

259. La joie que les puissants du royaume de Logres manifestèrent dans la cité de Camaalot fut donc immense. L'imposant palais* où avaient lieu les noces du roi Arthur était situé de telle manière qu'il se trouvait à l'extrémité de la ville, à deux portées d'arc d'un bois, du côté de la forêt, qui couvrait une vaste étendue ; et tout autour, à la ronde, il était environné de jardins prodigieusement grands, dont la végétation était aussi haute et aussi drue que celle d'une futaie.

Comme le roi était à table pour le déjeuner et que ceux qui se trouvaient avec lui dans la grande salle du palais avaient presque fini de manger, Merlin déclara : « Puissants seigneurs qui êtes ici, à partir de maintenant ne bougez plus, quoi que vous puissiez voir, car je vous dis que vous verrez bientôt advenir dans ce palais trois des plus prodigieuses aventures que vous ayez jamais vues ; et parce qu'aucune d'elles ne trouvera sur place sa conclusion, j'en fais don à trois chevaliers qui sont ici, qui les mèneront à leur fin. Gauvain devra venir à bout de la première, Tor Fils-d'Arès de la deuxième et le roi Pellinor de la troisième. Et sachez que chacun de son côté viendra parfaitement à bout de la sienne. »

Tous ceux qui étaient là s'étonnèrent beaucoup de ces paroles et, comme ils en parlaient entre eux, ils virent venir, bondissant à grands sauts à travers le jardin, un cerf, suivi d'un petit braque ; derrière eux venait une demoiselle qui menait trente douzaines de chiens, qu'elle avait tous détachés et qu'elle excitait et poussait derrière le cerf. Celui-ci était tout blanc[357] et le petit braque aussi, mais

[357] Sur cet épisode, v. L. Harf-Lancner, *op. cit.*, pp. 221-241.

tous les autres chiens étaient noirs. Quant à la demoiselle, je puis bien vous dire que c'était une des plus belles jeunes filles qui fût jamais entrée à la cour du roi Arthur. Vêtue d'une robe verte[358] très courte, elle avait un cor d'ivoire suspendu à son cou et tenait à la main un arc et une flèche : sa tenue était celle d'une parfaite chasseresse[359]. Elle venait de toute la vitesse qu'elle pouvait tirer de sa monture, faisant un tel vacarme que c'en était tout bonnement prodigieux. Quand le cerf approcha de la cour du palais, il s'y précipita sans se laisser effrayer par qui que ce soit, suivi du petit braque. Puis l'animal s'engagea encore plus avant et pénétra dans la grande salle où les chevaliers étaient assis à table. A cet instant, le chien bondit sur lui, le saisit à l'arrière par la cuisse et la serra si fort qu'il en emporta une partie. Lorsque le cerf se sentit blessé, il s'élança d'un bond par dessus l'une des tables. Alors, un chevalier qui mangeait là s'avança vivement, s'empara du petit braque, puis alla à son cheval qui était au

[358] Peut-être faut-il mettre cette indication, tout à fait isolée dans notre texte, en relation avec le goût de la jeune fille pour les plaisirs de la forêt, dont elle s'incorpore pour ainsi dire la couleur. Sur la difficulté de teindre en vert au moyen âge, et donc la relative rareté de cette couleur, v. M. Pastoureau, *Une Symbolique du moyen âge occidental*, Paris, Seuil (La librairie du XXIe siècle), 2004, pp. 183-186.

[359] Sur ce nouveau personnage, Nivienne ou la Dame du Lac, v. entre autres L. Harf-Lancner, *op. cit.*, pp. 291-315 ; sur son évolution dans les différents textes arthuriens, v. A. Berthelot, « De Niniane à la Dame du Lac : l'avènement d'une magicienne », in *L'Hostellerie du passé. Etudes sur l'art littéraire au Moyen Age offertes à Daniel Poirion par ses anciens élèves,* Paris (P. U. P. S.), 1995, pp. 51-57.

milieu de la cour et l'enfourcha ; il partit avec le chien, aussi vite que si le monde entier était à ses trousses, en se disant à lui même qu'il avait bien fait ce pourquoi il était venu à la cour.

Quand la demoiselle qui venait derrière vit emporter son chien, elle cria à celui qui s'en était emparé : « Seigneur chevalier, il aurait mieux valu pour vous le laisser que l'emporter, car vous le rendrez malgré vous ! » Il ne lui répondit pas un mot mais poursuivit sa route. La demoiselle pénétra dans la grand-salle du palais et se retrouva parmi les chevaliers que le passage du cerf parmi eux avait laissés tout pantois. Tous les autres chiens avaient suivi la bête, sautant parmi les tables et les chevaliers, de sorte qu'ils s'étaient déjà élancés dans le jardin, de l'autre côté de la salle, et qu'ils avaient recommencé la chasse. Lorsque la jeune fille vit que le cerf et les petits braques avaient disparu, elle s'arrêta, comme frappée de stupeur, jeta sur le sol son arc et ses flèches et demanda qu'on lui désignât le roi. On le lui montra et elle descendit aussitôt de cheval, se présenta devant le souverain et déclara : « Ah ! roi Arthur, je me plains très vivement de vous et de votre maison ! Car, pour commencer, j'ai perdu chez vous mon petit braque, auquel je n'étais pas médiocrement attachée ; ensuite, je me trouve empêchée de suivre mes chiens et le cerf que je poursuivais, alors que j'étais sur le point de l'attraper, tandis que j'en suis maintenant si éloignée que je ne sais de quel côté il est parti. Tous ces dommages, roi Arthur, c'est à cause de vous et des vôtres que je les ai subis, c'est pourquoi je me plains à vous en personne. On va voir à présent comment vous m'en ferez réparation ! »

260. Alors, Merlin s'avança vivement et dit : « Mademoiselle, soyez donc patiente et n'ajoutez rien à ces paroles, car vous avez dit tout ce qu'il fallait dire ; sachez que vous ne perdrez assurément rien ici qui ne vous soit restitué en bonne et due forme. – Que quelques-uns des chevaliers qui sont ici se mettent donc en route à l'instant, répliqua la demoiselle, afin de suivre le petit braque et le cerf, car ils n'ont que faire de s'attarder, il me semble, s'ils veulent les rattraper. – Ah ! Mademoiselle, dit Merlin, ne pressez donc pas si rudement les chevaliers : toute hâte serait inutile. Désormais, en effet, s'il n'y a pas péril mortel en la demeure, la coutume de cette maison sera telle qu'aucun chevalier assis à table ne bougera avant d'avoir mangé, quelque aventure qu'il advienne. Mais quand les tables auront été enlevées, alors le chevalier pourra se lancer dans l'aventure qui lui aura été attribuée. Et je demande que le roi, ici présent, observe cette coutume aussi longtemps qu'il vivra. » Le roi lui promit, devant tous ses vassaux, qu'il la tiendrait. Alors, Merlin dit à Gauvain : « L'aventure du cerf vous revient, à condition que vous ayez fini votre repas. Prenez vos armes, mettez-vous en selle et suivez le cerf jusqu'à ce que vous l'ayez pris, puis apportez-en ici la tête ; et veillez à ce qu'aucun des petits braques ne vous manque quand vous reviendrez à la cour, à moins qu'il n'en meure pendant la chasse, car autrement l'aventure ne serait pas menée à bien. » Gauvain lui répondit qu'il ne serait satisfait que lorsqu'il se serait mis en route. Puis Merlin s'adressa à Tor : « Tor, prenez les armes dès que les tables seront ôtées et poursuivez le chevalier qui emporte le petit braque. Veillez à ne pas interrompre votre quête avant de les avoir pris l'un et l'autre, morts ou vifs. » Le jeune homme répondit qu'il était tout prêt à exécuter ces ordres. Les autres hommes de mérite présents déclarèrent alors : « Ah ! Merlin, c'est un péché que d'exposer si tôt ces deux enfants au danger de mourir ! – Seigneurs, dit Merlin, n'ayez pas la moindre inquiétude. Je les connais beaucoup mieux que vous ne le faites. Sachez qu'avec l'aide de Dieu chacun viendra parfaitement à bout de l'aventure qui lui échoit. »

261. Tandis que l'on s'entretenait au palais de cette affaire, voilà qu'arrive un chevalier armé de pied en cap, monté sur un grand cheval blanc, qui pénètre en cet équipage dans la salle où l'on mangeait. Sans mettre pied à terre, il se dirigea du côté où il aperçut la demoiselle, la prit par les deux bras et la hissa sur l'encolure de sa bête, bien qu'elle se défendît de toutes ses forces. Quand il l'eut fait monter de cette manière, il fit demi-tour vers la porte de la salle et sortit, puis il s'en alla de toute la vitesse qu'il put obtenir de son coursier. Cependant, la demoiselle, qui se voyait enlevée de la sorte, ne cessait de crier : « Ah ! roi Arthur, à cause de la confiance que j'avais en toi et en ta maison, c'en est fait de ma vie et de mon honneur si tu ne fais rien pour m'arracher des mains de cet homme ! »

262. Ainsi s'en alla le chevalier qui emportait la demoiselle, tandis que celle-ci ne cessait de crier, implorant l'aide du roi Arthur. Alors, Merlin demanda aux seigneurs de la cour : « Nobles seigneurs, je vous ai annoncé que trois aventures adviendraient ici aujourd'hui : ce que je vous ai promis ne s'est-il pas bel et bien produit sous vos yeux ? » Ils répondirent : « Merlin, que pouvons-nous dire ? Vous avez dit la vérité là-dessus comme sur tout le reste. » Puis Merlin s'adressa aussitôt au roi Pellinor : « Roi, c'est à vous de venir à bout de cette dernière aventure. Qu'en dites-vous ? Montez à cheval quand il vous plaira, poursuivez le chevalier et ramenez la demoiselle ; et faites-le de manière à en retirer de l'honneur. » L'autre le remercia beaucoup de ce don et déclara qu'il se mettrait en route le plus vite possible.

263. Les aventures commencèrent donc à se présenter à la cour du roi Arthur, comme vous l'avez entendu raconter ici et ailleurs[360]. Quand les tables furent ôtées, Gauvain alla demander à son oncle et à ses frères la permission de partir, et ils la lui accordèrent tout en pleurant, hormis Gaheriet, qui demanda à son frère de le laisser l'accompagner : ainsi lui rendrait-il les services d'un écuyer. Gauvain le lui permit bien volontiers. De son côté, Tor demanda ses armes et on les lui apporta. Lorsqu'il fut armé, il demanda la permission de partir à celui qu'il tenait pour son père et au roi, ainsi qu'à tous ceux qui étaient là. A son tour, le roi Pellinor fit de même et c'est ainsi qu'ils quittèrent tous

---

[360] *Suite*, § 263, ll.1-2 : *En tel maniere coume vous avés oï et chi et en autre liu commenchierent a venir les aventures en la court le roi Artus* ; HDB, p. 249 : « ...comme je vous l'ai dit maintenant et auparavant... » On ne voit pas très bien à quel « autre liu » fait allusion l'auteur. S'il pense à sa propre œuvre, il s'agit peut-être des endroits où il raconte les premières aventures survenues à la cour, notamment celle du § 38. Mais l'expression est singulière (les aventures des §§ 259-262 n'adviennent pas de la même manière que les précédentes).

trois la cour. Tor suivit exactement la route prise par le chevalier qui emportait le petit braque ; Pellinor, celle qu'avait empruntée le ravisseur de la demoiselle ; Gauvain, celle par où il savait que le cerf s'était enfui. Mais à présent le récit cesse de parler des premiers, pour s'intéresser à Gauvain et aux aventures qui lui advinrent dans sa quête.

XII

264. Le récit raconte maintenant que, lorsque Gauvain eut quitté son oncle, il chevaucha à toute vitesse après le cerf, accompagné de son frère Gaheriet, qui lui portait son bouclier et sa lance. Une fois hors de Camaalot, ils prirent la direction d'une place forte que l'on appelait Ambe et chevauchèrent du côté de la forêt. Quand ils y furent entrés, ils ne firent guère de chemin avant de tomber sur deux chevaliers qui combattaient l'un contre l'autre dans une prairie. Le combat durait déjà depuis si longtemps qu'ils s'étaient mutuellement tué leurs chevaux, et ils s'étaient blessés si grièvement qu'ils avaient perdu beaucoup de sang : il n'y avait pas de quoi s'en étonner outre mesure, car chacun d'eux avait trois ou quatre blessures, larges et profondes.

En les voyant se battre ainsi à coups d'épée, Gauvain s'arrêta pour savoir ce qui pouvait avoir provoqué entre eux une telle animosité. Il les salua donc et leur dit : « Ah ! seigneurs, je vous prie, au nom de l'honneur et de la civilité, de me dire pourquoi vous avez commencé ce combat. » Ils s'interrompirent aussitôt et l'un d'eux prit la parole en disant : « Sans mentir, nous vous dirons exactement ce qu'il en est. La vérité est que mon frère, que vous voyez ici et qui a bien deux ans de moins que moi, a dit qu'il était meilleur chevalier que je ne le suis et qu'il méritait plus que moi d'entreprendre une grande quête. Je l'ai contredit et c'est ainsi qu'a commencé entre nous ce combat qui n'est pas encore fini et qui ne le sera pas avant que l'on puisse clairement savoir qui de nous est le meilleur. – Et pour quelle quête, demanda Gauvain, cette querelle et cette discorde violentes se sont-elles élevées entre vous ? – Je vais vous expliquer précisément la chose, répondit le chevalier. Tout à l'heure, lui et moi, nous venions d'un château que je possède près d'ici, et nous faisions route vers Camaalot pour assister aux noces du roi et de la reine. Comme nous traversions la forêt pour passer d'un chemin à un autre, nous avons vu un cerf tout blanc auquel trente douzaines de chiens donnaient la chasse, et il n'y avait personne derrière lui, ni chevalier ni chasseur ni homme d'armes, personne enfin n'était aux trousses de ce gibier, hormis les chiens. Quand nous avons vu cela, nous nous sommes dit l'un à l'autre que cela faisait partie des aventures qui avaient commencé à advenir en Grande Bretagne. Alors, moi, qui suis l'aîné, j'ai demandé à mon frère de me permettre de suivre seul cette chasse. Il a répondu qu'il ne me l'accorderait pas, mais qu'il s'en chargerait, alléguant qu'il était bien meilleur chevalier que je ne le suis. J'ai répliqué que ce n'était pas vrai, à quoi il a rétorqué qu'il le montrerait bien, s'il le fallait. C'est ainsi que le ton a tellement monté entre nous qu'il a sorti son épée du fourreau pour m'attaquer, en disant que l'on verrait bientôt qui méritait le plus d'entreprendre une grande quête. En voyant cela, j'ai dit que je me défendrais contre lui et il a répondu que cela lui convenait parfaitement, puis il s'est aussitôt jeté sur moi. Ainsi l'affrontement s'est-il prolongé de cette manière jusqu'à maintenant, et nous avons perdu tant de sang tous les deux que la chasse continuera de se faire sans nous lorsque nous partirons d'ici, car nous avons plus grand besoin de nous reposer que de chasser. »

265. Lorsque Gauvain eut entendu ces paroles, il déclara : « Sans mentir, seigneurs chevaliers, je n'ai assurément jamais encore entendu parler de gens aussi fous que vous l'êtes, vous qui vous êtes entretués pour rien du tout. Je voudrais maintenant vous demander, au nom de Dieu, de m'accorder une faveur qui ne vous apportera que profit et honneur. » Ils la lui accordèrent aussitôt et il les en remercia beaucoup, puis il reprit : « Vous m'avez promis et accordé de vous jurer l'un à l'autre que plus jamais, aussi longtemps que vous vivrez, il n'y aura de querelle ni de combat entre vous, mais qu'à partir de maintenant il y aura au contraire paix et concorde parfaites, comme il convient entre deux frères. » Ils jetèrent immédiatement leurs épées et leurs boucliers à terre, enlevèrent leurs casques et se mirent tous deux à pleurer. Ils se déclarèrent l'un à l'autre : « Sans mentir, cher frère, il s'en est fallu de peu que je ne vous aie tué et que vous n'en ayez fait de même avec moi : le diable était entre nous. » Puis ils se prêtèrent aussitôt mutuellement le serment qu'ils avaient promis, après quoi ils demandèrent à Gauvain : « Seigneur, au nom de Dieu, dites-nous qui vous êtes. – Je ne vous le dirai pas pour l'instant, répondit-il ; cependant, si vous allez chez le roi Arthur et si vous dites que vous avez vu ici celui à qui Merlin a accordé la première aventure qui devait advenir à la cour, on saura bien vous dire mon nom ; il vous est absolument impossible de le savoir autrement pour cette fois. Mais, au nom de Dieu, dites-moi seulement de quel côté vous avez vu le cerf blanc se diriger, car c'est pour m'occuper de cette aventure que je suis parti de la cour. » Ils lui répondirent : « Seigneur, il s'en est allé de ce côté. » Et ils lui montrèrent le chemin. Alors, il les recommanda à Dieu, les quitta tout aussitôt et chevaucha à travers la forêt toute la journée jusque vers le soir, puis il arriva dans une vallée très encaissée où il y avait une rivière très large mais peu profonde. Il se dirigea vers la rivière pour la traverser mais il ne vit ni pont ni planche. Néanmoins, dès qu'il vit qu'il n'y avait aucun danger et que la rivière était peu profonde, il y entra. Aussitôt, il aperçut sur l'autre rive un chevalier qui lui cria : « Monsieur le chevalier, ne vous engagez pas dans cette rivière si vous ne voulez pas vous battre à la lance contre moi, car je garde le passage de telle manière que nul ne peut y passer autrement. »

266. Lorsque Gauvain vit que cet homme lui interdisait le passage avec tout le zèle dont il était capable, il n'en fut pas fort inquiet, car il voyait qu'il était seul ; aussi continua-t-il d'avancer. En le voyant approcher de la rive, le chevalier, bien muni de toutes ses armes comme il l'était, laissa son cheval courir dans la direction du jeune homme, lequel s'efforça de sortir de la rivière le plus vite possible afin que l'autre ne pût l'abattre pendant qu'il était dans l'eau. Il n'en était pas encore complètement sorti quand son assaillant le frappa si rudement de sa lance que celle-ci vola en morceaux ; mais il ne lui fit pas d'autre mal. Quant à Gauvain, qui venait de s'élancer hors de la rivière, il le frappa avec une telle violence qu'il l'abattit de sa monture. Le chevalier, cependant, ne demeura pas longtemps à terre mais se remit vivement sur pied et sortit son épée du fourreau, en disant que s'il avait été abattu il n'avait pas encore été vaincu. « Comment ! s'écria Gauvain, ne suis-je pas encore libre de m'en aller, s'il me plaît ? – Non, répondit l'autre, pas si je veux le combat à l'épée, c'est la règle, et je le demande, aussi vous tiendrait-on pour un chevalier indigne et lâche si vous vous en alliez là-dessus. – Assurément, répliqua Gauvain, tu dis vrai et je n'ai pas l'intention de m'en aller avant que l'un de nous deux soit obligé de reconnaître sa défaite. » Alors, il jeta sa lance, qui était encore en parfait état, dégaina son épée et voulut assaillir son adversaire sans descendre de cheval. L'autre bondit aussitôt vers la lance. Quand il l'eut en main, il dit à Gauvain : « Ou vous mettrez pied à terre, ou vous ferez tuer votre monture, et vous serez alors complètement déshonoré ! – En vérité, répliqua Gauvain, c'est bien et justement parlé et tu viens de m'apprendre un trait de civilité que j'observerai toute ma vie, car jamais plus je n'attaquerai un chevalier qui soit à pied en restant moi-même en selle. » Alors, il descendit aussitôt de son cheval, sortit de nouveau son arme, qu'il avait remise au fourreau, et se couvrit la tête de son bouclier ; puis il se dirigea vers le chevalier et lui dit : « Tu me fais du tort, car tu m'empêches de poursuivre ma quête, et tu t'en repentiras, s'il plaît à Dieu et si je le puis. » Alors, il leva haut son arme et le frappa de toute sa force, si violemment qu'il pourfendit l'homme jusqu'aux dents, bien qu'il fût protégé par son casque et son bouclier. Frappé de la sorte, le chevalier s'écroula sur le sol.

Tel fut le premier coup assené par Gauvain, fils du roi Loth d'Orcanie, après qu'il eut reçu l'honneur d'être fait chevalier. Lorsque son frère Gaheriet, qui était avec lui, vit cela, il s'en réjouit beaucoup et déclara : « Cher frère, vous avez excellemment commencé à jouer de l'épée. Si vous en frappiez aussi bien en toute occasion, le meurtre de notre père serait un jour vengé. » Gauvain répondit qu'il ne connaîtrait jamais de joie avant d'avoir accompli cette vengeance. Puis il se dirigea vers son cheval, y monta et, quand il fut en selle il dit à Gaheriet : « Maintenant, je ne sais plus de quel côté poursuivre ma quête. – Je vous retrouverai bien vite la trace de ce que vous cherchez », repartit son frère. Alors, il s'avança un peu et découvrit les empreintes du cerf et des chiens ; il les montra à Gauvain et dit : « Le cerf est passé par ici, et il n'y a pas longtemps de cela : il s'est attardé je ne sais où. Suivons-le ! » Ils se mirent en route aussitôt et s'en allèrent à toute vitesse après l'animal, s'enfonçant à nouveau dans l'épaisse forêt. Les jours étaient longs, comme ils le sont en été, et le soleil était chaud et brûlant, comme il l'est à la Sainte-Madeleine. Gauvain et son frère n'avaient pas encore fait beaucoup de chemin quand ils entendirent les petits braques, tout proches, qui suivaient le cerf en aboyant. « Seigneur, dit Gaheriet, suivons-les, car nous sommes revenus sur les traces de notre gibier ! » Gauvain éperonna aussitôt sa monture et s'en alla sur la piste des bêtes aussi vite qu'il le put. Quant à son frère, il continua de le suivre, car, fût-ce à pied ou à cheval, il ne le lâcherait pas.

267. Ils firent tant de chemin de la sorte qu'il virent devant eux le cerf et la meute ; les chiens étaient si épuisés que la plupart, déjà à bout de forces, avaient cessé de courir. Cependant, aucun d'eux n'avait encore abandonné la poursuite. Lorsqu'il fut près d'eux, Gauvain se mit à les exciter et à crier pour leur faire reprendre la course. Alors, le vacarme recommença de plus belle. Le cerf se remit à bondir de toutes ses forces et reprit sa fuite de bête apeurée. Il courut tant, les chiens lui donnèrent si bien la chasse, Gauvain et Gaheriet piquèrent tellement leurs montures que tout ce monde sortit du bois et se dirigea vers la droite. A cet instant, ils virent devant eux, dans une plaine, une forteresse entourée de murs et de fossés, dont la construction ne laissait rien à désirer. Le cerf se dirigea de ce côté aussi vite qu'il en était capable et les chiens le suivirent. Trouvant la porte du château ouverte, l'animal entra, se dirigea vers la grand-salle et y pénétra. Les chiens bondirent aussitôt, le pourchassant si vigoureusement qu'ils l'eurent bientôt saisi et qu'ils l'abattirent au milieu de la salle. Tant de chiens avaient déjà rejoint la bête qu'ils eurent tôt fait de la tuer. Quand il l'eurent achevée, ils la laissèrent étendue devant eux et se couchèrent tout autour, comme pour la garder.

268. Tandis qu'ils étaient ainsi au milieu de la salle, un chevalier, entièrement armé à l'exception de son bouclier et de sa lance, sortit d'une des pièces du château. Quand il vit le cerf mort et les chiens tout autour, il se mit à manifester un violent chagrin : « Ah ! Dieu, que j'ai mal pris soin de ce que ma dame m'avait naguère supplié de garder ! » Dégainant alors son épée, il se mit à chasser les chiens de la salle et à tuer ceux qu'il pouvait atteindre. Comme il s'en prenait à eux de cette manière, voilà que Gauvain arrive avec son frère. Lorsque le jeune chevalier vit cet homme en train de faire un méchant parti aux petits braques, il lui cria : « Ah ! chevalier indigne et lâche, que Dieu te réserve un mauvais sort ! Ne porte pas la main sur ces chiens ! » (A ce moment-là, en effet, il ne pensait pas que certains eussent déjà été tués.) Le chevalier lui répondit que ce n'était certainement pas pour lui qu'il s'abstiendrait de les chasser et de les mettre à mort, car ils lui avaient causé un immense chagrin en tuant, dans sa propre demeure, l'animal qu'il aimait le plus au monde. « Ils ont fait leur devoir, répliqua Gauvain, mais vous, vous ne faites pas le vôtre et vous vous comportez au contraire comme le chevalier indigne et rustre que vous êtes ! – Vraiment ? s'écria le chevalier. Ainsi, vous êtes homme à ajouter maintenant l'insulte au déplaisir et à la honte que j'endure chez moi ! Sur ma tête, il y sera fait réparation, si je le puis. En vérité, je vous garantis à présent que vous n'emporterez pas le cerf d'ici, quelle que soit votre force, mais il y restera, et vous avec, et tous vos chiens y passeront ! – Je ne sais pas, répliqua Gauvain, ce que vous ferez, mais je me moque de vos menaces ! » Il entra donc dans la salle à cheval, mit pied à terre et alla droit au cerf, auquel il coupa la tête, puis il annonça qu'il emporterait celle-ci à la cour, qu'on le voulût ou non. Comme il disait cela, il regarda autour de lui et vit que deux chiens avaient été tués. Cela le rendit furieux et il déclara qu'ils seraient vengés, si jamais il le pouvait.

C'est alors qu'il vit sortir d'une chambre le chevalier avec lequel il avait parlé une première fois ; il était muni de tout ce qui était nécessaire pour combattre, à l'exception notable toutefois d'une monture. Lorsqu'il vit Gauvain qui regardait les chiens morts, il lui cria : « Monsieur le chevalier, je vous défie ! Gardez-vous de moi, car aucun chevalier ne m'a jamais causé autant de déplaisir par sa venue que vous l'avez fait ! – Et moi, répliqua Gauvain, je n'ai jamais haï de chevalier autant que je vous hais, à cause de mes chiens que vous avez tués. » Alors, ils se précipitèrent l'un contre l'autre, l'épée dégainée, et s'en frappèrent de toutes leurs forces, taillant les boucliers par le haut et par le bas, détruisant et mettant mutuellement leurs casques en morceaux. Mais le combat ne pouvait pas s'éterniser, car Gauvain était nettement plus rapide et plus alerte que son adversaire, et il donnait des coups bien plus rudes et bien plus nombreux. Il malmena tant le chevalier que celui-ci, parvenu au bout de sa résistance, ne put en supporter davantage et qu'il lui fallut au contraire esquiver et fuir devant l'épée du jeune homme. Gauvain, cependant, qui avait pour son ennemi une haine profonde, ne le lâchait pas, où qu'il allât, et il le serrait de si près qu'il lui faisait jaillir le sang de toutes parts de son arme tranchante. L'autre, comprenant parfaitement que toute défense serait finalement inutile, voyait bien qu'il s'exposait au danger de mourir s'il ne demandait grâce, et cette idée lui était si pénible qu'il aurait vraiment voulu être déjà mort, en sorte qu'il ne pût être amené à prononcer de parole infamante pour sauver sa vie. De son côté, Gauvain, qui lui vouait une haine particulièrement féroce, continuait de le harceler à coups d'épée, l'obligeant tantôt à avancer, tantôt à reculer, et il le mena si bien de la sorte que son adversaire fut absolument incapable d'en supporter davantage ; il avait déjà perdu beaucoup de sang, en effet, et il était si mal en point qu'il pouvait difficilement se tenir debout ; quand il se déplaçait, il laissait une trace sanglante, car il avait de nombreuses blessures, larges et profondes.

269. Le chevalier fut soumis à un tel traitement qu'il ne put en supporter davantage mais finit par mordre la poussière. Gauvain lui sauta alors sur le corps et l'attrapa si violemment par le casque qu'il en rompit les lacets ; il jeta la pièce d'armure au loin, puis abaissa le bas du capuchon de mailles[361] de son adversaire pour lui couper

---

[361] *Suite*, § 269, ll. 4-5 : *et li abat la ventaille por lui cauper le chief* ; trad. peu claire de HDB, p. 254 : « et releva la partie de la cotte de maille qui lui couvrait la figure » ; « ventaille » est glosé par G. Roussineau 'pièce mobile du capuchon de maille qui, relevée, recouvre le menton et protège le bas du visage' (*op. cit.*, p. 801), conformément à C. Enlart, *Manuel d'archéologie française depuis les temps mérovingiens jusqu'à la Renaissance*, t. III, *Le Costume*, Paris, Picard, 1916, pp. 452-458 et fig. p. 461. Étant donné que le chevalier a la tête « desarmee » (§ 269, l. 6) après que la « ventaille » a été abaissée, on pourrait cependant, malgré les fermes arguments de C. Enlart, comprendre que « ventaille » désigne ici par métonymie toute la coiffe de fer (comme le fait du reste, mais en généralisant sans doute à tort, L. Foulet dans son glossaire, in *La Chanson de Roland*, commentée par J. Bédier, Paris, Piazza, 1927, pp. 497-498, s. v.). La comparaison avec le § 284 (21-25) inviterait à conclure en ce sens. Au § 269 nous avons en effet : casque arraché

le cou. Quand l'autre, sachant que plus rien ne lui protégeait la tête, se vit dans un danger aussi pressant, il eut peur de mourir et, à cause de cette crainte, il implora la grâce de son vainqueur en disant : « Ah ! noble chevalier, pitié ! Ne me tue pas, car je me reconnais vaincu. Et si tu t'en prenais à moi, désormais, tu commettrais une bien grande bassesse, car un chevalier qui implore la clémence doit l'obtenir, s'il n'est accusé de meurtre ou de trahison. – Je n'aurai certainement pas pitié de toi, répliqua Gauvain, car tu m'as causé une trop grande contrariété en me tuant mes chiens. – Si je ne trouve en toi nulle pitié, reprit l'autre, alors que je te la demande, on devra te considérer comme le chevalier le plus criminel et le plus cruel qui ait jamais porté les armes. – Tu perds ton temps, reprit Gauvain. Quoi que tu dises, tu ne m'échapperas pas, mais tu vas mourir à l'instant. – Vraiment ? Tue-moi donc, alors, car je ne t'implorerai assurément pas davantage, puisque je ne puis obtenir ta clémence. » Gauvain leva aussitôt l'épée pour lui couper le cou. Là-dessus, voilà qu'une demoiselle, qui était l'amie du chevalier, arrive.

+ « ventaille » abaissée = tête sans protection ; nous avons au § 284 : casque arraché = tête sans protection sauf la « coife de fer », ce qui autorise à suggérer une équivalence possible entre « ventaille » et « coife de fer ». Au § 130 (l. 10), « coife de fer » est d'ailleurs nettement employé à la place de « ventaille » : « et li abatent sa coife de fer pour recueillir le vent ». On peut bien sûr comprendre aussi, dans notre passage, que, la « ventaille » protectrice de la gorge ôtée, le chevalier a le sentiment d'une vulnérabilité complète, même s'il a le crâne encore couvert du capuchon de sa cotte de mailles.

Quand elle vit que Gauvain tenait ainsi le chevalier et qu'il voulait lui trancher la tête, elle se dit qu'elle aimait mieux mourir que de ne pas arracher son ami à la mort, aussi se jeta-t-elle aussitôt devant l'épée et se laissa tomber sur le chevalier. Gauvain, cependant, dont le coup était trop engagé pour qu'il pût le retenir, atteignit la demoiselle au dessus des épaules et la frappa si violemment du tranchant de l'épée qu'il lui fit voler la tête à travers la salle. Quand Gaheriet vit cela, il s'écria : « Ah ! mon frère, qu'avez-vous fait ! Vous avez tué cette demoiselle ! En vérité, jamais un chevalier ne devrait commettre un acte aussi ignoble, quelles que soient la colère et la haine qu'il puisse éprouver à l'égard de quelqu'un ! »

270. Lorsque le chevalier que Gauvain maintenait sous lui vit que sa demoiselle était morte pour le sauver, il dit à Gauvain : « Ah ! chevalier indigne et lâche ! En tuant cette demoiselle pour rien, vous venez de donner la preuve manifeste de votre faiblesse d'esprit ! En vérité, peu m'importe d'être tué, à présent, si ce n'est que je mourrai de la main du plus lâche, du plus indigne et du plus vil chevalier que j'aie jamais vu ! » Quand Gauvain vit qu'il avait coupé la tête de la demoiselle par un accident aussi malheureux, il en fut profondément affligé. Il lâcha donc le chevalier qu'il écrasait de son poids, se releva, et lui dit : « Je ne te tuerai pas, puisque tu te reconnais vaincu, mais il faut que tu me promettes d'aller à la cour du roi Arthur ; là, tu te constitueras prisonnier auprès de ma dame, la reine Guenièvre, de la part de celui qui a reçu en don l'aventure du cerf. Et pour que l'on connaisse la cause de notre combat, il faut que tu emportes les deux chiens que tu as tués, l'un devant toi, sur l'encolure de ton cheval, et l'autre derrière. Je veux que tu te mettes en selle immédiatement et que tu chevauches le plus vite possible, en sorte que tu sois demain à la cour avant que le roi se soit rendu à l'église. – Ah ! seigneur chevalier, sache qu'une course à cheval est bien la dernière chose dont j'ai besoin, car je suis extrêmement fatigué et éprouvé, et j'ai perdu beaucoup de sang ; aussi, je crois qu'il me faudrait prendre du repos avant de me mettre en route. – Il faut, reprit Gauvain, que tu le fasses et que tu me promettes d'agir ainsi. » L'autre le lui promit aussitôt, voyant qu'il ne pouvait en être autrement. Il alla ensuite auprès du corps de la demoiselle et se mit à manifester sur sa dépouille un immense chagrin. Après avoir longuement donné libre cours à sa douleur, il monta sur un grand cheval qu'un serviteur lui avait amené, puis il prit les deux chiens, en mit un devant lui et l'autre derrière, de telle manière qu'ils ne pussent tomber, après quoi il quitta ces lieux, en proie à la plus profonde affliction.

271. Cependant, Gaheriet, qui était toujours devant le corps de la demoiselle et qui ne la quittait pas des yeux, demanda à Gauvain : « Qu'allons-nous faire ? Il est tard : resterons-nous ici ou irons-nous ailleurs ? – Nous passerons la nuit ici, répondit son frère, et demain, quand le jour sera levé, nous quitterons cet endroit et nous retournerons à la cour, car il me semble que j'ai mené ma quête à bonne fin, grâce à Dieu. – Restons donc ici, cher frère, repartit Gaheriet, puisque tel est votre plaisir, mais laissez-moi quand même vous dire que je regrette beaucoup ce qui est arrivé à cette jeune fille que vous avez tuée par accident. »

Gauvain répondit qu'il le regrettait autant que lui, sinon davantage... « Mais ce qui m'étonne beaucoup, ajouta-t-il, c'est que dans cette forteresse si belle et si imposante il n'y ait pas plus de monde que nous n'en avons trouvé jusqu'à présent. – Les gens se sont retirés quelque part au fond de ce château, dit Gaheriet, car on n'a jamais vu de demeure aussi importante que celle-ci sans un grand nombre d'occupants. – C'est bien possible », repartit Gauvain. Comme ils parlaient ainsi ensemble et que Gaheriet s'apprêtait à désarmer son frère, ils dressèrent l'oreille lorsque, dans le donjon du château, se fit entendre un cor ; le son en était si intense qu'on pouvait facilement le percevoir de tous côtés à une demi-lieue à la ronde. « Vous aurez assurément tort de me croire à l'avenir, cher frère, dit Gaheriet, si l'heure n'est pas venue pour vous de combattre, soit pour le cerf que vous avez tué, soit pour la demoiselle. Préparez-vous donc à vous défendre, car je crois que cela est maintenant nécessaire. » Dès qu'il eut dit ces paroles, il virent entrer par la porte d'une des pièces du château quatre chevaliers entièrement armés, qui crièrent : « Ah ! chevalier criminel et sans pitié, en vérité c'est pour votre malheur que vous avez tué la demoiselle : vous en mourrez, et vous l'avez bien mérité ! Gardez-vous donc de nous, car vous ne pouvez pas vous en sortir vivant ! »

272. Quand il les vit venir vers lui, il ne fut guère rassuré, car ces quatre-là étaient frais et dispos, tandis qu'il était exténué et tout seul de surcroît. Cependant, il ne céda pas à la panique, car il était plein de bravoure, et, pour qu'ils ne pussent lui faire de mal en le prenant à revers, il alla s'adosser à l'un des murs de la pièce, se couvrit la tête de son bouclier et dégaina son épée. Les autres se précipitèrent alors tous les quatre sur lui et l'attaquèrent de tous les côtés par où ils pouvaient l'atteindre, mais il se défendit si bien et se protégea si habilement que c'en fut tout bonnement prodigieux. Ses assaillants, qui lui vouaient une haine mortelle, le serraient d'aussi près que possible et lui donnaient de tels coups, sur son bouclier et sur son casque, que leurs efforts n'étaient pas moins extraordinaires que les siens ; cependant, il aurait assurément pu leur résister longtemps, sans un archer qui sortit d'une des pièces du château et qui s'approcha des combattants, l'arc tendu, une flèche prête à partir. Lorsqu'il vit Gauvain qui s'efforçait de se défendre contre ses agresseurs, il visa dans sa direction et lui décocha un trait si puissant que la cotte de mailles n'empêcha pas la flèche, fer et bois compris, de s'enfoncer dans son bras droit. Il eut la chance de ne pas la recevoir dans l'os, mais malheureusement pour lui elle était empoisonnée, en sorte qu'il endura, depuis ce jour, bien des peines et des souffrances avant d'être parfaitement guéri de sa blessure. L'extrême douleur qu'il ressentit dès qu'il fut touché lui arracha une plainte déchirante et il s'écria : « Je suis mort ! » Son bras lui fit alors si mal qu'il lui fut impossible de le hausser et son épée, qu'il ne pouvait plus tenir, tomba à terre. Lorsque Gaheriet vit cela, il s'empara d'une lance, courut vers celui qui avait ainsi blessé son frère et le frappa si violemment de cette arme qu'il la lui enfonça dans le corps, en sorte que le fer ressortit de l'autre côté ; l'archer s'effondra, frappé à mort. Cependant, les autres chevaliers avaient déjà jeté Gauvain sur le sol et lui ôtaient son casque pour lui couper la tête, quand une demoiselle s'avança et se mit à crier : « Ne le tuez pas, mais mettez-le en prison jusqu'à ce que nous sachions qui il est, car il se pourrait qu'il soit tel que tout l'or du monde ne m'empêcherait pas de lui infliger une mort cruelle. »

273. A présent, le récit raconte qu'après avoir entendu ce que leur avait dit leur dame les chevaliers remirent leurs épées au fourreau, puis désarmèrent monseigneur Gauvain et lui ôtèrent la flèche du bras, avant de l'enfermer, ainsi que Gaheriet, dans l'un des cachots souterrains de la forteresse, situé à proximité du jardin. Toute la nuit, les deux frères restèrent là, sans boire ni manger ; du reste, Gauvain n'en avait nulle envie, car il se sentait extrêmement mal en point. Il ne dormit absolument pas de la nuit et ne cessa de se plaindre, tant il souffrait. Quand le jour fut levé et qu'on put distinguer quelque chose dans la pièce où ils se trouvaient, il examina son bras et vit qu'il était enflé : il était devenu bien plus gros que la cuisse d'un homme. Alors, une intense frayeur s'empara du jeune chevalier et il montra son bras à Gaheriet en disant : « Cher frère, cette souffrance atroce me tue. Vous pouvez maintenant vous rendre compte que la flèche qui m'a frappé était empoisonnée ; sachez que si je n'ai pas de prompt secours je ne puis m'en sortir vivant. » A cet instant, Gaheriet, en proie à une vive émotion, se mit à pleurer, car il voyait bien que son frère était en danger de mort. Il lui dit : « Cher frère, vous avez pris une mauvaise décision en demeurant ici après l'achèvement de votre combat. – Ce qui est fait est fait, répondit Gauvain. Si Dieu veut que je meure, je mourrai, mais je n'aurais jamais demandé à être armé chevalier si c'était pour accomplir aussi peu d'actions dignes de cet état. »

274. Tandis que les deux frères conversaient ainsi, voilà que la maîtresse des lieux se présente à une ouverture par laquelle on pouvait facilement leur parler. Quand elle entendit qu'ils se lamentaient de la sorte, elle éprouva pour eux une très grande pitié, car elle se rendait compte qu'ils n'étaient encore que des enfants, et elle estimait celui des deux qui était chevalier plus que tous les chevaliers qu'elle eût encore jamais vus, à cause de la bravoure dont il avait fait preuve. Alors, elle leur parla par l'ouverture et leur dit : « Seigneurs, vous êtes mes prisonniers et vous savez bien que vous m'avez causé un tel préjudice que, si je ne considérais que votre faute, je vous ferais mourir à juste titre. Mais, même si vous avez agi en insensés et en rustres en venant me faire tort dans ma propre maison[362], même si vous avez vraiment dépassé les bornes, je ferai preuve de plus de civilité à votre égard que vous n'en avez montré envers moi, car je vous ferai sortir de cette prison et je vous délivrerai, si vous voulez me promettre que vous ferez ce que je vous demanderai. Et sachez que je ne vous demanderai rien que vous ne puissiez faire facilement ou

---

[362] Il est bien difficile de dire qui est le maître de la « forterece » (§ 267, l. 12) où ces événements se déroulent. Le chevalier vaincu par Gauvain parle en effet de son « ostel » (§ 268, l. 21) et semble se poser en propriétaire des lieux. Comme il n'est pas le mari de la dame qui parle ici de sa « maison » (§ 274, l. 12), on ne sait trop que penser, à moins de comprendre – ce qui n'est guère plausible – « ostel » au sens de 'lieu où l'on reçoit l'hospitalité', auquel cas le chevalier serait l'hôte de la maîtresse des lieux.

qui soit susceptible de vous causer un quelconque déshonneur. »

275. Lorsque Gauvain entendit la dame parler avec tant de générosité, il lui répondit : « Madame, vous me semblez n'avoir que de nobles sentiments ; pour cette raison, je prendrai le risque de vous obéir, quelles qu'en doivent être pour moi les conséquences. – En vérité, répliqua-t-elle, il ne vous en viendra aucun mal. – Je vais donc vous le promettre », dit-il. Alors, il s'avança, tendit la main et la dame reçut ainsi sa promesse. Lorsque Gaheriet s'avança pour faire la même chose que son frère, la dame lui demanda : « Êtes-vous chevalier ? – Non, madame. – Je ne recevrai donc pas votre promesse, dit-elle ; ce serait indigne de ma part, puisque vous n'êtes qu'écuyer*. » Elle fit alors ouvrir la porte du cachot ; les prisonniers sortirent et vinrent se présenter devant elle. Elle se mit à examiner Gauvain avec beaucoup d'attention et lui demanda quel âge il avait. Il répondit qu'il avait dix-huit ans. « Vous êtes assurément très jeune, dit-elle. En tout cas, quel que soit votre âge, si le temps vous en est laissé je crois que vous serez l'un des meilleurs chevaliers du monde. Mais dites-moi donc qui vous êtes. » Il répondit que le roi Loth d'Orcanie était son père. « Ah ! dit-elle, vous êtes le neveu du roi Arthur, et ce garçon est votre frère. – Oui, madame, c'est vrai. – En vérité, reprit-elle, j'en sais suffisamment à votre sujet, à présent, pour être sûre que vous ne pouvez manquer d'être un homme de mérite, si vous vivez assez longtemps... Mais parce que vous avez commis un très grand forfait en tuant une jeune fille de ma maison, alors que nul homme aussi bien né que vous l'êtes ne devrait porter la main sur une demoiselle, je veux à présent que vous fassiez, en guise de réparation, ce que je vais vous demander, et je vous l'ordonne au nom votre promesse. – Parlez, Madame, je le ferai, que ce soit pour mon honneur ou pour ma honte. » Elle ordonna aussitôt à ses serviteurs d'apporter les armes de Gauvain, ce qu'ils firent, après quoi elle le fit aussitôt armer d'une manière irréprochable, puis demanda qu'on l'aidât à se mettre en selle ; elle lui fit ensuite remettre la tête du cerf, parce qu'elle consentait que ceux de la cour fussent informés de l'achèvement de sa quête, et il la confia à son frère Gaheriet. Alors, la dame lui demanda son nom et il lui répondit qu'il s'appelait Gauvain. « Gauvain, lui dit-elle, il faut que vous mettiez devant vous, sur l'encolure de votre cheval, le corps de cette demoiselle que vous avez tuée et que vous le portiez ainsi jusqu'à la cour. » Il répondit qu'il le ferait, puisque telle était sa volonté. Il prit donc le corps et le plaça devant lui. Puis, ayant fait apporter la tête de la jeune fille, la dame demanda qu'on l'attachât par les tresses autour du cou de Gauvain, et celui-ci supporta de bon gré, pour s'acquitter de sa promesse, tout ce qu'on lui fit.

276. Quand les deux jeunes gens furent ainsi prêts, la dame dit à Gauvain : « Gauvain, vous regagnerez dans l'état où vous êtes le palais et la cour de votre oncle. Lorsque vous y serez, vous mettrez bas votre fardeau et vous ferez appeler toutes les demoiselles qui sont au service de la reine. Quand elles seront venues, vous leur raconterez sans rien omettre comment vous avez tué cette demoiselle et vous direz de quelle cruauté vous avez fait preuve à l'égard du chevalier, quand vous l'écrasiez de votre poids, alors qu'il vous demandait grâce sans que vous daigniez l'écouter. Et la réparation qu'elles vous imposeront pour ces méfaits, je vous ordonne, sur votre parole, de l'accomplir. – Madame, répondit Gauvain, je le ferai, je vous en donne ma parole de chevalier. » Alors, il dit à Gaheriet : « Cher frère, comment allons-nous pouvoir emmener nos chiens à la cour ? Car si nous arrivions sans eux, nous n'aurions pas achevé notre quête. – Je vais vous donner, dit la dame, assez de serviteurs pour les y mener facilement, et sachez qu'il n'en manque aucun, hormis ceux qui ont été tués et que le chevalier emporte chez le roi. » Alors, elle fit prendre les chiens et les fit attacher deux par deux. Dès que Gaheriet tint la laisse des deux premiers, il dit à la dame : « Madame, n'envoyez aucun serviteur avec nous, car j'emmènerai ces deux-là et les autres les suivront sans rechigner, je le sais bien. – Qu'ils restent donc, dit-elle, puisque tel est votre plaisir, car pour moi je les y aurais envoyés de bon cœur. »

277. Là-dessus, Gauvain quitta la dame et se remit en chemin avec son frère. Ils chevauchèrent tant et si bien qu'ils parvinrent à Camaalot. Ils ne firent pas la moindre halte avant d'arriver devant le palais, et ce n'est qu'à ce moment-là que Gaheriet sauta à bas de son cheval et mit à terre le bouclier et le casque de son frère, ainsi que la tête du cerf. Ceux qui étaient au palais accoururent vers Gauvain pour le débarrasser du corps de la demoiselle ; ils le déposèrent sur le sol et firent également descendre le jeune homme, puis ils lui ôtèrent la tête de la jeune fille qu'il portait suspendue à son cou par les tresses, après quoi ils le désarmèrent. Quand les gens découvrirent qu'il avait le bras droit si fortement enflé, Merlin s'avança vivement et leur dit : « Seigneurs, n'ayez aucune inquiétude, quoi que vous puissiez voir, car, si Gauvain est effectivement blessé, il guérira complètement. Je vous dis qu'il s'en est mieux sorti que vous ne le pensez, car il a mené sa quête à bonne fin. Et sachez que vous pouvez à juste titre considérer cette aventure comme une des aventures du Saint Graal : désormais, vous en verrez souvent advenir de plus cruelles et de plus terribles que celle-ci. » Alors, il dit au roi : « Sire, faites venir madame la reine Guenièvre et toutes ses demoiselles : elles apprendront qui a envoyé ici Gauvain et pourquoi il apporte ainsi le corps de cette jeune fille, car ce n'est pas sans raison. » Le roi fit aussitôt appeler la reine, et elle vint, accompagnée d'un grand nombre de dames et de demoiselles. Quand elles furent assises parmi les chevaliers, Merlin parla et dit assez haut pour être parfaitement entendu de tous ceux qui se trouvaient dans la grande salle du palais :

278. « Roi Arthur, Roi des Aventures, tu as été conçu de prodigieuse manière, élevé dans des circonstances telles que celui qui prenait soin de toi ignorait qui tu étais, et quand tu es venu, tout jeune homme, parmi tes vassaux, qui ne te connaissaient pas encore et qui allaient te vouer une fidélité absolue, Notre Seigneur, lui, t'a bien reconnu, et il t'a élevé par sa grâce au-dessus d'eux tous en faisant de toi leur souverain, comme tu devais l'être ; ainsi, engendré dans des circonstances exceptionnelles, c'est dans des circonstances exceptionnelles que tu as reçu ta couronne, car tel était le plaisir de Notre Seigneur. Apprends donc que tant d'aventures, aussi extraordinaires de surcroît, ne te sont pas arrivées sans raison, mais qu'elles sont le signe et le commencement de celles qui doivent advenir à ta cour et partout où s'excerce ton pouvoir, ainsi qu'en bien d'autres endroits. C'est pourquoi je dis que tu dois être appelé Roi des Aventures, et ton royaume, le Royaume des Aventures. Et sache que tout comme des circonstances exceptionnelles t'ont donné la couronne, des circonstances exceptionnelles te l'enlèveront.

Tout cela, nul mortel ne le sait aussi bien que moi. Mais je vais maintenant t'expliquer pourquoi je t'ai dit ces choses. Il est vrai que j'ai fait allusion devant toi aux aventures qui adviendront, ici et ailleurs ; mais, où que tu sois, on en entendra parler à ta cour, aussi, pour les chercher, les chevaliers de ta maison et bien d'autres chevaliers encore s'exposeront à la souffrance et aux épreuves, et il leur arrivera souvent malheur. Dans leur quête, beaucoup endureront, à maintes reprises, hontes, affronts et infamies, et ils connaîtront plus d'une fois la défaite, car chaque jour, alors qu'ils seront las, éprouvés et qu'ils auront besoin de reprendre des forces, il leur faudra se battre contre des chevaliers frais et reposés ; voilà pourquoi ils seront souvent vaincus. Cependant, parce qu'il serait impossible que ne s'engagent pas aussi, dans cette course aux aventures, certains chevaliers peu renommés pour leurs faits d'armes[363] et qu'il convient, tu le sais

---

[363] *Suite*, § 278, ll. 27-30 : *Mais pour chou que il ne porroit pas estre que en ces aventures siurre ne se mesissent auchun chevalier qui ne seront pas moult prisiet d'armes* ; contre-sens complet de HDB, p. 260 : « Malgré cela, il convient que certains chevaliers qui poursuivront ces aventures soient renommés pour leurs faits d'armes ». La difficulté est ici de dire si la relative définit une qualité occasionnelle ou intrinsèque ; dans le premier cas : 'certains chevaliers qui obtiendront peu de gloire dans ces aventures' (i. e. tous ceux qui iront ne connaîtront pas le succès) ; dans le second : 'certains chevaliers de peu de valeur' (i. e. tous ceux qui iront ne

parfaitement, de distinguer les bons des mauvais et d'honorer chacun selon sa valeur, je te recommande de faire jurer à tout chevalier, dès qu'il se mettra en quête d'occasions de s'illustrer par les armes et qu'il partira de la cour, de dire, lorsqu'il reviendra, la vérité sur tout ce qu'il lui sera arrivé et sur toutes les rencontres qu'il aura faites lors de son voyage, que ce soit pour son honneur ou pour sa honte. De cette manière, on pourra connaître les mérites de chacun, car je sais bien qu'ils ne se parjureront jamais. – Au nom de Dieu, Merlin, dit le roi, vous m'avez donné là un bon conseil et je vous promets que cette coutume sera observée dans ma maison aussi longtemps que je vivrai. – J'ajoute encore ceci, dit Merlin : si le chevalier ne jure pas au moment du départ, fais-le jurer au retour. – Ainsi ferai-je », dit le roi.

279. Alors, Merlin se tourna vers Gauvain et lui dit : « Gauvain, je veux que vous nous juriez sur les reliques de nous dire la vérité sur tout ce qui vous est arrivé depuis que vous avez quitté la cour. » Le jeune homme le jura loyalement. « Parlez donc », dit Merlin. Gauvain entreprit aussitôt de raconter son aventure, exactement comme cette histoire l'a rapportée, sans rien omettre, quelle que fût sa honte et quelque trait de cruauté que son récit pût faire paraître. Quand il eut fini, Merlin reprit la parole : « En vérité, Gauvain, vous n'avez menti sur aucun point. Vos débuts de chevalier étaient beaux, si vous ne vous étiez pas conduit d'une manière injustifiable sur deux points, et la

---

seront pas nécessairement de bons chevaliers). Notre trad. fait le choix de la seconde solution.

dame qui vous a envoyé ici, loin d'être dépourvue de jugement, alliait le bon sens à la noblesse d'âme. Je prie d'abord ma dame la reine, ici présente, et les dames qui l'entourent de vous infliger pour le meurtre de la demoiselle une pénitence telle que non seulement vous la fassiez, mais que vous acquériez, en vous y soumettant, un renom de civilité. Et je demande à monseigneur le roi Arthur ici présent de les en prier instamment. » Le roi le fit aussitôt parce qu'il voyait que tel était le plaisir de Merlin. Alors, la reine demanda aux dames et aux demoiselles de son entourage d'imposer une pénitence comme le ferait un roi. Celles-ci allèrent se consulter là-dessus et revinrent promptement, bien qu'elles ne se fussent jamais mêlées de cette affaire sans la volonté du roi et de Merlin.

280. Quand elles furent de retour, après avoir délibéré, l'une d'elles prit la parole devant toutes les personnes présentes et dit à Gauvain : « Parce que vous avez si sauvagement traité la demoiselle que vous l'avez tuée, nous décidons que vous jurerez maintenant sur les reliques que jamais plus, aussi longtemps que vous vivrez, vous ne porterez la main sur une demoiselle, quoi qu'elle vous dise et vous fasse, si vous n'y voyez un danger de mort. De surcroît, nous voulons que vous veniez en aide à toute demoiselle qui implorerait votre assistance, fût-elle originaire d'un très lointain pays et tout à fait inconnue, si cela ne va pas contre votre honneur. » Il le jura aussitôt et tint parfaitement son engagement durant toute sa vie, car jamais, depuis, une demoiselle ne recourut en vain à ses services, si étrangère qu'elle pût lui être et si lointain que fût son pays. Et, parce que depuis lors il secourut toujours les demoiselles aussi volontiers et d'aussi bon cœur, il fut appelé à la cour et partout ailleurs *le Chevalier aux Demoiselles*, nom qu'il garda aussi longtemps qu'il put porter les armes.

281. Lorsque Gauvain eut prêté ce serment devant le roi et ses vassaux, Merlin lui dit, assez haut pour être distinctement entendu de tous les seigneurs qui avaient pris place à la table royale[364] et de tous ceux qui se trouvaient là : « Gauvain, je vais vous dire maintenant quelque chose qui devrait beaucoup vous rassurer et vous rendre infiniment plus généreux à l'égard de tous les adversaires sur lesquels vous aurez le dessus. Je vous certifie que si vous vivez longtemps vous serez l'un des meilleurs chevaliers du monde et l'un des plus renommés, et vous ne rencontrerez jamais de chevalier capable de vous vaincre, hormis un seul, encore ce combat que je vous annonce n'aura-t-il pas lieu de mon temps. Cependant, si vous vous fiez si aveuglément à ces paroles que vous preniez des risques inconsidérés en vous croyant au-dessus de tout danger, vous pourriez bien mourir prématurément, car il ne fait aucun doute que chacun peut facilement hâter sa mort, si tel est son plaisir. Mais à présent, à cause de votre indigne comportement face au chevalier que vous dominiez et auquel vous refusiez votre clémence quand il vous la demandait, il faut que vous juriez sur les reliques que jamais plus vous ne vaincrez un chevalier sans lui faire grâce, s'il vous le demande, quels que soient ses torts

---

[364] *Suite*, § 281, ll. 2-3 : *tout li baron de la table* ; HDB, p. 261 : « tous les nobles convives ». Il n'a pas été question de repas ni de table depuis l'arrivée de Gauvain.

envers vous. Et sachez que si vous faites cela on vous l'imputera à générosité, grandeur d'âme et noblesse, et vous en serez plus estimé en tous lieux ». Gauvain s'agenouilla alors aussitôt et jura de s'en tenir à cette conduite toute sa vie.

« Sire roi, dit Merlin, à présent, je vais vous dire ce que vous allez faire. Sachez que je ne serai plus bien longtemps, désormais, ici-bas et que je n'y serai pas au temps où j'aurais tout particulièrement voulu y être pour voir les prodigieuses aventures qui adviendront à foison. Et parce que vous trouverez peu de gens pour vous conseiller, si la grâce du Saint Esprit ne s'en charge, je veux que dorénavant vous fassiez mettre par écrit toutes les aventures dont on fera le récit véridique en votre cour, afin qu'après nous nos descendants, les humbles comme les puissants, connaissent les prodiges qui seront advenus au temps du Roi des Aventures. Ayez donc ici cinquante clercs[365] qui n'aient nulle autre fonction que de consigner celles qui seront rapportées en cette cour, comme elles adviendront, tant aux étrangers qu'aux gens du royaume. » Le roi le lui accorda et déclara qu'il en serait fait exactement ainsi. Mais le récit cesse maintenant de parler du roi, de Merlin et de tous ceux qui sont autour d'eux pour parler de Tor Fils-d'Arés et de ce qui lui advint dans sa quête.

[365] Dans la *Suite-Vulgate* (v. biblio. n° 5), c'est Guenièvre qui, à la suite d'un engagement chevaleresque de Gauvain, décide de faire « metre en escrit toutes les aventures qui avenront » à celui-ci et à ses compagnons ; mais elle ne recrute, pour accomplir cette tâche, que quatre clercs (*Le Livre du Graal*, p. 1320, § 525), ce qui est à la fois beaucoup moins et beaucoup plus symbolique (v. *ibid.*, *Notice*, p. 1807 et n. p. 1882).

XIII

282. A présent, le récit raconte que lorsque Tor Fils-d'Arés fut parti de la cour il chevaucha à vive allure pour tenter de rattraper celui qui emportait le petit braque. Quand il se fut engagé dans la forêt, il aperçut, avant d'avoir parcouru une bonne lieue anglaise, à droite du chemin, dans un pré, deux tentes dressées, et juste à l'entrée de chacune d'elles il y avait un bouclier en parfait état et une lance. Il tourna son regard vers les tentes et les boucliers, mais il ne se dirigea nullement de ce côté, poursuivant au contraire directement sa route, parce qu'il voyait, bien visibles devant lui, les traces de la monture du chevalier qu'il poursuivait. Comme il avait dépassé les tentes d'une portée d'arbalète, il vit un nain s'avancer vers lui avec un grand bâton et ce personnage vint frapper son cheval au milieu du front, si violemment qu'il le fit reculer de plus d'une longueur de lance et qu'il s'en fallut de peu que son cavalier ne fût désarçonné. Fort surpris, celui-ci se demanda pourquoi le nain avait fait cela, aussi s'écria-t-il, plein de colère : « Ah ! nain, que te demande mon cheval ? Laisse-moi aller et que Dieu te réserve un mauvais sort ! – Pff ! répliqua le nain, misérable chevalier, espèce de raté et de lâche ! Pensez-vous vous en aller sans affronter à la lance un seul des chevaliers de ces tentes ? – Ah ! nain, répondit Tor, je n'ai que faire de m'attarder : il me faut au contraire poursuivre à toute vitesse un chevalier qui emporte un petit braque. – Je sais parfaitement, reprit le nain, qui est cet homme, car je l'ai vu il n'y a pas longtemps, mais en vérité vous ne vous en irez pas avant que nous sachions comment vous savez manier la lance. Voyez là, dans ces deux tentes, deux jeunes chevaliers qui sont venus ici pour voir comment savent combattre ceux de la cour du roi Arthur. Allez donc les trouver pour une partie de lances, vous verrez s'ils vous feront défaut. En vérité, si vous refusez cette proposition, vous n'êtes pas un chevalier digne d'entreprendre une quête, à mon avis. »

283. Quand il entendit ces mots, Tor, qui n'osait pas refuser, répondit : « Nain, puisqu'ils sont venus pour jouer de la lance, ils n'y manqueront pas s'ils s'adressent à moi. Cependant, il m'aurait été bien plus profitable de poursuivre ma route que de l'abandonner, car je vais perdre la trace de ce que je cherche et je ne sais pas de quel côté je la retrouverai. – Ne t'inquiète pas, répliqua le nain : remettre une entreprise ne peut pas nuire à un homme de mérite et tu vas bientôt pouvoir éprouver quelque peu ici même si tu vaux quelque chose. » Quand il eut dit cela, il prit un cor qui pendait à son cou, en sonna et il ne se passa guère de temps avant qu'un chevalier sortît de l'une des tentes à cheval, casque lacé, bouclier au cou et lance au poing ; il cria au jeune homme de se garder de lui et tourna dans sa direction la tête de sa monture. Lorsqu'il le vit venir, Tor ne refusa pas l'affrontement mais fit exactement comme son adversaire l'avait fait, selon ce que lui enseignait son lignage naturel, bien qu'il ne se crût issu que de paysans[366]. Il se dirigea vers le chevalier et lui

---

[366] *Suite*, § 283, l. 14 : *ne mie pour chou qu'il cuidast estre estrais fors de vilains* ; HDB, p. 263 : « Quoiqu'il pensât être fils de vilain ». G. Roussineau (*op. cit.*, p. 670, n. 283,12) propose de

donna un tel coup en pleine poitrine qu'il le fit tomber de cheval et l'abattit violemment, si violemment même qu'il s'en fallut de peu que l'autre n'eût les bras brisés dans sa chute ; puis il continua sa course sans plus s'intéresser à son adversaire, s'approcha de la monture de celui-ci, la prit par le mors et dit au nain : « Tiens, nain, ce cheval : c'est le gain de mon premier fait d'armes. »

Il avait à peine dit ces mots qu'il vit sortir de l'autre tente un second chevalier, tout aussi prêt que le précédent pour combattre à la lance. Le nouveau venu ne prononça pas une parole et se contenta de s'élancer vers Tor. Celui-ci ne chercha pas à se dérober et lui fit également face au contraire ; l'autre vint alors le frapper si violemment qu'il lui brisa sa lance en pleine poitrine, mais il ne lui fit pas d'autre mal. Quant au jeune homme, qui prit son adversaire sensiblement plus bas, il le frappa si rudement de sa lance qu'il lui transperça le bouclier et lui enfonça, à travers la cotte de mailles, le fer de son arme dans le flanc gauche, sans toutefois qu'aucun organe vital fût atteint par son coup. Il le poussa violemment, car il était très vigoureux,

---

comprendre « et non parce qu'il serait né de paysans », en arguant que *cuidier* "a le sens affaibli de 'pouvoir, être susceptible de'" (avec renvoi à § 421, l. 6 : « je cuideroie tant amender » [où nous lui donnerions plutôt le sens de 'croire, espérer', avec un 'conditionnel' portant sur le verbe régi]). En faveur de la traduction d'H. de Briel et de la nôtre, nous alléguerons le § 376, l. 2 : « non mie pour chou qu'il [Arthur] li [à Morgane] euust de riens mesfait », qui signifie très exactement 'bien qu'il ne lui eût rien fait'. L'idée du texte serait que le fait de se croire issu d'un paysan aurait pu inhiber les aptitudes de Tor, héritées de son véritable lignage.

et le fit tomber de sa monture ; lorsque le chevalier toucha le sol, la lance se brisa, de sorte que le fer lui resta planté dans le côté.

284. Quand il les vit tous deux à terre, il sortit l'épée du fourreau, car il espérait pouvoir remporter sur eux une victoire complète. Il se précipita sur le premier, qui était déjà relevé, et lui donna sur le casque un tel coup qu'il l'étourdit complètement et lui fit toucher le sol des deux mains, après quoi il lui passa sur le corps à cheval, en sorte que l'autre en fut tout meurtri et qu'il s'évanouit de douleur. Tor mit ensuite pied à terre, résolu à ne pas s'en tenir là si l'homme n'implorait pas sa clémence. Quand il fut descendu de sa monture et qu'il l'eut attachée à un arbre, il s'élança vers celui qu'il venait de piétiner, lui arracha le casque de la tête et le jeta au loin, en lui criant qu'il le tuerait s'il ne se reconnaissait pas vaincu. Le chevalier, qui était revenu de son évanouissement, se voyant en danger de mort, demanda grâce, car il voyait bien qu'il ne pourrait en réchapper autrement. « Jure donc, dit Tor, de te constituer prisonnier là où je t'enverrai. » L'autre le lui jura. Tor le lâcha aussitôt, courut vers le second chevalier, qui était tout moulu par la chute violente qu'il avait faite, et lui donna des deux mains un tel coup d'épée sur le crâne qu'il lui fit voir trente-six chandelles et l'étourdit complètement, en sorte que l'homme s'écroula de tout son long dans l'herbe verte, sans pouvoir se relever. Il lui attrapa aussitôt le casque et tira fort, mais comme les lacets en étaient très solides il ne put le lui arracher ; voyant cela, il les trancha de son épée. Quand le chevalier vit que son adversaire lui avait ôté son casque et qu'il n'avait plus que son capuchon de mailles sur la tête, il eut peur de mourir et demanda grâce, car il comprenait qu'il avait perdu la partie. Tor lui dit : « Je ne te ferai sûrement pas grâce si tu ne jures pas de te constituer prisonnier là où je t'enverrai. » L'autre, sachant bien qu'il ne pouvait en réchapper autrement, le lui jura. Tor le lâcha aussitôt et dit aux deux chevaliers : « Messieurs, vous êtes mes prisonniers. – C'est la vérité, dirent-ils. – Je vous somme donc, reprit le jeune homme, sur vos promesses, de vous en aller droit à Camaalot. Quand vous serez arrivés à la cour, livrez-vous à mon seigneur le roi Arthur, de la part de Tor Fils-d'Arés, et constituez-vous ses prisonniers. » Ils déclarèrent qu'ils ne manqueraient pas de le faire, puisqu'ils y étaient obligés.

285. Alors, le jeune homme remonta à cheval, prit son bouclier et demanda au nain de lui donner une lance. Celui-ci lui en fournit une bonne et robuste qui se trouvait dans l'une des tentes. Lorsque Tor eut recommandé à Dieu les deux chevaliers, le nain lui dit, voyant qu'il s'apprêtait à partir : « Ah ! noble chevalier, au nom de la loyauté à laquelle tu es tenu envers tous tes pairs, je te prie de m'accorder une faveur qui t'apportera plus de profit que de dommage. – Nain, répondit le jeune homme, je te l'accorde, car c'est la première requête que l'on m'ait faite depuis que j'ai été fait chevalier. Demande donc ce qui te plaira. – Je te prie, dit le nain, de me laisser t'accompagner pour te servir d'écuyer et je te promets que je te serai plus utile et que je te rendrai plus de services dans ce voyage que ne le ferait le meilleur écuyer de toute la cour du roi Arthur. Et sais-tu pourquoi je viens avec toi ? Parce que je ne veux pas rester davantage avec ces deux chevaliers à la manque. Je n'aurais assurément jamais d'honneur en les servant. – Eh bien, je te l'accorde, dit Tor. Viens donc, puisqu'il te plaît de m'accompagner. » Le nain enfourcha aussitôt le cheval que Tor lui avait donné et reprit : « Seigneur, vous pouvez maintenant vous mettre en route, car je vous suivrai, quelle que soit la direction que vous preniez. » Tor se remit aussitôt en chemin, tout joyeux de l'heureuse aventure que Dieu lui avait accordée pour ses débuts de chevalier. Quand ils se furent un peu éloignés des tentes, il demanda au nain : « Tu as vu le chevalier qui emmenait le petit braque ? – C'est la vérité, seigneur. – Et sais-tu qui il est ? – Oui, seigneur, je le sais fort bien. Il s'appelle Abelin et c'est l'un des meilleurs chevaliers de la région, mais il se trouve aussi que c'est l'un des hommes les plus orgueilleux que j'aie jamais vus. Sachez qu'il se montrait fort joyeux d'emporter cet animal. – Il n'a guère fait preuve de civilité en l'enlevant, dit Tor, et si je puis le retrouver, je crois qu'il le rendra. – Je vous mènerai, reprit le nain, directement à l'endroit où il demeure ; je pense que nous l'y verrons. – Nain, repartit le jeune homme, allons-y donc, car il me tarde beaucoup d'être arrivé là où je puisse retrouver le chien. »

286. Tout en parlant de la sorte, ils firent route le long d'un chemin qui traversait une forêt, tant et si bien qu'ils parvinrent dans une prairie où plusieurs tentes superbes étaient dressées, un bouclier suspendu à chacune d'elles. Tous ces boucliers ainsi accrochés étaient rouges, sauf un, qui était aussi blanc que neige, et c'était le plus magnifique de tous. Alors, le nain dit au chevalier : « Seigneur, dans cette tente à laquelle est supendu ce bouclier blanc, je crois que vous trouverez votre chien, ainsi que le chevalier. Sachez que l'homme que vous cherchez est le seigneur de tous ceux qui demeurent en ce campement. » L'autre répondit qu'il ne demandait rien de plus que de mettre la main sur le chien ou sur le chevalier. Alors, il mit pied à terre, car il ne pouvait pas entrer dans la tente à cheval, et il confia au nain sa monture et sa lance, puis il se dirigea vers l'endroit où il pensait trouver ce qu'il cherchait.

Quand il fut entré dans la tente, il vit, sur un lit de très grand prix, une demoiselle qui dormait, toute seule, sans autre compagnie que celle de l'animal qu'il cherchait ; la demoiselle l'avait couché sur son giron et tous deux dormaient. Lorsque le jeune homme vit le petit braque, il marcha dans sa direction ; le chien sauta alors vivement à bas du lit et se mit à japper très fort parce qu'il ne connaissait pas le nouveau venu. Ses aboiements éveillèrent aussitôt la demoiselle. Quand elle aperçut le chevalier, elle ne fut pas rassurée, car il était armé ; elle se releva d'un bond, pleine de frayeur, et s'enfuit de la tente pour s'engouffrer dans une autre. Le chevalier reconnut parfaitement le chien qu'il avait devant lui comme celui qu'il cherchait. Il le prit immédiatement, l'emporta hors de la tente et le confia au nain en disant : « Voici le chien pour lequel j'ai quitté la cour : vienne donc le chercher qui voudra, car je ne le rendrai pas avant d'y être retourné, aussi longtemps que je pourrai le défendre ! » L'autre le prit et le jeune homme remonta immédiatement à cheval.

Comme il voulait s'en aller, une demoiselle jaillit de l'une des tentes et lui cria : « Ah ! seigneur chevalier, n'emportez pas notre chien, car vous commettriez une bassesse ! Sachez aussi que vous pourriez vous en repentir bien vite, car le chevalier auquel il appartient ne manquerait en aucune manière de vous donner la chasse, et, s'il le trouvait sous votre garde, quand ce serait à la table du roi Arthur, il ne s'abstiendrait nullement de vous le reprendre. – Mademoiselle, répliqua le jeune homme, c'est précisément à la cour du roi Arthur que le petit braque a été enlevé, par un injustifiable forfait, aussi l'ai-je suivi jusqu'ici sur l'ordre du roi. A présent, je l'ai retrouvé, c'est donc en toute légitimité que je l'emporte. Si cela déplaît à quelque chevalier qui l'a apporté ici, qu'il me suive et vienne me l'arracher ! – Comment ! s'écria-t-elle, vous nous l'enlèverez de cette manière, à nous qui sommes des demoiselles sans défense ? – Je ne vous l'enlève pas, répondit Tor, je le reprends comme ce qui m'appartient, là où je l'ai trouvé. – Allez donc, reprit la demoiselle, puisque tel est votre plaisir. Mais je doute que vous l'emportiez jusqu'à Camaalot sans contestation. – Je l'emporte, déclara le jeune homme, qu'on veuille ou non me le reprendre. » Il repartit aussitôt, en compagnie du nain, et prit le chemin qui lui paraissait être le plus direct pour regagner Camaalot.

287. C'était déjà presque la fin du jour et la nuit était venue ; l'obscurité se fit si profonde qu'avant que Tor eût parcouru une demi-lieue les ténèbres furent telles qu'il lui devint impossible de s'orienter. Il demanda au nain de quel côté il pourrait se diriger pour se loger, « car, ajouta-t-il, il est maintenant si tard qu'il nous serait désormais difficile d'arriver à Camaalot aujourd'hui. – En vérité, seigneur, dit le nain, pour nous loger cette nuit je ne vois rien d'autre à faire que d'aller chez un ermite qui vit dans une forêt près d'ici. Je sais bien où se trouve son logis, aussi vous y mènerai-je tout de suite, si vous le voulez. – Passe donc devant, dit Tor, je te suis, car il me tarde beaucoup d'y être. »

288. Alors, le nain ouvrit la marche, suivant le chemin qu'il connaissait, et Tor chevaucha derrière lui ; ils cheminèrent ainsi jusqu'au moment où ils arrivèrent à l'ermitage, qui était situé en un lieu fort inhospitalier, dans une longue et profonde vallée, envahie de ronciers. Avant qu'ils y fussent arrivés, la lune était déjà levée, belle et claire, en sorte qu'ils aperçurent tout à fait distinctement l'ermitage et virent qu'il s'agissait d'une très modeste maisonnette couverte de chaume. Le nain, qui y était venu autrefois, alla droit à la porte et se mit à frapper et à appeler, si bien que le saint homme vint ouvrir une petite fenêtre et regarda dehors pour voir qui était là. Quand il vit le chevalier en armes, il comprit bien qu'il était venu pour obtenir l'hospitalité, aussi alla-t-il immédiatement ouvrir la porte et souhaita la bienvenue aux voyageurs. Le nain mit alors pied à terre, ainsi que le chevalier, et ils entrèrent dans l'ermitage où Tor commença par se désarmer. Le nain s'occupa ensuite des chevaux comme il le put et leur donna de l'herbe, car il n'aurait pas trouvé d'autre pâture aux environs. Ce soir-là, le chevalier mangea du pain et but de l'eau, seule nourriture dont disposât le bon ermite ; il coucha sur de l'herbe fraîche et dormit fort bien, car il était beaucoup plus fatigué qu'il n'avait coutume de l'être. Le lendemain, dès qu'il fit jour, il alla entendre la messe chantée par le saint homme. Quand il l'eut entendue, il prit ses armes, monta à cheval et prit congé de son hôte, en le recommandant de tout cœur à Dieu et en lui demandant instamment de prier pour lui, ce que le bon ermite lui promit de faire.

289. Là-dessus, le jeune homme quitta son hôte et se remit en route pour aller directement à Camaalot. Mais avant qu'il n'eût parcouru une demi-lieue anglaise, il entendit un bruit qui ressemblait à celui que font les chevaux, et la créature qui en était la cause arrivait derrière lui. Comme il voulait regarder ce que c'était et savoir qui faisait ce bruit de galop, il s'arrêta et attendit. Un instant plus tard, il aperçut un chevalier qui arrivait sur ses traces, aussi vite que si la mort avait été à ses trousses, et il venait tout seul, bien équipé, sans qu'aucune pièce d'armement lui manquât. « Ah ! seigneur, dit le nain, à présent vous ne pouvez plus vous en aller sans combattre. Savez-vous qui est cet homme ? – Bien sûr, répondit Tor, c'est celui-là même que je cherchais, celui qui a enlevé hier le chien à la cour du roi Arthur. » Alors, il prit son bouclier et sa lance, que le nain lui portait, et se mit face au chevalier, au beau milieu du chemin. L'autre lui cria de toutes ses forces : « Ah ! chevalier indigne ! En vérité, vous avez eu tort de prendre le chien aux demoiselles, car vous le rendrez pour votre honte ! » Tor ne répondit absolument rien à ces propos mais se contenta de tourner vers lui la tête de son cheval. Les deux cavaliers, qui disposaient de solides montures, prirent le départ de leur course d'assez loin, aussi, lancés à toute vitesse, se frappèrent-ils si violemment que les deux lances volèrent en éclats. Ils se heurtèrent du corps et du visage, si bien qu'ils se renversèrent mutuellement sur le sol, se retrouvant tous deux le casque dans la poussière. Mais ils étaient vifs, alertes et très vigoureux ; ils se remirent donc debout le plus vite possible. Ils dégainèrent alors leurs épées et se préparèrent à s'attaquer l'un l'autre. Dès les premiers coups, vous auriez pu voir les boucliers transpercés et mis en pièces, les casques abîmés et démolis, les cottes de fer déchirées et démaillées, car ils étaient tous deux d'une grande vaillance, très puissants et extrêmement rapides. Ils se serraient l'un l'autre de si près qu'ils se blessaient et s'entamaient mutuellement la chair à chaque coup d'épée, faisant ainsi jaillir le sang de toutes parts.

290. Le combat se prolongea ainsi, cruel et impitoyable, depuis l'aube jusqu'au milieu de la matinée ; alors, tous deux s'affaiblirent et leurs gestes devinrent plus lents, car le moins blessé des deux avait abondamment saigné. Mais c'est l'adversaire de Tor qui souffrait le plus, car son épée n'était vraiment pas fameuse, tandis que celle du jeune homme était excellente, chose qui lui fut très utile ce jour-là et fit beaucoup de mal au chevalier qu'il combattait. Un peu avant le milieu de la matinée, celui-ci commença à se sentir de plus en plus fatigué, car il avait perdu beaucoup de sang, aussi ne put-il plus donner de coups aussi rudes ni aussi nombreux qu'il le faisait au début du combat ; à ce moment-là, le jeune homme vit bien que son adversaire commençait à s'épuiser et il se mit à lui assener de terribles coups de son épée tranchante, en sorte qu'il lui fit jaillir le sang en plus de dix endroits. L'autre ne faisait que subir et supporter les coups, car il n'avait nul moyen de les faire cesser comme il l'aurait voulu ; il mettait donc tout son art à se couvrir le mieux possible.

Tor le menait d'un côté et de l'autre, le faisant à sa guise tantôt avancer, tantôt reculer. Quand il vit qu'il dominait à ce point son adversaire que celui-ci n'en pouvait plus, il lui dit : « Chevalier, tu vois bien que tu es mort, si je le veux, car tu ne peux plus te défendre. Mais parce qu'il me semble que tu es valeureux, je vais t'accorder une faveur que tu ne m'accorderais pas, à mon avis, si les rôles étaient inversés. – Parle donc, dit le chevalier, car ce sera peut-être une faveur dont je ne te saurai aucun gré. – Si tu consens, reprit Tor, à te reconnaître vaincu et à promettre de te constituer prisonnier là où je t'enverrai, en te garantissant la vie sauve, je te dispenserai de continuer ce combat et tu pourras alors t'en aller, sous réserve que le chien reste en ma possession. » L'autre lui lança un regard mauvais et répondit : « Maudit soit celui qui fera une chose pareille aussi longtemps qu'il aura un souffle de vie, car après avoir moi-même reconnu ma lâcheté je n'aurais plus jamais d'honneur ! En vérité, j'aimerais mieux mourir cent fois, si je le pouvais, que dire ou faire une seule fois quelque chose qui puisse passer pour de la lâcheté ! – Comment ! s'écria Tor, tu aimes mieux mourir que de faire ce que je te demande ? – Oui, répondit le chevalier. – Ma parole, déclara le jeune homme, tu mourras donc. » Aussitôt, il se précipita de nouveau sur lui et lui porta de si grands coups d'épée à la tête qu'il le fit voler à terre, à demi assommé. Alors, il sauta sur lui et le tira avec tant de brutalité par le casque qu'il le lui arracha, après quoi il lui donna un tel coup du pommeau de son épée qu'il lui enfonça les mailles de son capuchon de fer dans le cuir chevelu. Il lui cria alors de se reconnaître vaincu, sous peine d'être tué. L'autre répondit avec difficulté et dit : « Je ne m'avouerai pas vaincu, quel que soit ton pouvoir sur moi. Dispose donc de ma vie comme il te plaira, car la peur de mourir ne me fera jamais dire ou faire quelque chose qui puisse me déshonorer. » Tor lui répliqua qu'il n'avait que faire de ses raisons : il reconnaîtrait immédiatement sa défaite ou il lui couperait le cou. Alors, du pommeau de l'épée, il lui donna de nouveau un si grand coup sur le crâne que le sang se mit à ruisseler sur son visage ; mais malgré cela le chevalier ne voulut absolument rien dire de ce que Tor exigeait de lui.

291. Tandis qu'il le tenait de cette manière, voilà qu'une demoiselle arrive, montée sur un petit cheval de promenade blanc qu'elle menait à vive allure. Elle accourait de ce côté le plus vite possible ; quand elle fut arrivée sur le lieu du combat, voyant que Tor tenait ainsi le chevalier sous lui, elle se laissa tomber de sa monture, s'agenouilla devant le jeune homme et lui dit : « Ah ! noble chevalier, au nom de la loyauté à laquelle tu es tenu envers tous tes pairs, accorde-moi une faveur. En vérité, tu es le premier chevalier auquel j'aie jamais demandé quelque chose. – J'en dis tout autant, mademoiselle, répondit Tor. Sachez que vous êtes la première demoiselle qui m'ait jamais adressé une requête. Pour cette raison, s'il est en mon pouvoir de vous satisfaire, je ne vous éconduirai en aucune façon, quelques peines et fatigues qu'il m'en coûte. – Je vous remercie beaucoup, cher seigneur. Sachez donc que vous m'avez donné la tête du chevalier que vous maintenez à terre[367]. – Comment ! s'écria Tor, voulez-vous donc que je la lui coupe ? – Oui, répondit-elle, je ne vous demande pas autre chose. – Il m'est pénible de vous satisfaire, répliqua le jeune homme, car il était bon chevalier. – Oubliez sa vaillance, dit-elle, car c'était le chevalier le plus criminel de Grande Bretagne. »

Quand l'autre entendit cela, il cria à son vainqueur : « Ah ! noble chevalier, au nom de Dieu, ne la crois pas ! Ne me tue pas à cause de ce qu'elle vient de dire, car, sache-le bien, elle est la créature la plus perfide que tu aies jamais vue. Mais laisse-moi à présent, car je me reconnais vaincu et je te promets de me constituer prisonnier où tu voudras. – Ah ! seigneur chevalier, c'est trop tard : j'ai fait don de ta vie à la demoiselle et je lui tiendrai parole, car autrement elle pourrait m'accuser de déloyauté. » A ces mots, le chevalier tendit les mains vers la jeune femme et lui demanda grâce, en disant : « Ah ! noble demoiselle, au nom de Dieu, ayez pitié de moi et ne me faites pas tuer, car ma mort ne vous serait d'aucun profit ! Mais, en m'épargnant, vous gagnerez un chevalier de ma qualité, car jamais plus, aussi longtemps que je vivrai, je ne servirai quelqu'un d'autre que vous ni ne ferai rien qui soit contre votre volonté. – Ah ! mademoiselle, reprit Tor, au nom de Dieu, si ce chevalier ne vous a pas fait tant de mal qu'il en ait mérité de mourir, ayez pitié de lui, vous ferez ainsi preuve d'une grande générosité. – Puisse Dieu n'avoir

---

[367] V. une scène identique dans *Le Chevalier de la charrete* de Chrétien de Troyes (*op. cit.*, vv. 2779-2941).

jamais pitié de mon âme si j'ai pitié de lui, car il a tué mon frère sous mes yeux et il n'a absolument rien voulu entendre lorsque je le suppliais en pleurant de lui faire grâce. Maintenant, faites ce à quoi vous vous êtes engagé, s'il vous plaît. » Le jeune homme répondit qu'il le ferait, puisqu'aucun autre arrangement n'était possible, et il se releva aussitôt. Quand l'autre se sentit libéré, il crut pouvoir s'enfuir, mais Tor ne lui en laissa pas le temps et, de son épée tranchante, il le frappa si violemment au cou qu'il lui sépara la tête du tronc et la lui fit voler à plus d'une toise de distance ; le corps s'abattit alors sur le sol. La demoiselle courut vers la tête, la ramassa et se montra toute joyeuse de l'avoir, puis elle remercia vivement le chevalier, disant qu'elle le récompenserait bien de cette faveur, si l'occasion de l'en récompenser s'offrait à elle.

292. Alors, le chevalier dit au nain : « Je me sens extrêmement fatigué et j'ai perdu beaucoup de sang. Si je savais où passer le reste de la journée pour prendre du repos, je me reposerais volontiers jusqu'à ce que mes blessures soient étanchées, car je saigne énormément. – Sans mentir, seigneur, dit la demoiselle, vous avez vraiment de la chance. Près d'ici, dans cette forêt, à deux portées d'arc, se trouve une magnifique demeure qui m'appartient ; vous pourrez vous y reposer et reprendre des forces, cette nuit et demain, et plus longtemps encore, si vous le désirez. En vérité, j'aurai grand plaisir à vous recevoir, car ma maison, par la venue d'un chevalier aussi accompli que vous l'êtes, n'en vaudra que mieux. – En selle, donc, et mettons-nous en route. Je voudrais déjà y être, car je me sens très éprouvé. » Ils montèrent alors à cheval ; la demoiselle les précéda et prit un sentier qui traversait la forêt. Ils n'avaient guère fait de chemin quand ils aperçurent, près d'un étang, le logis de la demoiselle, qui était une superbe demeure fortifiée. La jeune femme se dirigea vers l'entrée et appela ; un serviteur vint promptement ouvrir le guichet de la porte : « Ouvre la porte, dit-elle, et laisse entrer ce chevalier que j'amène pour lui donner l'hospitalité. » L'autre fit ce qu'on lui avait demandé et ils entrèrent. Vous n'avez jamais vu manifester joie plus grande, à la venue d'un chevalier étranger, que ne le fut celle qui fut témoignée au jeune homme par les habitants de cette demeure, quand ils virent la tête que la demoiselle apportait. Tous lui disaient d'une seule voix : « Ah ! seigneur, bénie soit l'heure où vous avez été fait chevalier et celle où vous êtes venu par ici ! Car vous nous avez rendu la paix et la joie pour toute notre vie en tuant notre ennemi mortel, l'homme qui nous faisait le plus de mal au monde et à cause duquel pas un seul de nos jours n'était tranquille ni exempt de contrariété. »

293. Cette nuit-là, Tor fut servi de tous les biens que les occupants du logis pouvaient avoir, et ils en avaient beaucoup, car ils étaient abondamment pourvus de toute chose. Le lendemain, après avoir entendu la messe dans une chapelle qui se trouvait sur place, il prit ses armes, enfourcha sa monture et prit congé de la dame qui l'avait accueilli chez elle ainsi que de tous les autres. Ils le recommandèrent vivement à Dieu et insistèrent beaucoup pour qu'il ne manquât en aucune manière de venir loger chez eux, si le hasard l'amenait un jour de ce côté, car la maison et ses occupants étaient à son entière disposition. Il les remercia vivement de leur offre, d'abord la dame, puis les autres. Il quitta ainsi cet endroit et se remit en route, chevauchant comme il l'avait fait précédemment*. Il chemina tant et si bien qu'il parvint à Camaalot, où il retrouva Gauvain, qui était déjà rentré la veille, mais pas le roi Pellinor, qui n'était pas encore revenu. En voyant le jeune homme revenir, ceux qui se trouvaient au palais lui manifestèrent beaucoup de joie, car ils avaient déjà eu de ses nouvelles par les deux chevaliers des tentes qu'il avait envoyés à la cour.

294. Le roi se montra fort heureux de le revoir et lui demanda comment il avait achevé sa quête. « Sire, répondit le jeune homme, en voici le résultat. » Il lui montra le petit braque que le chevalier avait emporté et à cause duquel il était parti de la cour. « Et quelles nouvelles, demanda encore le roi, avez-vous du chevalier ? L'avez-vous retrouvé ? – Oui, sire. » Le roi fit aussitôt apporter les reliques et lui fit jurer sur les saints restes qu'il raconterait sans mensonge ni omission ce qui lui était arrivé dans cette quête, qu'il n'y manquerait pas, quelque honte ou quelque honneur qu'il dût en retirer. Le jeune homme le lui jura et, devant tous les compagnons de la Table Ronde, il se mit aussitôt à relater toutes ses aventures, comme cette histoire l'a déjà fait. Lorsqu'il eut fini, les clercs prirent leurs dispositions pour accomplir leur tâche[368] et consignèrent

---

[368] *Suite*, § 294, l. 12 : *li clerc furent apparilliet ;* HDB, p. 272 : « on installa des scribes » ; G. Roussineau (*op. cit.*, gloss., p. 713, s. v.) glose *appareillier* 'équiper, pourvoir des choses nécessaires à

aussitôt ces événements ; c'est par leur rapport, et par d'autres écrits, que nous savons comment les choses se sont exactement passées.

« Ah ! Dieu, s'écria le roi Arthur, il ne nous manque plus maintenant que le roi Pellinor. – Ne vous inquiétez donc pas, repartit Merlin, vous le verrez ici avant la nuit. Mais maintenant dites-moi, poursuivit-il, quelle est votre opinion sur votre chevalier, celui que vous pensiez être le fils du vacher qui l'a amené à votre cour ? – En vérité, répondit le roi, s'il était le fils du vacher, il n'aurait certainement pas aussi bien commencé sa carrière de chevalier, car un fils de vacher et de paysan ne pourrait pas exceller à ce point dès ses premières armes. – Sachez donc, reprit Merlin, que c'est la parfaite noblesse de son lignage naturel qui l'a en peu de temps instruit et éduqué comme vous voyez qu'il l'est à présent. – Merlin, dit le roi, vous le connaissez mieux qu'il ne se connaît lui-même. – C'est assurément vrai, dit Merlin, car il ne sait pas qui est son père, mais moi je le sais parfaitement. – Et qui est-il ? demanda le roi. Vous pouvez bien me le dire, s'il vous plaît. » Merlin lui confia alors tout doucement à l'oreille : « Quand vous verrez le roi Pellïnor à côté de lui, vous pourrez dire à juste titre que l'un des deux est le père de l'autre, car sachez bien que le roi Pellinor l'a engendré dans la femme d'un vacher et qu'il a eu son pucelage ;

---

une activité' ; nous interprétons pour notre part « furent apparilliet » comme *se furent apparilliet*, en donnant à ce passé antérieur la valeur de *s'apparillierent*. Nous interprétons de même « furent [...] assis » au § 512 (ll. 57-58)*.

c'est ainsi que les choses se sont passées. Mais, comme le paysan a pris la jeune fille pour femme la semaine même où elle a été dépucelée, il a été persuadé que Tor était son fils[369], ce qui n'est pas le cas, car tout est arrivé comme je vous l'ai raconté. » Le roi se mit à rire, puis il reprit : « Certes, je n'en doute aucunement, mais dites-moi donc si la jeune fille était noble. – En vérité non, répondit Merlin ; c'était une bergère que le roi a vu dans une prairie en train de garder ses bêtes. Mais elle était si rayonnante de beauté qu'il a eu envie d'elle, aussi a-t-il couché avec cette jeune personne et c'est à ce moment-là que Tor a été engendré. » Le roi se signa et dit : « Par Dieu, la belle aventure que voilà ! Je ne serai heureux que lorsque je les verrai tous trois réunis devant moi, le roi Pellinor, Tor et sa mère, en sorte que je puisse leur apprendre ce que vous venez de me confier. – Faites-la donc venir, dit Merlin, car vous aurez le roi Pellinor ce soir à la cour. – Vous, faites-la venir, répliqua le roi, car vous savez bien où elle est. » Merlin choisit un messager et envoya chercher la dame là où il savait qu'elle demeurait. Mais à présent le récit se tait à ce sujet et retourne au roi Pellinor.

---

[369] *Suite*, § 294, l. 35 : *...pour chou que li vilains ot a feme la damoisiele cele semainne meismes que elle fu despucelee cuida il vraiement que Tor fust ses fiex* ; contradiction flagrante et irréductible avec § 255 (l. 50), où Merlin dit au paysan : « car je sai vraiement que tes fiex n'est il mie, et tu meismes le ses bien. »

XIV

295. Le récit raconte maintenant qu'après avoir quitté la cour pour suivre le chevalier qui emportait la demoiselle le roi Pellinor chevaucha à vive allure à travers la cité, car il était fort contrarié d'avoir tant tardé. Quand il fut sorti de la ville et qu'il arriva aux abords de la forêt, il rencontra un jeune homme monté sur un cheval de somme décharné et poussif. Il lui demanda s'il avait rencontré un chevalier qui emportait une demoiselle. « En vérité, oui, répondit l'autre, je l'ai effectivement rencontré. A présent, il doit être vraiment très loin, mais je puis au moins vous dire que je n'ai jamais vu de demoiselle se plaindre aussi vivement que le faisait celle-ci en se voyant ainsi emportée par cet homme. – Quelle direction a-t-il prise ? demanda le roi, – Seigneur, il a pris le chemin principal, qui mène tout droit à Braait. » Là-dessus, le roi s'en alla aussitôt après avoir recommandé le jeune homme à Dieu, puis il s'enfonça dans la forêt ; il se dirigea tout droit vers le chemin que l'autre avait pris et suivit les traces qu'il avait laissées, chevauchant avec toute la hâte possible.

Comme il avait parcouru à peu près deux lieues anglaises, il aperçut, assise près d'une source, une demoiselle d'une extrême beauté qui manifestait un violent chagrin et qui pleurait très pitoyablement sur le sort de son ami blessé qu'elle tenait contre elle. Le roi la salua et passa son chemin, en homme qui n'avait pas envie de s'attarder. Quand elle le vit, elle lui cria : « Ah ! noble chevalier, au nom de Dieu, reviens sur tes pas et rends-moi un léger service qui ne te coûtera guère. » Le roi avait bien entendu la demoiselle mais il ne voulut pas faire demi-tour, car il avait trop à faire, lui semblait-il. Lorsque la jeune fille comprit qu'il ne reviendrait pas, sa plainte se fit beaucoup plus douloureuse qu'auparavant, et, au milieu de ses larmes et de ses sanglots, elle déclara, assez haut pour que le roi l'entendît parfaitement : « Ah ! chevalier indigne et orgueilleux, Dieu fasse que tu aies un jour autant besoin d'aide que moi maintenant et que tu sois aussi désemparé que je le suis, et puisses-tu, dans ta détresse, implorer aide et secours et ne pas en obtenir de plus grands que ceux que je reçois de toi ! » Après avoir dit ces mots, elle tomba en arrière, évanouie, mais le roi ne revint pas pour autant sur ses pas, car il lui tardait beaucoup d'avoir rattrapé le chevalier qui emportait la demoiselle. Quand la jeune fille reprit ses esprits et qu'elle ne vit personne, à part son ami, qui était déjà mort d'une grande blessure qu'il avait reçue en pleine poitrine, elle se déclara infortunée et misérable et se proclama la plus malheureuse de toutes les demoiselles. Elle ajouta que, puisque son ami[370] était mort faute d'aide et qu'elle ne pouvait obtenir de secours ni de Dieu ni des hommes, elle ne pouvait plus vivre désormais. Aussi prit-elle l'épée de son compagnon et s'en frappa si violemment le sein que la pointe en ressortit de l'autre côté. Alors, elle tomba à la renverse, en femme que

---

[370] Par la suite (§ 314, ll. 10-11), et c'est peut-être encore une contradiction du récit, car dans notre texte et dans ce type de contexte le mot *ami* désigne ordinairement l'amoureux, il est dit (c'est Merlin qui parle) que ce chevalier était « ses cousins germains et estoit meus de son païs pour li conduire en ceste court. »

la mort avait prise, et se raidit sous l'effet d'une grande souffrance.

Cependant, le roi, qui avait l'esprit ailleurs et qui n'avait prêté aucune attention à ce qui venait de se passer, continua de chevaucher à toute allure jusqu'au soir. Il rencontra alors un paysan qui transportait du bois et lui demanda : « Paysan, as-tu rencontré un chevalier qui emporte une demoiselle ? – Sans mentir, noble seigneur, dit le paysan, j'ai vu ce chevalier et la demoiselle dont vous me parlez : il l'emportait, en effet. Mais voici ce qui lui est arrivé : comme il passait devant deux tentes que l'on avait fait dresser dans une vallée qui se trouve par là devant, un chevalier tout armé est sorti de l'une d'elles et lui a dit qu'il n'emmènerait pas la jeune fille, car elle était sa cousine germaine, et qu'il combattrait donc contre lui plutôt que de la lui laisser emporter aussi tranquillement. L'autre a immédiatement déposé à terre celle qu'il portait, déclarant qu'il voulait bien combattre, à condition que la demoiselle soit gardée de telle manière qu'elle revienne à celui qui la disputerait victorieusement à son adversaire. Le cousin de la demoiselle a aussitôt fait entrer la jeune fille dans une tente, où elle a été mise sous la garde de deux écuyers, et les deux chevaliers ont ainsi commencé le combat sur-le-champ ; il dure encore et ne sera pas fini, à mon avis, quand vous arriverez là-bas, si vous pressez quelque peu votre cheval. »

296. Quand le roi entendit ces propos, il en fut très satisfait ; il quitta le paysan et piqua sa monture en homme qui craignait d'arriver trop tard. Il n'avait pas fait beaucoup de chemin quand il vit les tentes, conformément à ce que l'autre lui avait dit. La demoiselle qu'il cherchait était assise sur l'herbe verte*, tout éplorée, en compagnie d'autres demoiselles et d'écuyers. Les chevaliers se battaient encore et s'étaient déjà mis dans un tel état que tous deux avaient plusieurs blessures, petites et grandes, et ils avaient déjà perdu tant de sang que le plus fort ne voyait pas d'autre issue que la mort, car tous deux étaient d'une très grande valeur et d'un très grand courage. Le roi ne prêta aucune attention au combat, qui ne l'intéressait guère, car il lui était égal qu'ils mourussent ou non, mais dès qu'il aperçut la jeune fille il se dirigea vers elle et lui dit : « Mademoiselle, c'est à tort que vous avez été emmenée de la cour et je vais vous y ramener à bon droit, car le roi Arthur, chez qui vous avez été prise, m'a envoyé ici pour cette raison. » Alors, il voulut la saisir par les bras, quand les écuyers se dressèrent d'un bond et lui dirent : « Ah ! cher seigneur, vous ne commettrez pas l'infamie de nous enlever cette demoiselle qui est sous notre garde. Mais faites les choses comme il convient ; voilà deux chevaliers qui nous l'ont donnée à garder : obtenez d'eux qu'ils nous déchargent de ce soin et nous vous la remettrons. – Je n'en demande pas plus, dit-il, car, si la chose vous déplaît, je ne vous la prendrai pas, à condition que je puisse l'avoir d'une autre manière. »

297. Alors, sans mettre pied à terre, il s'approcha des chevaliers et leur dit : « Seigneurs chevaliers, cessez de combattre jusqu'à ce que je vous aie dit deux mots. » Les autres s'arrêtèrent aussitôt et mirent leur bouclier devant eux. Il leur dit : « Messieurs, cette demoiselle a été enlevée à tort en la cour de notre seigneur le roi Arthur et je l'ai suivie jusqu'ici, aussi vais-je la ramener à bon droit là où elle a été prise. » Ils répliquèrent ensemble qu'il n'était pas question qu'il l'emmenât. « Dites-moi donc, demanda-t-il à l'un d'eux, pourquoi vous voulez cette demoiselle. » Celui que Pellinor avait interrogé répondit : « Je la veux parce qu'elle est ma cousine germaine ; je vais donc la ramener chez ses parents et ses amis, qui ne l'ont pas vue depuis longtemps et qui, pour cette raison, désirent beaucoup la revoir. – Et vous, demanda-t-il à l'autre, pourquoi la revendiquez-vous ? – Parce que, répondit-il, je l'ai conquise par ma valeur et ma bravoure, car je suis allé l'enlever sous les yeux du roi Arthur et de tous ses compagnons et je me suis donné tant de mal que j'ai réussi à l'amener jusqu'ici. En conséquence, me semble-t-il, je mériterais plus qu'un autre de l'avoir. – Vous pouvez assurément vous tenir pour des fous, repartit le roi, d'avoir entrepris de combattre pour sa possession, car vous ne l'aurez pas, soyez-en absolument sûrs, et je vais au contraire la ramener à la cour du roi Arthur où elle a été enlevée. – Vraiment ? Si vous le pouvez ! Mais vous ne le pourrez pas, car nous nous déclarerons plutôt mutuellement dispensés de continuer ce combat et nous mettrons fin à cet échange de coups pour nous battre contre vous. – La bataille, dit le roi, je ne puis ni ne dois vous la refuser aussi longtemps que nous serons ensemble, mais j'emmènerai la demoiselle, quoi que vous me disiez. – Ah oui ? C'est ce que nous verrons ! » Les deux chevaliers se tinrent alors mutuellement quittes du combat qu'ils s'étaient livré auparavant et se promirent l'un à l'autre de s'entraider jusqu'à la mort contre le nouveau venu. Quand le roi vit qu'ils se préparaient à l'attaquer, il leur dit :

« Comment ! avez-vous encore envie de vous battre ? – Vous verrez bien ! », s'écrièrent-ils. L'épée au poing, ils se ruèrent sur lui. L'un d'eux abattit son arme sur le cheval du roi et l'atteignit au côté gauche, tuant ainsi la bête, qui s'écroula morte. Lorsqu'elle se coucha sur le flanc, le roi, qui était fort alerte, se dégagea en sautant de l'autre côté et dit à celui qui venait de frapper son cheval : « Vous avez commis une bien grande lâcheté en tuant ma monture ! » Alors, plein de colère, il leva l'épée et frappa l'homme si violemment qu'il le pourfendit jusqu'aux dents ; l'autre tomba mort au milieu du pré. C'était le chevalier qui avait enlevé la demoiselle à la cour.

Lorsque son compagnon vit ce coup, il ne fut pas rassuré, car il se voyait seul et se sentait las, éprouvé et grièvement blessé. Il recula devant le roi et lui dit : « Seigneur chevalier, par ma sottise j'ai mal agi envers vous en vous appelant au combat, car je sais bien que vous n'êtes pas venu ici pour outrager ma cousine mais pour défendre son honneur et pour la venger de celui qui l'emmenait de force. Je vous la laisse, car je crois que je ne gagnerais pas grand-chose dans cet affrontement, mais je vous demande de la protéger avec toute la vigilance requise pour une princesse, car sachez bien qu'elle est fille de roi et de reine et qu'elle est issue d'un très noble lignage. Cependant, la chasse en forêt lui procure tant de plaisir, elle a tant de goût pour cet exercice qu'elle ne veut avoir ni ami ni mari et tout au contraire s'en moque quand on lui en parle. – Sachez, dit le roi, qu'en ma compagnie elle ne rencontrera jamais personne pour lui faire de mal, aussi longtemps que je pourrai veiller sur elle. Et je vous remercie beaucoup de me tenir quitte de ce combat. Mais il faudra que vous m'aidiez à me procurer une monture, s'il vous plaît. » Le chevalier répondit qu'il lui en donnerait une aussi bonne que l'avait été la sienne. « Mais il convient, ajouta-t-il, que vous restiez aujourd'hui avec moi, car il est tard : si vous vous en alliez maintenant d'ici, vous ne trouveriez plus d'endroit pour vous loger cette nuit. » Le roi y consentit, parce qu'il savait bien que l'autre avait raison.

298. Cette nuit-là, le roi coucha dans l'une des tentes, en compagnie du chevalier. Le lendemain, dès l'aube, il se leva, car il lui tardait beaucoup d'être en chemin. Quand il fut fin prêt et qu'il eut pris ses armes, son hôte lui amena une bonne et belle monture et lui dit : « Seigneur, montez sur ce cheval. En vérité, si j'en avais un meilleur, je vous le donnerais. » Le roi le remercia vivement de ce don et se mit aussitôt en selle, puis il fit monter la jeune fille et ils s'éloignèrent ainsi du camp. Le chevalier les accompagna un bon moment puis revint sur ses pas ; quant au roi, qui avait pris le chemin du retour, il suivit, en compagnie de la demoiselle, la route par laquelle ils étaient venus. Quand ils eurent chevauché jusqu'à la première heure du jour, il advint que les circonstances les amenèrent dans une vallée profonde, dans laquelle on cheminait fort péniblement, car elle était très caillouteuse et pleine de rochers. Le cheval de la demoiselle, malhabile à éviter les obstacles, broncha sur une pierre ; sa cavalière, désarçonnée, tomba sur le bras gauche, si rudement qu'elle crut bien avoir l'épaule démise, et la douleur qu'elle ressentit alors fut si grande qu'elle s'évanouit. Lorsqu'elle revint à elle, la jeune fille s'écria : « Ah ! seigneur chevalier, je suis morte ! » Il crut qu'elle disait vrai, jeta son bouclier et sa lance sur le chemin et descendit vivement de cheval. Il alla auprès d'elle et constata qu'elle avait de nouveau perdu connaissance. Il la prit dans ses bras, s'assit par terre et, l'ayant installée sur ses genoux, il la vit changer de couleur plus de sept fois en peu de temps à cause de la terrible frayeur qu'elle avait eue.

299. Quand elle eut repris connaissance, il lui demanda : « Mademoiselle, comment vous sentez-vous ? Elle répondit, toute tremblante : « Seigneur, j'ai eu la plus grande frayeur de ma vie, car j'ai bien cru m'être brisé le bras ou l'épaule, mais ce n'est pas le cas, Dieu merci. – Comment vous sentez-vous à présent ? demanda le roi. – Je me sens mieux, répondit-elle ; cependant, je ne pourrais pas chevaucher tout de suite, pas avant d'avoir pris suffisamment de repos, car cet accident m'a fortement secouée. – Cela ne fait rien, répliqua le roi, car même si nous ne repartions qu'en début de soirée, nous arriverions encore de jour à Camaalot. » Alors, il la prit dans ses bras et la porta sous un arbre pour qu'elle s'y reposât. Quand il l'eut déposée à terre, il lui dit : « Essayez de dormir, mademoiselle, car je crois que cela vous ferait du bien. – Je vais essayer, dit elle, mais je souffre encore beaucoup de ma chute. » Il arracha de l'herbe et lui en mit sous la tête pour qu'elle dormît plus confortablement. Lui-même ôta son épée, son casque et sa cotte de mailles et demeura entièrement désarmé, puis il s'occupa des chevaux et leur ôta mors et selle avant de les laisser paître. Quand il eut fait cela, il se coucha près de la jeune fille et, comme elle, s'endormit de telle façon qu'il passa tout le reste de la journée plongé dans un profond sommeil dont il ne sortit pas avant la tombée de la nuit.

300. Quand la nuit fut venue et qu'il se mit à faire plus frais, tous deux s'éveillèrent et ils s'aperçurent qu'ils avaient dormi si longtemps qu'il faisait nuit noire : « Ah ! mademoiselle, s'écria le roi, nous nous sommes laissés aller. Voilà que nous avons trop dormi. Qu'allons-nous faire ? – Seigneur, répondit-elle, il nous faut rester ici jusqu'au jour, car si nous voulions nous en aller maintenant, nous serions désormais incapables de nous orienter ; peut-être même que nous reviendrions sur nos pas en croyant aller de l'avant. – Restons donc ici, dit le roi, puisque tel est votre avis. Mais je suis extrêmement étonné que nous ayons tant dormi. – Nous étions recrus de fatigue, répliqua la demoiselle, c'est pour cela que nous avons dormi si longtemps. – Vous ressentez-vous encore de la chute que vous avez faite ce matin ? Êtes-vous quelque peu remise ? – Oui, Dieu merci, répondit-elle. Je n'éprouve plus à présent la moindre douleur. » Il déclara qu'il en était très heureux.

301. Tandis qu'ils parlaient ainsi, ils entendirent venir des chevaux à travers le bois, le long du chemin qui se trouvait devant eux. « Maintenant, plus un mot, dit le roi, car voici des gens par qui nous allons avoir des nouvelles. – Je me tais », dit la jeune fille. Ils avaient à peine prononcé ces paroles qu'ils virent arriver deux chevaliers armés, dont l'un venait de Camaalot, tandis que l'autre y allait. Ils se rencontrèrent juste devant le roi et sa compagne. Les chevaliers se reconnurent mutuellement dès qu'ils furent proches l'un de l'autre, aussi s'arrêtèrent-ils pour parler ensemble et celui qui se rendait à Camaalot demanda : « Quelles nouvelles apportez-vous ? – Aucune qui me plaise, répondit l'autre, car le roi Arthur est si puissamment pourvu d'amis et de chevaliers, ses hommes lui sont si dévoués, il donne si largement, il est si généreux, si rempli de mérites que, même si tous les rois des Îles de la Mer[371] venaient contre lui avec une armée, il les craindrait autant qu'une baie d'aubépine. C'est pourquoi je m'en retourne au plus vite auprès de mon seigneur pour lui dire d'abandonner la folle entreprise dans laquelle il s'est lancé, car il n'a ni la puissance ni les troupes qu'il faut pour pouvoir déposséder et chasser de sa terre le roi Arthur : celui-ci pourrait en effet lui faire plus de mal qu'il ne lui en ferait. Voilà toutes les nouvelles que j'apporte à mon seigneur au sujet de son ennemi. Et vous, où allez-vous ? – A l'endroit d'où vous venez, répondit son compagnon, chez le roi Arthur. Et je crois que cette guerre sera finie avant mon retour. – Comment cela ? – Je vais vous dire exactement ce qu'il en est. J'ai ici avec moi un flacon rempli d'un poison si extraordinaire que personne au monde ne pourrait en goûter, ne serait-ce qu'une faible quantité, sans en mourir aussitôt. Et il y a là-bas un chevalier, très apprécié et très proche du roi Arthur, qui a promis à mon seigneur de donner ce poison à boire au roi dès que je le lui aurai remis. Je le lui apporte à présent : je verrai ce qu'il en adviendra. – Prenez donc bien garde, reprit l'autre, qu'on ne vous voie, car dès lors qu'on en

---

[371] V. n. 340.

vient à la trahison, il convient d'agir avec tant de discernement et de discrétion que nul n'en ait vent, hormis ceux qui veulent la commettre. – N'ayez crainte, répliqua son compagnon, car nous agirons si habilement que nul n'en saura jamais rien avant que tout soit fini. Et, s'il plaît à Dieu, vous entendrez bientôt des nouvelles de cette entreprise qui réjouiront ceux de notre pays. – Je ne sais pas comment les choses tourneront pour vous, repartit l'autre, mais si j'étais à votre place il est certain que je ne me mêlerais pas davantage de cette affaire, car je vous affirme qu'il est impossible que vous ne soyez pas surpris et cruellement châtié. C'est pourquoi je vous conseillerais plutôt de rebrousser chemin que de continuer votre route. » Son compagnon répondit qu'il ne retournerait certainement pas en arrière, car il était persuadé de mener facilement son projet à bien. « Alors, je vous recommande à Dieu, dit l'autre, puisque vous ne voulez pas suivre mon conseil : nul ne devra me blâmer s'il vous arrive malheur. » Celui qui venait de Camaalot s'en alla en suivant le chemin principal qui traversait l'épaisse forêt et celui qui s'y rendait prit un sentier qui menait directement à la ville, en homme qui connaissait bien les raccourcis de ces bois.

Quand les deux chevaliers furent à bonne distance de l'endroit où ils avaient parlé ensemble, le roi, qui avait parfaitement entendu tous leurs propos, dit à la jeune fille : « Mademoiselle, avez-vous entendu ces messagers ? – Oui, très bien, répondit-elle. Sachez que Notre Seigneur a voulu que nous nous endormions ici pour que nous entendions ces paroles et que nous prévenions le roi Arthur, car il ne lui plaît pas de le voir mourir déjà, victime d'une aussi grande trahison. – Que Dieu m'abandonne si je mens, reprit le roi, c'est un très heureux hasard, et je suis fort content d'avoir ainsi surpris cette conversation, car, s'il plaît à Dieu, je mettrai si bien en garde le roi Arthur contre ce complot que ces gens-là ne pourront pas lui nuire par une semblable trahison. – Mais il n'y a pas de temps à perdre, répliqua la jeune fille, et nous devons partir dès qu'il fera jour, de sorte que nous soyons à la cour avant le déjeuner, car je suis sûre que le chevalier félon dont il a été question viendra faire son coup à ce moment-là, s'il en trouve l'occasion. » Le roi réfléchit un moment, puis repartit : « Nous n'avons vraiment pas à nous inquiéter ; Merlin, le clairvoyant prophète, est en effet à la cour et il ne consentirait en aucune manière que le roi soit ainsi trahi, car il a pour lui une très vive affection. – Comment ! s'écria la demoiselle, Merlin le clairvoyant est à la cour ? – Oui, répondit le roi. – Dans ce cas, reprit-elle, le roi Arthur n'a rien à craindre de cette trahison, car Merlin sait tout ce que l'on fait, que ce soit en secret ou au grand jour, c'est pourquoi je suis convaincue que nous arriverons à la cour après la mort de ce chevalier. – J'en suis persuadé », dit le roi. Ils en restèrent là et se rendormirent jusqu'au lever du jour. Ils s'éveillèrent alors et le roi se leva promptement et prit ses armes. Quand il fut entièrement équipé, il s'occupa des chevaux et leur remit selles et mors ; il aida ensuite la demoiselle à monter sur son cheval, puis il prit son bouclier et sa lance et enfourcha sa monture, après quoi tous deux se remirent en route.

302. Ils cheminèrent ainsi tant et si bien qu'ils arrivèrent près de la source où le roi avait entendu la demoiselle le supplier de revenir vers elle. Quand ils furent à l'endroit même où les choses s'étaient passées, ils virent que le chevalier était mort et que la demoiselle avait été entièrement dévorée par les animaux de la forêt, à l'exception de la tête. On voyait encore les os : c'était tout ce qu'il restait d'elle. Ce spectacle affligea énormément Pellinor. « Ah ! mon Dieu, s'écria-t-il, cette demoiselle est morte parce que je lui ai refusé mon aide ! Si j'étais revenu quand elle m'a appelé et si je l'avais secourue dans sa détresse, elle n'aurait pas été dévorée par les bêtes sauvages, si bien qu'elle est morte par ma faute, et ce chevalier aussi. »

303. Le roi se mit à manifester un violent chagrin : il était si affligé qu'il aurait bien voulu être mort. Il se déclarait misérable et malheureux, proclamant qu'il était le plus infortuné de tous les chevaliers. En voyant cela, la demoiselle fut profondément attristée, car elle appréciait beaucoup le roi pour sa sagesse, sa civilité et sa vaillance, l'estimant supérieur en ces domaines à tous les autres chevaliers qu'elle eût jamais rencontrés ; du reste, il le méritait vraiment, car à cette époque il n'y avait pas de meilleur chevalier que lui. Comme la jeune fille supportait mal de le voir s'abandonner à un tel chagrin, elle lui dit : « Ah ! seigneur, qu'êtes-vous donc en train de faire ? En vérité, vous qui pleurez pour la mort d'une demoiselle, vous êtes bien l'homme le plus dénué de courage que j'aie jamais vu ! Allons ! Ce n'est pas digne de vous ! Je vous assure qu'aucun homme de valeur n'entendra jamais parler de votre attitude sans vous considérer comme un lâche ! » Le roi répondit, en proie à une profonde douleur : « Certes, mademoiselle, si je manifeste du chagrin, ce n'est guère étonnant, car il est parfaitement clair pour moi que ce qui est arrivé est de ma faute. – Et alors ? Même si vous deviez vous donner la mort sur place, ce qui est fait est fait. C'est pourquoi vous devez avoir présent à l'esprit[372] que vous ne pouvez gagner que de l'opprobre par vos lamentations. – Je sais parfaitement, repartit le roi, que cela ne sert à rien, néanmoins je ne puis m'empêcher d'éprouver de la peine, parce que je me sens coupable de ce qui est arrivé. Mais maintenant aidez-moi de vos conseils et dites-moi ce que je peux faire à ce sujet. – Vous emporterez la tête de la demoiselle à la cour, répondit sa compagne, pour que chacun voie bien cet étonnant témoignage de l'aventure qui vous est arrivée[373]. Quant au corps de ce chevalier, vous allez le porter dans cet ermitage, où il recevra une sépulture. » Ce disant, elle lui montra une construction qui était située sur une éminence rocheuse, à proximité du lieu où ils se tenaient. Il déclara qu'il ne voyait rien de mieux à faire que ce qu'elle venait de lui conseiller. Il ramassa donc la tête de la jeune fille, la suspendit à l'avant de sa selle, souleva le chevalier mort et le plaça devant lui, sur l'encolure de son cheval, puis il l'emporta jusqu'à l'endroit qu'elle lui avait désigné ; il y trouva le bon ermite, qui n'avait pas encore fini de chanter

---

[372] *Suite*, § 303, l. 19 : *Pour chou se vous devés penser que...* ; G. Paris et J. Ulrich (biblio. n°1, *op. cit.*, t. II, p. 126) corrigent en supprimant le « se » ; il faut voir en « se » un démonstratif neutre qui annonce la complétive suivante, et en « vous devés penser » une forme pronominale : *pour chou ce [vous] vous devés penser que...* (v. TL 7,676, l. 4 ss, s. v. *penser*).

[373] *Suite*, § 303, l.25 : *...pour moustrer apertement ceste merveille* ; HDB, p. 281 : « pour faire connaître cette étonnante aventure ».

sa messe. Le roi mit pied à terre devant l'entrée de la petite chapelle attenante à l'ermitage, y porta la dépouille du chevalier et raconta au saint homme les circonstances exactes dans lesquelles il l'avait trouvé après qu'il eut été tué, en ajoutant qu'il ignorait toutefois quelle malheureuse aventure avait causé sa mort ; il lui demandait donc d'accomplir pour le défunt les rites qui convenaient. Le saint homme répondit qu'il achèverait de chanter la messe en sa mémoire et qu'il l'enterrerait ensuite dans sa chapelle même : il ne pouvait lui rendre de plus grand honneur. « Mon père, dit le roi, je ne vous demande rien de plus. »

304. Il fit exactement comme il l'avait dit, car il enterra le corps dans sa chapelle. Quand le saint homme eut rendu à la dépouille du chevalier tout l'honneur possible, le roi s'en alla et le remercia beaucoup pour ce qu'il avait fait. Il se remit en route aussitôt, avec la demoiselle, et ils menèrent leurs chevaux au petit trot, tout doucement, parlant de choses et d'autres, si bien qu'ils arrivèrent à Camaalot juste au moment où sonnaient les vêpres.

305. Lorsque la cour vit que le roi revenait sain et sauf et qu'il amenait avec lui la demoiselle pour laquelle il était parti, ils en furent extrêmement joyeux et le reçurent avec beaucoup d'honneur. Le roi Arthur alla au devant de lui, car il l'aimait beaucoup et appréciait vivement sa compagnie. Quand on l'eut désarmé, Pellinor prit la demoiselle par le poignet et dit au roi : « Sire, voici l'objet de ma quête. L'ai-je bien achevée ? – Assurément, oui, dit le roi, grâce à Dieu. Je n'ai jamais entendu parler de gens aussi favorisés par le sort que vous l'avez été tous les trois, qui êtes partis d'ici le même jour, car chacun, Dieu merci, est revenu sain et sauf après avoir achevé sa quête à son gré. »

306. Alors, on apporta les reliques et le roi Pellinor prêta le même serment que les autres. Après qu'il eut juré, le roi Arthur lui demanda de relater tout ce qui lui était arrivé dans cette quête et il répondit qu'il le ferait, sans mentir sur un seul point. Aussitôt, il commença à raconter tout ce qui lui était advenu, comme le récit l'a déjà rapporté. Quand il eut fini, sans avoir rien omis dont il se souvînt, il montra la tête de la demoiselle, celle qui l'avait appelé avec tant d'insistance quand il était passé près de la source : mais il était si pressé qu'il n'avait pas eu le loisir de revenir sur ses pas et, quand il était revenu, il avait trouvé le chevalier mort et la demoiselle dévorée par les bêtes sauvages, en sorte qu'il n'était resté d'entier que la tête et les os. « Et j'en suis, ajouta-t-il, si affligé que je puis dire qu'il ne m'est jamais arrivé une aventure que je regrette autant que celle-ci, car il me semble qu'ils sont morts tous les deux à cause du malheureux concours de circonstances que je vous ai raconté et que tout est arrivé par ma faute. – Certes, repartit le roi, vous méritez d'être vivement blâmé pour cette affaire, car je suis convaincu que, si vous étiez retourné sur vos pas lorsqu'elle vous appelait aussi pitoyablement que vous-même l'avez dit, elle ne serait pas morte, à cette heure, et que vous l'auriez au contraire secourue dans la situation qui la poussait à faire appel à vous. »

C'est alors que Merlin s'avança vivement et demanda au roi Pellinor : « Sire, savez-vous qui était cette demoiselle ? – En vérité, répondit le roi, non, et c'est pourtant une chose que j'aimerais beaucoup savoir, si cela était possible. » Merlin se mit à réfléchir. Quand il reprit la parole, il déclara, l'air profondément soucieux : « Il est assurément dommage, sire, que vous soyez si malchanceux en certaines occasions, car – que Dieu me prive de son aide si je mens – je ne connais pas dans tout l'entourage du roi Arthur un homme d'un mérite tel que le vôtre, et je ne vois personne en qui le roi pourrait trouver autant de loyauté qu'en vous si besoin était... Mais ne croyez surtout pas que j'impute à vos actions de chevalier le fait que certaines de vos entreprises réussissent aussi mal[374] : on observe au contraire habituellement que Notre Seigneur envoie chagrins et tourments en ce monde aux hommes de valeur et aux braves plutôt qu'aux lâches. Et c'est ce qui doit vous réconforter le plus concernant les échecs auxquels je fais

[374] *Suite*, § 306, ll. 31-32 : *...je ne di mie que che soit par vos œvres que vous soiiés si mescheans ;* HDB, p. 282 : « je ne dis pas que ce soit par votre faute que vous êtes si malheureux ». La traduction de cette phrase est délicate (il est en effet malaisé d'y définir précisément le sens des mots « œvres » [l. 32] et « mescheans » [l. 32]) ; la nôtre repose sur l'interprétation générale que nous avons donnée du texte dans notre introduction. Si l'on fait de la liberté de l'individu une idée forte du roman, il est difficile de considérer que Merlin décharge ici Pellinor de toute responsabilité dans les malheurs qui lui adviennent (de fait, son refus de répondre aux appels de sa fille est un choix dont il assume lui-même l'entière responsabilité [§ 303, l. 17 ; § 306, l. 17]). Nous donnons ainsi à « œvres » le sens restreint d'ʻactions de chevalierʼ. V. une remarque analogue de Merlin à Balaain (§ 116, ll. 17-19) : « Si n'averra mie ceste dolour pour chou que tu ne soies li mieudres chevaliers qui orendroit soit el monde... »

allusion. – En vérité, Merlin, dit le roi Arthur, vous dites la vérité : cet avis est bon et juste, car tous les jours on voit les choses advenir comme vous le dites. – Seigneur Merlin, reprit le roi Pellinor, vous qui connaissez toutes choses, si cachées soient-elles, répondez à ma question. Si vous m'éclairez sur ce point, vous aurez assurément rendu mon cœur beaucoup plus paisible qu'il ne l'est en ce moment. – Je sais bien, répliqua Merlin, ce que vous voulez me demander. Quelques instants de patience et je vais vous le dire, mais ce sera en des termes si voilés que vous ne le comprendrez pas pour cette fois ; cependant, la chose vous deviendra claire dans peu de temps. Ecoutez-moi donc. Vous voulez me demander qui était la demoiselle dont vous avez apporté la tête à la cour et je vais vous répondre, pas de manière à vous faire connaître aussitôt son nom, ni celui de son père, mais je vais vous dire quelque chose qui vous suffira amplement pour découvrir la vérité, si vous êtes perspicace.

307. Vous souvenez-vous que vous étiez, voici deux ans, à Montor, l'une de vos villes, et que vous y teniez une assemblée de cour d'une prodigieuse magnificence, à laquelle beaucoup de chevaliers étaient venus, de tous côtés ? – Je m'en souviens parfaitement, dit le roi, car je n'ai jamais été aussi joyeux qu'en ce jour. – C'est bien possible, repartit Merlin. Je vais maintenant vous dire pourquoi je vous ai parlé de cela. Alors que vous étiez à votre table, vêtu de vos habits royaux, votre couronne sur la tête, et que vous aviez été servi de tous les mets qui vous étaient destinés, un fou s'est présenté devant vous et vous a dit : “Roi, ôte cette couronne de ta tête, car elle ne te va pas bien ; si tu ne l'ôtes pas toi-même, c'est le Fils du Roi Tué qui te l'enlèvera, ainsi la perdras-tu. Et si tu la perds ce ne sera guère étonnant, car par ton indignité et l'oubli de tes devoirs tu laisseras ta propre chair dévorer par les bêtes féroces[375], l'année même où tu te seras mis au pouvoir d'autrui." C'est ainsi que ce fou t'a tenu des propos dont la signification se rapporte à ta mort et qu'il t'a prédit que tu aliénerais ton autorité. Du reste, il ne faisait que proférer les mots qui lui venaient à la bouche, sans en comprendre le sens. – Il est certain, repartit le roi, que tout ce que vous venez de citer, ce fou me l'a dit, et dans les termes mêmes que vous avez employés ; je sais qu'ils contiennent une part de vérité, car il a dit vrai en me prédisant que je me soumettrais un jour à autrui, puisque je me suis récemment mis sous la protection de mon seigneur le roi Arthur et que j'ai rejoint ses compagnons qui sont ici. Mais, que j'aie laissé ma propre chair dévorer par des bêtes féroces, ce n'est pas encore vrai, que je sache. – Si tu ne le sais pas maintenant, répliqua Merlin, tu le sauras bientôt, car tout ce qu'il t'a annoncé s'est produit ou se produira. Et, s'il t'a fait savoir que le Fils du Roi Tué t'enlèverait ta couronne, je te déclare qu'il t'a menti si

---

[375] *Suite*, § 307, l. 14 : *devourer a lions* ; HDB, p. 283 : « dévorer [...] par des lions » ; « lion » nous semble désigner ici toute bête féroce carnassière (comme *sarrasin* désigne n'importe quel païen : la langue médiévale connaît d'autres généralisations de ce genre) ; contrairement à J. Bédier et à J. Dufournet, nous pensons qu'il en va de même dans la *Chanson de Roland* (v. par ex. éd. J. Dufournet, Paris, GF 554, 1993, v. 2436 et la note 2436, p. 418). Sur le lion au moyen âge, v. aussi M. Pastoureau, *op. cit.*, pp. 49-56.

tu ne vois pas le fait s'accomplir[376]. Quand la chose arrivera, ce sera assurément une grande perte pour tout le royaume de Logres. – Vous ne m'avez pas encore dit, reprit le roi, qui était la jeune fille dont je vous ai instamment demandé de me révéler l'identité. – Je l'ai fait autant que je le pouvais, répliqua Merlin, et pour le moment je ne veux rien vous dévoiler de plus à ce sujet, car vous le saurez bien lorsque le moment sera venu. Soyez sûr que vous n'avez jamais éprouvé d'aussi grand chagrin que celui que vous éprouverez le jour où vous connaîtrez la vérité. Cependant, je vous dirais encore quelque chose, si je ne craignais de vous contrarier. » Le roi Pellinor, qui était avide de savoir, le pria au nom de Dieu de le lui dire. « Et sachez bien, Merlin, ajouta-t-il, qu'aucune de vos paroles ne saurait me contrarier, car je sais parfaitement que vous ne me diriez rien qui ne soit pour mon bien. – C'est assurément vrai, dit Merlin, et je vais donc vous le dire, puisque vous me le demandez. Avez-vous entendu ce que la demoiselle vous a crié quand vous l'avez dépassée ? "Ah ! chevalier indigne et orgueilleux, Dieu fasse que tu vives assez longtemps pour avoir un aussi grand besoin d'aide que moi maintenant et pour être aussi désemparé

---

[376] *Suite*, § 307, ll. 28-29 : *Et se il t'amentut que li fiex del roi occhis t'osteroit la couroune, il te menti se tu nel vois avenir* ; HDB, p. 283 : « Lorsqu'il a dit que le fils du roi tué ôterait la couronne de ta tête, il ne t'a pas menti et tu le verras arriver ». Cette formule nous paraît être une forme d'adynaton : celui qui a dit cela n'ayant aucune raison de mentir, il n'a donc pas menti et ce qu'il a dit s'accomplira. L'éventualité du mensonge est jugée ici absurde. Même formule au § 310 (ll. 33-35).

que je le suis, et puisses-tu, dans ta détresse, implorer aide et secours et ne pas en obtenir de plus grands que ceux que je reçois de toi !" Voilà ce qu'a dit la demoiselle. – En effet, reconnut le roi, c'est vrai. – Sachez donc, reprit Merlin, que cette jeune fille était si méritante et si pure que Notre Seigneur a entendu sa prière, car tout ce qu'elle a dit t'arrivera et tu mourras en effet par manque d'aide, comme elle. Alors se réalisera pour toi une prédiction qui t'a été faite le premier jour où tu as porté la couronne ; je vais te dire laquelle et je sais bien que tu t'en souviendras. Une fois couronné par les archevêques et les évêques de ton royaume, après avoir entendu la messe, tu es allé devant l'autel, tu t'es mis à genoux et, en versant force larmes, tu as commencé à prier Notre Seigneur de te garder, tous les jours de ta vie, par sa douce miséricorde, d'une mort qui serait due à quelque malheureux concours de circonstances[377]. Alors, une voix s'est fait entendre, qui t'a dit, et c'était sans aucun doute une réponse divine : « Roi

[377] *Suite*, § 307, ll. 59-62 : *...commenchas a priier [...] Nostre Signour que il [...] te desfendesist toute ta vie que tu ne morusses par mesqueanche* ; HDB, p. 284 : « tu as commencé à prier [...] Notre Seigneur [...] de te protéger toute ta vie afin que tu ne meures pas par un accident ». G. Roussineau glose *mesqueanche* 'malchance, infortune' (*op. cit.*, gloss., p. 770, s. v. *meskeance*). Il est bien difficile de rendre exactement le terme : mourir, à moins que ce ne soit de vieillesse, est toujours une malchance. Or nous ne pensons pas que Pellinor demande ici à mourir dans son lit et qu'il repousse l'idée d'une mort au combat, par exemple ; la mort « par mesqueanche » semble s'opposer ici à la mort glorieuse, dans laquelle celui qui meurt a le sentiment de dominer encore son destin en luttant à armes égales contre un adversaire.

Pellinor, tout comme tu feras défaut à ta propre chair, ta propre chair te fera défaut, et c'est pourquoi tu mourras prématurément ».

308. – En vérité, Merlin, dit le roi, ces paroles m'ont bien été dites de cette manière le jour dont vous parlez, et chaque fois qu'elles me sont revenues en mémoire, j'en suis resté fort perplexe, car je n'ai jamais pu comprendre leur signification. Pour cette raison, je voudrais vous demander, au nom de Dieu, à vous qui savez ce qu'elles signifient, de me le dire. – Je ne vous le dirai pas, répondit Merlin, car en aucune manière je ne vous révélerais ce que le Maître Souverain a établi selon sa volonté. Et sachez bien qu'aucun homme vivant ne pourrait vous le dire, hormis moi. C'est pourquoi vous ne le saurez pas avant l'heure de votre mort, mais alors, sans aucun doute, vous en aurez une connaissance aussi certaine que celle que j'en ai aujourd'hui. – Qu'il en soit donc, dit le roi, de ma vie et de ma mort selon la volonté de mon créateur, car, s'il le veut, je succomberai dans le péril, et, si tel est son plaisir, j'échapperai sain et sauf à tous les dangers. » Alors, il eut les larmes aux yeux. Merlin lui dit : « Il n'y a pas lieu de vous attrister. Nul ne peut empêcher la volonté de Notre Seigneur de se réaliser. – Maintenant, dit le roi Arthur, restons-en là à ce sujet et parlons d'autre chose ; ne soyons pas si affligés par la perspective de mourir, car c'est un chemin par lequel il nous faudra tous passer, jeunes et vieux. Absolument personne n'y échappera. »

309. Merlin dit alors au roi Arthur : « Sire, si la chose vous agrée, faites venir devant vous la mère de Tor, ainsi aurez-vous sous peu la confirmation de ce que je vous ai dit. » Le roi donna l'ordre à la dame de s'avancer, ce qu'elle fit, puis il la prit par la main et la conduisit dans une des pièces du palais, emmenant avec lui Merlin, le roi Pellinor, Tor et douze des plus grands seigneurs de sa cour. Quand ils furent réunis, Merlin prit la parole et dit : « Madame, voici le roi Arthur, votre seigneur, auquel vous devez une loyauté absolue ; il vous demande de lui faire connaître qui est le père de ce chevalier. » Et il lui désigna Tor. La dame répondit : « Il lui est facile de le connaître : c'est un pauvre et honnête homme qui travaille la terre[378]. Je crois d'ailleurs que mon seigneur le roi Arthur ici présent l'a déjà vu une fois, lorsque Tor lui a été amené pour qu'il le fasse chevalier, car c'est l'homme qui le lui a présenté ce jour-là. – Madame, dit Merlin, nous ne vous parlons pas de celui qui l'a élevé, mais de celui qui l'a engendré, car nous savons fort bien en vérité qu'il n'est pas du tout le fils d'un paysan, mais d'un homme noble, que je connais beaucoup mieux que vous ne le faites. L'époque, le jour, l'heure auxquels il a été engendré, le nom de celui qui l'a fait, je n'ignore rien et, si vous ne voulez pas parler, je suis prêt à dire tout de suite à mon seigneur le roi et à ses vassaux, s'il l'ordonne, qui est le

[378] *Suite*, § 309, ll. 10-11 : *son pere puet il bien counoistre comme pour povre loial laborant sour terre* ; trad. influencée par HDB, p. 285 : « Le roi peut facilement connaître qui est ce père : c'est un pauvre et loyal travailleur de la terre ». « Comme pour » est une locution rare (p.-ê. fautive) qui introduit l'attribut du complément d'objet de « counoistre ».

père de ce garçon. » La dame fut alors frappée de stupeur et elle rougit de honte en entendant ce dont il l'accusait. Quand elle put parler, elle demanda : « Comment vous appelez-vous, mon beau seigneur, vous qui vous vantez ainsi de savoir ce qui me concerne ? – Madame, répondit-il, je m'appelle Merlin. Plus vous me verrez, moins vous me connaîtrez. – Certes, répliqua-t-elle, je vous crois volontiers là-dessus, car le diable possède assurément le pouvoir de se montrer sous tant de formes et de tant de manières qu'il n'est aucun homme au monde, si habile soit-il, qu'il ne puisse quelquefois tromper. Et je sais bien, comme beaucoup de gens le disent, que vous êtes fils du diable, en sorte qu'il ne serait pas fort étonnant que je ne vous reconnaisse pas lorsque je vous vois, car le démon toujours se cache et se terre le plus possible. » Alors, tous ceux qui étaient là se mirent à rire et à applaudir, et ils demandèrent à Merlin : « Que dites-vous de cette dame ? – Je ne puis en dire que du bien, car elle est femme de mérite et il est fort possible que ce qu'elle dit soit vrai. Mais, si elle ne veut toujours pas dire la vérité sur ce que je lui demande, je vous la dirai devant elle. » A ces mots, la dame, vivement irritée, répondit : « Merlin, je vois bien à présent que vous n'êtes pas complètement semblable aux autres diables. Ceux-là, c'est un fait notoire, voudraient que les péchés de chacun demeurent toujours enfouis et cachés, en sorte que la bouche du pécheur n'en fasse jamais l'aveu, sinon pour s'en moquer et tourner la chose en dérision[379], tandis que vous, vous voulez que je révèle le mien. Je vais donc le faire, mais sachez que Dieu ne vous en saura absolument aucun gré, car vous ne le faites pas pour l'amour de Notre Seigneur, ni pour me corriger, mais pour montrer votre science. » Les seigneurs présents dirent alors : « Cette dame ne vous semble-t-elle pas très sage ? – Si elle n'avait pas autant de qualités qu'elle en a, dit Merlin, je ne lui aurais pas permis de parler comme elle l'a fait. » Alors, la dame dit au roi : « Sire, je ne vous mentirai assurément pas, mais je vais vous dire la vérité, puisqu'on m'y oblige. Sachez que Tor, mon fils, n'est pas le fils de mon mari, mais qu'un chevalier l'a engendré la semaine même où j'ai été épousée ; il a couché avec moi, sans me demander mon avis, Dieu le sait bien. Je n'ai jamais su depuis qui était ce chevalier et je n'ai jamais eu de lui la moindre nouvelle. Sachez aussi qu'il m'a eue vierge et que je n'avais pas quinze ans quand il a engendré Tor. »

310. Alors, le roi Arthur prit la parole et dit : « Madame, d'après ce que vous me dites, il ne semble pas que vous sachiez qui est le père de Tor. – En effet, sire, dit-elle, je ne le sais pas. » Merlin se mit alors à rire et dit :

---

379 *Suite*, § 309, l. 46 : *se che n'estoit par gap et par eschar* ; HDB, p. 286 : « sauf par plaisanterie et amusement » ; notre version suppose que l'aveu est sérieux mais que le péché est pris à la légère et raillé ; l'interprétation de HDB, et celle que suggère la glose de *eschar* donnée par G. Roussineau (*op. cit*, gloss., p. 747, s. v.) ‘plaisanterie, jeu’, suppose que le pécheur s'accuse pour rire.

« Madame, et si on vous le montrait, le reconnaîtriez-vous ? – Je ne le crois pas, répondit-elle, car je ne l'ai vu qu'une fois en tout et pour tout, et il y a bien longemps. » Merlin poursuivit : « Sachez qu'il est parmi nous. » Il prit alors le roi Pellinor par la main et dit : « Voici le chevalier en question. » A ces mots, elle eut honte, aussi se mit-elle à rougir, et le roi Pellinor également. Merlin déclara : « C'est la vérité, n'ayez aucun doute à ce sujet. Et je vais vous donner, dit-il au roi, de si bonnes preuves que vous pourrez être absolument certain de ce que j'avance. Vous l'avez aperçue près d'un bosquet, et elle avait avec elle un lévrier et un dogue*. Vous aviez renvoyé tous vos hommes parce que vous étiez allé vous confesser chez un ermite, à trois portées d'arc d'une place forte qu'on appelait Amint. Voyant que la jeune fille était aussi belle, vous avez mis pied à terre et vous lui avez confié la garde de votre monture, le temps de vous désarmer, puis vous l'avez prise deux fois, à l'endroit même où vous étiez, alors qu'elle manifestait l'affliction la plus vive. Après avoir joui d'elle comme vous le vouliez, vous lui avez dit : « Je crois bien que je t'ai engrossée », et vous avez repris vos armes. Une fois armé et remonté à cheval, vous avez voulu l'emmener avec vous, mais elle a refusé et elle est repartie en fuyant le plus vite possible, vous maudissant de toutes ses forces. Quand vous avez compris qu'elle ne vous suivrait pas, vous avez pris son lévrier, qui était tout blanc, et vous l'avez emporté, en disant que vous le garderiez en souvenir d'elle. C'est ainsi que les choses se sont passées. A présent, vous savez bien si je dis vrai. – Assurément, dit le roi, vous n'avez menti en rien, car tout s'est passé comme vous le dites. » Alors, Merlin dit à la dame : « Madame, vous semble-t-il que je dis vrai ? – Seigneur, dit-elle, si vous n'avez pas dit la vérité, ceux qui attestent que vous ne mentez jamais seraient eux-mêmes des menteurs. – Et reconnaissez-vous maintenant cet homme à quelque trait ? – Oui, répondit-elle, je le reconnais à cette blessure qu'il a à la joue gauche, car elle n'était alors guérie que depuis peu. – Et croyez-vous que ce soit lui qui ait engendré votre fils Tor ? – Oui, dit-elle, c'est lui, j'en suis absolument certaine. »

311. Merlin dit alors au jeune homme : « Tor, vous pouvez maintenant constater que vous n'êtes pas fils de paysan, mais fils de roi. A la vérité, si vous aviez été de basse extraction, vous n'auriez jamais eu le désir de mener la vie de chevalier. Mais noblesse de sang finit toujours par se montrer, si enfouie soit-elle. » Il dit ensuite au roi Pellinor : « Sire, votre gain égale à présent votre perte, car vous avez gagné et retrouvé l'un en compensation de l'autre. » Le roi lui demanda de parler plus clairement. « Je ne vous en dirai pas davantage pour le moment, répliqua Merlin, car vous comprendrez ces paroles quand le temps sera venu et vous ne gagneriez rien si je vous les expliquais maintenant. Mais je puis au moins vous affirmer que ce garçon est votre fils et que vous l'avez engendré ; vous devez vraiment l'aimer et le chérir, car sachez bien qu'il vous ressemblera beaucoup par sa vaillance. S'il vit assez longtemps, en effet, il se pourrait qu'il n'y ait pas beaucoup de chevaliers meilleurs que lui dans ce palais. »

312. Alors, les seigneurs présents se mirent à manifester leur joie, car le roi courut vers Tor et Tor vers lui, après quoi le père embrassa son fils et le fils son père. Le jeune homme déclara qu'il s'estimait favorisé du destin d'avoir pour père le roi Pellinor et celui-ci déclara qu'il s'estimait comblé d'avoir un fils tel que Tor, car il avait vu tant de qualités en lui, pour ses débuts de chevalier, qu'il savait bien qu'il ne manquerait pas d'être un homme de mérite, si Dieu y consentait et s'il pouvait vivre assez longtemps. Quand la dame vit la tournure des événements, elle prit congé du roi Arthur, puis elle embrassa son fils et lui dit : « Cher fils, vous avez été élevé dans la pauvreté ; si Notre Seigneur a pour vous tant d'affection qu'il vous octroie un sort heureux et une haute condition, n'oubliez pas pour autant ses bienfaits, car soyez sûr qu'il vous oublierait aussi. De même en effet qu'il a la puissance de vous élever, de même il a celle de vous abaisser et de vous réduire à néant. C'est ce à quoi vous devez être attentif pour régler votre conduite. Il ne vous a confié la garde que d'une âme ; si vous la lui rendez, alors il vous tiendra pour un homme de mérite et un vrai chevalier. Mais, si vous en confiez la garde à autrui et que vous en fassiez maître le démon, il vaudrait assurément mieux pour vous que vous soyez laboureur et aussi pauvre que le sont vos autres frères. » Tor lui répondit : « Madame, j'en prendrai bien soin, s'il plaît à Dieu. » Elle quitta alors la cour et fut escortée par de nombreux hommes de qualité. Et, si le roi Pellinor fit de belles actions par la suite, ce récit n'en dit rien, car il a bien d'autres sujets à traiter.

313. Après son départ, il y eut de grandes réjouissances à la cour. Le roi demanda à la Demoiselle Chasseresse, dès qu'il lui eut rendu ses lévriers, son petit braque et la tête du cerf : « Mademoiselle, qu'en dites-vous ? Nous sommes-nous bien acquittés de ce que nous vous devions ? – Assurément, oui, sire, dit-elle. Je n'aurais pas cru que vous puissiez le faire aussi bien. Et, puisqu'il ne me manque rien de ce que j'avais lorsque je suis entrée à votre cour, je vais prendre congé de vous, car je vais retourner le plus tôt possible dans mon pays. – Mademoiselle, répliqua le roi, si la chose vous agrée, je vous invite plutôt à séjourner ici, avec les dames et les demoiselles de la reine, mon épouse. Je vous affirme que vous y serez servie et honorée autant, ou plus, que la plus noble dame du palais. Et, que Dieu m'abandonne si je mens, vous le méritez bien. – Vous avez raison, sire, dit Merlin, Dieu me prive moi aussi de son aide si je mens ; et que diriez-vous, si vous en saviez autant que moi ! » Il lui confia alors à voix basse : « Sachez qu'elle est très vertueuse, pleine de bon sens et que son lignage n'est rien de moins que celui d'une fille de roi et de reine. Si vous l'honorez, tout le monde vous en devra de la reconnaissance. » Le roi déclara qu'il était tout disposé à le faire et qu'il le serait aussi longtemps qu'elle demeurerait à la cour. Alors, il pria la reine de la garder auprès d'elle, de l'honorer et de la chérir plus que toutes les autres demoiselles du palais. La reine répondit qu'elle le ferait volontiers et pria si instamment la jeune fille de différer son départ que celle-ci accepta de demeurer auprès d'elle un certain temps. La reine lui demanda ensuite quel nom elle avait reçu à son baptême et elle répondit qu'elle s'appelait Nivienne et qu'elle était la fille d'un puissant personnage de Petite Bretagne, sans révéler cependant qu'elle etait fille de roi. Que tous ceux qui écoutent le récit de monseigneur Robert de Boron sachent véritablement que cette demoiselle était celle qu'on appela depuis la Demoiselle du Lac, que ce fut elle qui pourvut, dans sa demeure, à l'éducation de Lancelot du Lac pendant de longues années, comme le raconte la grande histoire de ce chevalier[380]. Mais l'histoire du Saint Graal, que je raconte présentement, n'en parle guère et prend au contraire une autre direction en disant ceci :

314. Le récit raconte à présent que le roi, le lendemain du jour où il avait obtenu que la demoiselle demeurât à la cour, prit Merlin à part et lui dit : « Merlin, je vous prie de me dire qui était la demoiselle dont le roi Pellinor nous a apporté ici la tête. – Sire, dit Merlin, je vais vous le dire, car je sais bien que vous garderez le secret. – C'est vrai, dit le roi. Ne craignez aucune indiscrétion de ma part. – Sachez donc, dit Merlin, que cette demoiselle était sa fille[381] et qu'elle venait à la cour pour lui parler. Quant

---

[380] *Lancelot*, *op. cit.*, t. VII (TLF 288), pp. 27-259. La généalogie de la future dame du Lac est tout autre dans la *Suite-Vulgate*, puisque, sous le nom de Viviane, elle y est « fille a un vavasour de molt haut lingnage qui avoit non Dyonas » et qui « servi lonc tans un duc de Bourgoigne » (*Les Premiers Faits du roi Arthur*, § 253, p. 1055-56 [biblio. n° 5]).

[381] Comme précédemment pour l'ascendance de Dodinel (n. 233), il nous semble qu'il n'y a pas nécessairement, comme le suggère G. Roussineau (*op. cit.*, p. 656, n. 192,10), contradiction avec l'annonce de la guérison de la lépreuse par la sœur de Perceval, la fille de Pellinor donc, au § 192. Pellinor, qui doit vivre encore dix ans au moins, peut avoir plusieurs filles. Le grand nombre d'anomalies que l'on relève dans notre roman donne bien sûr du crédit à la remarque de l'éditeur.

au chevalier qui était avec elle, c'était son cousin germain[382], et il avait quitté son pays pour la conduire ici. C'est pourquoi je lui ai dit qu'il avait autant gagné que perdu, car je savais bien que le fils retrouvé compensait la perte de sa fille. » Le roi se signa d'étonnement et déclara que ce qui était arrivé avait été pure malchance. « Mais, dites-moi donc, Merlin, s'il vous plaît, ce que signifiaient ces paroles : “De même que tu feras défaut* à ta propre chair, ta propre chair te fera défaut, et c'est pour cette raison que tu mourras prématurément” ? – Si je vous disais, répondit Merlin, ce que je sais, bien des maux pourraient assurément en advenir, car vous êtes jeune et insouciant, aussi ne sauriez-vous garder un secret aussi soigneusement qu'il le faudrait. – En vérité, dit le roi, rien de ce que vous me dites ne sera jamais dévoilé si j'ai le sentiment que cela doit vous déplaire. – Pas aussi longtemps que je serai auprès de vous, reprit Merlin. Mais quand je serai parti et que vous ne me verrez plus, vous ne saurez pas quel ami vous aurez perdu en moi. Vous m'aurez très vite oublié. Pourtant, il viendra ensuite un temps où vous souhaiterez vraiment avoir donné la moitié de votre royaume pour que je sois auprès de vous. – C'est plus que probable, dit le roi. Je sais parfaitement que, lorsque vous mourrez, on ne verra plus jamais mourir, dans le royaume de Logres, un homme aussi clairvoyant et aussi utile à ce royaume que vous l'aurez été ; mais à cela, nul ne peut rien. Donnez-moi donc quand même la réponse à cette nouvelle question. – Volontiers, dit Merlin. Je vais

---

382 V. n. 370.

vous répondre lorsque vous aurez promis que ce secret ne sera jamais dévoilé par vous avant que l'événement soit advenu. – Je vous le promets », dit le roi.

« La prédiction, reprit Merlin, était la suivante : "De même que tu feras défaut à ta propre chair, ta propre chair te fera défaut." A sa propre chair, le roi Pellinor a déjà fait défaut et sa propre chair lui fera effectivement défaut. Un jour viendra, en effet, dans moins de douze ans[383], où, lors d'une quête qu'il aura entreprise, il rencontrera dans une forêt – je sais exactement laquelle – le Fils du Roi Tué. A ce moment-là, il aura déjà reçu de multiples blessures, de sorte que celui-ci le trouvera si affaibli et si éprouvé qu'il en viendra à bout et qu'il le laissera, après ce combat, à demi-mort sur place ; il restera étendu, évanoui, du milieu de l'après-midi jusqu'au soir. Quand il sera resté étendu, sans connaissance, tout le temps que je vous ai dit, il ouvrira alors les yeux et il verra venir vers lui deux chevaliers armés, dont l'un sera Keu le sénéchal et l'autre Tor ; le premier en fuite, pourchassé par le second. Quand le roi Pellinor reconnaîtra son fils, il lui criera : "Tor, mon cher fils, ne t'en va pas, mais reviens par ici, car j'ai

---

[383] C'est une légère modification par rapport à l'indication donnée au § 183. Nous suggérons, pour l'interpréter, l'hypothèse suivante : dans notre texte *dix*, tout comme *vingt* et *cent*, semble évoquer généralement le grand nombre, donc la quantité imprécise et aléatoire, sans charge symbolique : *dix blessures, dix chevaliers*, c'est le plus souvent 'un grand nombre de blessures, de chevaliers' ; « douze » ne dénote pas nécessairement une quantité plus précise (*douze* ne signifie pas obligatoirement 'douze'), mais il évoque un nombre *voulu*, non aléatoire ; il a part avec le destin.

besoin de toi !” Tor entendra et comprendra parfaitement ces paroles, mais il sera persuadé que l’homme qui l’appelle ainsi n’est pas son père et qu’il se moque outrageusement de lui, aussi passera-t-il son chemin, sans lui accorder le moindre regard, et le roi restera là, incapable de bouger. Le soir, quand il fera presque nuit, le Fils du Roi Tué repassera par là, en vertu de cette malchance que les hommes de mérite voient surgir devant eux. Quand il reconnaîtra le roi Pellinor, il lui coupera aussitôt la tête, sans la moindre pitié.

Vous savez maintenant comment mourra Pellinor, et les choses adviendront exactement comme je vous l’ai dit. – En vérité, repartit le roi, ce sera un grand malheur. Et si je le pouvais je l’empêcherais, sans toutefois en parler à lui ni à son fils. – Vous ne pourriez pas l’empêcher, dit Merlin, pas plus que vous n’avez pu empêcher que l’enfant par lequel ce pays sera détruit soit élevé après avoir été sauvé. – Comment ! s’exclama le roi, il n’est donc pas mort ? – En vérité, non, répondit Merlin, il a au contraire été recueilli par l’un de vos vassaux, qui le fait élever avec son fils et qui veille sur lui comme sur un être cher ; les deux enfants sont d’ailleurs à peu près du même âge. Je vous dis encore autre chose : sachez que l’enfant dont je vous parle tuera un jour celui-là même avec lequel il est élevé. Voyez donc quel soin on prend là[384] ! » Le roi se

[384] *Suite*, § 314, ll. 72-73 : *Ore esgardés quel norreture* ; HDB, p. 290 : « Maintenant pensez-y : élever un tel monstre ! » G. Roussineau glose cette occ. de *norreture* ‘famille’ (*op. cit.*, gloss., p. 773, s. v.) qui ne paraît pas bien convenir ici.

signa et s'écria : « Maudite soit l'heure où il a été engendré, car il fera le mal de toutes les manières possibles ! Mais, au sujet des autres enfants qui ont été mis sur la mer, ajouta-t-il, quelles nouvelles en avez-vous ? – Sachez, répondit Merlin, qu'ils sont tous en parfaite santé et qu'aucun d'eux n'est mort. Ils ont au contraire été recueillis par un homme puissant, qui les a tous installés dans une de ses tours fortes et qui les fait élever avec son fils dans la plus grande opulence possible. – Et l'enfant maudit, l'enfant du malheur est avec eux ? demanda le roi. – Certes non, répondit Merlin, il en est fort éloigné au contraire. »

315. Ce soir-là, le roi et Merlin parlèrent beaucoup et de maints sujets, puis ils allèrent se coucher, Merlin dans une chambre du palais et le roi avec la reine.

Blaise était alors à Camaalot et Merlin, dès qu'ils étaient ensemble, lui racontait les événements qui advenaient au royaume de Logres et une grande partie de ce qui était à venir, de sorte que Blaise eut presque achevé de composer et rédiger son livre avant que Merlin quittât la Grande Bretagne.

Merlin aimait beaucoup la compagnie de la Demoiselle Chasseresse, celle qu'on appelait Nivienne, et, à force de la fréquenter et de lui faire une visite après l'autre, il en devint éperdument amoureux parce qu'elle était très belle ; et elle n'avait pas plus de quinze ans. Cette demoiselle, qui avait beaucoup de bon sens pour son âge, s'aperçut bien que Merlin l'aimait, aussi en fut-elle épouvantée, car elle craignait qu'il ne la déshonorât par ses enchantements ou qu'il ne couchât avec elle pendant son sommeil. Mais telle n'était pas l'intention de Merlin, car il n'aurait en aucune manière fait quelque chose qu'il crût devoir lui déplaire.

316. A présent, ce récit dit que la demoiselle demeura bien quatre mois de cette manière à la cour. Etant fort amoureux d'elle, Merlin venait la voir chaque jour. Quand elle le vit ainsi épris, elle lui dit : « Je ne vous aimerai jamais si vous ne me promettez pas de m'apprendre tout ce que je veux savoir des enchantements que vous connaissez. » Il se mit alors à rire et répondit : « Il n'est rien que je ne sois disposé à vous enseigner, à condition que je le sache, car je n'aime et ne pourrais aimer que vous. – Puisque vous m'aimez tant, dit-elle, je veux que vous me promettiez, de votre main nue, de ne rien faire, par magie ou autrement, qui soit selon vous de nature à me déplaire. » Et il le lui promit aussitôt.

317. La demoiselle se lia donc à Merlin ; elle n'alla pas jusqu'à lui accorder la moindre faveur, mais il attendait le moment où il pourrait la connaître charnellement de son plein gré, espérant obtenir son pucelage, car il savait bien qu'elle était encore vierge. Il se mit à l'initier à la magie et aux enchantements, si bien qu'elle devint fort savante à ce sujet. C'est au cours de cette période que le roi de Norhomberlande, un royaume qui confinait à la Petite Bretagne, envoya au roi Arthur une lettre ainsi conçue :

318. *Roi Arthur, je vous salue comme mon ami et je vous prie, au nom de la civilité et de l'amitié, de renvoyer vers moi, dans mon pays, par les messagers que je vous envoie, ma fille Nivienne, qui est restée à votre cour,* *comme on me l'a appris. Sachez que je vous suis très reconnaissant de l'honneur que vous lui avez témoigné dans votre maison.* Quand le roi eut pris connaissance de cette lettre, il fit venir devant lui la demoiselle et lui dit : « Mademoiselle, votre père a envoyé ici des messagers pour vous. Qu'allez-vous faire à ce sujet ? Voulez-vous partir ou rester ? – Sire, répondit-elle, je vais m'en aller, puisqu'il m'envoie chercher. – Vous parlez assurément en personne sage et vertueuse, dit le roi ; je vous dis pourtant en toute sincérité que si je ne connaissais pas la volonté de votre père j'aimerais mieux vous voir rester que partir. En vérité, votre compagnie me plaisait beaucoup. – Sire, dit-elle, j'en suis fort heureuse et sachez que si je voulais vivre ailleurs que chez mon père, je ne resterais nulle part aussi volontiers que je le ferais ici, car il est certain qu'il y a bien des raisons de louer cette demeure plus qu'une autre. Mais puisqu'il plaît à mon seigneur et père que je retourne en mon pays, je ne manquerais en aucune manière d'y aller, ne fût-ce que pour obéir à sa volonté. – C'est ce que vous avez de mieux à faire, dit le roi, et je vous assure que je ne vous en aime et ne vous en estime que davantage. »

319. Il fallut donc que la demoiselle quittât la cour pour retourner dans son pays, aussi vous dis-je que la reine et les autres demoiselles en furent vivement affectées, car au palais elle s'était attiré la sympathie de tous. Ce soir-là, Merlin alla trouver la jeune fille et lui dit : « Eh bien ! mademoiselle, vous voulez vous en aller ? – En effet, Merlin, répondit-elle. Et vous, qu'allez-vous faire ? Ne viendrez-vous pas avec moi ? » Elle disait cela parce qu'elle était persuadée qu'il n'en ferait rien. « Bien sûr que si, mademoiselle, répondit-il, vous ne partirez pas sans moi et je vais au contraire vous accompagner jusqu'à votre pays. Quand nous y serons, si cela vous convient, j'y resterai, sinon, je m'en reviendrai, car je ne saurais rien vous refuser qui puisse vous plaire. » Quand elle entendit qu'il viendrait avec elle, elle en fut très affligée, car elle le haïssait plus que n'importe qui. Cependant, elle n'osa faire paraître ses sentiments mais manifesta un parfait contentement, le remerciant vivement de lui avoir offert de l'accompagner.

320. Le matin, dès que la demoiselle eut entendu la messe, elle monta à cheval, car les selles étaient déjà mises et elle avait pris congé du roi et de la reine dès la veille au soir. Merlin, quant à lui, ne révéla à personne, à la cour, qu'il avait l'intention de s'en aller, car il savait bien que le roi ne lui accorderait pas volontiers la permission de partir s'il la lui demandait. Quand ils eurent quitté Camaalot, ils chevauchèrent tant et si bien, par étapes, qu'ils parvinrent à la mer ; ils s'embarquèrent et firent la traversée. Arrivés sains et saufs en Petite Bretagne, ils se mirent en selle et chevauchèrent à travers les terres du roi Ban de Bénoïc. S'ils n'avaient pas eu Merlin avec eux, ils n'auraient pas été rassurés du tout, car la guerre entre le roi Ban et le roi Claudas de la Déserte[385] faisait si bien rage, alors, que personne ne se risquait sans crainte dans cette contrée. Ce soir-là, la demoiselle prit la direction d'un château du roi

---

[385] *Lancelot*, *op. cit.*, t. VII (TLF 288), p. 1 et ss.

Ban pour y demander l'hospitalité ; ce château, qui était situé sur un rocher d'une hauteur extraordinaire, était l'un des mieux fortifiés qui fussent dans tout le pays ; on l'appelait Trèbe. Le roi Ban n'y séjournait pas alors, mais il était non loin de là, occupé à conduire la guerre contre le roi Claudas. En revanche, la reine, sa femme, qui s'appelait Hélène, s'y trouvait et l'on ne connaissait pas, dans toute la Petite Bretagne, de dame plus belle et d'un plus grand mérite à l'égard de Dieu et des hommes. Elle et son mari le roi n'avaient qu'un enfant, qui n'avait pas encore un an, mais tout petit qu'il était, c'était la plus belle créature du monde. Au château, on l'appelait affectueusement Lancelot, mais son nom de baptême était Galaad.

321. Dès que la reine Hélène eut appris qu'elle avait affaire à la fille du roi de Norhomberlande[386], elle lui fit un accueil extraordinairement joyeux et enthousiaste. Au fait, ne croyez pas, vous qui écoutez ces récits, que le Norhomberlande dont je parle soit celui qui se trouvait entre le royaume de Logres et celui de Gorre : ce serait une erreur que de le penser, car le Norhomberlande dont il est ici question était situé dans la petite Bretagne, tandis que l'autre était dans la grande. La reine Hélène, donc, fit un accueil très joyeux et très chaleureux à la demoiselle comme je vous l'ai dit. Après le repas, elle fit apporter son

---

[386] *Suite*, § 321, ll. 1-2 : *...si tost comme elle connut la damoisele de Norhomberlande...* ; HDB, p. 293 : « Dès que la reine Hélaine reconnut la demoiselle de Northomberlande... » ; EB, p. 292 : « Dès qu'elle reconnut la demoiselle de Northumberland... »

fils pour le montrer à la jeune fille. Quand il fut devant l'assistance et qu'elle l'eut longuement regardé, la demoiselle déclara : « En vérité, belle créature, si tu peux vivre assez longtemps pour parvenir à l'âge de vingt ans, ta beauté sera incomparable. » Merlin se mit à rire en entendant ces mots et tous ceux qui les entendirent également. Le devin dit tout bas à la demoiselle : « Il vivra plus de cinquante ans[387], mais jamais il ne méritera d'être loué pour sa beauté autant que pour ses qualités de chevalier. Si vous saviez quel chevalier il sera, vous ne pourriez pas en imaginer de tel avant lui ni après lui. » Elle répondit en bénissant Dieu d'avoir permis qu'elle vît une créature aussi belle et embrassa l'enfant plus de cent fois. Celles qui s'occupaient de lui le prirent et l'emportèrent dans l'une des chambres du palais. La reine dit alors à la demoiselle : « En vérité, mademoiselle, nous aurions grand besoin que mon fils soit plus âgé qu'il ne l'est, car nous livrons chaque jour une guerre violente et impitoyable contre un de nos voisins, qui nous a déjà fait beaucoup de mal et qui nous inflige d'importants dommages chaque fois qu'il le peut. – Madame, demanda la demoiselle, comment s'appelle ce chevalier, votre voisin[388] ? – Il s'appelle Claudas

---

[387] Prédiction en gros conforme à ce que nous lisons dans la *Mort Artu* : Lancelot, âgé de cinquante-cinq ans au moment de son combat contre Gauvain (§ 158, ll. 59-60), meurt quatre ans après la bataille de Winchester (§ 201, l. 46), approximativement, donc, à l'âge de soixante ans. V. n. 341.

[388] Question curieuse au regard de ce que nous lisons au § 320 (ll. 12-14) où la situation semble connue de tous : « la guerre estoit adont si grande entre le roi Ban et le roi Claudas de la Deserte que

de la Déserte, répondit la reine, et c'est l'homme le plus déloyal qui soit au monde. Que Notre Seigneur me venge un jour de lui de telle manière que mon cœur en soit content, car je n'ai jamais haï un homme autant que je le hais. – Madame, dit Merlin, vous le haïrez encore plus, et pourtant, avant que Lancelot meure, vous verrez le moment où Claudas n'aura plus un pouce carré de terre en ce pays ; il s'en ira, au contraire, en petite compagnie, après avoir été défait sur le champ de bataille et s'être avoué vaincu ; il aura alors tout perdu et s'enfuira en pauvre équipage vers la terre d'autrui[389]. – Ah ! Dieu, s'écria la reine, si je voyais ce jour-là, je ne demanderais pas davantage de bonheur ici-bas, car je le hais plus que tout au monde. Et si je le hais, ce n'est pas étonnant, car il m'a réduite à la misère. – Ne perdez pas courage, Madame, repartit Merlin, car sachez bien que vous verrez advenir tout ce que je vous ai dit. – Dieu fasse qu'il en soit ainsi, répliqua-t-elle, car je serais bien heureuse, alors. » C'est ainsi que Merlin parla de Claudas et, par la suite, tout se passa comme il l'avait annoncé. La dame ne s'enquit à aucun moment de son identité, car elle n'aurait jamais imaginé voir Merlin dans cette contrée. Le lendemain, dès que la demoiselle eut entendu la messe, elle monta à cheval et quitta Trèbe. Elle et ses compagnons chevauchèrent tant et si bien qu'ils parvinrent dans un bois, petit, mais le plus beau et le plus agréable de France et de Bretagne pour sa taille. Comme

---

nus n'i osoit aler asseur ».

389 Claudas fuira « a Rome a l'empereor » (*Lancelot*, *op. cit.*, t. VI [TLF 286], p. 166, § 23).

la plus grande partie de ce bois était située dans une vallée, on l'appelait Bois-en-Val.

322. Quand ils y furent, Merlin demanda à la demoiselle : « Mademoiselle, voulez-vous voir le lac de Diane[390], dont vous avez si souvent entendu parler ? – Oui, vraiment, répondit-elle, cela me plairait beaucoup. Je ne pourrais guère ne pas apprécier et ne pas voir volontiers tout ce qui a trait à Diane, car sa vie durant elle a goûté les plaisirs des bois autant que je le fais, sinon plus. – Allons-y donc, dit-il, car je vais vous le montrer. » Ils cheminèrent alors le long de la vallée, jusqu'à ce qu'ils vissent un lac fort grand et fort profond. « Voici le lac de Diane », déclara Merlin. Ils continuèrent alors d'avancer, si bien qu'ils arrivèrent près d'une grosse pierre, à côté de laquelle il y avait une tombe de marbre. « Mademoiselle, reprit Merlin, voyez-vous cette tombe ? – Oui, répondit la jeune fille, je la vois parfaitement. – Eh bien, sachez que Faunus, l'ami de Diane, repose ici ; il était passionnément amoureux de la jeune fille, qui s'est comportée, quant à elle, si bassement à son égard qu'elle l'a fait mourir de la plus déloyale manière qu'on puisse imaginer. Telle a été la récompense de son loyal amour. – Vraiment, Merlin, dit la demoiselle, Diane a tué ainsi son ami ? – C'est la vérité, dit-il, sans aucun doute. – Racontez-moi donc comment cela est arrivé, car je veux le savoir. – Je vous le dirai volontiers, répondit Merlin.

---

[390] V. F. Dubost, *op. cit.*, pp. 745-749, pour l'épisode qui s'ouvre ici.

323. Diane, qui a vécu, comme vous le savez, à l'époque de Virgile, longtemps avant que Jésus-Christ soit descendu sur terre pour sauver les pécheurs[391], goûtait par-dessus tout les plaisirs sylvestres. C'est après avoir parcouru en chassant toutes les forêts de France et de Bretagne qu'elle a découvert cet endroit, qui, plus qu'aucun autre, lui a plu. Elle s'y est fixée et s'est s'installée au bord de ce lac, en sorte qu'elle allait chasser dans ce bois pendant la journée et qu'elle revenait ici le soir. Elle a vécu longtemps ainsi dans cette contrée, ne s'occupant qu'à chasser et à prendre du gibier, tant et si bien que le fils d'un roi qui gouvernait tout ce pays l'a vue et s'est épris d'elle, à la fois pour sa beauté et parce qu'elle était si vaillante, si alerte et si agile qu'aucun homme n'aurait été capable d'endurer les fatigues de la chasse autant qu'elle le faisait. Cet homme n'était pas encore chevalier, et ce n'était alors qu'un jeune noble très beau et de très belle prestance. A force de prières, il a obtenu de Diane qu'elle lui accorderait son amour, à condition qu'il ne retournerait plus auprès de son père et qu'il n'aurait pas d'autre compagnie que la sienne. Il le lui a promis et il est resté ainsi avec elle. Quant à Diane, pour l'amour de Faunus et parce que ce lieu lui plaisait, elle a fait bâtir au bord de ce lac une très belle et très somptueuse demeure. Faunus était donc pour ainsi dire perdu, car il avait abandonné son père et ses amis et toute autre compagnie pour l'amour de Diane. Après deux bonnes années de vie commune, celle-ci a fait la connaissance d'un autre chevalier, rencontré, tout comme Faunus, au

---

[391] Virgile, contemporain d'Auguste, est mort en 19 av. J.-C.

cours d'une partie de chasse, et elle s'est ainsi prise pour cet homme, qui s'appelait Félix, d'une passion extraordinaire. Ce Félix était issu d'un humble lignage et d'une famille pauvre, mais sa vaillance lui avait valu d'être fait chevalier. Il savait aussi parfaitement que Diane était l'amie de Faunus et que si celui-ci venait à le rencontrer il le châtierait cruellement, ou le ferait mourir.

324. Alors, il a dit à Diane : « Vous m'aimez, dites-vous. – C'est vrai, a-t-elle répondu, plus qu'aucun homme que j'aie jamais vu. – Je n'ai rien à y gagner, a-t-il répliqué, car, à supposer que moi aussi je sois fort épris de vous, je n'oserais pourtant pas vous rejoindre ; je sais parfaitement, en effet, que si Faunus venait à le savoir il me ferait mettre à mort, moi et toute ma parenté. – Vous n'avez aucun souci à vous faire à ce sujet, lui a-t-elle dit. Que cela ne vous empêche surtout pas de venir. – Ma parole, je n'en ferai rien. Ou vous vous débarrasserez complètement de lui, ou l'on ne me verra jamais auprès de vous. – Je ne pourrais pas m'en débarrasser s'il ne lui arrivait pas quelque chose, car il a pour moi un si grand amour qu'il lui serait absolument impossible de renoncer à moi. – Foi de chevalier, il faut vous en débarrasser, d'une manière ou d'une autre. »

325. Diane était si amoureuse de Félix qu'elle aurait consenti à perdre la vie pour pouvoir satisfaire le désir qu'elle avait de lui, aussi a-t-elle décidé qu'elle ferait mourir Faunus d'une quelconque façon, par le poison ou autrement. La tombe que vous voyez ici était déjà là à cette époque, tout comme elle l'est à présent ; elle était couverte d'une dalle et se trouvait en permanence remplie d'eau. Dans ce pays, il y avait alors un démon, un enchanteur que l'on appelait Démophon ; il avait donné à l'eau de la tombe de telles propriétés que tous les blessés qui s'y baignaient guérissaient, usant pour ce faire de l'habileté et du pouvoir qu'ont les démons.

326. Quelque temps plus tard, voilà que Faunus revient un jour du bois après avoir été blessé par une bête sauvage. Dès qu'elle apprend qu'il rentrait dans cet état, Diane, qui ne pensait qu'à lui nuire et à lui faire du mal, fait ôter l'eau de la tombe afin qu'il ne puisse guérir. Quand il arrive et qu'il voit que l'eau qui guérissait les blessés avait été enlevée, il en est épouvanté et demande alors à Diane : « Que vais-je faire ? Je suis très grièvement blessé. – Ne vous faites aucun souci pour cela : je vous guérirai bien, lui répond-elle. Ôtez tous vos vêtements et entrez nu dans la tombe ; lorsque vous vous y serez allongé, nous remettrons la dalle dessus : elle possède une ouverture par laquelle, quand vous serez à l'intérieur, nous introduirons des herbes dont la vertu est si grande que vous serez guéri dès que vous aurez enduré leur chaleur[392]. » Lui, qui

---

[392] *Suite*, § 326, ll. 14-15 : ... *maintenant serés garis que vous avrés la calour enduree* ; HDB, p. 296 : « aussitôt que vous aurez enduré la chaleur qu'elles dégagent » ; EB, p. 296 : « dès que leur chaleur aura fait son effet sur vous. » G. Roussineau (*op. cit.*, p. 673, n. 326,15) suggère, d'apr. le ms. F (Immola, Biblioteca Communale, ms. 135, AA^{2}5 n°9 [7]) que ces herbes ont été préalablement ébouillantées.

n'aurait pour rien au monde imaginé qu'elle aspirait à le trahir, répond qu'il fera tout ce qu'elle lui recommandera. Il entre donc dans la tombe, entièrement nu, et la dalle est aussitôt posée sur lui ; elle était si lourde qu'il lui était impossible d'en sortir jamais si on ne l'ôtait pas.

327. Après l'avoir ainsi fait entrer dans la tombe, Diane, qui ne voulait pas lui laisser la moindre chance d'en réchapper, a fait couler à l'intérieur une grande quantité de plomb bouillant qu'elle avait préparé, en sorte qu'il est mort immédiatement, car le plomb lui a brûlé dans l'instant toutes les parties vitales. L'ayant fait mourir de cette manière, elle va trouver Félix et lui dit : « Je me suis débarrassée de celui que vous redoutiez tant. » Et elle lui raconte ce qu'elle a fait. Quand il entend cela, il lui répond : « En vérité, le monde entier devrait vous haïr. Nul ne devrait vous donner son amour, et vous n'aurez pas le mien. » Alors, il dégaine son épée, prend Diane par les tresses et lui coupe la tête, puis la jette avec le corps dans le lac. Et c'est parce que le corps de Diane y a été jeté et qu'elle aimait tant séjourner au bord de ce lac qu'on l'a appelé et qu'on l'appellera, jusqu'à la fin des temps, le *Lac de Diane*.

Voilà. Je vous ai expliqué comment Diane a tué son ami et pourquoi ce lac a reçu le nom qu'il porte aujourd'hui. – Certes, repartit la demoiselle, vous me l'avez vraiment bien raconté. Mais dites-moi donc ce que sont devenues les habitations qu'elle avait fait faire ici. – Le Père de Faunus, reprit Merlin, les a toutes fait détruire, dès qu'il a su que le jeune homme y avait été tué, et il a fait démolir tous les édifices qui appartenaient à Diane. – Il a eu tort, déclara la jeune fille, car sa demeure était bâtie dans un endroit particulièrement beau et plaisant. Que Dieu ne me vienne jamais en aide si je mens : ce lieu me plaît tant et m'est si agréable que je n'en partirai jamais avant d'avoir fait élever, si la chose est possible, une habitation aussi magnifique qu'il y en a jamais eu et où je résiderai désormais toute ma vie. Et je vous prie, Merlin, ajouta-t-elle, au nom de l'amour que vous me portez, de vous en charger. » Merlin répondit qu'il s'en occuperait volontiers, puisqu'elle l'en priait.

328. C'est ainsi qu'il entreprit d'édifier la résidence de la demoiselle près du Lac de Diane. La jeune fille dit aux chevaliers qui étaient avec elle : « Seigneurs, si vous voulez rester définitivement avec moi ici, cela me fera grand plaisir, puisque aussi bien je ne pourrais guère vivre seule dans cette forêt. Et je vous dis cela afin que vous sachiez bien que je ne veux plus jamais quitter cet endroit et que j'y resterai au contraire toute ma vie, car je m'adonnerai désormais à la chasse et, après l'effort, j'irai me reposer dans ma demeure un jour ou deux, ou plus, si j'en ai envie. » Ceux à qui elle parla de la sorte étaient des hommes de haute naissance et ils étaient ses proches parents ; leur réponse fut la suivante : « Puisque vous aimez mieux rester ici que de retourner chez notre seigneur, votre père, nous resterons en votre compagnie, car nous n'oserions pas rentrer au pays sans vous. » Elle se déclara très heureuse de les voir rester. « Et je vous dis, poursuivit-elle, que j'ai de l'or et de l'argent que Merlin m'a donnés, autant que vous pourrez en dépenser pendant toute votre vie. – Mademoiselle, si vous étiez démunie, nous nous efforcerions de vous procurer du bien, car c'est notre devoir. » Alors, Merlin alla chercher, dans tout le pays, des maçons et des charpentiers et il fit bâtir, à côté de la grande pierre dont il a été question précédemment, des habitations et un palais si magnifiques que, dans toute la Petite Bretagne, on n'aurait pas pu trouver de résidence aussi belle, fût-elle de roi ou de prince.

329. Quand ce travail fut achevé et que les maçons et les charpentiers furent partis, Merlin dit à la demoiselle : « Cette résidence ne vous servira à rien si je ne la dissimule pas de telle sorte que nul ne la voie, hormis ceux qui y demeureront. » Il se mit alors à pratiquer ses enchantements et, de tous les côtés, entoura les habitations d'une barrière si extraordinaire qu'on ne voyait que de l'eau ; de l'extérieur, vous auriez pu regarder autant que vous l'auriez voulu sans distinguer autre chose que le lac[393]. Après avoir accompli ce chef-d'œuvre, il montra le résultat à la demoiselle et lui dit : « Votre demeure est-elle bien protégée ? Même en s'approchant on ne la verra jamais, et l'on aura beau être tout près, on n'en percevra l'existence que si l'on y habite. Et si quelqu'un de votre entourage, par jalousie ou par haine, veut en révéler l'emplacement à

---

[393] Ce *manoir* que Merlin est censé avoir construit à côté du lac (*dalés le Lac Dyane*, § 328, ll. 1-2) semble bel et bien être maintenant au milieu de ce lac. Le séjour de Nivienne ressemble tout à fait, désormais, dans la description qui en est faite au § 329, à celui de la demoiselle qui a remis l'épée au roi Arthur (§ 69). A dessein ou non, l'auteur tend à assimiler la Chasseresse à la demoiselle détentrice du secret d'Escalibour, tuée, on s'en souvient, au § 100.

quelqu'un d'autre, il tombera aussitôt dans le lac et mourra[394]. – Par Dieu, Merlin, dit la demoiselle, je n'ai jamais entendu parler d'une dissimulation aussi réussie. »

Merlin resta donc auprès de la demoiselle et ne la quitta plus. Il l'aimait d'un si grand amour qu'il n'aimait personne au monde autant qu'elle, et c'est à cause de cet amour qu'il n'osait la prier de lui accorder ses faveurs, car il craignait de la contrarier. Il pensait néanmoins qu'il les obtiendrait d'une manière ou d'une autre, de sorte qu'il jouirait d'elle comme il le voudrait.

Il lui avait déjà appris tant d'enchantements et l'avait si bien initiée à la magie qu'elle en savait, à elle seule, plus que n'importe qui ici-bas, à l'exception de Merlin lui-même, et ce que l'on aurait pu imaginer de plus beau, en fait de divertissement ou de féerie[395], elle aurait été capable de le réaliser en usant de sortilèges. Malgré cela, il n'était aucun être au monde qu'elle détestât aussi mortellement que Merlin, parce qu'elle savait bien qu'il convoitait son pucelage. Elle aurait sans scrupule tenté de le tuer, par poison ou autrement, si elle en avait eu l'audace, mais elle

---

[394] *Suite*, § 329, ll. 12-14 : *...Et se auchuns de vostre maisnie [...] la voelle faire savoir a autre gent, il cherra maintenant ou lac et sera peris* ; c'est-à-dire que pour le Cicerone indiscret la réalité invisible coïncidera avec la réalité visible et qu'il se retrouvera brusquement non sur du solide mais sur l'eau.

[395] Nous rendons ainsi le mot « geu » (§ 329, l. 24), qui apparaît également au § 500 (l. 7), en nous fondant sur les exemples qu'en donne Merlin dans *Les Premiers Faits du roi Arthur*, § 257, pp. 1059-1060. Les *jeux* d'enchanteur consistent en effet en spectacles merveilleux.

n'osait pas, car elle craignait qu'il ne s'en aperçût, étant plus clairvoyant que quiconque. Cependant, elle l'avait déjà si bien ensorcelé, par l'enseignement même qu'il lui avait donné, qu'elle pouvait dire tout ce qu'elle voulait sans qu'il en sût jamais rien.

330. Comme un jour Merlin traversait la demeure de la demoiselle, il vit un chevalier endormi dans la grand-salle ; c'était un parent de la jeune fille. Celle-ci étant alors présente, Merlin s'écria brusquement : « Ah ! Dieu, que la situation de ce chevalier est plus enviable en ce moment que ne l'a été celle du roi Arthur à certaine heure de ce jour ! – Que lui est-il arrivé ? demanda la demoiselle. Dites-le-moi. – Il a éprouvé aujourd'hui, répondit Merlin, une telle peur de mourir qu'il a vraiment cru que sa dernière heure était arrivée. Et c'est bien ce qui se serait passé, sans l'audace de Keu le sénéchal, qui, en deux coups, a tué deux rois. C'est grâce à cela que le roi Arthur a été sauvé et ses ennemis vaincus. – Sans mentir, dit la demoiselle, vous avez mal agi en ne le préservant pas d'un tel danger ; autrefois, vous auriez toujours été près de lui à la cour et vous n'auriez pas quitté la Grande Bretagne. – En vérité, répliqua Merlin, j'ai renoncé à y vivre pour deux raisons. D'abord à cause de mon amour pour vous, car je vous aime tant que je ne pourrais absolument pas y séjourner en votre absence ; ensuite, parce que la prédiction qui me concerne m'avertit que j'y serai à peine revenu qu'on me fera mourir, par poison ou autrement. – Comment ! et vous ne pouvez pas vous en défendre ? – Non, car je suis déjà si ensorcelé que j'ignore qui me prépare cette mort. – Votre science des événements à venir était autrefois si étendue, reprit-elle, et vous en êtes maintenant réduit au point où vous l'avez perdue ? – J'en sais encore une grande partie qui ne concerne ni ma vie ni ma mort. Mais, pour ce qui me touche, je suis victime d'enchantements qui contrarient si bien mes pouvoirs que je ne puis faire quoi que ce soit, car ces enchantements-là il m'est interdit de les défaire si je ne veux pas perdre mon âme, et soyez certaine que j'aimerais mieux que mon corps périsse lamentablement par quelque traîtrise que de perdre mon âme ! »

331. Ces propos réjouirent beaucoup la demoiselle, dont le vœu le plus cher, en effet, était de voir mourir Merlin, et celui-ci ne pouvait rien deviner de ce qu'elle disait ou faisait, car elle s'était trop bien prémunie contre lui en recourant à la magie. Peu de temps s'était écoulé, après la scène qui vient d'être rapportée, lorsque Merlin dit un jour à sa compagne, comme il était à table et qu'elle se trouvait près de lui : « Ah ! Demoiselle du Lac, si vous aimiez un tant soit peu le roi Arthur et si vous saviez maintenant ce que l'on prépare contre lui, vous ne seriez guère tranquille ! – C'est bien possible, seigneur, dit-elle. Mais dites-moi donc, je vous prie, ce dont il s'agit. – Sa sœur Morgane, reprit-il, en laquelle il a toute confiance, vient de lui voler Escalibour, sa bonne épée, avec le fourreau[396], et en

---

[396] *Suite*, § 331, ll. 11-14 : *...Morgain [...] li a orendroit soustrait Escalibor [...] od tout le fuerre, et li a bailliet une contrefaite a cele par samblance* ; HDB, p. 299 : « vient de lui voler Escalibor » ; EB, p. 301 : « lui a dérobé Escalibor. » Nous traduisons comme HDB, mais on verra (§ 398, ll. 87-88) que cette épée est censée avoir été remise à Acalon « plus d'un an passet » avant le combat. On se

échange elle lui en a remis une contrefaçon qui ne vaut rien. Or il doit affronter demain, en combat singulier, un autre chevalier ; aussi est-il, dans ces conditions, en danger de mort, car son épée lui fera défaut au pire moment, tandis que l'autre sera pourvu de la meilleure épée qu'un chevalier puisse manier aujourd'hui et d'un fourreau grâce auquel on est assuré, aussi longtemps qu'on le porte, de ne pas perdre une seule goutte de sang. – Sans mentir, dit la demoiselle, voilà une bien vilaine affaire et le roi court un grand danger. Je voudrais vraiment que nous soyons, vous et moi, là où le combat doit avoir lieu, car si le roi Arthur est tué dans cet affrontement ce sera assurément le plus grand malheur qui puisse arriver de notre temps. – Il y mourra bel et bien, repartit Merlin, si Dieu ne s'en mêle, et ce sera à cause d'un péché qu'il a commis, je le sais parfaitement, après avoir été placé par Notre Seigneur au rang éminent qui est le sien. » Elle lui demanda ce qu'il

---

rappelle d'autre part que, depuis le § 164 (ll. 20-22), le roi est censé posséder une contrefaçon du fourreau original d'Escalibour (celle que lui a remise l'amant de Morgane au § 162, l. 3), le vrai ayant été caché par Morgane « pour chou que li rois ne le trouvast » (§ 162, ll. 32-33). Il lui suffisait donc en principe de voler l'épée. Cette précédente substitution du fourreau, complètement passée sous silence, est comme annulée et l'on verra que toute l'histoire est reprise à zéro ; un fait troublant cependant : il n'est jamais dit, dans ce second épisode, que Morgane a fait faire une copie du fourreau (§ 331, ll. 13-14 ; § 377, l. 21), comme s'il était entendu que c'était déjà chose faite. La complète étanchéité des deux épisodes fait cependant qu'il est difficile de considérer ce doublet autrement que comme le résultat d'un collage maladroit de deux versions du même segment narratif.

avait fait. « Je n'ai pas, dit-il, à vous le révéler, car cela ne regarde ni vous ni moi, mais Celui qui tire vengeance comme il le veut des péchés mortels. – Vous dites vrai, reprit la jeune fille, et cette requête était déplacée. Mais dites-moi donc : pourriez-vous empêcher, d'une manière ou d'une autre, que ce combat ait lieu et le repousser suffisamment pour que nous puissions nous rendre en Grande Bretagne ? – Assurément oui, répondit Merlin, facilement. – Et en combien de jours pourrions-nous aller d'ici jusqu'à l'endroit où le combat doit se dérouler ? – En douze jours, dit Merlin. – Je vous prie donc de le repousser et je voudrais que nous partions demain matin ; nous chevaucherons sans repos jusqu'à ce que nous soyons arrivés là-bas. S'il plaisait alors à Dieu que nous arrivions sur place avant le début du combat, je crois que dès lors le roi Arthur n'y perdrait pas même la valeur d'une baie d'aubépine.

332. – En vérité, Dame du Lac, repartit Merlin, rien ne me plairait davantage que de différer ce combat et de me rendre en Grande Bretagne, si je ne craignais d'être tué par trahison. – N'ayez aucune crainte, répliqua le jeune fille. Sachez que je veillerai sur vous comme sur moi-même, car je vous aime plus qu'aucun homme au monde ; et avec raison : vous m'avez appris tout ce que je sais, et tout le bien que je pourrai jamais avoir ne me viendra que par vous. – Mademoiselle, reprit Merlin, vous souhaitez donc que je vous accompagne en Grande Bretagne ? – Oui, vraiment, dit-elle, et je vous en prie. – J'irai donc, puisque tel est votre plaisir ; pourtant, je crois que je commets une folie. » La demoiselle désigna alors ceux qui resteraient a demeure et ceux qui la suivraient.

333. Le lendemain, dès que le jour parut, Merlin et la demoiselle se mirent en route ; deux chevaliers et quatre serviteurs les acompagnaient. Les chevaliers étaient des cousins de la demoiselle et ils savaient parfaitement qu'elle ne haïssait personne autant que Merlin. Quand ils arrivèrent à la mer, ils entrèrent dans un bateau et eurent bon vent, aussi firent-ils la traversée en peu de temps, si bien qu'ils arrivèrent en Grande Bretagne. Quand ils eurent débarqué et qu'ils furent à cheval, Merlin déclara : « Dirigez-vous vers le royaume de Gorre, car c'est là-bas que nous pourrons trouver ce que nous cherchons. » Un chevalier répliqua aussitôt : « Si nous allons vers Gorre, il nous faudra traverser la Forêt des Dangers. – Vous dites vrai, dit Merlin, c'est pour nous le chemin le plus court. » Et ils firent route aussi vite qu'ils le pouvaient vers le pays qu'il leur avait indiqué.

334. Ce jour-là, ils chevauchèrent tranquillement, sans rien voir qui mérite d'être mentionné. Le lendemain, comme ils avaient quitté une place forte puissante et solidement établie, ils chevauchèrent jusqu'au milieu de la matinée. Ils arrivèrent alors dans une grande et belle plaine où il n'y avait pour tout arbre que deux ormes immenses, extraordinairement développés. Ces deux ormes étaient au milieu du chemin et entre les deux, il y avait une croix, autour de laquelle se trouvaient bien cent tombes, et même plus. Près de la croix, il y avait deux trônes, aussi magnifiques que s'ils avaient été destinés à un empereur, surmontés chacun d'une arche d'ivoire, afin qu'ils fussent protégés de la pluie. Ces sièges étaient occupés par deux hommes, qui tenaient à la main une harpe, dont ils jouaient pour se distraire quand ils en avaient envie. Outre cet instrument, ils en avaient autant d'autres que si leur seule occupation avait été de faire de la musique[397].

335. A présent, le récit raconte que Merlin, comme ils se rapprochaient des deux personnages, s'arrêta et dit à ceux qui l'accompagnaient : « Voyez-vous ces deux hommes qui sont assis là-bas sur ces trônes et qui tiennent ces harpes dans leurs mains ? – Oui, seigneur, nous les voyons parfaitement. – Savez-vous ce qu'ils font ? – Si vous ne nous le dites pas, non, seigneur. – Je vais donc vous l'apprendre et cela vous semblera l'histoire la plus incroyable dont vous ayez entendu parler depuis longtemps. Sachez que ces harpes possèdent un timbre d'un tel pouvoir qu'hormis ceux qui en jouent leurs sons envoûtent de la manière la plus extraordinaire tous ceux qui les entendent, hommes ou femmes, à tel point qu'ils en perdent aussitôt complètement l'usage de leurs membres ; ils s'écroulent donc comme s'ils étaient morts et restent étendus sur le sol aussi longtemps qu'il plaît à ces musiciens. Ce sortilège a déjà provoqué bien des drames. En effet, lorsqu'un homme respectable passait par ici, s'il menait avec lui son amie ou sa femme, les enchanteurs couchaient avec elle, pour peu qu'elle fût jolie, sous les yeux mêmes de celui qui la conduisait, et s'il s'avisait de protester ils le tuaient, quel qu'il fût. Ces deux enchanteurs se sont longtemps livrés à cette occupation, tuant de

---

[397] Sur cet épisode, v. E. Baumgartner, « La musique pervertit les mœurs », in *Miscellanea Mediaevalia. Mélanges offerts à Philippe Ménard*, Paris, Champion, 1998, t. 1, pp. 75-89.

nombreux hommes de mérite et déshonorant quantité de belles et honnêtes jeunes femmes. Mais, si j'ai jamais eu quelque connaissance en matière d'enchantements, pas un seul homme de bien ni une seule demoiselle n'auront désormais à se plaindre d'eux. » Alors, il se boucha les oreilles le mieux possible pour ne pas entendre le son des harpes, agissant à la manière d'un serpent qui vit en Égypte, qu'on appelle aspic, qui bouche de sa queue l'une de ses oreilles et qui enfonce l'autre dans la terre pour ne pas entendre la conjuration de l'enchanteur.

336. Merlin fit donc exactement de même quand il s'approcha de ces hommes, car il craignait qu'ils ne l'envoûtassent, aussi tout se passa si bien pour lui que leurs sortilèges ne lui firent pas le moindre mal. Mais, sur la demoiselle et tous ceux qui l'accompagnaient, ils eurent un si méchant effet qu'aucun d'eux ne put tenir en selle et que tous, au contraire, tombèrent sur le sol, où ils restèrent étendus, évanouis, comme s'ils étaient morts. Quand Merlin vit sa demoiselle dans cet état, sa colère ne fut pas petite et il déclara : « Assurément, mon amie, je vous vengerai si bien qu'il en sera parlé à tout jamais. Et grâce à vous, tous ceux qui passeront par ici à votre suite gagneront dans cette aventure d'être entièrement libérés de tout enchantement dès qu'ils toucheront l'un de ces deux arbres, même s'ils devaient être profondément envoûtés en arrivant ici. »

337. Alors, il lança les conjurations qu'il savait utiles pour ce genre de choses et se dirigea très rapidement vers les enchanteurs. Ceux-ci furent mis dans un tel état, dès qu'il s'approcha d'eux, qu'ils perdirent la raison et la mémoire, ainsi que tout usage de leurs membres, en sorte qu'un enfant aurait pu les tuer sur place, s'il avait su comment le faire et s'il en avait eu la force : chacun avait déjà laissé tomber sa harpe et ils ne pouvaient rien faire d'autre que rester assis et regarder Merlin.

338. Le récit raconte ici que Merlin dit aux enchanteurs, lorsqu'il les vit dans cet état : « Ah ! mauvaise, diabolique engeance ! Sur ma tête, si quelqu'un vous avait traité de la sorte il y a longtemps, c'aurait été charité de sa part, car vous avez causé bien des malheurs et commis bien des crimes depuis que vous êtes arrivés dans ce pays ! Mais votre iniquité et votre méchanceté vont maintenant prendre fin. » Alors, il retourna auprès de la demoiselle et de ceux qui étaient avec elle et il fit tant qu'il brisa l'enchantement qui les tenait, en sorte qu'ils retrouvèrent l'usage de leurs membres et leur force, sans se ressentir de ce qui leur était arrivé. Il leur demanda : « Qu'avez-vous éprouvé ? – Seigneur, dirent-ils, nous avons éprouvé toutes les douleurs et toutes les craintes qu'un cœur humain peut concevoir, car nous avons vu très distinctement les princes et les suppôts de l'enfer ; leurs sortilèges nous avaient liés si étroitement tous les membres que nous étions réduits à l'impuissance, et nous étions persuadés que nous étions morts, de corps et d'âme. – Remettez-vous donc, dit Merlin : quand j'en aurai fini avec eux, ils ne feront plus jamais de mal à un seul chrétien. »

339. Il fit alors creuser dans le sol, près de chacun des deux arbres, une grande fosse. Quand ce fut fait, il prit l'un des enchanteurs, sans lui faire quitter le trône sur lequel il était assis, et le mit dans l'un des trous. Lorsqu'il eut fait cela avec le premier, il fit exactement de même pour le second. Après les avoir ainsi placés chacun dans sa fosse, il prit aussitôt une grande quantité de souffre, y mit le feu, puis le jeta dans les excavations, de sorte qu'en peu de temps les enchanteurs moururent, car la chaleur dégagée par le souffre et la forte puanteur eurent tôt fait de les étouffer. Merlin demanda ensuite à ceux qui étaient près de lui : « Que pensez-vous de ce châtiment ? Est-il à la mesure de leurs crimes ? » Tous répondirent : « Certes, oui, et jamais, seigneur Merlin, aucun homme de bien n'en entendra parler sans vous bénir : vous avez fait preuve d'une très grande charité en libérant ce chemin de ces deux démons, car ils auraient fait encore beaucoup de mal s'ils avaient vécu plus longtemps. – En vérité, reprit Merlin, je ne m'estimerai pleinement satisfait que lorsque j'aurai rendu ce châtiment assez manifeste pour que ceux qui viendront après moi puissent encore en voir les effets longtemps après que je serai mort. »

340. Alors, il alla lui-même prendre quatre des pierres tombales qui étaient sur les sépultures des hommes de bien que les enchanteurs avaient fait mourir ; il en mit deux sur chacune des fosses, laissant entre elles un espace par lequel on pouvait parfaitement distinguer le feu qui brûlait à l'intérieur. Quand il eut fini, il montra ce qu'il avait fait à la demoiselle et à ses compagnons, puis il leur demanda : « Croyez-vous que ce feu puisse durer longtemps ? – Seigneur, dirent-ils, nous l'ignorons, mais vous qui le savez, dites-le-nous, s'il vous plaît. – Eh bien, je vais vous le dire, reprit-il, afin que vous sachiez quel prodige ce sera. Je vous affirme qu'il tiendra aussi longtemps que le roi Arthur régnera, et ce ne sera pas peu de temps. Mais le jour même où le roi passera de ce monde dans l'autre, ce feu, qui n'aura jamais cessé de brûler avant ce moment, s'éteindra. J'ajoute qu'il y aura encore ici quelque chose de plus étonnant, car les corps des enchanteurs resteront intacts, tels qu'ils sont maintenant ; tant que le roi Arthur vivra, ils ne se consumeront ni ne pourriront mais garderont toujours leur intégrité présente. Et les trônes eux-mêmes ne pourront ni brûler ni se détériorer avant la mort du roi Arthur. J'agis ainsi pour que les hommes de bien qui vivront après ma mort puissent témoigner, en voyant ce prodige, que j'ai été le magicien le plus habile qui ait jamais vécu au royaume de Logres. En vérité, si j'avais l'espoir de vivre longtemps, je n'aurais jamais entrepris une œuvre comme celle-ci, car j'aurais fait amplement paraître mon savoir de mon vivant. Mais je sais parfaitement qu'il me faut bientôt mourir, aussi ai-je accompli un tel prodige parce que je veux qu'il soit, après ma mort, le témoignage et la preuve de mon grand savoir. » Ils répondirent alors : « Certes, seigneur, après cela, il sera on ne peut plus évident que vous êtes savant entre les savants, car nul n'a jamais entendu parler d'une chose aussi extraordinaire. » Là-dessus, ils quittèrent cet endroit et prirent le chemin le plus direct vers la Forêt des Dangers. Mais le récit cesse à présent de parler d'eux et retourne au roi Arthur et à ses compagnons.

XV

341. A présent, le récit raconte qu'après que Merlin eut quitté la cour le roi Arthur séjourna à Camaalot cinq jours entiers dans les réjouissances et les festivités. Puis il partit et s'en alla résider à Cardeul, qui était une magnifique cité, bien située et solidement établie. Comme il se trouvait un jour parmi ses vassaux, on vint lui apprendre que le roi du Danemark et celui d'Irlande, qui étaient frères, ainsi que le roi du Val, le roi de Sorelois et le roi de l'Île Lointaine, étaient entrés sur sa terre avec des troupes si nombreuses que c'en était tout bonnement prodigieux ; on lui rapporta qu'ils incendiaient les villes et mettaient partout le feu et qu'ils avaient déjà pris trois ou quatre de ses châteaux du côté de Sorelois. Quand le roi entendit ces nouvelles, il éprouva une vive colère, aussi déclara-t-il qu'ils se repentiraient d'être entrés sur sa terre et qu'il n'aurait de cesse qu'il ne soit face à eux.

342. Alors, il fit transmettre à tous ceux qui tenaient une terre de lui l'ordre de le rejoindre directement au royaume de Norgale, car il était persuadé de trouver ses ennemis de ce côté. Quand il eut ainsi envoyé ses messagers dans toutes les directions, il prit aussitôt ses dispositions pour quitter Cardeul avec toutes les troupes dont il disposait. Les seigneurs qui l'accompagnaient lui dirent : « Sire, vous devriez rester encore ici et attendre l'arrivée de vos autres vassaux, ceux que vous avez envoyé chercher : si nous allions à la rencontre de nos ennemis avec aussi peu de monde que nous en avons et que nous les affrontions, vous ne résisteriez assurément pas longtemps contre eux, car ils sont beaucoup plus nombreux que nous. » Le roi répondit à ceux qui lui avaient tenu ces propos : « Comment ! messieurs, voulez-vous que je séjourne et m'attarde tranquillement ici, tandis que mes ennemis prendront le temps de piller, de saccager ma terre et de faire mes hommes prisonniers ? Assurément, je garderais bien mal le peuple que Dieu m'a confié si je n'écartais de lui les pillards et les méchants. Soyez bien certains que je n'aurai le cœur content que lorsque je serai face à eux. Et en vérité, si je les trouve, je les affronterai : je le ferais même si j'avais moitié moins de monde que je n'en ai, car je ne me montrerais pas digne d'être le seigneur de ce peuple, si je ne le préservais pas de toute domination autre que la mienne. » Telle fut la réponse du roi Arthur à ceux qui lui conseillaient d'attendre encore.

343. Le roi aimait tant la reine qu'il ne pouvait se séparer d'elle, aussi lui dit-il : « Madame, préparez-vous et emmenez celles de vos suivantes que vous appréciez le plus, car il vous faudra voyager à cheval et me suivre dans cette campagne. – Sire, dit-elle, qu'il en soit fait comme vous le voulez. Je serai fin prête demain matin. » Il répondit qu'il convenait qu'il en fût ainsi. Le lendemain, le roi quitta Cardeul avec le monde dont il disposait et chevaucha tout droit vers le royaume de Norgales, car il savait bien qu'il trouverait ses ennemis de ce côté. Tandis qu'il traversait son royaume, le nombre de ceux qui l'accompagnaient allait chaque jour croissant, car ses vassaux se hâtaient le plus possible pour arriver à temps au combat.

Comme le roi approchait du royaume de Norgales, ses ennemis, apprenant qu'il arrivait, délibérèrent sur ce qu'ils pourraient faire ; ils craignaient en effet beaucoup de l'affronter en rase campagne, parce qu'ils le savaient dur au combat et intrépide et qu'ils connaissaient ses guerriers pour les plus expérimentés et les plus habiles qui fussent au métier des armes. Un chevalier, qui était le frère de l'un des cinq rois, déclara : « Je vais vous indiquer comment vous pourrez facilement défaire le roi Arthur sans perdre beaucoup de monde, et il vous sera possible d'avoir exécuté cette manœuvre et d'en avoir obtenu le résultat escompté demain matin à la première heure du jour. » Ceux qui étaient au conseil répondirent : « Si vous pouvez nous indiquer le moyen de faire cela, ce sera le meilleur avis qui ait jamais été donné. Dites-nous donc comment cela pourra se faire. – Volontiers, dit-il. Il est avéré que le roi Arthur est installé près d'ici, au bord de l'Hombre, à l'entrée d'une forêt qu'on appelle Marsale. Il compte séjourner là aujourd'hui et demain pour attendre le roi Pellinor qui doit lui amener des troupes nombreuses de son pays. Il n'imagine pas à présent que nous sommes au courant de sa venue. Pour cette raison, il serait bon que nous nous mettions bientôt en selle, dès que le soleil aura disparu, et que, tandis qu'une moitié de nos hommes restera sur place, nous menions l'autre moitié avec nous et chevauchions ainsi toute la nuit dans la forêt. En nous hâtant quelque peu, je vous certifie que nous serions facilement près du camp du roi Arthur au lever du jour, et si nous pouvions alors y pénétrer et surprendre ses hommes désarmés nous les aurions aussitôt défaits. Tel est mon avis : on verra maintenant ce que vous en direz. – Par

Dieu, s'écrièrent tous les autres, cet avis est excellent : il ne nous dit rien que nous ne puissions facilement réaliser si nous savons nous y prendre. »

344. Tous se trouvèrent d'accord sur cette proposition ; ils désignèrent donc, parmi eux, ceux qui resteraient et ordonnèrent à ceux qui devaient s'en aller de se préparer et de s'occuper de leurs chevaux : on se mettrait en route dès qu'il ferait nuit. Quand les troupes eurent mangé, les cinq rois, après avoir confié leurs armes à leurs écuyers, montèrent à cheval et emmenèrent avec eux ceux de leurs guerriers auxquels ils se fiaient le plus. Sans prendre aucun repos, ils chevauchèrent pendant la nuit le long du chemin principal qui traversait la forêt. Quand il fit presque jour, ils sortirent des bois et virent alors devant eux le camp du roi Arthur ; l'armée logeait au bord de l'Hombre, dans de grandes tentes de formes diverses. Le roi et la reine étaient déjà levés et habillés, ainsi que Gauvain, Keu le sénéchal et Girflet, le fils de Do : ces trois-là, encore entièrement désarmés, étaient entrés dans la tente du roi avant tout le monde et voulaient entendre la messe. Tandis que le roi disait : « Il serait vraiment temps de prendre nos armes », une clameur extraordinairement forte s'éleva dans le camp. On entendit les hommes d'Arthur crier de tous côtés : « Trahison ! trahison ! » car les cinq rois, qui s'étaient déjà jetés avec tout leur monde parmi eux, avaient commencé le carnage, semant la mort dans leurs rangs ; ils les trouvaient en effet désarmés, comme pouvaient l'être des gens qui n'étaient pas sur leurs gardes.

345. Quand le roi Arthur entendit ces cris, il se leva d'un bond, en proie à une vive inquiétude, et demanda ses armes. On les lui apporta et ils s'arma le plus vite possible, car il voyait bien que la situation l'exigeait. Les trois autres coururent s'équiper et, avant qu'ils fussent complètement armés, un chevalier grièvement blessé se présenta devant eux et dit au roi : « Ah ! sire, montez vite à cheval avec ma dame la reine et mettez-vous en sûreté : si vous vous attardez ici, ne serait-ce qu'un instant, vous serez bientôt taillé en pièces ; vous ne pouvez plus rien faire, car tous vos hommes sont déjà morts ! Mais si vous aviez traversé la rivière, vous n'auriez plus rien à craindre, car, aujourd'hui ou demain, vous aurez du secours du roi Pellinor. » Le roi dit à la reine : « Madame, montez vite à cheval, galopez jusqu'à la rivière et mettez-vous à l'abri. Je vais vous accompagner jusque là, car, quoi qu'il advienne de nous, je ne voudrais surtout pas que vous tombiez entre leurs mains. »

346. Alors, la reine, terrifiée, monta à cheval. Elle quitta le camp et se dirigea le plus vite possible vers la rivière, escortée par le roi, entièrement armé, et par Gauvain, Keu le sénéchal et Girflet. Tous étaient si bien équipés qu'il ne leur manquait rien. Quand ils furent près de l'Hombre, ils s'aperçurent qu'il était très profond et très impétueux. La déconvenue du roi, lorsqu'il vit cela, fut extrême : « Madame, qu'allons nous faire de vous ? Si vous entrez dans la rivière, vous êtes morte, et si vous restez ici nos ennemis vous prendront et vous tueront. Je ne vois pour vous de salut nulle part. – Puisque j'en suis là, sire, s'écria la reine, que Dieu m'abandonne pour de bon si je mens : mes ennemis ne me prendront jamais vivante ! J'aime mieux mourir noyée, s'il faut mourir, que par leurs mains. » Tandis que la reine parlait ainsi, Keu dit à son seigneur : « Voici venir les cinq rois qui vous ont suscité toute cette affaire. Je les reconnais bien à leurs armes. Que faisons-nous ? – Retourner, répondit Girflet, serait de la folie, car ils sont trop nombreux. Traversons plutôt et faisons traverser la reine. Quand nous serons de l'autre côté, s'ils nous suivent, nous pourrons aisément les tuer avant qu'ils n'aient franchi la rivière. – Je ne sais pas, reprit Keu, ce que vous ferez, mais je vous déclare qu'en ce qui me concerne je ne franchirai pas la rivière aujourd'hui avant d'avoir combattu un roi à la lance. – Monseigneur Keu, répliqua Gauvain, si nous le faisons, nous n'aurons pas l'avantage, car ils sont cinq et nous ne sommes que quatre[398]. – Peu importe, repartit Keu, ne vous en faites pas : à moi tout seul, j'en tuerai bien deux ; que chacun de vous tue le sien. – Maudit soit celui qui refusera de jouer de la lance ! » s'écria le roi.

347. Alors, Keu laissa son cheval courir droit vers le premier adversaire qui se présenta devant lui et il le frappa si violemment que celui-ci reçut le fer et le bois de la lance

[398] Tout comme la réduction de « quatre » à « trois » (§ 536), ce combat de « quatre » contre « cinq », et la victoire du premier, nous paraît symbolique (v. notre *Index* I, F, s. v. *nombres*) : si « trois » est un symbole trinitaire qui convient particulièrement à un chevalier élu comme Gaheriet, dont la mission est essentiellement spirituelle, la victoire du « quatre » d'Arthur, évocateur des éléments cosmiques, pourrait bien être celle l'ordre sur le désordre.

dans le corps, malgré sa cotte de mailles, qui ne le protégea en rien. D'une forte poussée, il le fit tomber à terre et l'autre, happé déjà par la mort, s'écroula sans un cri. Quant à Gauvain, qui suivait, il s'élança vers le deuxième roi et le frappa si violemment que sa cotte de mailles lui fut également inutile. Il lui transperça son bouclier et lui enfonça dans le corps le fer de sa lance avec tout le bois, le faisant tomber de cheval, blessé à mort. Girflet, de son côté, frappa de même l'un des rois et Arthur abattit le quatrième après lui avoir percé le corps de son arme, de sorte qu'il le fit tomber mort sur le sol. Cependant, après son premier coup, voyant que sa lance était brisée, Keu dégaina son épée, qui était solide et bien affûtée, et il en frappa le cinquième roi, si violemment qu'il lui sépara la tête du tronc et la lui fit voler avec le casque à plus d'une lance de distance, après quoi le corps tomba à terre. Quand les trois autres compagnons virent ce coup, ils dirent à Keu : « Vous avez bien tenu la promesse que vous nous aviez faite, car vous avez tué deux rois, comme chacun de nous a tué le sien. Maintenant, il serait bien temps de franchir la rivière, car voici toute l'armée de nos ennemis qui vient par ici. » Quand ils regardèrent vers l'Hombre, ils virent que la reine l'avait déjà traversé et qu'elle était de l'autre côté de l'eau. Ils voulurent s'y lancer à leur tour mais la reine leur cria : « N'entrez pas de ce côté, mais par là ! » Et elle leur montra le gué. Ils entrèrent alors dans la rivière et la franchirent. Les ennemis, qui les suivaient, y pénétrèrent à leur tour, sans chercher le gué, aussi la prirent-ils à un endroit où elle était si profonde que tous ceux qui s'y engagèrent furent noyés, et ils étaient au moins deux cents.

348. Quand le roi les vit ainsi périr noyés, il demanda à la reine : « Madame, qui vous a indiqué le gué que vous avez si facilement trouvé ? – J'ai eu la chance, répondit-elle, de le trouver du premier coup. – Madame, reprit le roi, ce gué vient de recevoir un nom qu'il n'avait pas jusqu'à ce jour, car sachez bien qu'il sera dorénavant appelé le *Gué de la Reine*. » Et les choses se passèrent tout comme le roi l'avait dit, car ce gué fut désormais appelé de la sorte.

Quand les chevaliers de l'armée ennemie virent les corps de leurs seigneurs, ils s'arrêtèrent auprès d'eux et se mirent à gémir et à pleurer comme jamais vous n'avez vu le faire, et c'est vrai qu'ils se désarmèrent tous lorsqu'ils furent persuadés qu'ils n'avaient plus rien à craindre. Quand les hommes du roi Arthur, dont une grande partie s'étaient échappés* et avaient fui vers les bois, les uns armés, les autres désarmés, entendirent leurs assaillants manifester une telle douleur et virent qu'ils s'étaient arrêtés au bord de la rivière, ils comprirent aussitôt que l'un de leurs chefs était mort.

Peu de temps après ces événements, un chevalier du royaume de Logres, grièvement blessé, alla retrouver dans la forêt ses camarades et leur dit : « Seigneurs, je vous apporte d'heureuses et bien belles nouvelles : les cinq rois qui avaient levé cette armée ont été tués et ceux qui ont commencé à se lamenter comme vous l'entendez se sont désarmés, tant ils ont de chagrin, persuadés au surplus d'être en sécurité. Si vous vouliez maintenant gagner honneur et louange à tout jamais, vous iriez immédiatement les attaquer, armés comme vous l'êtes ; je vous déclare qu'ils sont si abattus et si choqués qu'ils ne pourront pas se défendre et qu'ils seront absolument incapables de vous résister. Vous pourrez ainsi les tuer et les tailler en pièces tout aussitôt comme de simples bêtes. » L'assistance exulta en apprenant ces nouvelles, aussi ceux qui avaient leurs armes et leurs chevaux s'équipèrent, tandis que ceux qui étaient désarmés restèrent sur place. Une fois prêts, les chevaliers qui le pouvaient s'élancèrent vers leurs adversaires et commencèrent à les abattre, à les tuer et à les tailler en pièces, car ils les surprirent à pied et sans armes.

349. Ceux qui étaient ainsi attaqués poussèrent des cris d'alarme, et les assaillants, pour s'exciter mutuellement à leur donner la chasse, hurlèrent bien plus fort qu'on ne l'avait encore fait ce jour-là, car les ennemis, en se voyant tuer et tailler en pièces de tous côtés, fuyaient aussi vite qu'ils le pouvaient, pourchassés, abattus, étripés par les hommes du roi Arthur.

Quand le roi vit que ses hommes avaient mis l'adversaire en déroute, il dit à ses compagnons : « Maintenant, à l'attaque ! les nôtres se sont repris ! » Ils entrèrent aussitôt dans l'eau et retraversèrent la rivière. Quand ils furent arrivés sur l'autre bord, ils virent que leurs ennemis étaient déjà vaincus et que la plus grande partie d'entre eux étaient déjà morts, car ceux du royaume de Logres n'avaient eu d'autre envie que de les tuer ; pour cette raison, ils en avaient déjà tant fait qu'ils s'étaient rendus maîtres du champ de bataille avant l'arrivée du roi, en sorte qu'il n'y avait plus aucun ennemi sur place pour opposer quelque résistance. Quand les hommes du roi Arthur virent leur souverain, ils allèrent à sa rencontre et lui crièrent : « Roi Arthur, adore Dieu et rends-lui grâce pour l'honneur qu'il nous a accordé. Nous avons, par sa miséricorde, vaincu nos ennemis et nous en avons fait un tel massacre qu'il n'en reste pas le quart. » Quand le roi entendit ces paroles, il descendit de cheval, ôta son casque et tendit les mains vers le ciel en disant : « Père des cieux, béni sois-tu de m'avoir ainsi donné la victoire sur mes ennemis, non par ma vaillance ni par ma valeur, mais par ton aide et par ton secours. » Alors, le roi fit rechercher dans les champs environnants combien il pouvait avoir perdu de ses hommes et ceux qui s'en chargèrent découvrirent qu'il y avait plus de cinq cents morts, tant chevaliers qu'hommes d'armes, dans les rangs du roi. Tandis qu'ils les cherchaient partout, du côté des tentes et du côté de la forêt, un messager se présenta devant le roi Arthur et lui dit : « Le roi Pellinor vous salue ; il vous fait savoir qu'il est près d'ici, à trois lieues, et qu'il vient vous secourir avec ses troupes. – Qu'il soit le bienvenu, dit le roi. Vous pouvez lui dire à présent que nous avons vaincu nos ennemis, grâce à Dieu, par la plus belle aventure qui soit jamais advenue à des chrétiens. » Et il lui raconta comment les choses s'étaient passées. Le messager rejoignit aussitôt son seigneur, là où il l'avait quitté, et il lui rapporta ce qu'il avait appris au camp du roi, de la bouche de celui-ci. Ces nouvelles réjouirent profondément le roi Pellinor, qui déclara qu'en cette circonstance Dieu avait bien travaillé.

350. Ceux d'Irlande et les autres rois venus de terres lointaines, qui avaient attaqué le roi Arthur par surprise, furent donc vaincus. Après cette défaite, qui fut telle que je vous l'ai racontée, un messager* partit retrouver ceux qui étaient restés de l'autre côté de la forêt et qui attendaient qu'on vînt les chercher pour aller au combat. Quand il les eut rejoints, il leur dit : « Montez vite à cheval et dirigez-vous vers la mer pour embarquer. – Que se passe-t-il ? Quelles nouvelles apportes-tu ? demandèrent-ils. – Je vous en apporte de si mauvaises, répondit le messager, que je ne pourrais pas en apporter de pires. Les cinq rois ont été tués et il a été fait un si prodigieux massacre de nos troupes qu'il ne reste aucun survivant parmi ceux qui sont partis d'ici hier soir. Veillez donc à vous mettre en sûreté, aussi longtemps que vous le pouvez, car si par hasard l'ennemi vous trouve en ce lieu vous ne manquerez pas d'être tués et taillés en pièce jusqu'au dernier, tant ils ont de monde avec eux. C'est pourquoi je viens vous informer de ce qui s'est passé, car je ne vous veux pas assez de mal pour souhaiter qu'ils vous trouvent ici ! »

351. Lorsque ces nouvelles se furent répandues parmi eux et qu'ils surent que les leurs étaient morts, qu'aucun de ceux qui étaient partis la veille n'était revenu, ils se dirent les uns aux autres : « Il ne nous reste plus qu'à nous en aller, car s'ils nous trouvent ici nous serons tués comme des chiens. » Alors, dévastant le pays autant qu'ils le pouvaient, partout où ils passaient, ils repartirent à qui mieux mieux vers la mer. Quand ils y furent, ils trouvèrent tout prêts, avec leurs équipages, les navires qu'ils y avaient laissés ; ils embarquèrent aussitôt et commandèrent qu'on s'éloignât des côtes au plus vite, car ils craignaient beaucoup ce pays où ils avaient perdu tant de leurs compagnons.

352. Notre Seigneur agit donc en faveur de ceux du royaume de Logres : alors que tout était perdu et qu'ils étaient pour ainsi dire vaincus, il les rendit maîtres de leurs ennemis. Le roi fit édifier, à l'endroit même où ce combat avait été livré, une magnifique abbaye en l'honneur de Notre Dame ; quand il l'eut achevée et pourvue de moines, il l'appela, et ce nom lui est resté depuis, *Abbaye de la Belle Aventure*. Ensuite, le roi quitta ce pays et se rendit à Camaalot pour y demeurer, car c'était, de toutes ses villes, celle où il lui plaisait le plus de séjourner.

Morgane passait tout son temps à la cour, en compagnie de la reine Guenièvre. Son fils Yvain était déjà, depuis peu, chevalier, mais il n'aimait pas sa mère, parce qu'il voyait qu'elle n'avait ni affection ni estime pour son mari, le roi Urien. La vérité est qu'elle ne haïssait personne au monde plus que lui ; elle n'avait pas non plus la moindre affection pour le roi Arthur, mais n'aimait qu'un chevalier nommé Acalon, originaire de Gaule, qu'on appelle maintenant *France*. Quant à ce chevalier, il était fort épris d'elle, lui aussi, de sorte que deux personnes n'auraient pas pu brûler de plus de passion qu'ils en avaient l'un pour l'autre.

353. Quand le roi Arthur fut arrivé à Camaalot, il vit qu'il manquait huit des compagnons de la Table Ronde, tués dans le combat, et il demanda au roi Pellinor ce qu'il lui conseillait de faire. « Sire, dit-il, il n'y a pas d'autre conseil à donner que celui de remplacer les huit chevaliers tués par huit autres, en choisissant parmi les plus accomplis qui soient ici. Et je vous dis que vous pourrez, parmi ces derniers, trouver d'aussi bons chevaliers, voire de meilleurs, que l'étaient ceux qui sont morts. – Vous les connaissez mieux que moi, dit Arthur, car vous êtes toujours par monts et par vaux. C'est pourquoi je vous prie de me nommer ceux qui en sont les plus dignes, et même je vous l'ordonne sur le serment qui vous lie à moi. – Eh bien, je vais vous les désigner, dit le roi, en sorte que je n'encourrai aucun reproche ; après quoi, s'il vous semble que je parle bien, retenez-les. Voici donc huit noms ; ce sont ceux de quatre vétérans et de quatre jeune chevaliers.

354. Parmi ceux-ci, il y aura tout d'abord Gauvain, votre neveu. Sachez qu'il en est si bien digne que je ne connais pas, ni en cette cour ni en aucune autre, de jeune homme plus accompli que lui. Le deuxième est Girflet, le fils de Do. C'est un jeune homme de valeur, entré en chevalerie depuis peu[399], vaillant au combat, qui sera un excellent chevalier si le temps lui en est laissé. Le troisième est Keu le sénéchal[400]. C'est un très bon chevalier, mais pas autant que les deux autres. Cependant, même s'il n'accomplissait plus jamais de haut fait d'armes, il a pourtant bien mérité un siège à la Table Ronde par son coup d'éclat contre les deux rois, car jamais encore jeune homme ne s'est lancé, comme il l'a fait en cette occasion, dans une aventure aussi glorieuse. » Le roi Arthur déclara qu'il avait

---

[399] Girflet ayant été fait chevalier très peu de temps après la reconnaissance d'Arthur et de sa mère (§ 43), quelque neuf années se sont donc déjà écoulées depuis.

[400] Keu est le fils d'Auctor ; il a été fait sénéchal à la demande de celui-ci par Arthur pour compenser le fait qu'il n'a pu bénéficier du lait maternel, réservé au fils d'Uter (v. *Merlin*, § 87).

vraiment bien mérité d'obtenir un siège par cet exploit, même s'il ne faisait jamais rien de plus. « Pour le quatrième siège, reprit le roi Pellinor, je vais vous recommander deux garçons de grand mérite, vous prendrez celui que vous voudrez. L'un est Baudemagus : c'est un jeune, beau et bon chevalier. L'autre est Tor. Comme celui-ci est mon fils, il n'est pas question que je fasse son éloge, mais ceux du palais savent bien s'il a fait honneur à son état de chevalier. De ces deux, choisissez donc celui qui vous plaira le plus, car ils en sont assurément bien dignes l'un et l'autre. » Le roi Arthur déclara qu'il donnerait le siège à Tor, car il lui semblait qu'il avait eu de plus brillants débuts que ceux de Baudemagus. « Assurément, repartit le roi Pellinor, si je le donnais à celui qui me semble le plus valeureux, Tor aurait ma préférence, car il le mérite davantage au regard de ses faits d'armes. » Le roi se déclara entièrement d'accord, puis il dit : « Maintenant, nommez les quatre autres. – Je vais le faire, répondit Pellinor. Le premier est le roi Urien, le deuxième, le roi Lach, le troisième, Hervis de Rivel et le quatrième s'appelle Galligar le Roux. Ceux-là sont bien dignes de la Table Ronde, car ce sont des hommes accomplis, d'âge mûr et d'excellents chevaliers. » Le roi partagea tout à fait cet avis.

Le lendemain, ces huit chevaliers reçurent un siège à la Table Ronde. Dès qu'ils furent sur le point de s'asseoir, on vit leurs noms écrits ; on peut s'en étonner, mais c'est ainsi que tournait en ce lieu la roue de Fortune l'Aventureuse, maîtresse de cette table ; et les noms de ceux qu'ils avaient remplacés avaient déjà disparu, de sorte que plus un seul d'entre eux n'était visible sur les sièges qu'ils devaient occuper.

355. Quand Baudemagus vit que Tor, qui était plus jeune que lui, était assis avec les hommes de mérite les plus renommés de tous pour leur vaillance, il se mit à s'adresser des reproches, à se faire honte et à se dénigrer, se disant à lui-même : « Ah ! Baudemagus, tu es beau et tu ne vaux rien ; ta jeunesse, tu la perds et la gâches ; ta santé et tes forces, tu en fais un mauvais usage et elles n'ont pas chez toi leur place ; tes membres sont forts et bien faits, mais en vain. Pourquoi es-tu monté sur une marche aussi haute que l'est celle de chevalerie, si c'est pour rester oisif et perdre toute dignité dans l'inaction ? Assurément, il aurait encore mieux valu pour toi être un écuyer désœuvré qu'un chevalier inutile, car tu es tombé si bas, maintenant, que jamais plus, aussi longtemps que tu vivras, tu n'auras d'honneur, puisque désormais on voit bien que tu es loin derrière tes pairs, tant pour la valeur que pour la bravoure ! Si tu les avais suivis et rattrapés, en effet, tu serais assis parmi les chevaliers accomplis dont la réputation d'honneur et de vaillance dépasse celle de tous les autres*. »

356. C'est ainsi que Baudemagus parla de lui-même et, ce jour-là, il fut profondément absorbé dans ses pensées. Le lendemain, dès qu'il fit jour et qu'il eut entendu la messe, il appela son écuyer et lui dit : « Je sors de la ville pour me promener un peu dans la forêt. Prends mes armes, enfourche mon cheval de combat et viens me retrouver si discrètement que nul ne t'aperçoive. – Seigneur, demanda l'écuyer, où voulez-vous aller pour demander vos armes ?

– Ne te préoccupe pas de cela, répondit Baudemagus, mais sois tranquille, car je reviendrai bientôt. – Allez-y donc, dit l'écuyer, car je serai là-bas aussi vite que vous. » Alors, Baudemagus suivit la rue principale de la cité jusqu'à ce qu'il fût hors des murs et se dirigea droit vers la forêt. Il se cacha parmi les arbres, afin de ne pas s'exposer au hasard d'être reconnu par quelqu'un de la cour qui passerait par là. Il n'attendait pas depuis longtemps à cet endroit, quand il vit sortir de la ville son écuyer, qui lui apportait ses armes et lui amenait son cheval. Il alla au devant de lui parce que l'autre ne l'aurait jamais trouvé là où il était caché. Le jeune homme mit aussitôt pied à terre et arma son maître. Quand Baudemagus eut été parfaitement équipé, l'écuyer s'agenouilla devant lui et lui dit tout en pleurant : « Seigneur, au nom de Dieu, accordez-moi une faveur. – Je te l'accorde, répondit Baudemagus. De quoi s'agit-il ? – Seigneur, mille mercis de m'avoir accordé que vous m'emmènerez avec vous dans ce voyage. Je vous ai demandé cela parce que je ne veux pas que vous partiez tout seul et, d'autre part, je sais bien que vous n'avez pas l'intention de revenir à la cour de sitôt. C'est pourquoi il ne serait pas bon, et il serait même dangereux de le faire, que vous partiez sans écuyer. – Alors viens donc, dit Baudemagus, puisqu'il te plaît de m'accompagner. » Le jeune homme bondit sur son cheval de voyage et, de la main droite, prit les rênes du coursier de son maître. Baudemagus, qui était entièrement armé, à l'exception de son bouclier et de sa lance que lui portait son écuyer, remonta sur le cheval de promenade avec lequel il était venu ; ils entrèrent aussitôt dans la forêt de cette manière. Quand ils eurent un peu cheminé, ils parvinrent à un embranchement où ils virent une croix qui avait été faite récemment. Dès que Baudemagus l'aperçut, il mit pied à terre et alla s'agenouiller devant. Quand il fut resté longtemps à genoux et qu'il eut récité les prières et les oraisons qu'il connaissait, il jura sur la croix, en présence de son écuyer, qu'il ne retournerait jamais à la cour du roi Arthur avant d'avoir vaincu en combat singulier quelque compagnon de la Table Ronde et avant d'avoir accompli tant de faits d'armes de tous côtés qu'on le reconnût unanimement bien digne de siéger lui-même en un lieu aussi éminent que l'était cette table. Après avoir fait ce serment, il se releva et enfourcha sa monture. L'écuyer se mit à pleurer très pitoyablement et, tout en larmes, dit à son maître : « Ah ! seigneur, je vois bien maintenant que vous n'avez pas entrepris ce voyage sans de sérieux motifs et que vous ne comptez pas revenir de sitôt. Pourquoi affliger le roi Urien, votre oncle ? Assurément, il a pour vous tant d'affection qu'il mourra de chagrin quand vous l'aurez quitté, car il refusera de croire que vous puissiez jamais revenir et il lui semblera ainsi vous avoir définitivement perdu. – Ne te préoccupe pas de cela, dit Baudemagus. J'aimerais mieux ne jamais rentrer à la cour que de ne pas accomplir, avant mon retour, tant de belles actions qu'il soit partout question de ma vaillance : on en parlera si bien que mon oncle en recevra de bonnes nouvelles. – Dieu vous l'accorde, seigneur », repartit le jeune homme.

357. Là-dessus, Baudemagus se mit en route en compagnie de son écuyer. Mais, quelque événement ou aventure qu'il lui advînt pendant tout son voyage, mon livre n'en parle pas, car, afin d'alléger un peu ma peine, monseigneur

Hélie, mon compagnon, a commencé à mettre en forme, à partir de cet endroit, la matière qui lui revient, en traduisant, pour en faire un récit complet, le chapitre qui concerne Baudemagus ; aussi cette partie n'est-elle pas séparée de mon livre parce qu'elle lui est étrangère, mais afin que mon ouvrage en soit mieux composé et ma peine un peu allégée. D'ailleurs, que tous ceux qui veulent prêter une oreille attentive à l'histoire du Saint Graal sachent qu'ils n'auront jamais le livre au complet s'ils n'ont pas, à côté, les épisodes importants relatés dans ce rameau qu'on appelle le *Récit du Cri*, le plus beau et le plus agréable à écouter de tout le livre, car sans aucun doute, à l'époque du roi Arthur, en aucune cour, il n'y eut de roi aussi sage, aussi généreux et d'une aussi grande civilité que Baudemagus, après qu'il eut reçu la couronne du royaume de Gorre[401]. Et avant d'en venir à gouverner une terre, il accomplit tant de faits d'armes, comme on le voit dans la véritable histoire, que tous les hommes qui ont quelque valeur doivent vraiment en entendre le récit. Du reste, ils l'entendront, je le sais bien, car monseigneur Hélie a commencé la traduction de cette histoire, ou plutôt de ce rameau, car le terme d'histoire est mal choisi, puisque c'est bel et bien l'un des rameaux de l'histoire du Graal, sans lequel on ne pourrait pas comprendre convenablement la partie médiane de mon livre ni la troisième partie. Mais nous en resterons là sur ce sujet, car mon livre n'a que faire d'accumuler les propos inutiles et nous retournerons au roi Arthur.

---

[401] Pour la situation géographique de Gorre, v. début du § 321.

XVI

358. A présent, le récit raconte que l'entourage du roi Arthur fut bien triste en apprenant que Baudemagus était parti, car tous avaient la conviction qu'il ne reviendrait pas de sitôt à la cour. Le roi lui-même en fut contrarié, car il l'aimait et l'estimait beaucoup, et il avait déjà dit en privé, à plusieurs reprises, que Baudemagus serait l'un des hommes les plus sages du royaume de Logres s'il pouvait vivre assez longtemps. Quand il apprit qu'il s'en était ainsi allé, il comprit aussitôt la raison de son départ, ce qui lui fit dire au roi Pellinor, dès qu'il le vit : « Nous avons perdu Baudemagus parce que vous ne lui avez pas donné de siège à la Table Ronde[402]. – Je le regrette, dit Pellinor. J'aurais préféré qu'il y prenne place et que Tor en soit écarté, car il est certain qu'il en était vraiment digne, et il le méritait plus que vingt autres que je connais. » Tels furent les propos de Pellinor[403] au sujet de Baudemagus, car il estimait beaucoup le jeune homme qu'il était.

---

[402] Arthur est de mauvaise foi : c'est lui qui a préféré Tor à Baudemagus, alors que Pellinor lui suggérait de choisir (§ 354, ll. 14-24). On se rappellera d'autre part que l'élection de Tor a été ratifiée par voie surnaturelle (§ 354, ll. 33-38).

[403] *Suite*, § 358, ll. 15-16 : *Teuls paroles dist li rois de Bandemagus* ; HDB, p. 313, identifie « li rois » à Pellinor ; le contexte y invite, mais le fait que le sujet du verbe qui ouvre le paragraphe suivant (ll. 16 : « vint a aler ») ne soit pas donné, alors qu'il s'agit d'Arthur, laisse planer un doute. Cf. § 225, ll. 18-22.

Deux jours plus tard[404], le lundi matin, le roi Arthur vint à se rendre dans la forêt de Camaalot pour courir le gibier, accompagné de ses aides de chasse qu'il avait fait venir. Quand ils furent arrivés dans la forêt, ils virent une harde de cerfs ; ils séparèrent du groupe celui qui leur paraissait le plus fort et le plus rapide et lancèrent les chiens à sa suite. C'est ainsi qu'ils commencèrent la chasse avec impétuosité, sans ménager leurs efforts. Le roi Arthur montait un excellent cheval, de même que le roi Urien, qui était à ses côtés, et avec eux se trouvait Acalon de Gaule, l'amant de Morgane. Dès le début de la chasse, tous trois précédèrent leurs compagnons, et ils avaient de si bonnes montures qu'ils les laissèrent tous derrière eux. Le cerf était vigoureux et alerte ; il ne s'arrêta donc nulle part mais courut droit devant[405] lui à travers la forêt, si bien qu'il fit plus de dix lieues anglaises sans prendre de repos. Au bout d'un moment, les chevaux qui participaient à la chasse furent si épuisés que tous les cavaliers, quel que fût leur rang, se retrouvèrent à pied, hormis le roi Arthur, le roi Urien et Acalon. Ces trois-là ne manquèrent pas de continuer la chasse jusqu'au milieu de l'après-midi. Mais

---

[404] Pour un commentaire de l'épisode qui s'ouvre, v. E. Vinaver, *op. cit.*, pp. 151-161 ; F. Dubost, *op. cit.*, pp. 345-348.

[405] *Suite*, § 358, l. 29 : *...ains court toute sa plainne voie par mi la forest* ; HDB, p. 313 : « Il ne cessait de courir à travers la forêt ». G. Roussineau (*op. cit.*, gloss., p. 780, s. v. *plain* et p. 803, s. v. *voie*) glose *toute sa plainne voie* 'sans ralentir son allure'. TL 11,638,51, s. v. *voie*, glose en effet *sa voie plaine* 'in voller fahrt, in schnellem Galopp' ; nous rapprocherions plutôt la locution du texte de *aler tout le plain* 'geradeaus gehen' (TL7,1034,12)*.

il leur fallut alors s'arrêter, chacun ayant crevé sous lui sa monture. Quand le roi Arthur eut mis pied à terre, il regarda dans la direction d'où ils étaient venus pour voir s'il apercevrait l'un ou l'autre de ses hommes, mais il ne vit que le roi Urien et Acalon, à pied comme lui-même. « Seigneurs, dit-il, qu'allons-nous faire ? Il me semble que nous n'avons plus qu'à rester ici. – Non pas, sire, répliqua le roi Urien. Continuons, car nous rencontrerons très bientôt une rivière navigable, large et profonde, ou nous retrouverons, je le sais bien, le cerf mort d'avoir trop bu ; il est en effet si échauffé et si altéré qu'il boira certainement jusqu'à ce qu'il perde toutes ses forces, ainsi lui faudra-t-il rester sur la rive, où il mourra. – Dites-moi donc, demanda le roi, croyez-vous que nos hommes soient près d'ici ? – Non, sire, répondit Acalon, ils sont au contraire fort éloignés, sachez-le, car ils ne disposaient pas d'aussi bonnes montures que les nôtres ; je suis donc tout à fait sûr que leurs chevaux sont épuisés depuis longtemps, c'est pourquoi ils ne vous rejoindront pas avant un bon moment, peut-être même pas aujourd'hui, et vous voyez que la nuit se fait déjà toute proche. – Peu importe, repartit le roi, si la nuit nous surprend. Nous irons coucher dans un de mes châteaux qui est à deux lieues d'ici. » Ils n'en dirent pas davantage à ce sujet et continuèrent leur chemin à pied, si bien qu'avant la tombée de la nuit ils arrivèrent près de la rivière dont le roi Urien leur avait parlé ; ils découvrirent alors le cerf étendu sur la rive : il avait tant bu qu'il ne pouvait plus bouger. Un petit braque était à côté de lui et le tenait si férocement à la gorge que le cerf ne pouvait s'en libérer ; de tous les chiens lancés aux trousses de la bête il n'y avait que celui-là, car tous les autres étaient épuisés, à bout de forces.

359. Le roi s'approcha du cerf, le tua et sonna du cor pour annoncer la prise, afin que ses hommes l'entendissent et vinssent le retrouver. Mais ceux-ci étaient si éloignés des trois compagnons qu'ils ne purent entendre son appel. Tandis que les deux autres dépeçaient la bête, le roi regarda vers l'amont de la rivière et aperçut, venant au fil de l'eau, un navire que recouvrait une étoffe de soie d'un rouge aussi vif que l'écarlate, et ce tissu le couvrait si complètement de tous côtés qu'aucune partie de bois n'était visible, si ce n'est celle qui touchait l'eau, ainsi que les rames, maniées à un rythme soutenu. Il y en avait douze, et la taille de l'embarcation était en proportion. Le roi la montra à ses compagnons en leur disant : « Voilà un bateau, mais je ne sais d'où il vient. En tout cas, il avance très vite. Je suis persuadé que nous allons apprendre des nouvelles : Dieu fasse qu'elles soient bonnes et heureuses ! »

360. Tandis qu'ils parlaient ainsi, le navire arriva juste devant eux, de sorte que la proue buta dans le sable de la rive. Quand le roi le vit immobilisé, il s'approcha du bord pour examiner l'intérieur mais, à l'entrée, il ne vit qu'une tenture de soie entièrement rouge qui était placée là pour qu'on ne pût rien distinguer du dehors. Il appela ses compagnons et leur dit : « Venez par ici, nous allons entrer dans ce bateau et nous verrons ce qui s'y trouve ; suivez-moi, car je ne veux pas faire la visite sans vous. » Ils laissèrent ce qu'ils étaient en train de faire, s'approchèrent de l'embarcation et tous trois y pénétrèrent. Une fois à l'intérieur, ils furent beaucoup plus admiratifs qu'ils ne l'avaient été tout d'abord, car ils découvrirent qu'elle était si belle, si joliment aménagée, si abondamment parée d'étoffes de soie qu'ils songèrent que cet endroit, tel qu'il leur apparaissait, était le plus beau et le plus plaisant qu'ils eussent jamais vu.

361. Comme ils examinaient le bateau, ils ne virent pas moins de douze demoiselles sortir d'une chambre ; elles s'avançèrent, s'agenouillèrent devant le roi Arthur et lui dirent : « Sire, soyez le bienvenu. En vérité, nous avons à présent trouvé tout le bonheur et tous les biens de ce monde, dès lors que nous vous avons rencontré ici. Nous savons bien, en effet, que vous n'en repartirez pas aujourd'hui mais que vous resterez dans ce bateau avec nous, car il est déjà si tard que, si vous vous en alliez maintenant, vous ne pourriez jamais trouver de gîte avant la nuit. Sachez que nous vous servirons aussi bien et aussi somptueusement qu'on pourrait le faire en l'endroit du monde où l'on désire le plus vous voir. Nous vous prions, au nom de la loyauté que vous devez à tous les chevaliers de la terre, de bien vouloir rester parmi nous. » Voyant qu'elles l'en priaient avec tant d'amabilité, il le leur accorda. Elles coururent aussitôt lui ôter le vêtement qu'il portait et lui en offrirent un autre, puis elles firent de même pour le roi Urien et l'autre chevalier. Quand ce fut fait, elles commencèrent à apporter des cierges et des torches et à les disposer partout à travers le bateau, de sorte qu'il vous aurait semblé, si vous aviez été là, que l'embarcation fût en flammes. Une vive clarté régnait donc à bord ; elles avaient fait cela parce que la nuit arrivait et, avec elle, l'obscurité complète.

362. Quand le roi se fut un peu reposé et qu'il fut resté un moment assis dans le bateau, deux demoiselles se présentèrent devant lui et lui apportèrent de quoi se laver, puis elles firent de même pour ses compagnons. Elles les emmenèrent ensuite dans une des pièces du navire où la table était mise et firent asseoir le roi Arthur, puis les deux autres. Elles apportèrent aussitôt une telle abondance de victuailles que le roi, tout étonné, se demanda d'où ces mets pouvaient venir et où ils avaient été préparés à pareille heure. Que vous dire de plus ? Ils furent si bien servis en ce lieu de tout ce qu'on pouvait imaginer que le roi en était stupéfait, et les deux autres avec lui ; tous trois ne cachaient pas que cette très grande largesse leur semblait excessive. Quand ils furent rassasiés, après avoir mangé autant qu'ils en avaient envie, et que, ayant occupé le temps à deviser et à se divertir, ils eurent si longtemps veillé qu'il fut l'heure de se mettre au lit, les demoiselles emmenèrent le roi et le firent coucher dans une chambre qui était située au milieu du bateau. Sachez qu'il eut un lit aussi magnifique que s'il avait été dans la cité de Camaalot, ce qui l'étonna beaucoup. Et, s'il fut somptueusement installé pour la nuit, ses deux compagnons le furent également. Il se trouva que tous trois s'endormirent très vite, parce qu'ils s'étaient beaucoup dépensés pendant la journée ; ils étaient éreintés, aussi leur sommeil n'en fut-il que meilleur et plus profond cette nuit-là.

363. Le matin, au réveil, chacun d'eux fut plongé dans un étonnement et une perplexité extrêmes, car ils se retrouvèrent dans des lieux si différents de celui où ils s'étaient endormis la veille qu'ils eurent bien du mal à croire qu'ils y fussent en personne. Le roi Urien se retrouva à Camaalot, couché dans les bras de Morgane, sa femme ; le roi Arthur, dans une pièce où régnait une profonde obscurité, à côté de la salle d'apparat d'une demeure seigneuriale, et dans laquelle il n'y avait pas moins de vingt chevaliers, tous attachés à de solides anneaux de fer, qui se lamentaient aussi fortement que s'ils avaient été sur un lit d'agonie ; Acalon, enfin, dans un jardin pourvu d'une végétation abondante, qui offrait aux yeux beaucoup d'objets plaisants.

Ce dernier se réveilla à moins d'un pied d'une fontaine, dont l'eau, qui arrivait par un assez gros tuyau d'argent, tombait sur une grande pierre de marbre, de manière à s'écouler par un conduit vers une tour extraordinairement haute qui était à proximité. Lorsqu'il reprit ses esprits et constata qu'il se trouvait près de cette fontaine, dans les vêtements mêmes que les demoiselles lui avaient donnés la veille au soir, Acalon se mit à se signer d'étonnement et s'écria : « Sainte Marie, mais que signifie tout ceci ? Hier soir, je me suis couché dans le bateau près de mon seigneur, et maintenant j'en suis séparé et je me retrouve près de cette fontaine, encore tout vêtu des habits que les demoiselles m'ont donnés. Hé ! Dieu, où mon seigneur peut-il être allé ? Et le roi Urien ? Que sont-ils devenus ? Et moi-même, où suis-je ? Ah ! mon Dieu, je suis tombé dans un piège, je suis ensorcelé, et mon seigneur aussi ! Les demoiselles qui nous ont accueillis sur leur bateau et qui nous ont si joyeusement fêtés hier soir ont trahi notre confiance. Ah ! Dieu, nous avons été trompés par les mines accueillantes et les aimables paroles de ces traîtresses. J'en éprouve plus de peine pour mon seigneur que pour moi, car mon sort compte peu au prix du sien, et je sais bien qu'il a tout comme moi été victime de cette traîtrise. »

364. Telles étaient donc les lamentations que le chevalier s'adressait à lui-même. Examinant alors la fontaine et le verger, qui était assez grand, il maudit l'une et l'autre, ainsi que les demoiselles et la tour, et tout ce qui était à portée de sa vue. « Assurément, reprit-il, mon Seigneur et mon Dieu, si vous écoutiez ma prière, vous détruiriez toutes les femmes qui sont au monde, de sorte que plus un seul homme de bien ne serait trahi ni tourmenté par elles. Et je crois que si vous les aviez anéanties de telle manière que le monde en soit délivré, la perdifie et la trahison disparaîtraient à tout jamais ici-bas. » Il était alors si contrarié et si affligé qu'il ne savait que dire ni que faire, aussi finit-il par déclarer qu'il n'aiderait ni n'honorerait jamais plus aucune demoiselle mais qu'il mettrait toutes ses forces à leur faire du mal, car jamais, disait-il, des hommes respectables n'avaient été aussi ignoblement trahis qu'ils l'avaient été par ces femmes en qui ils avaient eu confiance. « Je crois, ajouta-t-il, que ce que nous avons pris pour un bateau n'était qu'une illusion, une diablerie, et je suis persuadé que les créatures qui nous ont servis aussi somptueusement étaient des suppôts du diable, car toutes les demoiselles du monde n'auraient pas pu nous servir aussi bien que nous l'avons été[406]. »

365. Ainsi parlait Acalon, si furieux et affligé qu'on ne pourrait l'être davantage. Il vit alors venir vers lui un nain particulièrement petit, gros, pourvu de cheveux noirs, d'une grande bouche et d'un minuscule nez camus. En le voyant, Acalon déclara : « Il est certain que ce sont des démons qui m'ont transporté en ce lieu : en voici un qui vient par ici. »

Dès qu'il fut près de lui, le nain le salua et lui dit : « Monseigneur Acalon, soyez le bienvenu. Ma dame, la reine Morgane, vous salue et vous fait savoir que demain, dans la matinée, il vous faudra combattre contre le chevalier dont elle vous a entretenu, la dernière fois qu'elle vous a parlé secrètement. Et pour que vous croyiez ce que j'avance, en voici une preuve convaincante. » Alors, il lui remit Escalibour, la bonne épée du roi Arthur, avec le fourreau.

366. Lorsqu'il vit l'épée, il la reconnut parfaitement, ce qui, joint à ce qu'on venait de lui dire de la personne qu'il aimait tant, fit qu'il se sentit alors beaucoup mieux qu'auparavant. Il prit le nain aux épaules, le serra dans ses bras et lui dit : « Nain, sois le bienvenu. Quand as-tu vu la reine Morgane ? – Seigneur, répondit l'autre, il n'y a pas

---

[406] Cette plainte contradictoire (Acalon déclare la guerre aux demoiselles mais, sans se dédire, se déclare tout aussitôt persuadé que celles qui le conduisent à cette résolution n'en étaient pas) évoque à cet égard celle du chevalier abordé par Balaain (v. n. 319).

longtemps. – Nain, réponds-moi donc, et que Dieu t'abandonne si tu mens : suis-je près de Camaalot ? – Oui, dit-il, vous en êtes à deux jours de voyage. – Et comment suis-je arrivé ici ? Le sais-tu ? – En vérité, non, répondit le nain ; je sais seulement que cela fait partie des aventures qui adviennent en Bretagne, ou que c'est un des enchantements que l'on peut voir dans ce pays. » L'autre se déclara persuadé que ç'avait été un enchantement, « car, ajouta-t-il, je n'ai jamais entendu parler nulle part d'une aventure aussi extraordinaire que l'a été celle-ci. Mais dis-moi donc : sais-tu qui est celui que je dois affronter[407] ? – Assurément non, dit le nain, si ce n'est que c'est un chevalier de ce pays, qui demeure près d'ici dans un de ses châteaux dont les habitants nous ont toujours causé du tort jusqu'à présent. Mais dorénavant, s'il plaît à Dieu, dès que vous aurez obtenu la victoire, ces gens-là n'auront plus jamais l'audace de nous dire quelque chose qui nous déplaise ni de nous priver d'aucun des droits que nous avons sur cette contrée. – Quand ce combat doit-il avoir lieu ? demanda Acalon. – Demain, répondit le nain, après le lever du jour, dans une prairie qui est là devant nous. – J'aimerais être déjà face à mon adversaire, reprit Acalon, puisqu'il me faut en passer par là. »

[407] La question d'Acalon surprend, rapportée aux précédentes paroles du nain (§ 365, ll. 9-11) : « ...vous couverra combatre encontre le chevalier dont elle vous dist nouvieles a la daerrainne fois quant elle parla a vous priveement. » On apprendra au § 377 (ll. 14-15) que l'ami de Morgane « ne savoit encontre cui il se devoit combatre, fors que encontre un chevalier ».

367. Comme il disait ces mots, il vit sortir du donjon des chevaliers, des dames et des demoiselles qui s'approchèrent de lui, le saluèrent et firent montre, en l'accueillant, d'une grande joie et d'un enthousiasme extraordinaire. Ces personnes l'emmenèrent dans la tour et, une fois en haut, lui dirent : « Seigneur, soyez le bienvenu. Nous vous attendions impatiemment, et nous avons tant souhaité votre venue que, grâce à Dieu, vous êtes là. Béni soit Dieu qui vous a amené par ici, car nous sommes persuadés que votre présence nous sera si bénéfique que nos ennemis, qui jusqu'ici nous ont livré une guerre cruelle et nous empêchaient de jouir de nos droits par la violence, nous laisseront en paix. »

368. Quoi que l'avenir pût lui réserver, Acalon eut donc de la chance, car il se retrouva parmi des gens qui l'accueillirent très chaleureusement et qui lui manifestèrent tous les égards possibles ; mais tel n'était pas le cas du roi Arthur, car il était dans une geôle profonde et obscure, et avec lui quantité de gens, qui lui étaient tous inconnus. Cependant, il y avait au moins une chose qui était parfaitement claire pour lui, c'est qu'ils se plaignaient ; il entendait leurs très douloureuses lamentations, qui disaient : « Ah ! Mort, pourquoi ne te hâtes-tu pas de venir de ce côté ? Tu mettrais ainsi fin à la douleur et à la misère des malheureux captifs qui dépérissent ici ! » Quand le roi Arthur entendit ces mots, il fut si effaré qu'il ne sut que dire, car il comprit aussitôt qu'il avait été victime d'une traîtrise. Il demanda à ceux qui étaient le plus près de lui : « Qu'avez-vous ? Pourquoi vous plaignez-vous si vivement ? » Ils le regardèrent et lui dirent : « Quoi ! démon, comment pouvez-vous nous poser une telle question ? N'êtes-vous pas prisonnier ici, et ne savez-vous pas quelle souffrance nous endurons jour et nuit ? – Cette souffrance, répondit le roi, je ne la connais pas, car je ne l'ai pas encore éprouvée : je suis ici depuis trop peu de temps. – Et quand êtes-vous arrivé ? » demandèrent-ils. Il leur répondit qu'il n'en savait rien, pas plus qu'il ne savait comment il était arrivé ni dans quel endroit et dans quel pays il se trouvait. « Cependant, poursuivit-il, je ne pense pas être très loin de Camaalot, car j'en suis parti hier matin pour aller chasser dans la forêt. » Et il leur raconta exactement ce qui s'était passé, leur parlant du bateau et des demoiselles qui l'avaient accueilli à bord et qui l'avaient si magnifiquement servi que, ajouta-t-il, « je n'aurais jamais imaginé qu'elles avaient l'intention de me trahir. Mais puisqu'elles m'ont livré au pouvoir d'autrui en m'enfermant dans cette prison, je sais bien maintenant qu'elles m'ont tendu un piège et qu'elles m'ont trompé par leurs enchantements. »

369. Quand les autres entendirent le récit de cette aventure, ils recommencèrent à gémir et s'écrièrent : « Assurément, seigneur, c'est là une traîtrise particulièrement exécrable et criminelle ! Maudites et anéanties soient celles qui vous ont ainsi traité, car si vous vous trouviez maintenant ailleurs et qu'elles vous aient transporté en un lieu où votre mort ne soit pas aussi certaine qu'elle l'est ici, il y aurait de bonnes raisons de ne pas perdre courage. – Sans mentir, repartit le roi, c'est bien l'acte le plus inique dont j'aie jamais entendu parler, puisqu'elles m'ont condamné à mourir, alors que je ne l'avais pas mérité !

Mais dites-moi donc où nous sommes, pourquoi vous avez été mis en prison et comment il se fait que vous ne puissiez en sortir. – Nous vous dirons exactement ce qu'il en est, répondirent-ils, à condition que vous-même vous nous disiez votre nom. – Mon nom, répliqua le roi, vous ne pouvez pas l'apprendre ; sachez néanmoins que j'appartiens à la cour du roi Arthur, dont je suis très proche. Mais répondez maintenant aux questions que je vous ai posées. » L'un d'eux dit alors : « Je le ferai volontiers.

370. La vérité est que nous sommes à deux journées de voyage de Camaalot, du côté de la terre du duc de la More. Nous nous trouvons ici dans une superbe place forte, plus précisément dans une grande tour fortifiée qu'on appelle la tour de l'Embuscade. Le maître en est un chevalier qui se nomme Domas ; c'est l'homme le plus cruel et le plus impitoyable de tout le pays. Ce n'est pas un combattant de valeur, mais un traître : il envoie les chevaliers de son entourage qui vivent avec lui dans ce donjon capturer par surprise ceux qui passent par ici en quête d'aventures, et dès qu'il les a fait prendre, il les fait enfermer dans sa prison[408]. Il se trouve qu'un de ses frères habite tout près, à une lieue d'ici, et c'est un des meilleurs chevaliers que l'on connaisse dans la région. Chacun de ces deux frères a sa propre forteresse et sa propre terre, mais en plus de cela, ils possèdent un magnifique domaine dans les environs, à

---

[408] On apprendra, au § 371 (l. 11 et ss), que Domas n'agit pas ainsi sans raison, mais la manière dont est présentée la chose incite à penser que les captures de chevaliers ont commencé avant les événements dont le prisonnier va bientôt parler.

l'entrée de la forêt. A cause de ce domaine, un violent désaccord s'est élevé entre eux, car Domas a voulu l'avoir, parce qu'il est plus puissant et qu'il dispose de plus de monde que son frère, alléguant de surcroît que leur père le lui avait donné de son vivant. L'autre, se sentant meilleur chevalier que Domas, a répliqué qu'il ne l'aurait qu'à la condition de le conquérir en le lui disputant à coups de lame d'acier ou en chargeant quelqu'un de le faire pour lui. A ces mots, Domas a déclaré qu'il trouverait bien un chevalier pour combattre en champ clos à sa place, mais que ce ne serait peut-être pas pour tout de suite. Son frère a répondu que cela lui convenait et ils se sont promis aussitôt l'un à l'autre que, dès lors que l'un des deux aurait conquis le bien, le vaincu y renoncerait définitivement.

371. Tous deux se sont ainsi mis d'accord sur ce point en présence de nombreux hommes de mérite de ce pays, après quoi chacun a aussitôt regagné sa demeure. Mais l'animosité qu'ils éprouvaient l'un envers l'autre était si vive qu'à peine rentrés ils ont déclenché des hostilités qui ont duré sans interruption jusqu'à ce jour. Comme il sentait qu'il n'était pas un combattant aussi valeureux que l'était son frère, le seigneur d'ici a donc commencé à demander aux meilleurs chevaliers de cette terre d'affronter celui-ci en champ clos à sa place, mais il n'a trouvé absolument personne pour vouloir s'en charger. Il a alors demandé conseil à l'un de ses cousins pour savoir ce qu'il devait faire à ce sujet et l'autre lui a répondu : “Je vais vous donner là-dessus un bon conseil. Tous les jours, des chevaliers de la cour du roi Arthur et d'ailleurs passent devant le lieu où nous sommes. Ces gens-là sont plus valeureux et plus experts dans le maniement des armes que les autres, car autrement ils n'oseraient pas entreprendre ce qu'ils entreprennent chaque jour. A partir de maintenant, dès qu'ils passeront par ici, faites-les prendre et mettre en prison. Je vous affirme qu'avant que vous n'en ayez pris vingt vous en trouverez un qui se chargera volontiers de combattre contre votre frère." Domas a fait exactement ce que l'autre lui avait conseillé, car il a aussitôt ordonné à ses hommes de capturer tout chevalier voyageur qui passerait dorénavant devant chez lui. Sachez que moi qui vous raconte cela, j'ai été le premier capturé, et celui-ci après, et bien d'autres qui sont morts dans cette prison. Aucun de ceux qui sont venus ici n'a osé entreprendre ce combat : nous préférons mourir dans ce cachot plutôt que d'en sortir et commettre un acte déloyal, car c'en serait un que de s'armer contre l'autre frère pour lui enlever ce qui lui revient légitimement. Cependant, lorsque nous avons vu que nous mourrions de faim et de maladie, il est arrivé un moment où nous aurions volontiers livré ce combat, mais celui qui nous retient prisonnier a refusé de nous libérer, parce qu'il savait que nous étions affaiblis par la captivité et que nos forces avaient diminué.

372. Vous voilà informé de tout ce qui concerne cet endroit et vous savez maintenant pourquoi nous nous plaignons aussi vivement que vous nous avez entendus le faire. » Là-dessus, le roi répliqua : « Si cette prison vous déprime à ce point, je ne m'en étonne guère, car le seul fait de la voir m'est si odieux qu'il me semble y avoir passé un an entier. Je ne sais pas si j'en sortirai ou si j'y resterai, mais je peux au moins vous dire que, si l'on me donnait le choix entre le combat et la captivité, j'affronterais plutôt dans les pires conditions le meilleur chevalier qui soit que de rester enfermé ici. Vous avez tous été lâches, quand on vous a proposé de le faire, de ne pas vous en remettre à la providence de Notre Seigneur, car pour moi j'aimerais assurément mieux mourir vite que de moisir dans cet endroit[409]. »

373. Telles furent les paroles du roi Arthur, fort affligé de se voir ainsi réduit à l'impuissance et livré à la domination d'autrui, domination dont il ne s'affranchirait pas comme il le voudrait, il le savait bien, s'il ne se soumettait pas aux conditions de ceux qui le gardaient en prison. Ils parlèrent beaucoup entre eux de choses et d'autres et il ne manqua pas de leur raconter toute son aventure et de leur expliquer comment il avait été trompé. « Il m'en coûte moins pour moi, dit-il, que pour mes compagnons, car j'ai peur qu'ils ne soient aussi mal logés que moi, ou pis encore, et c'est bien malheureux, car ils ne l'avaient pas mérité. » Ils lui demandèrent qui étaient ses compagnons ; il les leur nomma et ils déclarèrent que c'était bien malheureux, en effet, pour le roi Urien, car c'était un homme de très grand mérite et d'une parfaite loyauté ; quant à l'autre chevalier, ils ne le connaissaient pas. Le roi Arthur poursuivit là cette conversation jusqu'à la première heure du jour.

---

[409] Propos dont la dureté étonne, compte tenu des motifs donnés par le chevalier au § 371 (ll. 25-29).

Une demoiselle vint alors parler aux prisonniers par une fenêtre : « Comment allez-vous, messieurs ? » Ils répondirent : « Nous allons mal, car cette captivité nous tue. » Faisant mine de ne pas connaître le roi Arthur, qu'elle connaissait cependant fort bien, car elle était au service de Morgane, elle lui demanda : « Et vous, seigneur chevalier, quand êtes-vous arrivé ici ? » Il la reconnut immédiatement, aussi lui dit-il : « A vrai dire, je l'ignore, mademoiselle. Mais vous, quand êtes-vous arrivée ? – Moi, noble seigneur ? Que me demandez-vous là ? Je ne suis jamais partie et je n'ai jamais été ailleurs ; au contraire, étant la fille du maître de ces lieux, j'ai toujours vécu ici. » Il crut aussitôt qu'il s'était trompé, aussi reprit-il : « Ne m'en veuillez pas, mademoiselle, si je vous ai demandé cela. En vérité, j'ai cru que je vous avais vue autrefois à la cour du roi Arthur, c'est pourquoi je vous ai posé cette question sans hésiter. – Quant à moi, dit-elle, vous ne m'y avez jamais vue, car je n'y suis jamais allée. Mais savez-vous ce que j'ai à vous dire ? Apprenez que vos services n'ont pas agréé à tout le monde, car si tel avait été le cas vous ne seriez pas là où vous êtes. Aussi vous dis-je que celui qui vous a mis ici ne vous aimait guère, et il ne pouvait mieux se venger de vous qu'en vous mettant dans cette prison, car vous êtes assurément perdu. – Perdu ? s'écria le roi. Est-ce vrai ? – Oui, sans aucun doute, car vous ne sortirez plus jamais d'ici si vous ne promettez pas de faire la volonté du maître de céans. – Et quelle serait cette volonté ? – Je vais vous le dire exactement. Si vous aviez assez de courage et d'audace pour vous charger de défendre sa cause en champ clos contre son ennemi, un chevalier de ce pays, et si vous pouviez le vaincre par les armes, vous vous délivreriez de cette prison, vous et tous ceux qui y sont. Et je vous assure que, même si vous n'accomplissiez pas d'autre beau fait d'armes durant toute votre vie, vous seriez considéré comme un chevalier modèle. »

374. Quand le roi Arthur entendit ces propos, il répondit aussitôt : « Dites-moi donc, mademoiselle, comment pourrais-je être sûr d'obtenir ma libération et celle de mes compagnons en me chargeant de ce combat et en remportant la victoire ? – Vous aurez de cela une très bonne assurance, répondit-elle : ce sera le serment du maître de ces lieux[410]. – Je ne lui demande donc pas autre chose que de me le jurer, car je suis tout à fait disposé à affronter un chevalier en combat singulier. » La demoiselle s'en alla sans attendre et ne tarda guère à revenir, accompagnée du seigneur de la tour ainsi que d'un grand nombre d'autres personnes. Le seigneur ordonna qu'on fît sortir de prison le chevalier qui s'était proposé pour combattre. On alla le chercher et on le lui présenta immédiatement.

375. Quand le roi sortit, il était, de colère, cramoisi. Grand, bien découplé, très jeune, en excellente santé, il était si beau à tous égards, si bien bâti que toutes les personnes présentes dirent, en le voyant, qu'il serait bien malheureux qu'un tel homme mourût en prison. Quand le

---

[410] *Suite*, § 374, ll. 5-6 : ... *Vous en serés [...] si asseur que li sires de chaiens le vous jurra* ; HDB, p. 322 : « vous en seriez [...] certain car le seigneur de ce château le jurerait » ; il est difficile d'interpréter « si...que » au sens consécutif ; nous comprenons plutôt 'vous en serez ainsi assuré, à savoir que...' V. n. 250, 422.

seigneur du lieu le vit venir et qu'il l'eut regardé attentivement, il se dit à lui-même que si celui-là ne pouvait venir à bout d'un homme seul, il ne se fierait plus jamais au témoignage de ses yeux. Il se leva devant lui[411] et lui dit : « Soyez le bien venu, seigneur chevalier. » Le roi, qui ne voulait pas qu'on le reconnût, le salua en s'inclinant humblement et s'assit à ses pieds. L'autre, qui ne le reconnaissait pas, le laissa faire et lui dit : « Seigneur chevalier, un de mes ennemis, qui se touve près d'ici, me nuit et m'inflige maints dommages. A cause du tort qu'il me fait, j'ai décidé de recourir au combat singulier contre lui et l'on m'informe que vous voulez vous en charger si je vous donne l'assurance de vous faire sortir de prison, vous et vos compagnons, après la victoire. » Le roi lui dit qu'il était effectivement prêt à le faire. « Et quelle assurance, demanda le seigneur, vous donnera satisfaction ? – Jurez sur les reliques, répondit le roi, qu'après le combat vous nous libérerez tous et cela me suffira. » Le seigneur

---

[411] Il règne une certaine confusion dans les positions successives occupées par les personnages. Au § 374 (l. 10), il est dit que la demoiselle « revient [i. e. auprès des prisonniers] et amaine le signeur de la tour od tout grant compaignie de gent », mais après cela, il semble que tout se passe dans la salle d'apparat du donjon, d'ailleurs contiguë à la prison (§ 363, ll. 6-7). Au § 374 (l. 13), les hommes du seigneur « vont querre » Arthur et « le font avant venir ». Ici même (§ 375, l. 8), le seigneur « se dreche » devant le prisonnier, ce qui semble indiquer qu'il était assis sur son trône seigneurial. Enfin, et surtout, après la requête d'Arthur, sans que celui-ci ait bougé de place, il est dit nettement qu'on amène « en la sale » ('salle d'apparat') ses compagnons de captivité (§ 375, l. 28).

fit aussitôt ce que le roi lui avait demandé. Celui-ci reprit : « Vous pouvez maintenant faire sortir de prison ceux qui s'y trouvent, car en vérité je suis disposé à commencer le combat dès qu'il vous plaira. » Le seigneur ordonna qu'ils fussent tous délivrés par égard pour le brave qui avait pris le combat à son compte. On les fit sortir aussitôt et on les amena dans la salle d'apparat du donjon, las et affaiblis par la rude captivité qu'ils avaient subie. Alors, le seigneur du lieu dit au roi Arthur : « Noble seigneur, votre combat est fixé pour demain. Au nom de Dieu, veillez à préserver votre honneur et le mien ! » Le roi répondit : « J'aurai plus grand soin de mon honneur que du vôtre, lorsque j'y serai, car je me couvrirais de honte en agissant autrement. » Cependant, plus son hôte le regardait, plus il se sentait rassuré, car il lui semblait n'avoir encore jamais vu de jeune homme qui lui parût plus alerte et plus valeureux que celui-ci, et cela le réconfortait beaucoup. Mais le récit cesse à présent de parler de lui et du roi pour parler de Morgane et raconter comment elle avait réussi à faire en sorte que son ami combattît contre son frère, pourquoi elle l'avait fait et quelles étaient ses intentions.

XVII

376. Morgane, dit le récit, haïssait le roi Arthur, son frère, plus que tout homme ; non qu'il lui eût causé le moindre tort, mais parce que les gens méchants et pervers ont l'habitude de haïr toujours les hommes de bien et qu'ils ont à leur égard une animosité qui ne prend jamais fin. Il est certain que Morgane détestait le roi Arthur parce qu'elle voyait qu'il avait plus de mérites et plus de qualités que n'en avaient tous ceux de leur lignage. Du reste, si elle haïssait profondément son frère, elle ne haïssait pas moins le roi Urien, son mari, et si mortellement que, si elle avait pu le tuer de telle sorte que nul n'en sût rien, elle l'aurait fait depuis longtemps. Mais cette haine n'était pas aussi grande que son amour pour Acalon. Elle avait pour celui-ci une passion si insensée qu'elle aspirait à tuer son mari et son frère, dans l'espoir de le faire roi, tant par recours au démon et par sortilèges qu'en implorant le soutien de certains des principaux seigneurs de la Grande Bretagne[412].

Elle avait alors appris qu'il y avait entre les deux frères dont nous avons parlé une querelle qui ne pouvait être vidée que par les armes. Elle les connaissait très bien tous les deux, aussi Domas était-il venu la trouver et lui avait dit : « Madame, je ne puis trouver quelqu'un qui combatte à ma place, mais vous pourriez facilement me venir en aide, si vous le vouliez. Au nom de Dieu, conseillez-moi. – Ne soyez donc pas inquiet, avait-elle répondu. Je mettrai en votre pouvoir, dans votre prison même, quelqu'un qui est considéré comme un des meilleurs chevaliers de la Table Ronde. » Elle n'aimait guère ce Domas et cherchait à lui faire perdre complètement son procès, aussi avait-elle résolu de lui donner le roi Arthur parce qu'elle n'imaginait pas qu'il fût aussi habile aux armes qu'il l'était en réalité.

---

[412] *Suite*, § 376, l. 16 : *par priiere de haus houmes de la Grant Bretaigne* ; HDB, p. 323 : « en gagnant à sa cause les seigneurs de Grande-Bretagne ».

377. Tout comme Domas l'avait fait, l'autre frère était aller trouver Morgane : un chevalier lui avait infligé une grave blessure qui ne guérissait pas comme il l'aurait voulu ; il lui avait donc, lui aussi, présenté ses doléances. « Ne vous inquiétez pas, lui avait-elle répondu. Je vais d'ici peu envoyer chez vous un chevalier qui vous remplacera parfaitement, pour votre profit et votre honneur, mais veillez à ne pas en parler à votre frère. » L'autre avait répliqué qu'il aimerait mieux recevoir un coup de lance en pleine cuisse que de lui en parler. Comme Morgane préférait cet homme à son rival, elle lui avait réservé Acalon, car elle pensait qu'il était meilleur chevalier et plus valeureux au combat que ne l'était le roi Arthur.

En toute cette affaire, Morgane avait agi si discrètement que son ami savait qu'il devait affronter un chevalier mais qu'il ignorait lequel. Au moins savait-il parfaitement qu'il serait pourvu, dans cette rencontre, de la bonne épée du roi Arthur, et cette perspective le rassurait plus que toute autre chose, joint au fait qu'il était conscient d'être un excellent chevalier et un combattant d'une grande bravoure. Pour tromper complètement son frère, Morgane avait fait faire une copie d'Escalibour, si ressemblante qu'on aurait difficilement pu la distinguer de l'original. Elle l'avait confiée à l'une de ses suivantes pour qu'elle la remît au roi le jour du combat. Quant à Escalibour, la parfaite, elle n'avait pas manqué de l'envoyer à son ami, par l'intermédiaire du nain ; grâce à cette arme, il aurait, lors de cet affrontement, mis à mort le roi Arthur, totalement trahi par son épée médiocre, si la Demoiselle du Lac n'avait pas été là, comme ce récit le racontera en détail. Par ce combat, Morgane comptait se venger de Domas, qu'elle haïssait, et de son propre frère, mais la manière en était particulièrement cruelle, car elle avait fait promettre à Acalon qu'il ne quitterait pas le champ de bataille avant d'avoir coupé la tête du chevalier qui combattrait contre lui.

378. Morgane avait donc fait tout ce qui était en son pouvoir pour préparer et provoquer la mort de son frère et elle avait si bien arrangé la chose qu'elle n'attendait plus que le moment où on lui apporterait secrètement sa tête. Elle avait dit aux deux demoiselles qu'elle avait envoyées sur place : « Je vous déclare que je ferai reine celle de vous deux qui m'apportera la tête de mon frère. » Mais le récit cesse à présent de parler de Morgane et du roi Arthur et revient à Merlin.

XVIII

379. Le récit raconte à présent qu'après avoir quitté les enchanteurs qu'il avait fait mourir de cruelle manière, comme notre livre l'a déjà raconté, Merlin chevaucha avec ses compagnons aussi longtemps qu'il fit jour. Cette nuit-là, il se logea chez un humble vassal, homme de grand mérite, qui l'accueillit, lui et ses compagnons, le plus honorablement et le plus chaleureusement possible.

Cependant, Merlin était si épris de la Demoiselle du Lac qu'il se mourait d'amour, et il n'osait pas lui demander d'être à lui, parce qu'il savait bien qu'elle était encore vierge. Il n'avait pourtant pas l'intention de rester longtemps en sa compagnie sans la connaître charnellement et sans faire d'elle tout ce qu'un homme fait d'une femme. Il lui avait enseigné un si grand nombre de ses enchantements qu'elle n'en connaissait guère moins que lui. Elle savait bien qu'il ne convoitait que son pucelage, aussi lui vouait-elle une haine implacable et travaillait autant qu'elle le pouvait à le faire mourir. Elle l'avait du reste si bien envoûté, comme je vous l'ai dit précédemment, qu'il ne pouvait rien deviner de ce qu'elle faisait. Elle avait un jour confié à l'un de ses cousins chevaliers qui l'accompagnait qu'elle ferait mourir Merlin dès qu'elle en aurait l'occasion et qu'elle n'attendrait pas davantage, « car, disait-elle, il me serait impossible de l'aimer, même s'il me faisait maîtresse de toutes les richesses qui existent sous les cieux, parce que je sais qu'il est fils de démon et qu'il n'est pas comme les autres hommes. »

380. La Demoiselle du Lac parla ainsi de Merlin à maintes reprises, tant elle avait pour lui d'aversion parce qu'il était fils du diable. Un jour, comme ils cheminaient à travers la Forêt des Dangers, il advint que la nuit les surprit dans une vallée très profonde, pleine de pierres et de rochers, loin de toute ville, de tout château ou de toute autre présence humaine. L'obscurité fut si complète qu'ils ne purent continuer leur chemin et qu'il leur fallut au contraire s'arrêter. Ils avaient de quoi allumer un feu, aussi ramassèrent-ils le bois le plus sec possible, l'enflammèrent et firent alors une belle flambée, après quoi ils mangèrent la nourriture qu'ils avaient apportée d'un château où ils s'étaient arrêtés dans la journée. Quand ils eurent dîné ce soir-là, Merlin dit à la demoiselle : « Mademoiselle, tout près d'ici, parmi ces rochers, je pourrais vous montrer la plus jolie petite chambre que je connaisse. Elle a été entièrement taillée dans le roc au ciseau et les portes de fer en sont si solides que celui qui serait à l'intérieur n'en sortirait jamais plus, je crois. – Vous m'étonnez beaucoup, répliqua la demoiselle, en m'apprenant l'existence d'une chambre de toute beauté au milieu de ces rochers ; je pense pour ma part qu'absolument rien ne pourrait y vivre, si ce n'est le diable et les bêtes sauvages. – Quelqu'un pourtant y a vécu, dit Merlin. Il n'y a pas cent ans de cela, il y avait dans ce pays un roi qu'on appelait Assen. C'était un homme de grand mérite et un chevalier excellent. Il avait un fils, nommé Anasten, lui même chevalier très valeureux et très estimable. Ce jeune homme aimait la fille d'un chevalier pauvre, d'un si grand amour qu'aucun mortel n'aurait pu aimer une femme davantage.

381. Lorsque le roi Assen a appris que son fils aimait une personne d'extraction aussi modeste et d'aussi humble condition, il le lui a vivement reproché et lui a fait maintes remontrances à ce sujet. Mais, malgré cela, le jeune homme n'en a absolument pas moins continué d'aimer la demoiselle et de la fréquenter assidûment. Quand il a vu que ses prières ne le feraient pas changer d'avis, le roi l'a menacé et lui a dit : « Si tu ne cesses pas très bientôt de la voir, je te tuerai. » Son fils lui a répondu : « Jamais je ne l'abandonnerai, et je l'aimerai au contraire toute ma vie. – Vraiment ? Sache donc que je te tuerai pour cela, et elle avant toi. » Après avoir entendu ces paroles, le chevalier a fait éloigner et cacher la demoiselle pour que son père ne puisse la trouver. Il a alors décidé de chercher un lieu inhospitalier, à l'écart de toute présence humaine, où nul n'habitait, et d'y emmener la jeune fille, si bien qu'ils passeraient là le reste de leur vie. Il avait très souvent chassé dans cette forêt, en sorte qu'il connaissait bien cette vallée. Il est donc venu ici sans tarder, amenant avec lui ceux de ses compagnons qu'il aimait le plus, ainsi que des gens capables de réaliser une habitation et d'en aménager l'intérieur. Il a fait aussitôt tailler à même la roche, au ciseau, deux belles pièces destinées à servir de chambre et de salle principale. Quand elles ont été faites exactement comme il le voulait, si somptueuses qu'on aurait peine à le croire si on ne les voyait pas, il s'est immédiatement rendu à l'endroit où il avait caché son amie. Il l'a amenée ici et il a pourvu cette grotte de tout ce qu'il jugeait nécessaire. Il y a résidé depuis lors toute sa vie, goûtant avec sa maîtresse un bonheur parfait aussi longtemps qu'il a vécu. Et il est avéré qu'ils sont morts le même jour et qu'ils ont été enterrés ensemble dans la chambre même de leur demeure. Les corps y sont encore et ils ne pourriront pas de mon vivant, parce qu'ils ont été embaumés. »

382. Ces paroles réjouirent la demoiselle au plus haut point. Elle pensa aussitôt que c'était là qu'elle enfermerait Merlin, si jamais elle le pouvait ; et si enchantements et formules efficaces pouvaient venir en aide à une femme elle était persuadée de mener l'affaire à bien. Alors, elle dit à Merlin : « Assurément, Merlin, les deux amants dont vous venez de me parler se sont aimés d'un cœur très sincère, car ils ont renoncé à tout et à tous pour ne goûter de joie et de plaisir que l'un avec l'autre. » Merlin lui dit alors tout bas : « J'ai fait de même, madame, car j'ai quitté pour vous le roi Arthur et tous les nobles personnages du royaume de Logres, qui étaient sous mon autorité, et je n'ai rien gagné en vous suivant*. » Elle répondit aussitôt : « Merlin, si vous étiez parvenu à vos fins du premier coup, je suppose que vous vous seriez tenu pour un homme comblé et gâté par le sort. Eh bien, en vérité, je m'estimerais aussi parfaitement heureuse, si je pouvais faire ce que je veux. – Soyez sûre, madame, reprit Merlin, qu'il n'y a rien au monde que je ne fasse, si pénible que cela puisse être, si vous voulez ce soit fait. Je vous prie donc de me dire quel souhait vous ne pouvez réaliser. – Je ne vais pas vous le dire tout de suite, répondit-elle, car vous le saurez très bientôt. Mais je veux voir la chambre dont vous m'avez parlé, celle qu'ont faite ces deux amants : nous y dormirons cette nuit, vous et moi, car en vérité le sincère amour dans lequel ils y ont vécu ne me fait que davantage aimer cet endroit. »

383. Merlin éprouva alors une grande joie et déclara qu'elle verrait la chambre, puisqu'elle le voulait, expliquant qu'ils en étaient d'ailleurs tout près. Il chargea deux serviteurs de prendre des torches et s'engagea sur un petit sentier qui s'écartait du chemin qu'ils avaient suivi. Ils n'avaient guère marché lorsque, parvenus près d'un grand rocher, ils découvrirent une porte de fer, très étroite. Merlin l'ouvrit, entra et les autres le suivirent. Quand ils furent à l'intérieur, ils virent une pièce entièrement recouverte de mosaïques couleur d'or, aussi somptueusement décorée que si le meilleur artiste du monde y avait consacré ses soins pendant vingt ans. « En vérité, s'exclama la demoiselle, cette habitation est absolument magnifique ! On voit bien qu'elle a été faite pour que des gens qui savaient profiter de la vie y goûtent de grands plaisirs. – Et ce n'est pas encore leur chambre à coucher, reprit Merlin. C'est ici l'endroit où ils mangeaient la plupart du temps, mais je vais vous conduire là où ils dormaient. » Alors, il fit quelques pas et se trouva devant une porte de fer ; il l'ouvrit et, comme il en avait franchi le seuil, il demanda la chandelle qui se trouvait dans la pièce qu'il venait de quitter. Quand il fut entré, il dit à ceux qui le suivaient : « Maintenant, vous pouvez voir la chambre des deux amants et l'endroit où sont leurs corps. » Les autres y pénétrèrent aussitôt et se mirent à regarder partout. Quand ils eurent soigneusement examiné la pièce et tout ce qu'elle contenait, ils déclarèrent qu'il n'existait nulle demeure aussi belle que celle-ci sous le firmament. « Certes, dit Merlin, elle est belle, comme étaient beaux ceux qui l'ont fait faire ainsi. » Alors, il montra à la demoiselle une sépulture particulièrement magnifique, qui se trouvait au bout de la chambre et qui était recouverte d'une précieuse étoffe de soie rouge, ornée de très jolies broderies de fil d'or représentant des figures animales. « Mademoiselle, reprit Merlin, sous cette pierre tombale se trouvent les corps des deux amants dont je vous ai parlé toute la nuit. » Elle souleva aussitôt l'étoffe et vit la pierre qui recouvrait la tombe. Elle était de marbre rouge, comme la jeune fille put le constater après l'avoir examinée attentivement. « En vérité, Merlin, dit la demoiselle, c'est une habitation absolument magnifique. On voit bien qu'elle a été conçue et réalisée pour que des gens gais et enclins à profiter de la vie puissent s'adonner à toutes sortes de divertissements, de fêtes et de plaisirs. – C'est exact, répliqua Merlin. Et si vous saviez quels efforts et quelle application ont été nécessaires pour accomplir tout cela, votre admiration serait complète. – Et cette pierre tombale, demanda la jeune fille, pourrait-elle être soulevée par une main d'homme ? – Non, répondit Merlin, et cependant il me serait facile de le faire. Je vous conseillerais néanmoins de ne pas insister pour voir leurs dépouilles, car tout corps ayant séjourné en terre aussi longtemps que l'ont fait ceux-ci ne pourrait qu'être laid et horrible à voir. – Je veux quand même, reprit-elle, que cette pierre soit soulevée. – Volontiers », dit-il. Il la prit aussitôt par l'extrémité la plus épaisse et la souleva. Elle était pourtant si lourde que dix hommes auraient eu bien du mal à la remuer, c'est pourquoi il ne faut pas douter qu'en cette occasion son savoir lui fut plus utile que sa force ; c'était d'ailleurs, à la vérité, le cas en toute circonstance.

384. Quand il eut soulevé la pierre tombale, il la déposa sur le sol, à côté du caveau. La demoiselle examina l'intérieur et constata que les deux corps étaient enveloppés dans une seule et même précieuse pièce de soie blanche ; mais elle ne vit rien d'autre, car elle ne put distinguer ni les membres ni même les contours[413] des corps ainsi

---

[413] *Suite*, § 384, ll. 4 : *ne les membres ne les figures ;* HDB, p. 328 : « ni les membres ni les figures » ; EB, p. 315 : « ni les corps ni les visages » ; G. Roussineau (*op. cit.*, gloss., p. 754, s. v.) glose cette occurrence de *figure* 'forme, aspect, allure'. Nous suivons l'éditeur, mais l'acception de 'visage', qui serait mieux venue ici en complément de « membres », semble exceptionnellement possible dès le milieu du XIIIe siècle (v. J. Renson, *Les Dénominations du visage en français et dans les autres langues*

dissimulés par ce linceul. Lorsqu'elle comprit qu'elle n'en verrait pas davantage, elle dit à Merlin : « Merlin, vous m'avez tant parlé de ces deux personnes que si j'étais Dieu, ne serait-ce qu'une heure, je vous déclare que je réunirais leurs âmes dans une joie éternelle, et le souvenir de leur vie et de leurs actions m'est assurément si agréable qu'en mémoire d'eux je veux passer toute la nuit dans cette chambre sans en bouger. – Et moi avec vous, dit Merlin, pour vous tenir compagnie. »

385. Telle fut la résolution que prit la demoiselle et elle l'exécuta, en effet, car elle ordonna que l'on fît là son lit. Ceux à qui elle en avait donné l'ordre le firent et elle se coucha aussitôt, ainsi que Merlin, mais dans un autre lit.

Ce soir-là, Merlin éprouva un fort sentiment d'accablement qui lui ôta une bonne part de son enjouement et de son entrain habituels. A peine couché, il s'endormit, en homme qui était déjà entièrement ensorcelé ; dès ce moment, il avait perdu toute la perspicacité et toute l'intelligence dont il avait été auparavant pourvu. Quant à la demoiselle, qui le savait bien, elle se leva de son lit et se dirigea vers la place où il dormait ; elle se mit alors en devoir de l'envoûter encore plus qu'il ne l'était. Quand elle l'eut mis dans un tel état que, même si on avait fait mine de lui couper la tête il aurait été incapable de faire le moindre mouvement, elle ouvrit aussitôt la porte de la

---

romanes. Étude sémantique et onomasiologique, Paris, Les Belles Lettres, Bibliothèque de la Faculté de Philosophie et Lettres de l'Université de Liège, fasc. CLXII, 1962, pp. 345-347). Rappelons que notre manuscrit date des environs de 1300.

chambre et appela toute sa suite, qu'elle fit entrer et qu'elle conduisit auprès du lit où Merlin était étendu. Elle se mit à le tourner dans tous les sens, comme une motte de terre, et lui ne bougeait absolument pas plus que si son âme avait quitté son corps. Elle demanda aussitôt à ceux qui étaient devant elle : « Eh bien ! messieurs, celui qui passait son temps à ensorceler les autres n'est-il pas bien ensorcelé à son tour ? » Ils se signèrent d'étonnement et déclarèrent qu'ils n'auraient pas cru que les forces du monde entier réunies pussent le mettre dans un tel état. « Dites-moi donc, reprit-elle, ce qu'il faut en faire. Il est venu avec moi et m'a accompagnée, non pour me faire honneur mais pour me flétrir et me dépuceler. J'aimerais mieux qu'il fût pendu que de le voir m'approcher de cette manière, car il est fils d'une créature démoniaque et diabolique et pour rien au monde je ne pourrais aimer un fils de diable. C'est pourquoi il faut que je réfléchisse à la manière de me débarrasser de lui pour toujours, car, si je ne le fais pas maintenant, jamais plus je ne retrouverai une occasion comme celle-ci. – Maîtresse, dit un serviteur, pourquoi passer tant de temps à chercher des moyens et à faire des souhaits ? Je suis prêt à vous en débarrasser sur le champ. – Et comment le ferais-tu ? demanda la demoiselle. – Je vais le tuer, répondit-il. Que pourrais-je faire d'autre ? – Que Dieu m'abandonne pour de bon, reprit la jeune fille, s'il reçoit jamais la mort devant moi, car je n'aurais pas le cœur de le voir tuer*. Mais ma vengeance sera bien meilleure que celle que tu proposes. »

386. Alors, elle le fit prendre par les pieds et par la tête et le fit jeter dans la tombe où les deux amants reposaient, étendus sur le dos, après quoi elle fit remettre la pierre sur la sépulture. Quand ce fut fait, non sans difficulté, elle se mit à prononcer des incantations, scellant si bien cette dalle et la joignant si étroitement au caveau par des charmes et des formules efficaces que personne, depuis, ne put la bouger, ni à plus forte raison ouvrir la tombe et voir Merlin, mort ou vif, avant qu'elle-même y vînt à la prière de Tristan, comme la véritable histoire de celui-ci le raconte ; le *Récit du Cri* lui-même en parle, mais peu.

Depuis que Merlin eut été mis dans ce tombeau, donc, personne ne l'entendit prononcer une parole, sauf Baudemagus, arrivé là quatre jours après ces événements. A ce moment-là, Merlin vivait encore ; il parla à Baudemagus, tandis que celui-ci essayait de soulever le couvercle de pierre, car il voulait savoir qui était la personne qui se plaignait aussi vivement dessous. Merlin lui dit alors : « Baudemagus, ne t'épuise pas à essayer de soulever cette pierre, car ni toi ni personne ne la soulèvera avant que celle-là même qui m'a emprisonné ici le fasse, et l'on se servirait en vain d'une force ou d'un artifice quelconques pour y parvenir, car je suis retenu prisonnier ici par des charmes et des incantations d'une telle puissance que personne ne pourrait m'en faire sortir, si ce n'est celle qui m'y a enfermé. »

387. Ce livre ne raconte pas l'épisode dont je vous parle, parce que le *Récit du Cri* le fait en détail. Et sachez que le cri dont maître Hélie fait la matière de son livre est le dernier que Merlin ait poussé, dans la tombe où il se trouvait, par suite de l'immense dépit qu'il éprouva lorsqu'il comprit une fois pour toutes[414] qu'il allait mourir à cause de la ruse d'une femme, et que l'habileté d'une femme avait fait échec à la sienne. Le son du cri dont je vous parle fut entendu à travers tout le royaume de Logres, tant sa durée et son intensité furent grandes, et bien des prodiges en furent la conséquence, comme l'ouvrage précité le raconte mot pour mot. Mais nous n'en parlerons pas dans ce livre-ci, parce que maître Hélie le fait dans le sien, et je vais plutôt vous raconter ce qui nous concerne.

388. Quand la demoiselle eut emprisonné Merlin dans le caveau, comme je l'ai raconté, elle sortit de la chambre et en ferma la porte le mieux possible ; elle ne fit néanmoins aucun enchantement mais se contenta de passer la nuit dans la salle à manger de la maison avec ses compagnons. Le matin, au lever du jour, elle quitta cette demeure et referma la porte derrière elle, non d'une manière telle, cependant, que ceux que le hasard y conduirait ne pussent facilement l'ouvrir. Quand elle fut en selle, ainsi que ses compagnons, elle s'éloigna de ce rocher pour se diriger droit du côté où elle pensait que le combat dût avoir lieu et elle chemina si bien qu'elle arriva le jour même. Le récit ne fait mention

---

[414] *Suite*, § 387, l. 6 : *quant il aperchut **toutes voies** que il estoit livrés a mort* ; HDB, p. 329 : Ø ; EB, p. 317 : Ø ; G. Roussineau (*op. cit.*, gloss., p. 799, s. v.) glose cette occurrence de *toutes voies* 'entre-temps' (c'est-à-dire, comme nous le supposons, entre l'enfermement et la venue de Baudemagus). C'est une autre acception (où domine l'idée de permanence et de continuité), bien attestée dans notre texte et signalée par G. Roussineau (*ibid.*), que nous retenons ici.

d'aucune aventure qui ait pu lui advenir entre-temps et se borne à l'amener sur le lieu du combat. Il cesse à présent de parler d'elle et revient au roi Arthur pour raconter comment celui-ci vint à bout de son adversaire et comment il apprit que sa sœur Morgane lui avait tendu ce piège.

XIX

389. A présent, le récit raconte que, lorsque Domas eut prêté le serment que le roi Arthur lui avait demandé et que celui-ci se fut engagé à combattre pour lui, il fit savoir à son frère qu'il avait trouvé un chevalier qui défendrait sa cause en champ clos. L'autre lui répondit qu'il en était content, car il avait également le sien, tout prêt à livrer combat. Ainsi fut-il promis de part et d'autre que l'affrontement aurait lieu le lendemain sans faute. Le jour même où ces promesses furent échangées, une des demoiselles de Morgane arriva et, prenant le roi Arthur à part, lui dit : « Sire, ma dame la reine Morgane, votre sœur, vous salue et vous envoie cette épée, afin que vous ayez l'assurance de remporter la victoire. » Il examina l'épée et il lui sembla, à cause de la facture du fourreau et de l'arme, que c'était Escalibour, mais ce n'était pas le cas : ce n'en était au contraire qu'une contrefaçon, si incroyablement parfaite que, même si vous aviez vu les deux épées ensemble, vous n'auriez pu les distinguer l'une de l'autre. Quand il l'eut en main, il remercia beaucoup la demoiselle du présent qu'elle lui avait fait et la pria de remercier sa sœur de le lui avoir envoyé[415].

390. Le lendemain, avant le lever du soleil, le roi prit ce dont il avait besoin pour combattre et alla entendre la messe pourvu de toutes ses armes, hormis de son casque, de son bouclier et de sa lance. La messe finie, il retourna chez son hôte et lui demanda : « Mon hôte, partons-nous tout de suite d'ici ? – Ne soyez pas si pressé, répondit l'autre. On viendra vous chercher lorsque le chevalier que vous devez affronter sera arrivé. » Le roi déclara qu'il ne montrait de hâte que parce qu'il désirait se libérer de l'obligation qui lui était imposée. Son hôte répliqua qu'il s'en libérerait bien, s'il plaisait à Dieu. C'est ainsi que le roi Arthur attendit là, entièrement armé, jusqu'au lever du jour. Un écuyer arriva alors sur un grand cheval de voyage et dit à Domas : « Seigneur, on vous attend dans la prairie, et le chevalier qui doit combattre contre vous est déjà arrivé, tout prêt à attaquer et à se défendre. – Il s'est fort dépêché de venir, dit Domas, mais, s'il plaît à Dieu et à ce seigneur, on le ramènera très bientôt à bonne distance de ce qu'il convoite. »

391. Alors, le roi Arthur enfourcha un cheval de marche qu'on lui avait amené, et son hôte fit conduire celui avec

---

[415] Rappelons que douze jours sont censés s'écouler entre ce moment et le jour du combat (§ 331), durée dont, hormis Merlin et ses compagnons, les personnages n'ont nulle conscience (non plus que le lecteur, qui oublie ce détail, comme peut-être aussi l'auteur), puisque pour eux le combat a lieu le lendemain de cette scène.

lequel il devait combattre, tenu en bride de la main droite, jusqu'au lieu de l'affrontement. Quand Domas et son champion furent arrivés là où on les attendait, les deux frères s'écartèrent de l'emplacement réservé au combat pour définir les termes de leur accord devant les hommes de mérite du pays, qui étaient là nombreux. Lorsque la chose fut réglée et qu'ils furent convenus que celui auquel Dieu donnerait la victoire serait le maître de la terre disputée, ils firent immédiatement entrer les chevaliers dans le champ clos, chacun priant le sien de bien se comporter, puis ils se retirèrent aussitôt. Ceux qui devaient garder la place y pénétrèrent ; ils étaient douze, choisis parmi les hommes les plus honorables du pays.

392. Dès que les deux chevaliers se virent ensemble, séparés de l'assistance, l'un en face de l'autre, ils laissèrent leurs chevaux courir et, portés par leurs bêtes lancées à vive allure, ils se frappèrent si rudement en se rencontrant que ni les boucliers ni les cottes de mailles, qu'ils estimaient pourtant solides, ne purent empêcher qu'ils s'enfonçassent mutuellement les fers de leur lances à même la chair. Mais, heureusement pour eux, ce coup ne leur causa nulle blessure mortelle. Ils se poussèrent l'un l'autre de toutes leurs forces et firent voler leurs lances en morceaux, après quoi ils se heurtèrent si violemment du corps et du visage qu'ils tombèrent à la renverse sur le sol. Ils y restèrent étendus un très long moment, tout meurtris et tout contusionnés par la rudesse de leur chute. Toutefois, le roi Arthur était beaucoup moins mal en point que son compagnon, aussi se remit-il debout avec agilité dès qu'il eut repris ses esprits. L'autre, qui se sentait moyennement rassuré, se releva alors également, puis il dégaina Escalibour, l'incomparable épée, après avoir ôté le fer que le roi lui avait enfoncé au côté gauche. Le roi en avait fait autant pour son propre compte, car il avait été, lui aussi, blessé au côté gauche par Acalon, mais sa blessure était peu profonde.

393. Les deux compagnons avaient donc commencé à se battre entre eux parce qu'ils ne s'étaient pas reconnus, car, s'ils l'avaient fait, jamais ils n'auraient frappé un seul coup à ce moment-là, quelque pouvoir qu'ils eussent de le faire et quelque mécontentement qu'en dussent avoir ceux qui les avaient mis aux prises. Ils se précipitèrent l'un contre l'autre, les épées dégainées, et se frappèrent mutuellement sur le casque et sur le bouclier, de toute la puissance de leurs bras, aussi les casques furent-ils martelés, démolis, car les chevaliers étaient de grande force, et de très larges pans de leurs boucliers, qu'ils tranchaient par le haut et par le bas, volèrent dans les airs. Comme ils avaient rompu et démaillé leurs cottes d'acier sur les bras et sur les hanches, ils s'infligeaient de grandes et profondes entailles à chaque coup d'épée, et si le roi Arthur n'avait pas été aussi fort et aussi brave qu'il l'était il aurait vite été réduit à l'impuissance : il avait en effet perdu plus de sang et avait plus de blessures que son compagnon, car l'épée de celui-ci était d'une très grande valeur, tandis que la sienne ne valait pas grand-chose. Mais le grand courage du roi, joint au fait qu'il craignait de perdre tout honneur en ce monde et la haute dignité que Notre Seigneur lui avait accordée, entretenait sa vigueur ; quant à son adversaire, bien qu'il n'eût pas encore perdu une goutte de sang grâce à l'éminente vertu du fourreau de l'épée, il était si épuisé et si éprouvé, cependant, et par les coups qu'il donnait et par ceux qu'il recevait, qu'il lui fallut, bon gré mal gré, se reposer pour reprendre haleine. Le roi fit de même. Il était si échauffé qu'il ne prêtait pas encore attention au sang qu'il avait perdu. Quand il se fut un peu reposé, il regarda par hasard à ses pieds et vit l'herbe ensanglantée autour de lui par le sang qui sortait de ses blessures. En voyant cela, il fut profondément stupéfait et comprit aussitôt qu'il n'était pas en possession de son épée, qu'il avait été trompé et trahi et qu'on la lui avait changée pour une autre. Cette constatation lui fut si douloureuse qu'il ne sut que dire ni que faire.

394. Alors, Acalon, qui, n'ayant pas encore perdu une goutte de sang, était en bien meilleur état que son adversaire, dit au roi, dès qu'il se sentit un peu reposé : « Seigneur chevalier, je vous appelle au combat. A partir de maintenant, gardez-vous de moi ! » Le roi ne répondit rien, mais fonça sur lui, l'épée brandie, et, amenant son coup d'aussi haut et avec autant de force qu'il le pouvait, il frappa son adversaire si rudement qu'il l'obligea à s'incliner profondément vers le sol : s'il avait disposé d'une épée aussi bonne que l'était Escalibour, il l'aurait complètement pourfendu jusqu'au nez, car le coup était puissant et porté avec une extrême brutalité. Le chevalier se ressaisit, recula un peu, brandit Escalibour et abattit à son tour son épée si violemment sur le casque du roi que celui-ci s'estima suffisamment chargé sous le poids d'un tel coup. Le combat, acharné et mortel, reprit alors entre eux. Mais la partie était par trop inégale, car le roi avait déjà perdu tant de sang que sa rapidité et sa puissance étaient bien amoindries, tandis que l'autre, qui n'en avait pas encore perdu une seule goutte, était de ce fait beaucoup plus alerte et beaucoup plus fort. Avec cela, il avait une grande confiance en l'épée qu'il tenait, car il en avait largement éprouvé la valeur, alors que le roi était fort troublé d'être privé de l'arme qui était justement entre les mains de son adversaire.

Le roi et le chevalier combattaient donc avec des sentiments bien différents, car l'un, qui se voyait pourvu de l'incomparable épée et du précieux fourreau, était tout à fait tranquille ; il sentait que sa chair n'avait guère encore souffert du combat et qu'il était fort alerte, alors que le roi était extrêmement inquiet, parce qu'il se sentait blessé en de multiples endroits et qu'il avait perdu beaucoup de sang, et parce qu'il savait aussi qu'il avait une si mauvaise épée qu'il voyait venir le moment où elle se briserait entre ses mains : cette défaillance de son arme, à laquelle il s'attendait, était ce qui le troublait le plus et lui donnait les plus fortes craintes. Cependant, il ne laissait rien paraître de son inquiétude, quoi qu'il arrivât, mais assaillait son ennemi sans relâche et le harcelait tant que l'autre, tout étonné, se demandait d'où son adversaire puisait une telle vaillance ; car il voyait très bien qu'il avait déjà perdu tant de sang que l'homme le plus fort du monde aurait dû être moins vif et plus faible que ne l'était celui-ci. A cause de cela, il le tenait en son cœur pour le meilleur chevalier qu'il eût jamais vu et le redoutait beaucoup plus qu'il n'avait jamais craint quiconque ; toutefois, l'épée et le fourreau dont il était muni lui donnaient confiance.

395. Ils demeurèrent aux prises si longtemps, de la manière que je vous ai décrite, qu'ils finirent tous deux par se sentir extrêmement fatigués et éprouvés. Et ils s'étaient déjà livrés à tant d'assauts, l'un contre l'autre, que tous ceux qui regardaient le combat dirent d'une seule voix que jamais un tel affrontement n'avait eu lieu et que jamais deux chevaliers aussi vaillants que l'étaient ceux-là n'étaient entrés sur ces terres ni même dans toute la contrée. Les gens du pays auraient volontiers mis fin à ce duel, si cela avait été possible, car ils disaient que ce serait une très grande perte et un très grand malheur si l'un de ces deux braves mourait en cette occasion. Mais les deux frères ne purent en aucune manière consentir que l'on mît fin au combat, car chacun croyait avoir pour lui le meilleur chevalier et le plus valeureux. C'est pourquoi il fut absolument impossible d'obtenir d'eux qu'ils fissent la paix, car l'un et l'autre étaient par trop orgueilleux.

396. A présent, le récit raconte qu'après l'heure de midi, quand ils se furent un peu reposés, le roi s'élança sur son adversaire, qui l'avait appelé à reprendre le combat, leva haut l'épée et, de toute la puissance de son bras, le frappa à la tête. Le roi était très fort, mais son arme était peu solide et ne valait pas grand-chose, alors que le casque d'Acalon, fait de bon acier, était dur ; il arriva donc qu'à ce coup l'arme du roi se brisa au ras de la poignée : celle-ci lui resta dans la main tandis que la lame tomba sur l'herbe.

Cet événement ne fut pas de nature à rassurer le roi, car ce qui aurait dû lui servir à se défendre venait de lui faire défaut et il savait en outre que son adversaire était un chevalier d'élite ; ainsi n'avait-il encore jamais éprouvé, en quelque lieu que ce fût, une aussi grande crainte de subir une totale humiliation que celle qu'il ressentit à ce moment-là. Cependant, il feignit l'indifférence et n'accorda pas un seul regard à son épée, mais se couvrit avec ce qui lui restait de bouclier et attendit le chevalier de pied ferme, exactement comme s'il n'avait rien à craindre de lui. En voyant que son adversaire avait perdu son épée et qu'il se préparait néanmoins à se défendre, sans manifester la moindre contrariété après ce qui venait de lui arriver, Acalon l'estima en son cœur plus que tous les chevaliers qu'il eût jamais vus, et il se dit en lui même : « Ma parole, ou cet homme est le plus fou du monde ou il est le plus intrépide et le plus brave que j'aie jamais vu, car il est pour ainsi dire complètement défait et garde pourtant tout son sang-froid. » Il lui dit alors, pour voir ce qu'il pourrait obtenir de lui : « Seigneur chevalier, vous voyez bien ce qu'il en est. Je vous dis cela bien que j'aie trouvé aujourd'hui en vous le meilleur chevalier que j'aie jamais rencontré ; mais je vous vois dans une situation si critique que vous savez bien vous-même que vous ne pourrez pas tenir longtemps contre moi, car vous n'avez plus rien pour vous défendre. C'est pourquoi je vous conseille sincèrement, avant que les choses ne tournent plus mal pour vous, de vous avouer vaincu dans ce combat : si vous vous laissiez tuer, ce serait assurément une perte très grande, car vous êtes un excellent chevalier. Je vous le dis, que Dieu m'abandonne si je mens, plus pour votre profit que pour autre chose. Et, en vérité, si vous acceptez de reconnaître votre défaite, je m'efforcerai si bien d'obtenir qu'on vous tienne quitte que vous n'aurez pas à craindre de mourir, et nous achèverons au contraire cette affaire dans des conditions honorables pour vous et pour moi. »

397. Cette requête irrita beaucoup le roi, aussi répondit-il au chevalier : « Seigneur chevalier, dès lors que je me serais avoué vaincu, vous ne pourriez certainement pas vous efforcer d'obtenir que l'on me tienne quitte dans des conditions honorables pour moi, et je serais vraiment indigne et lâche si j'acceptais votre proposition, car je suis encore aussi fort, aussi capable de me battre que je l'étais en commençant. C'est pourquoi je ne vous tiendrais pas pour quelqu'un d'avisé si vous insistiez davantage pour que je me déshonore, car j'aimerais assurément mieux mourir cent fois, si je le pouvais, que de dire une seule parole que l'on puisse considérer comme une lâcheté. N'espérez donc absolument pas que je m'avoue vaincu aussi longtemps qu'il me restera un souffle de vie. – Alors, soyez sûr à présent, reprit le chevalier, que le moment est venu pour vous de mourir. – Il n'est pas encore là, répliqua le roi, et ce n'est pas aujourd'hui que j'irai voir la mort d'aussi près que vous le pensez, quelle que soit votre force. » Après ces paroles, le chevalier n'attendit pas davantage, mais se précipita vers le roi l'épée au poing. Loin de se dérober, celui-ci lança le bouclier en avant pour parer le coup et l'autre frappa dessus si rudement que tout ce qu'il en atteignit s'écroula sur le sol. Il se mit alors à harceler le roi de son épée tranchante, si cruellement qu'il fit jaillir son sang de toutes parts, de sorte que tous ceux qui avaient été témoins de la vaillance du roi ce jour-là et qui voyaient ce qu'il endurait à cet instant furent remplis de pitié à son égard et déclarèrent maudite l'heure où ce combat avait été décidé, car, disaient-ils, le meilleur et le plus brave chevalier qui, à leur connaissance, eût jamais porté les armes en ce pays en mourrait devant eux.

398. Le combat se prolongea un long moment ainsi après que le roi eut perdu son épée. Vers le milieu de l'après-midi, alors qu'il avait résisté autant qu'il l'avait pu et qu'il avait perdu tellement de sang qu'un autre en serait mort depuis longtemps, ses mouvements devinrent plus lents et il commença à se dérober aux coups que l'autre lui assenait. Mais sans la présence de la Demoiselle du Lac, qui était venue avec l'intention de l'aider si elle constatait que Merlin avait bel et bien été dans l'incapacité de se rendre sur place[416], il aurait néanmoins fini par mourir, car il se serait plutôt laissé tuer que de demander grâce, et la chose eût été sans remède.

Lorsqu'elle arriva parmi ceux qui assistaient à cet affrontement, elle reconnut bien le roi en voyant que son épée lui avait fait défaut, et Merlin lui-même lui avait parfaitement décrit les armes qu'il porterait dans ce duel. Quand elle vit que le souverain était dans une situation aussi critique, elle en fut proprement épouvantée et fut persuadée qu'il était blessé à mort. Elle lança donc un enchantement qui lia si étroitement Acalon que non seulement il ne put abaisser son épée, alors qu'il l'avait brandie pour frapper le roi Arthur de toutes ses forces, mais qu'elle lui échappa de la main pour tomber sur

---

[416] *Suite*, § 398, ll. 9-10 : *...se elle veist que Merlins n'y fust* ; HDB, p. 335 : « (venue pour aider le roi) à la place de Merlin » ; v. G. Roussineau (*op. cit.*, p. 679, n. 398,9).

l'herbe. Quand le roi vit au sol cette arme, qui était rouge de son propre sang, il bondit très promptement de ce côté, la prit, la souleva et reconnut aussitôt Escalibour, son épée. Il fut alors à la fois plus heureux et plus affligé que quiconque aurait pu l'être : heureux d'avoir retrouvé son épée, car il était sûr, désormais, de bien achever ce combat, mais affligé à cause de sa sœur, qui l'avait si odieusement trahi, car il comprenait parfaitement qu'elle était à l'origine de toute la machination dont il avait été la victime et qu'elle espérait le faire mourir dans cette bataille. Dès qu'il eut l'épée en main, il regarda le fourreau que l'autre avait en sa possession et le reconnut immédiatement ; il marcha aussitôt à grandes enjambées vers son adversaire, lui arracha cet objet et le jeta le plus loin possible. La demoiselle leva alors son enchantement, de sorte que le chevalier recouvra tous ses moyens. Mais quand il constata qu'il avait perdu son épée et le fourreau qui lui inspiraient tant de confiance, rien n'aurait pu alors le réconforter, d'autant plus qu'il ne tarda pas à s'apercevoir qu'il commençait à saigner à cause de toutes les blessures que le roi lui avait faites ce jour-là, alors qu'il ne saignait pas auparavant[417]. Le roi lui dit aussitôt : « Monsieur le chevalier, maintenant c'en est fait de vous. En vérité, c'est à mon tour de vous dire que le moment est venu pour vous de mourir. La victoire que vous étiez en passe d'obtenir ne vous aurait pas coûté beaucoup de peine, mais la traîtresse qui vous a

---

[417] Il s'agit là d'un très grossier artifice *ad hoc* : si le fait d'ôter le fourreau avivait les blessures reçues dans un combat, on imagine mal comment Arthur aurait pu survivre à la bataille contre Rion et Loth (§ 156, ll. 8-11).

mis en possession de cette épée ne vous sera plus d'aucun secours désormais ! » Il se précipita sur son adversaire et, en peu de temps, lui fit la vie si dure que l'autre ne put rester debout qu'à grand-peine, tant il avait perdu de sang et reçu de blessures, petites et grandes. Lorsque le roi vit qu'il l'avait pour ainsi dire vaincu et que son ennemi ne tenait plus sur ses jambes, il le prit par la tête et l'attira si rudement vers lui qu'il le renversa sur le sol. Il trancha aussitôt les lacets de son robuste casque et le jeta aussi loin qu'il le put sous les yeux de tous ceux qui s'intéressaient à l'action, après quoi, à plusieurs reprises, il lui frappa violemment la tête du pommeau de son épée, faisant ainsi jaillir le sang à travers les mailles de son capuchon de fer, et déclara qu'il le tuerait s'il ne s'avouait pas vaincu.

Quand il se vit en si grand danger de mourir, le chevalier dit au roi : « Vous pouvez me tuer, si tel est votre plaisir, seigneur chevalier, car il me semble que vous avez largement l'avantage dans ce combat, mais jamais, s'il plaît à Dieu, vous ne m'entendrez m'avouer vaincu comme vous me le demandez : j'aime encore mieux que vous me donniez la mort ! » A cet instant, le roi Arthur décida qu'il ne le tuerait pas avant de savoir qui il était, car il pensait que cet homme était de sa maison. Il reprit donc : « Seigneur chevalier, je vous prie de me dire qui vous êtes avant que je vous en fasse davantage. » L'autre répondit immédiatement : « Je suis de la cour du roi Arthur et je m'appelle Acalon. » Ces mots remplirent aussitôt le roi de stupeur, car il savait bien que c'était celui qui avait été ensorcelé avec lui dans le bateau ; alors, il lui demanda : « Je vous prie de me dire qui vous a donné cette épée. » Quand il entendit ce que l'autre lui demandait, le chevalier poussa un soupir, puis il répondit : « Seigneur, cette épée, j'ai eu tort de la prendre, car la confiance que j'avais en elle m'a tué ! – C'est bien possible, dit le roi, mais vous me direz quand même qui vous l'a donnée, s'il vous plaît. – Je vais vous le dire, répondit Acalon, sans vous le cacher davantage, car je vois que le moment est venu pour moi de mourir. Et même si vous ne m'acheviez pas je ne pourrais plus vivre bien longtemps désormais, car j'ai perdu trop de sang, aussi vais-je vous dire ce qu'il en est, pour atténuer ma faute, sous réserve que vous me promettiez de rapporter exactement au roi Arthur ce que je vais vous révéler maintenant. » Le roi le lui promit. Acalon reprit aussitôt : « Sachez donc en vérité que c'est la reine Morgane qui me l'a donnée, pour que je puisse en tuer le roi Arthur, son frère, car sachez bien qu'elle a pour lui une haine mortelle et qu'il n'est personne au monde qu'elle haïsse autant. – Et pourquoi, demanda le roi, vous l'a-t-elle donnée à vous, plutôt qu'à un autre ? Lui avez-vous promis de tuer le roi Arthur ? – Certainement pas, répondit Acalon. Pour rien au monde je ne me chargerais de le tuer, même si je pouvais le faire facilement... Mais elle me l'a quand même donnée, il y a plus d'un an, alors qu'elle l'avait souvent en sa garde[418], et elle m'a fait ce don parce qu'elle m'aimait

[418] *Suite*, § 398, ll. 88 : *...et le gardoit bien souvent* ; HDB, p. 336 : « elle la regardait souvent » ; v. G. Roussineau (*op. cit.*, gloss., p. 756, s. v. *garder*) 'regarder'. En faveur de notre interprétation nous invoquerons le § 158 (ll. 7-8). Il n'est évidemment pas impossible que Morgane ait souvent regardé cette épée avec l'impatience de la voir servir, mais on voit mal l'utilité d'une telle notation, à ce moment-là, dans la bouche d'Acalon, qui cherche

autant qu'une femme peut aimer un homme ; à cause de cette passion qu'elle avait pour moi, elle aurait volontiers cherché à provoquer la mort de son frère, si elle en avait eu l'occasion, et si elle en avait trouvé le moyen elle m'aurait fait donner la couronne du royaume de Logres. Mais elle ne le fera jamais, car je vais mourir[419].

399. Vous savez maintenant qui je suis et qui m'a donné l'épée. A présent, je vous prie de me dire qui vous êtes. Ne me le cachez pas, au nom de la créature que vous aimez le plus au monde. – Sur ma tête, dit le roi, vous invoquez une telle autorité pour me forcer à vous répondre que je vais vous dire la vérité. Sachez que je suis cet Arthur dont vous parlez, celui qui, avant-hier, a passé la nuit en votre compagnie sur le bateau où les demoiselles nous ont ensorcelés. » Quand l'autre entendit ces mots, il s'écria : « Ah ! mon très cher seigneur, comme je suis heureux de vous voir ! Au nom de Dieu, pardonnez-moi d'avoir combattu contre vous. Je vous jure, sur Dieu et sur mon âme, que si j'avais pensé que c'était vous je n'aurais jamais combattu, car j'aurais alors été l'homme le plus déloyal du monde si je l'avais fait en connaissance de cause. – En vérité, Acalon, reprit le roi, je vous le pardonne, car je vois bien à vos paroles que vous ne m'aviez

---

plutôt à expliquer comment il s'est trouvé dans cette situation, à quelqu'un qui peut à bon droit se demander pourquoi l'arme d'Arthur était en la possession de Morgane.

[419] Habileté ou maladresse de l'auteur, il est bien malaisé de discerner la part de complicité d'Acalon dans ce complot. Sa dernière phrase, qui sonne comme le regret d'une occasion manquée, est d'une totale ambiguité.

pas reconnu, et je ne dois m'en prendre qu'à ma sœur, cette scélérate qui cherchait à provoquer ma mort de tout son pouvoir alors que je ne l'avais pas mérité. Mais, si Dieu m'accorde de rentrer à Camaalot sain et sauf, je prendrai d'elle la vengeance la plus impitoyable qui ait jamais été prise d'une traîtresse, de sorte qu'on en parlera encore dans le royaume de Logres après ma mort. »

400. Alors, le roi se releva et appela ceux qui gardaient le lieu du combat. Lorsqu'ils furent près de lui, il leur dit : « Faites la paix entre vous comme il vous plaira : nous ne combattrons pas davantage, ce chevalier et moi, car nous nous connaissons et nous étions si bons amis que, si nous avions su en commençant, comme nous le savons maintenant, que nous étions face à face, nous n'aurions pas, pour tout l'or du monde, porté la main l'un sur l'autre jusqu'à faire couler le sang. » Acalon se remit alors debout et leur lança, aussi haut qu'il le put : « Misérables, qu'avez-vous fait ? Assurément, vous serez tous détruits, et à bon droit, car vous avez bien failli provoquer, par vos méchants procédés, la perte de l'homme le plus accompli et le plus honorable qui soit au monde, le roi Arthur, que vous voyez ici devant vous et que vous avez mis aux prises avec moi comme s'il n'avait été qu'un simple chevalier voyageur. On devrait en vérité vous rayer tous de la surface de la terre, car il s'en est fallu de peu que vous n'ayez tué le seigneur auquel vous êtes liés par un serment qui passe tous les autres ! »

401. Quand les gardiens du champ clos entendirent ces mots, ils restèrent sans voix, comme si la mort les avait tous frappés, aussi furent-ils incapables de faire une quelconque réponse. Ils reprirent cependant leurs esprits et allèrent s'agenouiller devant le roi Arthur, auquel ils dirent : « Ah ! sire, au nom de Dieu, pitié ! Nous ne vous avions jamais vu. Au nom de Dieu, pardonnez-nous notre méprise ! – Je vous la pardonne, dit-il, à condition que vous ne révéliez pas mon identité, en sorte que personne d'autre, ici, ne sache qui je suis jusqu'à ce que je sois rentré à Camaalot. – Sire, répondirent-ils, sachez que votre identité sera bien cachée, puisque tel est votre plaisir. » Alors, ils le conduisirent devant les deux frères qui avaient organisé ce duel et leur dirent : « Déclarez-vous mutuellement dispensés de poursuivre ce combat, car il ne peut se prolonger davantage. Par le seul fait qu'il ait eu lieu, nous craignons que tout ce pays ne soit détruit et dévasté et que ceux qui y vivent ne soient suppliciés et mis à mort, car celui qui a fait triompher la cause qu'il défendait dans cet affrontement vous fera exécuter, vous et vos héritiers, si Dieu ne vous vient en aide. » Quand les deux frères entendirent ces mots, ils en furent consternés, aussi demandèrent-ils : « Qui sont ceux qui ont livré ce combat ? – Vous l'apprendrez, répondirent les autres, plus tôt que vous ne le voudriez... Mais maintenant faites au plus vite la paix entre vous. » Terrorisés par ces propos, les deux hommes y consentirent et s'embrassèrent, après quoi ils allèrent aussitôt auprès du roi et d'Acalon[420]. Ils les transportèrent, suivant le désir du souverain, dans une abbaye de moniales qui était toute proche. Celles-ci examinèrent les blessures du roi, après l'avoir installé dans un lit, puis elles

[420] Notation qui n'est pas en accord avec § 401 (l. 10) : « Lors le [Arthur] mainnent as .II. freres... »

le soignèrent par tous les moyens dont elles disposaient, en veillant à le satisfaire en toute chose. On fit de même pour Acalon, mais tous leurs soins ne purent absolument pas empêcher que le chevalier mourût le quatrième jour, car il avait perdu beaucoup de sang et ses blessures étaient très étendues et très profondes.

Le roi séjourna en ce lieu une semaine tout entière, après quoi il se sentit beaucoup mieux et suffisamment rétabli pour pouvoir chevaucher. Tant qu'il demeura là, il ne se fit à aucun moment connaître publiquement, mais, le quatrième jour de son arrivée, apprenant que son compagnon était mort, il fit placer son corps dans un cercueil, qui devait être placé sur un brancard porté par des chevaux, puis il choisit quatre chevaliers parmi les personnes qui étaient à son service et leur dit : « Vous l'emmènerez à Camaalot dans cet état. Quand vous y serez arrivés, vous saluerez comme il convient de le faire Morgane, ma sœur, et vous lui présenterez de ma part ce chevalier dont elle était passionnément éprise. Vous pouvez lui dire aussi que j'ai fait de lui ce qu'il devait faire de moi et que je suis en possession d'Escalibour, la vraie, et non la contrefaite, ainsi que du fourreau. Et qu'elle sache que jamais trahison n'a été aussi chèrement payée que le sera celle dont elle s'est rendue coupable envers moi, si Dieu me donne la santé, quand bien même elle fuirait dans le plus lointain pays qui soit. » Tels furent les ordres du roi. Les messagers montèrent aussitôt à cheval et emportèrent avec eux le corps du chevalier sur un brancard de toute beauté porté par deux chevaux, puis ils se dirigèrent droit vers Camaalot. Mais à présent le récit en reste là pour ce qui les concerne et revient au roi Urien.

XX

402. Le récit raconte maintenant que le roi Urien fut transporté par enchantement auprès de Morgane, sa femme, au moment même où Arthur se retrouva dans la prison et Acalon dans le verger. Le roi Urien ne manqua pas de s'éveiller quand il se retrouva à cet endroit, mais il n'en fut pas surpris, car il ne se souvenait ni du roi Arthur ni du bateau ni d'aucun des événements antérieurs, en homme qui était encore complètement sous l'effet de l'enchantement. Il se rendormit immédiatement et son sommeil fut aussi profond qu'auparavant.

403. Quand Morgane le vit endormi, elle appela aussitôt une de ses suivantes, celle en qui elle se fiait le plus et à laquelle elle s'était le plus ouverte de ses intentions secrètes ; elle lui montra le roi qui dormait et lui dit : « Qu'allons-nous faire de lui ? Jamais plus nous n'aurons de meilleure occasion de le tuer que celle qui nous est offerte à présent, car, si nous le tuons maintenant, nous ne serons jamais accusées de ce crime et nul ne sera jamais assez audacieux pour nous demander des comptes. » L'autre répondit : « Madame, il n'est rien que je ne fasse pour vous, si je croyais pouvoir vraiment le faire. Mais je ne vois assurément pas comment je pourrais le tuer maintenant sans qu'il s'éveille d'abord, car je me sens faible et sans courage. Et, si par hasard il s'éveillait avant que je l'aie tué, rien au monde ne l'empêcherait de me supplicier et de me faire mourir d'une mort cruelle. C'est pourquoi, madame, je n'oserais pas me charger de le tuer, car en vérité je sais bien que le cœur me manquerait avant que j'en aie fini. – Au nom de Dieu, répliqua Morgane, puisque tu n'oses pas t'en charger, je le ferai sans hésiter, car je sais fort bien que le cœur ne me manquera pas, à moi. Va donc dans l'autre chambre me chercher son épée, qui est suspendue à une corne d'argent ; je m'habillerai pendant ce temps. » L'autre, qui n'osait pas refuser d'exécuter cet ordre, répondit qu'elle le ferait sans faute. Elle se dirigea vers la chambre où était l'épée du roi, très affligée que sa maîtresse voulût agir ainsi.

404. Tout ce que Morgane avait dit à la demoiselle, Yvain, son fils, l'avait parfaitement entendu : il était en effet couché tout près de l'endroit où elles avaient tenu cette conversation, en sorte qu'il n'était séparé d'elles que par une tenture. Il bondit alors de son lit et s'habilla avec une hâte extrême, craignant de n'être jamais prêt à temps. Quand il fut entièrement vêtu, il se cacha pour voir ce que ferait sa perfide mère. Celle-ci s'était déjà levée et habillée. Quand la demoiselle revint de la chambre où elle était allée chercher l'arme, Morgane lui dit : « Apporte donc l'épée par ici : tu verras comment Morgane sait s'en servir ! » L'autre, toute tremblante, la lui donna ; Morgane la sortit du fourreau et la vit briller d'un vif éclat. Alors, elle se dirigea vers le lit et dit à la demoiselle : « Avance donc : tu vas voir une fille de roi manier l'épée[421] ! »

---

[421] Scène éminemment shakespearienne. Il est impossible de ne pas songer ici au dialogue de Lady Mac Beth avec Mac Beth hésitant, qui craint d'échouer dans leurs projets régicides et qu'elle persuade de tuer Duncan dans son sommeil (*Mac Beth*, I, 7). Bien qu'il soit

Quand Yvain vit que l'affaire prenait ce tour et que sa mère persistait à vouloir tuer son père, il lui cria : « Ah ! misérable femme possédée de tous les diables, arrête ! » Il sauta alors par dessus le lit, car il était souple, saisit sa mère par le bras et lui enleva l'épée des mains, puis il lui lança, au comble de la fureur et de l'affliction : « En vérité, si vous n'étiez pas ma mère, vous regretteriez de l'avoir prise, cette épée, car vous n'en prendriez plus jamais d'autre après celle-ci, mais vous mourriez sur-le-champ de l'avoir fait en cette occasion ! Et vous l'avez mérité, car vous êtes la créature la plus scélérate et la plus criminelle que j'aie jamais vue, vous qui voulez tuer dans son sommeil votre époux, l'homme le plus loyal et le plus accompli que je connaisse au royaume de Logres. Ils disent vraiment la vérité, les chevaliers de ce pays, lorsqu'ils prétendent que vous ne faites que le mal et ne savez que tromper ; que vous agissez par science démoniaque en tout ce que vous faites. Certes, le diable a bien sa part en vous et les démons vous ont assurément prise dans leurs rets, puisque vous étiez prête à commettre ce crime. Vous auriez vraiment mérité pour cela une mort ignoble, s'il se trouvait quelqu'un pour vous l'infliger ! » Alors, il remit l'épée dans son fourreau et la jeta dans le jardin, le plus loin possible, en vouant le tout au diable. Puis il s'adressa de

---

peu probable que le dramaturge élisabéthain ait été influencé par ces pages, il a pu connaître cette scène par l'œuvre (imprimée en 1485) de Thomas Malory (v. *Le Roman du roi Arthur et de ses chevaliers de la Table Ronde [Le Morte d'Arthur]*, trad. P. Goubert, Nantes, L'Atalante, 1994, p. 152).

nouveau à Morgane : « Assurément, si vous n'étiez pas ma mère, je vous traiterais de telle sorte qu'il en serait parlé à tout jamais. Mais je ne le ferai pas, car ce serait ma perte si je vous tuais, et je commettrais une bien grande folie si je perdais mon âme pour un démon tel que vous l'êtes. Oui, vous êtes un démon, un diable, une scélérate ; c'est pourquoi je mériterais plus que Merlin d'être appelé fils de diable, car nul n'a jamais pu voir de ses yeux que son père en était un, tandis que moi j'ai vu que vous êtes un diable et un vrai démon, et j'ai bien été conçu en vous, en vous dont je suis sorti. Je peux donc vraiment affirmer que je suis, plus que ne l'est Merlin, fils de diable ! »

405. Quand Morgane entendit son fils parler avec tant de colère, elle s'agenouilla devant lui et lui tint ce discours : « Ah ! mon fils, pour l'amour de Dieu, pardonne mon geste et laisse là ta rancœur ; je te promets que jamais plus je ne m'aviserai de commettre pareil crime. En vérité, j'étais si contrariée qu'un démon en avait profité pour s'emparer de moi, au point que je ne savais plus ce que je faisais[422]. C'est Dieu qui t'a envoyé ici pour sauver ton père et moi, car je l'aurais tué, et mon âme aurait été damnée à tout jamais. Mais cela n'est pas advenu, Dieu

---

[422] *Suite*, § 405, ll. 5-6 : *...j'estoie si courechie que anemis m'avoit si sousprise que je ne savoie que je faisoie ;* HDB, p. 340 : « j'étais tellement en colère que le diable m'avait saisie et que je ne savais plus ce que je faisais » ; sur l'effet du *courroux* sur l'âme, v. *Merlin*, § 6 (l. 27) et § 7 (ll. 1-14). On pourrait peut-être aussi comprendre : 'j'étais ainsi en colère parce qu'un démon...' V. n. 250, 410.

merci, aussi te prié-je de faire silence sur cette affaire, pour ton honneur et pour le mien, car, si tu révèles ce qui s'est passé, on aura désormais pour toi bien moins de considération, où que tu ailles, à cause de cette histoire. » Il répondit qu'il se tairait, en effet, car plus il en dirait à ce sujet, plus il s'avilirait aux yeux d'autrui[423].

406. Ils en restèrent donc là et pour cette fois ne parlèrent pas davantage de cette affaire. Quand le roi fut réveillé et qu'il se vit dans cette chambre, il entra dans un grand étonnement et se mit à se signer devant ce prodige, puis il demanda qui l'avait transporté là, et ceux auxquels il s'adressait lui répondirent : « Sire, nous l'ignorons. Nous sommes nous-mêmes fort étonnés et nous nous demandons comment vous êtes arrivé ici, car nous n'avons pas été témoins de la chose. Mais où croyiez-vous être ? – Je croyais, dit-il, être avec mon seigneur le roi et Acalon sur le plus beau bateau que j'aie jamais vu, où nous avons été installés hier soir dans des lits magnifiques, après avoir été servis par de belles et aimables demoiselles. » Alors, la reine vint se présenter devant lui[424] et lui demanda où il

---

[423] *Suite*, § 405, ll.13 : *de tant vaurroit il pis ;* HDB, p. 340 : « cela rendrait la chose encore pire » ; le verbe peut être impersonnel ('moins cela vaudrait') ou non ('moins il vaudrait') ; la symétrie de l'expression nous fait pencher pour la seconde solution.

[424] *Suite*, § 406, ll. 11-12 : *...Lors vint avant la roine* ; à cause de « elle fait semblant que elle soit trop esmaiie » (ll. 14-15), qui dénote souvent une attitude feinte (c'est ainsi que l'a compris G. Roussineau, *op. cit.*, gloss., p. 792, s. v. *samblant*), on peut penser qu'il s'agit de Morgane. Il est extrêmement rare cependant que celle-ci

avait quitté le roi. Il lui raconta tout ce qui s'était passé, exactement comme le récit l'a déjà rapporté. Quand elle entendit ces paroles, elle fit paraître une très vive inquiétude. Elle demanda au roi Urien de se lever et de monter à cheval pour aller en compagnie d'une troupe nombreuse à l'endroit où il avait laissé le roi Arthur et le ramener ainsi à Camaalot. Celui-ci fit ce que la reine lui avait demandé ; il se mit donc en selle et entra de nouveau dans la forêt. Il chemina avec tant de hâte qu'il ne tarda pas à arriver à la rivière, où il vit le cerf mort, ainsi que le petit braque qui était couché à côté de lui et qui n'avait pas encore bougé. Mais il ne trouva nulle trace du bateau et des demoiselles et tous en furent très inquiets. Ils cherchèrent toute la journée et toute la nuit, puis le lendemain, de tous côtés, mais ces recherches ne rimaient à rien, car ils auraient eu bien du mal à le trouver, vu qu'il était plus loin d'eux qu'ils ne l'imaginaient. Quand la fatigue les contraignit d'abandonner les recherches, ils rentrèrent à Camaalot, très affligés de n'apporter aucune nouvelle. A la suite de ces événements, tout le monde, à la cour, fut si abattu et si taciturne que l'on n'y vit plus que des visages fermés et que tous étaient là comme morts, car ils ne savaient ce qu'il fallait penser de cette histoire, et chacun se bornait à dire que le roi et Acalon s'étaient engagés dans une aventure dont ils ne pouvaient venir à bout comme ils le voulaient et qu'ils tenaient à l'achever avant de revenir à la cour. C'était cela, disaient-ils, la cause de leur retard.

---

soit appelée « la roine ». Il y a donc place au doute et ce pourrait être Guenièvre.

407. Telles étaient les suppositions de ceux qui ne connaissaient pas la vérité. Mais, quoi qu'il en soit, même les moins timorés de la cour étaient remplis d'appréhension, car tous craignaient un accident ou quelque aventure fâcheuse ; aussi, ne sachant où chercher du réconfort, en étaient-ils réduits à attendre tous les jours que le roi revînt ou que des nouvelles de lui leur parvinssent.

Le septième jour exactement après le départ du roi, les quatre chevaliers qui amenaient le brancard où l'on avait placé le cercueil d'Acalon arrivèrent à Camaalot. A leur arrivée, nombreux furent ceux qui allèrent au devant d'eux pour leur demander si c'était le corps d'un chevalier tué et, si oui, lequel, car tous craignaient beaucoup que ce ne fût leur seigneur. Les chevaliers répondirent que c'était en effet le corps d'un chevalier tué que le roi envoyait à la cour. Tous ceux qui étaient présents éprouvèrent alors un vif soulagement en apprenant cela et ils coururent vers l'endroit où ils pensaient trouver la reine Guenièvre ; ils la trouvèrent dans un jardin, très abattue et fort soucieuse. Ils lui dirent aussitôt : « Madame, il y a là quatre chevaliers qui viennent d'arriver et qui apportent le corps d'un chevalier tué que le roi envoie ici. Venez, vous aurez des nouvelles du roi et vous apprendrez qui est cet homme. » Elle se dirigea aussitôt vers le palais, beaucoup plus joyeuse qu'elle ne l'était auparavant. Quand elle fut arrivée dans la grande salle, elle vit que les quatre chevaliers avaient déjà déposé sur le sol le défunt qu'ils avaient apporté. En la voyant, les quatre hommes la reconnurent sans peine, aussi la saluèrent-ils ; elle leur rendit leur salut et leur demanda aussitôt qui était le chevalier tué. « Madame, répondirent-ils, il est de cette cour. – Et quel est son nom ? – Madame, nous vous le dirons volontiers, à condition que vous fassiez venir ici la reine Morgane, car nous lui apportons un message de la part du roi Arthur. » La reine la fit aussitôt appeler et elle arriva le plus vite possible. Quand les chevaliers la virent, ils lui dirent : « Madame, le roi Arthur, votre frère, vous salue comme il doit le faire et vous envoie, dans ce cercueil, Acalon, le chevalier dont vous étiez passionnément éprise ; et il vous informe qu'il a fait d'Acalon ce que celui-ci devait faire de lui. Sachez aussi qu'il détient Escalibour, la vraie et non la contrefaite. Il vous fait également savoir que jamais trahison n'a été aussi bien vengée que celle-ci le sera, quand bien même vous fuiriez dans le pays le plus lointain qui soit. »

408. Lorsque Morgane les entendit parler ainsi, elle comprit bien qu'ils disaient certainement la vérité, mais elle dissimula et répondit : « En vérité, seigneurs chevaliers, vous n'êtes pas des messagers fort intelligents, puisque vous avez cru que la commission dont mon frère vous avait chargés pour moi était sérieuse. Sachez qu'il ne l'a fait que par plaisanterie et badinage, et pour savoir quelle tête je ferais en apprenant ces nouvelles. » Elle sortit ainsi de ce mauvais pas avec un tel aplomb que les autres, qui ignoraient ce qui s'était passé, n'imaginèrent pas, en entendant cela, qu'elle fût coupable de quelque chose, d'autant plus qu'elle affichait une mine souriante. Ils ne virent là que jeu et badinage, en effet, ainsi que la reine, car elle n'aurait pas osé imaginer une perfidie aussi grande que celle dont Morgane avait fait preuve.

Acalon fut enterré dans l'église Saint-Étienne, qui était alors la cathédrale de Camaalot. Quant à Morgane, elle ne put de toute la journée se montrer gaie, car elle avait au cœur tant de chagrin que nulle femme ne pourrait en éprouver davantage, à cause de la mort d'Acalon qu'elle chérissait plus que toute autre créature au monde.

409. Ce jour-là, elle fit venir près d'elle douze de ses suivantes, celles dont elle appréciait le plus la compagnie et en qui elle avait le plus confiance, et elle leur raconta toute l'affaire. Après les avoir emmenées dans une pièce éloignée, à l'écart de tous, elle leur décrivit exactement sa situation et déclara : « Je ne puis vous le cacher : on me fera mourir dans les pires tourments si je reste ici jusqu'à l'arrivée de mon frère, car il a parfaitement compris ce que je voulais faire de lui, aussi me fera-t-il mettre à mort, je le sais bien, sans la moindre pitié, s'il peut me trouver au palais. Il faut donc maintenant que je m'en aille là où il ne me cherchera pas. – Madame, dirent-elles, vous dites vrai, mais où ? – Vous ne tarderez pas à le savoir, répondit Morgane ; mais pour le moment préparez-vous et mettez toutes vos affaires dans des coffres ; sachez bien en effet qu'il vous faudra sous peu voyager à cheval, car je vais bientôt quitter la cour, sans être sûre d'y revenir jamais. Cependant, si je quitte à présent la maison d'Arthur, je ne tarderai pas pour cela à lui faire payer très chèrement le fait qu'il m'ait tué l'homme que j'aimais le plus au monde. En vérité, si l'occasion se présente, je ferai faire de lui exactement ce qu'il a fait d'Acalon ». Les demoiselles n'osèrent lui reprocher de tels propos, car elles savaient bien que leurs reproches seraient inutiles, mais répondirent qu'elles seraient si bien prêtes avant la tombée de la nuit qu'il ne leur resterait plus qu'à monter à cheval, et Morgane déclara qu'elle n'en demandait pas davantage.

410. Alors, elle alla trouver la reine Guenièvre et lui dit : « Madame, je viens prendre congé, car je pars demain matin pour le royaume de Garlot[425] afin d'y régler une affaire qui ne pourrait pas l'être si je ne m'y rendais pas en personne. Sachez que je reviendrai le plus vite possible. » La reine, qui ne l'aimait guère, parce qu'elle n'avait jamais vu qu'elle eût la moindre disposition au bien, ne lui répondit pas ce qu'elle pensait, car elle lui aurait dit : « Allez-vous-en, madame, et ne revenez plus jamais », mais elle répondit : « Madame, n'attendrez-vous pas le retour de votre frère ? – Non, répondit Morgane, car l'affaire est si pressante que je ne pourrais en aucune manière rester ici. – Eh bien, partez, dit la reine, et que Dieu vous garde, mais je préférerais, si tel était votre plaisir, vous voir rester encore. – Je ne le pourrais point, répliqua Morgane, sans y perdre beaucoup. » Et elles se séparèrent là-dessus.

Dès qu'il fit nuit et que la lune fut levée, Morgane se mit en selle, en compagnie de ceux de son entourage ; ils étaient bien trente à cheval. La troupe s'éloigna immédiatement de Camaalot et entra aussitôt dans la forêt, car le chemin les y conduisait. Ils chevauchèrent toute la nuit, ne prenant que quelques heures de sommeil près d'un cours d'eau. Le matin, dès que le soleil fut levé, ils remontèrent

[425] V. n. 219.

à cheval et se remirent en route. Morgane suivait, sans jamais s'en écarter, le chemin le plus direct qu'elle connût pour aller là où se trouvait le roi Arthur[426], car elle n'aspirait à rien d'autre qu'à s'emparer d'Escalibour et de son fourreau. Elle et sa suite chevauchèrent tant et si bien qu'ils parvinrent à l'abbaye. Mais une fois à destination, elle ordonna résolument à ses compagnons de rester dans un petit bois proche du couvent et elle s'y rendit toute seule, accompagnée seulement d'une demoiselle. Il était exactement midi.

411. Quand elle fut entrée dans l'abbaye et qu'elle eut mis pied à terre, elle demanda ce que faisait le roi et ceux auxquels elle s'était adressée lui répondirent qu'ils le croyaient en train de dormir. Elle se rendit aussitôt dans la chambre où il se trouvait et le vit tout seul, allongé sur un lit où il était très profondément endormi, Escalibour au poing et le fourreau à ses pieds. Il s'était passé ceci que le roi avait sorti son épée du fourreau, tandis qu'il était étendu sur le lit, et qu'il s'était endormi en la tenant à la main. Quand elle vit que le roi tenait ainsi l'épée, elle se dit qu'elle ne pourrait pas la prendre sans l'éveiller, et à cela elle ne se risquerait pas, car elle craignait qu'il ne la tuât aussitôt s'il la voyait devant lui. Elle prit donc le fourreau, en se disant que cela lui suffisait amplement et que c'était Dieu qui l'avait amenée là, puisqu'elle emportait ce qu'elle désirait le plus avoir. Elle quitta aussitôt la chambre, mit le fourreau sous son manteau et alla retrouver

---

[426] Le texte n'indique pas comment Morgane connaît le lieu de résidence de son frère.

la demoiselle qui l'attendait dehors. « A cheval, dit-elle, et allons-nous-en vite, car j'ai fait ce que j'avais à faire mieux que je ne l'aurais jamais imaginé. » Morgane se mit alors en selle, ainsi que la jeune fille, et elles regagnèrent l'endroit où elles avaient laissé leurs compagnons. Quand Morgane les eut rejoints, elle leur dit : « Tous à cheval, et tâchons de gagner le royaume de Garlot, car je ne veux pas demeurer davantage dans ce pays. »

412. Ils se mirent alors en selle et prirent la direction que Morgane leur indiquait. Mais ils ne s'étaient guère éloignés quand le roi Arthur s'éveilla ; il vit alors que l'épée était encore dans sa main, tout comme elle y était lorsqu'il s'était endormi. Il se redressa aussitôt sur sa couche et regarda sur le lit pour voir si le fourreau n'y était pas. Ne l'ayant pas trouvé, il se leva d'un bond et se mit à le chercher partout. Comme il ne le voyait nulle part, il gagna l'antichambre et vit les chevaliers qui lui tenaient compagnie et qui devaient garder sa porte afin que nul n'approchât de sa personne. Il leur demanda : « Dites-moi qui est entré ici pendant que je dormais. Je sais parfaitement que quelqu'un est venu. – Sire, répondirent-ils, une dame est entrée, nous ne savons laquelle, car nous ne la connaissons pas, mais en tout cas elle est entrée, que nous le voulions ou non. – Dites-moi à quoi elle ressemblait », demanda-t-il. Quand ils l'eurent décrite, il comprit tout de suite que c'était Morgane, sa sœur, et il fut alors certain qu'elle emportait le fourreau de l'épée, l'un des objets auxquels il tenait le plus au monde ; il s'écria aussitôt, débordant d'affliction et de colère : « Ah ! Dieu, la scélérate, la traîtresse s'est introduite ici et elle emporte ce à quoi je tenais le plus ! Mais en vérité tout ce qu'elle a fait ne lui servira à rien : elle aura beau fuir, je vais me charger de lui donner la chasse ! » Il fit alors seller le meilleur cheval de l'endroit et prit de bonnes et belles armes, car il se doutait bien que Morgane était pourvue d'une escorte importante et qu'elle lui ferait volontiers faire un mauvais parti si elle en avait l'occasion et le pouvoir ; il demanda aussi à un autre chevalier de se mettre en selle pour l'accompagner. Quand ils furent tous deux armés et montés chacun sur un bon cheval, ils quittèrent l'abbaye. En sortant, le roi rencontra un vacher qui amenait là des bêtes. Il lui demanda : « Vacher, as-tu croisé sur ce chemin une dame qui s'en allait ? – Oui, seigneur, dit-il, il y a déjà un bon bout de temps qu'elle est sortie et qu'elle s'est éloignée avec sa suivante, qui l'attendait ici. Et après avoir quitté l'endroit où nous nous trouvons, elle est allée directement vers ce petit bois, où des chevaliers et des dames guettaient son retour. Dès son arrivée, ils se sont mis en route et sont partis tous ensemble. – De quel côté ? demanda le roi. – Du côté de cette vallée, seigneur, droit vers le grand arbre que vous voyez sur ce monticule. Et je crois que si vous y étiez à présent, vous les apecevriez devant vous, dans la vallée qui se trouve de l'autre côté. »

413. Le roi fut tout heureux de cette nouvelle ; il quitta aussitôt le vacher et fit galoper sa monture vers l'arbre qui se trouvait dans la direction où il espérait trouver Morgane. Quand il fut arrivé sur la hauteur que l'autre lui avait indiquée, il regarda dans la plaine qui se trouvait devant lui et aperçut, à l'orée d'une forêt, Morgane et tous les siens, sans toutefois parvenir à l'identifier parfaitement. Il fut rapidement persuadé que c'était elle, cependant, mais le fait qu'il voyait la forêt si proche d'eux l'inquiétait beaucoup, car il savait bien qu'ils s'y enfonceraient et s'y cacheraient, s'ils se rendaient compte qu'il était sur leurs traces. Alors, il se dirigea à vive allure vers le bas de la vallée, chevauchant en toute hâte pour tenter de les rejoindre. Quant à Morgane, qui l'avait bien vu arriver, elle dit à ceux qui étaient avec elle : « Voyez mon frère qui arrive par ici en menant sa monture à coups d'éperons. Il nous suit pour nous tuer. S'il nous rejoint, nous sommes morts. Et je sais bien pourquoi il nous donne la chasse : c'est à cause de l'étui que j'ai là – Dieu maudisse ce fourreau ! Mais en vérité, il ne l'aura pas, ni lui ni personne d'autre, et à cause de mon frère je vais au contraire bientôt faire en sorte qu'il soit en un lieu tel que ni roi ni chevalier n'en profitera jamais plus. » Alors, elle se dirigea vers un lac, très grand et fort profond, qui se trouvait dans une vallée toute proche. Elle prit le fourreau et l'y jeta le plus loin possible. Il était lourd, aussi coula-t-il immédiatement à pic, si bien qu'à partir de ce moment personne au monde n'en bénéficia, hormis Gauvain, le neveu du roi Arthur, qui ne l'eut en main qu'une seule fois, lors d'un combat qu'il livra, depuis ces événements, contre Mabom l'Enchanteur pour la belle fée appelée Marsique ; celle-ci lui remit le fourreau dont il est ici question, de sorte qu'il le porta au cours de cet affrontement. Mais après en avoir terminé il ne fut plus jamais remis en possession de cet étui et ignora ce qu'il devint par la suite, ainsi que ce récit même le racontera en détails, en temps et en lieu[427].

414. Quand elle eut jeté le fourreau dans le lac, elle dit à ceux qui étaient avec elle : « Si nous ne faisons rien pour nous protéger, nous sommes voués à une mort certaine, car mon frère arrive si vite qu'il nous aura très bientôt rattrapés, et il nous hait si mortellement que, s'il peut nous reconnaître, il n'aura jamais pitié de nous et nous coupera la tête à chacun. » Ses compagnons demandèrent : « Madame, que nous proposez-vous ? Nous n'avons aucune idée de ce qu'il convient de faire. – Si je pouvais, répondit-elle, le soumettre à mes sortilèges, tout comme je pourrais le faire avec d'autres personnes, il ne reverrait jamais plus Camaalot, car je le tuerais sur-le-champ ; mais cela m'est impossible : une demoiselle, récemment arrivée sur cette terre, l'a si bien protégé, par crainte de moi seule, qu'aucun maléfice ne peut l'atteindre aussi longtemps qu'elle demeurera dans ce pays. Mais, pour nous qui sommes ici, j'accomplirai un tel prodige qu'on en parlera tant qu'il y aura des habitants* en Grande Bretagne. »

415. A cet instant, elle lança un sort et tous, demoiselles, chevaliers et chevaux, furent pétrifiés, de sorte que, si vous les aviez vus, vous auriez été absolument persuadés qu'ils

---

[427] V. G. Roussineau (*op. cit.*, p. 679, n. 413,30). Sur Mabom, ajouter aux réf. de l'éd. Renaut de Beaujeu, *Le Bel Inconnu*, éd. G. Perrie Williams, Paris, Champion (CFMA 38), 1983, index des noms, p. 208, s. v. *Mabons*.

étaient faits de pierre véritable ; et les serviteurs, qui allaient à pied, avaient eux aussi perdu leur apparence originelle pour prendre un aspect minéral. Cet enchantement les liait si fort qu'ils n'auraient pas pu bouger, même si on avait fait mine de leur couper la tête, et nulle chaleur, nul souffle n'émanaient d'eux, pas plus que s'ils avaient tous été réellement faits de roche pure. Morgane fut également métamorphosée, non sans qu'elle pût, toutefois, défaire son enchantement à n'importe quel moment. Ainsi chacun, en les voyant dans cet état, aurait de bonne foi affirmé que c'étaient là des êtres de pierre.

Quand elle eut si bien transformé sa troupe que personne, à moins d'être doué de pouvoirs magiques semblables aux siens, n'aurait pu prendre gens et montures pour autre chose que pour des statues de pierre, elle laissa tout le monde près du chemin, dans une prairie. Peu de temps après, le roi Arthur, qui arrivait à toute vitesse, passa par là. Il se trouva qu'il dépassa ces créatures, qui étaient tout près du chemin*, sans les regarder, mais celui qui l'accompagnait le fit par hasard et, quand il les aperçut, il lui sembla que c'étaient des êtres de pierre ; il s'arrêta donc et ce qu'il vit le stupéfia. Il appela alors le roi Arthur et lui cria : « Ah ! sire, arrêtez-vous pour voir ce que je vois ! » Le roi s'arrêta et l'autre lui montra ce qu'il regardait, en disant : « Voyez, ce sont là des gens et des chevaux de pierre. On n'a jamais encore entendu parler d'un tel prodige. » Le roi regarda de ce côté et dès qu'il aperçut ce que l'autre lui montrait il s'en approcha pour mieux voir ce que c'était. Quand il fut assez près pour pouvoir les considérer avec une certaine attention, il déclara au chevalier qui était avec lui, non sans s'être auparavant signé d'étonnement : « Ma parole, c'est Morgane, ma sœur, et tous ses compagnons qui sont changés en rochers ! Jamais, depuis la création du monde, il n'est advenu quelque chose d'aussi extraordinaire ! » Il se mit alors à les examiner, eux et leurs chevaux, si bien qu'il reconnut, outre Morgane, plusieurs de ceux qui étaient là. Il les montrait au chevalier, en les nommant chacun par leur nom, disant : « Voilà Morgane » ou « Voilà le chevalier untel », qu'il nommait. Et il nommait ainsi la plupart. Le chevalier lui demanda brusquement : « Sire, le fourreau dont vous avez parlé, l'avez-vous déjà retrouvé ici ? – En vérité, non, répondit le roi, je l'ai perdu... Une fin lamentable et malheureuse, voilà tout ce que ma sœur et ceux qui l'entouraient ont finalement obtenu. Elle n'a fait que le mal et Dieu, au bout du compte, le lui a montré, car il l'a anéantie, elle et toute sa troupe. A présent, rebroussons chemin, car il ne rimerait à rien de demeurer ici davantage. »

416. Là-dessus, le roi s'en retourna, très contrarié d'avoir perdu le fourreau. Quand il se fut éloigné d'une demi-lieue environ, Morgane fit cesser son enchantement, de sorte qu'aussitôt tous ses compagnons retrouvèrent exactement leur apparence première. Elle leur demanda : « Avez-vous vu mon frère, qui était ici ? – En vérité, oui, répondirent-ils, et si nous avions eu le pouvoir de fuir nous l'aurions fait, car la crainte qu'il nous inspire n'est pas petite. Mais nous n'étions même pas capables de respirer ; au contraire : c'est exactement comme si nous étions morts. – Ne vous en plaignez surtout pas, dit-elle, car c'est ce qui vous a sauvé la vie. » Ils en convinrent sans réserve. Sur ce, ils se remirent en chemin et s'en allèrent droit vers le royaume de Garlot, parcourant chaque jour de si bonnes étapes qu'ils y furent au bout d'une semaine.

Mais avant que Morgane y fût arrivée il advint, un beau matin, qu'elle rencontra à l'orée d'un bois un chevalier qui avait dépouillé un homme de tous ses vêtements, à l'exception de son caleçon ; il lui avait bandé les yeux et voulait le jeter dans un puits grouillant d'immonde vermine situé devant lui. Morgane demanda au chevalier, qui n'avait pas encore ôté son armure : « Dites-moi, seigneur, qui est cet homme qui est ainsi déshabillé devant vous ? – C'est un traître, répondit-il, un scélérat que j'ai aujourd'hui surpris en train de se livrer à une besogne aussi odieuse et aussi déloyale que celle de salir mon honneur avec ma femme, et c'était pourtant l'homme en qui j'avais le plus confiance. Mais pour cette trahison il va mourir, car je vais à l'instant l'envoyer dans ce puits ; il rejoindra ainsi ma femme que j'y ai déjà jetée après l'avoir surprise en train de me tromper avec lui. – Au nom de Dieu, reprit Morgane, puisqu'il s'est montré aussi déloyal que vous me le dites, il mérite vraiment de mourir d'une mort cruelle et honteuse. » Alors, l'autre prit la parole et s'écria : « Ah ! madame, au nom de Dieu, ne le croyez pas ! Que Dieu m'abandonne si je mens, je ne suis pas coupable de ce dont il m'accuse, mais, lui, il est bien le plus grand scélérat qui ait jamais vécu, et c'est par sa perfidie et sa traîtrise qu'il m'a surpris, alors que je n'étais pas sur mes gardes, et qu'il m'a attaché comme vous le voyez. – Et qui es tu ? demanda Morgane. – Je suis du royaume de Logres et suis chevalier du roi Arthur, de sa maison même. – Comment t'appelles-tu ? » demanda-t-elle encore. Il répondit qu'il s'appelait Manassès de Gaule. « Manassès, reprit Morgane, sur ma tête, je vous connais bien. Vous êtiez parent d'Acalon de Gaule, l'homme que j'ai, de toute ma vie, le plus aimé au monde. Pour l'amour de lui, je vais vous tirer de ce mauvais pas, de sorte que ce chevalier sera entièrement à votre merci. »

417. Alors, elle lança un enchantement, en sorte que le chevalier recula, si bien ensorcelé qu'il fut incapable de tenir debout et s'écroula face contre terre. Elle s'approcha aussitôt de Manassès, lui délia les mains, qu'il avait attachées derrière le dos, et lui débanda les yeux. Puis elle lui demanda : « Manassès, me reconnaissez-vous ? » Il répondit immédiatement : « Oui, Madame, je vous reconnais bien : vous êtes la reine Morgane et mon seigneur le roi Arthur est votre frère. – Apprenez donc, reprit-elle, que je ne vous ai pas délivré pour l'amour de mon frère mais pour celui d'Acalon, qui était votre proche parent. – Quel que soit celui pour qui vous m'avez délivré, dit-il, j'ai eu de la chance, Dieu merci, puisque vous m'avez sauvé de la mort. Vous pouvez donc disposer de moi à votre guise ; je suis prêt à vous servir et, c'est bien le moins, à faire tout ce que je pourrai pour vous. – N'en sachez gré, déclara Morgane, qu'à Acalon, car c'est grâce à lui que vous êtes libre. Mais dites-moi donc ce que vous voulez faire de ce chevalier qui se montrait si menaçant à votre égard. – Madame, répondit-il, je ne vois rien de mieux à faire que de lui infliger le traitement qu'il me réservait. » Elle ne s'y opposa point, en femme dont le cœur n'avait jamais éprouvé de pitié. « Désarmez-le sans crainte, lui dit-elle, car il est absolument incapable de bouger. » Manassès lui ôta aussitôt toutes les pièces de son armure et le déshabilla complètement, puis il le jeta ainsi entièrement dépouillé dans le puits, en sorte qu'il y mourut, car il eut tôt fait de se noyer.

Lorsque Manassès en eut fini, Morgane le fit vêtir et équiper des armes de son ennemi, puis elle lui donna une monture. Lorsqu'il fut à cheval, fin prêt, elle lui dit : « Je vous demande maintenant, en récompense du service que je vous ai rendu, d'aller droit à la cour du roi Arthur, pour apporter là-bas de mes nouvelles. » Il répondit qu'il ne pourrait s'acquitter pleinement de cette commission que si elle lui expliquait comment il s'était fait que le chevalier qui venait d'être désarmé avait été aussi incapable de bouger que s'il avait été mort. « Comment cela s'est fait, répliqua-t-elle, je ne vous le dirai pas. Mais dites à mon frère le roi Arthur qu'il n'est pas surprenant que j'aie eu la puissance de faire cela, puisque j'ai eu le pouvoir de changer mes compagnons en rochers, ainsi qu'il l'a vu lui-même. Vous pouvez encore lui dire que je lui en aurais fait davantage, sans la Demoiselle Chasseresse, qui le protège contre moi, si bien que mes enchantements ne peuvent lui faire aucun mal[428] ; et il ne fait pas de doute qu'elle en sait plus, en fait de magie et d'enchantements, que le monde entier réuni, car le plus éminent des devins, qu'elle

---

[428] Sur la relation entre Morgane et Nivienne, v. B. Aguiriano, F. Aramburu, J. Benito et C. Despres, « Deux faces de la femme merveilleuse au moyen âge : la magicienne et la fée », in *Fées, dieux et déesses au moyen âge. Bien dire et bien aprandre*, 12 (1994), pp. 7-22 ; D. Boutet (*op. cit.*, p. 186).

a enterré tout vif[429], lui a enseigné son art. Voilà ce que je lui fais savoir ; dites-lui cela pour moi. » L'autre répondit qu'il transmettrait bien ce message, si Dieu le laissait revenir à la cour sain et sauf. Là-dessus, ils se séparèrent l'un de l'autre. Morgane s'en alla dans le pays du roi Urien, avec une escorte de dames et de chevaliers digne de son rang, mais fort contrariée de ne pas avoir fait mourir son frère pour le meurtre d'Acalon, qu'elle aimait tant.

418. Elle chevaucha donc tant et si bien qu'elle parvint après plusieurs étapes au royaume de Garlot. Les gens du pays lui firent, quand ils la reconnurent, l'accueil le plus joyeux et le plus enthousiaste que vous ayez jamais vu et, lorsqu'on leur annonça qu'elle était revenue dans le pays pour y demeurer définitivement, toutes et tous lui témoignèrent beaucoup d'honneur – surtout parce qu'elle était la sœur du roi Arthur.

C'est ainsi que Morgane arriva dans le royaume de Garlot, où elle séjourna dans un château très puissant et fort bien pourvu de toutes choses, qu'on appelait Tugan. Dans ce château, elle établit une coutume particulièrement détestable et néfaste[430], non point dès son arrivée, cependant, mais quelque temps après. Au milieu de la grand-salle du château, en effet, elle installa une tombe, dans laquelle elle déposa une boîte d'ivoire contenant un écrit qui racontait les circonstances de la mort du roi Arthur et

---

[429] V. n. 439.

[430] V. G. Roussineau (*op. cit.*, p. 680, n. 418,10).

qui indiquait le nom de l'homme qui devait le tuer ; il y était aussi question de la mort de Gauvain, et l'on y donnait également le nom de son meurtrier. Sachez qu'elle ne savait rien de ce que cet écrit contenait, car Merlin, qui le lui avait jadis donné lorsqu'il la fréquentait, lui avait dit : « Prenez garde à ne pas porter les yeux sur ce que contient cet écrit ; sachez bien en effet que toute femme qui le fera mourra aussitôt, car il n'est pas permis à une femme de connaître les circonstances de la mort du roi ni de celle de Gauvain avant que les faits se soient produits. »

Par la suite, de nombreux maux advinrent à cause de cette tombe, comme ce récit le racontera de manière détaillée, et maints bons chevaliers moururent, depuis, pour avoir voulu connaître la vérité sur les circonstances de la mort de ces deux hommes d'exception. Après que Morgane eut fait cela, un jour arriva où Gauvain et Hestor de Marés[431] se rendirent à cet endroit pour examiner la tombe ; Lancelot survint alors, et il les aurait tués tous les deux, car ils étaient blessés parce qu'ils avaient combattu l'un contre l'autre, mais par chance il les reconnut et eux de même. Notre histoire raconte ces événements avant que l'on en vienne à la vie de Perceval. Mais maintenant le récit cesse de parler de Morgane et de cette aventure pour parler du roi, son frère.

[431] Hestor est le demi-frère de Lancelot.

XXI

419. A présent, le récit raconte qu'après avoir quitté Morgane, qui l'avait trompé par ses enchantements, comme je vous l'ai raconté, le roi Arthur revint à l'abbaye où il était resté alité à la suite de son combat et il y passa la nuit. Mais le lendemain, parce qu'il se sentait presque guéri, il en partit dès qu'il eut entendu la messe ; il était si bien armé qu'il ne lui manquait rien de ce qui pouvait être nécessaire à un chevalier et il emmenait avec lui un compagnon pour lui faire escorte. Quand il fut arrivé à Camaalot, vous auriez pu, si vous aviez été présents, être témoins de la grande joie et du prodigieux enthousiasme que tous ses vassaux sans exception manifestèrent en le voyant, car ils pensaient l'avoir perdu. Lorsqu'il fut entré dans son palais et qu'on l'eut désarmé, il demanda des nouvelles du roi Urien. Celui-ci se présenta devant lui et dit : « Sire, me voici. Que puis-je faire pour votre service ? – Je voulais savoir, dit le roi, comment s'est terminé pour vous l'épisode du bateau et si vous avez eu de la chance en cette aventure, car pour moi les choses ont mal tourné. – En vérité, répondit le roi Urien, en ce qui me concerne, tout s'est si bien passé que je me suis retrouvé couché au matin dans le lit de la reine Morgane. – Par Dieu, répliqua le roi, j'étais quant à moi dans une situation qui n'avait rien d'agréable, car je me suis retrouvé dans une prison obscure et profonde, où je pourrais être encore si je ne m'étais pas engagé à combattre pour le maître des lieux. C'est ainsi que je me suis libéré et que j'ai libéré les autres chevaliers retenus prisonniers en cet endroit. Mais avant d'être venu à bout de mon adversaire, il y a eu un moment où j'ai bien cru que je ne porterai plus jamais la couronne, car en vérité je n'ai jamais eu plus grande peur d'être vaincu que ce jour-là. J'avais en effet complètement perdu la partie, quand le chevalier que j'affrontais a eu l'inexplicable malchance d'être soudain privé de toutes ses forces ; et c'est là l'événement le plus heureux qui me soit arrivé depuis longtemps. – Sire, demanda Urien, est-ce ainsi que les choses se sont passées pour vous ? – En effet, répondit le roi Arthur. – Et savez-vous à quel endroit s'est retrouvé Acalon ? – Assurément non, dit le roi ; je ne l'ai vu qu'au moment de combattre : c'est lui qui m'a été opposé en champ clos, et si Dieu et la providence ne m'avaient pas aidé il m'aurait tué, car ma sœur Morgane, votre femme, m'avait tendu là-bas un si ignoble traquenard que vous n'entendrez plus jamais parler d'une machination aussi criminelle que celle dont elle a usé pour me faire mourir. Comme je n'ai pas la moindre idée de la personne qui lui a conseillé d'agir ainsi, je voudrais vraiment que tous ceux dont la présence en ces lieux tient à la sienne s'en aillent et quittent ma cour, car il est certain qu'aussi longtemps que je vivrai je n'aurai jamais plus confiance en quelqu'un de ses proches, et je n'aurai nul plaisir à voir l'un d'eux en ma maison si moi-même je ne l'y fais pas venir. Quant à vous, Yvain, qui êtes mon neveu et qui êtes issu d'elle, je vous ordonne de sortir et de disparaître de ma cour ; à cause du diable dont vous sortez, il me serait en effet assurément impossible de croire que vous puissiez être loyal et homme de mérite. Pour ce qui est de votre père, qui est ici, je n'ai pas l'intention en vérité de lui fermer ma porte, et je ne le ferai jamais, s'il plaît à Dieu, car il a été loyal et homme de mérite jusqu'à présent, aussi n'est-ce plus maintenant qu'il deviendra déloyal, si Dieu y consent, car il s'y prendrait bien tard. »

420. Quand Yvain entendit ces mots, il éprouva tant de honte qu'il ne sut que répondre, aussi, le visage couvert de son manteau afin qu'on ne vît pas ses joues inondées de larmes, quitta-t-il immédiatement la cour, si affligé qu'il aurait vraiment voulu être mort. Gauvain, qui avait pour lui une très grande amitié et que cette histoire attristait beaucoup, l'accompagna jusque chez lui. Quand ils y furent et qu'ils se retrouvèrent dans la chambre d'Yvain, Gauvain se mit à le réconforter très gentiment, en lui disant : « Ah ! cher cousin, ne vous en faites pas pour ces paroles ni pour rien d'autre qu'ait dit le roi. En vérité, il s'en repentira bientôt, car il était tellement habitué à vous avoir auprès de lui que, lorsqu'il ne vous verra plus, il ne pourra pas s'en consoler. D'autre part, vous devez assurément être content qu'il vous ait donné la permission de quitter la cour, car vous êtes jeune, valeureux et plein de santé, ainsi pourrez-vous désormais aller à la recherche des aventures et prendre votre part des tournois et des faits d'armes mieux que ne pourront le faire ceux qui resteront ici. En vérité, je vous sais si valeureux et si digne d'estime que, si le courage ne vous fait pas défaut, vous pourriez tant faire, d'ici peu, que vous manquerez à la cour plus qu'elle ne vous manquera à cause des grands éloges qu'elle entendra rapporter sur votre compte.

421. – Ah ! cher cousin, s'écria Yvain, si votre amitié pour moi allait jusqu'à vous faire abandonner la cour sur l'heure pour m'accompagner, alors il ne m'en coûterait pas de ne jamais y revenir avant que tous les hommes de mérite qui s'y trouvent aient un grand désir de me revoir. Certes, si vous acceptiez de venir avec moi, je crois qu'avant peu de temps votre compagnie ferait croître à ce point ma valeur qu'on me tiendrait pour un bon chevalier, car je sais bien que rien ne pourrait m'effrayer là où je vous verrais, et cela me rendrait valeureux. – Cher cousin, lui demanda Gauvain, vous voudriez vraiment que je vous accompagne ? – Oh ! oui, répondit Yvain. Je n'ai pour l'heure pas de plus cher désir que de vous avoir comme compagnon de voyage jusqu'à ce que les événements nous séparent. – Eh bien soit, dit Gauvain, puisque vous le désirez tellement. »

Ils firent sortir leurs chevaux, les meilleurs qu'ils eussent, après s'être fait armer par leurs écuyers, dont deux reçurent l'ordre de les accompagner. Ceux-ci se mirent en selle aussitôt, puisque leurs maîtres leur avaient enjoint de le faire. Ils quittèrent de cette manière le logis d'Yvain, tous les quatre, les deux chevaliers et les deux écuyers. Quand ils furent sortis de la ville, ils allèrent jusqu'à la forêt. Alors, ils virent une croix de bois qui y avait été faite récemment. Yvain descendit de cheval dès qu'il la vit et se dirigea de ce côté, puis il s'agenouilla et, demandant à Dieu et à ses saints de l'abandonner s'il mentait, déclara qu'il ne rentrerait pas à la cour avant deux ans, si une force à laquelle il ne pouvait se soustraire ne l'y contraignait. Quand il eut fait ce serment, de telle sorte que Gauvain et les deux écuyers l'entendirent parfaitement, il remonta à cheval ; ils s'engagèrent alors sur la route pavée[432] qui pénétrait dans la forêt et chevauchèrent jusqu'à ce que la lumière vînt à leur manquer. Ils couchèrent ce soir-là dans une abbaye dont les moines les reçurent fort bien et les servirent très généreusement de tout ce dont ils disposaient, parce que tous deux étaient de jeunes chevaliers voyageurs.

422. Le matin, dès qu'ils eurent entendu la messe, ils se remirent en route et cheminèrent comme ils l'avaient fait le jour précédent, chevauchant toute la journée sans rencontrer d'aventure qui mérite d'être rapportée. De

---

[432] *Suite*, § 421, l. 30 : *le chemin ferré ;* HDB, p. 352 : Ø ; G. Roussineau (*op. cit.*, gloss., p. 753, s. v.) glose *chemin ferré* 'chemin empierré et consolidé par des scories de fer'. Notre traduction s'inspire des observations d'É. Thévenot (« L'appellation "*chemin ferré*" », *Vie et langage*, 6, fasc. 64 [1957], pp. 327-330 ; « Encore un mot sur les *chemins ferrés* », *Vie et langage*, 7, fasc. 73 [1957], pp. 209-211 et « La vie et les aspects d'un terroir bourguignon à la lumière de ses lieux-dits », *Vie et langage*, 5, fasc. 50 [1956], pp. 213-216), que nous citons dans ce dernier article (pp. 213-214) : « Le *Chemi Forré* désigne un chemin établi sur le tracé de la voie romaine d'Autun à Besançon, qui a laissé des vestiges spectaculaires dans cette partie de son trajet. On a discuté longuement sur le sens qu'il convient de prêter à cette épithète de *ferré*, et l'on a cru parfois la justifier par la présence de scories dans le massif de la voie. En fait, l'expression doit s'entendre uniquement dans un sens figuré : elle exprime par une image l'extrême résistance à l'usure et à la destruction des chemins romains, souvent construits sur une fondation de pierres posées de chant. » Les premiers exemples donnés par Tobler-Lommatzsch (3,1760, 42-45, s. v. *ferrer*) n'infirment pas cette hypothèse*.

même, le troisième jour et le quatrième, tant et si bien qu'ils sortirent de la forêt de Camaalot et parvinrent dans une grande et belle plaine. Ce jour-là, les deux cousins chevauchèrent jusque vers le milieu de la matinée, parlant entre eux du fait qu'ils n'avaient trouvé aucune aventure depuis qu'ils avaient quitté Camaalot, chose qui leur était particulièrement pénible.

Peu après le milieu de la matinée, il advint qu'ils arrivèrent près d'un bois, où des demoiselles faisaient la ronde autour d'un arbre. Il y en avait bien douze et, près d'elles, il y avait deux chevaliers entièrement armés, montés sur de grands chevaux, tous deux si parfaitement prêts qu'il ne leur restait plus qu'à piquer leurs montures. Sur l'arbre autour duquel les demoiselles dansaient était suspendu un bouclier entièrement blanc, sans aucune marque, et chacune, lorsqu'elle passait devant, crachait dessus et le souillait en disant : « Que Dieu fasse honte à celui qui te porte d'ordinaire, car il nous a outragées de maintes façons ! » après quoi elle se remettait à chanter et accordait son chant à celui des autres. Gauvain s'approcha des demoiselles et écouta ce qu'elles disaient. Quand il eut bien entendu, il demanda à son cousin : « Entendez-vous ce qu'elles chantent ? – Oui, très bien, répondit-il. Elles souhaitent que leur chanson déplaise au Morhout. – Et savez-vous, reprit Gauvain, qui est ce Morhout ? – Oui, répondit Yvain. Je l'ai vu l'année passée à un tournoi où je servais comme écuyer, et je vous affirme qu'il est l'un des meilleurs chevaliers que j'aie jamais vus et l'un des plus valeureux ; c'est le frère de la reine d'Irlande. Mais il voue une haine mortelle aux demoiselles de ce pays, à tel point qu'il leur inflige tous les outrages et toutes les infamies possibles. Pour cette raison, elles le haïssent si mortellement qu'elles voudraient lui avoir arraché le cœur de la poitrine. – Et savez-vous, reprit Gauvain, à qui est ce bouclier qu'elles traitent si ignoblement ? – Oui, bien sûr, dit Yvain. Il appartenait au Morhout : je le lui ai vu porter au cou bien souvent, celui-ci ou un autre semblable, car il ne portait que des boucliers entièrement blancs. – Alors, je ne pourrais pas croire, reprit Gauvain, quand je vois ces demoiselles oser traiter son bouclier d'aussi ignoble façon, que ce Morhout ne soit pas mort ou emprisonné, car, puisqu'il est aussi bon chevalier que vous me le dites, s'il était en pleine possession de ses moyens, elles n'oseraient jamais faire ce qu'elles font. – Que si, répliqua Yvain, car ces deux chevaliers qui sont ici en armes veillent sur elles, de sorte que si le Morhout venait à présent ils s'efforceraient de les défendre contre lui et le combattraient. C'est parce qu'elles se sentent ainsi protégées qu'elles dansent avec tant d'audace et traitent le bouclier comme vous le voyez. – Assurément, reprit Gauvain, je ne pourrais en aucune manière aimer le Morhout, puisqu'il hait ainsi les demoiselles de toutes ses forces. Cependant, à cause du traitement immonde que ces jeune filles font subir à son bouclier, je voudrais bien qu'il vienne maintenant le récupérer, à condition qu'il ne leur fasse pas de mal et qu'il ne les outrage en aucune manière ; la façon dont je les vois traiter cet écu m'est en effet fort pénible, parce que c'est une arme de chevalier. »

423. Tandis que les deux cousins parlaient de ce bouclier, tout en observant les demoiselles et les chevaliers, un serviteur qui était perché sur l'arbre se mit à crier :

« Seigneurs, le Morhout arrive par ici aussi vite que le lui permet son cheval ! » Quand les demoiselles l'entendirent, elles coururent se réfugier dans une tour forte qui se trouvait non loin de là et abandonnèrent si complètement la place qu'il ne resta pas une seule d'entre elles auprès de l'arbre, où le bouclier fut laissé suspendu. Jamais vous n'avez vu de femmes aussi épouvantées, aussi terrorisées qu'elles l'étaient, car la plus courageuse et la moins apeurée de la troupe tomba d'abord deux ou trois fois avant d'arriver à la tour, tant était grande la frayeur que le Morhout leur inspirait. Cependant, les chevaliers qui les gardaient ne bougèrent absolument pas mais baissèrent leurs lances et saisirent leurs boucliers. L'un des deux déclara : « Vous irez le premier et j'irai ensuite ».

Après qu'ils se furent mis d'accord de cette manière, le Morhout ne tarda guère à jaillir d'une vallée, monté sur un grand cheval de combat, robuste et rapide ; il était si bien pourvu de toutes ses armes qu'il ne lui manquait rien de ce qui aurait pu être nécessaire à un chevalier, et il arrivait tellement vite qu'on aurait cru voir la foudre et la tempête. Il se tenait si droit sur ses arçons, il avait si belle allure que Gauvain, en le voyant approcher, dit à son cousin Yvain : « En vérité, je ne serais pas étonné que le chevalier que vous voyez venir par ici soit un guerrier en tous points accompli. Il est vraiment dommage qu'il ne se montre pas plus civil envers les dames et les demoiselles. » Yvain repartit : « Si vous connaissiez sa valeur et sa bravoure au combat, vous en seriez tout à fait émerveillé, et si vous l'aviez vu comme je l'ai vu, je crois que vous auriez plus d'estime pour ses qualités de combattant que pour celles de tous les chevaliers que vous ayez jamais pu voir. – C'est fort possible, dit Gauvain, mais voyons à présent ce qu'il va faire. »

L'un des deux chevaliers s'élança sur le Morhout et le frappa si violemment sur son bouclier que sa lance vola en éclats, mais il ne lui fit pas d'autre mal. Quant au Morhout, qui était vigoureux, plein de fougue, et qui arrivait à fond de train, il le frappa avec une telle force qu'il abattit l'homme et sa monture ; son coup les précipita si rudement au sol, où il s'empilèrent sens dessus dessous, que le cavalier se brisa la nuque en tombant tandis que le cheval eut les jambes postérieures rompues. Le Morhout passa outre et ne s'arrêta pas sur sa lancée mais se dirigea vers l'autre chevalier, qu'il frappa avec tant de brutalité que ni le bouclier ni la cotte de mailles n'empêchèrent qu'il lui enfonçât dans le corps le fer et le bois de sa lance ; aussi est-ce un homme si grièvement blessé qu'il jeta au sol que tout médecin était inutile, car il était frappé à mort. Quand il se fut débarrassé de la sorte des deux chevaliers, il alla vers son bouclier et le vit souillé, couvert d'ordures. Voyant cela, il s'écria : « Ah ! Dieu, elles me vouent vraiment une haine mortelle, les malhonnêtes femmes, les voleuses qui ont ainsi déshonoré et outragé mon bouclier, ce bouclier qui m'était si précieux pour l'amour de celle qui me l'a donné que je n'osais pas le porter de peur de l'user ! » Alors, il jeta à terre celui qu'il avait, prit celui qui était suspendu à l'arbre et entreprit de le nettoyer et de l'essuyer. Quand ce fut fait, il se mit à l'embrasser partout et à manifester le plus grand contentement du monde. Puis il le suspendit à son cou et reprit sa lance, qui n'était pas encore brisée, et déclara qu'il infligerait une mort cruelle à toutes les demoiselles qu'il rencontrerait désormais en souvenir de celles-ci, « car, ajouta-t-il, elles m'ont outragé de la pire façon qui soit, aussi m'en vengerai-je dès que j'en aurai l'occasion. »

424. Il se dirigea alors vers les deux cousins. Il avait déjà bien compris que ce n'étaient pas des chevaliers du pays, mais des étrangers. Quand il fut près d'eux, il leur demanda, sans les saluer : « D'où êtes-vous, seigneurs ? » Prenant le premier la parole, Gauvain répondit : « Nous sommes du royaume d'Orcanie[433]. – Et qu'attendez-vous ici ? – Nous attendions de voir ce qu'il adviendrait de ce bouclier, et nous l'avons vu, grâce à Dieu. Nous allons maintenant nous remettre en route et cheminer comme nous le faisions auparavant. – Et que cherchez-vous dans ce pays ? demanda le Morhout. – Nous cherchons, répondit Gauvain, les aventures dont parlent les autres chevaliers, joutes et faits d'armes de toutes sortes, car nous n'avons pas quitté notre pays pour autre chose. – Puisque vous cherchez les occasions de jouer de la lance, reprit le Morhout, vous en avez maintenant la possibilité, si vous le voulez, car vous me voyez ici disposé à combattre. – En vérité, seigneur, dit Gauvain, vous êtes un chevalier si accompli que je savais bien que vous ne manqueriez pas de nous faire une telle proposition. Et dès lors que vous avez offert de nous affronter, je ne vous laisserai pas partir sans l'avoir fait, à moins de m'en trouver subitement incapable,

[433] Réponse qui ne convient que pour Gauvain, fils du roi Loth d'Orcanie (§ 1). Yvain est fils d'Urien de Garlot (§ 71).

car si vous vous en alliez après avoir été éconduit on pourrait nous l'imputer à lâcheté. »

425. Alors, il prit du recul pour s'élancer sur le Morhout. Quand Yvain vit cela, il alla au devant de son compagnon et lui dit : « Vous me laisserez cette joute, cher cousin. Et savez-vous pourquoi je vous le demande ? Je sais bien que vous êtes meilleur chevalier que moi, et plus valeureux, aussi me vengerez-vous s'il m'abat, ce que je ne pourrais faire pour vous, car j'en serais incapable. » Gauvain le lui accorda bien malgré lui. Alors, Yvain s'élança vers le Morhout de toute la vitesse qu'il put obtenir de son cheval et le frappa si rudement en pleine poitrine que sa lance vola en éclats, mais il ne lui fit pas d'autre mal. De son côté, le Morhout ne l'épargna nullement et lui assena un coup si violent qu'il lui enfonça, à travers le bouclier et la cotte de mailles, le fer tranchant de sa lance dans le côté gauche, lui infligeant une grande blessure – pas assez profonde, cependant, pour qu'il ne pût s'en remettre complètement. D'une vigoureuse poussée, le Morhout fit tomber Yvain de cheval, de sorte que la pointe de son casque s'enfonça dans le sable, puis, sans lui accorder le moindre regard, il passa outre, le laissant étendu sur le sol, si meurtri par l'effet de sa chute qu'il semblait au jeune homme qu'il eût tous les os brisés. Quand Gauvain vit son cousin à terre, il en fut très affligé. Il s'écria : « Ah ! Dieu, ce n'est pas rien qu'un chevalier accompli ! Dieu, que cet homme est fort, quelle valeur, quelle puis-sance ! Dieu, qu'il serait insensé et qu'il prendrait mal sa propre mesure celui qui défierait un tel homme sans avoir une bonne raison pour le faire ! Je le dis d'abord pour moi : certes, si je ne m'étais pas engagé à livrer contre lui un combat à la lance, je ne m'y risquerais pas, après ces trois coups que je lui ai vu donner, même pour le gain d'un château, car nul homme frappé de sa main ne peut rester en selle ; c'est pourquoi je lui laissererais tout l'honneur de cette joute, si je pouvais le faire sans honte. »

426 Il se prépara alors à l'affronter. Quand le Morhout le vit venir, il s'élança sur lui, lance couchée, et le frappa si rudement qu'il l'abattit à son tour comme il avait abattu les autres. Heureusement, Gauvain ne fut pas grièvement blessé dans sa chute, aussi se releva-t-il très vite, mit la main à l'épée et s'apprêta à attaquer celui qui l'avait jeté à terre, se disant en lui-même qu'Yvain avait vraiment dit la vérité, car cet homme était sans aucun doute le meilleur chevalier qu'il eût jamais vu. En voyant son cousin au sol, Yvain fut si peiné que les larmes lui coulèrent des yeux et il s'écria, plein d'affliction : « Ah ! Dieu, quel malheur que nous ayons été tous deux abattus par la main d'un seul homme ! Jamais plus nous n'aurons d'honneur à la cour. »

Lorsque le Morhout vit que Gauvain avait tiré son arme du fourreau, il lui demanda : « Tu veux combattre à l'épée ? – Assurément, oui, répondit Gauvain. Si vous m'avez abattu, je ne suis pas pour cela vaincu, car il arrive souvent qu'un homme de mérite l'emporte sur son adversaire après avoir été désarçonné. – C'est juste », dit le Morhout. Alors, sans descendre de cheval, il fonça sur lui, l'épée à la main. Gauvain l'attendit de pied ferme et fit si bonne contenance qu'il ne bougea pas d'un pouce mais lui tint exactement ce discours : « Morhout, si vous ne mettez pas pied à terre, vous m'obligerez à tuer votre monture :

c'est à moi qu'on en fera reproche, mais le déshonneur sera pour vous. » A ces mots, le Morhout répondit : « Tu viens de m'apprendre un si beau trait de civilité que je m'y tiendrai toute ma vie, pour autant que je ne sois pas en trop fâcheuse posture. » Alors, il mit pied à terre et se dirigea vers l'arbre où son bouclier avait été suspendu pour y attacher son cheval. Puis il revint à grands pas pour se battre et dit à Gauvain : « Maintenant, prends garde à moi, car je ne te donne pas d'autre assurance que celle de te conduire à la défaite ou à la mort, si Dieu m'en donne le pouvoir ! » Gauvain ne lui répondit pas un seul mot mais fonça sur lui, l'épée brandie, et il la lui abattit si brutalement sur la tête que l'acier de son casque ne fut pas assez dur pour empêcher l'épée de s'y enfoncer de plus d'un doigt ; le Morhout était extrêmement fort mais il n'en demeura pas moins qu'il eut beaucoup de peine à soutenir le poids de ce coup. Cependant, Gauvain, qui était jeune et vif, releva son épée et crut pouvoir frapper de nouveau, mais le Morhout recula et, pour cette raison, le jeune homme le manqua. Alors, un combat extraordinaire commença entre eux, si acharné que toute personne, en le voyant, n'aurait pas manqué de tenir les deux adversaires pour des chevaliers accomplis.

Le combat dura ainsi jusqu'à midi ; ils se sentirent alors tous deux extrêmement fatigués et éprouvés, et ce n'était pas étonnant, car le moins touché avait quatre blessures au corps, grandes et profondes. Ils avaient donc perdu tant de sang qu'il furent contraints de faire une pause pour souffler et reprendre des forces.

427. Quand il fut midi et qu'ils se furent un peu reposés, Gauvain, qui était ainsi fait que, quelle que fût la saison, ses forces redoublaient vers le milieu du jour et, plus que celles d'aucun autre homme, tout à la fois croissaient et se réparaient à ce moment-là, Gauvain, dis-je, se sentit, dès que l'heure fut venue, aussi vif et alerte, sinon plus, qu'il l'avait été au commencement*. Saisissant aussitôt son épée et son bouclier, il courut vers le Morhout et se mit à lui assener de grands coups sur le casque, sur le bouclier et partout où il pouvait l'atteindre. En peu de temps, il lui fit la vie si dure que l'autre en fut complètement stupéfait et se dit à lui même : « Ma parole, je suis en train d'assister à la chose la plus extraordinaire que j'aie jamais vue, car je sais parfaitement qu'il y a un instant j'étais pratiquement venu à bout de la résistance de ce chevalier et voilà maintenant qu'il a recouvré toutes ses forces et qu'il est aussi frais que s'il n'avait pas frappé un seul coup d'épée de toute la journée ! Je n'ai encore jamais vu pareil prodige. »

428. Gauvain, cependant, qui ne cherchait qu'à le harceler et à lui faire le plus de mal possible, le pressait continuellement de son épée tranchante, avec une telle âpreté que son adversaire craignait énormément de subir une honteuse défaite. Néanmoins, il se fiait beaucoup au fait qu'il avait toujours, sans aucune exception, fini par venir à bout de la résistance des chevaliers qu'il avait affrontés au cours de sa vie. Avec cela, il se sentait encore bien assez vif et alerte, et il n'avait pour le moment reçu nulle blessure mortelle ni perdu suffisamment de sang pour s'en trouver très affaibli. Il endurait donc et supportait les assauts répétés de son adversaire, se couvrant le mieux possible, en homme qui connaissait fort bien l'art du combat à l'épée, qu'il pratiquait de longue date. Il ne mettait nulle précipitation dans ses attaques mais faisait preuve d'une grande prudence, voyant bien qu'il lui fallait agir de la sorte, car il ne faisait pour lui aucun doute que son adversaire était de loin le meilleur chevalier qu'il eût jamais rencontré, le meilleur même qu'il eût jamais cru voir ou rencontrer un jour.

429. Le combat dura donc jusque vers le milieu de l'après-midi sans que le Morhout fît grand-chose d'autre que supporter les assauts de son adversaire. Alors, Gauvain commença à se fatiguer quelque peu et ses attaques se firent plus lentes qu'elles ne l'avaient été jusque là, car il est certain que cette force qui lui venait d'ordinaire vers midi ne faisait plus guère sentir ses effets quelques heures plus tard. Cependant, elle lui servit en tant de lieux et lui fut si utile, par la suite, qu'il mena à la défaite tous les chevaliers qui l'affrontèrent à l'épée au cours de sa vie, sauf six : le premier fut Lancelot du Lac ; le deuxième s'appelait Hestor de Marés[434] ; le troisième, Bohort l'Exilé[435] ; le quatrième, Gaheriet ; le cinquième, Tristan l'Amoureux, neveu du roi Marc, et le sixième fut ce Morhout dont il est question dans le présent récit. Gauvain put venir à bout de tous ceux qu'il affronta en combat singulier, mais, des six dont je viens de donner le nom, il ne put en

---

[434] Hestor est le demi-frère de Lancelot.

[435] Il s'agit de Bohort de Gaunes, cousin de Lancelot.

vaincre aucun. Et que tous ceux qui lisent cette histoire sachent que le Morhout dont le récit parle à cet endroit fut celui que Tristan, le neveu du roi Marc, tua dans l'île Saint-Samson, à cause du tribut qu'il exigeait des habitants de Cornouailles. Mais nous allons maintenant revenir à la matière dont je m'occupe pour dire comment les deux hommes firent la paix entre eux.

430. Le combat entre les deux chevaliers dura longtemps, car tous deux joignaient une grande bravoure à beaucoup d'agilité. Lorsque, passé le milieu de l'après-midi, Gauvain se sentit quelque peu fatigué et que le bras commença à lui faire mal, le Morhout, qui s'en rendait bien compte, lui dit : « Seigneur chevalier, il est tard à présent ; vous êtes éprouvé et fatigué, et moi aussi ; nous avons si bien fait l'expérience l'un de l'autre que ce doit être suffisant pour que nous nous connaissions mutuellement. Sans vouloir vous flatter, ni moi, je puis au moins vous affirmer que je ne pense pas qu'il y ait eu en Grande Bretagne, depuis dix ans, un aussi beau combat que l'a été celui-ci, et parce que nous nous sommes aussi bien comportés, sans qu'il y ait de déshonneur pour aucun de nous deux, je proposerais volontiers, maintenant, que nous en restions là : c'est un avis raisonnable, car la mort de l'un et de l'autre est assurément le seul bien qui puisse advenir si nous continuons. Il serait vraiment regrettable que nous nous entretuions, car votre nom sera peut-être un jour grandement honoré, s'il plaît à Dieu, et le mien aussi. En vérité, je ne vous demande pas cela par peur ou par inquiétude, mais parce qu'il me semble que c'est ce que nous avons de mieux à faire[436]. »

431. Quand monseigneur Gauvain entendit son adversaire parler de la sorte, il lui répondit : « Je vous remercie, seigneur ; vous me faites un très grand honneur en me demandant ce que j'aurais dû vous demander moi-même, car c'est au plus jeune de faire preuve d'humilité à l'égard du plus âgé. Assurément, seigneur, je suis tout à fait d'avis d'abandonner le combat, puisque tel est votre plaisir, car notre querelle n'a pas tant d'importance et notre inimitié n'est pas si implacable que nous ne puissions facilement y renoncer. J'abandonne donc le combat, noble seigneur, et je vous en accorde toute la gloire : ce n'est que raison, car en vérité je n'aurais jamais cru rencontrer un jour un aussi bon chevalier que vous l'êtes. » Le Morhout répondit : « L'honneur du combat ne doit pas me revenir, mais à vous, car vous l'avez bien mérité. Plus un mot là-dessus, je vous en prie. » Il ôta alors son casque et Gauvain en fit autant, puis ils allèrent tout aussitôt l'un vers l'autre et s'embrassèrent, se promettant mutuellement qu'ils seraient désormais amis et loyaux compagnons et qu'il n'y aurait pas entre eux de rancœur, quoi qu'il se fût passé. Quand Yvain, qui se lamentait beaucoup sur le sort de son cousin, vit le tour qu'avaient pris les événements, il en fut si

---

[436] *Suite*, § 430, l.19 : *nous ne poons pas miex faire ;* HDB, p. 358 : « nous ne pouvons pas mieux combattre que nous ne l'avons fait jusqu'ici ». On peut en effet comprendre également : 'nous ne pouvons pas faire mieux que ce que nous avons déjà fait'.

heureux qu'il tendit les mains vers le ciel et bénit Notre Seigneur pour cette paix qu'il avait mise entre eux, car si le combat avait duré plus longtemps, ils se seraient entretués.

432. Quand ils se furent juré amitié l'un à l'autre, comme je vous l'ai dit, ils relacèrent leurs casques, se dirigèrent vers leurs chevaux et se mirent en selle, très fatigués et fort éprouvés, car ils avaient, ce jour-là, donné et reçu bien des coups. Comme Yvain avait également enfourché sa monture, le Morhout dit à Gauvain : « Seigneur chevalier, dites-moi comment vous vous appelez, ne me le cachez pas. – Je ne vous le cacherai pas, seigneur, répondit le jeune homme. Sachez que je m'appelle Gauvain ; je suis fils du roi Loth et le roi Arthur est mon oncle. – Assurément, monseigneur Gauvain, reprit le Morhout, vous êtes le parent d'hommes si accomplis que vous ne pourriez pas manquer de l'être vous-même, et vos débuts sont si prometteurs que je ne crois pas qu'il y ait dans le monde entier d'aussi bon chevalier que vous l'êtes pour votre âge. » Gauvain le remercia très aimablement et dit : « Seigneur, vous direz ce que vous voudrez, mais sachez bien qu'à la cour de mon seigneur mon oncle il y a des chevaliers de mon âge qui sont meilleurs que moi. – Laissons cela, dit le Morhout. Assurément, je vous connais mieux que vous ne vous connaissez vous-même. Quoi qu'il en soit, je vous prie, en ami et en compagnon, de venir, vous et votre camarade, partager mon gîte pour cette nuit. » Comme il les en priait fort aimablement, ils y consentirent volontiers.

433. Là-dessus, ils suivirent un sentier jusqu'à ce qu'ils parvinssent au fond d'une vallée ; ils virent alors devant eux, au milieu d'une prairie, une demeure très belle et fort plaisante, parfaitement fortifiée. Quand ils furent arrivés devant la porte, le Morhout descendit de cheval et dit à ses compagnons : « Descendez, seigneurs, car c'est ici que vous serez hébergés pour la nuit. » Ils mirent pied à terre et aussitôt des serviteurs et des écuyers s'élancèrent pour prendre les chevaux. Des dames vinrent à leur rencontre, qui les emmenèrent dans la grand-salle du château et les firent aussitôt désarmer ; elles examinèrent leurs multiples blessures et les soignèrent par tous les moyens dont elles disposaient. Ce soir-là, on fit beaucoup plus pour le service et le bien-être des deux cousins que s'ils avaient été à la cour du roi Arthur, car le Morhout y veillait si bien et prenait tant de peine pour cela qu'ils en étaient tout étonnés. Gauvain demeura là quatre jours, pour recevoir les soins que requéraient ses nombreuses blessures. Quand il voulut partir, il prit congé de tous les habitants de cette demeure et les remercia beaucoup de leurs bontés et de l'honneur qu'ils lui avaient témoigné, disant qu'il s'en irait le lendemain, dès qu'il aurait entendu la messe. Puis il dit au Morhout : « Seigneur, vous en avez tant fait pour moi et vous m'avez tant honoré que je me tiens pour votre débiteur à jamais. Sachez que je suis votre chevalier en quelque lieu que je sois. – Vous ne prenez pas encore congé de moi, dit le Morhout. – Si, seigneur, car je pars demain matin. – Ne soyez donc pas si pressé de me faire vos adieux, reprit son hôte. Demain matin, quand vous partirez, je ferai route à vos côtés et je vous tiendrai compagnie peut-être plus longtemps que vous ne le pensez. » Gauvain répondit que cela lui convenait parfaitement, n'était la peine qu'il prendrait pour cela.

434. Le lendemain, dès le lever du jour, les deux cousins se levèrent et allèrent écouter la messe, puis ils prirent leurs armes. Quant au Morhout, il demanda qu'on lui apportât les siennes, car il voulait faire un bout de route avec eux. On les lui apporta ; il s'arma sur-le-champ et dit à l'un de ses écuyers : « Prends le meilleur cheval de voyage que tu trouves, enfourche-le et suis-moi. » L'autre exécuta ces ordres presque aussitôt que son maître les lui eut donnés. Une fois à cheval, ils quittèrent tous cette demeure. Quand ils en furent éloignés d'une demi-lieue environ, le Morhout dit à Gauvain : « Monseigneur Gauvain, de quel côté voulez-vous aller ? – En vérité, répondit le jeune homme, je n'en sais rien, seigneur, sauf que nous irons là où le hasard nous conduira. – Et que cherchez-vous ? demanda encore le Morhout. – Aventures et faits d'armes, seigneur, comme doivent le faire les chevaliers voyageurs. – Assurément, monseigneur Gauvain, de tous les jeunes gens dont j'aie jamais fait la connaissance, vous êtes celui que j'estime le plus – et ne croyez pas que je plaisante. Pour cette raison, j'ai tant d'amitié pour vous que je veux dès à présent prendre la route, afin de pouvoir mieux jouir de votre compagnie et de vous voir le plus longtemps possible. » Monseigneur Gauvain répondit qu'il était extrêmement heureux de l'avoir pour compagnon, car grâce à sa présence, où qu'il allât, il ne pouvait que s'améliorer et recevoir de l'honneur.

435. Les trois chevaliers se firent donc compagnons et déclarèrent qu'ils ne se quitteraient jamais avant qu'un événement les séparât, sauf mort de l'un d'entre eux. Ils chevauchèrent donc ainsi toute la journée sans trouver d'aventure qui mérite d'être racontée. La nuit, ils couchèrent chez une veuve qui les reçut fort bien. Le lendemain, quand ils furent armés, ils se remirent en route et chevauchèrent comme ils l'avaient fait le jour précédent ; leur chemin menait droit vers le royaume de Norgales. Le jour suivant, vers le milieu de la matinée, il advint qu'ils arrivèrent dans une grande et profonde forêt qu'on appelait Aroie. Ils y entrèrent et le Morhout déclara aussitôt : « Monseigneur Gauvain, j'ai maintes fois entendu parler de cette forêt et certaines personnes m'ont dit bien souvent que, depuis l'arrivée des chrétiens dans ce pays, tous les chevaliers en quête d'aventures qui y étaient entrés avaient trouvé là leur bonheur. – Seigneur, répliqua Gauvain, nous en trouverons donc là nous aussi, si nous ne sommes pas plus malchanceux que les autres. – Sachez donc, reprit le Morhout, que nous ne nous séparerons certainement pas sans en avoir trouvé, car je vous conduirai à une source que nul n'a jamais vue, au temps où nous sommes, sans qu'il s'y passe quelque chose. » Gauvain répondit qu'il était fort désireux de s'y rendre.

436. Ils s'en allèrent donc en suivant le chemin principal de la forêt. Quand ils eurent parcouru environ deux lieues, ils s'en écartèrent et prirent un petit sentier. Ils arrivèrent alors dans une vallée très profonde, pleine de roches vives, au milieu de laquelle, entourée d'arbres, se trouvait une grande chute d'eau qui tombait d'une belle hauteur.

Lorsqu'ils se furent approchés et qu'ils virent l'eau couler devant eux, le Morhout déclara : « Descendez, monseigneur Gauvain, et vous aussi monseigneur Yvain, et allons voir là-haut l'endroit d'où jaillit cette cascade. Je crois que nous n'y demeurerons pas longtemps avant d'entendre parler de ces aventures que nous cherchons. – Seigneur, dirent-ils, passez devant, et nous vous suivrons, car nous n'y sommes jamais allés. »

437. Alors, le Morhout se dirigea vers l'endroit d'où cette eau prenait sa source, suivi des deux autres. Ils ne tardèrent pas à apercevoir, sous les arbres, trois demoiselles d'âges très différents, car l'une ne devait pas avoir plus de quinze ans, tandis qu'une autre en avait bien trente et la dernière soixante-dix. Celle-ci, notre récit l'appelle *demoiselle* malgré son âge, parce qu'elle ne portait jamais de coiffe lorsqu'elle se déplaçait à cheval et que, si rigoureux que fût l'hiver, elle n'avait jamais sur la tête qu'un diadème d'or. J'ajoute qu'elle avait les cheveux tout blancs ; pour cette raison, et parce qu'elle avait toujours l'allure d'une demoiselle lorsqu'elle était en route, tout le monde l'appelait *la Demoiselle aux Cheveux Blancs.*

Quand les trois femmes virent arriver les chevaliers, elles se levèrent devant eux et les saluèrent, et ceux-ci leur rendirent leur salut. La Demoiselle aux Cheveux Blancs leur adressa la parole la première : « Eh bien ! messieurs, que cherchez vous ? » Ils répondirent qu'ils étaient en quête d'aventures et qu'ils n'avaient pas quitté leur pays pour autre chose. « En vérité, dit-elle, vous vous êtes lancés dans une folle entreprise en abandonnant pour cela votre terre, car je doute que vous ayez le courage et l'audace de tenter de venir à bout des aventures de ce pays. Je suis certaine que vous n'en êtes pas capables ! – Vraiment, mademoiselle, nous n'aurons pas l'audace nécessaire ? repartit Gauvain. – Bien sûr que non, répondit-elle, si j'en juge par votre apparence. » Et il est de fait que monseigneur Gauvain n'était pas un chevalier de très grande taille, mais qu'il était assez petit[437]. Il fut donc très contrarié, aussi répliqua-t-il, de colère : « Mademoiselle, quelle que soit mon apparence, je n'hésiterais certainement pas à appeler au combat ou à recevoir de pied ferme n'importe quel chevalier de ce pays. – Eh bien, agissez comme il convient de le faire, lui dit-elle. Nous sommes, comme vous le voyez, trois demoiselles ; vous allez prendre l'une d'entre nous, l'un de vos compagnons prendra la deuxième et le dernier la troisième. Nous vous mènerons alors aux aventures de ce pays. Sachez que si vous pouvez venir à bout de toutes celles que l'on vous montrera, vous aurez eu plus de chance qu'aucun chevalier en quête d'aventures n'en a jamais eu. » Ils répondirent tous les trois qu'ils étaient prêts à se mettre en quête des aventures dont elle parlait. « Il y a encore une autre condition, que je ne veux pas passer sous silence, ajouta-t-elle. L'une d'entre nous ne peut commencer cette quête si le chevalier qui fera d'elle sa compagne de voyage ne lui promet pas de veiller à sa sauvegarde pendant un an et de la défendre contre tous ceux qui voudront exiger quelque

---

[437] *Suite*, § 437, l. 26 : *ains estoit auques bas* ; portrait différent de celui du *Lancelot* (*op. cit.*, t. II [TLF 249], p. 408, § 2) : « si ne fu ne trop grans ne trop petis, mes de bele stature ».

chose d'elle. » A ces mots, monseigneur Gauvain et le Morhout gardèrent le silence*. Monseigneur Yvain s'avança vivement et dit : « Mademoiselle, je suis le plus mauvais chevalier de nous trois. Je la prends sous ma protection, aux conditions que vous dites, puisque ces hommes de mérite refusent de le faire. – Grand merci, seigneur, dit la demoiselle. Je m'en irai donc avec vous, car c'est moi qui veux avoir un an entier la protection d'un chevalier. » Gauvain dit alors : « Monseigneur Yvain, cher cousin, vous avez assumé là une tâche difficile. Dieu veuille que vous la meniez à bonne fin ! – Seigneur, dit-il, il n'y a pas à y revenir. J'ignore ce que me réserve cette entreprise, mais je m'efforcerai de tenir mes engagements envers cette demoiselle. – Monseigneur Morhout, reprit Gauvain, vous êtes l'aîné, aussi je vous laisse le choix : vous prendrez celle de ces deux personnes que vous préférez escorter. » Le Morhout prit aussitôt la demoiselle d'âge moyen et monseigneur Gauvain prit l'autre, qui était très belle.

438. Alors, les chevaliers dirent aux demoiselles : « Qu'allons nous faire de vous ? Avez-vous des chevaux ? » Elles répondirent qu'elles en étaient en effet pourvues. L'une d'elles alla aussitôt les chercher et les trouva dans la forêt, tout près de là ; elle confia à un écuyer le soin de les mener jusqu'à l'endroit où elle avait laissé ses compagnons. Lorsque les chevaux furent arrivés, les demoiselles se mirent en selle, ainsi que les chevaliers et leurs écuyers – qui étaient trois, car chaque chevalier avait le sien. La Demoiselle aux Cheveux Blancs dit alors : « Seigneurs, ce n'est pas rien que d'avoir, comme vous l'avez fait, entrepris de rechercher les aventures de ce pays, bien au contraire : vous y resterez plus que vous ne l'imaginez. Mais parce qu'il nous faut nous séparer et que je ne sais pas quand nous nous retrouverons, je vous prie d'être dans un an, à midi, près de cette source, à l'endroit où vous nous avez vues. Chacun apprendra alors comment les choses se sont passées pour les autres, après quoi nous nous en irons, s'il plaît à Dieu, à la cour du roi Arthur. » Les chevaliers lui en firent la promesse. Ils se mirent aussitôt en route et chevauchèrent si bien de la sorte tous ensemble qu'ils parvinrent à une croix d'où partaient trois chemins, chacun s'enfonçant dans la forêt profonde. Quand ils y furent, ils s'arrêtèrent et la demoiselle leur dit : « Il nous faut nous séparer ici, nobles seigneurs, car ces trois chemins nous y invitent. » Tous furent bien de cet avis. Monseigneur Gauvain découvrit le premier son visage, imité par ses deux compagnons, et ils s'embrassèrent aussitôt, puis ils relacèrent leurs casques et se séparèrent, tout en pleurant. Au moment de la séparation, le Morhout dit à Gauvain : « Monseigneur Gauvain, souvenez-vous, dans un an, de la source, en sorte que vous y soyez à la date fixée, car en vérité j'attendrai ce jour avec beaucoup d'impatience et il me tardera de pouvoir être de nouveau en votre compagnie ; sachez bien en effet que je n'ai jamais eu autant d'amitié ni d'estime pour un chevalier que j'en ai pour vous. » Gauvain le remercia beaucoup et déclara qu'il y serait au jour dit, s'il plaisait à Dieu, puis il poursuivit en s'adressant a monseigneur Yvain : « Cher cousin, vous entrez dans la quête des aventures, et elles ne sont pas de tout repos, mais éprouvantes et pénibles au plus haut point. Au nom de Dieu, gardez la mesure dans vos faits d'armes, car je vous assure qu'en agissant le plus prudemment possible vous aurez déjà suffisamment à faire. » L'autre répondit qu'il agirait comme les circonstances lui sembleraient l'exiger. Alors, ils se séparèrent les uns des autres. Le récit cesse à présent de parler d'eux tous et revient au roi Arthur.

XXII

439. Dans cette partie, le récit raconte que, lorsque le roi Arthur eut congédié son neveu Yvain, tous ceux de la cour en furent très peinés, car tous et toutes l'aimaient beaucoup. Mais le roi Urien, lui, en fut si affligé qu'il aurait aussitôt quitté la cour si le roi Arthur ne l'avait pas retenu de force, en lui ordonnant de rester au nom de toutes les possessions qu'il tenait de lui, en sorte qu'il renonça à partir. Le soir, le roi demanda à maintes reprises où était son neveu Gauvain, mais personne ne put le renseigner. Le lendemain, il redemanda de ses nouvelles comme il l'avait fait le jour précédent et interrogea tout particulièrement les frères du jeune homme ; Gaheriet, qui était très affligé de ne pas savoir où était Gauvain, répondit alors à son oncle le roi : « En vérité, sire, nous ne l'avons pas vu depuis qu'il est parti accompagner son cousin. – N'est-il pas revenu depuis ? demanda le roi. – Non, sire. – Sur ma tête, reprit le roi, il s'en est donc allé pour de bon avec lui : à cause de l'un j'ai ainsi perdu l'autre. Je suis vraiment fou d'avoir agi de la sorte. J'aimerais encore mieux qu'ils soient tous deux ici que d'avoir perdu Gauvain, car je ne le verrai plus avant longtemps, peut-être, s'ils vont jusqu'à se mettre en quête des aventures du royaume de Logres. » Tels furent les propos du roi au sujet de son neveu Gauvain, car il était fort troublé à son sujet, ayant pour lui plus d'affection qu'il n'en avait pour nul autre. Et tous ceux de sa maison l'aimaient également, aussi vous dis-je qu'à cause de son départ on vit sombres et chagrins tous les gens les plus honorables de la cour, et le roi lui-même en était beaucoup plus affligé qu'il n'osait le montrer.

440. Un jour, à l'heure du déjeuner, le roi était à table dans la cité de Cardeul et le service était somptueux. Comme on lui avait apporté tous les mets qui lui étaient destinés et qu'il était occupé de parler avec Lucan l'Échanson, tout jeune homme à l'époque, voilà que Manassès entre dans la grand-salle du palais, revêtu de toutes ses armes, à l'exception de son casque, qu'il avait ôté parce que le roi était à table. Lorsque ceux qui faisaient le service le virent arriver, ils coururent à sa rencontre et l'accueillirent avec une joie extraordinaire, puis ils le désarmèrent aussitôt et lui dirent : « Bienvenue au chevalier qui revient de voyage ! » Nul n'ignorait en effet qu'il revenait d'une quête aux aventures. Quand Manassès eut mangé avec les autres chevaliers du palais, le roi, qui s'était levé de table, le fit venir devant lui, parce qu'il arrivait du dehors, et il lui demanda aussitôt s'il avait entendu parler de Gauvain et d'Yvain et s'il les avait vus. « En vérité, sire, dit-il, non, je ne les ai pas vus et je n'ai absolument pas entendu parler d'eux, mais j'ai rencontré, il n'y a pas longtemps, votre sœur Morgane, qui ne m'a pas rendu un moindre service que de me sauver la vie. » Quand le roi entendit parler de Morgane, il ne voulut pas que les autres entendissent quoi que ce soit, aussi leur demanda-t-il de s'éloigner. Alors, il s'adressa de nouveau à Manassès : « Dis-moi où tu as vu Morgane et ce qu'elle a fait pour toi. » L'autre lui raconta aussitôt, sans rien lui cacher, tout ce qu'elle avait fait et dit, comme le récit l'a déjà rapporté. Quand le roi entendit cela, il commença à se signer et déclara : « Sur ma tête, elle m'a bel et bien trompé par ses enchantements. Sans sa magie, elle ne jouerait plus jamais de vilain tour aux hommes de bien, car j'aurais tiré vengeance d'elle, pour moi et pour le monde entier, et je l'aurais ainsi empêchée de nuire, désormais, alors qu'elle commettra encore bien des forfaits par sa magie. – Et qui est, demanda le chevalier, la Demoiselle Chasseresse ? Sans elle, Morgane vous aurait tué. – En vérité, répondit le roi Arthur, je l'ai vue bien souvent et elle a longtemps séjourné ici, mais je n'ai jamais très bien su qui elle était, si ce n'est qu'elle est la fille du roi de Petite Bretagne[438]. Cependant, puisqu'elle m'a sauvé de la mort, il me semble qu'elle a plus de droits que ma sœur à mon affection, car elle a été plus loyale que celle-ci envers moi, et, assurément, si j'en avais l'occasion, je rendrais à cette demoiselle le bien qu'elle m'a fait[439] et à ma sœur le sien. »

---

[438] *Suite*, § 440, l. 33 : *fors que elle est fille dou roi de la Petite Bretaigne* ; v. cependant au § 317 (ll. 7-8), où le père de Nivienne est présenté comme « li rois de Norhomberlande, un roiame qui marcissoit [avait une frontière commune] à la Petite Bretaigne [c'est-à-dire la Bretagne] ».

[439] On notera qu'il n'est pas question de Merlin, à la mort duquel Morgane avait cependant fait clairement allusion dans son message (§ 417, l. 42-43). La complète éviction de cette information est indispensable. Si le roi connaissait le sort de Merlin, il pourrait, malgré les services qu'elle lui a rendus, en faire grief à Nivienne, et d'autre part les épisodes liés à la quête de Merlin n'auraient plus de raison d'être. C'est ce type d'anomalie qui laisserait supposer que

441. C'est en ces termes que le roi Arthur parla de la Demoiselle du Lac. Le lendemain, au point du jour, celle-ci arriva au palais avec une suite nombreuse, et elle s'était à ce point transformée, en recourant à la magie, que le roi ne l'aurait jamais reconnue sous l'apparence qu'elle s'était donnée, car vous auriez vraiment cru, si vous l'aviez vue, qu'elle avait au moins soixante ans, et même plus. Quand elle fut entrée au palais et qu'elle eut mis pied à terre, le roi l'appela très aimablement, parce qu'il lui semblait que c'était une dame âgée. Elle s'approcha de lui, le prit à part et lui dit : « Roi Arthur, je vous aime beaucoup, non tant pour votre personne que pour votre bonne réputation ; c'est pourquoi, si je savais qu'il doit vous arriver un malheur, je ne pourrais m'abstenir de vous mettre en garde. » Il l'en remercia beaucoup et lui demanda pourquoi elle lui disait cela. « Je vous le dis, répondit-elle, parce qu'une demoiselle, qui est au service de votre sœur Morgane, viendra bientôt ici, apportant avec elle un manteau. Ce manteau est doté d'un pouvoir tel que quiconque le posera sur ses épaules pour s'en revêtir tombera mort aussitôt. La demoiselle insistera pour que vous le mettiez le premier, pour vous tuer, mais gardez-vous-en bien, je vous le recommande. – Et qu'en ferai-je donc ? demanda-t-il. – Je veux, répondit-elle, que vous le lui fassiez revêtir d'abord ; vous verrez alors ce qui se passera. Si elle en meurt, rien de ce qui pourrait advenir à votre sœur Morgane ne saurait la

---

l'auteur (ou les auteurs) improvise partiellement son récit ; il est également possible que le texte tel qu'il nous est parvenu résulte d'un collage de plusieurs récits plus ou moins concordants.

chagriner davantage, car elle l'aime énormément. – Sur ma tête, madame, dit le roi, si les choses se passent comme vous me l'avez dit, jamais une dame n'aura rendu à un homme de haut rang plus grand service que celui que vous m'aurez rendu en cette occasion. – Lorsque vous aurez reconnu ce bienfait, reprit la demoiselle, pas un seul moment il ne vous viendra à l'esprit que je vous en ai déjà procuré un semblable. » Il lui demanda où c'était. « Je ne vais pas vous le dire maintenant, répondit-elle, car c'est inutile et vous ne manquerez pas de le savoir en temps voulu. Mais laissez maintenant cette affaire, car vous verrez bien, avant longtemps, ce qui se passera. » Le roi déclara qu'il n'en parlerait plus pour cette fois.

442. Le soir, après le dîner, quand le roi Arthur se fut levé de table, tandis que les chevaliers étaient encore dans la grande salle du palais et conversaient entre eux selon leur bon plaisir, voilà que se présente une demoiselle fort élégamment parée d'un précieux vêtement de soie rouge, un coffret d'argent dans les bras. Lorsqu'elle vit le roi Arthur, elle alla droit vers lui, le salua et lui dit : « Roi Arthur, la plus honorable et la plus belle demoiselle que je connaisse aujourd'hui dans le monde vous salue par moi : j'ai nommé la Demoiselle de l'Île Enchantée. Et parce qu'elle vous a entendu louer plus que tous les rois qui sont aujourd'hui dans le monde, elle vous envoie un vêtement si précieux et si somptueux que vous pourriez difficilement en estimer la valeur. » Alors, elle ouvrit le coffret qu'elle portait et en retira un manteau fait d'une étoffe de soie, si magnifique, en apparence, qu'avant de le voir vous n'auriez pas imaginé qu'il existât vêtement aussi précieux et aussi remarquable dans le monde. Quand elle l'eut déployé, si bien que toutes les personnes présentes purent l'examiner attentivement dans son entier, elle déclara : « Roi Arthur, que vous en semble ? – Mademoiselle, répondit-il, il est assurément très beau, mais je crois qu'il siérait mieux à une demoiselle qu'à un chevalier, car il me paraît un peu trop court. Pour cette raison, je vous prie de l'essayer, nous verrons ainsi comment il vous ira. – Roi, dit-elle, je ne suis qu'une femme et une demoiselle, aussi ne suis-je pas digne de mettre sur mes épaules un vêtement qu'un homme aussi éminent que vous l'êtes doit revêtir ; c'est pourquoi je n'en ferai rien, car ce serait fort inconvenant. – Je veux, reprit le roi, que vous le fassiez, et, si blâme il y a, c'est à moi qu'il reviendra, et non à vous ; vous n'encourrez donc nul reproche en agissant de la sorte. » La jeune fille, qui n'entendait pas malice à cette affaire et qui ignorait tout du pouvoir de ce manteau[440], le mit sur ses épaules et l'agrafa.

Dès qu'elle l'eut endossé, elle tomba à terre, se raidit et son âme quitta aussitôt son corps, de sorte que les personnes présentes au palais se signèrent d'étonnement lorsqu'ils la virent morte, disant qu'il ne s'était jamais produit d'événement plus extraordinaire à la cour du roi Arthur. Celui-ci, en voyant les choses advenir exactement comme on le lui avait annoncé, regarda ceux qui étaient

---

[440] *Suite*, § 442, l. 29 : *Et cele, qui n'entendoit nul mal en cele chose ne ne connissoit mie de quel forche li mantiaus estoit* ; cela s'accorde mal avec ce qui est dit au § 441 (l. 18) : « Elle vaurra que vous l'affublés premiers pour vous occhirre... ».

autour de lui et leur dit : « Vous pouvez voir à présent comme la traîtresse qui m'a envoyé ce cadeau avait ingénieusement préparé ma mort. – Comment ! sire, s'écrièrent-ils, seriez-vous donc mort, vous aussi, comme cette demoiselle, si vous aviez revêtu ce manteau ? – Bien sûr, dit-il. Cette demoiselle n'a été envoyée ici que pour me tuer, aussi en serais-je mort si l'on ne m'en avait pas averti. » Ils répondirent tous : « Ah ! Dieu, quel prodige ! Nous n'aurions jamais cru qu'il y avait de la tromperie ou du mensonge là-dessous. – Eh bien maintenant, dit-il, vous pouvez le voir clairement. »

443. Alors, il fit préparer au milieu de la cour du château un gigantesque feu, car lui-même voulait le voir. Quand il eut bien pris, il y fit jeter le corps de la demoiselle avec le manteau, et les flammes, qui étaient démesurément hautes, eurent en peu de temps consumé l'un et l'autre. Quand il vit que tout était réduit en cendres, il s'approcha de la Demoiselle du Lac et lui dit : « Mademoiselle*, vous m'avez rendu un tel service que je ne pourrai jamais vous en récompenser, car vous m'avez sauvé de la mort. Si je peux vous être utile en quoi que ce soit et si je possède quelque chose que vous vouliez, demandez-le-moi et sachez que vous serez satisfaite, car assurément je ne vous refuserais rien que je puisse avoir en ce monde. » Elle l'en remercia beaucoup et dit : « Je ne suis pas venue dans ce pays pour recevoir de vous l'un ou l'autre de vos biens, car je n'en ai nul besoin, mais parce que je savais parfaitement que certaines personnes, qui ne vous aiment pas, chercheraient à vous faire du mal et à vous nuire, ce que je n'aurais pu supporter, car je me soucie de vous plus que vous ne l'imaginez. – Et pourquoi, demanda-t-il, vous souciez-vous de moi ? Je ne vous ai jamais rendu le moindre service. – Peu m'importe, dit-elle, que vous ne me rendiez aucun service. Vous en rendez à tant d'hommes de mérite que si vous mourriez personne au monde n'assumerait la charge d'être leur soutien comme vous le faites. Telle est la raison de l'affection que j'ai pour vous, car vous aimez, honorez et mettez haut l'élite de la chevalerie terrienne. » Le roi restait silencieux. Elle poursuivit : « Je retourne dans mon pays demain matin, aussi vous recommandé-je à Dieu. Mais en récompense du service que je vous ai rendu, que vous devez regarder comme considérable, je vous prie de veiller à ne rien rabattre de l'honneur que vous avez commencé à rendre à la chevalerie. » Il lui donna sa parole de roi qu'il ne cesserait jamais, de toute sa vie, de l'exalter et de lui accorder une place éminente. « Mais, si tel pouvait être votre plaisir, reprit-il, j'aimerais beaucoup que vous restiez ici et que vous soyez entièrement maîtresse de ma maison, car vous le méritez bien. » Elle répondit qu'elle ne resterait en aucun manière. Le lendemain, elle s'en alla avec tous ceux de son entourage et le roi resta à Carlion*. Le récit cesse maintenant de parler de cette dame et du roi pour revenir aux trois compagnons, et tout d'abord à monseigneur Gauvain.

XXIII

444. A présent, le récit raconte qu'après avoir quitté ses compagnons Gauvain chevaucha avec la demoiselle toute la journée à travers la forêt, sans trouver d'aventure dont il faille faire mention. Le soir, ils couchèrent chez un humble vassal, fort âgé, qui leur fit un très bon accueil. Quand il apprit que monseigneur Gauvain était un chevalier et qu'il voyageait en quête d'aventures, il lui dit : « Cher hôte, si vous vouliez m'accompagner, je vous en montrerais une, dans la forêt proche d'ici[441] ; elle est tout à fait insolite et aucun chevalier n'a jamais pu me fournir d'explication à ce sujet. – Et quelle est cette aventure ? demanda monseigneur Gauvain. – Je ne vous en dirai pas un mot, répondit son hôte, avant que vous la voyiez. » Gauvain déclara alors qu'il irait la voir, puisque elle était si extraordinaire.

Le lendemain, au lever du jour, le maître de maison se leva et réveilla monseigneur Gauvain ainsi que la jeune fille. Quand tout le monde fut prêt et qu'on se fut mis en selle, la petite troupe sortit du logis et s'engagea dans la direction que l'hôte lui fit prendre. Ils chevauchèrent ainsi jusqu'à ce qu'ils parvinssent à une hauteur. Le vieil homme la gravit, suivi des autres ; arrivés en haut, ils virent un grand et beau plateau qui s'étendait bien, tant en

[441] Comme on le voit quelques lignes plus bas, les aventures se déroulent en fait sur un plateau presque entièrement déboisé, mais une forêt se trouve bien au pied de cette hauteur (§ 449, l. 27) et il faut donc y pénétrer pour s'y rendre.

longueur qu'en largeur, sur une lieue, et sur toute cette surface, il n'y avait qu'un seul arbre, qui se trouvait au centre du plateau* : c'était un orme gigantesque, à côté duquel il y avait une croix. « Seigneur chevalier, dit l'hôte, suivez-moi donc jusqu'à cette croix ; lorsque vous y serez, vous descendrez de cheval, vous et la demoiselle, et vous attendrez un peu, ainsi verrez-vous l'aventure dont je vous ai parlé. » Ils allèrent de ce côté et mirent pied à terre, après quoi il ne se passa guère de temps avant qu'ils vissent arriver jusqu'à dix chevaliers armés, en magnifique équipage, chacun tenant une lance à la main ; tous s'arrêtèrent au milieu du plateau. « Cher hôte, reprit l'humble vassal, voyez-vous à présent tous ces hommes ? – Oui, fort bien, répondit monseigneur Gauvain. – Sachez, reprit l'autre, qu'un chevalier va bientôt venir par ici ; il affrontera chacun d'eux à la lance et les abattra tous, l'un après l'autre, sans jamais manquer sa cible. Ensuite, quand il les aura abattus, vous verrez qu'il lui sera fait quelque chose que vous tiendrez pour l'un des plus grands prodiges que vous ayez jamais vus.

445. Comme cet homme de bien disait ces mots, ils regardèrent autour d'eux et virent venir, d'un autre côté, un chevalier solitaire. Il était armé d'une manière irréprochable. Quand il parvint à la hauteur de monseigneur Gauvain, il le salua très aimablement, lui et ses compagnons. Monseigneur Gauvain lui répondit : « Seigneur chevalier, que Dieu vous accorde de l'honneur. » L'autre répondit tout en pleurant : « Seigneur, Dieu pourrait bien le faire, mais il ne le fera pas, car ici ma honte l'emportera toujours sur mon honneur, si grand soit-il, et cela ne m'étonne pas : nul homme de mérite ne vient ni n'est jamais venu en ce lieu sans en repartir déshonoré. » Quand il eut dit cela, il passa le bras dans le bouclier, baissa sa lance, puis laissa courir son cheval vers l'un des dix chevaliers, qui fit de même, et il le frappa si violemment qu'il le jeta à terre, lui et sa monture. Après quoi il s'élança vers le deuxième et l'abattit comme il avait abattu le premier, puis ce fut au tour du troisième, puis du quatrième. Il les abattait tous l'un après l'autre, si bien qu'il les fit choir tous les dix sans qu'un seul de ses coups eût jamais manqué sa cible.

446. Quand monseigneur Gauvain vit cela, il dit à son hôte : « En vérité, cher hôte, je puis bien dire à présent que je n'aurais jamais cru voir un manieur de lance aussi remarquable que celui que vous m'avez montré. L'honneur ne devrait assurément pas lui manquer, car il fait vraiment ce qu'il faut pour en acquérir. » A peine avait-il dit ces mots, qu'il vit les dix chevaliers se précipiter sur celui qui les avait abattus ; ils lui tuèrent sa monture, puis ils le saisirent, le ligotèrent sur son bouclier et l'attachèrent par les pieds à la queue d'un cheval avec de solides cordes, tandis qu'il supportait tout sans dire un seul mot. Lorsqu'ils l'eurent bien attaché, ils se remirent en selle, firent demi-tour et repartirent en traînant leur adversaire à la queue du cheval, à si vive allure qu'il était étonnant qu'il ne fût pas mis en morceaux.

Devant un tel spectacle, monseigneur Gauvain s'écria : « Ah ! Dieu, que vois-je ? Assurément, je serais vraiment plus que lâche et plus qu'indigne si je supportais davantage que l'on humilie ainsi, devant moi, le chevalier le plus accompli que j'aie jamais vu. » Alors, il se dirigea vers son cheval et voulut l'enfourcher, mais son hôte alla vers lui et le retint à toute force, en disant : « Ah ! seigneur, au nom de Dieu, quoi que vous voyiez, ne vous en mêlez pas, mais prenez-le en patience, car sachez bien que vous ne pourriez rien faire d'utile pour lui porter secours et que vous risqueriez bien, au contraire, d'être promptement tué ou estropié. Revenez plutôt vous asseoir par ici et regardez s'il ne se produit pas d'autres événements extraordinaires, car je doute que les choses en restent là. » Gauvain répondit, plein de dépit : « Cher hôte, je m'en abstiendrai donc, puisque tel est votre plaisir, mais j'ai peur d'en être déshonoré et d'être tenu pour un lâche toute ma vie. »

447. Alors, il retourna s'asseoir auprès de la demoiselle et attendit pour voir s'il se passerait quelque chose d'autre. Il s'était écoulé peu de temps lorsqu'il vit arriver d'un côté du plateau un chevalier entièrement armé. C'était un homme grand, bien bâti, d'une beauté tout à fait exceptionnelle. Dans le même temps, il vit un nain qui arrivait d'une direction opposée et qui se dirigeait droit vers ce chevalier. Ce nain, particulièrement petit, était contrefait, hideux : c'était la plus hideuse créature qu'on eût jamais vue, à mon avis. Monté sur un gigantesque cheval de combat, il avait un équipement complet, parfaitement adapté à sa taille, et il ne lui manquait que le casque, qu'un serviteur à pied lui portait. Il arrivait à toute vitesse à travers la haute plaine. Quand il fut près du chevalier, il lui dit, sans le saluer : « Monsieur le chevalier, avez-vous vu la demoiselle, depuis la dernière fois ? – En vérité, non, répondit l'autre, mais elle doit arriver ici bientôt. » Le nain déclara qu'il aurait voulu qu'elle fût déjà là, car il était prêt à livrer combat.

Le chevalier ne répliqua rien : le fait que l'autre lui parlât si longuement l'indignait[442]. A cet instant, monseigneur Gauvain regarda les environs et vit arriver une demoiselle sur un cheval de promenade de couleur blanche. Cette demoiselle était fort bien faite et très gracieuse ; le harnachement de sa monture était magnifique. Avec elle venaient deux dames de compagnie fort âgées qui lui faisaient escorte. Quand elles furent près de la croix, le nain s'avança vivement, saisit le cheval de la jeune fille par le mors et dit à celle-ci : « Vous allez venir avec moi, mademoiselle, puisque je vous tiens. » Le chevalier bondit à son tour de l'autre côté et s'écria : « Va-t-en, nain, laisse-la-moi ! Tu ne l'emmèneras pas, car elle est mienne. – Si vous voulez l'emmener, répliqua le nain, il vous faudra m'affronter en combat singulier. Si Dieu vous donne l'honneur du combat, je vous la laisserai et renoncerai si complètement à elle que vous ne m'entendrez plus jamais réclamer quoi que ce soit à ce sujet. – Comment ! nain, s'écria le chevalier, tu voudrais donc que je combatte contre toi ? – Il le faut, répondit le nain, ou vous n'emmènerez pas la demoiselle, car mes droits sur elle sont aussi grands que les vôtres, et je les défendrai mieux que vous.

---

[442] *Suite*, § 447, ll. 17-18 : *il ly atornoit a desdaing que cil le tenoit tant en paroles* ; G. Roussineau (gloss., p. 735 et 716, s. v.) glose *desdaing* 'dédain' et *atorner a* 'imputer à'. Soit en trad. : 'il estimait que le nain faisait preuve d'insolence en lui parlant si longtemps'. La coréférence de « ly » et « cil » nous semble peu probable ; nous comprenons donc « desdaing » comme au § 538 (l. 4, 'indignation') et « atornoit » comme le simple *tornoit* du § 290 (l. 47, 'conduire à', le verbe étant ici impersonnel).

– Jamais, s'il plaît à Dieu, répliqua le chevalier, je ne m'avilirai au point de me battre avec toi, et j'emmènerai la demoiselle, que tu le veuilles ou non. – Que Dieu m'abandonne si je mens, reprit le nain, vous n'en ferez rien. Jamais vous ne l'emmènerez, quelque pouvoir que vous ayez. » Le chevalier mit aussitôt la main sur le mors du cheval de la jeune fille et l'autre s'écria : « Qu'est-ce que c'est, monsieur le chevalier ? Serez-vous assez inique envers moi pour emmener contre toute justice cette demoiselle, sur laquelle j'ai d'aussi grands droits que vous ? Assurément, vous êtes vraiment lâche et déloyal, puisque je vous fais là-dessus une offre parfaitement juste, tandis que vous voulez en user injustement envers moi. – Je te ferais tort, si je l'emmenais ? – Oui, le plus grand tort qui m'ait jamais été fait. – Je vais donc m'en remettre à la décision du chevalier que voilà et qui ne nous connaît ni l'un ni l'autre. – Et moi aussi, en vérité, repartit le nain. Qu'il fasse donc ce qu'il voudra sur cette affaire. » Ils appelèrent alors monseigneur Gauvain et lui dirent : « Seigneur chevalier, voici une demoiselle que nous avons conquise ensemble avant-hier. Chacun de nous deux veut l'avoir, mais il nous est impossible de nous mettre d'accord, car nos droits sur elle sont égaux. Apaisez donc notre querelle, de telle manière que désormais l'un de nous ne puisse plus rien demander à l'autre à ce sujet. » Il leur répondit : « Seigneurs, je ne suis qu'un jeune homme, aussi suis-je encore ignorant des coutumes de ce pays. Il se pourrait que je fasse à ce propos quelque chose qui vous déplaise et dont vous ne vous teniez pas satisfaits. C'est pourquoi je ne me mêlerais qu'à contrecœur de ce litige. – Quoi que vous décidiez, déclarèrent les deux autres, nous

nous y tiendrons. – Promettez-le », dit Gauvain. Et ils lui promirent loyalement qu'ils respecteraient en tous points sa décision et qu'en aucune manière ils ne lui en sauraient mauvais gré. Il leur demanda aussitôt : « Aimez-vous beaucoup cette demoiselle ? » Chacun répondit de son côté : « Je l'aime passionnément. – Accepteriez-vous, demanda-t-il encore, de vous en remettre à son bon plaisir ? » Ils répondirent : « Oui, tout à fait, nous ne voulons pas qu'il en aille autrement. – Sur ma tête, reprit Gauvain, je ne ferai donc rien qui me vaille d'être blâmé. » Il dit alors, s'adressant cette fois à la jeune fille : « Mademoiselle, agirez-vous en cette affaire selon mes instructions ? – Seigneur, répondit-elle, oui, sans nul doute. Je m'en tiendrai strictement à ce que vous voulez faire là-dessus. – Il vous faut donc, reprit-il, aller vers celui des deux que vous aimez le plus. – Vraiment, demanda la demoiselle, il doit en être ainsi ? – Oui », répondit Gauvain. Elle appela aussitôt les deux hommes et leur dit : « Chers seigneurs, ils se trouve que je suis perdue pour l'un de vous deux et que l'autre m'aura. Je veux donc que vous me promettiez que vous ne m'en voudrez pas, quoi que je fasse. » Ils le lui accordèrent loyalement. Elle alla aussitôt vers le nain et lui dit : « Ami, je viens à vous et me mets en votre pouvoir. Vous ferez désormais de moi ce qu'il vous plaira et me traiterez comme votre amie. Quant à vous, seigneur chevalier, allez chercher une autre demoiselle, car je suis définitivement perdue pour vous. En vérité, je n'aurais jamais imaginé qu'une si grande lâcheté puisse se loger dans une aussi grande beauté que la vôtre. Vous pouvez maintenant vous en aller où vous voulez, car je vais partir avec lui, dit-elle en désignant le nain : je le préfère à vous. » Elle appela alors les dames qui l'avaient accompagnée et les emmena. Quant au nain, il s'en alla à son tour, tout heureux, faisant montre d'une joie prodigieuse, en homme dont la cause avait triomphé selon ses désirs.

Quand le chevalier vit cela, il se mit à manifester le plus grand chagrin du monde et dit à monseigneur Gauvain : « Ah ! seigneur, que puis-je faire ? Je suis mort, je suis perdu, puisque cette demoiselle s'en va de la sorte, car je n'aimais qu'elle et n'aimerai personne d'autre de ma vie. » Gauvain se signa d'étonnement et répondit : « Seigneur, je ne sais que dire sur ce qui vient de se passer. Jamais une femme n'a fait preuve d'autant de malignité que celle-ci. Vraiment, elle a bien un cœur de femme pour vous avoir délaissé au profit de cet avorton ! » Le chevalier répondit tout en pleurant : « Seigneur, telles sont les récompenses d'amour que celui qui aime loyalement n'obtiendra jamais ce qu'il désire le plus. » Quand il eut dit cela, il recommanda à Dieu monseigneur Gauvain. Alors, il s'en alla en manifestant une immense douleur, frappant ses deux poings l'un contre l'autre et maudissant l'heure de sa naissance. Son cheval l'emporta à si vive allure que monseigneur Gauvain le perdit de vue en peu de temps*. Lorsqu'il eut disparu à ses yeux et qu'il lui fut impossible de savoir ce qu'il était devenu, il dit à son hôte : « Par Dieu, cher hôte, ce que vous m'avez montré aujourd'hui est vraiment extraordinaire. Croyez-vous qu'en ce jour nous en voyions davantage ? – Oui, certainement, si vous restez encore ici. – Je resterai donc, dit Gauvain. – Et moi aussi », repartit l'hôte. La demoiselle et l'écuyer en dirent tout autant.

448. Ils restèrent donc tous les quatre devant la croix, mais il ne s'écoula guère de temps avant qu'ils vissent arriver sur le plateau deux chevaliers entièrement armés dont l'un cria d'une voix forte : « Gauvain, Gauvain, il te faut jouer de la lance ! » Lorsque Gauvain entendit que l'autre l'appelait ainsi par son nom, il en fut étonné et se demanda qui cela pouvait être. Il bondit immédiatement sur son cheval, prit sa lance et son bouclier, puis il s'élança contre celui qui l'avait défié, tandis que celui-ci faisait de même contre lui. Ils se frappèrent ainsi avec une telle violence qu'ils se jetèrent l'un l'autre au sol et se retrouvèrent sous leur monture. Voyant qu'ils s'étaient abattus mutuellement, le second chevalier, qui n'avait pas mis pied à terre, s'approcha de la demoiselle et lui dit : « Mademoiselle, s'il vous plaisait d'abandonner Gauvain, sous la protection duquel vous êtes venue dans ce pays, je serais votre chevalier et votre ami ; je vous emmènerais avec moi et toute ma vie je vous aimerais et vous reconnaîtrais pour ma dame. – En vérité, répondit la jeune fille, j'y consens. Je vais l'abandonner et m'en aller avec vous, car je n'aurais assurément jamais imaginé voir un chevalier aussi indigne ! » Elle monta alors sur le cheval avec lequel elle était venue et dit à l'écuyer qui avait quitté la cour avec Gauvain : « Viens avec moi et abandonne le chevalier sans valeur auquel tu appartiens, car tu ne peux gagner que de l'opprobre en le servant. N'as-tu pas vu aujourd'hui comment il a laissé traîner devant lui l'excellent chevalier qui a combattu tout à l'heure ici, sans se soucier de l'aider le moins du monde ? En vérité, après une telle lâcheté, la place d'une demoiselle ou d'un écuyer n'est pas à ses côtés, et tous devraient au contraire l'abandonner, indigne et lâche qu'il est[443]. – Ma foi, dit le jeune homme, je vais donc l'abandonner. Qu'il garde désormais toute son indignité pour lui, car je ne veux pas y avoir part. » Il monta aussitôt sur son cheval de voyage et s'en alla avec la demoiselle. Quand l'hôte vit cela, il se mit en selle à son tour et déclara qu'il ne resterait pas davantage à cet endroit ; il s'en alla donc lui aussi, avec les autres.

449. C'est ainsi que les deux chevaliers restèrent tout seuls au milieu du plateau. Ils avaient dégainé leurs épées et s'en donnaient de grands coups sur le casque et sur le bouclier, tantôt avançant, tantôt reculant. Le combat dura si longtemps que le plus fort et le plus alerte des deux aurait eu bien besoin de repos, mais ce fut l'adversaire de Gauvain qui, le premier, se montra incapable de continuer, tant il était épuisé et éprouvé par les grandes et profondes blessures qu'il avait au corps et qui lui avaient fait perdre beaucoup de sang. Pour cette raison, il s'écarta de Gauvain,

---

[443] Cette réaction, en contradiction avec l'attitude de Gauvain (§ 446), dont ses compagnons ont forcément été témoins*, relève peut-être du mystérieux sort auquel on s'expose en venant à cet endroit (§ 445, ll. 10-11). Aucune allusion ne sera cependant faite par la suite à un quelconque enchantement, similaire par ex. à celui qui dressera l'un contre l'autre Gauvain et le Morhout (§§ 492-494). On verra d'ailleurs que les malheurs du chevalier qui invoque cette réputation ont une cause naturelle (§§ 450-454). Le plus mystérieux est en fait que Gauvain puisse être reconnu par quelqu'un qui ne l'a jamais vu. La vraie magie de ce lieu, où rien ne peut être caché, est sans doute que chacun est forcé d'y agir selon ses penchants les plus inavoués.

posa son bouclier à terre et son épée à côté de lui, après quoi il demanda : « Monsieur le chevalier, que voulez-vous de moi ? – Mais c'est à moi de vous le demander, répondit monseigneur Gauvain, car vous êtes venu m'attaquer ici alors que je ne vous faisais aucun tort ! – J'ai fait ce que je devais faire, repartit le chevalier, et vous aussi. Nous pouvons bien en rester là, car nous nous sommes suffisamment éprouvés l'un l'autre. En vérité, vous pouvez vraiment dire qu'il y a en vous dix fois plus de vaillance que je ne le pensais. C'est pourquoi je vous dispense de continuer ce combat. – Au nom de Dieu, répliqua monseigneur Gauvain, vous ne vous en tirerez pas comme ça. Il faut vous reconnaître vaincu ou mourir. – Assurément, dit l'autre, je me reconnaîtrais vaincu plutôt que de continuer, car je crois bien que vous m'avez blessé à mort*. – Faites-le donc », dit Gauvain, et le chevalier obtempéra.

« Dites-moi maintenant, reprit monseigneur Gauvain, pourquoi avez-vous dit que nous avions tous deux fait ce que nous devions faire ? – Je vais vous l'expliquer, répondit l'autre. La vérité est que je suis de ce pays et que je possède une belle et bonne cité forte, entourée de tous côtés par la forêt, ici en bas, au pied de cette hauteur. Je la tiens au nom de mon seigneur, le roi de Norgales[444], mais les conditions de cette possession sont si mauvaises et si pénibles qu'il me faut combattre chaque fois que voyage par ici un chevalier en quête d'aventure. Si je ne le fais pas, un des chevaliers de ma maison y vient à ma

---

[444] Ce doit être en principe le roi Rion, appelé « sire de Norgales » au § 71 (l. 9).

place. Et si plusieurs chevaliers viennent ensemble, nous venons à plusieurs, mais jamais, en aucun cas, plus d'un contre un, car il serait injuste que deux chevaliers en affrontent un seul. Ainsi fallait-il que je vous attaque, ce que j'ai fait. J'ai donc agi comme je le devais, et vous de même, car vous deviez vous défendre et vous l'avez si bien fait que l'honneur est pour vous et la honte pour moi : vous avez eu plus de chance qu'aucun de ceux qui soient jamais venus sur ce plateau, car en vérité nul chevalier ne s'est présenté ici jusqu'à ce jour sans être vaincu. Vous savez maintenant ce que vous vouliez savoir. A présent, je vous prie, au nom de l'amitié et de la civilité, d'être mon hôte jusqu'à demain, et je vous assure que j'en serais plus heureux que de toute autre faveur. » Gauvain répondit qu'il le ferait si la demoiselle y consentait, car il était persuadé que la jeune fille était encore dans les parages, ainsi que son écuyer et le vieil homme qui l'avait hébergé. L'autre lui demanda de quelle demoiselle il parlait. Gauvain regarda autour de lui et voulut la lui montrer, mais quand il vit qu'elle n'était pas là, non plus que son écuyer et son hôte, il en fut profondément stupéfait. Le chevalier lui demanda : « Comment ! seigneur, vous ne l'avez pas vue partir ? – Assurément non, répondit Gauvain. – Sachez, reprit l'autre, que le chevalier que vous avez vu venir avec moi l'a emmenée, non par force, mais de son plein gré. » Il lui raconta exactement comment les choses s'étaient passées. Lorsque Gauvain eut tout entendu, il se signa et déclara : « Ma parole, il n'advient que des aventures extraordinaires sur ce plateau. » Le chevalier répondit : « Seigneur, c'est bien parce qu'il n'y advient que des aventures extraordinaires qu'on l'appelle le Haut des

Aventures. » Monseigneur Gauvain répondit qu'il avait maintes fois entendu parler de cet endroit, mais qu'il n'avait jamais su où il se trouvait. Il se réjouissait que le hasard l'y eût amené. « Mais pour en revenir à la demoiselle qui était avec moi, dit-il, je suis fort surpris qu'elle m'ait abandonné et je me demande pourquoi elle l'a fait, car en vérité je n'imaginais pas qu'elle puisse avoir déjà vu en moi quelque trait méprisable susceptible de la faire agir de la sorte. – Seigneur, repartit le chevalier, c'est ainsi, ne vous mettez pas martel en tête. Telle est la façon d'agir des femmes qu'elles ne font que ce qu'elles veulent. » Gauvain se tut alors, abattu et fort honteux, car il était persuadé que la demoiselle l'avait quitté parce qu'elle avait vu en lui quelque trait méprisable. Alors, ils prirent leurs chevaux, les enfourchèrent et, après avoir traversé le plateau, gagnèrent le pied de la hauteur sur laquelle ils se trouvaient. Ils n'avaient guère fait de chemin dans le creux de la vallée quand la bourgade apparut devant eux. Ils y entrèrent et chevauchèrent à travers les rues jusqu'à ce qu'ils parvinssent au donjon qui dominait la cité ; des serviteurs vinrent alors à leur rencontre et les désarmèrent.

450. Ce soir-là, les occupants de l'endroit où se trouvait monseigneur Gauvain firent tout ce qu'ils purent pour son bien-être et lui servirent tout ce dont ils disposaient et qui pût lui convenir. Le seigneur du lieu lui-même le traita aussi chaleureusement que s'il avait été le roi Arthur en personne. Dans la soirée, quand ils eurent mangé, monseigneur Gauvain demanda à son hôte : « Seigneur, dites-moi ce qu'il en est d'un chevalier que j'ai vu aujourd'hui sur le Haut des Aventures. » Il lui décrivit alors ce qu'il avait vu concernant cet homme, et particulièrement l'ignoble et honteux traitement qu'on lui avait fait subir. « Ah ! monseigneur Gauvain, répondit le maître des lieux, sachez que c'est l'histoire la plus lamentable de ce pays et que j'ai plus de compassion pour cette personne que pour qui que ce soit, car c'est assurément le meilleur chevalier que je connaisse dans cette région et on lui inflige tous ces traitements pénibles et infamants que vous avez vus à cause d'une dame de ce pays, qu'il aime d'un si grand amour que jamais, à mon avis, un homme n'a autant aimé une femme. Il l'aime de longue date, mais il n'a jamais rien pu obtenir d'elle, parce qu'il est issu d'un d'humble lignage et qu'elle est de noble extraction.

Il n'y a pas encore très longtemps, on a annoncé par cris dans ce pays qu'un tournoi aurait lieu aux portes d'un château qui se trouve par là, devant nous, à la sortie de la forêt. Les dames et les demoiselles de la région s'y sont rendues pour le voir, et même des chevaliers et des dames de contrées étrangères ont fait le déplacement pour y assister. Il s'est donc trouvé que cette demoiselle, nommée Arcade, et cet excellent chevalier dont nous parlons, nommé Pellias, étaient venus eux aussi. Le concours devait se dérouler aux conditions suivantes : la femme qui serait reconnue la plus belle emporterait, pour prix de sa beauté, un diadème d'or qu'on avait placé, sur une lance, au milieu de l'endroit où devaient se livrer les combats, et celui qui serait jugé le meilleur chevalier de tous ceux qui étaient présents sur place et qui se comporterait le mieux dans le tournoi aurait, pour récompense de ses faits d'armes, la meilleure épée de ce pays.

451. Quand les participants au tournoi dont je suis en train de vous parler ont été ainsi rassemblés, on ne saurait nier qu'il y avait en ce lieu nombre de chevaliers accomplis, venus de partout, mais le fait est que ce jour-là Pellias s'est si bien comporté que jamais, de toute ma vie, où que j'aie été, je n'ai vu de chevalier faire autant de belles actions. Pour cette raison, on lui a remis l'épée de préférence à tous ses concurrents, car spectateurs et combattants étaient unanimes à dire qu'il avait remporté la victoire, après quoi il est aussitôt allé décrocher le diadème d'or et l'a présenté à la demoiselle qu'il aimait, en lui disant : « Tenez, madame, ce diadème : il est juste que vous l'ayez, car assurément nulle ici n'est aussi belle et aussi aimable que vous l'êtes. Et, si quelqu'un avait assez d'audace pour prétendre le contraire, je serais disposé à le prouver contre lui en combat singulier, de sorte que je renoncerais à tout jamais à porter les armes si je ne le tuais ou ne l'obligeais à s'avouer vaincu aujourd'hui même. » Il ne s'est trouvé personne d'assez hardi pour oser contredire ce qu'il venait d'affirmer, car tous connaissaient son immense valeur. Aux yeux des autres, pourtant, il était clair que beaucoup de femmes présentes étaient plus belles que cette demoiselle, mais, je le répète, personne ne s'est hasardé à faire d'observation à ce sujet.

452. Ayant fait cela, et une fois la demoiselle rentrée chez elle, pleine d'allégresse tant elle était persuadée d'être la plus belle de toutes les femmes, ce Pellias, qui l'aimait si passionnément qu'il n'y tenait plus, s'est présenté un jour devant elle et lui a demandé son amour. Mais elle, qui était orgueilleuse, et qui l'est encore plus que nulle autre, lui a répondu qu'elle ne le lui donnerait jamais, car il n'était pas d'un lignage assez haut pour qu'elle puisse l'aimer. « Vous refusez, madame ? C'en est donc fait de moi, et me voilà voué au malheur, condamné à l'accablement le plus profond qu'un homme ait encore jamais connu, car je subirai désormais le poids des jours, sans pouvoir vivre ni me laisser mourir ; quoi que je puisse endurer, il faudrait en effet que la mort vienne elle-même m'arracher au monde aussi longtemps que je vous saurais en vie, et nulle peine, nulle honte que je puisse souffrir pour vous ne pourrait m'empêcher de vous aimer. – Vraiment ? Je ne pourrais rien vous faire qui suscite votre haine à mon égard ? – Non, madame. – Et moi je crois que si. – Madame, c'est impossible. Essayez de le faire quand il vous plaira. – Je ne le ferais pas volontiers, lui a-t-elle dit, mais au moins je vous défends absolument d'aller désormais dans la Lande des Aventures, qui m'appartient, car sachez bien que si vous y allez je vous ferai prendre et emprisonner ici, en un lieu dont vous ne sortirez pas comme vous le voudrez. Et maintenant allez-vous-en loin de moi, car il ne me plaît pas de vous voir davantage ! »

453. Là-dessus, le chevalier s'est éloigné de la demoiselle, beaucoup plus malheureux qu'il ne l'était auparavant. Dès lors, celle-ci s'est constamment tenue en un lieu où il lui était absolument impossible de l'apercevoir, et il avait beau aller partout où il le pouvait pour tâcher d'y parvenir, c'était peine perdue, car elle prenait parfaitement ses précautions. Quand il a compris qu'il n'y avait pour lui aucun moyen de voir celle qu'il aimait, il a été si malheureux qu'il s'en est fallu de peu qu'il ne meure de douleur.

C'est alors qu'il a eu l'idée de causer du tort aux gens de la demoiselle et de se laisser prendre ; il pensait qu'il serait de la sorte conduit devant elle et qu'ainsi il la verrait, pour sa honte ou pour sa joie : peu lui importait qu'on l'outrage ou qu'on l'honore, pourvu qu'il puisse la voir. Il s'en est donc allé tout armé sur le Haut des Aventures, où la demoiselle envoyait chaque jour des chevaliers de sa maison pour affronter à la lance les chevaliers de passage que le hasard y amenait. Dès son arrivée et les jours suivants, Pellias s'est mis à les abattre. Quand il les avait abattus et vaincus, il les laissait libres et les renvoyait à leur dame. Apprenant qu'il les traitait ainsi, celle-ci a fait armer jusqu'à dix chevaliers et leur a dit : « Vous irez là-bas contre cet homme et vous combattrez à la lance contre lui, l'un après l'autre. Et, s'il arrive qu'il vous abatte tous, ne l'attaquez pas à l'épée, car je ne voudrais pas que vous le tuiez, mais mettez-le alors à l'épreuve pour voir s'il m'aime autant qu'il le dit. Défendez-lui, au nom de la fidélité qu'il me doit, de bouger quoi qu'on lui fasse. Et s'il ne bouge pas, attachez-le aussitôt à la queue d'un cheval et traînez-le jusqu'à moi. Je vous affirme que vous ne lui infligerez certainement pas ce traitement infamant une fois ou deux sans lui ôter dès lors l'envie de m'aimer : il me haïra au contraire plus que toutes les femmes. » Les chevaliers ont agi tout comme la demoiselle le leur avait demandé, car ils sont allés sur la hauteur, tout armés et à cheval. Pellias les a tous abattus, l'un après l'autre, comme vous le lui avez vu faire aujourd'hui. Une fois abattus, ils lui ont répété ce que leur dame leur avait ordonné de dire et il s'est aussitôt tenu parfaitement tranquille. Les chevaliers l'ont alors saisi et l'ont traité exactement comme ils l'ont fait tout à l'heure sous vos yeux.

Après l'avoir fait traîner d'une manière aussi infamante jusque devant elle, la demoiselle lui a dit : « Alors, seigneur chevalier, avez-vous encore le cœur à m'aimer ? » Et il lui a répondu : « Madame, je vous aime plus à présent que je ne vous ai jamais aimée, car je crois que vous me dédommagerez pour ce que vous me faites endurer, et cette espérance remplit mon cœur de joie et de bonheur. Mais en vérité, même si cette fois je ne trouvais pas chez vous d'autre compensation pour mes épreuves que le fait de vous voir, j'estime que cette faveur me paie déjà fort largement de ma peine. » Quand elle a entendu cela, elle lui a répliqué : « Vous avez beau dire : en vérité, cet amour vous passera bientôt. » Alors, elle lui a fait ôter ses liens et l'a fait conduire hors de sa présence, en déclarant qu'elle ne l'aimerait jamais ; lorsqu'il a compris qu'il ne la verrait pas davantage il est rentré chez lui.

Sachez qu'ils l'ont traîné de la sorte à plus de dix reprises, et lui, chaque fois, se laisse faire d'aussi bonne grâce que vous l'avez vu tantôt : vous pouvez être bien certain, en effet, que s'il voulait utiliser ses forces pour se défendre ils ne pourraient pas lui causer le moindre déplaisir, car c'est un chevalier exceptionnel. Mais tous les traitements infamants qu'ils lui infligent sont pour lui de très grands honneurs, parce qu'il sait bien que c'est elle qui l'ordonne. Pourtant, elle ne veut toujours pas l'aimer et prétend qu'elle ne l'aimera jamais.

454. Vous connaissez maintenant l'histoire de ce chevalier et vous savez pourquoi on lui inflige une humiliation aussi grande que celle vous avez vue. – Assurément, repartit monseigneur Gauvain, il est dommage qu'il soit épris à ce point, puisque celle en qui il a mis son cœur ne veut pas l'aimer. Que Dieu me prive de son aide si je mens : jamais je n'ai entendu parler d'une demoiselle aussi orgueilleuse et aussi grossière que l'est celle-ci. Il ne me semble pas qu'elle soit issue d'une lignée aussi honorable que vous me le dites, car en vérité, si elle était issue d'une famille où l'on en use noblement, il y aurait au moins assez de noblesse en elle pour qu'elle ne donne jamais l'ordre d'infliger un traitement infamant et abject à un homme qui l'aime autant que celui-ci. Que Dieu m'abandonne si je mens : si j'étais en bons termes avec l'un et l'autre, je ferais ce qui est en mon pouvoir pour que le chevalier obtienne de la demoiselle tout ce qu'il désire. – Et vous auriez assurément raison, repartit son hôte, car je n'ai jamais vu de demoiselle aussi dure et aussi orgueilleuse que l'est celle-ci.

455. – Seigneur, reprit monseigneur Gauvain, puisque vous m'avez appris l'histoire de cette demoiselle et de cet homme, je vous demande à présent de me dire qui est le chevalier qui est venu tout seul sur la colline et que la demoiselle a abandonné pour le nain, qui était si laid et si désagréable. » Il lui raconta alors cette aventure tout comme elle était advenue sous ses yeux. « En vérité, monseigneur Gauvain, répondit l'autre, je ne sais que vous dire de cette affaire, si ce n'est que j'imagine que la demoiselle a fait ce choix parce qu'elle connaissait quelque trait méprisable chez le chevalier et quelque qualité chez le nain. – Moi non plus, reprit Gauvain, je ne sais qu'en dire, mais sachez bien au moins que je ne serai vraiment satisfait que lorsque j'en aurai fini avec ces deux aventures et que je serai venu en aide à chacun de ces deux chevaliers, si jamais je le puis, de telle sorte qu'ils auront obtenu ce qu'ils désirent le plus. » Ainsi parlèrent-ils tous les deux de maintes choses, et au cours de leur conversation monseigneur Gauvain déclara qu'il s'étonnait beaucoup que sa demoiselle et son écuyer l'eussent abandonné et qu'il ne comprenait pas pourquoi ils avaient agi de la sorte. « Assurément, repartit le chevalier, j'en suis aussi fort surpris. »

Ce soir-là, tout ce que le maître des lieux pouvait avoir fut très obligeamment mis à la disposition de monseigneur Gauvain et au service de son bien-être. Le lendemain, il ne quitta pas cet endroit mais s'y attarda parce qu'il se sentait un peu plus éprouvé qu'il ne l'aurait voulu. Quand vint le moment de partir, il recommanda à Dieu son hôte et tous ceux de sa maison, puis il s'en alla et, n'ayant avec lui ni écuyer ni autre compagnon, il chemina sans s'arrêter à travers la forêt. Avant qu'il n'eût parcouru une demi-lieue anglaise, il advint qu'il rencontra dans une vallée le remarquable chevalier dont nous avons parlé, celui qui se laissait traîner pour l'amour de la demoiselle. Quand Gauvain le vit s'approcher, il s'arrêta et le salua le plus aimablement possible. L'autre était si soucieux qu'il l'entendit à peine ; cependant, il répondit : « Que Dieu vous garde, seigneur chevalier. D'où êtes-vous ? – Seigneur, dit monseigneur Gauvain, je suis un chevalier voyageur et je viens d'une contrée étrangère. J'aimerais beaucoup être votre ami, si vous y consentiez. Sachez que, si vous voulez m'accepter comme votre compagnon d'armes, je crois pouvoir si bien faire, avant peu de temps, que je vous rendrai soumise celle qui vous tourmente ainsi et qui vous fait traîner par ses hommes à la queue d'un cheval, de sorte que vous pourrez faire d'elle ce que vous voudrez. »

456. Ces paroles remplirent le chevalier d'une joie immense, mais, en même temps, ce que monseigneur Gauvain venait de lui dire lui semblait trop beau pour qu'il pût y croire. Cependant, il lui répondit : « Seigneur, si vous pouvez faire pour moi ce que vous promettez, plus rien après cela ne pourrait me déplaire, car tous mes désirs seraient alors accomplis ; et, s'il advenait par vos efforts qu'il en soit ainsi, vous auriez assurément gagné pour toujours un chevalier tel que je suis, car je ne serais plus après cela votre compagnon, mais votre chevalier et votre esclave. Je vous prie donc, au nom de Dieu, de me dire si vous pourriez vraiment m'obtenir ce dont vous venez de me parler, car vous m'auriez alors rendu la vie. – Assurément, seigneur, répliqua monseigneur Gauvain, j'en suis persuadé. Mais donnez-moi donc vos armes et prenez les miennes. – Et qu'en feriez-vous, seigneur ? demanda le chevalier. – Je vais faire croire, dit monseigneur Gauvain, que je vous ai tué : je sais bien que la demoiselle en sera très heureuse, puisqu'elle vous hait si fort. » Le chevalier déclara : « Je ferai tout ce que vous me conseillerez. » Ils se promirent alors d'être désormais l'un pour l'autre de loyaux compagnons, puis ils se désarmèrent et monseigneur Gauvain prit les armes du chevalier, qui, de son côté, prit les siennes. Quand ils furent tous deux armés, monseigneur Gauvain demanda : « Dites-moi où vous m'attendrez, afin que je vous retrouve à mon retour, car je vous quitte pour aller chez la demoiselle : je ferai ainsi sa connaissance et je lui parlerai pour voir si je pourrais la trouver disposée à montrer quelque bienveillance à votre égard. – Seigneur, répondit le chevalier, vous me retrouverez dans une prairie proche d'ici. Deux tentes, qui m'appartiennent, y sont dressées. Je vais m'y rendre tout de suite et je vous y attendrai. – Conduisez-moi donc là-bas », repartit monseigneur Gauvain. L'autre l'y emmena et lui montra deux tentes magnifiques, dont les pans étaient d'un tissu de soie rouge, puis il lui dit : « Sachez que je ne bougerai pas avant de vous voir revenir. – Cela me convient parfaitement », répliqua monseigneur Gauvain. Il s'en alla aussitôt et le chevalier demeura là, tout heureux et tout joyeux de la promesse que son compagnon lui avait faite. Quant à monseigneur Gauvain, à qui l'on avait bien indiqué l'endroit où il pourrait trouver la demoiselle et qui avait tant interrogé à son sujet qu'il était sûr de la reconnaître parfaitement dès qu'il la verrait, il chevaucha à travers la forêt jusqu'à ce qu'il parvînt chez la jeune femme, qui résidait dans une haute tour fortifiée située au pied d'une colline.

Les choses se passèrent pour lui de telle manière qu'il trouva la demoiselle assise dans une de ses tentes ; à ses côtés se trouvaient aussi deux chevaliers, qui lui tenaient compagnie. Quand elle vit arriver devant elle monseigneur Gauvain, vêtu des armes de son compagnon, elle fut persuadée que c'était Pellias. Elle cria aussitôt à ceux qui étaient avec elle : « Chassez, messieurs, ce démon, ce diable de ma présence ! Sa seule vue va me faire mourir à l'instant ! – Ah ! mademoiselle, s'écria monseigneur Gauvain, vous n'avez aucune raison de vous alarmer de la sorte. Sachez que je ne suis pas Pellias, mais un chevalier voyageur qui ai tué cet homme que vous craignez tant. Voyez d'ailleurs ici ses armes que j'emporte en témoignage. » Quand elle entendit ces mots, sa joie fut immense, mais en même temps cela lui sembla trop beau pour être vrai, aussi reprit-elle : « Ôtez votre casque. » Quand elle vit Gauvain à découvert, elle fut persuadée qu'il avait vraiment tué Pellias ; elle s'avança donc vivement vers lui, le fit descendre de cheval et lui dit : « Ah ! seigneur chevalier, soyez le bienvenu. Vous m'avez mis au cœur toute la joie du monde en tuant celui que je haïssais plus que tous les autres hommes, car rien ici-bas n'aurait pu m'être plus agréable que le service que vous m'avez rendu. Désarmez-vous donc, vous resterez ce soir avec moi et demain vous prendrez du bon temps, car sachez bien que pour ce que vous avez fait vous m'avez conquise à tout jamais. » Il l'en remercia beaucoup et se fit aussitôt désarmer, fort satisfait de cet accueil si chaleureux, car il imaginait grâce à cela agir au mieux des intérêts du chevalier avant son départ. Quand ils l'eurent désarmé, ils lui apportèrent de magnifiques vêtements. Il les revêtit, après quoi la demoiselle le fit asseoir auprès d'elle et commença à lui demander d'où il était, de quel pays et de quelle famille. Il ne lui cacha rien à ce sujet. Quand elle entendit qu'il était le neveu du roi Arthur, et d'un lignage qui n'était rien de moins que celui d'un fils de roi et de reine, elle l'estima beaucoup en son cœur, d'autant plus qu'elle avait déjà entendu parler de ses faits d'armes ; avec cela, elle voyait aussi qu'il était jeune et extrêmement beau. Pour toutes ces raisons, elle fut d'avis qu'elle aurait bien de la chance, la demoiselle qui se verrait aimée d'un homme d'une aussi grande beauté, aussi jeune, aussi bon chevalier et issu d'un aussi noble lignage...

457. Cette demoiselle, qui n'avait jamais aimé, tomba donc amoureuse. Et s'il est vrai qu'elle avait fait preuve d'orgueil et de dureté envers Amour, elle fut alors bien radoucie et mit dans cette passion tout son cœur, aimant plus ardemment et plus violemment que ne l'aurait fait une autre qui n'aurait pas été novice en la matière. Elle s'embrasa donc, brûla, et plus elle voyait devant elle celui qui l'avait ainsi enflammée, plus elle s'échauffait. Elle se mit à réfléchir à ce qu'elle pourrait faire, car Gauvain lui semblait si jeune et si timide qu'elle savait bien qu'il ne lui demanderait jamais la moindre faveur si elle ne le mettait pas sur la voie. La demoiselle réfléchissait donc, tout en regardant ce jeune homme qui lui plaisait tant et lui donnait un tel désir qu'il s'en fallait de peu qu'elle ne lui sautât au cou pour l'enlacer et l'embrasser. Quant à monseigneur Gauvain, qui la voyait à certains moments changer de couleur, il ne fut pas sot au point de ne pas comprendre parfaitement une bonne partie de ce qu'elle avait en tête. Il en fut tout joyeux ; son cœur lui disait en effet qu'il parviendrait à ses fins, car il voyait que le chevalier Pellias pourrait faire et obtenir d'elle ce qu'il voudrait.

Quand elle ne put se retenir davantage de découvrir à demi ce qu'elle pensait, la demoiselle dit à monseigneur Gauvain : « Monseigneur Gauvain, ceux de votre pays ont de bonnes raisons de se réjouir, car on les tient unanimement pour les meilleurs chevaliers du monde, les plus civils et les plus aimables aussi. Et ils ont encore une autre qualité, qui me porte à les estimer davantage. – Laquelle, mademoiselle ? – Ils sont tous amoureux. – Assurément, repartit le jeune homme, vous dites vrai. Il en est peu, à la cour de mon oncle, qui n'aient une amie, je le sais parfaitement. – Vous avez donc la vôtre. – Ah ! mademoiselle, je ne dis pas que tous en aient une, mais la plupart. – Et pour vous, reprit-elle, qu'en est-il ? Dites-le-moi, et que Dieu cesse de vous avoir en sa garde si vous mentez. – Je veux bien que Dieu me retire sa protection si je ne vous dis pas la vérité, répondit-il ; je n'ai jamais eu d'amie et je n'ai jamais aimé d'amour. On ne doit pas m'en blâmer, pourtant, car je ne suis encore qu'un jeune homme et il n'y a pas longtemps que je suis chevalier*. Cependant, que Dieu m'abandonne si je mens, il est certaine demoiselle que j'aimerais d'amour, si elle le voulait. – Et qui est-elle ? reprit la jeune femme. Elle manquerait assurément de civilité si elle vous opposait un refus. Répondez-moi, et puisse Dieu ne plus jamais vous venir en aide si vous mentez. » Il garda un moment le silence, parce qu'il la voyait brûler et s'échauffer de plus en plus. Quand elle vit qu'il se taisait, elle lui redemanda : « Dites-moi qui est celle que vous aimeriez si elle consentait à vous payer de retour. – Pourquoi vous le dirais-je ? Peut-être ne me croiriez-vous pas. – Bien sûr que si, répliqua-t-elle, car je ne pense pas que vous me mentiriez. – Je vous en donne ma parole, dit-il, je ne vous mentirai en aucune manière à ce sujet. Sachez que c'est vous, car je vous aimerais si vous daigniez m'aimer. – Comment ! s'écria-t-elle, vous dites que vous m'aimez, sans m'avoir encore jamais vue !

Comment est-ce possible ? – Par Dieu, répondit-il, je l'ignore, je sais seulement que cela s'est fait ainsi. Vous ferez maintenant là-dessus ce qu'il vous plaira : si tel est votre plaisir, vous me prendrez comme ami, et si cela ne vous plaît pas vous ne le ferez pas, car je ne puis aucunement vous y contraindre si vous ne le faites pas de votre plein gré. – Assurément, dit-elle, puisque vous m'aimez, je serais par trop difficile si je ne vous payais pas de retour, car vous êtes aussi beau que je suis belle, votre lignage est plus noble que le mien et vous êtes un valeureux chevalier. A cause de vos nombreux mérites, je me donne entièrement à vous et je vous offre mon cœur et mon corps pour que vous en fassiez tout ce que vous voulez. Je veux en contrepartie que vous me promettiez la même chose. » Il le lui promit. Elle se mit aussitôt à l'enlacer et à l'embrasser et il fit de même. Sachez que s'ils avaient été seuls elle aurait dès ce moment perdu le nom de *pucelle*, car monseigneur Gauvain, échauffé par ces caresses, fut aussitôt si brûlant qu'il oublia en peu de temps l'engagement qu'il avait pris envers Pellias : la jeune femme, qui ne cessait de l'attirer vers elle et qui l'enlaçait étroitement, eut assurément tôt fait de lui tourner la tête, tant et si bien qu'il ne l'aima pas moins qu'elle l'aimait et qu'il se dit au contraire à lui-même qu'il serait bien indigne et bien lâche celui qui trahirait une telle demoiselle et la partagerait avec un autre.

458. Voilà bien l'impitoyable[445], l'extraordinaire, le puissant Amour, lui qui attire et plie si vite le cœur des hommes et des femmes à sa volonté ! Monseigneur Gauvain était donc allé vers la demoiselle pour le compte du chevalier et pour l'ôter du grand chagrin dans lequel il était, et voilà qu'il n'en a rien fait et qu'il l'a au contraire tout à fait oublié ! Et, s'il se jouait, au début, de la demoiselle et voulait la tromper, il n'y a plus maintenant ni tromperie ni jeu, car il n'est pas moins épris d'elle qu'elle l'est de lui : il lui a déjà si complètement donné son cœur qu'il aimerait mieux tuer Pellias que de lui céder la jeune femme. Désormais, il ne hait aucun homme autant que lui, parce qu'il sait qu'il aspire à avoir la demoiselle ; oubliés, son engagement et la promesse d'être l'un à l'autre compagnons : plus rien d'autre ne compte que celle qu'il tient entre ses bras, dont il espère avoir bientôt tout ce qu'il désire. Quant à elle, qui lui avait fait un complet abandon de son cœur, elle lui prodiguait de grandes démonstrations de joie et d'amitié, en disant : « Ami, j'aurais bien de la chance si cette joie pouvait me durer éternellement, et je ne chercherais jamais à connaître d'autre paradis ni d'autre plaisir que ceux de vous avoir toujours auprès de moi. » Et il lui en disait tout autant de son côté.

---

[445] *Suite*, § 458, l. 1 : *estrange* ; G. Roussineau (*op. cit.*, gloss., p. 750, s. v.) glose cette occ. d'*estrange* 'étrange, extraordinaire' ; nous l'interprétons plutôt au sens de 'terrible' (v. TL 3,1440,30, s. v., 'hart, grausam'). Cf. La Fontaine (*Fables*, IV, 1) : « Amour est un étrange maître. /Heureux qui peut ne le connaître/Que par récit, lui ni ses coups. »).

Monseigneur Gauvain et la demoiselle restèrent donc ensemble la plus grande partie du jour, sans oser faire plus que s'enlacer et s'embrasser, à cause des chevaliers qui étaient là. Mais ils se mirent d'accord pour agir de la manière suivante : quand la nuit serait tombée et que la demoiselle serait couchée dans une tente, avec une de ses suivantes pour toute compagnie, monseigneur Gauvain irait aussitôt coucher avec elle et ils pourraient ainsi rester un long moment ensemble, à l'insu des autres. Tous deux se mirent d'accord là-dessus et agirent exactement comme ils l'avaient dit. Quand ils se retrouvèrent et se connurent charnellement – bien que ce fût un grand et horrible péché –, la vérité est que l'un et l'autre perdirent leur pucelage, car il est certain qu'ils étaient tous les deux vierges. En effet, Gauvain n'avait alors jamais connu de femme ni elle d'homme. Lorsqu'il eut joui de la demoiselle comme il lui plaisait, il retourna se coucher dans son lit.

Le lendemain, quand ils furent levés, la demoiselle dit à ceux de son entourage : « Je vous ordonne de servir et d'honorer monseigneur Gauvain, car je l'aime et je l'aimerai aussi longtemps que je vivrai, et à cause de cet amour j'ai fait de lui mon ami, comme il a fait de moi son amie. Plutôt donc que de le dissimuler, je préfère vous dire franchement ce qu'il en est, parce que je ne voudrais pas garder la chose secrète envers vous ; je veux en effet qu'il fasse de moi tout ce qu'il veut et qu'il me traite publiquement et privément comme sienne. » Ils en furent extrêmement heureux et répondirent : « En vérité, madame, nous ne vous blâmerons certainement pas de l'aimer, car il est si bon chevalier et de si haut lignage que vous ne pouvez avoir aucun déshonneur si vous avez fait de lui votre ami.

Puisque tel est votre plaisir, nous lui vouerons une fidélité absolue et nous le servirons et l'honorerons de toutes les manières possibles. » Elle leur enjoignit fortement d'agir ainsi.

459. Monseigneur Gauvain était donc amoureux de la demoiselle dont il avait cru se jouer, et elle l'aimait aussi. Ils oublièrent si bien Pellias qu'ils n'y pensaient plus, ni l'un ni l'autre. Mais lui, qui dépérissait et se consumait aux flammes de l'amour, ne bougeait pas de son campement et attendait pour voir si le compagnon auquel il avait mis sa confiance et dont il espérait de bonnes nouvelles reviendrait. Il attendit ainsi en vain toute la journée et le lendemain. Quand il comprit qu'il ne reviendrait pas, il se traita lui-même de malheureuse, de pitoyable créature et déclara : « Chevalier malchanceux, à quoi bon être venu un jour au monde si c'est pour passer ta vie dans une douleur, dans un tourment aussi grand que celui tu supportes jour et nuit ? Hélas ! ta peine et tes épreuves cesseront-elles jamais ? L'immense douleur que tu endures finira-t-elle un jour, par la mort ou autrement ? Ah ! malheureux, tu es vraiment le plus malchanceux et le plus misérable du monde, car nul ne peut mettre un terme à cette terrible souffrance, ni toi ni un autre ! Voilà que ton compagnon est allé là-bas, qui a fait tout ce qu'il pouvait pour te faire avoir celle que tu aimes, mais il n'a pu y parvenir. C'est pour cela, je le sais bien, qu'il n'ose pas revenir vers moi. »

460. Telles étaient donc les paroles que Pellias s'adressait à lui-même, et il maudissait l'heure de sa naissance. Il passa toute la journée de la sorte à son campement, sans boire ni manger, toujours pleurant ; quand il vit que la nuit tombait, il demanda qu'on lui préparât son lit, ce qui fut fait. Au lieu de s'endormir, il recommença à se plaindre, beaucoup plus fort qu'auparavant, aussi les manifestations de sa douleur devinrent telles que nul ne put trouver le sommeil autour de lui, car il criait régulièrement à tue-tête : « Hélas, hélas, misérable ! Tu vas mourir ici, ta douleur est sans remède ! » Et il répétait très souvent ces paroles.

Le chagrin et la souffrance de Pellias furent si intenses, toute cette nuit-là, qu'il ne put dormir ni même se reposer. Quand le jour apparut, il se leva de son lit, pâle, las et éprouvé, en homme qui avait, durant la nuit, enduré de multiples tourments. Il prit ses armes, monta sur son cheval et s'éloigna de ses tentes, puis il décida qu'il irait chez la demoiselle qu'il aimait, pour voir si par quelque hasard il retrouverait son compagnon et s'il pourrait obtenir des nouvelles qui lui fissent du bien.

461. Il chevaucha donc tout seul, fort soucieux ; il était si tôt que le soleil n'était pas encore levé. Quand il arriva près des tentes de la demoiselle, il descendit de son cheval et l'attacha à un arbre, puis il suspendit son bouclier à une branche et posa sa lance à côté. Quand il eut fait cela, il résolut de s'approcher des tentes : s'il trouvait la demoiselle, il se jetterait à ses pieds et la supplierait d'avoir pitié de lui, car il se mourait.

Telle était donc son intention, aussi se dirigea-t-il droit vers le campement, composé de quatre tentes dressées dans la prairie. Lorsqu'il y fut, il entra dans la première, où il aperçut, étendus sur leurs couches, deux chevaliers qui dormaient encore à poings fermés. Quand il vit que la demoiselle n'était pas là, il sortit et rabattit l'entrée de la tente, puis il pénétra dans une autre et y vit quatre dames qui dormaient, allongées sur quatre lits. Il s'approcha d'elles et constata que celle qu'il désirait tant voir n'y était pas. Il sortit aussitôt et entra dans la troisième tente. Quand il fut à l'intérieur, il vit, sur une couche magnifique, monseigneur Gauvain étendu auprès de la demoiselle ; tous deux étaient profondément endormis, nus, l'un contre l'autre. Comme il faisait chaud, ils s'étaient en partie découverts, de sorte que leur nudité apparaissait jusqu'à la taille, sans que rien dissimulât au regard la peau blanche et tendre de chacun d'eux.

462. Quand il eut regardé le visage de la jeune femme et du chevalier et qu'il les eut bien reconnus, il s'écria : « Ah ! pauvre de moi, il m'a trahi, ce chevalier qui m'avait réconforté en me faisant espérer qu'il defendrait ma cause auprès de cette demoiselle ! Au lieu de cela, il est devenu son amant et me l'a ravie ! Jamais encore un chevalier n'a commis un acte à ce point déloyal ! » Alors, il sortit son épée du fourreau et décida de le tuer sur-le-champ. Comme il l'avait brandie, il se ravisa et songea que le tuer dans son sommeil serait plus que de la déloyauté, surtout qu'il s'agissait d'un homme qui n'était rien de moins qu'un fils de roi[446] et d'un excellent chevalier, qui connaîtrait peut-

[446] Inadvertance ? Pellias n'est pas censé connaître l'identité de Gauvain (cf. § 455, ll. 32-33).

être un jour une destinée exceptionnelle[447] ; s'il le tuait de cette manière, tous ceux qui entendraient parler de son geste le considéreraient comme quelqu'un de déloyal et lui reprocheraient sa traîtrise. C'est pourquoi il remit l'épée dans son fourreau, comptant se venger de Gauvain d'une manière éclatante qui fût tout à son honneur, car il avait l'intention de l'accuser de trahison à la cour de quelque personnage de haut rang et de lui couper la tête lors d'un combat singulier : il se sentait en effet si fort aux armes qu'il ne pensait pas que Gauvain pût longtemps résister contre lui s'ils étaient opposés en champ clos. Ayant résolu d'agir de la sorte, il quitta la tente en donnant libre cours à sa très vive douleur.

Il s'était un peu éloigné, lorsqu'il lui vint à l'esprit qu'il avait mal agi en négligeant de faire en sorte qu'à leur réveil ils eussent la preuve qu'il avait été près d'eux, et qu'il n'avait pas manqué de les tuer parce qu'il ne pouvait le faire facilement, mais par générosité. Alors, il revint sur ses pas, entra dans la tente et sortit son arme du fourreau. Il posa ainsi son épée, dont la lame était entièrement nue, en travers du lit, sur le chevet, de sorte qu'elle touchait

---

[447] Propos contradictoires : Pellias allègue, certes entre autres choses, le brillant avenir auquel Gauvain est peut-être promis pour l'épargner, mais il ne se soucie plus du tout de cet avenir lorsqu'il décide de le tuer dans un combat singulier organisé en bonne et due forme. Se contredire est une des manifestations du désarroi (v. n. 297, 319, 406).

presque la tête des deux amants[448]. Après avoir fait cela, il sortit de la tente. Quand il se fut un peu éloigné, il se livra de nouveau à de grandes démonstrations de chagrin et s'écria : « Ah ! Dieu, qui aurait cru qu'un fils de roi serait capable de commettre une aussi grande trahison que celle que ce chevalier perfide a commise envers moi ! Ah ! Gauvain, même si tu as été déloyal à mon égard, moi, je ne le serai pas, tout issu que je suis d'un vassal pauvre et du dernier rang, et j'agirai loyalement au contraire : s'il plaît à Dieu, ma loyauté me sera un jour bénéfique, alors que ta déloyauté te fera mourir dans la honte et l'ignominie. En vérité, j'aime encore mieux, pour agir conformément à la loyauté qui est en moi, t'avoir laissé vivre que t'avoir tué dans ton sommeil ; pourtant, la manière de laquelle on te ferait mourir ne saurait avoir beaucoup d'importance, puisque tu t'adonnes à la trahison, et, si j'avais égard à l'immense chagrin que tu as fait entrer dans mon cœur, je ne saurais garder assez de mesure pour me retenir de te tuer. Mais la loyauté à laquelle je n'ai jamais failli m'en empêche, aussi en mourrai-je de douleur, j'en suis bien certain, mais j'aime assurément mieux mourir pour avoir été loyal que vivre en commettant une infâme perfidie. »

---

[448] On songe cette fois encore (v. n. 323) à la scène contée par Béroul, où le roi Marc, conduit par un forestier, découvre sa femme, Yseut, endormie dans la forêt auprès de Tristan, mais séparée de celui-ci par une épée. Avant de se retirer, le roi échange son épée avec celle qui se trouve entre les amants et retire l'anneau qu'Yseut porte au doigt (*Le Roman de Tristan*, *op. cit.*, pp. 61-63, vv. 1981-2054). On n'exclura pas, ici comme précédemment, une intention parodique de notre auteur.

463. Le chevalier s'en alla donc, sans cesser de se plaindre et de se lamenter ni de blâmer monseigneur Gauvain pour la déloyauté qu'il s'était avisé de commettre envers lui. Il reprit son bouclier et sa lance, se mit en selle et s'en retourna par le chemin qu'il avait suivi en venant.

Quand il eut regagné sa tente, il descendit de cheval, jeta son bouclier et sa lance par terre et se laissa tomber sur son lit. Il se remit alors à manifester une si grande douleur qu'il aurait été impossible de le voir sans en être bouleversé. Ainsi perdit-il plusieurs fois connaissance et, lorsqu'il reprit ses esprits et qu'il put parler, il s'écria : « Ah ! Jésus-Christ, pourquoi avez-vous un jour consenti à me laisser naître, puisque ma destinée est si cruelle qu'il faut que je finisse ma vie dans le chagrin et la tristesse et que je perde mon âme ? Seigneur, je vous remercierai mal des bienfaits que vous m'avez accordés en ce monde, car je me suis si bien pris aux lacs du démon et de ses œuvres que je lui ai déjà octroyé et remis ce que je devais vous rendre : je veux parler de cette âme que vous avez mise en moi ! »

Après avoir dit ces mots, Pellias se fit désarmer pour soulager quelque peu son corps. Quand ce fut fait, il parla aux deux chevaliers qui étaient ses compagnons d'armes et leur dit : « Messieurs, je vous ai beaucoup aimés et j'ai été parfaitement loyal envers vous. La vérité est que je ne puis vivre davantage, car le moment est venu pour moi de mourir. Mais je veux profiter de ce qu'il m'est encore possible de parler pour vous prier de faire après ma mort quelque chose que je vais vous demander. » Ils lui assurèrent qu'ils le feraient. « Promettez-le-moi », dit-il. Ils le lui promirent, après quoi il reprit : « Vous m'avez servi d'une manière qui m'agrée tout particulièrement, soyez-en remerciés, en m'assurant que vous feriez ce que j'attends de vous. Et savez-vous quelle est ma requête ? – Non, répondirent-ils. – Je vais donc vous l'apprendre, dit Pellias. Dès que j'aurai quitté ce monde et que vous constaterez qu'il n'y a plus de vie en moi, je veux que vous m'ôtiez le cœur de la poitrine et que vous le mettiez dans cette écuelle d'argent » ; et il leur montra celle qui était à son chevet[449]. C'était Arcade qui la lui avait donnée quand il avait conquis pour elle le diadème d'or ; pour cette raison, ce récipient lui était aussi cher qu'un reliquaire. « Quand vous aurez, chers seigneurs, déposé mon cœur dans cette écuelle, portez-le à mon amie, offrez-le-lui et dites-lui qu'en mourant j'ai prié le dieu des amants de lui donner plus de joie dans ses amours que je n'en ai eu dans les miennes. Et si vous voyez là-bas Gauvain, le neveu du roi Arthur, vous pouvez lui dire que si je n'avais pas craint plus que lui d'être déloyal je l'aurais tué lorsque je les ai trouvés, lui et mon amie, couchés ensemble dans un même lit et endormis ; mais je n'ai pas voulu m'abaisser à commettre une telle déloyauté. » Il leur raconta alors comment il avait agi en cette circonstance et leur parla de son épée qu'il avait laissée à leur chevet pour qu'ils vissent la faveur qu'il leur avait faite en ne les tuant pas. Quand ils entendirent le récit de cette aventure, ils se signèrent

---

[449] *Suite*, § 463, ll. 31-32 : *« ...et le mectés dedens celle escuele d'argent », qui estoit a son chevez* ; la suggestion d'A.-J. Holden (*op. cit.*, p. 275, sous 467-32 [corr. 463-32]) d'"insérer *si lor mostre l'escuele* d'après B, qui est nécessaire au sens" ne s'impose pas : notre texte ne répugne pas au mixage du discours direct et du récit.

d'étonnement et déclarèrent que jamais encore un chevalier n'avait agi avec autant de générosité qu'il l'avait fait. Ensuite, Pellias se coucha presque entièrement nu* et ceux qu'il avait appelés se retirèrent. Quand ils furent dehors, il reprit sa plainte déchirante. Mais à ce point le récit cesse de parler de lui et retourne à monseigneur Gauvain, neveu du roi Arthur.

XXIV

464. Le récit dit à présent que Gauvain et la demoiselle dormirent jusqu'au moment où le soleil apparut dans toute sa splendeur et se mit à darder ses rayons sur l'un des sièges de leur tente. La demoiselle s'éveilla la première. Voyant que monseigneur Gauvain dormait, elle ne voulut pas l'éveiller mais s'écarta de lui pour bouger un peu. En remuant de la sorte, elle heurta le pommeau de l'épée et sentit ainsi quelque chose de dur ; elle chercha donc aussitôt du regard d'où cela provenait. Quand elle vit l'épée nue, qui flamboyait elle aussi aux rayons du soleil, elle fut profondément stupéfaite, car elle ne savait qu'en penser, aussi éveilla-t-elle monseigneur Gauvain, qui ouvrit les yeux et demanda : « Mademoiselle, que voulez-vous ? » Elle lui montra aussitôt l'épée et lui demanda : « Savez-vous qui l'a mise ici ? » Il se signa d'étonnement et répondit : « En vérité, je n'en sais rien, soyez en sûre ; je suis au contraire fort surpris et je me demande pourquoi on l'a ainsi déposée à cet endroit. » Alors, tous deux s'habillèrent. Quand ils furent fin prêts, ils prirent l'épée et se mirent à l'examiner. Monseigneur Gauvain déclara : « En vérité, ce n'est pas l'un des nôtres qui l'a placée là, mais un chevalier étranger. Sachez qu'il l'a posée ainsi pour nous dire quelque chose, de bon ou de mauvais, je l'ignore, mais j'aimerais bien le savoir. – Quel qu'ait été cet homme, dit la demoiselle, s'il nous avait profondément haïs, il aurait facilement pu nous faire un très mauvais parti, car il nous a trouvés nus et endormis. – Certes, dit monseigneur Gauvain, vous dites la vérité et je le trouve à tout le moins courtois de ne pas nous avoir réveillés. » La demoiselle entreprit alors d'examiner l'épée. Quand elle l'eut bien regardée, elle se mit à rire et déclara : « Ah ! monseigneur Gauvain, je sais maintenant que vous êtes un menteur. – En quoi ? mademoiselle, demanda-t-il, dites-le-moi. – En m'annonçant que vous aviez tué Pellias, alors qu'il n'en est rien, car c'est lui qui est venu ici et qui nous a trouvés ensemble. Mais sa droiture est telle qu'il n'a pas voulu nous faire le moindre mal, et il a au contraire laissé son épée à notre chevet pour nous faire savoir qu'il avait été tout près de nous. »

465. Quand monseigneur Gauvain entendit ces mots, il regretta beaucoup la bassesse qu'il avait commise envers le chevalier, à cause de la parfaite droiture dont celui-ci, il en était conscient, venait de faire preuve à son égard. Car il savait parfaitement que Pellias aurait pu le mettre à mort, s'il l'avait voulu, et s'il l'avait tué on n'aurait guère pu l'en blâmer, en sachant combien il avait pour sa part manqué à la loyauté en le trahissant comme il l'avait fait. Alors, il se repentit beaucoup d'avoir agi de cette manière, car il se rendait bien compte qu'il s'était conduit là d'une façon honteuse et malhonnête, et le méfait était si grand qu'il ne voyait pas comment il pourrait jamais le réparer. Il se mit donc à réfléchir très profondément, jusqu'au moment où la demoiselle lui demanda : « Seigneur, à quoi pensez-vous ? Dites-le-moi, je vous prie. – Je ne vous le dirai pas, répondit-il, si vous ne me jurez pas loyalement qu'en cette affaire vous vous conformerez à ma volonté. » Elle lui en fit le serment sur son baptême. Il lui raconta aussitôt comment il s'était lié à Pellias, promettant de lui être un compagnon loyal et d'une parfaite fidélité, et comment il était venu chez elle par amitié pour lui. « Et voilà que je l'ai si ignoblement trompé, poursuivit-il, que tous ceux qui apprendront un jour la vérité sur ces événements me jugeront coupable de trahison et me tiendront pour quelqu'un de déloyal ; au contraire, quiconque entendra jamais parler d'une droiture et d'une générosité aussi grandes que celles dont il a fait preuve en nous épargnant, lorsqu'il nous a trouvés ensemble, ne pourra que le considérer comme le chevalier le plus droit et le plus généreux du monde. En voyant aussi clairement sa parfaite loyauté répondre à mon odieuse trahison, je suis si affligé que je voudrais être mort, car jamais encore homme de mon lignage ne s'est avisé d'agir d'une manière déloyale*. – Et que voulez-vous faire à cela ? demanda la demoiselle. Ce qui est fait est fait, mais si vous avez mal agi, veillez donc à réparer vos torts le mieux possible. – Si vous ne manquez pas à la parole que vous m'avez donnée, repartit Gauvain, il est certain que je lui ferai réparation. En vérité, il le mérite bien, car – que Dieu me prive de son aide si je mens – je n'aurais jamais cru, dans toute ma vie, rencontrer un chevalier aussi droit ; et, parce que je sais maintenant quelle grande loyauté il y a en cet homme, je fais à l'instant le serment à Dieu qu'aussi longtemps que je vivrai je ne vous toucherai jamais plus et que tout au contraire je m'en garderai par égard pour lui. Je ne dis pas pourtant que je ne continuerai pas de vous aimer où que je sois et que je ne serai plus dorénavant votre chevalier, si, pour l'amour que vous me portez, vous consentez à agir de manière à faire de lui votre ami, comme vous l'avez fait de moi. Si vous me l'accordez, vous en aurez assurément plus de bien et d'honneur qu'il ne vous en viendrait de mon côté. D'ailleurs, que Dieu m'abandonne si je mens, même si vous m'aimiez maintenant à en mourir, je ne pourrais pas rester longtemps avec vous. Pour cette raison, je vous conseille en bonne foi d'agir ainsi, car il vous en viendra tout bien et tout honneur et vous serez plus heureuse encore avec lui que vous ne le seriez avec moi. – Comment pourrais-je l'aimer ? s'écria la demoiselle, je lui voue depuis toujours une haine mortelle ! – Ne vous souciez pas de cela, répliqua Gauvain, mais agissez comme je vous le recommande. »

Que vous dire de plus ? Monseigneur Gauvain parla tant à la demoiselle et l'admonesta si bien qu'elle répondit : « Seigneur, engagez-vous votre loyauté lorsque vous prétendez penser que là est mon intérêt ? – Oui, dit-il, que Dieu m'abandonne si je mens. – Alors, je suivrai vos recommandations. Dieu fasse qu'il m'en vienne du bien et que je ne m'en repente pas ! – Vous ne vous en repentirez certainement pas, répliqua Gauvain. – Dites-moi donc, reprit-elle, comment on le lui fera savoir. – Je vais me rendre auprès de lui à cheval et je lui ferai part de nos intentions. – Allez-y donc », dit-elle. Gauvain sauta promptement sur sa monture et s'en alla à toute vitesse là où il pensait trouver Pellias. Quand il fut arrivé au campement, il descendit de son cheval et l'attacha à un arbre, puis il entra dans la tente où se trouvait le chevalier et le vit couché sur son lit, manifestant le chagrin d'un homme persuadé de ne plus jamais connaître de joie. Monseigneur Gauvain s'agenouilla devant lui, tendit le pan de son manteau et lui dit : « Tenez, seigneur chevalier, en signe de réparation pour le mal que je vous ai fait. » Pellias, qui était au comble de l'affliction, leva la tête et dit : « Ah ! Gauvain, quelle réparation pourriez-vous m'offrir pour avoir provoqué ma mort ? – Je réparerai si bien mes torts envers vous, répondit Gauvain, que vous vous estimerez entièrement satisfait ». L'autre lui demanda comment une telle chose serait possible. « Si je puis faire en sorte, reprit monseigneur Gauvain, qu'il y ait paix entre vous et la demoiselle, de telle manière qu'elle vous reçoive, de son plein gré, pour son ami et son chevalier, qu'elle le fasse sans contrainte, ne vous estimerez-vous pas satisfait ? » Le chevalier détourna la tête et répondit : « Ah ! Gauvain, vous vous êtes déjà joué et moqué de moi d'ignoble manière. En vérité, un homme issu d'un lignage aussi haut que le vôtre n'aurait pas dû s'abaisser à agir aussi déloyalement que vous l'avez fait à mon égard. Que voulez-vous que je vous dise ? Je vous ai rencontré pour mon malheur, car par votre faute je mourrai beaucoup plus tôt que je ne l'aurais fait si le spectacle de votre déloyauté ne m'avait pas été donné à voir aussi clairement qu'il l'a été : c'est cela qui hâtera ma mort.

466. – Ah ! seigneur, s'écria Gauvain, au nom de Dieu, ayez pitié de vous-même ; ne vous infligez pas un tel tourment ! Et ne croyez pas que je me moque de vous en vous proposant cela, car – que Dieu me prive de son aide si je mens – j'ai tant parlé en votre faveur, surtout en considération de la grande loyauté que j'ai découverte en vous, que vous voilà si parfaitement réconcilié avec la demoiselle qu'elle vous demande, par mon intermédiaire, d'aller lui parler. – Comment pourrais-je en être sûr ? Car je ne crois guère ce que vous me dites. – Je suis prêt à vous jurer, déclara monseigneur Gauvain, qu'elle vous fait demander par moi et que j'ai œuvré à votre réconciliation de telle sorte que vous la trouverez entièrement disposée à vous servir et à faire tout ce que vous voulez. Venez avec moi, car je vais vous convaincre sous peu de la chose. »

467. Quand le chevalier comprit que monseigneur Gauvain ne lui disait pas cela pour se moquer de lui, il bondit de son lit, vêtu de son seul caleçon, et se jeta à ses pieds en disant : « Ah ! monseigneur Gauvain, vous m'avez rendu la vie. En vérité, vous avez pleinement réparé, à présent, vos torts envers moi. J'étais à cause de vous sur le point de mourir, mais maintenant j'ai grâce à vous recouvré la vie. » Monseigneur Gauvain le releva et lui dit : « Seigneur, habillez-vous et venez avec moi, car la demoiselle vous attend. » Il s'habilla et se prépara au plus vite, puis il monta sur son cheval, un manteau d'étoffe de soie sur les épaules. Il n'informa aucun de ses compagnons de l'endroit où il allait, car il ne pouvait pas encore vraiment croire que ce que disait monseigneur Gauvain pût s'accomplir.

Ils cheminèrent tant et si bien qu'ils arrivèrent chez la demoiselle, qui les attendait. Quand ils eurent mis pied à terre, monseigneur Gauvain prit le chevalier par la main et l'emmena directement vers l'endroit où se trouvait la jeune femme, assise sur un grand lit. A ses pieds, par terre, deux chevaliers étaient assis et jouaient aux dés. Monseigneur Gauvain dit à la demoiselle : « Voyez, mademoiselle, je vous amène un chevalier. Au nom de Dieu, faites-lui une captivité qui le contente. – Noble seigneur, répondit-elle, puisqu'il est entré ici sous votre protection, il ne trouvera assurément personne pour lui causer un quelconque déplaisir. » Le chevalier s'agenouilla aussitôt devant elle, mit ses mains jointes dans les siennes[450] et lui dit : « Madame, au nom de Dieu, recevez-moi, s'il vous plaît, pour votre chevalier et ne me faites plus jamais de mal. – Seigneur, avez-vous donc un si grand désir que je fasse de vous mon chevalier ? – Madame, je ne désirerais rien de plus ici-bas. – Dans ce cas[451], déclara la demoiselle, je

---

[450] *Suite*, § 467, ll. 23-24 : *Et le chevalier s'agenoille tantost devant luy et ly joingt les mains et li dist* ; G. Roussineau (*op. cit.*, p. 684, n. 467,24) traduit « et joint les mains devant elle ». Nous comprenons plutôt « dans les siennes », comme pour l'hommage féodal (v. J. Favier, *Dictionnaire de la France médiévale*, Paris, Fayard, p. 498, s. v. *hommage* et illustration).

[451] *Suite*, § 467, l. 29 : *ja par ce ne perdrés a avoir vostre desirier* ; on peut comprendre : 'à cause de ce que vous venez de me dire (« par ce » = *pour ce*), vous ne manquerez certainement pas d'obtenir ce que vous désirez'. Une formule analogue au § 479 (l. 32) s'explique aussi de cette manière. Mais on peut également voir dans cette formule d'accord une litote et comprendre : 'ce n'est certainement pas pour cela que vous manquerez d'obtenir...' (i. e. 'l'argument que vous venez de me donner est bien le dernier qui me

vous en donne ma parole, votre désir sera assurément exaucé, car je vous reçois maintenant pour mon chevalier et je veux que vous le soyez désormais. En vérité, je serais par trop grossière si je refusais davantage le don de votre personne. » Elle le fit alors asseoir à sa droite et monseigneur Gauvain à sa gauche. Le chevalier voulait s'asseoir plus bas que la demoiselle, mais elle n'y consentit pas et lui dit au contraire : « Restez près de moi, cher seigneur. Vous devriez sans hésiter vous asseoir à ma hauteur, voire plus haut que je ne le devrais moi-même, car votre dignité le requiert : c'est en effet la noblesse de votre état de chevalier qui exige qu'il en soit ainsi. » Il prit donc place à son côté, puisqu'elle le voulait. Elle lui dit aussitôt : « Je vous prie, au nom de la loyauté à laquelle vous êtes tenu envers moi, de me dire si vous êtes venu ici aujourd'hui. – Madame, vous invoquez une telle autorité pour me forcer à vous répondre que je ne vous mentirais en aucune manière. Je suis en effet venu ici, sans aucun doute. – Racontez-moi donc tout ce que vous avez fait quand vous nous avez trouvés, reprit-elle, et dites-moi comment vous vous êtes comporté une fois revenu auprès des vôtres. – Madame, dit-il, je vais vous répondre, puisque tel est votre plaisir. J'aurais pourtant volontiers gardé le silence à ce

---

conduirait à vous refuser ce que vous demandez'). Cette interprétation plus complexe, mais bien dans l'esprit de la politesse médiévale, s'appliquerait non seulement à § 479 (l. 32), mais également à § 194 (l. 59) et § 553 (l. 49), qui présentent des tours analogues, et peut-être aussi à § 13 (ll. 7-8) et § 409 (ll. 16-18).

sujet, mais il me faut le faire, dès lors que telle est votre volonté. »

468. Devant tous ceux qui étaient là, il se mit alors à raconter exactement ce qu'il avait dit et fait : comment il avait tiré l'épée pour tuer Gauvain, comment il y avait renoncé pour ne pas agir déloyalement et comment il avait mis son épée à leur chevet afin qu'ils eussent la preuve qu'il avait été près d'eux. Puis il leur décrivit les manifestations de douleur auxquelles il s'était livré quand il était revenu à sa tente et leur rapporta ce qu'il avait demandé que l'on fît de son cœur quand il aurait quitté ce monde. Quand il eut fini, il baissa la tête et se tut. Monseigneur Gauvain prit alors la parole et dit : « Que Dieu me prive de son aide si je mens, seigneur, vous avez passé en loyauté et en loyal amour tous les chevaliers dont j'ai jamais pu entendre parler dans ma vie. J'ajoute encore ceci, et puisse Notre Seigneur me retirer son soutien si je ne suis pas sincère : si j'étais la plus noble dame du monde et si j'étais sûre que vous m'aimiez aussi loyalement que vous aimez cette demoiselle, je veux être complètement abandonné de Dieu si mon rang éminent devait alors m'empêcher de vous prendre pour ami alors qu'il vous plairait de l'être, car – Notre Seigneur peut bien me refuser tout honneur si je ne dis pas la vérité – vous êtes le chevalier le plus loyal dont j'aie jamais entendu parler. » Pellias garda le silence ; comme il ne répondait rien, la demoiselle prit alors la parole et dit à ses chevaliers : « Messieurs, que pensez-vous de tout cela ? – Madame, répondirent-ils, si vous agissez là-dessus selon notre volonté, nous vous donnerons un bon et loyal conseil. – Je ferai tout ce que vous me recommanderez, répliqua-t-elle, si mon intérêt et mon honneur y trouvent leur compte. – Madame, nous serions déloyaux s'il en était autrement et si nous ne les prenions pas en considération dans cette affaire. – Je m'en remets donc à vous, dit-elle, pourvu que l'un et l'autre soient saufs. – Ils le seront », répondirent-ils. Alors, ils s'adressèrent à Pellias : « Pellias, si notre maîtresse voulait vous prendre comme mari et faire de vous son seigneur, y consentiriez-vous ? » Il répondit, si heureux qu'on ne pourrait l'être davantage : « Que Dieu m'abandonne si je mens, nobles seigneurs, recevoir en don le monde entier ne me procurerait pas autant de joie que d'épouser ma dame, s'il lui plaisait que les choses adviennent comme vous le dites. – Vraiment ? Au nom de Dieu, il en ira donc ainsi, déclarèrent les chevaliers, car tel est bien le plaisir de notre maîtresse. » Et ils leur firent aussitôt engager leur foi l'un à l'autre.

469. Pellias reçut donc pour femme la demoiselle qu'il avait tant désirée et leurs noces furent célébrées avec beaucoup d'éclat. Sachez que la première nuit qu'ils couchèrent ensemble ils engendrèrent Guivret le Petit[452], qui fut un chevalier exceptionnel et qui accomplit tant d'exploits en Grande Bretagne que le roi Arthur se l'attacha, à cause de ses remarquables qualités de chevalier, et qu'il fit de lui par la suite un compagnon de la Table Ronde, comme la véritable histoire le raconte. Quand les

---

[452] Petit comme Gauvain (v. § 437, l. 25) ? Je soupçonne là quelque malice de notre auteur.

noces eurent été célébrées, monseigneur Gauvain prit congé du chevalier et de la demoiselle ; il se remit en route et chemina comme il l'avait fait précédemment.

Un jour, il advint qu'il rencontra sur une lande sa demoiselle, son écuyer et le chevalier qui les avait fait partir du Haut des Aventures. Quand il les vit s'approcher, il cria aussitôt au chevalier : « Seigneur chevalier, gardez-vous de moi, car je vous défie ! » et l'autre lui en dit tout autant à son tour. Alors, ils s'élancèrent l'un vers l'autre de toute la vitesse qu'ils purent obtenir de leurs chevaux et se donnèrent de grands coups sur leurs boucliers. Le chevalier brisa sa lance au moment du choc et monseigneur Gauvain, qui le prit bas, le poussa si violemment qu'il lui fit quitter sa selle. En tombant à terre, le chevalier se brisa le bras gauche. Monseigneur Gauvain ne lui accorda pas un regard mais le laissa étendu sur le sol ; il se dirigea vers la demoiselle et lui dit : « Mademoiselle, vous pouvez maintenant juger si vous avez fait un marché de dupe en m'abandonnant pour lui. – Ah ! seigneur, s'écria-t-elle, je ne sais pas ce qui m'a prise. Au nom de Dieu, je vous supplie de me pardonner ! – Je vous pardonne, dit-il, mais je ne vous reprendrai plus avec moi, s'il plaît à Dieu. Cherchez une autre compagnie. – Comment ! seigneur, dit-elle, ne devez-vous pas me mener avec vous, sous votre protection ? – Je devais le faire, répliqua Gauvain, mais puisque vous êtes partie en me laissant pour un autre il n'est pas question que je vous reprenne. Vous irez votre chemin et moi le mien. » Alors, il s'en alla à vive allure, abandonnant ainsi la demoiselle, et il chevaucha tout le jour sans trouver d'aventure qui mérite d'être rapportée.

470. Le troisième jour, vers le milieu de la matinée, le hasard le conduisit dans une forêt. Cette forêt était fort étendue mais n'en était pas moins épaisse et particulièrement belle. Il entendit alors, sur la droite, un cri d'une extraordinaire intensité, et il semblait bien que ce fût celui d'une femme en détresse. Il s'arrêta pour mieux écouter et il ne tarda guère à entendre de nouveau la voix, qui criait : « Au secours ! au secours ! » Quand il entendit ces appels, il prit un petit sentier et se dirigea vers l'endroit d'où ils provenaient. Il n'avait pas fait beaucoup de chemin lorsqu'il arriva dans une prairie où il n'y avait pas moins de trois tentes et où l'on comptait jusqu'à six chevaliers, entièrement désarmés ; une demoiselle avait été attachée à la queue d'un cheval, qui appartenait à l'un de leurs écuyers, et ils avaient chargé celui-ci de la traîner à travers la prairie. Monseigneur Gauvain se dirigea vivement de ce côté dès qu'il vit que c'était une demoiselle qu'ils traitaient d'une manière aussi infâme. Quand il fut arrivé près d'eux, il vit le nain, ce petit chevalier qui, quelque temps auparavant, avait voulu affronter le grand chevalier dont nous avons parlé pour la possession d'une demoiselle. C'était ce même nain qui faisait infliger à cette jeune personne un traitement aussi ignoble, et celle-ci était justement la demoiselle qui avait dédaigné pour lui le beau chevalier.

471. Lorsqu'il vit qu'on maltraitait ainsi la demoiselle, monseigneur Gauvain éprouva un vif déplaisir, précisément parce qu'il s'agissait d'une demoiselle. Il piqua sa monture et s'élança dans sa direction. Il n'adressa pas le moindre salut aux chevaliers mais tira l'épée et trancha la corde à laquelle on avait attaché la jeune fille, si bien que celle-ci s'immobilisa au milieu du pré. Du plat de son épée, qu'il avait brandie, il frappa l'écuyer à la tête, de sorte qu'il lui fit mordre la poussière, puis il lui dit : « Canaille, je ne sais pas ce qui me retient de te tuer pour l'ignoble traitement que tu infligeais à cette demoiselle ! » Celle-ci s'était déjà complètement libérée de ses liens ; monseigneur Gauvain la regarda et, l'ayant aussitôt reconnue, lui dit alors : « Ah ! mademoiselle, c'est vous qui avez choisi l'ignoble et misérable nain et qui avez dédaigné le beau chevalier ! En vérité, après un tel choix, aucun chevalier ne devrait jamais vous venir en aide ni vous secourir, car vous avez déshonoré, autant qu'il était en votre pouvoir de le faire, tous les chevaliers qui ont quelque mérite. – Ah ! seigneur, s'écria-t-elle, au nom de Dieu, ne m'accablez pas : j'ai agi en femme et je l'ai chèrement payé depuis ! » Alors, le nain s'avança vivement et saisit le mors du cheval de monseigneur Gauvain, puis il lui dit : « Restez où vous êtes, chevalier ! Par la Sainte Croix, vous ne vous en irez pas ainsi. Je vous emmène et vous garde prisonnier jusqu'à ce que vous nous ayez fait réparation pour la violence commise sur la personne de cet écuyer. » Monseigneur Gauvain toisa le nain et jugea que celui-ci avait fait preuve d'une très grande impudence en le retenant de la sorte. L'autre cependant ne le lâchait pas et répétait qu'il ne s'en irait pas ainsi. « Ôte ta main, misérable ! dit monseigneur Gauvain. Que Dieu me prive de son secours si je mens, si tu n'étais l'avorton que tu es, je te ferais un très mauvais parti, car tu l'as bien mérité en faisant infliger à cette demoiselle un traitement aussi ignoble. – Vous avez beau dire, répliqua l'autre : par la Sainte Croix, vous ne vous en irez pas ainsi ! » A ces mots, les autres chevaliers s'avancèrent vivement, s'assemblèrent autour du nain et saisirent eux aussi la monture de monseigneur Gauvain par le mors. Son exaspération fut alors à son comble, aussi s'écria-t-il : « Si vous n'ôtez pas vos mains, je vous les couperai, que Dieu m'abandonne si ce n'est pas vrai ! » Ils ne le lâchèrent pas mais le tinrent plus étroitement encore et déclarèrent qu'ils le feraient tomber à terre s'il ne descendait pas. « Vraiment ? dit-il. Sur ma tête, ce n'est pas vous qui m'y obligerez et vous paierez votre impudence ! »

472. Alors, d'un coup d'épée, il trancha le bras droit de l'un des chevaliers, puis il en frappa un deuxième qu'il pourfendit jusqu'aux dents. Voyant cela, les autres prirent la fuite, car ils comprenaient bien qu'il ne les épargnerait pas. Monseigneur Gauvain abattit alors le plat de son arme sur la tête du nain, si brutalement qu'il l'envoya mordre la poussière, puis il le fit piétiner par sa monture et lui meurtrit si complètement le corps que, depuis ce jour, il ne put ni marcher ni monter à cheval. Les autres chevaliers s'étaient mis à l'abri au plus épais de la forêt, car ils craignaient beaucoup que celui qui les avait attaqués ne les tuât. Monseigneur Gauvain ne fit cependant rien pour les rattraper mais alla près de la jeune fille et lui dit : « Que voulez-vous que l'on fasse pour vous, mademoiselle ? – Seigneur, si vous vouliez me conduire en lieu sûr, je ne vous demanderais rien de plus. – Et où seriez-vous en lieu sûr ? demanda Gauvain, est-ce loin ? – Nous y serons vite, seigneur. – Prenez donc cette monture », dit-il, et il lui montra un cheval de promenade qui était attaché devant l'une des tentes. La jeune fille y monta ; quand elle fut en selle, son compagnon lui demanda : « Dans quelle direction allons-nous ? » Elle le lui indiqua et il se mit en route. « Comment se fait-il, reprit monseigneur Gauvain, que ces chevaliers vous faisaient infliger un aussi ignoble traitement ? – Je vais tout vous raconter, répondit la demoiselle. Ce matin, il est arrivé que le chevalier que j'avais repoussé il y a quelques jours nous a rencontrés dans cette forêt. Le nain et toute la bande que vous venez de voir étaient alors entièrement armés. Le chevalier était seul et ils étaient six ; se fiant donc au fait qu'ils étaient plus nombreux que lui, ils l'ont aussitôt attaqué, mais cela ne leur a pas réussi, car il s'est si bien défendu, il a réagi avec tant de promptitude et de vaillance qu'il les a rapidement défaits, les obligeant ainsi à prendre la fuite. Quand ils sont revenus par ici[453], ils étaient tellement furieux de cette aventure qu'ils s'en fallait de peu que la colère ne les étouffe, et ils ne savaient sur qui se venger, excepté sur ma personne. Ils se disaient les uns aux autres que cette honte leur était arrivée par ma faute, que j'en étais la cause et qu'ils se vengeraient donc de moi ; aussi m'ont-ils immédiatement fait attacher comme je l'étais lorsque vous êtes arrivé, et ils m'auraient sans aucun doute tuée si je n'avais pas eu la chance que Dieu vous amène de ce côté. – Dites-moi donc, reprit Gauvain, et que Dieu vous abandonne si vous mentez, comment avez-vous pu laisser cet homme de mérite, qui est si bon chevalier d'après votre propre témoignage, pour prendre ce diable, ce démon, lorsque le choix vous était

[453] *Suite*, § 472, ll. 30-31 : *Quant ilz furent ça revenus* ; notation spatiale qui s'accorde mal avec § 473 (ll. 23-25) : « le chevalier [...] noz encontra en celle forest ».

donné de prendre celui qui vous conviendrait le mieux ? – J'ai fait une folie, répondit-elle, et je l'ai très chèrement payée. – En vérité, repartit le jeune homme, il ne pouvait en être autrement. »

473. Ils parlèrent ainsi de choses et d'autres tout en cheminant, tant et si bien qu'ils sortirent de la forêt. Alors, ils virent devant eux, dans une plaine, un tout petit château parfaitement clos de murailles et de fossés. « Seigneur, dit la demoiselle, ce château m'appartient. Vous vous reposerez ici cette nuit. » Quand ils furent arrivés devant le donjon, la demoiselle quitta sa monture et appela ses serviteurs. Ceux-ci sortirent aussitôt et, tout heureux de revoir leur dame, l'accueillirent très joyeusement. Celle-ci demanda à monseigneur Gauvain : « Seigneur, pourquoi ne descendez-vous pas de cheval ? – Mademoiselle, répondit-il, je vous ai conduite en un lieu où vous n'avez absolument rien à craindre. Je vous recommande maintenant à Dieu, car je ne mettrais pied à terre sous aucun prétexte. – Vraiment, seigneur ? En vérité, dit-elle, j'en suis peinée et je sais bien que vous refusez mon hospitalité parce que vous m'en voulez. » Alors, monseigneur Gauvain se remit en route tout seul et chevaucha ainsi toute la journée et le lendemain sans trouver d'aventure qui mérite d'être rapportée. Mais le récit cesse à présent de parler de lui et revient au Morhout.

XXV

474. Le récit raconte maintenant que, lorsque le Morhout eut quitté monseigneur Gauvain et monseigneur Yvain, il chevaucha en compagnie de son écuyer et de la demoiselle qui devait le guider. Un jour, comme ils traversaient une grande plaine, ils arrivèrent en vue d'un château qui était situé au bord d'une rivière. C'était un très beau château, pourvu de nombreux agréments et dont la construction ne laissait rien à désirer. Devant, dans une prairie, il n'y avait pas moins de quarante magnifiques tentes dressées, et il y avait là énormément de gens réunis, car tous les chevaliers du pays étaient venus à cause d'une grande fête que le roi de cette terre donnait pour commémorer son couronnement. A cette époque, en effet, il était d'usage, en tous pays, que les rois commémorassent chaque année leur couronnement. C'est pourquoi, au jour anniversaire de cette cérémonie, ils portaient leur couronne et les festivités recommençaient ; il convenait alors que tous les grands vassaux de leur royaume fussent présents pour manifester leur joie et faire la fête.

C'est donc à l'occasion d'une célébration comme celle dont je viens de vous parler que tous les grands vassaux du pays étaient rassemblés devant le château, le jour même où le hasard amena le Morhout de ce côté. Quand il arriva dans cette prairie, il s'écarta légèrement de son chemin pour regarder les réjouissances et les festivités auxquelles on se livrait en ce lieu et il vit, devant une grande tente, le roi assis sur un trône d'ivoire, portant sa couronne d'or sur la tête ; face à lui, il y avait son sceptre, posé sur une table d'argent, et sa propre épée, qu'un chevalier debout tenait, sans fourreau, pointe dressée vers le ciel. Le roi était vêtu des habits royaux dans lesquels il avait été sacré : il avait vraiment l'apparence d'un homme de mérite, et sans aucun doute il l'était. Si quelqu'un me demandait qui était ce roi et comment il s'appelait, je dirais que c'était Pellinor, qui avait récemment quitté la cour du roi Arthur et qui était revenu dans son pays ; c'est parce qu'ils ne l'avaient pas vu depuis longtemps que ses hommes manifestaient tant d'allégresse. Et lui, pour que la joie fût plus grande, célébrait la fête qui commémorait son couronnement[454].

475. Comme le Morhout était là depuis un bon moment à regarder cette fête, un chevalier vint vers lui et lui dit : « Seigneur, mon seigneur le roi vous salue et vous demande de vous désarmer : vous vous divertirez ainsi avec les autres chevaliers que vous voyez là-bas et passerez le reste de la journée en sa compagnie. » Le Morhout lui répondit : « Grand merci, seigneur chevalier, mais vous pouvez dire à votre maître – et qu'il ne m'en veuille pas – qu'assurément je ne voudrais m'attarder sous aucun prétexte. – Vous le ferez, noble chevalier, reprit l'autre, mon seigneur vous en prie. » Le Morhout répliqua que toute prière était inutile. Il s'en alla donc aussitôt, suivi de son écuyer et de sa demoiselle, et il dépassa les tentes. Il ne s'était guère éloigné, cependant, lorsqu'il se retourna et vit arriver derrière lui un chevalier entièrement armé, casque lacé, bouclier au cou et lance au poing, qui lui cria

---

[454] La fête du couronnement dépend donc du bon plaisir du souverain malgré le caractère coutumier signalé plus haut.

d'aussi loin qu'il pouvait se faire entendre de lui : « Seigneur chevalier, il vous faut revenir en arrière, mon seigneur le roi vous le demande. » Le Morhout fit demi-tour et revint un peu sur ses pas en disant : « Votre maître manque de civilité, seigneur chevalier, en prétendant m'obliger à revenir. Sait-il bien si je n'ai pas quelque affaire pressante ? – En auriez-vous qui le soient plus que celles qui vous occupent à présent, répliqua le chevalier, il vous faut rebrousser chemin. – Que Dieu m'abandonne à jamais, déclara le Morhout, si je reviens en arrière sans y être contraint par une force supérieure à la mienne ou par la peur de mourir. – Je vous en donne ma parole, repartit le chevalier, si vous ne voulez pas revenir de votre plein gré, je vous y forcerai. – Vraiment ? répliqua le Morhout. Votre roi vous a ordonné cela ? – Certes non, répondit l'autre, mais tel est mon plaisir. – Votre plaisir ? demanda le Morhout. – Oui, répondit le chevalier. – Ma foi, dit le Morhout, ce n'est pas mon plaisir, à moi, aussi agirai-je à ma guise et non à la vôtre. – Gardez-vous donc de moi, reprit le chevalier, car il vous faut jouer de la lance. – Je ne crois pas, déclara le Morhout, que vous y gagniez beaucoup. »

476. Ils reculèrent alors, puis s'élancèrent l'un contre l'autre, lance baissée. Le chevalier arriva sur le Morhout et celui-ci le frappa si violemment qu'il le fit passer par dessus la croupe de son cheval. Quand il le vit à terre, il lui dit : « Maintenant, seigneur chevalier, vous pouvez vous en retourner, car vous n'êtes pas homme à me faire revenir aujourd'hui sur mes pas ! » Le roi Pellinor, qui avait assisté à la chose, se mit à sourire et dit : « En vérité,

le chevalier étranger s'est libéré de belle façon. Laissez-le donc aller à ses affaires. Que Notre seigneur le protège !
– Sire, lui demandèrent ses hommes, savez-vous qui il est ?
– Assurément non, répondit le roi, mais si la chose est possible je le saurai. » Alors, il dit à son fils* : « Rejoignez ce chevalier voyageur, désarmé comme vous l'êtes, et dites-lui que je lui demande, que je le prie de vous dire son nom. S'il est compagnon de la Table Ronde, priez-le de surcroît de revenir et faites-lui savoir que je suis ici. » L'autre fit exactement ce que le roi avait ordonné et se dirigea donc vers le Morhout en piquant des éperons ; il eut tôt fait de le rattraper, car il n'allait pas vite. Quand il l'eut rejoint, il le salua et lui dit : « Je vous prie, seigneur chevalier, de me dire votre nom et si vous êtes de la Maison du roi Arthur et compagnon de la Table Ronde. – En vérité, répondit-il, on m'appelle le Morhout et je suis d'Irlande ; sachez que je ne suis ni de la Maison du roi Arhur ni compagnon de la Table Ronde. » L'autre le recommanda à Dieu et repartit aussitôt vers le roi auquel il rapporta ce qu'il avait appris. Le roi déclara qu'il connaissait bien le Morhout et qu'il le tenait pour l'un des meilleurs chevaliers qu'il eût jamais fréquentés. Quant au Morhout, il chevaucha toute la journée, avec ses compagnons, sans trouver d'aventure qui mérite d'être racontée, et il en alla de même le lendemain.

477. Le troisième jour, vers la première heure de la matinée, il advint qu'il pénétra dans un grand bois que l'on appelait le Bois du Clos ; c'était une belle journée, ni trop chaude ni trop froide. La végétation était verte et luxuriante, les arbres étaient couverts de feuilles et de fleurs, et les petits oiseaux saluaient doucement le matin de leurs chants, bondissant d'arbre en arbre à travers la forêt. Le Morhout, qui était d'assez joyeuse humeur et qui prenait beaucoup de plaisir à entendre le doux chant des oisillons, chevauchait très lentement le long d'un petit sentier, lorsqu'à main droite il entendit une voix pousser des hurlements qui témoignaient à l'évidence d'une grande détresse. Il s'arrêta aussitôt avec ses compagnons pour mieux écouter, au cas où la chose viendrait à se reproduire. La voix ne tarda guère à se faire entendre de nouveau, et ses cris étaient plus forts que les précédents. « Entendez-vous ce que j'entends, demanda-t-il à la demoiselle ? – Oui, seigneur, c'est un homme ou une femme qui a besoin d'aide. – Il faut que j'y aille, déclara le Morhout ; je verrai ainsi ce qu'il en est. Suivez-moi donc sans vous hâter*. – Volontiers, seigneur. » Il s'élança aussitôt à toute vitesse du côté où il avait entendu la voix et galopa jusqu'à ce qu'il vît devant lui, dans une vallée, un très grand nombre de gens rassemblés autour d'un feu.

478. Quand il fut près d'eux, il ne salua personne mais porta son regard vers une dame qui était devant le feu, sans autre vêtement que sa chemise[455], à côté d'un nain, qui ne portait qu'un caleçon et qui avait les mains liées

---

[455] *Suite*, § 478, ll. 2-3 : *toute nue en sa chemise* ; sur la portée de cette expression (v. aussi § 544, l. 16 : « tout nu en chemise »), v. R. Wolf-Bonvin, « Un vêtement sans l'être : la chemise », in *Le Nu et le vêtu au moyen âge (XIIe-XIIIe siècles)*, Aix-en-Provence, CUER MA (Senefiance n° 47), 2001, pp. 383-394.

derrière le dos. La dame était très belle et assez jeune*, car elle n'avait pas plus de trente ans, et tout en elle exprimait la noblesse. Quatre hommes d'armes la tenaient par les bras ; elle pleurait si abondamment qu'elle avait tout le visage baigné de larmes, et elle ne disait pas un mot. Ceux qui la tenaient la traitaient sans aucun égard. Avec eux, il n'y avait pas moins de six chevaliers entièrement armés, qui disaient à ceux qui tenaient la jeune femme : « Jetez ce nain dans le feu et la dame ensuite. » Quand le Morhout vit qu'ils voulaient brûler une dame aussi belle, il ne put le supporter ; il s'avança donc vivement et dit à ceux qui la tenaient : « Allez-vous-en d'ici ou lâchez cette dame, car on ne lui fera aucun mal avant que je sache pourquoi vous voulez lui infliger ce supplice. » Un des chevaliers armés se détacha des autres et vint demander au Morhout : « Qu'y a-t-il, seigneur chevalier ? – Il y a que je voudrais savoir, répondit le Morhout, pourquoi vous voulez faire subir à cette jeune personne une mort aussi cruelle – Parce qu'elle l'a mérité, répondit l'autre, et qu'elle en est bien digne, car s'il est vrai qu'elle n'est rien de moins qu'une reine, par le sacre et l'onction, nous l'avons cependant surprise en train de commettre un crime aussi grand que celui de coucher avec ce nain, cet avorton, à qui elle a ainsi donné la place du roi, son seigneur et le nôtre. Puisqu'elle a osé en venir à le tromper de la sorte et que nous l'avons prise en flagrant délit d'adultère, il faut qu'elle subisse la mort ignominieuse du feu. » La dame prit alors la parole et s'écria : « Ah ! chevalier fourbe, en vérité vous êtes aussi menteur que les êtres les plus fourbes et les plus traîtres qui soient au monde[456] ! J'aimerais mieux être écorchée vive que d'avoir fait ce dont vous m'accusez, mais, vous et ces autres traîtres, vous m'avez tendu un piège si ignoble que jamais une femme de mon rang n'a été victime d'une traîtrise aussi odieuse. Ainsi, je sais bien que votre grande fourberie me fera mourir pour une faute que je n'ai pas commise, mais Dieu, qui sait parfaitement que je suis innocente du crime dont vous m'accusez, vous donnera votre récompense. – Ah ! seigneur chevalier, s'écria à son tour le nain, au nom de Dieu, ne croyez pas ce fourbe, ce traître qui vous parle, mais montrez-vous pitoyable envers ma dame comme on doit l'être envers la femme la plus loyale qui soit au monde, et tirez-la du péril où elle se trouve à cause de ces traîtres. – Jure sur ton âme, dit le Morhout, que ta dame n'est pas coupable de ce dont ces chevaliers l'accusent. – Je le jure, seigneur, dit le nain : puisse la miséricorde de Dieu à l'égard de mon âme être à la mesure de son innocence ; loin d'avoir fauté, elle est au contraire la dame la plus respectable que je connaisse. – Sur ma tête, reprit le Morhout, elle n'a donc rien à craindre tant que je pourrai

---

[456] *Suite*, § 478, ll. 29-31 : *vous mentés comme les plus desloyaulx et lez plus traïtres qui soient ou monde* ; le pluriel est surprenant, car il semble que la dame s'adresse au chevalier qui vient de l'accuser, comme le suggère l'apostrophe au cas-sujet singulier qui précède (l. 29 : « desloyaulx chevaliers ») et l'apposition qui suit (l. 32 : « ...entre vous et ces autres traïtres »). Ce tour en *comme* introduit généralement plutôt un attribut du sujet qu'une comparaison proprement dite, mais on est bien forcé de l'interpréter de cette manière ici.

la défendre. » Alors, il se recula un peu et déclara, assez haut pour être entendu distinctement de tous : « On va bien voir qui mettra aujourd'hui la main sur cette dame : par la Sainte Croix, celui qui le fera pourrait bien s'en repentir ! » – Comment ! s'exclama le chevalier qui lui avait parlé, voulez-vous donc la défendre contre nous tous ? – Je vais m'y efforcer, répondit le Morhout, quoi qu'il doive m'arriver. » L'autre lui déclara qu'il le défiait donc. « Et moi de même », répliqua le Morhout.

479. Alors, ils s'élancèrent l'un contre l'autre, et le Morhout, qui était en colère, frappa si brutalement son adversaire qu'il lui transperça le bouclier et la cotte de mailles ; il le fit ainsi tomber de cheval après lui avoir mis à travers le corps sa lance, qui se brisa quand l'autre toucha le sol. Lorsque ses compagnons virent cela, ils se précipitèrent tous sur le Morhout. Comme il était très brave et fort prompt à réagir, il n'en fut pas décontenancé mais mit la main à l'épée et porta un coup si violent à celui qui se présenta le premier qu'il l'étourdit complètement et le jeta à bas de sa selle. Les autres l'attaquèrent de toutes parts mais il se défendit si admirablement qu'il les fit tous reculer. Il choisit alors le plus grand de la bande et le frappa d'un coup si prodigieux qu'il lui sépara la tête du tronc et la fit voler à plus d'une lance de distance. Quand ses adversaires virent cela, ils ne se sentirent pas trop rassurés mais s'enfuirent de tous côtés ; le Morhout ne leur donna pas longtemps la chasse, car il voyait bien qu'il ne pouvait pas rattraper facilement les fuyards, qui disposaient tous de bonnes montures ; il préféra retourner vers la dame et descendit de cheval pour libérer le nain de ses liens.

L'affrontement avait si bien fait place nette qu'il ne restait plus personne, car tous les chevaliers, mis en déroute, avaient déjà pris la fuite. La reine s'agenouilla devant le chevalier et s'écria : « Ah ! seigneur, puisse Dieu vous accorder mille fois sa grâce pour m'avoir sauvée de la mort ! Au nom du Créateur, dites-moi quel est votre nom. » Il lui apprit qu'il s'appelait le Morhout. « Ah ! seigneur, reprit-elle, j'ai assurément entendu parler de vous bien souvent. Béni soit Dieu qui vous a amené par ici, car vous m'avez sauvée de la mort. » Lorsqu'il eut libéré le nain, le Morhout demanda : « Madame, qu'allons-nous faire de vous ? Car je ne puis m'attarder longuement en cet endroit. – Seigneur, dit-elle, si vous vouliez me conduire jusqu'à une abbaye qui se trouve prés d'ici, j'y serais en sécurité et l'on y prendrait soin de moi, car ce sont mes ancêtres qui l'ont fondée. » Il répondit que dans ce cas elle y serait conduite sans retard. « Permettez donc à mon écuyer, ajouta-t-il, ainsi qu'à une demoiselle qui fait route avec moi tous ces temps-ci, de m'accompagner. » Tout en prononçant ces paroles, le Morhout demanda à son écuyer de descendre de cheval et fit monter la reine, puis ils quittèrent aussitôt ce lieu où les flammes du gigantesque bûcher étaient toujours aussi vives. Le Morhout demanda alors au nain comment les chevaliers en étaient venus à infliger à sa dame un traitement aussi infamant. « Seigneur, dit-il, je vais vous répondre, et sachez que je ne vous mentirai en rien.

La vérité est que le chevalier qui vous a aujourd'hui parlé le premier, devant le bûcher, a été longtemps épris de ma dame, que vous voyez ici, et il l'aimait si passionnément qu'un homme pourrait difficilement aimer davantage une femme. Il a caché ses sentiments aussi longtemps qu'il l'a pu, car il n'osait les lui révéler de peur qu'un tel aveu ne la conduise à le faire mettre à mort. Cependant, quand il lui a été impossible de se taire plus longtemps, il lui a déclaré qu'il l'aimait et il est allé jusqu'à lui demander ses faveurs. Ma dame, estimant qu'il lui manquait de respect, lui a répondu que s'il s'avisait d'en reparler elle le ferait tuer. Cette menace lui a inspiré une crainte extrême, aussi a-t-il gardé le silence sans oser insister, mais il a pensé qu'il trouverait un moyen d'assouvir sa rancune, de telle manière qu'il prendrait d'elle une vengeance complète.

Ce matin, il s'est trouvé que mon seigneur le roi était allé à l'église, tandis que ma dame la reine était encore couchée dans son lit. Quant à moi, qui avais en charge le service de la chambre de mon seigneur, j'étais couché aux pieds de la reine, si profondément endormi qu'on ne pourrait l'être davantage. C'est alors que ce fourbe, ce traître, qui ne cessait de guetter l'occasion de faire du mal à ma dame, est entré dans la chambre où nous dormions ; il m'a soulevé aussi précautionneusement que possible et m'a couché dans le lit de la reine, à côté d'elle, sans qu'aucun de nous deux s'éveille, puis ils s'en est allé tout droit à la chapelle raconter à mon seigneur le roi qu'il nous avait trouvés l'un avec l'autre, en lui décrivant exactement la situation dans laquelle nous étions. Profondément surpris par cette nouvelle, le roi est retourné dans sa chambre sans perdre un instant. Quand il nous a vus ensemble, l'affliction et la colère qu'il a ressenties n'auraient pu être plus grandes, et il est certain que s'il n'avait pas eu le cœur aussi fier il nous aurait tués dans notre sommeil. Mais il n'a pas daigné le faire, parce qu'il lui aurait semblé déshonorant de mettre la main sur une créature aussi méprisable que je le suis. Alors, il a nous fait prendre et a donné l'ordre de nous faire mourir sur-le-champ. Cependant, comme il ne voulait pas assister à la mort de ma dame, il a commandé à ses hommes de l'amener dans ce bois et de nous y brûler tous les deux. Tout a été fait absolument comme il l'avait ordonné, mais ce n'était pas du goût de Notre Seigneur, qui vous a amené de ce côté et qui a voulu au contraire que nous soyons délivrés par vous[457]. »

480. Tout en parlant ainsi de cette affaire, ils cheminèrent jusqu'à ce qu'ils parvinssent à l'abbaye de moniales où la reine voulait se rendre. Quand ils furent descendus de cheval et que les sœurs virent leur dame ainsi dépouillée et mal en point, leur stupéfaction fut totale. Elles s'assemblèrent autour d'elle et se mirent à manifester le plus grand

---

[457] La relation ʻmonstrueuseʼ entre une souveraine et un nain fut popularisée au moyen âge par la liaison supposée entre le nain Segoçon et la femme de l'empereur Constantin. Il y est fait allusion dans *Le Roman de Tristan* de Béroul (*op. cit.*, p. 34, vv. 277-284). Pour les sources, v. par ex. la note correspondant à ces vers dans *Tristran* (*sic*) *et Iseut*, t. II, *Notes et commentaires*, H. Braet et G. Raynaud de Lage, Paris-Louvain, Peeters (Ktémata 11), 1989, p. 27. Signalons au passage que la référence au *Roman de Brut* de Wace (éd. I. Arnold, Paris, Firmin Didot, SATF, t. 1, 1938, v. 3218 et suiv.), reprise par D. Poirion (Béroul, *Tristan et Yseut*, in *Tristan et Yseut. Les premières versions européennes*, dir. par C. Marchello-Nizia, Paris, Gallimard [Biblio. de la Pléiade - Littérature française du moyen âge], 1995), p. 1159, n. 4 de la p. 10, est erronée.

chagrin du monde. La reine leur raconta l'ignoble machination dont elle avait été victime, disant qu'elle aurait sans aucun doute été brûlée, « mais, ajouta-t-elle, ce chevalier, Dieu merci, a eu pitié de moi ». Les religieuses allèrent aussitôt près du Morhout et le remercièrent à genoux pour sa très généreuse intervention. Cette nuit-là, lui et ses compagnons couchèrent en ce lieu et les sœurs mirent tout ce qu'elles avaient à sa disposition et au service de son bien-être. Le matin, dès qu'il eut entendu la messe, il prit ses armes, monta sur son cheval et quitta l'abbaye avec son écuyer et la demoiselle ; ils se remirent en route et cheminèrent comme ils l'avaient fait la veille.

Toute la journée, ils chevauchèrent sans boire ni manger à travers une forêt vaste et profonde. Le soir, après l'heure des vêpres, ils arrivèrent à un carrefour d'où partaient quatre chemins. Au beau milieu de ce carrefour, il y avait une grande croix de bois, fort ancienne, et juste devant celle-ci se trouvait un gros bloc de marbre, très beau, parfaitement lisse et tout prêt à être utilisé ; on aurait dit un autel. La demoiselle descendit de cheval, s'approcha de la croix et dit au Morhout : « Seigneur, mettez pied à terre, vous allez voir ce que je vais vous montrer. » Il descendit de cheval et s'inclina devant la croix, puis elle l'amena près du bloc de marbre et lui montra des lettres rouges qui étaient gravées à même la pierre. « Seigneur, si vous savez lire, lisez ceci et dites-nous ce que cela signifie. » Il ôta aussitôt son casque pour mieux voir. Quand il eut bien examiné l'inscription, il vit qu'elle disait : *Près de cette pierre, on peut voir advenir une grande partie des prodiges du Saint Graal*. Il y avait une suite : *Nul ne restera jamais ici pour en voir quelque chose sans mourir ou sans être estropié ou, à tout le moins, blessé, jusqu'au moment où le Parfait Chevalier, qui mènera les aventures à leur terme, viendra en ce lieu.* Quand il eut déchiffré ces lignes, il en communiqua la teneur exacte à la demoiselle. « Sur ma tête, reprit-elle, je ne doute pas que vous ayez bien lu cette inscription : j'ai entendu parler autrefois de ce message. Savez-vous comment on appelle ce bloc de marbre ? – Assurément non, répondit le Morhout. – Sachez qu'on l'appelle la Pierre du Cerf[458] ; mais la raison pour laquelle il est question de cerf, je l'ignore. Dites-nous maintenant ce que vous comptez faire à ce sujet. – Je ne vois pas, déclara le Morhout, autre chose à faire que rester ici jusqu'à ce que j'aie vu l'une ou l'autre des aventures du Saint Graal qui passent pour de si grands prodiges. – Donc, vous passerez la nuit ici ? – Ma foi, répondit-il, vous ne vous trompez pas. Dites-moi donc ce que vous avez décidé pour vous-même. – En vérité, répondit la demoiselle, puisque vous restez, il me faut rester aussi, car je ne pourrais pas partir sans vous. D'ailleurs, je ne connais pas de logis dans les environs où je puisse arriver avant la tombée de la nuit. – Je vous conseillerais pourtant de vous en aller, repartit le Morhout, car vous n'avez pas mangé de la journée et vous ne pourrez pas le faire aujourd'hui. – S'il plaît à Dieu, répliqua la jeune femme, je m'en passerai bien jusqu'à demain, car les nuits sont courtes. » Et ils n'ajoutèrent rien de plus à ce propos.

---

[458] Sur la figure du cerf dans l'épisode qui suit, v. M. Pastoureau, *op. cit.*, pp. 75-76.

481. C'est ainsi que le Morhout, la demoiselle et l'écuyer demeurèrent sur place ; ils s'assirent sous deux ormes, à proximité du bloc de marbre. Dès la tombée du jour, la lune apparut, si belle et si claire que c'était plaisir de la regarder, et ce leur fut un grand réconfort quand la nuit fut venue. Le Morhout et ses compagnons veillèrent donc et attendirent pour voir s'il adviendrait bientôt quelque aventure. Après avoir longtemps attendu, ils scrutèrent les environs et virent venir, par l'un des chemins, un cavalier entièrement armé, monté sur un grand cheval, tandis qu'au même moment il en arrivait un autre par un chemin différent. Lorsque les deux hommes se furent rejoints, ils ne prononcèrent pas une parole mais dressèrent leurs lances contre la croix, dégainèrent leurs épées et se donnèrent des coups formidables sur les casques et sur les boucliers, commençant ainsi à se battre avec tant de férocité et d'acharnement que le Morhout, qui suivait les chevaliers du regard, déclara qu'il n'avait encore jamais vu de combattants s'exposer à plus grand danger. Quand cet affrontement se fut prolongé si longtemps que leur résistance tenait du prodige, ils se découvrirent et s'embrassèrent sans plus parler que s'ils étaient morts. Après qu'ils eurent relacé leurs casques et remis leurs épées au fourreau, ils reprirent leurs lances et s'en retournèrent par où ils étaient venus. Lorsqu'ils furent partis, le Morhout se signa d'étonnement et déclara : « Ma parole, pour des gens qui ont fait montre l'un envers l'autre d'une si grande animosité en commençant le combat, ces chevaliers se sont réconciliés bien facilement. – Ce qui m'étonne le plus, repartit la demoi-selle, c'est qu'ils n'aient absolument rien dit, pas plus que s'ils étaient morts. – Que Dieu m'abandonne si je mens, reprit le Morhout, je regrette de ne pas les avoir interrogés de manière à apprendre quelque chose à leur sujet. »

Tandis qu'ils s'entretenaient de la sorte, ils virent venir, par l'un des chemins, un gros animal qui n'était rien de moins qu'un cerf. Celui-ci se dirigea à vive allure vers la croix, bondit sur le bloc de marbre et s'y coucha aussitôt. Il ne se passa guère de temps avant que quatre lévriers, plus blancs que neige, arrivassent de ce côté. Dès qu'ils virent le cerf, ils l'assaillirent et, le saisissant de tous côtés, l'étranglèrent et se gorgèrent si bien de son sang qu'ils en furent alourdis au point de ne plus pouvoir avancer. Ils n'allèrent donc pas plus loin mais se couchèrent près de lui, si enflés et si repus qu'il s'en fallait de peu qu'ils n'éclatassent. Ils n'étaient pas là depuis longtemps quand un dragon ailé arriva de ce côté en crachant feu et flammes. Lorsqu'il aperçut les chiens, il attrapa le premier et le dévora, puis le deuxième, puis le troisième, et enfin le dernier. Après les avoir tous dévorés, il se coucha sur le cerf et le couvrit de son corps, comme s'il avait voulu le réchauffer. Il se mit à lécher toutes les morsures que les chiens lui avaient faites et exhala son souffle de part et d'autre de sa dépouille, à tous les endroits où il avait été blessé. Comme le dragon était resté un long moment sur le cadavre du cerf, tout son corps commenca à se raidir sur le bloc de marbre et il se mit à rouler et à se retourner d'un côté et de l'autre, en proie à des convulsions, comme si la mort l'étreignait. A force de se retourner dans tous les sens, il tomba de la pierre sur le sol. Il ouvrit alors la bouche et ne tarda guère à expulser l'un des lévriers qu'il avait dévorés, puis le deuxième, puis le troisième, et enfin le dernier, et il les expulsa de telle manière qu'ils étaient on ne peut plus vivants. Dès qu'il se fut délivré des chiens, ceux-ci remontèrent près du cerf, qui, réchauffé par le dragon, avait recouvré la vie. Quand il vit les lévriers à ses côtés, l'animal bondit du bloc de marbre sur le sol, s'enfuit à toute vitesse et s'enfonça dans la forêt. Les chiens se lancèrent de nouveau à sa poursuite en aboyant et en faisant plus de bruit que n'en auraient fait dix autres. Quant au dragon, il reprit son envol et s'en alla à son tour dans la forêt par une autre direction, de sorte qu'en peu de temps il fut fort éloigné de la croix.

482. Après son départ, le Morhout se mit à se signer et s'écria : « Sainte Marie, qu'ai-je vu là ? Suis-je victime d'un enchantement ? Ai-je été ensorcelé ? Foi de Morhout, je ne sais que dire de ce qui vient de se passer. Il me semble avoir rêvé. – Moi non plus, dit la demoiselle, je ne sais qu'en dire, mais en tout cas il est certain que je n'aurais jamais cru voir quelque chose d'aussi extraordinaire. Sachez que c'est à cause du cerf que vous avez vu, et parce qu'il y vient souvent[459], que cet endroit est appelé la Pierre du Cerf. – Je le crois volontiers, repartit le Morhout. – A présent, nous pouvons vraiment dormir, reprit la demoiselle, car je ne pense pas que nous en voyions davantage pour aujourd'hui. » Le Morhout fut tout à fait de cet avis. Alors, tous trois se couchèrent sur l'herbe

---

[459] La demoiselle semble apprendre au Morhout quelque chose qu'elle vient en principe de découvrir en même temps que lui (§ 480, ll. 42-43).

et s'endormirent tout aussitôt, ce qui n'était pas fort étonnant, car ils étaient fort las et fort éprouvés.

483. Quand ils furent endormis, la demoiselle poussa un hurlement de douleur et s'écria : « Ah ! seigneur Morhout, je meurs alors que j'étais sous votre protection ! Mais vous ne méritez aucun reproche, et je ne dois m'en prendre qu'à moi-même[460]... » Alors, elle se tut et désormais ne prononça plus un seul mot. Quant au Morhout, qui n'imaginait pas qu'elle fût blessée à mort, il lui répondit : « Ah ! Mademoiselle, j'ai été frappé moi aussi et je suis touché aux cuisses. Je ne sais pas qui m'a fait cela. » Se redressant alors au prix de très grandes difficultés, car il était grièvement blessé, il appela son écuyer et lui dit : « Lève-toi ! » L'autre s'efforça très péniblement de redresser la tête et répondit d'une voix éteinte : « Ah ! seigneur, c'est hors de question, car je suis blessé à mort... Je ne verrai assurément pas le jour, je le sais bien... Au nom de Dieu, s'il y a près d'ici un chapelain, allez me le chercher : il recevra ma confession. – Sainte Marie ! s'écria le Morhout, qui t'a blessé ? – En vérité, seigneur, répondit l'autre, je l'ignore, mais j'ai été frappé en plein corps, je ne sais si c'est d'un coup de lance ou d'épée. – J'ai moi aussi été

---

[460] *Suite*, § 483, ll. 3-4 : *je sui morte en vostre conduit, mez vous n'en devés estre blasmés, car c'est par mon forfait* ; le mot « forfait » est d'interprétation délicate : fait-il allusion à une faute secrète de la demoiselle ou simplement à sa responsabilité dans ce qui lui arrive (elle a voulu elle-même rester, § 480, ll. 49-55). Le Morhout déclare plus bas qu'elle « riens ne meffaisoit » (§ 483, l. 30).

frappé aux cuisses, reprit le Morhout. Je ne sais pas qui nous a fait cela, mais celui qui l'a fait nous a cruellement traités. Et vous, mademoiselle, qui vous plaigniez aussi il y a un instant, comment vous sentez-vous ? » La demoiselle ne bougea ni ne répondit un mot car son âme avait déjà quitté son corps. Le Morhout la poussa à plusieurs reprises sans obtenir la moindre réaction. « Sainte Marie, s'exclama-t-il, mais cette demoiselle est morte ! » Alors, il lui posa la main sur le sein pour voir si son cœur battait et, en lui touchant la poitrine, il sentit qu'elle était couverte de sang ; il comprit alors qu'elle avait été tuée. Il en fut si bouleversé qu'il se trouva totalement désemparé ; il s'écria, au comble de l'affliction : « Ah ! Dieu, quel terrible malheur que cette demoiselle, qui ne faisait aucun mal, ait été ainsi tuée pour rien ! Je jure que je n'ai encore jamais entendu parler d'une aussi grande mésaventure ! » Alors, il demanda à son écuyer : « Cher ami, comment te sens-tu ? » L'autre lui répondit avec peine, car déjà il était à l'agonie : « Seigneur, je suis mort. Je regrette de vous abandonner dans un pays étranger. Ah ! doux père Jésus-Christ, soyez mon confesseur et mon soutien ! » Alors, il se raidit aussitôt à cause de la souffrance extrême qu'il éprouvait, et son âme se sépara de son corps.

484. Ces événements causèrent au Morhout un tel chagrin qu'il aurait vraiment voulu être mort ; il s'écria : « Ah ! Dieu, mais que s'est il passé ? Jamais jusqu'à ce jour on n'a vu advenir prodige et malheur aussi grands que la fin de mes deux compagnons tués de la sorte, sans que l'on sache pourquoi ni comment ! Foi de chevalier, je n'ai encore jamais entendu parler d'une aussi grande diablerie, et personne n'entendra raconter cette histoire sans la tenir pour une invention mensongère. Moi-même, si j'en avais entendu parler sans avoir été blessé comme les autres, j'aurais été le premier à m'en moquer. » Ainsi se lamentait le Morhout, se parlant à lui-même, en proie à une telle douleur qu'il n'était plus en état de réfléchir à ce qu'il convenait de dire ou de faire. Il prit ainsi son mal en patience, tant et si bien que le jour se leva. Dans la belle et claire lumière du matin, il tourna alors les yeux vers ses compagnons. Lorsqu'il aperçut son écuyer mort, ainsi que la demoiselle, tandis qu'il était lui-même blessé aux cuisses, il fut plus affligé du sort de ceux qui étaient ainsi étendus devant lui qu'il ne l'était de ses propres blessures, car il espérait bien en réchapper, alors que pour eux il n'y avait plus rien à faire, il le voyait bien. Cette pensée l'accabla infiniment plus qu'il n'aurait été capable de le dire.

Comme il se lamentait ainsi, il tourna les yeux vers l'un des chemins du carrefour et vit alors arriver un chevalier armé, monté sur un grand cheval de combat, suivi d'un nain, qui lui portait son bouclier et sa lance et qui allait lui-même au trot d'un grand cheval de voyage. Quand le chevalier fut assez près du Morhout, celui-ci se mit à crier : « Ah ! seigneur chevalier, venez ici et secourez-moi comme vous le pourrez, car j'en ai assurément grand besoin. » Le chevalier s'approcha du Morhout et lui demanda : « Que puis-je faire pour vous, seigneur chevalier ? – Ah ! seigneur, au nom de Dieu, venez-moi en aide ! Voyez quelle mésaventure m'est arrivée cette nuit ! » Le chevalier regarda autour de lui et vit la demoiselle tuée, ainsi que l'écuyer. « Ils ont été cruellement frappés, dit-il. Qui a fait cela ? – Je l'ignore, seigneur. Que Dieu m'abandonne si je mens, je ne sais à qui m'en prendre, et cependant j'ai moi-même été frappé de cette manière. – Je n'ai jamais entendu qui que ce soit au monde jusqu'à ce jour parler d'un tel malheur, repartit le chevalier, mais il ne faut pas s'en étonner, car cela fait partie des aventures du Saint Graal. Encore avez-vous eu la chance de ne pas avoir été tué comme les autres. – Seigneur, reprit le Morhout, si vous ne m'aidez pas, je ne partirai jamais plus d'ici, car je suis si grièvement blessé que je ne puis marcher. – Et que voulez-vous que je fasse pour vous ? demanda le chevalier. – Seigneur, répondit le Morhout, je voudrais que vous me mettiez sur mon cheval et que vous placiez devant moi cette demoiselle, ainsi l'emporterai-je en quelque abbaye où elle sera enterrée ; quant à vous, vous emporterez devant vous mon écuyer. – En vérité, déclara le chevalier, je le ferai volontiers. » Il mit alors pied à terre et le nain chercha dans les fourrés le cheval du Morhout jusqu'à ce qu'il l'eût retrouvé ; ils le lui amenèrent et firent si bien qu'il placèrent la demoiselle devant lui. Le nain disposa l'écuyer à l'avant de sa propre monture et ils s'éloignèrent de cette manière de la Pierre du Cerf. Le chevalier regarda la blessure du Morhout et vit ainsi qu'il avait été frappé d'un coup de lance. Sachez qu'il avait perdu tant de sang qu'il était épuisé, pâle et extrêmement faible. Il saignait encore si abondamment que vous auriez pu le suivre aux traces du sang qui s'écoulait de son corps. Il ne faut pas demander s'il chevauchait à grand peine et s'il souffrait beaucoup.

485. Quand ils eurent parcouru jusqu'à une demi-lieue de cette manière, le chevalier demanda au Morhout : « Seigneur, comment vous appelez-vous ? – On m'appelle, répondit l'autre, le Morhout d'Irlande, seigneur. » A ce nom de Morhout, le chevalier recula, comme frappé de stupeur. « Comment ! c'est vous le Morhout ? Ma parole, je vous ai longtemps cherché, sans jamais pouvoir vous trouver. Vous avez tué de vos propres mains mon père, le duc de Laval, aussi faut-il que vous mouriez à votre tour de mes mains, car je ne me montrerais pas loyal envers mon père si je ne m'efforçais pas de venger sa mort. » Alors, il se dirigea vers le Morhout, lance baissée, et il le frappa si brutalement qu'il lui enfonça dans l'épaule gauche le fer de sa lance, dont la pointe ressortit de l'autre côté. D'une vive poussée, il le jeta à bas de sa selle ; lorsque le Morhout tomba à terre, la lance se brisa, en sorte que le fer lui resta bien planté dans le corps et qu'il demeura au sol, en proie à une telle souffrance qu'il s'évanouit. L'autre, qui le haïssait mortellement, le fit piétiner à maintes reprises par son cheval, lui meurtrissant ainsi tout le corps. Le Morhout se raidit sous l'effet de l'extrême douleur qu'il éprouvait et resta couché face contre terre. Alors, le chevalier, persuadé qu'il était mort, s'en alla avec son nain, après qu'ils eurent jeté le corps de l'écuyer sur le Morhout ; il était tout heureux et tout joyeux parce qu'il ne doutait aucunement d'avoir vengé la mort de son père.

486. C'est ainsi que, pour le Morhout, la souffrance vint s'ajouter à la souffrance et ce nouveau tourment à ses malheurs. Il resta au milieu du chemin comme s'il était mort, et nul ne serait passé par là sans être persuadé qu'il n'était plus de ce monde, car il gisait dans une telle immobilité qu'il ne remuait ni pied ni main. Il demeura dans cet état de douloureuse prostration du petit matin jusqu'à midi.

Il advint alors, comme il plut à Dieu, que le hasard amena de ce côté monseigneur Gauvain, et avec lui venaient deux chevaliers, deux frères qui l'avaient attaqué ce jour-là à cause d'un de leur cousin qu'il avait tué la même semaine. Mais il s'était tellement bien défendu qu'il l'avait emporté et qu'ils avaient été complètement défaits, après quoi il s'était montré si menaçant qu'ils lui avaient promis de se constituer prisonniers là où il le voudrait. Il leur avait alors ordonné de se rendre à Arcade, la femme de Pellias. Les deux frères chevauchaient encore aux côtés de monseigneur Gauvain lorsque tous trois arrivèrent à l'endroit où le Morhout et ses compagnons étaient étendus au milieu du chemin. Quand ils y furent, ils s'arrêtèrent, persuadés que ceux qu'ils voyaient ainsi étaient morts. Ils se dirent les uns aux autres : « Qui donc a pu les tuer ? Sans mentir, il ne fait vraiment pas bon venir en ce pays, puisqu'on y tue ainsi les gens ! » Ils descendirent alors pour voir s'ils étaient morts tous les trois ; ils constatèrent que la demoiselle était plus froide que la glace, et l'écuyer aussi. « Foi de chevalier, dirent-ils, il n'y a plus rien à faire pour ces deux-là : ils ont reçu un coup mortel. » Monseigneur Gauvain s'approcha alors du Morhout, qui gisait face contre terre au travers du chemin, le visage entièrement couvert de poussière et de sang. Il vit qu'il avait un fer logé dans l'épaule gauche et qu'il était blessé aux cuisses. « Ma parole, dit-il, celui-ci a été très sérieusement touché, mais je crois qu'il est encore en vie. » Les autres répli-

quèrent que ce serait alors un miracle. Monseigneur Gauvain sentit que le visage du blessé, sur lequel il avait posé la main, était normalement chaud et que le sang battait vigoureusement dans ses veines. « Il est bien vivant, reprit-il, je vous le garantis. Je crois qu'il aurait encore une chance d'en réchapper s'il recevait de l'aide. » A cet instant, le Morhout souleva les paupières et s'efforça tant bien que mal de regarder monseigneur Gauvain. Aussitôt, le jeune homme s'assit à côté du blessé et le tira tout doucement à lui, puis il lui posa la tête sur ses genoux, coupa de son épée un pan de sa chemise et se mit à lui nettoyer les yeux, qui étaient remplis de poussière et de sang. L'autre se mit alors à soupirer et à gémir très fort. Monseigneur Gauvain lui demanda : « Seigneur chevalier, qui êtes-vous ? » Il ne répondit rien, car il en était incapable. « Ah ! Dieu, s'écria monseigneur Gauvain, mon désir de savoir qui est ce chevalier et de connaître son nom est aussi vif que sont graves les blessures qu'il a reçues !
– Pour être graves, rapartirent les autres, elles le sont, et en vérité, s'il n'avait pas été aussi résistant, il n'aurait plus un souffle de vie, si l'on en juge à la quantité de sang qu'il a perdue. » Au bout d'un moment, monseigneur Gauvain redemanda au Morhout : « Qui êtes-vous, seigneur chevalier ? » Il répondit alors tout bas : « Je suis le Morhout, le misérable auquel les aventures du Saint Graal ont pris ses compagnons. » Monseigneur Gauvain l'examina alors avec tant d'attention qu'il le reconnut avec certitude, aussi en fut-il si affligé qu'il s'en fallut de peu que le cœur ne lui manquât. Alors, il ôta son casque et le jeta sur le chemin, puis il se mit à embrasser le Morhout, tout couvert de sang qu'il était, et à gémir très vivement sur le sort de son ami :

« Ah ! seigneur, quelle perte et quel malheur ce sera si vous mourez dans des circonstances aussi tragiques ! En vérité, tous les chevaliers qui valent quelque chose en ce monde perdraient de leur valeur et de leur prix par votre mort[461]. – Seigneur, demandèrent les deux autres, qui est ce chevalier dont vous déplorez tant le sort ? – C'est le meilleur chevalier du monde et le plus accompli que j'aie jamais rencontré, répondit Gauvain, celui que les chevaliers dignes de ce nom devront regretter le plus, car en vérité je n'ai jamais vu son pareil, ni en bravoure ni en civilité. » A ces mots, le Morhout demanda à monseigneur Gauvain : « Qui êtes-vous, seigneur, pour regretter ainsi ma disparition ? – Ah ! seigneur, s'écria le jeune homme, je suis votre ami, n'en doutez pas, je m'appelle Gauvain et je suis le neveu du roi Arthur. »

487. Quand le Morhout entendit ces mots, sa joie fut si grande qu'il demeura d'abord comme privé de sentiment. Quand il put répondre, il déclara : « Soyez le bien venu ; j'ai cru que je ne vous reverrais plus. Au nom de Dieu, si jamais vous pouviez faire en sorte que je sois transporté dans une abbaye où je puisse me confesser[462]... Car je

---

[461] La logique de cette remarque est la suivante : le Morhout étant « le meilleur chevalier du monde » (§ 486, l. 60), nul ne peut connaître sa propre valeur sans s'être mesuré à lui. Si le Morhout meurt, il n'y aura plus que des combats faciles, qui ne permettront pas aux bons chevaliers de montrer ce qu'ils valent vraiment.

[462] *Suite*, § 487, ll. 4-5 : *se vous pouez onques faire tant que je soie portés...* ; G. Roussineau (*op. cit.*, p. 685, n. 487,4) suggère d'interpréter cette proposition comme une interrogative directe ayant

crois être plus près de la mort que de la guérison. » Monseigneur Gauvain demanda alors à ceux qui l'avaient accompagné : « Connaissez-vous un endroit dans les environs où nous puissions transporter ce chevalier, de manière à voir s'il pourra guérir ? – Oui, répondit l'un, je possède, non loin d'ici, dans la direction que nous suivions, une tour forte où il pourrait séjourner dans de très bonnes conditions si vous voulez qu'il y soit conduit. – Coupez-moi donc, reprit Gauvain, assez de branches pour que nous lui fassions un brancard sur lequel nous puissions le porter. » Ils firent exactement ce qu'il leur avait ordonné. Quand le brancard fut confectionné, ils y mirent de l'herbe en grande quantité, puis ils désarmèrent le Morhout et lui ôtèrent de l'épaule le fer de lance qui s'y trouvait enfoncé. Ils étanchèrent ensuite ses blessures le mieux possible. Quand ils lui eurent donné tous les soins qu'ils pouvaient, ils attelèrent au brancard deux de leurs chevaux, l'un devant et l'autre derrière, puis ils y installèrent le Morhout et y déposèrent les corps de la demoiselle et de l'écuyer. La troupe se mit ainsi en marche, sous la conduite du chevalier[463] ; les trois compagnons allaient à pied, chacun

---

la forme d'une interrogative indirecte, tour bien attesté en ancien français. L'éditeur renvoie à Ph. Ménard, *Syntaxe de l'ancien français*, Bordeaux, Bière, 1994, § 103. Il nous semble cependant possible, à cause notamment de la présence de « onques », qu'il s'agisse ici d'une hypothétique sans principale.

[463] *Suite*, § 487, l. 23 : *Si s'en vont toute leur voye ainsi comme li chevaliers les mainent* ; la dernière proposition est morphologiquement ininterprétable : sujet au cas-sujet singulier, verbe au pluriel. Le contexte n'arrange rien : la troupe se dirige vers la tour de l'un des

se contentant de mener par la bride sa propre monture qu'il avait à main droite. Ils quittèrent le chemin qu'ils suivaient et ne tardèrent pas à apercevoir la forteresse du chevalier, qui était un édifice magnifique. Ils allèrent à la porte et appelèrent les serviteurs, lesquels se montrèrent tout heureux de les recevoir. Lorsqu'ils furent dans la cour, monseigneur Gauvain prit le Morhout dans ses bras et le porta dans une des chambres de la demeure, puis il le coucha dans un lit qu'on lui avait préparé. Il y avait là une vieille dame qui était la mère des deux chevaliers et qui connaissait bien l'art de soigner les blessures. Quand elle eut attentivement examiné celles du Morhout, elle dit à monseigneur Gauvain : « Sachez qu'avec l'aide de Dieu je vous rendrai ce chevalier en parfaite santé dans un mois. » Monseigneur Gauvain demanda au Morhout : « Seigneur, que voulez-vous que l'on fasse de la demoiselle et de votre écuyer ? – Je veux, répondit-il, qu'ils soient mis ensemble dans une même tombe, parce qu'ils sont morts ensemble. Je veux aussi qu'il y ait sur leur sépulture une inscription qui relate les circonstances de leur mort, pour que ceux qui viendront après nous aient connaissance de ce prodige, car c'est sans aucun doute la chose la plus extraordinaire dont j'aie jamais entendu parler. » Monseigneur Gauvain fit enterrer les deux corps dans une abbaye qui était près de là, et il fit graver sur la pierre une inscription concernant leur mort commune, qui racontait comment ils avaient

---

deux compagnons de Gauvain (l. 10 et l. 26, d'où priorité à « li chevaliers »), mais ces deux compagnons sont frères et leur mère demeure dans cette tour (l. 32, d'où priorité à « mainent »). Notre traduction suppose que l'on corrige : *li chevaliers les maine*.

quitté ce monde, exactement comme le Morhout imaginait que les choses s'étaient passées.

488. Il y eut chaque jour foule en cet endroit, car les gens du pays s'y rendaient en masse pour voir la tombe où reposaient ceux qui avaient perdu la vie d'une manière aussi extraordinaire ; et, parce qu'ils tenaient cette affaire pour l'aventure la plus prodigieuse dont ils eussent jamais encore entendu parler, ils élevèrent, sur le lieu du drame, deux statues de pierre, qui représentaient un écuyer et une demoiselle les mains tendues vers le bloc de marbre et vers la croix, dans un geste de malédiction et d'exécration. L'écuyer avait, gravée sur la poitrine, une inscription dont le texte, destiné aux chevaliers qui passaient par là, est donné en entier dans ce récit, à l'endroit où il est question des exploits de Gaheriet, quand les événements le conduisirent dans l'Île de Merlin.

Que tous ceux qui prêteront l'oreille aux récits du Saint Graal sachent que Gaheriet, le frère de monseigneur Gauvain, fut l'un des meilleurs et des plus dignes chevaliers de la Table Ronde, l'un de ceux qui firent le plus grand nombre de beaux faits d'armes tout le temps qu'il voyagea à travers la Grande Bretagne. Sachez aussi qu'il ne raconta jamais aucun des exploits qu'il accomplit, aussi longtemps qu'il put les cacher, comme cela est rapporté en détail dans le *Récit du Cri*, car, lorsqu'il reçut l'ordre de chevalerie, il jura sur les reliques qu'il ne raconterait jamais de lui-même aucun de ses hauts faits d'armes sans y être contraint. Quand il eut quitté la cour et qu'il se fut joint à Baudemagus, qu'il retrouva dans la Forêt des Dangers, il fit le vœu de chevaucher dix ans à travers le pays en cherchant des aventures avant de revenir un jour chez son oncle le roi Arthur, et il tint vraiment parole, car il n'y remit jamais les pieds avant ce délai. Au bout de ces dix ans, il revint ; ce fut le jour où il abattit, dans les prés de Camaalot, devant les tentes de son oncle, Keu le Sénéchal, Agravain son frère et monseigneur Gauvain. Après ces trois coups portés avec une complète réussite, et à cause de sa bonne réputation dont on avait eu maintes fois des échos à la cour, il obtint un siège à la Table Ronde. Ses exploits furent alors mis par écrit avec ceux des autres chevaliers voyageurs. Mais à présent le récit cesse de parler de lui, car le moment venu il ne manquera pas de raconter les épisodes qui le concernent, conformément à ce qu'il convient de rapporter en ce livre*.

489. Monseigneur Gauvain séjourna avec le Morhout pendant plus de deux mois pour lui tenir compagnie jusqu'à ce qu'il fût guéri, car il l'aimait énormément et il l'estimait pour ses qualités de chevalier plus que tous ceux de ses pairs dont il eût jamais fait la connaissance. Quand il fut suffisamment remis pour pouvoir chevaucher sans trop de peine, si monseigneur Gauvain le lui avait permis, le Morhout demanda un jour à celui-ci ce qu'il avait fait de sa demoiselle et de son écuyer. Il lui raconta aussitôt comment tous deux l'avaient abandonné pour un chevalier étranger. « Et les avez-vous revus depuis lors ? demanda-t-il. – Oui, seigneur, l'heure est venue où ils ont voulu revenir avec moi, mais après leur départ il était absolument hors de question que je les reprenne en ma compagnie. – En vérité, repartit le Morhout, vous avez agi tout comme je l'aurais fait moi-même. Et de monseigneur Yvain, votre cousin, avez-vous eu des nouvelle depuis que nous nous sommes quittés ? – Pas une seule, en vérité », répondit Gauvain. Alors, la maîtresse des lieux s'avança vivement et demanda : « De quel Yvain parlez-vous ? – Madame, dit le Morhout, nous parlons de monseigneur Yvain, fils du roi Urien. – Sans mentir, dit-elle, j'ai vu cet Yvain dont vous parlez. Il a séjourné ici deux jours, un peu avant votre arrivée, à cause d'une blessure qu'un géant lui avait infligée près d'ici. Et je vous déclare que ce géant était si terrible et si cruel qu'aucun chevalier de cette terre n'osait se mesurer à lui. – Madame, demanda le Morhout, cet Yvain l'a combattu ? – Oui, répondit-elle, il l'a bel et bien combattu – le bon chevalier ! bénie soit l'heure de sa naissance ! –, et il y a si bien mis toutes ses forces qu'il l'a tué et lui a coupé la tête : elle est encore suspendue dans une chapelle qui se trouve là dehors ; ce sont les gens du pays qui l'y ont mise tant ils étaient joyeux qu'il ait été tué, car ils pensaient ne jamais voir ce moment. » Alors, les deux compagnons furent très heureux de ce qu'ils venaient d'apprendre et chacun de son côté déclara, à cause des bonnes nouvelles qu'ils avaient eues de leur compagnon : « Dieu ! le jour viendra bien où nous pourrons le retrouver et où nous serons réunis. De même qu'est venu le temps où les événements nous ont séparés, de même le temps est maintenant venu où je désire retrouver monseigneur Yvain. »

490. Dès que le Morhout fut guéri des blessures qu'il avait reçues, il prit congé de ses hôtes et s'en alla, un lundi matin, entièrement armé et monté sur un excellent cheval, en compagnie de monseigneur Gauvain. Tous deux chevauchèrent toute la journée sans autre compagnie et sans trouver d'aventure qui mérite d'être racontée. Le lendemain, ils se remirent en route et cheminèrent comme ils l'avaient fait le jour précédent. Ils chevauchèrent de cette manière jusqu'au milieu de la matinée. Ils arrivèrent alors dans une grande et belle prairie, où il y avait deux tentes dressées au bord d'un ruisseau qui s'écoulait d'une source. Ce pré était immense et il faisait une très forte chaleur, comme c'est le cas au milieu du mois d'août ; les armures, sur lesquelles le soleil dardait ses rayons, étaient échauffées. Pour cette raison, la chaleur que les deux chevaliers enduraient était telle qu'il s'en fallait de peu qu'ils ne prissent feu. Alors, le Morhout dit à monseigneur Gauvain : « Seigneur, comment vous sentez-vous ? – Je souffre tant de la chaleur, répondit son compagnon, que je suis bien près de me consumer. – Moi aussi, repartit le Morhout. J'ai une bonne idée : entrons dans l'une de ces tentes, désarmons-nous et reposons-nous jusqu'à ce que cette chaleur brûlante soit passée. – Vous parlez bien, repartit monseigneur Gauvain, allons-y donc. »

491. Alors, ils se dirigèrent tout droit vers les tentes ; parvenus devant l'entrée, ils mirent pied à terre, ôtèrent les mors et les selles de leurs chevaux et les laissèrent paître, puis ils pénétrèrent à l'intérieur. Les choses se passèrent de telle sorte qu'ils n'y trouvèrent ni homme ni femme, mais dans chacune des tentes il y avait, à n'en pas mentir, un lit magnifique couvert d'une précieuse étoffe de soie rouge. Quand ils eurent enlevé leur casque et soulagé quelque peu leur corps du poids de leurs armes, ils s'allongèrent sur un des lits et, appuyés sur un coude, chacun d'un côté, ils s'endormirent tout aussitôt, car ils étaient très fatigués et fort éprouvés.

Lorsqu'ils furent endormis, il ne s'écoula guère de temps avant qu'une dame, qui paraissait extrêmement âgée, entrât dans la tente. Elle réveilla les chevaliers et leur dit : « Allons, debout, messieurs, vous avez assez dormi ! » S'étant aussitôt éveillés, ils la regardèrent et lui dirent : « Madame, que désirez-vous ? – Rien d'autre que votre présence, dit-elle, car vous êtes les bienvenus. Je vous ai tirés du sommeil afin que vous ne dormiez pas trop et d'autre part je voulais savoir qui vous êtes, d'où vous venez et si vous êtes des chevaliers en voyage. » Le Morhout répondit : « Madame, nous le sommes en effet, mais nous ne sommes pas tous les deux du même pays ni du même lignage, car ce seigneur est du royaume de Logres et je suis d'Irlande. – Ah ! dit-elle, je vous reconnais bien tous les deux. Vous, on vous appelle le Morhout et vous êtes le frère de la reine d'Irlande, et celui-ci s'appelle Gauvain ; il est fils du roi Loth et neveu du roi Arthur. – Par Dieu, madame, repartit le Morhout, vous dites vrai, vous nous connaissez mieux que je ne le pensais. » Alors, la dame demanda à monseigneur Gauvain : « Gauvain, que pensez-vous de moi ? – Madame, répondit-il, je ne pense que du bien, mais il me semble avoir eu l'occasion de rencontrer dame moins chargée d'ans que vous ne l'êtes. – Toute vieille et vilaine que je suis, mon cœur est toujours vert et désireux de jouir de la vie ! C'est pourquoi je ferais de vous mon ami, si vous le vouliez, et je vous aimerais d'amour. Sachez bien qu'en m'aimant vous pourriez retirer plus grand honneur, et plus grand profit aussi, qu'en aimant une dame plus jeune que moi. » Monseigneur Gauvain la regarda attentivement et il lui parut ainsi qu'elle avait plus de cent ans. Il se demanda donc, plein d'étonnement, à quoi elle avait pensé lorsqu'elle avait tenu ces propos. Se faisant plus insistante, elle lui redemanda : « Gauvain, que me répondez-vous sur ce que je vous demande ? Ferez-vous de moi votre amie ? Sachez qu'il vous en viendra du bien. » Sa requête lui sembla particulièrement inconvenante, aussi répliqua-t-il avec colère : « Ah ! madame, au nom de Dieu, taisez-vous, vous ne devriez plus parler de ces choses, car votre âge vous l'interdit. En vérité, ou vous vous moquez de moi, ou vous avez oublié ce que vous êtes. – Me repousseriez-vous ? Répondez-moi précisément. » Il répondit : « Madame, que Dieu m'abandonne si je mens, j'aimerais mieux ne plus jamais aimer d'amour que de vous avoir donné mon cœur, car mon sort serait alors moins enviable. – Vous en avez assez dit », reprit-elle. Alors, elle fit au Morhout la même demande que celle qu'elle avait faite à monseigneur Gauvain. Il répondit aussitôt : « Madame, en vérité, j'ai mis tout mon amour et tout mon cœur en un lieu où ils sont mieux employés qu'ils ne le seraient chez vous, car celle que j'aime est belle et jeune, tandis que vous êtes vieille et laide ; c'est pourquoi je ne la laisserais pas pour vous aimer, car ce serait faire œuvre de démon. » Après avoir entendu ces paroles, elle déclara : « Donc, messieurs, vous m'avez repoussée. Sachez en vérité que vous vous en repentirez bientôt et je crois que je me vengerai très prochainement de vos injures et de votre mépris. »

492. Elle sortit alors de la tente. Les deux compagnons parlèrent d'elle entre eux et ne firent qu'en rire. Le

Morhout dit à monseigneur Gauvain : « Seigneur, prenons nos armes, montons à cheval et mettons-nous en route, car il est bien temps de chevaucher. – Allons-y », répliqua monseigneur Gauvain. Ils se mirent en selle et s'engagèrent à travers la prairie ; mais avant qu'ils n'eussent longuement cheminé leurs sentiments changèrent du tout au tout, car, s'ils avaient été auparavant unis par une grande amitié et une parfaite fidélité, ils se mirent à cet instant à se haïr d'une haine aussi mortelle que si chacun avait tué le père de l'autre. Le Morhout parla le premier à monseigneur Gauvain et lui dit : « Dites donc, chevalier, comment avez-vous eu assez d'audace pour oser chevaucher à mes côtés ? Ignorez-vous que je vous hais plus mortellement qu'aucun autre homme ? – Si vous me haïssez, rétorqua monseigneur Gauvain, vous avez raison, car en ce qui me concerne j'ai pour vous plus de haine que je n'en ai jamais eu pour qui que ce soit. Gardez-vous de moi, car je vous défie ! » Et son compagnon à son tour lui adressa la même mise en garde.

Alors, ils s'éloignèrent l'un de l'autre, puis ils s'élancèrent de toute la vitesse qu'ils purent obtenir de leurs chevaux et se frappèrent si violemment qu'ils s'enfoncèrent le fer de leurs lances pointues et acérées à même la chair, malgré la protection des boucliers et des cottes de mailles ; heureusement pour eux, leurs blessures ne furent pas mortelles, bien qu'elles fussent très profondes. Portés par leur élan, ils se heurtèrent de toutes leurs forces et se renversèrent mutuellement à terre. Lorsqu'ils touchèrent le sol, les lances volèrent en éclats, laissant leur fer planté dans le corps des deux chevaliers. Mais ils bouillaient de colère et de rage l'un contre l'autre ; ils dégainèrent donc leurs épées et se donnèrent de tels coups sur les casques qu'ils en firent jaillir des étincelles. Tous deux étaient extrêmement forts et ils disposaient d'épées excellentes, très acérées, aussi mirent-ils en pièces boucliers et cottes de mailles, se soutirant mutuellement une grande quantité de sang. Ils se poussaient et se repoussaient, selon que l'un ou l'autre reprît le dessus sur son adversaire. Ce combat dura tant de la sorte qu'ils furent contraints de se reposer pour reprendre leur souffle ; chacun posa donc son bouclier devant lui.

493. Les deux compagnons se seraient malheureusement entretués de cette manière, ensorcelés comme ils l'étaient, sans une demoiselle que le hasard amena de ce côté. Cette jeune fille était au service de la Demoiselle du Lac, dont elle était la cousine germaine ; elle connaissait beaucoup de formules magiques que Merlin lui-même lui avait apprises lorsqu'elle séjournait chez le roi Arthur, et elle se rendait cette fois encore à la cour de celui-ci pour porter un message de la part de sa maîtresse. Quand elle vit les deux chevaliers qui combattaient de la sorte, elle s'arrêta, si bien qu'elle reconnut le Morhout et monseigneur Gauvain à leurs armes. Tout étonnée, elle se demanda alors quelle avait pu être l'origine de la querelle qui les opposait, car monseigneur Yvain, auquel elle avait parlé le jour même, lui avait raconté en détail comment le Morhout, monseigneur Gauvain et lui s'étaient faits compagnons les uns des autres. Alors, la demoiselle s'adressa à Gauvain et lui demanda : « Monseigneur Gauvain, d'où vient cette terrible haine qui est entre vous et monseigneur le Morhout ? – Mademoiselle, répondit-il, je l'ignore, mais il n'est personne que je haïsse autant que je le hais, et je ne veux pas de paix entre lui et moi avant que l'un de nous soit mort. – Vraiment ? reprit-elle, vous vous portez ainsi l'un à l'autre une haine à ce point meurtrière et vous n'en connaissez pas la cause ! Sans mentir, je n'ai jamais rien entendu d'aussi extraordinaire ! » Elle se dit alors à elle-même : « Ma parole, je crois que ces deux-là sont ensorcelés. Il me faut en avoir le cœur net, car ce serait une très grande perte s'ils s'entretuaient de la sorte. »

494. Alors, elle lança un enchantement pour tenter de les délivrer du sort qui les liait. Quand elle eut fait ce qu'elle croyait utile pour y parvenir, les deux combattants retrouvèrent la raison et la mémoire et s'observèrent l'un l'autre. Monseigneur Gauvain jeta aussitôt son épée et son bouclier sur le sol, imité par le Morhout. « Seigneur, demanda celui-ci, que me voulez-vous ? – Et vous-même, cher seigneur ? répondit Gauvain. Sans mentir, je ne sais pas ce qui m'a pris. – Moi non plus, dit le Morhout. – Et pourquoi donc nous sommes-nous battus ? – Je l'ignore, répondit l'autre, que Dieu m'abandonne si je mens. – Ah ! Dieu, s'écria monseigneur Gauvain, nous avons été ensorcelés ! Il s'en est fallu de peu que nous ayons eu le malheur de nous entretuer. – Sur ma tête, vous dites vrai, repartit le Morhout. Nous avons bien été ensorcelés, car nous nous sommes battus sans raison. Et comment vous sentez-vous ? Avez-vous quelque blessure mortelle ? – Non, répondit Gauvain, je ne le crois pas, mais si ce combat avait duré plus longtemps nous nous serions mutuellement donné la mort, car nous avons déjà perdu beaucoup de sang. Et vous, comment vous sentez-vous ? – Je me serais senti fort mal si ce combat s'était prolongé, car je suis grièvement blessé et j'ai déjà énormément saigné. » La demoiselle intervint alors : « Sur ma tête, seigneurs, vous avez effectivement été ensorcelés. Vous seriez bel et bien morts dans ce combat si Dieu ne m'avait pas amenée de ce côté, car vous aviez perdu la raison. – Mademoiselle, répliquèrent les deux chevaliers, bénie soit l'heure où vous êtes arrivée par ici et béni soit Dieu qui a guidé vos pas, car nous avons échappé à la mort grâce à votre venue. Béni soit aussi celui qui vous a appris des enchantements, car il nous a rendu un tel service en cette occasion que nous ne pourrions pas lui rendre la pareille. – En vérité, repartit la demoiselle, je suis contente ; mais dites-moi donc : savez-vous par qui vous avez été ainsi ensorcelés ? – Non, car nous ne pensions pas être haïs, et il y a de la haine là-dessous, cela ne fait pour nous aucun doute. – Certes, reprit-elle, vous ne vous trompez pas, et je vais vous en dire l'origine[464]. Aujourd'hui, une dame, âgée en apparence, est venue vous trouver. Elle a proposé à chacun de vous de devenir son ami, mais vous n'avez pu vous y résoudre ni l'un ni l'autre. Elle n'est pas telle que vous l'avez vue, sachez-le, c'est au contraire l'une des plus belles demoiselles du monde, aussi a-t-elle considéré votre refus comme un très grand affront, et, comme elle connaît tant de sortilèges que c'en est prodigieux, elle a pensé que le meilleur moyen de se venger serait de vous amener,

[464] Au § 493 (l. 11) la demoiselle ignorait « dont ceste guerre estoit entr'eulx venue ». Si ce n'est pas là un effet d'inadvertance, il faut supposer que la levée de l'enchantement s'accompagne d'une révélation sur son origine.

d'une manière ou d'une autre, à vous entretuer. Elle a donc utilisé l'un de ses enchantements pour faire naître entre vous cette haine féroce, persuadée qu'elle était de vous faire mourir l'un par l'autre de cette façon. – Foi de cheva-liers, dirent-ils, elle aurait réussi, si Dieu ne vous avait pas amenée de ce côté ! Nous avons pour vous vraiment beaucoup d'estime, car ce que vous nous avez dit est vrai : tout s'est exactement passé pour nous comme vous l'avez raconté, et avec une dame telle que vous l'avez décrite[465]. » Alors, ils remirent leurs épées au fourreau et se signèrent à cause de l'aventure extraordinaire qui leur était arrivée, puis ils se dirigèrent vers leurs chevaux et se mirent en selle, épuisés, fort éprouvés et souffrant de graves blessures qui leur avaient fait perdre beaucoup de sang. Monseigneur Gauvain dit à la demoiselle : « Ah ! mademoiselle, connaissez-vous un endroit où nous puissions être hébergés jusqu'à demain ? – En vérité, dit-elle, vous avez de la chance, car il y a près d'ici une abbaye de moines de Cîteaux où l'on vous recevra très volontiers, si

[465] Comme on peut le constater, la distinction faite dans le *Merlin* (§ 10, ll. 26-27 : « Par cestes raisons sot cist les choses faites, dites et alees, car il les a et tient de l'enemi ») entre connaissance du passé (accordée par le diable) et connaissance de l'avenir (accordée par Dieu) ne s'applique plus rigoureusement dans la *Suite* (au moins dans le ms. D, Paris, BNF fr. 112). En principe, seul Merlin, fils d'un démon, est censé posséder la science des choses passées (v. à ce sujet H. Bloch, *Étymologie et généalogie. Une anthropologie du moyen âge français*, trad. de l'anglais par B. et J.-C. Bonne, Paris, Seuil [Des Travaux], 1989 [Chicago-Londres, University Press, 1983], pp. 289-292).

vous y allez. Et moi-même, si vous voulez vous y rendre, j'irai là-bas par amitié pour vous et j'y passerai la nuit pour rester en votre compagnie. » Ils la remercièrent vivement de son offre. « Allez devant, dirent-ils, nous vous suivrons. » Et elle les précéda, tout comme ils le lui demandaient.

495. Quand ils furent arrivés à l'abbaye, les frères, voyant que les chevaliers étaient blessés, allèrent au devant d'eux et les reçurent de très bon cœur. Ils les firent descendre de cheval et conduire dans une des chambres de l'abbaye où ils furent désarmés et soignés le mieux possible. Le lendemain, dès que le jour parut, la demoiselle se leva, prit congé des deux compagnons et s'en alla vaquer à ses affaires. Les chevaliers restèrent chez les moines et y séjournèrent une semaine entière, car ils s'étaient infligés l'un à l'autre quantité de blessures. Quand ils se sentirent guéris et qu'ils purent à peu près chevaucher, ils quittèrent les religieux et se remirent en route, en quête d'aventures, comme précédemment.

496. Il advint un jour, comme ils s'étaient engagés sur une grande et belle lande, qu'ils aperçurent au milieu du chemin[466] une roche qui s'élevait aussi haut que votre

---

[466] *Suite*, § 496, l. 2 : *ou milieu du chemin ;* cette notation peut s'entendre de l'endroit où se trouvent les chevaliers lorsqu'ils voient la roche ('alors qu'ils avaient à moitié traversé la lande') ou de l'endroit où se trouve la roche. En faveur de la première solution, on peut alléguer ce qui suit (l. 4) : « Ilz vont celle part pour veoir celle roche », qui suggère – mais l'argument n'est pas décisif – que la

regard aurait pu porter. Ils se dirigèrent de ce côté pour la voir, car la chose leur parut extraordinaire. Quand ils furent arrivés près de ce rocher, ils ne virent ni escaliers ni chemin par lesquels on aurait pu se rendre au sommet, et les parois en étaient si raides et si lisses qu'ils auraient été extrêmement étonnés si un écureuil avait pu y monter. Après en avoir bien fait le tour complet, ils se dirent l'un à l'autre : « Dieu ! à quoi cet endroit sert-il, puisqu'il ne s'y trouve ni maison ni abri où des gens puissent loger ? »

Comme ils parlaient ainsi, ils portèrent leurs regards vers le faîte du rocher et ne virent pas moins de douze demoiselles, les plus belles et les mieux vêtues qu'ils eussent jamais vues. Ces demoiselles parlaient ensemble, si haut que ceux qui étaient au pied de la roche pouvaient parfaitement les entendre. Sachez qu'elles ne parlaient pas de ce qui était passé ni de ce qui avait été accompli, mais qu'elles s'entretenaient et discutaient là des événements futurs, avec autant de sagacité que des prophétesses capables de prévoir tout ce qui devait arriver dans le monde ; leur seule activité, à quelque moment que ce fût, était de prédire l'avenir[467]. Quand les deux compagnons les virent à cet endroit, le Morhout dit à monseigneur Gau-

---

roche n'est pas sur le chemin des deux hommes. Cependant, au § 509 (ll. 133-140), lorsqu'Yvain emprunte le même chemin que ses compagnons, il ne semble pas qu'il fasse un détour : la roche paraît bien être devant lui et l'on peut supposer qu'il la contourne pour poursuivre sa route.

[467] Sur la source de cet épisode, v. G. Roussineau (*op. cit.*, p. 686, n. 496,21)*.

vain : « Avez-vous vu, seigneur, ce prodige ? Il y a de belles et élégantes demoiselles qui demeurent là-haut, au sommet de ce rocher ! Ah ! Dieu, comment ont-elles pu y aller ? Je n'aurais assurément pas cru qu'il était possible d'y accéder, même pour un écureuil. – Foi de Gauvain, dit son compagnon, cela me fait l'effet d'une illusion diabolique. Je ne vois absolument pas comment elles pourraient être montées là-haut, même si Dieu leur avait donné des ailes pour voler. – Je ne sais qu'en dire, reprit le Morhout, si ce n'est qu'il me semble qu'elles sortent du rocher ou qu'elles sont tombées du ciel. Je ne vois pas d'autre explication. Mais je suis effaré, plus qu'elles ne le sont elles-mêmes apparemment, à l'idée qu'elle doivent se procurer le boire et le manger, car je ne vois absolument pas comment elles peuvent trouver leur subsistance, si elles ne la tirent du rocher ou si le vent ne la leur apporte. – Ma foi, repartit Gauvain, le plus probable, à mon avis, est encore qu'elles vivent de vent, car du rocher elles ne pourraient tirer que du rocher, du plus dur et du plus stérile que j'aie jamais vu. – Ah ! Dieu, dit le Morhout, que font-elles là-haut ? – Vous pouvez le voir vous-même, répondit monseigneur Gauvain, elles ne font que parler. »

Le Morhout se mit alors à réfléchir et monseigneur Gauvain lui demanda à quoi il pensait. « Je pense, répondit-il, à ces demoiselles. Maintenant, cela me revient, et je sais parfaitement qui elles sont et ce qu'elles font. Ce sont douze sœurs, issues de mêmes parents. La vérité est que l'aînée était si savante en matière d'enchantements que c'en était tout bonnement prodigieux. A cause de son immense savoir, elle s'est prise de querelle avec Merlin et elle a voulu le tuer en recourant à l'un de ses enchantements parce qu'il contrariait souvent ses multiples projets. Alors, Merlin, qui en savait encore plus que la demoiselle, a pensé qu'il se vengerait de ces intentions meurtrières. Ce qu'il a fait de son côté[468], en usant de la puissance de sa magie, je l'ignore ; toujours est-il qu'il a fini par la mettre, elle et ses sœurs, au sommet de ce rocher, et c'est par science de démon qu'il l'y a transportée. Il était persuadé qu'elles mourraient en peu de temps, mais ce n'a pas été le cas, car celle dont je vous ai parlé est là, si savante en fait d'enchantements que, même s'il n'y avait qu'un seul pain au monde et qu'il soit éloigné de cent journées de voyage, elle le ferait venir à elle en une heure. – Est-ce vrai ? demanda monseigneur Gauvain. – Oui, sans aucun doute », répondit le Morhout. Son compagnon se signa alors d'étonnement. « Mais il y a beaucoup plus encore que vous ne l'imaginez, reprit le Morhout. Vous voyez bien qu'elles parlent ensemble comme si elles discutaient d'une affaire importante. – En effet, je le vois parfaitement. – Savez-vous de quoi il est question ? – Non, répondit monseigneur Gauvain. – Je vais donc vous le dire. Sachez que lorsqu'elles s'entretiennent ensemble, ainsi que vous pouvez le voir, elles ne parlent jamais d'événements passés ou de faits accomplis, mais toujours des événements à venir et elles disent comment les rois, les grands seigneurs et les bons chevaliers sont destinés à mourir et à quitter ce monde. – Et comment savez-vous, demanda monseigneur Gauvain, qu'elles s'entretiennent de ce qui doit arriver ? Je

---

[468] *Suite*, § 496, l. 53 : *Si fist ne sçay quoy de lui* ; « de lui », qu'on peut aussi comprendre 'par lui-même' ou 'd'elle'.

ne crois pas que quiconque, homme ou femme, soit fort savant à ce sujet, excepté Merlin. – Je le sais par des chevaliers qui sont venus un jour ici et qui les ont entendues dire plusieurs choses qu'ils ont vues par la suite se produire, exactement comme elles l'avaient annoncé. Du reste, je vous affirme que si nous restons assez longtemps ici il est impossible que nous n'apprenions pas l'une ou l'autre chose que nous verrons advenir. » Alors, ils se mirent à prêter l'oreille aux propos des demoiselles qui parlaient ensemble, jusqu'au moment où l'une d'elles demanda à l'aînée : « Et au sujet des deux chevaliers qui nous écoutent, que dites-vous, madame ? – En ce qui concerne Gauvain, répondit-elle, je vous déclare que l'étranger qu'il aura le plus aimé lui infligera une blessure mortelle, et son orgueil sera cause de ce qui lui arrivera[469]. A cette époque, la renommée des hommes de mérite de la Grande Bretagne perdra beaucoup de son éclat et les hauts faits d'armes prendront fin, car en ce temps-là le père de la Table Ronde recevra la mort de la main de son fils. Le royaume de Logres deviendra alors orphelin de son valeureux père et jamais, par la suite, il ne connaîtra le grand honneur et la grande puissance qu'il connaît aujourd'hui : ce sera en effet le moment où les deux fils du dragon prendront leur envol ; ils s'empareront de la plus grande partie de ce pays et la mettront sous leurs ailes. Mais après viendra par ici le léopard[470] qui les dévorera

---

[469] *Mort Artu*, §§ 148-149.

[470] Il s'agit de Lancelot, dont le dernier combat et la retraite sont racontés dans *La Mort le roi Artu* (§§ 197-202). L'évocation de Lancelot sous la figure d'un léopard inhibe largement les traits

et les avalera, et quand il les aura dévorés il s'en ira, la queue entre les jambes, et se cachera sous un rocher où il passera le reste de sa vie, de sorte que l'on n'aura plus aucune nouvelle de lui par la suite. Après cette période régneront les héritiers indignes et les choses iront de mal en pis, si bien que le royaume de la Grande Bretagne, à laquelle Dieu a maintenant donné une place si éminente, pleurera et regrettera les hommes de mérite qui auront vécu de notre temps, car on ne verra plus alors le moindre fait d'arme digne de ce nom dans ce pays. » Quand elle eut dit ces mots, la demoiselle se tut et toutes les autres demoiselles s'inclinèrent devant elle, puis elles se mirent à parler d'autre chose.

497. « Monseigneur Gauvain, reprit le Morhout, avec ce que vous venez d'entendre, vous pouvez maintenant savoir que je vous disais la vérité. – Ma parole, il est exact qu'elles ne parlent que de l'avenir. Si nous étions vraiment perspicaces et si cette dame avait parlé plus clairement, nous pourrions être renseignés à présent sur la façon dont mourra le roi Arthur et sur le destin du royaume de Logres, car tout ce qu'elle en a dit était si convaincant, du début à la fin, que personne, à mon avis, ne pourrait la reprendre sur quoi que ce soit. Je vous garantis que je suis convaincu que tout se passera exactement comme elle l'a dit, bien qu'elle ait parlé à mots si couverts que je n'ai pu comprendre qu'une faible partie de ses propos. Au reste, j'en

---

souvent maléfiques associés à cet animal dans le bestiaire médiéval français (mais non anglais ; v. M. Pastoureau, *op. cit.*, pp. 56-59).

ai quand même compris suffisamment pour bien savoir, à partir de là, qu'elle a prédit à mon sujet que je recevrai une blessure mortelle de l'étranger que j'aurai le plus aimé au monde. – Sur ma tête, seigneur, repartit le Morhout, c'est bien ce qu'elle a annoncé. Mais elle a dit plus encore, car elle a prédit que cela vous arriverait à cause de votre orgueil. – Sur ma tête, dit à son tour monseigneur Gauvain, c'est ce qu'elle a dit, en effet. Dieu fasse vraiment que mon destin soit meilleur qu'elle ne l'a décrit, car les choses tourneraient bien mal pour moi si un tel sort m'était échu. Mais pour ce qui vous concerne, seigneur Morhout, elles n'ont encore rien dit ni annoncé. – En vérité, non, repartit l'autre. C'est pourquoi il me faut attendre jusqu'à ce que ma curiosité soit satisfaite à ce sujet, car je partirais de très mauvaise grâce sans cela. » Monseigneur Gauvain fut tout à fait d'accord, mais les paroles de la demoiselle avaient considérablement altéré son humeur, car elles lui faisaient voir et connaître très clairement quelle serait sa mort.

Le Morhout cria le plus fort possible : « Madame, ne m'oubliez pas et apprenez-moi quelque chose sur ma fin. » Elles ne lui répondirent pas, trop occupées qu'elles étaient à converser ; et elles ne lui accordèrent pas même un regard mais restèrent les unes à côté des autres, exactement comme si elles tenaient conseil. Le Morhout se remit à crier de toutes ses forces, tant et si bien qu'elles en furent importunées. La plus belle de ces dames, celle qui avait parlé de monseigneur Gauvain, s'avança alors et dit au Morhout : « Eh bien ! chevalier importun qui veux connaître quelle sera ta mort, tu ne gagneras absolument rien à le savoir, car tout ce qui doit arriver arrivera. – Ah ! madame, s'écria-t-il, je désire quand même le savoir, s'il vous plaît, aussi répondez-moi. – Je veux bien te l'apprendre, dit-elle, puisque la curiosité te ronge à ce point. Tu mourras pour avoir eu des prétentions illégitimes, car tu réclameras quelque chose sur quoi tu n'as aucun droit, aussi le plus beau chevalier de son pays, modèle de générosité et de civilité, celui qui aimera le plus loyalement pendant toute sa vie, te tuera. J'ajoute que sa mort à lui sera différente de la tienne, car tu mourras en combattant, tandis qu'il mourra d'amour[471]. Tu peux maintenant t'en aller, si tu le veux, car cela t'arrivera comme je te l'ai dit. – Ah ! madame, reprit le Morhout, au nom de Dieu, laissez-moi vous parler encore un peu, s'il vous plaît. – Je vous écoute. Que voulez-vous demander ? – Madame, vous plairait-il en quelque façon que nous montions là-haut pour voir comment vous vivez ? – Mais oui, dit-elle. Venez, si vous le pouvez. – Madame, cela nous serait absolument impossible si vous-même ne nous faisiez pas monter. – Et si vous étiez maintenant ici, demanda-t-elle, que feriez-vous ? – Madame, soyez sûre que nous vous tiendrions agréablement compagnie, et nous en userions avec vous comme les chevaliers en usent avec les dames. – Si vous étiez à présent là où nous sommes, reprit-elle, vous n'en

---

[471] Ce dénouement est celui du *Tristan et Yseut* de Thomas, éd. C. Marchello-Nizia (in *Tristan et Yseut. Les premières versions européennes*, dir. par C. Marchello-Nizia, Paris, Gallimard [Biblio. de la Pléiade - Littérature française du moyen âge], 1995), p. 209, vv. 3186-3196. Dans le *Tristan en prose* (*op. cit.*, éd. L. Harf-Lancner, t. IX [TLF 474], §§ 76-83), Tristan meurt en fait des suites d'une blessure infligée par le roi Marc.

repartiriez pas de sitôt. – Madame, nous ne désirons rien d'autre, car nous aimerions mieux séjourner avec vous que chevaucher à travers le pays comme nous le faisons : nous n'y gagnons que peines, fatigues et déboires, tandis qu'auprès de vous tout ne nous sera que joie et plaisirs. – Certes, dit-elle, vous ne vous trompez pas : si vous étiez avec nous, vous n'auriez aucun sujet de mécontentement. »

498. Alors, la dame dit à monseigneur Gauvain : « Gauvain, si nous consentions à vous faire venir cette nuit auprès de nous, accepteriez-vous de bon cœur d'y séjourner un long moment ? Sachez que si nous vous faisons venir ici vous y aurez tous les agréments que votre cœur pourra concevoir et votre bouche demander. – Madame, répondit-il, je n'ai pas de plus grand désir que celui d'être là-haut avec vous, car je suis persuadé que tout le bonheur et toutes les joies de la terre s'y trouvent. – Sur ma tête, reprit la dame, vous y serez donc avant demain midi, puisque vous le désirez tant, et le Morhout sera avec vous. – Grand merci, madame. – Restez donc tous les deux où vous êtes pour cette nuit ; désarmez-vous et laissez vos chevaux aller où ils le voudront. Si vous avez envie de dormir, dormez bien tranquillement. Sachez que demain, avant la première heure du jour, vous vous trouverez ici comme vous nous y voyez maintenant. – Madame, déclarèrent les chevaliers, votre proposition nous convient parfaitement. » Elle retourna aussitôt s'asseoir avec les autres demoiselles et elles recommencèrent à converser comme elles l'avaient fait précédemment. Les deux hommes mirent pied à terre, débarrassèrent leurs montures de leur harnachement et les laissèrent aller où elles le voulaient. Puis ils se désarmèrent sous un orme et restèrent là jusqu'à qu'à ce que la nuit fût venue, sans boire ni manger. Lorsqu'il fit nuit, ils s'endormirent et ne se réveillèrent pas une seule fois avant le lendemain.

499. Le matin, lorsque le soleil fut levé et qu'ils ouvrirent les yeux, ils virent qu'ils étaient sur le rocher, à l'endroit où ils avaient aperçu les demoiselles, et là, à n'en pas mentir, ils se trouvaient à une telle hauteur qu'ils pouvaient voir tout le pays environnant, jusqu'à deux journées de voyage de distance. Celle qui leur avait parlé la veille leur dit : « Qu'en pensez-vous, messieurs ? Me voici parfaitement quitte de la parole que je vous ai donnée. – Oui, madame, sans nul doute », répondirent-ils. Les autres demoiselles s'avancèrent et leur parlèrent ainsi : « Seigneurs, soyez les bienvenus. En vérité, la présence, à nos côtés, de chevaliers ne donnera que plus de prix à notre séjour. »

Celle qui avait autorité sur les autres reprit alors la parole : « Seigneurs, venez donc visiter notre demeure, vous verrez comme nous sommes magnifiquement installées. – Madame, dirent-ils, nous vous suivons. » Elle les conduisit vers une petite porte de fer et, après l'avoir franchie, pénétra dans une grande chambre qui était d'une somptueuse beauté, puis elle passa dans une pièce qui était la salle principale de cette demeure. Quand ils y furent, ils constatèrent qu'elle était si spacieuse qu'ils songèrent qu'ils n'en avaient jamais vu d'aussi vaste ni d'aussi belle de toute leur vie. Tout autour de cette salle, il y avait des chambres magnifiques, dont les portes étaient telles que, si l'on voulait vous décrire chacune d'elles, il y aurait trop à dire ; et si quelqu'un avait voulu compter les chambres il en aurait dénombré douze, à ce point magnifiques que l'on n'en aurait pas trouvé douze autres semblables dans le reste du monde. « Seigneurs chevaliers, dit la dame, voici douze chambres, et nous sommes douze demoiselles. S'il y avait plus de demoiselles, il y aurait plus de chambres. Chacune est dame et maîtresse en la sienne. – Madame, demanda monseigneur Gauvain, n'y a-t-il donc pas ici d'autres personnes que les douze demoiselles que vous êtes ? – Non, seigneur, mais nous nous adjoindrons désormais pour l'amour de vous deux demoiselles et deux serviteurs, qui vous seront attachés aussi longtemps que vous voudrez rester ici. – Madame, dit monseigneur Gauvain, merci infiniment. »

500. Voilà donc les deux chevaliers à demeure en ce lieu, à ce point comblés qu'ils ne peuvent rien souhaiter sans l'avoir aussitôt, et les demoiselles se donnent tant de mal pour les servir et les honorer que l'on ne peut que s'émerveiller de leur zèle. Le malheur est qu'ils ont tout oublié de ce qu'ils ont pu faire dans le passé, qu'ils ne se souviennent ni de leurs parents ni de leurs amis et qu'ils passent là au contraire leur temps à s'amuser, à se divertir et à apprendre des enchantements et des féeries de toutes sortes. L'aînée des demoiselles, qui avait en ce lieu le plus d'autorité, avait tant fait que monseigneur Gauvain lui rendait l'amour qu'elle lui portait. Quant au Morhout, il aimait une des autres sœurs, la plus jeune, et elle l'aimait aussi. Pour toutes ces raisons, les deux compagnons étaient très heureux et menaient fort joyeuse vie, car ils ne s'occupaient que de ce qui leur procurait joie et plaisir, et ils avaient si complètement oublié toutes les affaires du monde qu'ils n'en avaient pas plus de souvenir que s'ils avaient été sur le point de naître.

501. Les deux chevaliers restèrent donc à demeure sur la Roche aux Pucelles*, comme on l'appelait dans le pays ; le roi Arthur et tout ce qui avait auparavant fait l'objet de leur quête étaient désormais bien loin de leurs préoccupations : ils se souvenaient seulement de leurs amies, qui ne leur refusaient rien. Sachez aussi qu'ils avaient à discrétion tout ce qu'ils étaient capables d'imaginer en fait de nourriture et de boisson. Et ils étaient si encorcelés qu'ils croyaient accomplir des exploits et de hauts faits d'armes sur des terres étrangères, comme ils avaient coutume de le faire, alors qu'ils couchaient dans leurs lits, biens couverts de la tête aux pieds, sans que rien leur fît comprendre, à aucun moment, qu'ils étaient trompés, victimes d'enchantements. Mais à présent le récit cesse de parler d'eux et revient à monseigneur Yvain.

XXVI

502. Le récit dit que monseigneur Yvain, après qu'il eut tué le géant dont nous avons un peu parlé, fit mainte étape sans trouver d'aventure qui mérite d'être racontée. Le fait cependant qu'il n'obtenait pas plus de nouvelles de ses compagnons qu'il ne le faisait l'étonnait beaucoup, et il se demandait ce que cela pouvait signifier, car il n'allait nulle part sans en demander et ne pouvait en recueillir aucune. Que vous dire de plus à son sujet ? Il ne rencontra aucun chevalier, durant cette période, sans le vaincre et l'envoyer là où résidait le roi Arthur, et il en fit tant que sa renommée s'accrut considérablement un peu partout et qu'on parlait beaucoup de lui à la cour, où l'on désirait vivement qu'il revînt. Quand le roi entendit parler de ses exploits et qu'il vit que sa renommée croissait de jour en jour, il déclara : « Je voudrais qu'il revienne. Si Dieu le ramenait et si la chose était en mon pouvoir, je lui donnerais un siège à la Table Ronde. » Monseigneur Yvain voyagea tant à travers les terres étrangères que la fin de l'année arriva. La source près de laquelle il avait été convenu qu'ils retourneraient au bout d'un an lui revint alors en mémoire ; il y avait encore un mois avant qu'expirât le délai qu'ils s'étaient donné pour s'y présenter.

503. Il chevaucha donc en compagnie de la demoiselle et de son écuyer, tant et si bien que le hasard le conduisit à ce dangereux bloc de marbre qu'on appelait la Pierre du Cerf. Quand il eut déchiffré l'inscription tout comme le Morhout l'avait fait, il déclara qu'il resterait là toute la nuit pour voir les aventures du Saint Graal, si bien qu'il saurait si ce que disait l'inscription était vrai. « Qu'allons-nous faire ? demanda la demoiselle. Allons-nous donc rester ? – Oui, répondit Yvain, sans aucun doute. Pour rien au monde je ne quitterai cet endroit avant d'avoir vu de mes yeux s'il arrive ici autant d'événements prodigieux qu'on le dit. – Au nom de Dieu, répliqua-t-elle, vous pouvez bien rester, si tel est votre plaisir, mais pour moi, s'il plaît à Dieu, je n'y resterai certainement pas. – Pourquoi ? demanda Yvain. – Ne voyez-vous pas, répondit-elle, que cette inscription affirme que nul ne restera jamais ici sans mourir, sans être estropié ou sans perdre de son sang ? – Bien sûr que je le vois, mais – que Dieu cesse de vous avoir en sa garde si vous ne me répondez pas franchement – croyez-vous que tout ce que dit cette inscription soit la vérité ? – Oui, répondit-elle, c'est la pure vérité et je crois vraiment ce qui est dit là. Pour cette raison, je ne resterais ici pour rien au monde. – C'est pourtant ce que nous allons faire, répliqua Yvain. Demeurez ici sans crainte : à partir de maintenant vous êtes sous ma sauvegarde, en sorte que vous n'avez pas à redouter plus que moi-même qu'il vous arrive quelque chose. – Au nom de Dieu, repartit la demoiselle, vous n'avez pas moins à craindre que moi, aussi n'ai-je vraiment nulle envie de rester. Mais si vous voulez me prendre sous votre entière protection, me défendre contre tous ennemis et me garder de toute aventure fâcheuse, je resterai, autrement je ne le ferai pas. – Vraiment ? Je vous prends donc sous ma protection, pour vous garder de tout accident[472], et je vous promets loyalement que si vous devez mourir, ce ne sera pas sans moi. – En vérité, reprit la demoiselle, vous en avez assez dit, je ne vous en demande pas plus. »

---

[472] *Suite*, § 503, ll. 28-29 : *Et je vous prans en conduit encontre toutes meschances* ; l'auteur semble avoir oublié que cette clause de sauvegarde a été stipulée dès le début de l'association d'Yvain et de la *Damoiselle Chenue* (§ 437, ll. 43-44) : « ...je la preng en conduit en tele maniere comme vous le devisés »... et (ll. 46-47) : « je sui cele qui veult avoir un an entier le conduit d'un chevalier. » On notera d'ailleurs qu'il n'est plus question de son grand âge ni de ses cheveux blancs.

Ils regardèrent alors devant eux et virent deux chevaliers traverser le chemin. La demoiselle les appela. Ils vinrent à elle et lui dirent : « Mademoiselle, que pouvons-nous faire pour vous ? – Je veux, dit-elle, que vous soyez témoins d'un accord passé entre ce chevalier et moi. – Dites-nous ce dont il s'agit. – Volontiers. Il se trouve que ce chevalier – elle leur désigna monseigneur Yvain – a tant insisté pour que je reste ici avec lui jusqu'à demain que j'ai accepté. Mais il m'a promis qu'il veillerait sur moi pendant tout ce temps et qu'il me protégerait contre tout accident et tout événement fâcheux. – En vérité, mademoiselle, repartirent les deux hommes, ce n'est pas rien. Même s'il était le meilleur chevalier de tout le royaume de Logres, son entreprise est d'une folle témérité, car nous ne connaissons pas de lieu en ce royaume où les aventures soient aussi dangereuses qu'elles le sont ici. C'est pourquoi nous le jugeons insensé de prendre autrui sous sa protection, car il se protégera peut-être fort mal lui-même. – D'où êtes-vous, nobles seigneurs », demanda-t-elle. Ils répondirent qu'ils étaient de la Maison du roi Arthur et qu'ils étaient compagnons de la Table Ronde. « Mais qui est ce chevalier ? demandèrent-ils à leur tour. – Il est lui aussi de la Maison du roi Arthur et s'appelle Yvain ; c'est le fils du roi Urien », répondit la demoiselle. Quand ils entendirent ces mots, ils s'écrièrent : « Ah ! seigneur, pourquoi vous cachiez-vous de nous ? Nous avons enduré tant de peines et de fatigues à vous chercher, vous et votre cousin monseigneur Gauvain. – Comment ! répliqua Yvain, vous nous cherchez donc ? – Mais oui, depuis plus de six mois, sans relâche. – Et qui vous a suggéré d'entreprendre cette quête ? – C'est le roi qui nous en a priés, répondirent-ils, car il n'éprouve que déplaisir et tristesse depuis que vous êtes partis de la cour, et il en ira de même jusqu'à ce qu'il vous revoie tous les deux ensemble. – Et qui êtes-vous ? demanda Yvain. Je ne vous reconnais pas à cause de vos casques. – Je suis Girflet, dit l'un, et mon compagnon est le sénéchal Keu. Mais, au nom de Dieu, donnez-nous quelques nouvelles de monseigneur Gauvain, car je désire beaucoup savoir comment il va depuis que nous l'avons vu pour la dernière fois. – Il y aura bientôt un an accompli, répondit Yvain, que je ne l'ai pas vu, mais, dans les premiers temps qui ont suivi notre séparation, j'ai souvent entendu parler de lui en des termes qui me plaisaient beaucoup. Cependant, il y a bien six mois passés que je n'ai pas pu obtenir de ses nouvelles, en quelque lieu que ce soit, pas plus que si la terre l'avait englouti. Pour cette raison, je ne sais que penser à son sujet. – Ah ! Dieu, s'écrièrent-ils, comme vous êtes partis ensemble de la cour, nous pensions le trouver avec vous. – En vérité, reprit le jeune homme, je ne l'ai pas vu depuis l'époque dont je vous parle, et cela me chagrine énormément. Mais s'il est vivant et libre de ses mouvements je le verrai dans quinze jours, si Dieu me garde de tout événement fâcheux, car il y a, non loin de l'endroit où nous sommes, dans ce pays, un lieu précis où nous devons nous retrouver à jour nommé, Gauvain, le Morhout d'Irlande et moi. En effet, quand nous nous sommes séparés et que chacun de nous s'est mis en route, nous sommes convenus de revenir au bout de l'année à l'endroit où nous étions, et pour donner plus de poids à cet engagement nous nous sommes mutuellement promis de nous y conformer. Pour cette raison, je sais bien qu'il y sera si rien ne l'en empêche. Et s'il n'y est pas nous y verrons le Morhout, qui nous apportera des nouvelles de lui. – Seigneur, il ne reste plus beaucoup de temps jusqu'à ce jour. – C'est vrai, répondit Yvain. – Foi de chevaliers, dans ce cas nous ne nous séparerons pas de vous jusqu'au jour prévu pour sa venue, et s'il plaisait à Dieu qu'il vienne nous nous en retournerions alors tous ensemble à la cour du roi. » Monseigneur Yvain accepta cette proposition. « Nous allons donc rester jusqu'à demain. – Je le veux bien, repartit le jeune homme, puisque tel est votre plaisir. »

504. Les compagnons prirent donc l'engagement de rester jusqu'au lendemain devant la Pierre du Cerf. Ils mirent pied à terre et parlèrent entre eux de maintes choses. Keu et Girflet interrogèrent monseigneur Yvain sur ce qui lui était arrivé ; il leur raconta certaines de ses aventures et en passa d'autres sous silence. De son côté, il leur demanda des nouvelles de la cour et du roi et ils lui apprirent ce qu'ils savaient à ce sujet.

La-dessus, voilà qu'arrivent de ce côté deux demoiselles en magnifique équipage, montées chacune sur un cheval de promenade, blanc pour l'une, noir pour l'autre. Lorsqu'elles virent les chevaliers, elles mirent aussitôt pied à terre et leur adressèrent un salut qu'ils leur rendirent. L'une d'elles s'approcha de Girflet et lui dit : « Noble chevalier, au nom de la loyauté à laquelle tu es tenu envers le roi Arthur, accorde-moi le don que je vais te demander, et sache que tu en retireras plus de profit que de dommage. » Il lui répondit : « Mademoiselle, vous m'avez adjuré de vous accorder ce don en invoquant une telle autorité que je n'oserais pas vous le refuser. Dites-moi ce que vous voulez et vous l'aurez, sans aucun doute, si cela est en mon pouvoir. – Grand merci, dit-elle. Venez donc ce soir avec moi, et demain, quand le jour sera venu, vous reviendrez par ici voir quel aura été le sort de monseigneur Yvain pour être resté en ce lieu. – Ah ! mademoiselle, s'écria-t-il, au nom de Dieu, ne me demandez pas de commettre pareille infamie ! En vérité, j'ai promis à monseigneur Yvain de lui tenir compagnie cette nuit ; si après cela je m'en allais, je passerais pour un couard. – Il vous faut venir avec moi, dit-elle, ou vous manqueriez à la parole que vous m'avez donnée. – Cela m'est impossible, répliqua-t-il, car je me suis d'abord engagé envers monseigneur Yvain. – Même si vous vous êtes engagé envers lui en bonne et due forme, dit-elle, il vous faut le laisser, car une promesse faite à une demoiselle l'emporte sur une promesse faite à un chevalier, selon les coutumes de ce pays. » Les deux autres chevaliers en convinrent. Girflet déclara qu'il la suivrait donc, puisqu'il y était obligé, mais – que Dieu l'abandonnât s'il mentait – il aurait préféré rester, quoi qu'il dût arriver. L'autre demoiselle agit avec Keu exactement comme la première l'avait fait avec Girflet et c'est donc ainsi que les deux chevaliers s'en allèrent à cause des prières qui leur avaient été adressées.

Monseigneur Yvain, quant à lui, resta devant le bloc de marbre avec son écuyer et la demoiselle qui l'accompagnait ; ils parlèrent de choses et d'autres, tant et si bien que la nuit tomba et que l'obscurité fut complète. Un brouillard très épais s'était levé, de sorte qu'ils se voyaient à peine les uns les autres. Quand les deux chevaliers combattirent ensemble, ceux qui ne prononçaient pas un seul mot pendant leur combat, ils les entendirent très bien, car ils se gratifiaient de force coups extrêmement puissants, et quand ils s'en allèrent ils s'en rendirent parfaitement compte. Cependant, ils ne les distinguèrent presque pas, car il faisait beaucoup trop sombre, et pour la même raison ils ne virent rien du dragon, du cerf ni des lévriers. Monseigneur Yvain dit à sa compagne : « Mademoiselle, nous sommes restés ici pour rien : nous ne verrons aucune des aventures qui adviennent près de cette pierre. – Vous avez assurément raison, dit-elle. Dormons donc. » Il ne fit pas d'objection et se coucha aussitôt sur l'herbe verte, où il s'endormit, imité par sa compagne. L'écuyer se coucha à leurs pieds et s'endormit commes les deux autres.

505. Un peu avant que le jour se levât, à l'heure même où il allait se lever, la demoiselle poussa un cri d'intense douleur et s'écria : « Ah ! monseigneur Yvain, je suis morte ! C'est par votre faute : on n'en doit faire de reproches qu'à vous, car vous m'aviez prise sous votre protection ! » L'écuyer s'écria de même : « Ah ! seigneur, je suis mort ! Quelqu'un que je n'ai pas vu m'a tué, et pourtant je ne l'avais pas mérité ! » Monseigneur Yvain, qui avait été quant à lui frappé d'un coup de lance dont le fer avait traversé son épaule gauche, leur répondit à tous deux : « Si vous êtes blessés, croyez que j'en suis profondément désolé : en cette affaire tout le déshonneur doit être pour moi. Celui qui nous a frappés m'a couvert de honte, car je ne sais qui il est ni comment je pourrai le retrouver. » Alors, il se remit vivement debout, tout blessé qu'il était ; il n'eut pas un seul mot pour se plaindre de sa blessure mais s'empara de son bouclier et de son épée. Dès qu'il eut lacé son casque sur sa tête, il se mit à courir à toute vitesse et en tous sens, cherchant celui qui lui avait infligé ce dommage, mais il ne vit aucune trace du passage d'un cheval ni le moindre signe attestant qu'il y avait eu là une présence humaine. Alors, il ne sut que dire ni que penser : il était décidé à s'en prendre à quelqu'un pour le préjudice et la honte considérables qu'on lui avait infligés, mais il ne savait pas à qui. Il revint donc à l'endroit où il avait laissé la demoiselle et l'écuyer ; à ce moment, il faisait jour, de sorte qu'il aurait pu chevaucher dans la clarté matinale. Quand il fut à l'endroit où ce malheur lui était arrivé, il vit la demoiselle et l'écuyer morts, chacun frappé d'un coup de lance en pleine poitrine, et ils avaient tant saigné qu'ils baignaient tous deux dans leur sang. Quand monseigneur Yvain vit cela, il en fut si affligé qu'il aurait voulu être mort. Il s'écria : « Ah ! mon Dieu, je suis déshonoré ! Mon honneur est perdu à tout jamais, quoi que je fasse, car la demoiselle est morte à cause de moi. J'ai bien mal tenu la promesse que je lui avais faite. Ah ! mon Dieu, que puis-je faire ? Maintenant, chacun apprendra ce qui s'est passé et cela se saura à la cour : la chose sera mise au compte de la lâcheté et, comme j'avais pris cette demoiselle sous ma protection, ceux qui entendront parler de ce qui est arrivé tiendront ma défaillance pour un manque de parole. Ah ! Dieu, comme la chance et le destin m'ont été contraires en cette occasion ! »

506. Tandis qu'il se plaignait ainsi et qu'il déplorait le sort de la demoiselle et de l'écuyer plus que le sien propre, voilà qu'arrivent Girflet et Keu le sénéchal, qui s'étaient levés de bon matin et qui venaient voir comment la nuit s'était passée pour monseigneur Yvain et ses compagnons, car ils se doutaient bien qu'ils ne quitteraient pas cet endroit sans contrariété. Quand monseigneur Yvain les vit arriver, il éprouva autant de chagrin qu'un cœur d'homme pourrait en supporter ; il leur cria donc, d'aussi loin qu'il pouvait se faire entendre d'eux : « Venez vite, messieurs, vous verrez un homme couvert de honte et vous saurez comment je me suis bien acquitté de ce que j'avais promis devant vous à cette demoiselle ! » Quand ils virent, étendus morts, la demoiselle et l'écuyer, ils demandèrent à monseigneur Yvain qui avait fait cela. – Je l'ignore, répondit-il, que Dieu m'abandonne si je mens. Je n'ai pas vu qui l'a fait et je ne parviens pas à comprendre comment cela a pu se faire, car ils ont été tués près de moi et je n'ai vu personne, de près ou de loin, qui aurait pu être l'auteur de ce crime. C'est pourquoi je dis que c'est un diable ou quelque démon qui les a ainsi tués. » Ils déclarèrent que, quel que fût celui qui l'avait fait, la chance ou le destin avaient été là par trop contraires. « La chance, reprit Yvain, a été ici tellement contraire que je n'aurai plus jamais d'honneur, où que j'aille. – Et vous même ? demandèrent-ils. – Mon sort m'importe peu, car je m'en remettrai bien, mais ce qui s'est produit m'importe beaucoup, en sorte que je donnerais ma vie pour que rien de tout cela ne soit arrivé. » Les deux autres répliquèrent : « Vous avez tort de vous mettre dans cet état. Une telle affliction n'est pas de mise, malgré ce qui s'est passé, car en vérité, même si vous étiez le meilleur chevalier qui ait jamais été, la tournure des événements aurait été identique, ou pire encore, vu que les prodiges de cette terre, particulièrement ceux du Saint Graal, ne manqueront pas d'advenir, ni pour vous ni pour aucun autre chevalier, aussi longtemps que Notre Seigneur le voudra ainsi : sa colère frappe en effet les justes et les pécheurs comme il lui plaît. »

507. Les deux compagnons en dirent tant à monseigneur Yvain que sa douleur s'apaisa beaucoup et il se mit à réfléchir. Au bout d'un long moment, il dit aux deux chevaliers : « Je vous laisse cet écuyer et cette demoiselle. Faites-les enterrer en terre bénite. – Et vous, qu'allez-vous faire ? demandèrent-ils. Vos blessures sont assurément très graves. – Peu m'importe, répondit Yvain, je m'en remettrai bien. Je m'en vais d'ici, en prenant l'engagement de ne jamais interrompre mon voyage aussi longtemps que mes forces me le permettront et de chercher partout les aventures jusqu'à ce que j'aie appris comment ces deux-là ont été tués, si tant est qu'un chevalier puisse l'apprendre d'une manière ou d'une autre. » Alors, il tailla un pan de sa chemise, banda et serra sa blessure le mieux possible, puis il reprit ses armes. Les deux compagnons le prièrent, au nom de Dieu, de rester : il était si grièvement blessé qu'il n'arriverait même pas au bout de la première étape et qu'il lui faudrait au contraire s'arrêter au beau milieu d'un chemin, pour y mourir peut-être. Yvain répondit qu'il ne resterait pour rien au monde mais qu'il aimerait mieux mourir que de ne pas découvrir, au moins en partie, comment il pouvait se faire que des gens soient ainsi soudainement tués en ce lieu. « Et que ferez-vous, demandèrent-ils, pour votre rendez-vous avec monseigneur Gauvain et le Morhout ? – J'y serai sans aucun doute, si je n'en suis pas empêché par la prison, la maladie ou la mort. – Allez donc, reprirent les deux chevaliers. Que Notre

Seigneur vous guide. Nous allons rester ici pour faire ce que vous nous avez demandé. »

508. Là-dessus, monseigneur Yvain enfourcha sa monture, prit son bouclier et sa lance, puis il quitta ses camarades, très grièvement blessé. Il chevaucha toute la journée, si oppressé, si étreint par sa propre souffrance et la douleur d'avoir perdu ses compagnons que nul ne saurait l'être davantage[473] : jamais encore vous n'avez vu de chevalier se lamenter aussi vivement qu'il le faisait. Cette nuit-là, le hasard l'amena chez un humble vassal, homme de très grand mérite, qui examina sa blessure et fit de son mieux pour le servir et le soigner. Le lendemain, alors que monseigneur Yvain aurait dû se remettre en route, il se trouva si mal en point et si faible qu'il fut forcé de rester et de séjourner en ce lieu jusqu'à ce qu'il allât mieux, aussi en conçut-il un vif chagrin, car il aurait de beaucoup préféré chevaucher plutôt que de rester en ce logis.

Monseigneur Yvain séjourna dix jours entiers chez son hôte, au terme desquels il se sentit si bien remis de sa blessure qu'il lui sembla qu'il pourrait facilement voyager à cheval. Il prit alors congé de ceux qui l'avaient accueilli

---

[473] *Suite*, § 508, ll. 3-4 : *si angoisseux et si destrois* ; G. Roussineau (*op. cit.*, gloss., p. 712 et 737, s. v.) glose respectivement *angoisseus* et *destroit* 'tourmenté physiquement, qui souffre cruellement' et 'tourmenté, accablé (physiquement)' ; selon nous, la plainte d'Yvain ne peut s'appliquer uniquement à sa propre souffrance : c'est son incapacité à protéger ses compagnons autant que ses propres maux qui affligent le chevalier.

et les quitta aussitôt pour reprendre sa route tout seul. Lui revint alors en mémoire la source près de laquelle ses compagnons et lui avaient trouvé les trois demoiselles et où il était prévu que tous trois revinssent à jour nommé. Il pensa alors qu'il irait de ce côté, car il manquerait à sa parole s'il n'y était pas, puisqu'il pouvait le faire. Il s'orienta le mieux possible, puis il se dirigea de ce côté et chevaucha tant et si bien, par étapes, qu'il parvint à la source au jour dit, là où les compagnons devaient se retrouver. Quand il y arriva, de très bon matin, il n'y vit absolument personne. Il descendit aussitôt de son cheval et l'attacha à un arbre, ôta son armure et attendit là tout le jour ainsi désarmé, fort inquiet de ne pas les voir arriver, car il se doutait bien que leur retard était dû à un contretemps sérieux.

509. Le soir, à la tombée du jour, en regardant vers la forêt, à main droite, monseigneur Yvain vit arriver une demoiselle extrêmement belle, vêtue d'une tunique et d'un manteau faits d'une précieuse étoffe de soie rouge. Elle venait à pied, en longeant le cours d'eau, sans qu'une autre demoiselle ou quelque autre femme l'accompagnât, et elle se dirigeait droit vers monseigneur Yvain. En la voyant approcher, il se leva devant elle et lui souhaita la bienvenue. « Et vous, seigneur chevalier, puisse le sort vous être favorable. – Mademoiselle, reprit Yvain, si vous consentiez à vous asseoir près de moi, j'en aurais pour ma part beaucoup de plaisir. – Eh bien, je vais m'asseoir, dit-elle, puisque vous le souhaitez, et je vous tiendrai compagnie. »

Alors, ils s'assirent tous deux l'un à côté de l'autre et parlèrent de maintes choses, jusqu'au moment où la demoiselle lui demanda : « Dites-moi ce que vous attendez ici, et que Dieu vous abandonne si vous ne me répondez pas franchement. – En vérité, dit-il, je vais vous l'apprendre, puisque vous me le demandez. J'attends deux compagnons à moi, excellents chevaliers, qui doivent aujourd'hui même rejoindre cette source. Cela fait exactement un an que nous en sommes partis et nous devions nous y retrouver en ce jour. – Et qui sont ces chevaliers ? demanda la jeune fille. Il se peut que je sois en mesure de vous donner de leurs nouvelles, comme il se peut aussi que je sois incapable de vous fournir le moindre renseignement à leur sujet. – L'un, répondit-il, est monseigneur Gauvain, le neveu du roi Arthur, et l'autre est le Morhout d'Irlande. – Sans mentir, ce sont des hommes de mérite, en effet. – Je vous prie donc, reprit monseigneur Yvain, de me donner de leurs nouvelles, si vous en avez. – Mais certainement, répondit la demoiselle, je vous dirai volontiers ce que je sais sur eux. Sachez qu'ils sont en parfaite santé et qu'ils connaissent une joie et un plaisir tels que vous ne pourriez pas en imaginer de plus grands. Ils sont à ce point comblés qu'ils ne se souviennent ni de vous ni de quelque créature que ce soit et qu'ils ne pensent qu'à s'amuser avec leurs amies. Nulle jouissance, nul divertissement amoureux ne leur sont refusés, bien au contraire : hormis deux écuyers, qui les servent, ils ne sont entourés que de dames et de demoiselles, et ce continuel état de béatitude fait qu'ils ont oublié le reste du monde, si bien que pour eux plus rien d'autre ne compte que cette vie de délices. »

Quand monseigneur Yvain entendit ces mots, sa stupéfaction fut complète ; il demanda : « Les avez-vous vus depuis peu ? – Oui, dit-elle, il n'y a pas un mois que j'étais là où ils se trouvent et je les reverrai sans doute bientôt. – Ah ! mademoiselle, pourriez-vous faire en sorte que je puisse les voir et leur parler ? – Certes, je ne vous mènerais en aucune manière auprès d'eux, répondit la jeune fille, mais je vous indiquerai exactement où ils sont et où vous pourrez les voir. – Je ne vous demande rien de plus, répliqua Yvain. – Je vais donc vous l'apprendre. Sachez qu'ils se trouvent sur la Roche aux Pucelles et qu'il y a avec eux douze sœurs, qui sont aujourd'hui, à ma connaissance, les femmes les plus savantes du monde en matière de sorcellerie et de magie. – Où pourrai-je trouver cet endroit ? demanda Yvain. – A moins d'une journée de voyage du château de Marterol, répondit-elle. – Je connais fort bien ce château, dit-il, car j'y suis souvent allé. Je vous remercie infiniment de m'avoir aussi bien renseigné. – Je vous renseignerais encore plus volontiers sur ce que vous cherchez, si j'en étais capable, mais pour le moment ma science est assurément trop courte pour que je puisse par moi-même savoir quoi que ce soit à ce sujet. – Et qu'est-ce que je cherche, demanda-t-il, sur quoi vous dites ne pas pouvoir me renseigner ? – Cela concerne ce qui vous est arrivé à la Pierre du Cerf, quand votre demoiselle et votre écuyer ont été tués sans que vous puissiez savoir par qui : vous cherchez quelqu'un qui puisse vous renseigner là-dessus. Ai-je dit la vérité ? – Sur ma tête, mademoiselle, vous dites vrai. Je vois bien à présent que vous connaissez mes affaires mieux que je ne l'imaginais. Au nom de Dieu, si vous savez qui m'a humilié de cette façon, dites-le-moi, car, si considérable que soit son lignage, je vous garantis que je ferai tout ce que je pourrai pour m'en venger. – En vérité, répliqua-t-elle, se venger est ici impossible, car aucun mortel n'en aurait le pouvoir, sachez-le bien. – Comment donc ? – Ce sont là des aventures du Saint Graal, dit-elle, plus extraordinaires en tel endroit qu'en tel autre. Ni vous ni personne n'empêcherez jamais qu'elles adviennent ainsi, jusqu'à la venue du Parfait Chevalier, qui devra mettre un terme aux prodiges du royaume de Logres. C'est lui, soyez en certain, qui mettra fin à toutes ces aventures périlleuses dont les chevaliers qui vivent à présent et qui vivront en son temps ne pourront venir à bout. – Comment ! mademoiselle, il y aura donc en ce royaume un chevalier capable d'achever toutes les aventures où nous autres nous aurons échoué ? – Ainsi en ira-t-il, car il faut qu'il en soit ainsi, répondit-elle. – Et fera-t-il cela par sa bravoure naturelle ou par la magie ? – Ce ne sera pas par la magie, répondit la jeune fille, ni par le pouvoir du démon, mais bien par sa valeur et par sa bravoure, car Notre Seigneur lui donnera une telle force, non seulement celle qui vient de la bravoure et de la valeur chevaleresque mais celle encore que procure une vie parfaitement vertueuse, qu'aussi longtemps qu'il vivra il n'y aura pas de chevalier pourvu d'autant de qualités qu'il le sera. – Et comment s'appelle-t-il, mademoiselle ? – Cela, je ne puis le savoir pour le moment, répondit-elle, car il n'est pas encore conçu ni engendré, et il ne le sera pas encore avant un moment, mais, sans aucun doute, où qu'il soit baptisé, si éloigné qu'il soit, je saurai comment il s'appelle dès qu'un nom lui aura été donné, si je suis encore vivante. – Et pensez-vous, mademoiselle, que je puisse voir un jour ce chevalier qui sera si favorisé par le sort ? – Assurément oui, dit-elle, vous le verrez sans nul doute, et vous serez chez le roi Arthur le jour où il prendra place sur le Siège Périlleux, où nul n'est assez audacieux pour s'asseoir à présent. Ce sera un jour de Pentecôte que vous reconnaîtrez à ce signe : la semaine précédente, monseigneur Gauvain, votre cousin, vous aura blessé en plein front d'une pierre qu'il aura voulu jeter à un chien.

Vous savez maintenant une grande partie de ce que vous voulez savoir ; je vous l'ai dit pour vous rasséréner et vous réjouir, car je savais parfaitement que vous étiez si malheureux qu'il s'en fallait peu que vous ne mouriez de chagrin. – En vérité, répliqua Yvain, vous ne vous trompez pas. J'étais extrêmement malheureux, en effet, mais vos paroles m'ont réconforté. – Certes, reprit-elle, je m'en rends bien compte. Et savez-vous pourquoi j'ai fait cela pour vous ? Sachez que ce n'est pas tant pour vous-même que pour le roi Urien, votre père, que j'aime beaucoup, et ce n'est que justice, car il m'a un jour rendu un très grand service, dont il ne se souvient pas, mais moi oui. À cause de ce service, je l'aimerai toujours, lui et tous ses descendants. A présent, je vais partir, en vous recommandant à Dieu, car je ne puis m'attarder ici davantage. – Et où irez-vous passer la nuit ? Il est très tard. – Je vais aller coucher chez une de mes sœurs qui réside près d'ici. Si vous vouliez y venir, j'en serais enchantée ; je vous le conseille d'ailleurs, car vous ne trouverez nul gîte aux environs si vous n'y allez pas. » Il déclara qu'il irait volontiers pour lui tenir compagnie. Alors, il relaça son casque et prit son bouclier et sa lance, puis il alla près de son cheval et dit à la demoiselle : « Prenez-le. – Je n'en ferai rien, dit-elle, car ma sœur habite tout près et j'aime mieux marcher qu'aller à cheval. – A Dieu vat », dit-il. Elle partit à pied et il fit de même.

Avant qu'ils eussent fait beaucoup de chemin, ils arrivèrent au logis de la demoiselle[474].

On s'occupa fort bien de monseigneur Yvain, ce soir-là, et tout ce dont la maîtresse des lieux disposait fut mis au service de son bien-être. Le matin, dès qu'il vit le jour, il prit congé des deux sœurs et les recommanda vivement à Dieu, puis il se remit en route et chemina comme il l'avait fait les jours précédents, pensant qu'il irait directement du côté où se trouvaient monseigneur Gauvain et le Morhout.

Il chevaucha tant et si bien, tantôt allant de l'avant, tantôt revenant sur ses pas, au gré des circonstances, qu'il arriva près de la Roche aux Pucelles, où se trouvaient les deux compagnons. Quand il la vit si haute, si pointue, si escarpée, il pensa que ce n'était pas celle qu'il cherchait, car en aucune manière il n'aurait imaginé que des gens pussent habiter là, aussi passa-t-il outre, non sans l'avoir examinée très longuement auparavant : en la voyant si élevée, il se dit à lui-même qu'elle semblait n'atteindre une telle hauteur que pour que l'on observât de là-haut d'où viendraient les vents, et il songea qu'il n'avait encore jamais vu de roche aussi haute et aussi escarpée ; du reste, à n'en pas mentir, elle était tout aussi carrée et tout aussi lisse que si ç'avait été un donjon de pierre. Après l'avoir bien examinée de tous côtés et s'être assuré qu'il ne s'y

---

[474] *Suite*, § 509, l. 127 : *au recet a la damoiselle* ; il est difficile de déterminer s'il s'agit de la demoiselle qui conduit Yvain ('au logis dont avait parlé la demoiselle') ou de celle à qui appartient la demeure. La syntaxe oriente vers la seconde interprétation.

trouvait ni porte ni escalier qui en permissent l'accès, il avait donc passé son chemin.

Il ne s'était pas éloigné de quatre portées d'arc lorsqu'il rencontra un chevalier armé de toutes ses armes, monté sur un cheval de combat, qui se dirigeait vers la roche à faible allure. Jamais encore vous n'avez vu de chevalier se plaindre plus vivement qu'il ne le faisait ; il s'apostrophait lui-même ainsi : « Pauvre de toi, créature misérable et haïe du sort, pour qui toute joie et tout bien sont si complètement perdus ! » Cependant, dès qu'il fut à la hauteur de monseigneur Yvain, il interrompit sa plainte et le salua. Le jeune homme lui rendit son salut, mais il était profondément stupéfait de le voir manifester un tel chagrin et, plein d'étonnement, il se demandait pourquoi il se lamentait de la sorte. Le chevalier s'arrêta et lui dit : « Seigneur chevalier, je vous prie de me dire d'où vous êtes. – Je n'en ferai rien, noble seigneur, répondit monseigneur Yvain, si je n'en ai pas envie, car cela ne vous regarde absolument pas. – C'est vrai, repartit l'autre, mais je vous demande cependant, au nom de la civilité, de me le dire. – Je vais donc vous répondre, dit monseigneur Yvain, puisque vous m'en priez. Sachez que je suis du royaume de Logres et chevalier du roi Arthur, que je suis fils du roi Urien et cousin de monseigneur Gauvain, fils du feu roi Loth d'Orcanie. Vous voilà maintenant renseigné. – Vraiment ? Vous auriez mieux fait de vous taire, car en m'apprenant cela vous avez gagné pour ennemi mortel le chevalier que je suis. Gardez-vous de moi, car je vous défie ! – Comment ! s'écria monseigneur Yvain, suis-je tenu de combattre à cause de ce que je vous ai dit ? – Oui, répliqua le chevalier, et si j'avais le dessus, que Dieu m'abandonne si je mens, je ne manquerais pas, pour tout l'or du monde, de vous couper la tête, car je hais les gens de la maison du roi Arthur plus que je ne saurais haïr qui que ce soit. » Monseigneur Yvain le toisa et lui dit : « Que Dieu m'abandonne si je mens, ils ne feraient pas plus de cas de votre haine que d'une queue de cerise, car vous êtes le chevalier le plus fou que j'aie jamais rencontré ! – Ne vous souciez pas de ma folie, s'écria l'autre, car vous y goûterez, si je le puis.

510. Alors, ils mirent un bon arpent de terre entre eux, puis ils s'élancèrent l'un contre l'autre, lances baissées, et se frappèrent avec tant de brutalité qu'ils se transpercèrent mutuellement le bouclier ; mais leurs cottes de mailles étaient tellement robustes qu'elles ne subirent aucun dommage. Le chevalier vola de sa monture et tomba si rudement qu'il fut tout étourdi et tout meurtri en touchant le sol. Monseigneur Yvain continua sa course et jeta sa lance à terre, puis il mit la main à l'épée et fonça sur son adversaire sans descendre de cheval. L'autre, qui n'était pas trop rassuré, était déjà debout, l'épée au poing ; il en frappa si violemment la monture de monseigneur Yvain qu'elle s'écroula, morte. En voyant sa bête s'affaisser sur le flanc, le jeune homme ne perdit pas sa présence d'esprit mais sauta de l'autre côté et dit au chevalier : « Tu ne t'es vraiment pas conduit en homme d'honneur, en t'en prenant à mon cheval, et tu m'as bien montré là ta méchanceté. – Mais vous, répliqua l'autre, vous n'avez pas du tout agi en chevalier en m'attaquant à cheval alors que j'étais à pied. – Ne te soucie pas de cela, reprit monseigneur Yvain. Au demeurant, tu n'as rien gagné, car quand je m'en irai j'emmènerai le tien. Il vaut d'ailleurs mieux que le mien. » Après ces paroles, ils foncèrent l'un sur l'autre et s'assenèrent de grands coups de leurs épées tranchantes partout où ils le pouvaient, aussi se trouèrent-ils mutuellement leurs cottes de mailles, aux bras et aux hanches.

Ce combat dura si longtemps que tous deux perdirent beaucoup de sang et reçurent de nombreuses blessures. Mais finalement le chevalier commença à faiblir et à se fatiguer : il fut bientôt dans un tel état d'épuisement qu'il ne faisait plus que se couvrir et endurer les coups, et il n'avait plus assez de puissance pour en porter lui-même, bons ou mauvais, car ses forces l'abandonnaient, non seulement celles de ses bras, mais celles de son corps tout entier. Cependant, monseigneur Yvain, qui voyait bien que c'en était fait de son ennemi, le harcelait tant et plus et lui assenait, partout où il parvenait à l'atteindre, d'aussi grands coups qu'il était capable d'en donner. L'autre, qui ne pouvait en supporter davantage et qui avait peur de mourir, commença à reculer, de sorte qu'il tomba à la renverse. Alors, monseigneur Yvain lui sauta aussitôt sur le corps, lui attrapa le casque et le lui arracha de la tête avant de le jeter au loin, puis il lui appliqua de violents coups du pommeau de son épée sur le crâne, de sorte qu'il lui fit entrer dans la chair les mailles de sa coiffe d'acier. Il déclara au chevalier qu'il le tuerait ; celui-ci ne répondit rien, car il était étourdi par les coups qu'il avait reçus ; il restait donc étendu, comme évanoui. Monseigneur Yvain cessa de frapper et le laissa récupérer. Quand son adversaire reprit ses esprits et ouvrit les yeux, il lui mit la lame de son épée sur le cou et lui déclara qu'il lui ferait voler la tête s'il ne se reconnaissait pas complètement vaincu. En entendant cela, le chevalier, qui avait peur de mourir, pensa qu'il valait mieux pour lui demander grâce que perdre la vie. Pour cette raison, il répondit : « Ah ! monseigneur Yvain, ne me tuez pas, car je me reconnais vaincu et je suis prêt à faire tout ce que vous voudrez. » Alors, il lui tendit son épée ; le jeune homme la prit et s'assit à côté de lui. L'autre, qui était extrêmement las et éprouvé, se remit sur son séant. Monseigneur Yvain lui parla ainsi : « Je t'ordonne de me dire pourquoi tu voues aux gens de la maison du roi Arthur une haine à ce point mortelle, car ce n'est pas sans raison. – Je vais certes vous l'expliquer, répondit le chevalier. La vérité est que se trouve tout près d'ici la plus belle demoiselle, à mon avis, que j'aie jamais vue ; avec cela, si intelligente et si aimable qu'à cet égard nulle femme ne saurait lui être comparée. Elle a encore une autre qualité, bien digne d'admiration, c'est qu'elle est versée dans l'art des enchantements et de la magie plus que toute autre demoiselle qui soit aujourd'hui au monde. Cette personne, donc, m'a aimé d'amour pendant cinq bonnes années, et même plus, et moi aussi, de telle sorte que je n'avais d'yeux que pour elle. Mais, il n'y a pas encore plus de six mois, le hasard a amené par ici Gauvain, le neveu du roi Arthur, et il a si bien guidé ses pas qu'il est arrivé à un endroit où ma demoiselle a pu le voir. Quand il s'est ainsi trouvé à sa portée, il lui a tellement plu et l'a tellement charmée qu'elle l'a pris avec elle et lui a donné son amour ; elle en a fait alors son ami et son dieu, m'abandonnant complètement pour lui accorder sa tendresse, de sorte que depuis elle ne daigne plus du tout m'aimer ni même me prêter attention. Et je n'ai pas pu lui parler ni lui envoyer de messager, car elle demeure en un lieu où nul être humain ne pourrait jamais aller si elle même ne l'y conduisait.

511. Quand j'ai vu que j'avais ainsi perdu ma joie et mon plaisir à cause de ce chevalier, j'en ai eu un tel chagrin que j'aurais vraiment voulu mourir. Mais ce qui m'était encore plus pénible, c'est que je ne pouvais pas l'approcher : en effet, s'il avait été en un lieu où je puisse mettre la main sur lui, je l'aurais tué aussitôt, ou lui moi, car j'aurais préféré mourir plutôt que de supporter la vie que j'endure. Lorsque j'ai compris que je ne pourrais pas me venger sur lui de mon malheur, j'ai résolu de me venger sur ses parents, ou du moins sur les chevaliers de la maison du roi Arthur, car mon intention était de combattre chacun de ceux que je rencontrerais, quel que soit le moment, jusqu'à ce que l'un de nous deux soit complètement défait ; et je l'ai juré sur des reliques. C'est pourquoi je vous ai défié dès que j'ai su que vous étiez son cousin, car je n'aurais guère été moins heureux de vous tuer que je le serais si je le tuais lui-même demain, au cas où j'aurais le dessus. – Il se trouve, répliqua monseigneur Yvain, que votre entreprise n'a pas eu le succès que vous en attendiez, car vous êtes vaincu. Et puisque vous êtes mon prisonnier je vous ordonne de servir et d'honorer monseigneur Gauvain, autant que s'il était votre légitime seigneur, où que vous le rencontriez. » L'autre lui promit d'agir ainsi, puisqu'il l'ordonnait.

« Dites-moi maintenant où demeure monseigneur Gauvain, reprit le jeune homme. – Volontiers, dit l'autre.

Voyez-vous cette roche, là-bas, si haute ? – Oui, elle ressemble à un donjon. – A l'intérieur se trouve monseigneur Gauvain, et avec lui le Morhout. Ils passent leurs nuits et leurs jours dans le lieu le plus beau et le plus agréable que j'aie jamais vu en compagnie de leurs amies. Outre celles-ci, il n'y a pas moins de dix demoiselles, leurs sœurs – ce qui du reste n'empêche nullement qu'il y ait encore là-haut d'autres demoiselles. – Et comment pourrai-je y monter pour parler aux deux compagnons ? – Personne au monde, répondit l'autre, ne pourrait vous y conduire si la dame elle-même n'y employait la magie, celle qui est éprise de Gauvain, car aucune des autres n'est assez puissante pour pouvoir le faire. Sachez bien en effet qu'il n'y a ni porte ni fenêtre ni escalier par où un mortel puisse aller là-bas sans qu'il soit fait usage d'enchantement. – Sur ma tête, repartit monseigneur Yvain, j'en aurai bientôt le cœur net. Montez donc à cheval, vous viendrez avec moi jusque là-bas et me donnerez quelque avis, si vous le pouvez. » Le chevalier déclara qu'il le ferait de bonne grâce.

512. Alors, sans s'occuper de leurs blessures, tous deux enfourchèrent la monture du chevalier. Quand ils furent arrivés au pied de la roche, ils mirent pied à terre et le chevalier dit à monseigneur Yvain : « Seigneur, regardez là-haut. » Il leva les yeux et vit les demoiselles qui étaient assises et qui parlaient ensemble des événement à venir, comme elles avaient coutume de le faire. « Je vois, dit-il, qu'elles parlent ensemble, mais je ne sais pas de quoi. – Seigneur, répliqua le chevalier, il est vrai que vous ne le savez pas, mais je vais vous le dire. Sachez qu'elles parlent de ce qui doit arriver aux rois et aux grands de ce monde, de la manière dont ils mourront et de l'accomplissement de leur destin. – Et qui les a mises là-haut ? » demanda monseigneur Yvain. L'autre lui raconta aussitôt, exactement comme le Morhout l'avait fait à monseigneur Gauvain, que leur présence là-haut était l'œuvre de Merlin. « Puisqu'elles parlent, reprit monseigneur Yvain, de la fin de chacun, qu'elles sont si bien informées et qu'elles ne mentent jamais, il faut que je les interroge sur la mienne et que je leur demande si je mourrai par les armes ou non. – Vous avez raison, repartit le chevalier. Demandez-le donc, vous entendrez leur réponse. » Alors, monseigneur Yvain cria le plus fort possible : « Et à mon sujet, mesdemoiselles, que dites-vous ? Croyez-vous que je mourrai au combat ? » Celle qui parlait s'interrompit et répondit, tout en souriant : « Je ne le crois pas, j'en suis sûre. – Et quand la chose se produira-t-elle, mademoiselle ? Vous pouvez bien me dire cela, s'il vous plaît. – Tu mourras par les armes, répondit-elle, le jour même où le père de la Table Ronde recevra une blessure mortelle, et celui qui le frappera à mort te coupera la tête[475]. A présent, laisse-moi tranquille, s'il te plaît, car je t'ai parfaitement exposé ce que sera ta fin. »

« Ce que vous venez d'entendre vous permet maintenant de savoir comment vous mourrez, seigneur, reprit le chevalier. – J'ai bien compris, répliqua Yvain, mais si elle avait été plus claire, je m'en serais mieux gardé, en sorte

---

[475] Seule la première partie de l'annonce concernant Yvain se réalise dans *La Mort le roi Artu* (§ 189, ll. 29-30) : « [Mordrés] fent a monseigneur Yvain son hiaume et la coife de fer jusques denz. »

que j'aurais démenti ses prévisions ; et j'aurais pu le faire très facilement si j'avais connu le nom de celui qui doit me tuer. Mais comme je ne le sais pas, je ne pourrai pas me garder de lui... Et vous, qui avez été son ami, savez-vous comment vous devez mourir ? – Mais oui, répondit l'autre. Elle m'a dit que le jour où je tuerais ma sœur un chevalier me couperait la cuisse de part en part, puis la tête. Et elle a ajouté que ce chevalier serait l'un des plus beaux chevaliers de la Table Ronde et qu'il mourrait par amour. Voilà ce qu'elle m'a dit et je n'ai pu en apprendre davantage. – Ma parole ! s'exclama Yvain, il est prodigieux qu'elle connaisse ainsi la fin de chacun. Rien ne saurait me persuader qu'elle puisse savoir ces choses sans l'aide d'un démon. » Il se remit alors à crier d'une voix forte : « Ah ! mademoiselle, donnez-moi des nouvelles de mon cousin, monseigneur Gauvain, s'il vous plaît, car je ne suis pas venu ici pour autre chose. » Elle répondit : « Que lui voulez-vous ? Vous ne gagneriez absolument rien à le voir, car vous n'irez pas à lui ni lui à vous. – Madame, dit-il, je ne prétends pas du tout lui parler si vous ne le voulez pas : montrez-le-moi seulement. – Cela, je le ferai volontiers, dit-elle, pour l'amour de lui, puisque vous y tenez tant. » Alors, elle s'en alla dans sa chambre, où monseigneur Gauvain était couché, et dit à celui-ci : « Levez-vous et venez avec moi. » Il le fit aussitôt et elle l'emmena jusqu'à un endroit où les deux cousins pouvaient se voir. Le Morhout était venu avec lui et tous deux s'assirent l'un près de l'autre. Quand monseigneur Yvain les vit ainsi, il cria le plus fort possible à l'adresse de monseigneur Gauvain : « Seigneur, comment puis-je vous rejoindre ? » Monseigneur Gauvain le regarda mais ne le reconnut pas, car il était complètement ensorcelé. Il lui dit : « Seigneur chevalier, que me voulez-vous ? Dites-le d'où vous êtes, je vous entendrai, car vous ne pourriez pas arriver jusqu'à nous si quelqu'un d'autre ne vous y amenait. – Comment ! seigneur, s'écria Yvain, vous ne me reconnaissez pas ? Je suis Yvain, votre cousin, le fils du roi Urien ! – Je ne comprends rien du tout à ce que vous me dites. Passez votre chemin et que Dieu vous donne de faire bonne route ! »

513. Quand monseigneur Yvain entendit ces mots, il en fut si affligé qu'il en pleura, car il voyait bien que Gauvain était ensorcelé et qu'il avait perdu la raison et la mémoire. Alors, il reprit la parole et s'adressa au Morhout d'Irlande : « Me ferez-vous la faveur de faire en sorte que je puisse arriver jusqu'à vous, afin de voir comment vous vivez et où vous demeurez ? » L'autre ne lui répondit rien, car il ne le reconnaissait pas : il était en effet encore plus puissamment ensorcelé que ne l'était son compagnon. Monseigneur Yvain cria de nouveau : « Comment ! seigneur Morhout, vous ne me reconnaissez pas ? Est-ce donc la première fois que vous me voyez ? » Le Morhout répondit : « Seigneur chevalier, si je vous ai vu, je ne m'en souviens pas. Adieu, poursuivez votre route, car je ne vous connais pas. » Puis il se retourna vers monseigneur Gauvain et lui dit : « Avez-vous vu comment ce chevalier me presse de questions ? Ma parole, cet homme qui veut à toute force que je le reconnaisse est le plus fou que j'aie encore jamais vu ! »

Les deux chevaliers qui étaient au pied de la roche entendirent parfaitement ces paroles. Le compagnon de monseigneur Yvain dit alors à celui-ci : « Seigneur chevalier, vous perdez votre salive. Sachez qu'ils sont victimes d'enchantements qui leur ont à ce point fait perdre la raison que, même si vous leur parliez pendant cent ans, ils ne pourraient à aucun moment comprendre quoi que ce soit à vos paroles tant qu'ils seraient dans cet état. Car soyez sûr qu'ils ont si complètement perdu le souvenir de toute chose qu'ils ne se rappellent plus rien, hormis leurs compagnes : ils ont oublié tous les amis, tous les parents qu'ils peuvent avoir ainsi que tout ce qu'ils ont pu faire dans le passé, et ils n'ont pas plus de mémoire à présent que s'ils étaient l'un et l'autre âgés d'un an. » Ces propos causèrent un tel chagrin à monseigneur Yvain qu'il ne sut que dire. Il ne put que demander au chevalier : « Croyez-vous qu'ils restent longtemps dans cet état ? – Oui, certainement, répondit celui-ci, aussi longtemps que les demoiselles les aimeront, et lorsqu'ils quitteront cet endroit ils croiront n'y avoir pas demeuré plus d'un jour ou deux, quand bien même ils y auraient passé dix années entières. – Ah ! Dieu, s'écria monseigneur Yvain, quel terrible malheur quand d'aussi bons chevaliers qu'ils l'étaient sont ainsi privés de leur raison et de leur dignité par des enchantements. Jamais encore, où que je sois allé, je n'ai entendu dire qu'une chose aussi extraordinaire que d'ôter à un homme sa raison, par sorcellerie ou par magie, était possible. – Elle l'est, repartit le chevalier, le fait est manifeste, comme vous pouvez maintenant le constater. – C'est bien malheureux, déclara le jeune homme, et profondément affligeant, car ces braves en sont déshonorés ; bien d'autres aussi y perdront, et maintes demoiselles subiront prochainement d'infâmes outrages, dès que ceux de la cour sauront que nous les avons ainsi perdus par des sortilèges de demoiselles... Croyez-vous, cependant, qu'ils puissent être tirés de là par quelque acte de bravoure ou quelque haut fait d'armes qu'il serait au pouvoir d'un homme d'accomplir ? Car je vous jure que si le roi Arthur savait maintenant qu'ils sont ici, dans cet état, il n'aurait de cesse qu'il n'ait assiégé cette roche et qu'il ne l'ait fait mettre en pièces, à coups de pics et d'armes tranchantes. – S'il voulait entreprendre une telle chose, répliqua le chevalier, ce serait peine perdue, car si la demoiselle qui est là-haut se voyait présentement assiégée, soyez sûr que les sortilèges qu'elle connaît lui permettraient facilement de détourner sur cette roche la plus grande rivière de ce pays, de sorte que, de là-haut ou des environs, vous ne verriez à cet emplacement que de l'eau, aussi longtemps qu'elle le voudrait. – Ma parole, s'écria monseigneur Yvain, elle pourrait donc se jouer du monde entier, si elle en avait la volonté ! – Certes, déclara le chevalier, elle pourrait nuire beaucoup à quantité d'hommes de mérite, si elle le voulait, mais elle ne le veut pas, car il est bien des choses qu'elle s'abstient de faire par crainte du péché. »

514. Ils parlèrent beaucoup entre eux de toutes ces choses, jusqu'au moment où le chevalier dit à monseigneur Yvain : « Seigneur, qu'attendez-vous ici ? Vous y perdez votre temps, car vous n'obtiendrez assurément rien d'autre avant que tel soit le bon plaisir de la demoiselle. – Ma foi, répondit Yvain, je vais donc m'en aller, car je ne pourrais acquérir ni profit ni honneur en m'attardant ainsi pour rien. » Alors, tous les deux s'en allèrent sur la monture du chevalier, si bien qu'ils arrivèrent à la tombée du jour chez des frères convers, qui s'occupèrent d'eux le mieux possible ce soir-là. Le matin, le chevalier resta sur place, car il se sentait très mal en point à cause des blessures que monseigneur Yvain lui avait infligées. Pour cette raison, il lui fallut rester, qu'il le voulût ou non. Quant à monseigneur Yvain, qui était parti de là tout armé, il chevaucha tant et si bien, recherchant en divers lieux les aventures, que sa route le mena dans la forêt de Camaalot, non loin de la ville.

C'était un dimanche soir, au début de l'été, exactement entre Pâques et l'Ascension. Il comptait traverser la forêt de telle sorte que ceux de Camaalot ne pussent absolument pas le voir. Ce soir-là, il faisait un peu chaud, comme cela arrive quelquefois au début du mois de mai, et il était extrêmement fatigué, car il avait fourni une longue étape. Il aperçut par hasard une source, très belle, fort limpide et parfaitement cachée, car elle jaillissait en l'un des lieux de la forêt où le couvert des arbres était le plus dense. Cette source était juste au delà de l'ermitage de Nascien. Quand il l'eut aperçue, il mit aussitôt pied à terre et laissa son cheval paître où il le voulait, puis il se désarma, pour se reposer et se mettre à l'aise, après quoi il but à la source à cause de la chaleur. Il alla ensuite chez l'ermite et sollicita sa charité. Celui-ci lui donna très volontiers de ce qu'il avait, à savoir du pain et de l'eau, car il n'avait rien d'autre. Lorsque monseigneur Yvain eut mangé, il entendit les vêpres, chantées par son hôte, puis il sortit de l'ermitage et retourna près de la source, où il avait laissé ses armes ; il se fit un coussin d'herbes, y posa la tête et s'étendit sur son bouclier. Ensuite, la nuit ne tarda guère à tomber, et l'obscurité se fit si complète qu'il voyait à peine son bouclier, sur lequel il était pourtant couché. Au moment de s'endormir, il fut assailli de graves pensées qui le tinrent éveillé pendant toute la nuit. Mais le lendemain, quand le jour commença de poindre, il ne manqua pas de s'endormir et son sommeil fut alors si profond que c'en était tout bonnement incroyable ; du reste, il n'y avait pas lieu de le lui reprocher : sa longue insomnie l'avait en effet épuisé, car depuis la veille au soir il n'avait absolument pas fermé l'œil.

515. Ce jour-là, le roi Arthur avait quitté Camaalot en compagnie d'un grand nombre de chevaliers et d'hommes d'armes ; il était allé chasser dans la forêt et il avait débusqué un grand cerf adulte. La reine, en très somptueux équipage, chevauchait à sa suite, menant avec elle un grand nombre de dames et de demoiselles. Quand elle fut entrée dans la forêt, elle dit aux personnes qui l'accompagnaient : « Allons à l'ermitage de Nascien ; nous y entendrons la messe et puis nous irons nous distraire dans la forêt, tout en cheminant sur les pas de mon seigneur le roi. » Tout le monde fut d'accord, ainsi s'en alla-t-on de ce côté par le chemin le plus direct. Quand la reine eut entendu la messe du Saint Esprit, elle sortit de la chapelle. Le cheval de monseigneur Yvain, qui paissait l'herbe ça et là, vint alors à passer devant elle. Elle le désigna aussitôt à sa suite et demanda : « A qui est ce cheval ? – Madame, nous ne le savons pas, mais nous pouvons au moins vous dire que ce n'est pas l'un des nôtres, et ce n'est pas non plus celui d'un des compagnons du roi. – Alors je crois bien, reprit-elle, qu'il appartient à quelque chevalier voyageur qui s'est endormi non loin d'ici. Attendez donc, je vais aller, avec deux de ces dames, voir si nous pourrions le trouver. – Allez-y, madame, nous vous attendrons. » La reine prit alors avec elle deux de ses compagnes et s'en alla le long du ruisseau qui venait de la source, tant et si bien qu'elle aperçut la cotte de mailles, le casque et la lance de monseigneur Yvain. « Sur ma tête, dit-elle, c'est l'équipement d'un chevalier voyageur. Dieu fasse que nous le trouvions. » Elle continua alors d'avancer un peu et ne tarda guère à découvrir monseigneur Yvain couché sur son bouclier ; il dormait encore aussi profondément que s'il n'avait jamais pris de repos de sa vie.

516. Alors, la reine marcha vers le dormeur et fit signe à ses suivantes de s'approcher tout doucement, ce qu'elles firent. Quand toutes trois furent devant le chevalier et qu'elles l'eurent examiné attentivement, la reine alla près de ses compagnes et leur demanda à voix basse : « Que pensez-vous de ce chevalier ? Le connaissez-vous ? » L'une d'elles répondit : « Sans mentir, il ressemble en tous points au fils du roi Urien, auquel le roi a donné congé de sa cour. – Ma foi, dit la reine, il est vrai que la ressemblance est parfaite. Je suis persuadée que c'est lui. Qu'allons-nous faire ? Allons-nous le réveiller ? – Madame, vous agirez à votre guise. Dites-nous ce qu'il vous plaît de faire à ce sujet. »

La reine s'approcha de monseigneur Yvain et s'assit auprès de lui. Elle le prit par la main droite et l'attira vers elle tout doucement. Il s'éveilla aussitôt en sursaut et ouvrit les yeux. Quand il vit la reine devant lui, il fut profondément stupéfait et fort honteux d'avoir été surpris ainsi, aussi voulut-il s'enfuir à l'instant. Mais elle le retint par la main et lui dit : « Ah ! monseigneur Yvain, que voulez-vous faire ? Êtes-vous donc si grossier que vous vouliez vous en aller sans me parler, alors que vous êtes en ma présence ? Assurément, vous n'auriez pas dû agir aussi mal à mon égard. – Ah ! Madame, s'écria Yvain, au nom de Dieu, pitié ! Si je veux m'en aller, ce n'est point ma faute et nul ne doit m'en blâmer, car monseigneur le roi, il y a bien des jours de cela, m'a chassé de sa maison et m'a défendu de paraître en sa présence. C'est pourquoi je serais fou si j'allais à lui et si j'entrais dans sa demeure quand il me l'a défendu expressément. – Si par dépit et colère mon seigneur a mal agi envers vous, repartit la reine, je ferai en sorte qu'il répare ses torts à votre égard par amour pour moi. » Alors, elle tendit vers lui le pan de son manteau et déclara : « Les nobles seigneurs de la cour détermineront l'importance de cette réparation ; recevez-en ici le gage. – Ah ! madame, dit-il, au nom de Dieu, laissez-moi m'en aller, car sachez que je ne voudrais en aucune manière rester jusqu'à ce que le roi me voie. – Que Dieu m'abandonne si je mens, répliqua la reine, vous ne partirez pas. Vous resterez avec moi, car si mon seigneur le roi apprenait que je vous ai trouvé ainsi et que je vous ai laissé échapper, je sais bien qu'il ne me le pardonnerait jamais. C'est pourquoi je ferai tout ce qui est en mon pouvoir pour vous retenir. Et si vous tentez de m'échapper par la force, vous n'agirez pas en gentilhomme. »

517. Ces paroles causèrent tant de peine à monseigneur Yvain qu'il ne sut que répondre, car il voyait bien qu'il ne pouvait échapper à la reine. Il finit par lui dire : « Madame, je ne ferais pas volontiers quelque chose qui vous déplaise, et pourtant sachez bien que si je pouvais m'en aller sans commettre une très grande indélicatesse je m'en irais. Je vais cependant rester, puisque je vois que tel est votre plaisir, mais je vous supplie – et c'est à ma dame que je m'adresse –, au nom de la loyauté que vous devez à la créature que vous aimez le plus au monde, de ne m'emmener en aucun cas à la cour sans être absolument certaine que tel est vraiment le plaisir du roi et qu'il est heureux de ma venue. » Elle répondit aussitôt : « Monseigneur Yvain, par la loyauté que je dois à la créature au nom de laquelle vous m'avez priée de vous dire la vérité, je sais parfaitement que le roi sera plus heureux de votre venue que de celle de n'importe qui au monde, exceptée celle de Gauvain. » Quand il entendit la reine faire mention de Gauvain, il en fut si affligé que les larmes lui vinrent aux yeux. La reine vit bien qu'il était boule-versé, aussi en fut-elle extrêmement attristée, persuadée qu'il était ainsi malheureux parce qu'elle voulait l'emmener à la cour. Elle en fut profondément peinée et son visage se rembrunit. Monseigneur Yvain lui dit : « Ah ! madame, soyez sûre que ce n'est pas tant le fait de revenir à la cour qui m'afflige que ce que vous venez de me remettre en mémoire. – Est-ce à cause de monseigneur Gauvain ? demanda-t-elle. – Oui, madame. – Vraiment ? Et qu'est-il devenu ? – Madame, je vais vous le dire. » Alors, il lui raconta comment les demoiselles le retenaient sur la roche au moyen d'enchantements, et avec lui le Morhout d'Irlande. « Sont-ils malades ou blessés ? – Non, madame. – Alors, ne vous faites donc pas de souci, dit-elle. Ils nous reviendront bien, s'il plaît à Dieu et si la science de Merlin ne nous fait pas défaut. » Elle croyait encore fermement en effet que Merlin était en vie.

La reine et monseigneur Yvain parlèrent très longuement. « Soyez sûr que le roi sera très heureux quand il apprendra votre venue, car il vous a beaucoup regretté depuis votre départ, et je ne crois pas qu'il ait jamais fait quelque chose en sa vie dont il se soit repenti aussi souvent qu'il l'a fait pour vous avoir congédié à cause de votre mère, la reine Morgane. »

518. Alors, la reine fit armer monseigneur Yvain et demanda qu'on lui amenât son cheval. Quand le jeune homme fut fin prêt, elle dit à ses suivantes : « Allons-nous-en à Camaalot ; nous emmènerons monseigneur Yvain avec nous et nous le ferons reposer dans l'une de nos chambres jusqu'à ce que le roi revienne de la chasse. » Les demoiselles furent tout à fait d'accord avec cette décision et la reine ajouta : « Prenez garde l'une et l'autre à ne pas révéler que c'est monseigneur Yvain ; dites plutôt que c'est un chevalier voyageur que vous ne connaissez pas, que vous savez seulement que je le conduis auprès du roi. » Elles répondirent qu'elles ne seraient pas assez étourdies pour révéler son identité. Alors, la reine appela ceux qui l'avaient accompagnée et leur dit : « Montons tous à cheval et retournons à Camaalot, car il serait trop fatigant pour moi de continuer. – Madame, qu'il en soit fait selon votre bon plaisir. »

519. A l'instant, tous montèrent à cheval et s'en retournèrent vers la ville, empruntant exactement le chemin qu'ils avaient suivi à l'aller. Les personnes qui accompagnaient la reine s'interrogèrent mutuellement en désignant Yvain : « Qui est ce chevalier ? » Les demoiselles qui avaient suivi la reine répondirent que c'était un voyageur que leur maîtresse venait de trouver endormi près d'une source, « mais, ajoutèrent-elles, nous ne savons pas d'où il est ni qui il est, et nous l'avons trouvé ainsi par hasard. » Quand ils furent arrivés à Camaalot et qu'ils eurent mis pied à terre devant le palais royal, la reine emmena monseigneur Yvain dans une des chambres du château, où elle le fit désarmer et veilla à ce que l'on mît au service de son bien-être tout ce dont elle pouvait disposer, après quoi personne ne put le voir jusqu'au retour du roi, sauf les demoiselles qui l'avaient trouvé avec la reine.

520. Le soir, quand le roi fut revenu de la chasse avec ses compagnons, la reine s'approcha de lui et lui dit : « Sire, je vous apporte des nouvelles qui vous réjouiront, à mon avis. – Vraiment ? dit-il. Dites-les-moi donc vite ! – Sire, monseigneur Yvain, le fils du roi Urien, est revenu dans ce pays et il a été vu aujourd'hui dans la forêt de Camaalot. Il serait venu à la cour, mais il craignait votre colère et pour cette raison il y a renoncé. – Quoi ! il a été si près de moi et il n'est pas venu ici ! Que de fois, pourtant, je lui ai fait savoir, depuis qu'il est parti de la cour, que je ne désirais que son retour, et il n'est même pas venu me voir en étant si proche ! Il ressemble véritablement à sa mère, Morgane – que Dieu la maudisse –, car il n'y a jamais eu de bien en elle et jamais il n'y en aura en sa progéniture, si Dieu n'y remédie ! » En voyant le roi à ce point irrité, la reine se mit à sourire. Il comprit aussitôt qu'il y avait là quelque mystification, aussi lui déclara-t-il immédiatement qu'on n'avait pas vu Yvain, « ou alors, ajouta-t-il, vous savez ce qu'il est devenu, et, s'il est ici, faites-le venir tout de suite, car il y a si longtemps que je ne l'ai pas vu que je brûle d'impatience de le revoir. – En vérité, repartit la reine, Dieu m'en soit témoin, vous le verrez. »

521. Elle gagna alors la chambre où se trouvait monseigneur Yvain et le trouva allongé sur le lit : « Venez, dit-elle, le roi vous demande. Il est devenu furieux, lorsque je lui ai donné de vos nouvelles, parce qu'il était persuadé que vous étiez parti sans lui parler. » Alors, Yvain alla se présenter devant le roi, tout honteux de ne pas amener avec lui monseigneur Gauvain, car il se doutait bien qu'on le lui réclamerait. Dès que le roi l'aperçut, il courut vers lui, bras tendus, lui donna l'accolade et l'embrassa, puis il dit : « Cher neveu, soyez le bienvenu. Votre absence a été si longue que je croyais ne plus jamais vous revoir. » Quand les autres seigneurs qui étaient là reconnurent Yvain, qui avait été si longtemps loin de la cour, ils coururent eux aussi lui donner l'accolade et l'embrasser, et ils lui manifestèrent, tous autant qu'ils étaient, une telle joie qu'à ma connaissance on n'en a jamais vu de plus grande. Le roi, que ce retour réjouissait beaucoup, fit asseoir le jeune homme à ses côtés ; il se mit à l'interroger sur ses aventures et voulut savoir comment les choses s'étaient passées pour lui depuis son départ. Monseigneur Yvain lui raconta une grande partie de ce qui lui était arrivé. Alors, le roi lui demanda : « Deux ou trois chevaliers ont quitté la cour pour vous chercher. Les avez-vous vus ? » Monseigneur Yvain demanda qui étaient ces chevaliers. « L'un, dit le roi, était Keu, le sénéchal, et l'autre Girflet, le fils de Do. – Assurément, reprit monseigneur Yvain, je les ai vus devant la Pierre du Cerf, où il m'est arrivé un tel malheur que je ne crois pas qu'un chevalier ait jamais été aussi rudoyé par le sort, dans le royaume de Logres, que je l'ai été. – Comment cela ? demanda le roi. Dites-le-moi, car j'ai souvent entendu parler de la Pierre du Cerf ; on dit que c'est là l'endroit le plus dangereux du royaume de Logres et que très souvent les plus extraordinaires événements du monde y adviennent. – Certes, sire, répondit monseigneur Yvain, on dit vrai et je vais vous raconter ce qu'il m'y est arrivé. » Alors, il commença à lui relater son aventure, sans rien omettre, comme ce livre l'a fait. Quand il eut fini, le roi se signa d'étonnement et tous ceux qui étaient là firent de même, en disant qu'ils n'avaient jamais entendu parler d'un tel prodige. Le roi fit aussitôt mettre par écrit cette aventure et toutes les autres que monseigneur Yvain venait de rapporter à la cour, mais auparavant il lui avait fait prêter le même serment qu'il exigeait des autres au retour de leur quête.

522. Ce soir-là, on ne parla pas du tout de Gauvain, car on ne voulait pas trop fatiguer monseigneur Yvain. Mais, le lendemain, le roi l'interrogea à ce sujet et lui dit : « Gauvain a quitté la cour avec vous : qu'avez-vous fait de lui ? » Monseigneur Yvain lui fit le récit de leur arrivée à la Source des Aventures, là où ils avaient rencontré les trois demoiselles, et il lui raconta comment, après en être partis, ils s'étaient ensuite séparés, de telle sorte que, depuis, il n'avait pas revu ses compagnons avant de les retrouver à la Roche aux Pucelles. Il expliqua alors au roi comment monseigneur Gauvain, ainsi que le Morhout, demeurait sur cette roche, en compagnie des douze demoiselles, et il lui apprit qu'ils étaient tous deux à ce point ensorcelés qu'ils n'étaient absolument pas conscients de leur situation et qu'ils avaient oublié tout ce qu'ils avaient pu faire dans le passé. Le roi fut très affecté par ces extraordinaires nouvelles, aussi déclara-t-il : « Seigneurs, que pouvons-nous faire au sujet de ce que nous venons d'entendre ? Si nous perdons ainsi Gauvain et le Morhout, duquel je désirais beaucoup être l'ami à cause de ses belles qualités de chevalier dont j'ai maintes fois entendu parler, nous risquons de passer pour des lâches. Convoquons nos hommes et allons de ce côté ; nous verrons bien ce qu'il en sera. En vérité, même si cette roche était d'acier pur, je suis persuadé que j'ai le pouvoir de la détruire et de la mettre en pièces. – Soyez sûr, lui dit monseigneur Yvain, que vous ne retrouveriez jamais Gauvain en vous y prenant de cette façon. » Alors, il lui répéta ce que le chevalier qui avait été l'ami de la demoiselle lui avait dit. « Qu'allons-nous donc faire ? s'écria le roi. Nous n'allons pas les laisser ainsi, s'il plaît à Dieu, car cela pourrait nous être reproché comme la plus grande lâcheté du monde ! – Sire, répondit monseigneur Yvain, je vais vous dire comment nous pourrons les faire revenir parmi nous, et si vous n'y parvenez pas ainsi je ne crois pas que vous les retrouviez jamais. Faites venir Merlin, qui connaît toutes les sortes d'enchantements. Quand il sera là, demandez-lui de consacrer tous ses soins à cette affaire ; je suis persuadé que, s'il veut s'en donner la peine, il les délivrera facilement. – Sur ma tête, repartit le roi, vous m'avez donné là le meilleur conseil possible. Merlin viendra plus facilement à bout de cette tâche que n'importe qui. – Certes, sire, dirent les autres, mais à condition de l'avoir avec nous, car il y a si longtemps qu'il n'a pas été présent à la cour que nous n'avons aucune nouvelle de lui et que nous ne savons pas seulement s'il est mort ou vivant. – S'il était mort, répliqua le roi, il serait impossible que nous n'en ayons rien su[476]. Il faut donc qu'on le cherche partout jusqu'à ce qu'on l'ait trouvé. »

523. Alors, il envoya des hommes d'armes et des chevaliers dans tous les endroits où il savait que Merlin avait séjourné et il fit crier à travers tout le pays qu'il donnerait à celui qui amènerait Merlin à la cour un don aussi grand qu'il pourrait le demander. La nouvelle que le roi ferait un homme riche et puissant de celui qui pourrait lui amener Merlin se répandit dans tout le royaume de Logres. Stimulés par cette perspective, chevaliers et hommes d'armes, et d'autres encore, se mirent à le chercher. Personne n'était encore informé de sa mort, hormis la Demoiselle du Lac et son entourage, ainsi que Baudemagus, qui lui avait parlé à l'endroit même où il gisait sous la pierre tombale. Une grande partie des chevaliers du roi Arthur se lancèrent dans cette quête, car chacun désirait beaucoup complaire au roi, mais pas un seul d'entre eux ne put obtenir la moindre nouvelle de Merlin, excepté Tor

---

[476] Aucune allusion au message de Morgane (§ 417, ll. 42-43) ni aux prodiges annoncés par Merlin pour le jour de sa mort (§ 154). Rappelons que les §§ 444-581 sont édités d'après un ms. différent de celui utilisé pour les §§ 1-443 où figurent ces annonces, ce qui peut expliquer les anomalies que nous ne cesserons plus de relever.

Fils-d'Arès. Celui-là ne manqua pas d'apprendre quelque chose à son sujet et voici comment.

524. Un jour – c'était un mercredi, à la première heure de la matinée – Tor chevauchait tout seul, entièrement armé, comme un chevalier doit le faire en voyage, quand il parvint à l'entrée d'une forêt. En examinant les environs, il vit venir quelqu'un par un chemin de traverse : il s'agissait d'un valeureux chevalier, originaire de Petite Bretagne, qui s'appelait Aglant. Le sentier qu'il avait pris aboutissait au chemin principal, sur lequel Tor faisait route. Lorsque les deux hommes se rencontrèrent, ils se manifestèrent l'un à l'autre une joie extraordinaire. Après qu'ils eurent ôté leur casque et se furent embrassés, Tor demanda à son compagnon : « Avez-vous des nouvelles de ce que nous cherchons ? – En vérité, répondit Aglant, je n'ai pas eu, depuis mon départ de la cour, en quelque lieu que je sois allé, plus de renseignements au sujet de Merlin que s'il avait été englouti dans un abîme. – A dire vrai, moi non plus, dit Tor. – J'ai une bonne idée, reprit Aglant. Nous avons fait route chacun de notre côté, sans pouvoir rien trouver : chevauchons désormais de conserve, pour voir si nous aurions de cette manière plus de chance d'obtenir quelques nouvelles. – Vous parlez bien, repartit le jeune homme. Allons-nous-en donc ensemble. Que Dieu nous accorde d'apprendre quelque chose ! »

525. Les deux compagnons firent donc cause commune et chevauchèrent bien des jours sans trouver d'aventure digne d'être rapportée : malgré ce long voyage, rien ne vint jamais se mettre en travers de leur route, où qu'ils allassent[477]. Un jour, il arriva qu'ils rencontrèrent un chevalier équipé d'une armure entièrement noire ; sa lance aussi était noire, et son cheval l'était plus que la mûre. Ce chevalier était grand et mince de taille, parfaitement découplé à tous égards, à en juger d'après les apparences. Quand il vit les deux chevaliers s'approcher, il les reconnut parfaitement à leurs armes et leur cria aussitôt : « Seigneurs chevaliers, il vous faut jouer de la lance ! » Quand ils se virent dans la nécessité de combattre, Aglant dit à son compagnon : « Seigneur, laissez-moi affronter ce chevalier qui demande le combat. – Allez-y, cher seigneur, dit Tor, puisque tel est votre plaisir. » Alors, Aglant laissa aussitôt son cheval courir en direction du chevalier aux armes noires et le frappa de toute sa force, avec une telle brutalité que sa lance fut mise en pièces. L'autre, qui ne manqua pas son coup mais prit bas son adversaire, le frappa quant à lui si rudement qu'il lui transperça le bouclier ; il ne put toutefois rompre une seule maille de sa cotte de fer, tant elle était robuste. L'inconnu poussa violemment celui qu'il venait de frapper de la sorte, car il était très puissant, et il ne fit qu'un seul tas du cheval et du cavalier, sans que sa lance s'en trouvât le moins du monde

---

[477] *Suite*, § 525, ll. 2-4 : *et chevaucherent mainte journee sans aventure trouver qui a compter face, et nonpourquant ilz ne vindrent oncques en lieu ou ilz fussent destourbés* ; nous rattachons « et nonpourquant... » (comme « sans aventure trouver... » que cette prop. redouble) à « chevaucherent mainte journee » : ˚il parcoururent de nombreuses étapes [...] et pourtant...˚

endommagée. Lorsqu'il vit Aglant à terre, il lui dit : « Me voici maintenant vengé de vous, seigneur Aglant. Vous m'avez autrefois privé de l'honneur de siéger à la Table Ronde : j'y avais pris place, mais vous avez prétendu que j'étais trop jeune[478]. »

526. Lorsque Tor vit son compagnon abattu, il en fut fort affligé et pensa qu'il préférait recevoir une honte semblable à la sienne plutôt que de ne pas s'efforcer de le venger. Alors, il s'élança vers le chevalier de toute la vitesse qu'il put tirer de sa monture et le frappa si violemment qu'il lui enfonça le fer de sa lance dans le côté après lui avoir transpercé le bouclier et la cotte de mailles ; mais il ne lui infligea pas de grave blessure, car sa lance vola en éclats. Le chevalier, quant à lui, le frappa non moins violemment, si bien qu'il lui transperça aussi le bouclier et la cotte de mailles, lui enfonçant dans l'épaule droite le fer tranchant de sa lance, qui ressortit de l'autre côté, puis, d'une forte poussée, il fit tomber son adversaire, qui se retrouva au sol, le fer bien planté dans le corps ; dans la chute, la lance se brisa. Quand il le vit à terre, le chevalier dit à celui qu'il venait d'affronter : « Vous pouvez voir à présent, messire Tor, si j'aurais fait aussi bon usage que vous du siège de la Table Ronde. On a commis à mon égard une injustice, il me semble, lorsqu'on vous a donné la place et qu'on me l'a refusée. Que Dieu m'accorde un

---

[478] Cette allusion ne renvoie pas à un quelconque passage du roman édité. C'est aux §§ 354-355 que Tor est préféré à Baudemagus ; les raisons de cette discordance se trouvent donc peut-être à la n. 476.

jour de me venger de celui qui m'a privé de cet honneur[479] ! » Il se dirigea ensuite vers Aglant, qui avait déjà tiré l'épée et qui voulait commencer le combat, et il lui dit : « Ah ! seigneur Aglant, rengainez votre arme. Nous ne ferons rien de plus pour le moment, car nous n'avons pas pris date pour jouer de l'épée. Mais, parce que vous êtes de la cour du roi Arthur et que je sais bien que vous cherchez Merlin, dont vous ne pouvez avoir de nouvelles que par moi, je vais vous dire ce que je sais à son sujet de manière certaine ; ne vous donnez absolument plus de mal ensuite pour en savoir davantage, car ce serait peine perdue. – Parlez donc, seigneur, dit Aglant. – Sachez, reprit le chevalier, que Merlin est mort exactement comme il l'a un jour prédit à la cour. » Il expliqua en effet que Merlin lui avait annoncé sa fin : « Car Merlin a dit : “Ta mort sera très honorable, tandis que moi je serai enterré vif[480].” Et les choses se sont passées exactement de cette manière, car il est mort à l'endroit même où on l'a enterré vivant. – Et comment est-ce arrivé ? demanda Aglant.

---

[479] C'est sur l'avis de Pellinor qu'Arthur a récusé Baudemagus (§ 354). Mais il n'est pas certain que ce soit lui qui est ici visé, car si Baudemagus et Pellinor se brouilleront, en effet, ce ne sera que postérieurement à cet épisode et pour de toutes autres raisons que le choix de Tor à la Table Ronde (§ 548). Il est en fait douteux que ces déclarations de Baudemagus se rattachent aux §§ 354-355. V. n. 476. Les mss A et D semblent bel et bien désaccordés ici.

[480] Nouvelle discordance avec ce que l'on sait : Baudemagus semble dire que c'est à lui que Merlin a fait cette prédiction ; pour ce que nous savons, c'est à Arthur que Merlin a tenu ces propos (§ 42, ll.11-14). V. n. 476.

Vous allez me le dire, s'il vous plaît, afin que je puisse le raconter à la cour. – Certainement pas, répliqua le chevalier ; je ne vous révélerai absolument rien de plus pour cette fois. Néanmoins, vous rapporterez ceci au roi, de la part de Merlin ; ce sont les dernières paroles qu'il m'ait dites : "Jamais Gauvain ni le Morhout ne seront ôtés de la Roche aux Pucelles avant que Gaheriet soit fait chevalier, mais lui pourra facilement les en ôter." Répétez au roi ce que Merlin lui fait savoir par moi. – Ah ! seigneur, reprit Aglant, à présent, je vous prie, au nom de la civilité, de me dire votre nom. – Je vais donc vous le dire, répondit le chevalier, puisque vous me le demandez. Je m'appelle Baudemagus et je suis le neveu du roi Urien. C'est le roi Arthur lui-même qui m'a fait chevalier, il n'y a pas encore très longtemps*. » Il s'en alla alors sans plus attendre, aussi vite que le lui permettait sa monture, et s'enfonça dans une forêt proche de l'endroit où ils s'étaient rencontrés. Cependant, Tor s'était relevé, grièvement blessé ; il avait rejoint son cheval et voulait y monter pour suivre le chevalier, car, disait-il, il préférait la mort, définitive et sans remède, plutôt que d'en rester là. Aglant s'approcha de son compagnon et lui dit : « Tor, savez-vous qui est ce chevalier qui nous a ainsi abattus ? – En vérité, non, répondit l'autre, je ne le connais pas, autant que je sache. Et vous, le connaissez-vous ? – Oui, fort bien : c'est Baudemagus, le neveu du roi Urien. – Sur ma tête, reprit Tor, vous avez raison. Maintenant que j'y pense, il m'a dit quelque chose qui ne me laisse aucun doute sur son identité. – Savez-vous, demanda Aglant, ce que cette rencontre nous a apporté ? Grâce à ce chevalier, notre quête est finie. – Comment cela ? – Il nous a dit, reprit

Aglant, de rapporter en toute certitude au roi Arthur que Merlin est mort, qu'il ne doit plus le faire chercher et que, s'il veut un jour arracher Gauvain de la Roche aux Pucelles, il convient qu'il fasse Gaheriet chevalier, car c'est lui qui pourra l'ôter de là, d'une manière ou d'une autre, et on ne pourra jamais le ravoir autrement. Nous pouvons donc aller répéter à la cour ce qu'il nous a dit. – En vérité, repartit son compagnon, vous avez raison. »

527. Alors, ils se rendirent chez un chevalier qui habitait dans les environs. Quand ils y furent arrivés, le maître des lieux leur fit un accueil très chaleureux et mit au service de leur bien-être tout ce dont il pouvait disposer chez lui. Tor y séjourna deux semaines tout entières avant de pouvoir chevaucher sans peine, car il ne put se remettre aussi vite qu'il l'aurait voulu de la blessure que Baudemagus lui avait infligée. Pendant tout ce temps, Aglant resta avec lui pour lui tenir compagnie. Dès que Tor fut capable de voyager à cheval, il quitta cet endroit avec son compagnon et ils chevauchèrent tant et si bien, par étapes, qu'ils parvinrent à Camaalot, où le roi séjournait alors, entouré d'un grand nombre de puissants seigneurs de son royaume. C'était juste au début de l'hiver. Quand ils arrivèrent à la cour, ils y trouvèrent beaucoup de gens qui manifestèrent leur joie de les revoir, car tous deux y étaient fort appréciés. Lorsqu'ils eurent ôté leurs armes et qu'ils furent arrivés dans la grand-salle du palais, le roi les fit venir devant lui et leur demanda aussitôt : « Seigneurs, nous apportez-vous des nouvelles de Merlin ? – Sire, nous vous les apportons telles qu'on peut les avoir par ouï-dire. Cependant, elles méritent un grand crédit, car celui qui nous les a données ne vous mentirait pas volontiers. – Parlez, reprit le roi, nous vous écoutons. » Ils se mirent aussitôt à lui expliquer comment ils avaient rencontré Baudemagus, puis ils lui racontèrent tout ce qu'il leur avait fait et lui rapportèrent tous ses propos. Le roi les écouta jusqu'au bout et déclara : « Sur ma tête, celui qui vous a dit cela mérite bien d'être cru. Il ne nous l'aurait pas fait savoir s'il n'avait pas été sûr de son fait... Ah ! Dieu, le royaume de Logres peut bien dire à présent qu'il est fort diminué, puisque Merlin le sage est mort, car aussi longtemps qu'il aurait vécu ce royaume n'aurait fait que grandir en puissance et en honneur. Jamais plus il ne se trouvera quelqu'un pour l'aimer d'un amour aussi désintéressé que celui qu'il lui a toujours porté. Il l'a encore bien montré au terme de sa vie, en faisant savoir comment on pourrait tirer Gauvain de la Roche aux Pucelles. »

528. Le roi fut très profondément affligé de la mort de Merlin et la cour en fut extrêmement troublée, car tous avaient tant de confiance en lui qu'ils étaient persuadés que le royaume de Logres ne pourrait jamais subir de honte aussi longtemps que Merlin vivrait, et la reine elle-même déclara qu'elle aurait préféré avoir perdu deux de ses meilleures villes plutôt que d'avoir perdu Merlin. Le roi demanda : « Aglant, savez-vous comment il a pu être aussi cruellement traité, et qui l'a traité de la sorte ? – Assurément non, répondit Aglant, mais je suis convaincu que c'est une femme, car un homme, j'en suis sûr, n'aurait pas eu le pouvoir de le traiter de cette manière. – En vérité, répliqua le roi, vous avez raison, c'est une femme qui l'a tué, et la perte est pour nous si grande que rien ne saurait la compenser... Et en ce qui concerne Baudemagus, que j'ai fait chevalier, que pensez-vous de lui* ? – Sire, c'est un des meilleurs chevaliers que je connaisse, et il nous l'a bien montré. S'il peut vivre assez longtemps, sachez qu'il sera l'un des meilleurs chevaliers du monde. – Il est certain, repartit le roi, qu'il m'a toujours inspiré, chaque fois que je l'ai vu, une profonde estime. Et puisqu'il me demande de faire chevalier mon neveu Gaheriet, je le ferai, car je crois qu'il en viendra du bien. »

529. Alors, les trois frères de monseigneur Gauvain qui demeuraient à la cour, Agravain, Gaheriet et Guerrehet, furent appelés. Quand Agravain entendit que monseigneur Gauvain devait être délivré de la Roche aux Pucelles par les faits d'armes de Gaheriet, il en éprouva beaucoup de jalousie et un vif dépit ; il dit à l'un de ses compagnons, en qui il avait toute confiance : « Avez-vous vu comment Merlin fait croire aux gens d'ici tout ce qu'il veut ? Il leur a fait savoir que mon frère Gauvain serait délivré par Gaheriet et il n'a pas dit un seul mot de moi. Je le délivrerais plus promptement qu'il ne pourrait le faire, si l'occasion se présentait, car je suis plus alerte, plus puissant et plus agile que lui, et je pourrais y employer plus de force, si cela était nécessaire, qu'il ne le ferait. Pourquoi donc a t-il parlé de mon frère plutôt que de moi ? – Je l'ignore, répondit l'autre. – Foi d'Agravain, je vais donc vous le dire. Merlin avait plus d'affection pour lui que pour moi : c'est pour cette raison qu'il veut qu'il précède ainsi ses frères. Mais en vérité cela ne sert à rien : ce message n'empêchera certainement pas que je sois fait chevalier avant Gaheriet, et pourtant le moment n'était pas encore venu pour moi de l'être. Mais les nouvelles qui sont venues à la cour, et dont je me moque bien, hâteront les choses. » L'autre l'approuva vivement.

530. Alors, Agravain se présenta devant son oncle le roi et lui dit : « Sire, je vous prie de m'accorder un don qui ne vous coûtera rien. – Volontiers, cher neveu, dit le roi. Demandez ce qu'il vous plaira. – Sire, je vous remercie. Je vous demande donc de me faire chevalier avant Gaheriet, mon frère ; et ce n'est que justice, car je suis son aîné. » Le roi le lui accorda. Lorsque Gaheriet entendit cela, il se mit à sourire, car il se doutait bien qu'il demandait cette faveur par orgueil et par jalousie.

C'était alors le début de l'hiver et la neige était si exceptionnellement abondante, les gelées si extraordinairement fortes que l'on n'aurait pas pu, à ce moment-là, trouver beaucoup de bois vert dans tout le royaume de Logres, car tous les arbres étaient brûlés et desséchés sous l'effet des fortes gelées. Le roi fit savoir par tout son royaume et par toute la terre qui dépendait de lui qu'il tiendrait, à Noël, sa cour à Camaalot, et il fit savoir à tous ses vassaux qu'ils devaient y être, car il voulait faire, ce jour-là, trois de ses neveux chevaliers et il exigeait leur présence. Quand les vassaux de Logres apprirent cela, ils se préparèrent pour venir à la cour et se mirent en route de tous les côtés, tant les humbles que les puissants, aussi étaient-ils si nombreux, la veille de Noël, pour assister à la grande fête donnée en l'honneur des trois frères qui devaient être faits chevaliers, que c'en était tout bonnement prodigieux. Le roi avait également ordonné que vingt jeunes nobles de sa maison fussent prêts à être adoubés ce jour-là, disant qu'il les ferait chevaliers pour l'amour de ses neveux ; la nuit précédant la cérémonie, il fit veiller tous les postulants dans la cathédrale de Camaalot.

531. Le lendemain, si vous aviez été là, vous auriez pu voir une grande joie régner dans la ville et dans la cour en fête. Quand le roi eut entendu la grand-messe, il revint dans la salle d'apparat du palais, accompagné de tant de grands seigneurs que c'était un spectacle extraordinaire. Alors, ceux qui devaient être adoubés se présentèrent devant le roi, car, à cette époque, l'usage était de ne pas ceindre l'épée aux futurs chevaliers avant midi, et l'on ne les tenait pas pour des chevaliers avant qu'ils eussent l'épée au côté. Cependant, dès lors qu'ils étaient allés à l'église et qu'ils avaient revêtu l'habit de leur nouvel état, on leur en donnait aussi le nom[481].

Lorsque les nouveaux chevaliers se présentèrent devant le souverain pour qu'on leur mît l'épée au côté, Agravain, parce qu'il était l'aîné des trois frères, se plaça devant tous les autres et tendit son épée au roi pour qu'il la lui ceignît. Comme celui-ci s'apprêtait à la prendre, un fou – qui avait bien vécu là quinze ans, tant à l'époque du roi Uterpandragon qu'à celle du roi Arthur[482], sans que pendant tout ce

---

[481] V. § 255 (ll. 5-13). Ce rite fort strict rend significatif tout ce qui sépare un adoubement conventionnel de celui de Lancelot (*Lancelot*, *op. cit.*, t. VII [TLF 288], pp. 267-298).

[482] Observation difficilement compatible avec la chronologie qui a prévalu jusqu'ici. Citons G. Roussineau (*op. cit.*, p. IX) : « un intervalle de quinze à dix-huit ans environ sépare [...] le § 152 et le

temps on l'eût jamais entendu prononcer le moindre mot, en sorte que tous l'appelaient le Fou Muet – un fou, dis-je, voyant qu'Agravain s'était placé devant Gaheriet et que le roi voulait le faire chevalier en premier, s'avança vivement, s'empara de l'épée que le roi tenait déjà en ses mains et la jeta le plus loin possible par dessus les jeunes gens, puis il s'écria : « Ah ! sire, que faites-vous, vous qui voulez faire Agravain chevalier avant Gaheriet, le plus choyé par le sort et le plus accompli de tous les chevaliers de votre lignage ? Demandez-lui de s'avancer et accordez-lui l'honneur d'être armé le premier ; puis que de sa propre main il fasse ses frères chevaliers, et tous les autres après, car je vous assure que Gaheriet est une créature si digne qu'il mérite bien qu'on lui accorde ici un tel privilège*. »

Quand le roi vit cela et qu'il entendit parler celui qu'on n'avait jamais encore entendu prononcer un seul mot mais que l'on tenait pour une créature totalement privée de raison et de parole, il ne prit pas la chose à la légère ; tout au contraire, étonné d'avoir entendu le fou s'exprimer comme il l'avait fait, il fit reculer tous ses vassaux et lui demanda : « Dis-moi qui te fait parler de la sorte. – C'est Merlin le sage, répondit-il. Il m'a dit qu'en ce jour le mauvais chercherait à passer en votre présence devant le bon et qu'il voudrait être fait chevalier le premier. Je lui ai

---

§ 357 ». Morgane est en effet enceinte d'Yvain au § 152 (ll. 4-5), qui est chevalier au § 352 (ll. 11-12). Si le fou demeure à la cour depuis quinze ans, il n'a pu connaître Uter. Cette discordance peut s'expliquer comme les précédentes. V. n. 476.

alors demandé[483] comment je pourrais le reconnaître et il m'a répondu que ce serait Agravain l'orgueilleux qui chercherait à prendre le pas sur Gaheriet le modeste, puis il m'a vivement recommandé de n'accepter en aucune manière qu'Agravain reçoive l'ordre de chevalerie en premier ni qu'il le confère aux autres, même s'ils y consentaient. » Quand Agravain entendit cela, il en fut si ulcéré qu'on ne pourrait l'être davantage, aussi dit-il au roi son oncle : « Sire, vous m'humiliez, et ceux qui sont ici voient bien que vous tenez compte sans raison des paroles de ce fou, qui est si fou de nature qu'il ne sait même pas s'il est mort ou vivant. » Le roi lui répondit aussitôt : « Cher neveu, un peu de patience. Sur ma tête, je ne tiens pas cette affaire pour une plaisanterie et il me semble au contraire que c'est un miracle et un signe de Notre Seigneur[484]. »

532. Alors, il appela, pour leur demander conseil, les hommes les plus sages parmi ceux qui se trouvaient au palais ; il les emmena dans une chambre et leur dit : « Je vous prie de me donner votre avis sur cette affaire. – Sire, répondirent-ils, sachez en vérité que c'est un miracle et un

---

[483] Rappelons que ce fou est censé avoir été muet jusqu'à ce jour (§ 531, ll. 15-19). Si ce n'est pas une nouvelle contradiction, il faut supposer qu'il s'est exprimé par gestes ou par écrit, ou que le pouvoir de Merlin lui a rendu momentanément la parole.

[484] Gaheriet est assimilé ici à Perceval, dont l'arrivée à la cour d'Arthur est marquée par un semblable prodige (*Le Conte du Graal*, éd. F. Lecoy, Paris, Champion [CFMA 100], vv. 1031-1060). Agravain joue le rôle de Keu.

signe de Notre Seigneur, et Il a fait cela à cause de quelque trait remarquable qui se manifestera en Gaheriet. Cela, sire, vous pouvez maintenant le voir clairement par le miracle qu'Il a accompli en donnant la parole à celui qui n'avait jamais parlé, pour qu'il vous fasse connaître Sa volonté. – Par Dieu, dit le roi, vous dites vrai. Je ne manquerais donc pour rien au monde d'agir exactement comme le fou me l'a demandé. » Alors, il regagna sa place, appela Gaheriet et lui dit : « Avancez, Gaheriet, mon cher neveu. Que Notre Seigneur vous accorde une belle fin, comme il vous a accordé un beau commencement ! » Agravain prit alors la parole et dit : « Sire, vous devriez, si tel était votre plaisir, me faire chevalier le premier, car je suis son aîné et vous me l'avez promis. » Le roi lui répondit : « Cher neveu, la volonté de Notre Seigneur ainsi manifestée l'emporte sur toute promesse. Je serais fou si j'allais contre ce qu'Il veut. » Alors, il prit l'épée de Gaheriet, la lui ceignit au côté et lui dit : « Que Notre Seigneur fasse de toi un homme de mérite ! » Le jeune homme lui répondit tout en pleurant : « Sire, que Dieu me donne autant de mérite que j'en ai besoin ! » Alors, Guerrehet, son frère, s'avança aussitôt et lui dit : « Cher frère, ceignez-moi l'épée, car je ne désire rien plus ardemment que d'être fait chevalier, et de votre main. » Gaheriet regarda alors son oncle et lui dit tout en pleurant : « Sire, c'est vous qui devez l'adouber, vous qui êtes un personnage si considérable et si digne que Notre Seigneur lui-même vous a choisi pour régner. » Le roi répondit : « Cher neveu, il convient que vous le fassiez, car c'est Notre Seigneur qui vous a accordé ce grand honneur pour vos débuts dans la carrière de chevalier. » Cependant, Guerrehet insistait : « Cher frère, vous ne pouvez vous dérober, vous devez me faire chevalier, car je vous en prie, et vous ne pouvez pas refuser le premier don qui vous est demandé après votre adoubement. » Gaheriet prit aussitôt l'épée de Guerrehet, la lui ceignit et lui dit tout en pleurant : « Cher frère, que Jésus-Christ vous accorde autant de mérite que je le souhaite. » L'autre répondit : « Que Dieu le fasse ! » Ensuite, il fit chevaliers tous les autres de sa propre main, sauf Agravain, qui ne voulut l'être que de la main du roi Arthur et qui déclara qu'il était hors de question qu'il fût fait chevalier par son frère, qui était plus jeune que lui.

533. Comme ils avaient pris place à table, voilà qu'une demoiselle, qui était à pied, entre dans le palais ; elle était vêtue si somptueusement que nulle femme ne pourrait l'être davantage. Quand elle fut au milieu de la grand-salle, elle salua le roi et lui dit : « Roi Arthur, montre-moi qui est Gaheriet, celui qui a été adoubé aujourd'hui. » Le roi le lui montra, assis parmi d'autres chevaliers, non à la Table Ronde, mais à une table dressée plus bas. Elle se présenta devant lui, s'agenouilla et sortit du manteau qu'elle portait une couronne de roses[485], aussi fraîches et aussi rouges que si l'on avait été à l'époque de la Pentecôte, puis elle dit au jeune homme : « Tenez, seigneur, cette couronne que ma dame vous envoie, la reine de l'Île aux Fées. Sachez que ce n'est pas sans raison qu'elle vous

---

[485] Sur le *chappel de roses*, symbole de virginité, v. C. Joret, *La rose dans l'antiquité et au moyen âge*, Paris, 1892, pp. 405-415 (réimpression Slatkine, Genève-Paris, 1993).

l'envoie plutôt qu'à tel autre de vos compagnons. » Elle lui en ceignit alors la tête, puis elle lui dit : « Grâce à moi, votre honneur vient de s'accroître grandement, noble seigneur chevalier. » Gaheriet les remercia beaucoup, elle et sa dame, bien qu'il ne les connût ni l'une ni l'autre. La demoiselle sortit aussitôt du palais, refusant absolument de revenir, quel que fût celui qui le lui demandât, et pourtant le roi et beaucoup d'autres parmi les personnes présentes la rappelèrent[486].

Quand elle fut partie, tous ceux qui étaient là commencèrent à parler de ce présent et déclarèrent qu'il était extraordinairement beau ; ils ne pensaient pas que ce fût autre chose que l'effet d'un miracle, car, dans tous les lieux habités de la Grande Bretagne, la végétation tout entière était alors à ce point morte qu'ils n'auraient absolument pas imaginé que l'on pût trouver des roses en cette saison, en quelque endroit que ce fût. Tous les convives, donc, parlèrent beaucoup de cette couronne et certains ne manquèrent pas de déclarer que c'était le résultat d'un enchantement ou une œuvre de fée, ce à quoi d'autres répliquèrent que pour une œuvre de fée, c'en était bien une, car ces roses étaient justement venues de l'Île aux Fées. Le roi Arthur lui-même commenta l'événement

---

[486] La demoiselle est l'émissaire d'une Reine Mage qui offre un *chappel* ('couronne') à un chevalier assis non parmi l'élite « mes em bas » (§ 533, l. 7). Il est difficile de ne pas songer à l'Épiphanie et à l'humilité des circonstances de la Nativité (rappelons que ces événements se passent aux environs de Noël, § 530, l. 15). Agravain jouera cette fois le rôle d'Hérode.

et confia à ceux qui étaient près de lui : « Sur ma tête, elle ne déteste guère notre Gaheriet, la reine qui lui a envoyé un aussi noble présent, car c'est le plus ravissant que j'aie jamais vu apporter en cette cour. » Le fou qui avait précédemment parlé de Gaheriet ce jour-là s'avança vivement et déclara : « Sire, celle qui le lui envoie, sachez-le, est une des dames les plus avisées qui soient, l'une aussi des plus savantes quant aux choses à venir, et si elle le lui a envoyé ce n'est pas sans raison : ce geste est un signe que je vais vous expliquer. Sachez que tout comme la rose est la fleur la plus estimée de toutes, Gaheriet sera plus estimé pour ses qualités de chevalier et pour sa civilité que tous ceux qui ont aujourd'hui reçu l'ordre de chevalerie[487]. Et lorsque la vaillance des autres viendra à faire défaut, au moment où elle sera le plus nécessaire, Gaheriet entrera en pleine possession de la sienne et accomplira par sa valeur ce à quoi ils devront renoncer à cause de leur indignité. Cette parole, sire, est la dernière qui sortira jamais de ma bouche, hormis celle-ci. » Alors, il dit à Gaheriet : « Tu

---

[487] *Suite*, § 533, ll. 41-43 : *aussi sera Gaheriet plus prisiés de chevalerie et de cortoisie que tous ceulx qui huy ont receu l'ordre de chevalerie* ; il est difficile de déterminer si « huy » est à comprendre au sens large ('jusqu'à ce jour') ou restreint (*en cest jour*). Aucun des futurs chevaliers parfaits ou presque parfaits (Lancelot, Galaad, Bohort, Perceval, Tristan) n'ayant été encore adoubé, la première solution est probablement la meilleure. Cela suppose que Gaheriet soit jugé supérieur à Gauvain, ce qui est assurément le cas dans notre texte (mais non dans le *Lancelot*, *op. cit.*, t. II [TLF 249], p. 408, § 2 et § 5).

aurais pu dépasser[488] en valeur et en vaillance tous les compagnons de la Table Ronde, sauf deux, sans la mort de ta mère, que tu provoqueras prématurément par ton péché, et c'est ce qui amoindrira le plus ton renom. » Dès qu'il eut prononcé ces mots, il tomba à la renverse et se raidit, étreint par les souffrances de l'agonie, puis son âme quitta aussitôt son corps. En voyant cela, le roi se signa d'étonnement et déclara : « Par Dieu, voilà l'aventure la plus surprenante que j'aie jamais vue advenir : ou mon neveu Gaheriet sera un chevalier plus exceptionnel que les autres, ou c'est à n'y rien comprendre, car de ma vie je n'ai jamais entendu parler de débuts aussi extraordinaires que les siens dans la carrière de chevalier. » Les autres répliquèrent : « Certes, sire, vous dites vrai. Dieu fasse qu'il finisse la sienne de belle manière, car le commencement en est beau. »

Le roi ordonna que l'on prît le mort et qu'on le transportât hors du palais pour lui rendre autant d'honneur qu'on le ferait pour un chevalier riche et puissant. Il en fut fait comme le roi l'avait demandé et on le mit en terre devant les portes de l'église Saint-Étienne, dans le vestibule de l'édifice. Sur la pierre tombale, on fit graver cette inscrip-

---

[488] *Suite*, § 533, ll.48-49 : *Tu passasses de bonté et de valeur tous lez compaignons de la Table Ronde* ; nous traduisons par un ' conditionnel passé', à cause des futurs qui donnent une forte valeur assertive à cette prédiction, mais « passasses » exprime seulement l'irréalité du procès. Reste que l'avenir semble ici écrit. Ce meurtre est raconté dans le *Tristan en prose* (*op. cit.*, éd. J.-P. Faucon, t. IV [TLF 408], §§ 144, ll. 21-30).

tion qui disait : *Ici repose Marin le fou, qui, à cause de l'entrée en chevalerie de Gaheriet, reçut l'usage de la parole, dont la grâce spirituelle lui avait été refusée jusque là.*

534. Le lendemain de Noël, après le déjeuner, il advint que le roi sortit à pied de Camaalot avec quelques compagnons et qu'il alla se promener dans les prairies couvertes de neige. Tandis qu'il se divertissait et bavardait avec ses hommes, il regarda autour de lui et vit arriver un chevalier de très haute taille qui traversait les prés en suivant le cours de la rivière. Il était entièrement armé et toutes ses armes étaient de couleur rouge sang[489]. Il arriva à la hauteur du roi et de ses chevaliers, profondément absorbé dans ses pensées. Le roi, qui était fort civil, lui dit : « Que Dieu vous garde, seigneur chevalier. D'où êtes-vous ? » L'autre était si profondément absorbé qu'il ne l'entendit pas ; il poursuivit donc son chemin sans répondre un seul mot. Le roi crut qu'il avait fait cela par orgueil, aussi dit-il à ceux qui étaient autour de lui : « Ma parole, je n'aurais jamais cru voir un chevalier aussi orgueilleux et aussi grossier que celui-là, car il ne daigne même pas répondre quand on le salue. Si j'étais moi aussi un chevalier voyageur, que Dieu m'abandonne si j'étais homme à jamais connaître un parfait contentement avant de savoir comment il sait manier la lance et l'épée. » Les autres déclarèrent

---

[489] Dans l'atmosphère si 'christianienne' où se déroulent les débuts de Gaheriet, ce décor de neige sur lequel se détachent les armes « vermeilles comme sang » (ll. 7-8) fait encore songer à Perceval (v. *Le Conte du Graal*, *op. cit.*, vv. 4142-4193).

qu'il était effectivement orgueilleux. Comme ils disaient ces mots, voilà qu'un second chevalier arrive au galop[490] le long de la rivière ; il allait sur les traces du précédent, plongé tout comme lui dans ses pensées. Quand le roi le vit arriver, il dit à ses compagnons : « Celui-ci tient conseil avec l'autre[491] : il pense très fortement. On verra s'il me répondra, car je vais quand même le saluer pour voir s'il est aussi grossier que le premier. » Alors, il s'avança et lui dit, d'une voix très forte parce qu'il le voyait ainsi absorbé dans ses réflexions : « Que Dieu vous garde, seigneur chevalier ! » L'autre leva la tête et lui dit tout en pleurant : « Seigneur, que Dieu vous donne une joie plus grande que celle que je m'en vais chercher, car en vérité je vais vers mon malheur et vers ma honte, et ma douleur est telle qu'elle ne peut se comparer à celle d'aucun autre chevalier. C'est pourquoi je pourrais difficilement me réjouir d'aller là où je vais, car il ne fait aucun doute que je vais vers ma mort. » Quand le roi entendit ces mots, il en conçut une très grande pitié, aussi prit-il la monture du chevalier par le mors en disant : « Ne m'en veuillez pas, seigneur, si je retiens votre cheval, car je ne le fais assurément pas pour vous nuire ou vous humilier, mais seulement pour que vous

---

[490] *Suite*, § 534, l. 21 : *acoroit* ; il est difficile de traduire autrement, mais la suite ne semble pas indiquer que le chevalier arrive à grande vitesse.

[491] *Suite*, § 534, l.25 : *Cestui est du conseilh a l'autre* ; G. Roussineau (*op. cit.*, gloss., p. 727, s. v. *conseil*) : « celui-ci est absorbé dans les mêmes pensées que l'autre » ; A.-J. Holden (*op. cit.*, p. 275) : « ...est aussi absorbé dans ses pensées que l'autre. »

me disiez, s'il vous plaît, comment il se fait que vous alliez vers votre mort et votre honte. En vérité, si je puis vous épargner l'une et l'autre, je le ferai et je m'occuperai si bien de votre affaire que vous devrez m'en être reconnaissant, ainsi que tous les autres chevaliers voyageurs. » L'inconnu regarda attentivement le roi et lui dit : « Seigneur, vous me promettez beaucoup. Je ne vois pas comment vous pourriez tenir vos engagements. – Je ne vous promets rien, répliqua le roi, que je ne puisse tenir, à mon avis. – Et qui êtes-vous, noble seigneur ? Je vous prie de me le dire franchement. En vérité, selon ce que vous m'apprendrez je vous dévoilerai ou non toute mon affaire, que ce soit pour mon honneur ou pour ma honte. – Je vais donc vous le dire, répondit le roi, parce que je désire beaucoup savoir ce qui vous préoccupe. Sachez que je suis le roi Arthur. – L'êtes-vous vraiment, seigneur ? » demanda le chevalier. Les compagnons du roi déclarèrent : « C'est bien lui, seigneur chevalier. » L'autre mit aussitôt pied à terre et poussa un grand cri en descendant de cheval, de sorte qu'il fut manifeste qu'il était blessé ou extrêmement éprouvé, comme le roi le comprit tout de suite. Alors, le chevalier ôta son casque et son épée et les jeta aux pieds du roi Arthur, puis il s'agenouilla devant lui et lui dit : « Noble roi, viens à mon aide et délivre-moi de ce qui me tourmente, si tu as jamais eu pitié d'un pauvre chevalier en proie à tous les malheurs et à tous les chagrins. »

535. Quand le roi vit le chevalier ainsi désemparé, il éprouva pour lui une telle compassion qu'il en eut les larmes aux yeux et nul, parmi ceux qui assistaient à la scène, n'avait le cœur si dur qu'il ne fût envahi de pitié. Le roi le releva et lui dit : « Seigneur chevalier, j'ai si grand pitié de vous que je mettrais mon corps en danger de mort plutôt que de ne pas régler votre affaire selon vos désirs, à condition bien sûr de ne pas agir en cela contre moi-même. Mais dites-moi ce dont il est question, car – que Dieu m'abandonne si je mens – il me tarde beaucoup de le savoir. » Le chevalier répondit aussitôt : « Sire, vous avez bien vu, à l'instant, un chevalier qui s'en allait par ici et qui portait des armes rouges. Sachez que c'est un des meilleurs chevaliers que j'aie jamais vu et l'un des plus forts. Il se trouve que cet homme, qui est de très haute noblesse, est le fils du duc d'Avarlan ; or il est advenu récemment qu'il a fait prisonnier mon frère sur le domaine de son père le duc, je ne sais si c'est par trahison ou autrement, toujours est-il qu'il l'a pris et qu'il l'a fait mettre dans une prison, où il le détient encore, le faisant vivre là dans les souffrances et dans la honte. Après sa capture, je l'ai cherché partout, car j'étais fort inquiet à son sujet, jusqu'à ce que l'on m'apprenne que ce chevalier l'avait emprisonné. Quand je l'ai su, je me suis mis à la recherche de celui-ci, tant et si bien que je l'ai trouvé chez son père, en présence duquel je l'ai aussitôt accusé de trahison[492]. Il a été décidé que le combat aurait lieu un

---

[492] *Suite*, § 535, ll.21-22 : *si l'appellay maintenant de traïson* ; conclusion surprenante pour nos esprits férus de logique, compte tenu de ce que le chevalier vient de dire (§ 535, ll. 14-15) : « il prist en la terre son pere ung mien frere, ne sçay en traïson ou en quel maniere ». Des propos identiques sont tenus par Gaheriet au § 551

jour de la semaine où nous sommes, avec cette condition que, si je ne prouvais pas la trahison de ce chevalier ce jour-là, mon frère serait lui-même châtié comme doit l'être un chevalier convaincu d'avoir trahi. Là-dessus, j'ai quitté la cour du duc et j'ai depuis chevauché à travers le royaume de Logres plus de quinze jours entiers, cherchant ça et là les aventures comme j'en avais l'habitude. Et voilà que mardi je rencontre, dans une forêt qui se trouve par là devant, deux chevaliers, deux frères, qui me haïssaient d'une haine mortelle à cause de leur cousin germain que j'avais tué. Dès qu'ils m'ont vu, ils m'ont attaqué et nous avons commencé à nous battre sans faire de quartier. Finalement, j'ai eu tant de chance, Dieu merci, que je les ai tués tous les deux, mais ils m'avaient auparavant si grièvement blessé que j'avais déjà quatre larges et profondes entailles dans le corps. Je les ai laissés sur place, gisant sur le sol, et m'en suis allé loger chez l'un de mes amis qui demeurait aux environs pour qu'on s'occupe de mes blessures. On les a examinées et soignées, après quoi je suis resté chez cet ami ce jour-là, et hier aussi, pour me reposer, mais comme le jour où je dois livrer bataille est tout proche il a fallu que je m'en aille. Je suis donc parti aujourd'hui et j'ai énormément souffert pour chevaucher jusqu'ici, car je suis très grièvement blessé, et en si piteux état que mes blessures se sont rouvertes ; à cause de cela, j'ai tellement saigné que je suis complètement épuisé, de

---

(ll. 7-10). L'accusation qui est à l'origine du duel relève donc de l'hypothèse, hypothèse confirmée ou infirmée par l'issue du combat ; ce qui importe avant tout est la défense du lignage.

corps et d'âme, car j'ai tout perdu, mon courage et ma force. Pour cette raison, il me faut interrompre mon voyage malgré moi ; ce sera pour ma honte et l'on me jugera à jamais indigne et lâche. Quant à mon frère, qui était l'un des meilleurs chevaliers du monde et l'un des plus loyaux, il mourra et subira un traitement infâme, car celui qui le tient emprisonné lui voue une haine mortelle...

Sire, je viens de vous exposer la cause de mon chagrin. Au nom de Dieu, aidez-moi de telle sorte que je puisse vous tenir pour un homme de parole, car vous savez bien que vous m'avez promis de m'apporter toute l'aide possible. Et assurément, si vous voulez vous donner un peu de peine, mon frère ne subira pas un traitement ignominieux et je ne serai pas considéré comme un chevalier indigne et lâche. » Alors, il se jeta de nouveau aux pieds du roi, manifestant une telle douleur que celui-ci et tous ceux qui virent ce chagrin eurent grand-pitié de lui. Devant ce spectacle, le roi ne put se retenir davantage de dire : « Relevez-vous, seigneur, et ne soyez plus si inquiet, car en vérité je vous trouverai dans ma maison un chevalier qui se chargera de livrer ce combat à votre place pour délivrer votre frère. Et soyez sûr que je m'en chargerais moi-même et que je prendrais les armes pour défendre votre cause plutôt que de ne pas faire tout ce qui est en mon pouvoir pour que vous revienne l'honneur de la victoire dans ce duel. » L'autre le remercia beaucoup pour ces paroles et lui embrassa les pieds. Le roi demanda aussitôt à ceux qui étaient avec lui : « Est-il quelqu'un parmi vous qui veuille se charger de ce combat contre le chevalier qui vient de passer par ici, pour l'amour de moi et pour défendre la cause de cet homme ? » A ces mots, tous gardèrent le silence, car le chevalier leur avait paru être d'une taille si imposante qu'ils le redoutaient beaucoup ; il n'y avait rien d'étonnant à cela, car ils l'avaient entendu fortement louer de la bouche même du chevalier qui était devant eux, et cela ne faisait qu'augmenter leurs craintes. Lorsqu'il vit que les chevaliers expérimentés se taisaient, Gaheriet, qui était présent, s'avança vivement et se laissa tomber aux pieds du roi, son oncle, en disant : « Sire, accordez-moi ce combat : vous n'avez pas le droit de me le refuser, car c'est le premier don que je vous demande depuis que j'ai été fait chevalier. » Le roi le regarda ; il devint tout songeur, puis il lui répondit : « Cher neveu, tu es encore bien jeune pour te charger d'une affaire aussi considérable, car ce chevalier est fort et résistant, et tu n'es encore qu'un enfant, si peu aguerri : tu ne pourrais pas tenir contre lui et tu serais finalement vaincu. – Sire, il est inutile de me le refuser. Même si vous ne m'accordez pas ce combat, j'irai quand même. – Alors, prends-le, repartit le roi. Que Dieu t'accorde de le conclure à ton avantage, car tout ce qui t'est arrivé, depuis le jour de ton adoubement, a été extraordinaire. » A cet instant, il le releva, l'embrassa et lui dit : « Tu peux maintenant t'en aller quand il te plaira, cher neveu. Que Notre seigneur te conduise ! » Le chevalier blessé demanda qui était ce jeune chevalier et le roi lui répondit qu'il était son neveu et qu'il s'appelait Gaheriet. « Vraiment ? Au nom de Dieu, puisque Notre Seigneur lui a accordé ce combat, me voici maintenant pleinement satisfait, car je sais bien qu'il le mènera à sa guise. – Mais vous ne le connaissez absolument pas ! s'exclama le roi. – Certes, sire, répliqua le chevalier, je ne l'ai encore jamais vu. Cependant, il y a quelques jours, j'ai cheminé toute la journée en compagnie d'une demoiselle qui lui apportait une couronne de roses, comme elle me l'a confié, et elle m'a dit, au moment où nous nous sommes quittés : "Pour ce qui est de Gaheriet, sachez bien ceci : ce sera l'un des meilleurs chevaliers du monde, car telle me l'a dit qui le sait bien." » Le roi se mit alors à sourire et répondit : « Sur ma tête, seigneur chevalier, quoi qu'on ait pu vous raconter au sujet de mon neveu, il est en tout cas exact que cette couronne de roses fraîches lui a été remise de la part de la Dame de l'Île aux Fées. En voyant qu'on l'avait apportée à la cour en cette saison, nous avons d'ailleurs été tellement émerveillés que nous avons déclaré qu'elle ne pouvait être qu'une œuvre de fée ». A quoi le chevalier répliqua que c'en était bien une.

536. Le roi s'adressa alors à ses compagnons : « Rentrons, ainsi ce chevalier blessé pourra se reposer. » Tout le monde fut d'accord. Quand ils furent revenus au palais, le roi ordonna à ses serviteurs de désarmer le chevalier et de lui apporter tous les soins possibles. Ceux qui en avaient reçu l'ordre obéirent ; ils examinèrent ses blessures et virent qu'elles étaient larges et profondes, à ce point aggravées par la chevauchée qu'il avait faite ce jour-là qu'il était étonnant qu'il ne fût pas mort. Le soir même, le chevalier dit à Gaheriet : « Seigneur, il faudra que vous soyez mardi matin[493], à la première heure du jour, chez

---

[493] *Suite*, § 536, ll.9-10 : *il conviendra que vous soiés mardi matin* ; la chronologie semble en défaut : en remontant dans le temps, nous voyons que Gallin affronte les deux frères un mardi

le duc d'Avarlan, au château même d'Avarlan. – Comment s'appelle votre frère ? demanda Gaheriet. – Seigneur, on l'appelle Gallinor ; quant à moi, je m'appelle Gallin, et le chevalier contre lequel vous devez combattre s'appelle Baudon. En vérité, si vous voulez y être bien à temps, il vous faut partir demain matin, sans vous attarder ici, car il y a quatre bonnes journées de voyage jusque là, que vous devrez réduire à trois[494]. » Gaheriet déclara qu'il partirait donc sans faute le lendemain matin.

537. Ce soir-là, Gaheriet alla demander à la reine l'autorisation de quitter la cour, en lui disant qu'il lui fallait partir pour s'acquitter d'une mission que le roi lui

---

(§ 535, l. 29). Il passe le reste de la journée et le mercredi chez un ami (§ 535, ll. 39-40). Il en part le lendemain, qui est donc un jeudi (ll. 40-42). Ce même jour, il rencontre Arthur, auquel il parle du « jour de la bataille aterminé a ung jour de ceste sepmaine mesmes » (§ 535, l. 23), donc ce jeudi, vendredi, samedi ou dimanche. On apprend ici que le jour du combat est en fait fixé au mardi de la semaine suivante.

[494] Si notre comput est exact, cette scène doit se dérouler un jeudi soir. Le départ de Gaheriet est donc fixé au vendredi matin. Si l'on inclut ce premier jour de voyage dans les trois dont parle Gallin, Gaheriet devrait arriver dimanche soir ou lundi matin. Or on verra qu'il arrive le jour même du combat. La suite semble indiquer (mais la notation temporelle du § 550, l. 7 est peu claire) qu'il chevauche quatre jours, en incluant le vendredi et le lundi tout entier. Le texte n'indique pas où il passe la nuit du lundi soir. La compression des quatre journées de voyage à trois a peut-être valeur symbolique : l'épiphanie à laquelle on vient d'assister appelle tout naturellement ce type de symbole trinitaire.

avait confiée. La reine la lui accorda, l'esprit passablement agité : la nouvelle de ce départ lui était très pénible, en effet, car elle appréciait tant le jeune homme, pour son affabilité, qu'elle aurait voulu qu'il ne s'éloignât jamais. Quand il eut pris congé de la reine, il alla faire ses adieux aux demoiselles et aux dames de la cour et je peux vous dire qu'à son départ il y eut au palais maintes larmes versées par maintes belles demoiselles, car tout le monde l'aimait beaucoup. Il offrit aux demoiselles sa couronne de fleurs, qu'elles reçurent avec énormément de plaisir et de transports. Et que chacun le sache, car c'est la vérité, la grande joie que les demoiselles du roi Arthur manifestèrent à la cour en recevant ce présent les incita à faire un lai à ce sujet, lai que l'on appellera, aussi longtemps que le royaume d'Angleterre durera et qu'il s'y trouvera des habitants, *Le Lai de la Rose*. Mais parce qu'elles ne donnèrent pas alors à cette chanson une mélodie aussi belle que l'étaient les paroles, Tristan le beau, Tristan l'amoureux composa une autre mélodie, dès que le hasard l'amena à la cour et qu'il entendit parler de cette pièce. Il l'interpréta alors aussitôt sur sa harpe, parce que les paroles en étaient réussies et que désormais la mélodie l'était également[495]. Les habitants d'Angleterre tiennent encore ce lai en grande estime, avec d'autres, et cela ne cessera pas aussi longtemps que l'on pourra goûter le plaisir de la harpe.

---

[495] *Suite*, § 537, l.20 : *pour ce que bons en estoit ly dis et le chant autressi* ; on pourrait aussi comprendre : *pour ce que bons en estoit ly dis et [pour ce que] le chant [le fust] autressi.*

538. Quand Agravain l'orgueilleux vit que son frère parcourait le palais en prenant congé des uns et des autres et que le roi lui avait déjà accordé de livrer combat, il éprouva une telle contrariété et un tel dépit qu'il crut en mourir. Il se dit en lui-même que, s'il le pouvait, il lui rabattrait ses prétentions, « car, songeait-il, il m'a déshonoré et humilié pour toujours en se chargeant de mener cette aventure à bien sans me céder le pas, à moi qui suis son aîné et qui suis plus fort et plus agile qu'il ne l'est. En vérité, il se repentira d'avoir entrepris cela sans mon accord. Je lui ferai connaître sa sottise. » Il résolut alors de prendre congé du roi le lendemain, sous prétexte de se mettre en quête d'aventures et de voir si Dieu le mènerait en un lieu où fût monseigneur Gauvain ; et quand il serait parti de la cour, il changerait ses armes, poursuivrait Gaheriet et l'affronterait en combat singulier, en quelque lieu qu'il pût le trouver. « Ainsi, disait-il, je pourrai facilement lui rabattre ces prétentions qu'il affiche si grandes dès le début, car je sais bien qu'il n'est absolument pas de taille à résister contre moi. »

539. Agravain commença donc à ruminer des pensées de trahison et de fourberie à l'égard de son frère, bonne et douce créature, qui n'avait aucune mauvaise pensée à son égard et qui aurait été bien incapable d'en avoir. Le lendemain, dès que Gaheriet eut entendu la messe, il jura aussitôt sur les reliques, devant tous ceux qui étaient avec lui, qu'il ne raconterait jamais ses faits d'armes, où qu'il se trouvât, s'il n'y était pas contraint par la force, et que jamais une demoiselle en détresse ne ferait appel à lui, si loin qu'elle habitât, sans qu'il s'efforçât de lui venir en aide, à condition qu'il sût sa cause bonne et juste. Ceux qui étaient près de lui déclarèrent que pour un chevalier aussi jeune qu'il l'était il avait entrepris quelque chose de bien difficile : Dieu fît qu'il en vînt à bout ! Alors, Gaheriet quitta l'église et se mit en selle, imité par l'un de ses écuyers, et beaucoup d'autres personnes firent de même pour les accompagner jusqu'à la forêt de Camaalot. Dès qu'ils y furent, il leur demanda de faire demi-tour et les recommanda vivement à Dieu, puis il s'enfonça aussitôt dans la forêt avec son écuyer pour tout compagnon, si bien équipé qu'il ne lui manquait rien de ce qui était nécessaire à un chevalier. Quant à Agravain, dès qu'il fut levé, il se fit armer par un de ses écuyers. Une fois revêtu de ses armes, à l'exception de son casque, il alla se présenter à son oncle le roi dans la grand-salle du palais, s'agenouilla devant lui et lui dit : « Sire, je viens prendre congé de vous et des autres seigneurs qui sont ici, car je veux m'en aller et parcourir les contrées étrangères, comme le font les chevaliers voyageurs, pour voir si Dieu voudrait, par chance, m'amener un jour là où se trouve monseigneur Gauvain, car je mettrais à le délivrer toute ma peine et ferais tous les efforts que je pourrais jamais y consacrer. » Le roi lui répondit aussitôt : « Cher neveu, je préférerais, si la chose ne t'était pas trop pénible, que tu restes encore ici un certain temps. Mais puisqu'il te plaît de partir je te recommande à Notre Seigneur : qu'il te protège, où que tu ailles. » Agravain alla aussitôt prendre congé de la reine et des autres demoiselles, puis il quitta la cour, alla chercher son cheval, y monta et, pourvu de toutes ses armes, s'éloigna du palais avec l'un de ses écuyers. Beaucoup de gens l'accompagnèrent jusqu'à la forêt. Guerrehet pleurait d'émotion, à cause du départ de son frère, et celui-ci lui dit : « Cher frère, pourquoi ne quittez-vous pas la cour ? Vous verriez vous aussi les aventures du royaume de Logres, comme le font les autres chevaliers voyageurs[496]. » L'autre répondit qu'il ne partirait assurément pas de chez son oncle avant qu'y survînt un événement qui l'en fît partir, mais qu'à la première aventure qui adviendrait au palais il s'en irait, de sorte qu'il n'y serait plus jamais vu ensuite avant d'avoir longtemps voyagé à travers le royaume de Logres.

540. Là-dessus, les deux frères se séparèrent et chacun pleura à cause de cette séparation. Guerrehet retourna vers la ville en pleurant et Agravain pénétra dans la forêt avec son écuyer pour seul compagnon, puis il chevaucha à vive allure derrière son frère, suivant le chemin que celui-ci avait emprunté. Vers midi, il advint qu'il rencontra un pèlerin fort âgé. Il lui demanda s'il avait croisé un chevalier et un écuyer. « Assurément oui, répondit le pèlerin. Ils doivent avoir déjà au moins quatre lieues d'avance sur vous. » Agravain se déclara fort satisfait de cette situation : il ne voulait pas rejoindre Gaheriet dès le premier jour, pas avant d'avoir changé d'équipement. Les deux frères chevauchèrent ainsi toute la journée, l'un devant et l'autre

---

[496] *Suite*, § 539, ll.38 : *pourquoy ne vous partés vous de court et veissiés les aventures du royaume de Logres ainsi comme font les autres chevaliers errans ?* ; Notre traduction suppose une ponctuation différente (déplacement du point d'interrogation après « court »). Le texte édité oblige à comprendre *et [ne] veissiés les aventures.*

sur ses talons. Les circonstances firent que tous deux logèrent ce soir-là dans le même bourg, Gaheriet dans le château et Agravain dans la ville, chez un humble vassal.

541. Ce soir-là, Agravain pria tant son hôte de lui donner ses armes que celui-ci consentit à les lui laisser porter en échange des siennes. Le lendemain, avant le point du jour, le jeune homme se leva. Quand il fut armé et équipé, il demanda à son hôte le chemin le plus direct pour aller au château d'Avarlan ; l'autre le lui indiqua aussitôt : « Peu après que vous serez sorti de la ville, vous verrez un chemin étroit sur votre gauche. Prenez-le ; sachez qu'il vous y mènera sans aucun doute si vous pouvez le suivre jusqu'au bout. » Agravain déclara qu'il n'en demandait pas davantage, puis il quitta son hôte à l'instant même et sortit de la ville. Il ne tarda guère à trouver le chemin même que son hôte lui avait indiqué ; il s'y engagea et chevaucha avec son écuyer jusqu'à une petite forêt qui était toute proche. Dès qu'il fut à l'orée de ce bois, il descendit de cheval et prépara ses armes le mieux possible. Quand il eut constaté que tout était au point, il dit à son écuyer : « Mon frère Gaheriet va venir par ici et j'ai décidé de voir lequel d'entre nous sait le mieux jouer de la lance. Pour cette raison, il faudra que tu te caches dans l'épaisseur de cette forêt, dès que tu le verras venir, car s'il te voyait avec moi il te reconnaîtrait aussitôt et comprendrait immédiatement que je suis là : ce que je compte faire serait alors remis. – Et que comptez-vous faire, seigneur ? demanda l'écuyer. – L'affronter à la lance, répondit Agravain, pour voir qui de nous deux est le meilleur chevalier. – Seigneur, reprit le jeune homme, un malheur est vite arrivé, surtout lorsque deux êtres proches s'affrontent. Si vous le tuez, que se passera-t-il ? Assurément, Dieu vous réprouvera à tout jamais, et vous perdrez aussi pour toujours l'estime du monde, car si vous causez sa mort cela se saura nécessairement. Et quand vous vous en tireriez tous les deux sans dommage, ce que vous vous apprêtez à faire n'est pas bien beau, car on ne peut y voir que de la haine, de la méchanceté et de la jalousie. Sachez qu'il ne peut vous venir de cette entreprise ni bien ni honneur. Du reste, même si cette fois vous l'abattiez facilement, soyez sûr qu'il serait impossible que les choses ne tournent pas ailleurs à votre désavantage. – Tu as beau dire, répliqua Agravain, ce ne sont pas tes discours qui me feront changer d'avis, mais agis comme je te l'ai ordonné, dès que tu le verras venir. Et sache que si tu agissais autrement je te châtierais de cruelle façon. » L'autre déclara qu'il le ferait, puisque telle était sa volonté.

542. Ensuite, il se passa peu de temps avant qu'ils vissent Gaheriet et son écuyer arriver par le chemin qu'Agravain avait suivi. Celui-ci monta aussitôt sur son cheval et prit son bouclier et sa lance, tandis que l'écuyer choisit la partie la plus drue de la forêt pour s'y enfoncer, afin de n'être pas reconnu, tout en priant Dieu de faire en sorte que ce combat s'achevât honteusement pour son maître, « car, se disait-il, il l'a assurément entrepris par jalousie ». Dès qu'Agravain vit son frère approcher, il lui cria, assez haut pour que celui-ci pût l'entendre : « Seigneur chevalier, il vous faut combattre à la lance. Gardez-vous de moi ! » Gaheriet répondit : « Sans mentir, vous êtes le premier chevalier qui m'ait jamais encore invité au combat : vous n'essuierez donc pas de refus. » Il prit alors sa lance, que son écuyer portait, et laissa courir son cheval vers Agravain, véritablement persuadé que c'était un chevalier étranger. De son côté, Agravain se dirigea vers lui, lance baissée, de toute la vitesse qu'il put obtenir de son cheval, et il lui porta un coup si rude en pleine poitrine qu'il lui transperça son bouclier ; mais la cotte de mailles de Gaheriet ne subit aucun dommage, tant elle était robuste, et la lance d'Agravain vola en morceaux, sans qu'il eût fait bouger son frère de sa selle. Quant à Gaheriet, qui mit dans ce coup toute sa force, il frappa son adversaire si violemment qu'il le fit choir de sa monture ; ayant gardé son arme intacte, il continua sa course, sans un regard pour celui qu'il venait d'abattre, et s'enfonça dans la forêt. Il rendit son bouclier et sa lance à son écuyer et s'en alla, tout joyeux que Dieu lui eût accordé d'inaugurer sa carrière de chevalier par une aussi belle aventure.

543. Quant l'écuyer d'Agravain vit son maître abattu, il n'en fut pas attristé mais en éprouva au contraire tant de joie qu'il tendit ses mains vers le ciel et s'écria : « Ah ! Dieu, soyez béni ! Il est bien vrai que vous rabattez tout orgueil et que vous exaltez l'humilité, car il est juste que l'orgueil déchoie et que l'humilité s'élève. » Alors, il courut vers son maître et vit qu'il était encore étendu au travers du chemin, en homme qui se ressentait fortement de sa chute ; il n'avait cependant aucune blessure. Son écuyer lui demanda : « Seigneur, comment vous sentez-vous ? Pourrez-vous chevaucher jusqu'au soir ? – Mais oui ! répondit Agravain, je n'ai pas d'autre mal que d'être un peu étourdi et moulu par ma chute... Aussi, ce n'est pas étonnant, car ces chemins sont très durs à cause des gelées. » Il remonta alors sur son cheval. Quand il fut monté et qu'il eut mis son bouclier à son cou, il ordonna à son écuyer de se mettre en selle à son tour, puis il lui dit : « Même si Gaheriet m'a fait mordre la poussière, il ne m'a pas pour autant fait demander grâce, car il y a beaucoup d'excellents chevaliers qui sont abattus et qui triomphent ensuite de leurs adversaires. Je déclare donc qu'aussi longtemps que je vivrai je ne mettrai plus jamais les pieds à la cour de mon oncle avant de m'être mesuré à Gaheriet, épée contre épée, en combat singulier. Et que celui à qui Dieu donnera la victoire la prenne, car assurément j'aimerais mieux qu'il me tue que de ne pas venger cette honte. C'est pourquoi je le suivrai jusqu'à ce que je trouve le moment favorable pour l'affronter. – En vérité, seigneur, repartit l'écuyer, vous avez entrepris d'assouvir la rancune la plus déraisonnable que j'aie jamais vue, vous qui voulez vous battre contre votre frère, et cela pour rien. Quel mal vous a-t-il fait que vous deviez le haïr ? Assurément, nul n'entendra jamais parler de cette haine sans vous tenir pour une brute insensée. Et il pourrait vous en cuire très bientôt, sachez-le bien, car Gaheriet n'est pas un agneau mais l'un des meilleurs chevaliers du monde, à mon avis. S'il s'aperçoit que vous le suivez pour le combattre à l'épée, soyez sûr que vous serez largement servi, car je ne crois pas qu'il soit moins bon chevalier que vous-même, et en vérité si l'on en venait à trancher des têtes je me fierais plus, dans l'extrémité du danger, à lui qu'à vous. C'est pourquoi je vous prie, très cher seigneur, de renoncer, pour Dieu et pour vous-même, à ce combat. » L'autre répondit qu'il n'y renoncerait pas, qu'il préférait mourir. « Dites-moi donc, demanda l'écuyer, et si vous aviez alors la chance d'avoir le dessus, que feriez-vous ? – Le monde entier, répondit Agravain, ne m'empêcherait pas de lui couper la tête, car il n'est personne au monde que je haïsse autant que lui. – Vraiment, reprit l'écuyer, il en est ainsi ? Au nom de Dieu, puisque vous haïssez votre frère, je ne vois rien de bon dans cette histoire, d'autant plus que vous comptez le tuer. Que Notre Seigneur m'abandonne si je mens, nul ne pourrait prétendre que ce ne serait pas là déloyauté et méchanceté. Et dès lors que vous êtes si résolu à entreprendre cela je ne veux plus rien avoir à faire avec vous, car je serais alors plus qu'indigne et plus que lâche si je servais un homme qui a décidé de commettre un acte aussi malhonnête que celui de tuer son frère ; je sais bien en effet que cet homme-là ne serait jamais loyal envers moi, puisqu'il ne l'est pas envers un si proche parent. – Comment ! s'écria Agravain, tu vas donc me laisser ainsi tout seul, sans compagnon, loin de mon oncle ? Tu ne devrais pas agir de la sorte, car je n'ai nul tort envers toi. – Je serais fou, repartit l'autre, si j'avais confiance en vous, alors que vous comptez trahir votre frère. » Il fit aussitôt demi-tour et reprit le chemin par lequel il était venu. Il se dit qu'il irait séjourner chez l'un de ses frères, qui était chevalier, car il ne reviendrait jamais à la cour avant de connaître l'issue de cette affaire. Lorsqu'Agravain vit qu'il s'en allait, il s'abstint de le rappeler, car il était orgueilleux, et il s'en alla à la poursuite de Gaheriet, guidé par les traces qu'il voyait sur le chemin ; il chevaucha donc à toute vitesse derrière lui : s'il pouvait le retrouver, en quelque occasion que ce fût, il l'attaquerait aussitôt et se vengerait alors de la honte qu'il lui avait infligée.

Ainsi Agravain fit-il route derrière Gaheriet, plein de colère. Quant à celui-ci, qui avait bien autre chose en tête, dès qu'il eut quitté son frère il se mit à chevaucher à vive allure, en compagnie de son écuyer, si bien qu'il parvint dans une vallée où coulait une large rivière, noire et profonde.

544. Il arriva au bord de l'eau. Comme il voulait traverser et qu'il cherchait par où passer, il dressa l'oreille en entendant un homme qui se livrait, non loin de là, à de très véhémentes lamentations, et il semblait vraiment qu'il fût en très mauvaise posture. « As-tu entendu, demanda Gaheriet à son écuyer, la même chose que moi ? – Seigneur, je ne sais pas ce que vous entendez, mais il me semble qu'il y a près de nous un homme qui se lamente avec beaucoup de véhémence. – Sur ma tête, dit Gaheriet, tu dis vrai. Allons donc de ce côté pour voir qui c'est, car c'est un homme : cela, j'en suis sûr. » Alors, ils entreprirent de longer la rivière, si bien qu'ils arrivèrent dans un bois fort épais, dont les arbres étaient plantés très drus tout au bord de l'eau. Lorsqu'ils y furent, Gaheriet mit pied à terre et ordonna à son écuyer de faire de même, puis il lui dit : « Celui qui se plaint si fort est là tout près. » Ils virent alors, juste devant eux, près de la rivière, dans l'épaisseur des arbres, un homme qui ne portait pour tout vêtement que sa chemise et son caleçon. Il avait les mains liées derrière le dos et les yeux bandés, mais il avait un très beau corps et un très beau visage, et, dans cette froidure à laquelle il était entièrement exposé[497] et qui était alors si vive que tout le pays était couvert de neige et de gelée, il avait les joues aussi rouges que s'il avait été exposé au feu. Il faisait entendre une plainte déchirante ; soudain, il se mit à parler ainsi : « Ah ! Trahison, puisses-tu être maudite et anéantie ! Maudits soient tous tes fils et toutes tes filles qui règnent sur la terre, maudits à jamais : que l'amertume de ceux qui t'ont connue empoisonne ta progéniture ! Ah ! Trahison, exécrable et maudite, engendrée par Vraie Jalousie, conçue par Déloyauté, associée à Ruse et à Fourberie, pleine de paroles déloyales et de conseils pervers, emplie de venin à l'intérieur, tout miel et toute douceur au dehors, où as-tu trouvé l'audace de pénétrer et de te loger dans le cœur d'un aussi bon chevalier que l'était mon compagnon ? Par sa vaillance et par ses qualités de chevalier, il pouvait assurément faire au grand jour plus que Trahison n'oserait entreprendre en cachette ! Ah ! Courage, Vaillance, Chevalerie, toutes bonnes vertus réunies dans le corps d'un seul homme, où étiez-vous cachées et enfouies à l'heure où Trahison a été assez hardie pour oser se loger avec vous ? Certes, vous dormiez, ou vous étiez ensorcelées, car jamais autrement Trahison n'aurait eu assez d'audace pour venir vous visiter et se loger avec vous, ni pour vous chasser de la maison où vous aviez si longtemps demeuré ! A cause de votre

---

[497] Sur ce motif très rare, v. V. Bubenicek, « Du bûcher à l'exposition au froid : avatar d'un motif hagiographique. *Guiron le Courtois* et la *Suite du Merlin* », in *Lorraine vivante. Hommage à Jean Lanher*, Nancy (P. U. N.), 1993, pp. 285-299.

assoupissement, cet homme sera considéré, aussi longtemps qu'il vivra, comme déloyal et traître pour avoir conçu et mis en œuvre une traîtrise ! Il ne m'en coûte pas beaucoup plus pour moi, qui en mourrai, que pour lui, car il a été jusqu'ici le plus renommé chevalier du monde, et il va perdre maintenant, pour cette seule action, sa bonne renommée, en échange de quoi il sera réputé déloyal et traître. »

545. Après avoir parlé de la sorte, il garda un moment le silence, si affligé qu'on ne pourrait l'être davantage. Lorsqu'il reprit la parole, ce fut pour recommencer sa plainte : « Ah ! Mort, pourquoi tant tarder ? Tu me fais dépérir et tu abrèges ma vie, mais si lentement ! Et pourtant, Mort, si j'étais assez libre de mes mouvements pour pouvoir me tuer, je boirais à ta coupe, que tu le veuilles ou non, ainsi finirait pour moi ce long supplice ! » Quand il eut dit ces mots, il se tut. Alors, Gaheriet s'approcha de lui et lui demanda : « Seigneur, qui êtes-vous, vous qui vous lamentez de la sorte ? – Mais vous, qui me parlez, répliqua l'inconnu, qui êtes-vous ? Faites-vous partie de la bande des brigands, des traîtres qui m'ont réservé une mort aussi ignoble et un sort aussi infamant ? Je n'avais assurément pas mérité pareil traitement ! – Ah ! Seigneur, s'écria Gaheriet, je n'en suis pas, et je n'ai jamais tramé ni commis de trahison. – Et qui êtes-vous donc ? reprit l'autre. Qu'êtes-vous venu chercher ici ? – Seigneur, répondit Gaheriet, je suis un chevalier voyageur en quête d'aventures. – Êtes-vous de la cour du roi Arthur ? – Oui, répondit le jeune homme, mais pourquoi le demandez-vous ? – Parce que je connais tous les chevaliers de sa cour, sauf les plus jeunes ». Alors, Gaheriet se présenta et déclara qu'il était le neveu du roi Arthur.

546. Comment ! s'exclama l'autre, est-ce donc vous, Gaheriet ? – Oui, c'est bien moi. Et vous, qui êtes-vous ? – Je suis Baudemagus, le chevalier le plus infortuné, le plus misérable qui ait jamais vécu, car il n'y a que malchance pour moi, où que j'aille ! » Lorsque Gaheriet entendit ces mots, il s'écria : « Ah ! très cher seigneur, est-ce vous ? » Alors, il lui ôta le bandeau qu'il avait sur les yeux et lui délia les mains. Quand l'autre se sentit libre, il se releva d'un bond et déclara : « Gaheriet, soyez le bienvenu ! Bienvenu, vous l'êtes, en vérité, pour mon bien, car vous m'avez sauvé de la mort. Si Dieu, en effet, ne vous avait pas aussi opportunément conduit par ici, c'en aurait été bel et bien fait de moi. » Il regarda alors la rivière qui coulait devant lui et ajouta : « Sur ma tête, si j'avais pu imaginer que j'étais aussi près d'une rivière, je ne serais pas en vie maintenant, car je m'y serais jeté depuis longtemps pour en finir au plus vite. »

547. Alors, Gaheriet se désarma et partagea ses vêtements avec Baudemagus, puis il demanda à son écuyer de descendre de son cheval de voyage et voulut y monter à son tour, pour donner à Baudemagus sa monture de chevalier, mais celui-ci refusa et prit au contraire le cheval de l'écuyer, qui les suivit à pied. Gaheriet demanda à son compagnon : « Seigneur, où allons-nous ? – Dites-moi d'abord où nous sommes, dit Baudemagus, car je l'ignore, ayant été amené ici dans l'état où vous m'avez trouvé. Je ne sais quelle distance on m'a fait parcourir depuis ma capture. » Gaheriet lui indiqua aussitôt dans quelle contrée ils étaient, et à quel endroit, en homme qui connaissait parfaitement le pays. Quand il eut appris à Baudemagus tout ce qu'il voulait savoir, celui-ci répondit : « Nous allons prendre par ici pour aller chez un de mes amis, de l'autre côté de la rivière. Je sais bien que j'y trouverai tout le secours que je me permettrai de lui demander. » Gaheriet répondit que cela lui convenait parfaitement, car il voulait lui aussi aller dans cette direction.

548. Alors, Gaheriet prit son écuyer en croupe et Baudemagus s'engagea dans la rivière, qui était fort profonde. Tout se passa si bien pour lui que sa monture le conduisit sur l'autre rive, sans mal ni dommage. Quant au cheval de Gaheriet, il fit exactement ce que l'on attendait de lui et mena son maître et l'écuyer de l'autre côté. Lorsqu'ils eurent franchi la rivière, ils se retournèrent et virent venir Agravain, tout armé, sans compagnon ni écuyer, qui s'approcha de l'eau pour traverser. Lorsque l'écuyer l'aperçut, il dit à Gaheriet : « Seigneur, voilà le chevalier que vous avez abattu ce matin ; il vous suit sans répit. Je suis sûr qu'il aspire à se venger, s'il le peut, de ce que vous lui avez fait. » Gaheriet répondit : « Peu m'importe. Qu'il commence quand il voudra ! » Puis il dit à Baudemagus : « Seigneur, racontez-moi, s'il vous plaît, ce qui vous est arrivé ; dites-moi qui vous a trahi et comment vous avez été pris et amené là où je vous ai trouvé, car je désire beaucoup savoir pourquoi et comment cela est arrivé. » Son compagnon répondit : « Gaheriet, je vous raconterai volontiers cette histoire. Sachez que c'est le roi

Pellinor[498] qui m'a fait subir tout cela, celui qui a été jusqu'ici l'homme le plus loyal du monde et qui, de tous les chevaliers que j'aie jamais connus, était considéré comme le meilleur. » Il se mit alors à raconter depuis le début jusqu'à la fin comment il avait été pris par traîtrise et maltraité à cause de la femme du roi Pellinor, avec laquelle il s'était mis au lit, sans prendre garde à ce qu'il faisait. Mais ce livre ne dit pas comment cette aventure lui advint, car monseigneur Hélie l'explique en détail dans le *Récit du Cri*, parce que cet épisode concerne Baudemagus. Pour cette raison, monseigneur Robert de Boron n'en dit rien, car il ne veut pas relater des événements qui sont racontés ailleurs en détail.

549. Quand Baudemagus eut expliqué à Gaheriet comment cette aventure lui était arrivée, celui-ci déclara que d'après lui le roi Pellinor méritait d'être sévèrement blâmé. Ils continuèrent à cheminer ainsi, tout en parlant de cette aventure, tant et si bien qu'ils arrivèrent chez un humble vassal, qui reçut très aimablement Baudemagus et manifesta beaucoup de joie en le voyant. Baudemagus trouva là armes et cheval et, quand il fut équipé comme devait l'être un chevalier en voyage, il quitta aussitôt cet endroit et s'en alla avec Gaheriet après avoir rendu à l'écuyer sa monture. Ils se remirent donc tous trois en route. Gaheriet raconta alors à son compagnon comment il avait quitté la cour, et pourquoi, et il lui apprit qu'il se rendait au château d'Avarlan pour combattre le fils du duc.

---

[498] V. n. 479.

« Et quand vous aurez livré ce combat, demanda Baudemagus, où comptez-vous aller ? – En vérité, répondit Gaheriet, j'irais volontiers à la Roche aux Pucelles, où monseigneur Gauvain, mon frère, est retenu prisonnier. – J'en ferais autant, repartit Baudemagus, si Dieu me donnait de venir à bout d'un combat à l'épée que je dois livrer mardi prochain, jour fixé pour cela. Je vais donc vous dire ce que nous allons faire. Si Dieu accorde à chacun de nous d'obtenir l'honneur du combat, allons droit de ce côté, sans rien entreprendre d'autre. Et que celui qui y sera le premier attende là son compagnon, pendant trois ou quatre jours. Si d'aventure il venait à quitter cet endroit, qu'il laisse sur place quelque marque qui témoignera de son passage à celui qui viendra ensuite. » Gaheriet y consentit volontiers. Ils se promirent aussitôt qu'ils agiraient ainsi, si Dieu leur accordait de mener leurs besognes à bonne fin. Cette nuit-là, ils couchèrent dans une vallée profonde, pleine de rochers, chez un ermite qui les reçut aussi bien qu'il le put. Le matin, dès qu'ils eurent entendu la messe et qu'ils furent armés, ils montèrent à cheval et quittèrent l'ermitage, après quoi chacun se mit en route de son côté. Mais l'histoire ne parle pas de l'aventure de Baudemagus, car elle n'a pas sa place ici, parce qu'elle fait partie du *Récit du Cri*. En revanche, nous allons vous parler de Gaheriet, conformément à ce que nous lisons dans l'histoire véridique.

XXVII

550. Le récit raconte à présent qu'après s'être séparé de Baudemagus Gaheriet chevaucha toute la journée sans trouver d'aventure digne d'être rapportée, après quoi, le soir, il arriva chez une noble veuve qui le reçut très bien. Le lendemain, il s'en alla, après l'avoir recommandée à Dieu, et se remit en route avec son écuyer. Que pourrais-je vous dire de plus ? Ce même jour, Gaheriet chevaucha tant et si bien qu'il arriva, le mardi, à la première heure de la matinée, au château d'Avarlan. Il trouva le duc dans la salle principale de son palais, en compagnie d'un grand nombre de puissants seigneurs et de chevaliers. Le duc les avait ainsi réunis parce qu'il pensait bien que le chevalier emprisonné serait réclamé ce jour-là et qu'on livrerait pour ce motif un combat à l'épée. Quant à son fils, qui était accusé de trahison dans cette affaire, il s'était déjà entièrement armé et attendait parmi les chevaliers que celui qui l'avait accusé vînt à la cour. Il était assis au milieu de la salle, sur deux grands coussins carrés, entièrement armé, à l'exception de son casque, et il avait laissé à son écuyer, dans la cour du château, tout le reste de son équipement.

551. Quand il pénétra dans la grand-salle du palais, Gaheriet reconnut le duc au fait que son siège était plus élevé que celui des autres, et il déclara, assez haut pour être entendu distinctement de tous : « Que Dieu veille au salut du duc et de tous ses compagnons, sans atteinte à l'honneur et à la dignité du roi Arthur, auquel je suis tenu par un serment qui passe tous les autres. » Le duc répondit : « Que Dieu bénisse le roi Arthur ! » Gaheriet lui dit alors : « Il a été rapporté, à la cour du roi, que tu retiens prisonnier un de ses vassaux, que ton fils a capturé, par traîtrise ou autrement, nous ne le savons pas très bien. Quoi qu'il en soit, ton fils est ici et maintenant accusé pour cela de trahison, et c'est aujourd'hui que la preuve doit en être faite ; et parce que mon seigneur veut que la cause soit défendue par un chevalier qui lui soit personnellement attaché, il m'a envoyé chez toi prouver que c'est bien par déloyauté et traîtrise que le chevalier emprisonné a été capturé. » Quand le fils du duc entendit ces mots, il se releva et déclara devant son père : « Seigneur, voici le gage par lequel j'offre de me défendre d'avoir jamais agi par traîtrise, tant à l'égard du chevalier qu'il réclame qu'à l'égard d'un autre. Et, si je suis convaincu de ce forfait, je veux que désormais vous ne me reconnaissiez plus comme votre fils mais que vous me traitiez comme un chevalier félon. » Gaheriet dit au duc : « Seigneur, faites venir le chevalier pour lequel je dois soutenir ce procès, car je veux le voir avant d'en faire davantage. » Le duc ordonna aussitôt qu'on le fît sortir de prison. Ceux qui en avaient reçu l'ordre le firent et l'amenèrent dans la grand-salle du palais. Lorsque Gaheriet le vit, il alla vers lui et lui demanda : « Seigneur chevalier, comment vous appelez-vous ? » Il répondit qu'il s'appelait Gallinor. Gaheriet l'examina, vit qu'il était pâle, amaigri et extrêmement faible, en homme qui avait beaucoup souffert de sa captivité. Il dit à ceux qui l'avaient amené : « Nobles seigneurs, reculez un peu jusqu'à ce que je me sois entretenu un instant avec lui seul à seul. – Volontiers », répondirent-ils. Gaheriet lui dit alors aussitôt : « Seigneur chevalier, c'en est fait de vous, car votre frère, empêché de venir ici, ne vous sera d'aucun secours. Cependant, avant que vous ne mouriez, je voudrais vous demander, au nom de Dieu et du salut de votre âme, de me raconter les circonstances exactes de votre capture. – Que Dieu m'abandonne en ce danger si je mens, dit le chevalier, je vais vous raconter l'histoire en toute franchise.

552. La vérité est que Baudon, le fils du duc qui m'a fait mettre en prison, et moi, nous avons été faits chevaliers le même jour et avons été compagnons d'armes pendant plus de quinze ans. Au temps où nous étions amis, il y avait dans ce pays une demoiselle dont il était éperdument amoureux et il ne me cachait rien de sa passion, car il avait en moi une plus grande confiance qu'en n'importe qui d'autre, ceux de sa parenté mis à part. La demoiselle, qui n'était pas aussi éprise de lui qu'il l'était d'elle, aimait de tout son cœur un autre chevalier, qui était le cousin germain de Baudon et qui, de son côté, aimait aussi la demoiselle. A force de prières, cet homme a obtenu qu'elle se donne à lui, sans que rien la retienne, ni la parenté de cet homme avec Baudon ni autre chose. Ils ont si bien vécu de la sorte que je les ai surpris ensemble, couchés l'un sur l'autre en train de faire l'amour. Ce spectacle m'a été si pénible que j'ai failli devenir fou, car j'aimais beaucoup Baudon. J'ai tiré l'épée et je l'ai brandie sur eux pour les tuer. Cependant, parce qu'ils m'ont demandé grâce et qu'ils m'ont juré sur les reliques qu'ils ne commettraient plus jamais ce péché, j'ai renoncé à les mettre à mort. M'ayant ainsi échappé, ils ont craint que je n'en parle tôt ou tard à Baudon et qu'il ne leur fasse un mauvais parti. Alors, la demoiselle est allée le trouver, comme on me l'a raconté depuis ; elle s'est jetée à ses pieds et lui a dit : "Seigneur, votre compagnon Gallinor me fait chaque jour des propositions indécentes et malhonnêtes, et il y met tant de rudesse que je ne pourrais plus tenir longtemps si je ne faisais pas ce qu'il exige, car il me menace sans cesse de me tuer." Le chevalier que j'avais pris sur le fait s'est alors avancé et il a dit : "Seigneur, il l'aurait aujourd'hui forcée à coucher avec lui si je n'étais pas intervenu, mais il y a renoncé parce que je lui ai dit que je vous le ferais savoir."

553. Ces paroles ont fait énormément de peine à Baudon, qui a répondu : "Je ne sais plus à qui me fier, puisque mon frère d'armes lui-même, pour qui j'avais tant d'affection, me trahit." Il a alors fait guetter le moment où je dormais et m'a fait prendre et jeter en prison, de telle sorte que je n'en suis plus sorti, depuis, avant ce jour, et j'y serais encore si le moment n'était venu pour moi d'être exécuté.

Voilà. Je vous ai raconté mon aventure, tout comme elle m'est arrivée, et je vous ai dit toute la vérité, que Dieu ne m'accorde pas le pardon de mes péchés au jour de ma mort si je mens. – Foi de chevalier, dit Gaheriet, je puis donc vous assurer que vous ne mourrez pas aujourd'hui sans moi, car je livrerai ce combat pour Dieu, pour Loyauté et pour obtenir votre délivrance. » Alors, il s'approcha du fils du duc et déclara : « Baudon, ce chevalier a été longtemps ton frère d'armes. Avant d'en faire davantage, je voudrais encore te conseiller, en toute bonne foi, de le faire libérer, de le tenir quitte de tout reproche et de le recevoir en ta compagnie comme tu l'as fait dans le passé. » L'autre répondit qu'il aimerait mieux avoir renoncé à tout ce qui fait la vie de chevalier. « Sans mentir, reprit Gaheriet, je suis donc prêt à combattre contre toi pour montrer que tu retiens ce chevalier injustement et sans raison, et qu'il a été surpris et emprisonné déloyalement, par traîtrise[499]. » Il tendit aussitôt son gage au duc et Baudon fit la même chose pour contester l'accusation. Quand le duc eut reçu leurs gages à tous les deux, Gaheriet déclara : « Seigneur, j'entreprends ce combat de telle manière que je n'aurai à me garder que de votre fils, et, si je puis le vaincre, votre cour tiendra quitte ce chevalier et renoncera à toute poursuite contre lui. » Le duc répondit qu'il consentait qu'il en fût ainsi. « Je vous prie donc, reprit Gaheriet, de faire amener Gallinor à l'endroit où doit se dérouler l'affrontement. » Le duc lui accorda ce qu'il demandait ; le jeune homme quitta alors aussitôt le palais et Gallinor fut conduit sur le lieu du combat, entièrement armé comme il convenait qu'il le fût.

Gaheriet alla reprendre son cheval, l'enfourcha et traversa la ville avec son écuyer. A mi-chemin, il vit une chapelle. Il descendit aussitôt de sa monture, s'agenouilla devant le crucifix et pria Notre Seigneur de lui donner, par sa douce miséricorde, l'honneur de la victoire dans ce

---

[499] On peut s'étonner qu'il ne soit fait nulle mention des véritables coupables. Il faut comprendre que Baudon, en agissant comme il l'a fait, sans défier loyalement celui qui l'a, croit-il, trahi et lui donner la possibilité de se défendre, assume tout ce qu'il y a de faux et de mensonger dans cette affaire.

combat. Quand il eut achevé sa prière, il fit sur son visage[500] le signe de la sainte Croix et sortit aussitôt de la chapelle, puis il remonta à cheval. Comme il s'en allait le long de la rue principale, sans autre compagnon que son écuyer, il rencontra une très belle demoiselle, fort somptueusement vêtue, montée sur un cheval de promenade blanc. Quand elle fut à la hauteur de Gaheriet, elle s'arrêta et lui dit : « Que Dieu vous accorde aujourd'hui l'honneur de la victoire, seigneur chevalier, et toutes les autres fois que vous combattrez. » Il répondit à ses vœux en appelant sur elle la bénédiction de Dieu. « Seigneur chevalier, reprit-elle, si vous voulez m'accorder un don lorsque je vous le demanderai, je vous apprendrai quelque chose qui vous ferait grand plaisir et dont vous seriez fort heureux. – Si vous ne me l'apprenez pas, répliqua le jeune homme, ce ne sera pas faute d'avoir obtenu ce don, car je vous l'accorde, et sachez bien que je n'opposerai jamais de refus à une demoiselle, autant que je le puisse. – Grand merci, dit-elle. Voici donc ce qu'il en est. Je vous déclare que vous serez vainqueur dans ce combat, et je veux que vous sachiez bien que ce chevalier est l'un des plus puissants et l'un des meilleurs que l'on connaisse dans tout ce pays, aussi votre renom et l'estime que l'on vous porte s'accroîtront-ils beaucoup lorsqu'on saura que vous l'avez vaincu

---

[500] *Suite*, § 553, l. 38 : *il fait en son vis devant le signe de la saincte Croix* ; G. Roussineau (*op. cit.*, p. 691, n. 553,38) : « *devant* : Comprendre "devant le crucifix" ». Avec A. J. Holden (*op. cit.*, p. 275 : « il se signe sur le front »), nous considérons plutôt que « devant » se rapporte à « vis ».

en combat singulier. » Il répondit : « Mademoiselle, cette nouvelle me réjouit beaucoup ; bénie soit votre venue par ici. – Maintenant, allez-vous-en, et que Dieu vous accompagne, dit-elle ; ne craignez rien et n'oubliez surtout pas que vous me devez un don, car je vous le demanderai peut-être plus tôt que vous ne l'imaginez. » Il répondit qu'il s'en souviendrait bien et ils se quittèrent là-dessus. Gaheriet se dirigea vers le lieu du combat ; Baudon était déjà sur place, entièrement armé et à cheval, et il attendait son adversaire. Les gardes que le duc avait commis pour garder l'endroit, afin que nul ne fût assez audacieux pour y pénétrer, quoi qu'il advînt des combattants, étaient déjà arrivés. Ils étaient douze et c'étaient les chevaliers les plus loyaux et les plus accomplis que l'on connût dans tout le pays. Ils firent entrer Gaheriet sur le terrain, tout armé, sans qu'il manquât la moindre pièce à son équipement. Sachez que le champ où il avait été décidé que le combat aurait lieu avait un bon arpent de long et quatre de large, et il était fermé de tous côtés par des chaînes de fer.

554. Quand les deux chevaliers se virent seul à seul sur le lieu du combat, ils laissèrent courir leurs chevaux l'un vers l'autre. Tous deux avaient de bonnes montures, mais celle de Gaheriet était un peu fatiguée à cause du voyage. Les chevaliers se ruèrent l'un sur l'autre, lance baissée, de toute la vitesse qu'ils purent obtenir de leurs chevaux, et se frappèrent si violemment que leurs lances volèrent en morceaux. Ils se heurtèrent du corps et du visage avec une telle brutalité que toute leur personne s'en trouva meurtrie et qu'ils se jetèrent mutuellement à bas de leur monture, si choqués et si étourdis qu'ils demeurèrent longuement étendus, entièrement immobiles, sans savoir s'il faisait jour ou nuit. Mais au bout d'un moment, quand ils reprirent leurs esprits, ils se relevèrent d'un bond, fort contrariés et fort honteux d'être restés si longtemps étendus sur le sol, devant autant de monde qu'il y en avait là rassemblé. Ils sortirent donc l'épée, s'élancèrent aussitôt l'un vers l'autre en la brandissant vers le ciel et commencèrent à se frapper, sur les casques et sur les boucliers, de toute la puissance de leurs bras, en sorte que ces coups leur faisaient autant de mal à l'un qu'à l'autre et qu'ils n'étaient légers à aucun des deux. Chacun avait une excellente épée, dont ils se martelaient le casque et se découpaient le bouclier, morceau par morceau, si vigoureusement qu'ils en abattaient de larges pans au milieu de la place. Quant aux cottes de mailles, je vous affirme qu'elles ne leur servaient plus à grand-chose, car ils n'avaient pas été longs à les détruire : ils les avaient mises dans un tel état, tant aux bras qu'aux hanches, qu'à travers les déchirures on pouvait voir leur peau nue.

Ils se poussèrent et se repoussèrent donc si bien l'un l'autre de leurs épées tranchantes, qu'avant qu'ils eussent mis fin au premier assaut, le moins touché avait trois blessures, très grandes et fort profondes, et ils avaient dès ce moment perdu tant de sang que le plus robuste et le plus sain des deux était déjà passablement affaibli. Cependant, quand ils se furent fait la vie la plus dure possible, il leur fallut se reposer, qu'ils le voulussent ou non, pour souffler et reprendre des forces. Ils mirent entre eux la distance d'une bonne lance et se mirent à se regarder sans en faire davantage.

Quand ils se furent reposés un long moment, Gaheriet, plus alerte que son adversaire, bondit vers lui et l'interpella : « Dites donc, chevalier, nous avons pris suffisamment de repos. Je vous somme de reprendre le combat ! » A ces mots, Baudon ne fit pas preuve d'une excessive lenteur mais leva son bouclier, brandit l'épée et marcha à grands pas sur son adversaire. Alors, Gaheriet leva bien haut son arme et le frappa de toute sa force à la tête, lui assenant un coup d'une telle violence que l'acier de son casque ne fut pas assez dur pour empêcher l'épée d'y pénétrer d'un bon doigt et même plus. L'autre fut sonné par ce coup terrible ; tout son corps chancela et il s'abattit à terre sur un genou, mais il n'y resta pas longtemps et se releva au contraire le plus vite possible, stimulé par la peur de mourir. Quand ceux qui étaient à l'extérieur de la lice et qui regardaient le combat virent Baudon s'écrouler sous l'effet du coup de Gaheriet, ils éprouvèrent tout à la fois une profonde stupéfaction et une vive inquiétude, et ils se dirent les uns aux autres : « Quel malheur que ce chevalier étranger soit venu sur cette terre, car il va nous enlever notre jeune seigneur, si Dieu ne lui vient pas en aide ! » Ainsi parlaient entre eux ceux qui étaient autour du champ clos, et ils disaient aussi : « Ah ! Dieu, un combat aussi cruel et aussi acharné a-t-il jamais été contemplé par des yeux mortels ? Ah ! Dieu, que de blessures ont ces chevaliers, qu'ils ont perdu de sang, qu'ils sont affaiblis et diminués ! Ah ! Dieu, qu'ils sont tous deux vaillants et forts ! Comment peuvent-ils résister et supporter la souffrance causée par les coups qu'ils se donnent ? »

555. Ainsi les spectateurs commentaient-ils les coups échangés dans le combat, mais ceux qui les donnaient s'en ressentaient bien autrement que ceux qui en parlaient, car ils étaient las et éprouvés, et ils s'étaient livré tant d'assauts que leur résistance à la perte considérable de sang qu'ils avaient subie tenait du prodige. Tous deux auraient eu grand besoin de se reposer, mais cela était impossible, car chacun aspirait à vaincre son ennemi et voulait gagner en ce lieu estime et louange, lesquelles seraient refusées au vaincu. L'énergie qui était en eux décuplait leur valeur, car ils savaient bien que celui qui aurait le dessous dans ce combat était un homme mort, et c'est pour cela qu'ils résistaient au delà de ce qu'ils pouvaient endurer. Cependant, Gaheriet, qui était beaucoup plus alerte et plus fort que Baudon, commença finalement à gagner du terrain et à faire reculer son adversaire. Celui-ci, qui ne pouvait plus en supporter davantage, se mit alors à esquiver les coups que Gaheriet ne cessait de lui assener, et il commença à reculer et à faire si mauvaise contenance que tous ceux qui étaient là et qui regardaient l'affrontement comprirent bien que c'en était fait de lui et qu'il ne pouvait échapper à la mort s'ils ne trouvaient tous deux un arrangement pour interrompre le combat. Quand le duc vit que son fils était en danger de mort et qu'il risquait de ne gagner que de la honte dans cet affrontement, tout son courage ne l'empêcha pas d'avoir les larmes aux yeux, car, que Baudon eût été inspiré par la sagesse ou par la folie en entreprenant ce combat, c'était cependant son fils et il devait l'aimer comme un père doit aimer son fils. Quoi qu'il advînt, il n'était cependant pas question pour lui d'agir déloyalement ou de commettre quelque bassesse à l'égard du chevalier étranger si celui-ci pouvait remporter la victoire, et sans aucun doute il la remporterait, il le voyait bien, car Baudon était déjà dans un tel état qu'il ne faisait plus que se protéger. Pour cette raison, le duc se sentit si malheureux qu'il aurait bien voulu mourir à l'instant, pourvu qu'il ne fût pas témoin du déshonneur de son fils, ni de sa mort. Lorsque Gaheriet vit qu'il avait infligé à Baudon une défaite complète et qu'il pouvait facilement le tuer, s'il le voulait, il éprouva une grande pitié à son égard et il se dit à lui-même que tuer un homme aussi valeureux que celui-ci serait un crime et une iniquité, car il ne pensait pas qu'il y eût dix meilleurs chevaliers que lui parmi tous ceux de la Table Ronde. Alors, il dit à Baudon : « C'en est fait de toi, tu le vois bien, car j'ai le pouvoir de te tuer ou de t'épargner. Cependant, parce que je sais que tu es un excellent et un valeureux chevalier, je renoncerais à ce combat, au point où nous en sommes, si tu voulais tenir Gallinor quitte de tout reproche et être son ami et son compagnon comme tu l'étais auparavant. – Je voudrais bien, répondit Baudon, d'un accord à de telles conditions, si vous pouviez obtenir de mon père que nous en restions là. – Eh bien, je vais tâcher d'y parvenir », dit Gaheriet.

556. Il se dirigea alors vers ceux qui gardaient le champ clos et leur dit : « Messieurs, faites venir le duc, je vais lui parler. » Ils l'appelèrent et il vint aussitôt. Gaheriet lui dit : « Seigneur, il se trouve que votre fils et moi avons commis la folie d'entreprendre ce combat, et nous l'avons mené si loin que le résultat en est visible pour chacun. Mais, préci-

sément, parce qu'il est du ressort de toute cour[501] de faire en sorte que chaque folie soit corrigée, nous avons eu assez de bon sens et de mesure pour mettre fin à ce que nous avions inconsidérement entrepris, car nous nous sommes tenus quittes l'un l'autre de toute réclamation, sous réserve que, de votre côté, vous veuilliez nous tenir quittes de la poursuite de ce combat que nous nous étions engagés devant vous à livrer. » Quand le duc entendit ces paroles, il fut si heureux, il éprouva une si grande joie qu'il ne put prononcer un seul mot. Et tous les autres, qui avaient entendu ce discours, lui crièrent : « Noble duc, accorde ce que le chevalier étranger te demande. Jamais encore homme de noble naissance ne s'est montré aussi généreux envers un autre que ce chevalier l'est envers ton fils et toi. » Cependant, le duc, qui était très habile, sans faire paraître toute la joie qu'il avait au cœur, fit appeler son fils. Celui-ci s'avança, en si piteux état qu'il tenait à peine debout. Le duc lui dit : « Cher fils, ce chevalier propose de faire la paix au sujet de l'accusation qu'il avait portée contre toi. Qu'en dis-tu ? Préfères-tu le combat à la paix ?
– Seigneur, répondit Baudon, puisque ce chevalier propose la paix, je l'accepte, car je serais bien fou si je ne m'en

---

[501] *Suite*, § 556, ll. 6-8 : *mes pour ce qu'il convient a toutes cours que chascune folie soit amendee* ; G. Roussineau (*op cit.*, gloss., p. 729) glose *cour* par 'cour de justice'. Cela ne semble pas absolument nécessaire, la distinction entre cour seigneuriale et cour de justice ne paraissant pas exister dans notre texte. On trouve, dans un contexte identique, une autre référence à la *cour(t)* comme lieu de justice, au § 462 (ll. 14-15) : « car il [Pellias] le [Gauvain] bee a appeler de traïson en la court a aucun hault homme... »

tenais pas à l'avis d'un aussi bon chevalier que celui-ci. – Sans mentir, dit le duc, puisque la paix s'est faite de par la décision et la volonté de l'un et de l'autre, j'y consens[502]. »

557. Alors, il pénétra dans le champ clos, leur fit ôter leurs casques et leur demanda de s'embrasser, ce qu'ils firent aussitôt. Quand les autres qui étaient là virent que la paix et la réconciliation s'étaient faites, ils en éprouvèrent une joie aussi grande, en furent aussi heureux que si Dieu lui-même était descendu parmi eux. Ils s'écrièrent d'une seule voix que jamais encore chevalier n'avait agi avec autant de noblesse et de générosité que l'avait fait celui-ci, qui avait eu pitié d'un ennemi qui n'aspirait qu'à le faire mourir, alors qu'il avait le dessus et qu'il pouvait le tuer et le priver de son honneur. Baudon s'approcha ensuite de Gallinor et lui promit d'être désormais son compagnon et son ami tous les jours de sa vie. Quand il eut fait cela, il se fit aussitôt désarmer et demanda qu'on le transportât au château, car il était assurément dans un tel état et il avait perdu tant de sang qu'il n'aurait pu parcourir la distance d'un demi-arpent. Lorsque Gaheriet vit que les deux compagnons s'étaient réconciliés et que l'un et l'autre s'en retournaient au château en manifestant une si grande joie qu'ils ne se souvenaient même plus de lui et qu'ils l'avaient au contraire complètement oublié, il dit à son

---

[502] On admirera la finesse toute diplomatique de cet échange de répliques au cours duquel chacun obtient ce qu'il désire sans que quiconque perde la face. C'est à la fois beaucoup d'art et de maturité stylistique.

écuyer : « Allons-nous-en, car ici on ne se soucie plus de nous. – Ah ! seigneur, s'écria l'autre, vous voulez vous mettre en route ? Vous êtes pourtant si grièvement blessé que vous auriez le plus grand besoin de vous reposer. – Ne te préoccupe pas de cela, répliqua Gaheriet, mais monte. Je n'ai rien à craindre. Nous irons séjourner dans un logis près d'ici jusqu'à ce que je sois un peu rétabli, et cela ne tardera pas, car mes blessures ne me font guère souffrir. »

558. Il monta alors sur son cheval, que l'écuyer lui avait amené, et relaça son casque sur sa tête. L'écuyer se mit en selle aussitôt et ils quittèrent immédiatement l'emplacement du combat pour pénétrer dans une forêt qui se trouvait sur leur chemin. Agravain, cependant, qui n'avait pas cessé de suivre son frère, guettant une occasion favorable pour l'attaquer et pour le vaincre le plus facilement possible, avait bien vu le combat et il s'était enfoncé dans la forêt, sans trop s'éloigner du chemin, afin d'attaquer aussitôt Gaheriet s'il se présentait à ce moment-là. Il fut tout heureux de le voir arriver, épuisé, éprouvé, sanglant, car il aspirait alors à se venger de la honte qu'il lui avait infligée peu de temps auparavant.

Lorsqu'Agravain vit Gaheriet suffisamment proche, il se plaça au milieu du chemin, la lance au poing et le bouclier au cou, puis il cria : « Gardez-vous de moi, seigneur chevalier, car je vous défie ! » Gaheriet prit son bouclier, dégaina son épée et dit à son écuyer : « Si ce chevalier savait dans quel état je suis, il ne viendrait pas me défier à la lance, car c'est bien la dernière chose dont j'aurais eu besoin maintenant. Cependant, s'il plaisait à Dieu que je puisse m'en tirer à mon honneur, j'aurais tout compte fait eu de la chance. » Alors, il fit comme s'il était ravi d'en découdre et laissa courir son cheval vers Agravain en éperonnant de toutes ses forces. Il plaça devant lui son bouclier, qui était en fort mauvais état, et garda l'épée à la main, encore toute rouge du sang de Baudon. Agravain, qui venait à toute vitesse, le frappa alors si violemment qu'il lui enfonça le fer de sa lance au côté gauche à travers le bouclier et la cotte de mailles, mais il ne put le faire bouger de sa selle et sa lance vola en éclats. De son côté, Gaheriet, que l'obligation de livrer ce combat faisait bouillir de colère, attaqua son frère à l'épée et le frappa sur le casque avec une telle brutalité que l'autre piqua du nez sur l'encolure de son cheval. Voyant l'effet du coup qu'il vanait de porter, Gaheriet tira sur les rênes de sa monture, remit son épée au fourreau et fonça sur son adversaire. Il lui attrapa le casque des deux mains et le tira vers lui avec tant de force qu'il le lui arracha de la tête, puis il se mit à lui en donner des coups sur le crâne et sur le visage de toute la force de ses bras. Il le traita ainsi de telle manière, avant qu'il pût lui échapper, qu'il lui fit gicler le sang de la tête en plus de dix endroits, et il le serra de si près qu'Agravain n'eut pas le loisir de se défendre. Lorsqu'il eut tant battu son adversaire que celui-ci eut le visage en sang, il jeta le casque dont il l'avait frappé le plus loin possible, puis il saisit l'homme aux épaules et le précipita à bas de son cheval, le laissant au milieu du chemin, dans un tel état qu'il fut incapable de se relever ; là-dessus, il s'en alla, sans le regarder davantage. Quand ils furent à quelque distance, l'écuyer de Gaheriet demanda à son maître : « Seigneur, savez-vous qui est ce chevalier ? – Non, répondit Gaheriet, et toi, le sais-tu ? – Je ne sais pas qui il est, dit le jeune homme, mais je puis au moins vous affirmer de façon certaine qu'il nous suit depuis quatre jours, guettant l'occasion favorable de nous assaillir. Et comme il a vu que vous étiez épuisé et mal en point, il vous a attaqué, car il n'imaginait pas que vous auriez la force de vous défendre après avoir livré aujourd'hui une aussi rude bataille. C'est contre lui que vous avez combattu à la lance pour la première fois, après votre départ de la cour. Il a été contrarié d'avoir été abattu, et c'est parce qu'il espérait se venger qu'il vous a suivi si longtemps. – Sur ma tête, s'écria Gaheriet, si j'avais su cela, je l'aurais traité plus mal encore, mais je ne l'avais pas reconnu. S'il y revient, il s'en repentira. »

559. Ils parlèrent et chevauchèrent de la sorte, jusqu'au moment où ils arrivèrent au logis d'un seigneur chargé de garder les forêts du roi Arthur[503], auquel il devait une absolue fidélité. Quand l'homme reconnut Gaheriet[504], il l'accueillit très chaleureusement et lui témoigna une joie

---

[503] Le « forestier » (l. 2) chez qui se rend Gaheriet est un chevalier, comme le montre le fait que Gaheriet puisse changer chez lui ses armes (§ 559, l. 8). C'est également le cas du « forestier » qui apparaît dans le *Roman de Tristan* de Béroul, *op. cit.*, vv. 1835 et ss, et que l'on voit chevaucher un « destrier » au v. 4046 (à ce sujet la note de D. Poirion, *op. cit.*, p. 1180, n. 1 de la p. 53, laisse, à tort nous semble-t-il, penser que ce *forestier* est un *vilain*). V. un autre ex. de *forestier* noble dans *Les Premiers Faits du roi Arthur* (biblio n° 5, pp. 1373, §§ 578 et ss).

[504] *Suite*, § 559, l. 3 : *Et quant il cognut Gaheriet* ; ou ʻquand il sut qui était G.ʼ

extraordinaire, car la contenance et le visage du jeune homme lui plaisaient beaucoup. Il l'hébergea jusqu'à ce qu'il fût guéri des blessures qu'il avait reçues dans le combat contre Baudon. Quand il se sentit parfaitement remis, Gaheriet quitta son hôte, non sans avoir auparavant changé ses armes pour n'être reconnu nulle part, car il comptait accomplir ses belles actions et ses actes de bravoure en dissimulant si bien son identité qu'aucun de ceux auxquels il pourrait le cacher ne sût qu'il en était l'auteur. Après avoir quitté son hôte, il chevaucha toute la journée avec son écuyer sans trouver d'aventure qui mérite d'être racontée, et cette nuit-là il couchèrent chez un chevalier qui les reçut fort bien et mit tout ce dont il disposait au service de leur bien-être.

Le lendemain, dès que Gaheriet eut entendu la messe, il se remit en route et chemina comme il l'avait fait le jour précédent. C'est alors qu'il rencontra la demoiselle à laquelle il devait un don, celle qui lui avait annoncé l'issue de son combat au château d'Arvalan. Quand elle le vit arriver, elle le salua, sans toutefois le reconnaître. Lui, cependant, la reconnut immédiatement, mais il n'en laissa rien paraître et se borna à lui rendre son salut. Elle reprit : « Seigneur chevalier, je vous prie de me dire votre nom. – En vérité, répondit-il, je ne vous le cacherai pas, car je crois bien que vous me cherchez. Je m'appelle Gaheriet et je suis le neveu du roi Arthur. – Je suis bien contente de vous voir ! s'écria la demoiselle. Sur ma tête, il est vrai que je vous cherchais. Je vous demande à présent de vous acquitter envers moi du don que vous me devez. – Mais certainement, répliqua le jeune homme, je le ferai de bon cœur. Dites-moi ce qu'il vous plaît que je fasse. – Volontiers. Près d'ici demeure une demoiselle qui, par sa ruse et sa fourberie, m'a volé mon ami, un chevalier que j'aimais plus que moi-même ; et il m'aimait aussi, mais en usant de philtres et d'autres moyens malhonnêtes, elle me l'a si bien changé qu'il évite désormais tous les endroits où il sait pouvoir me trouver, et cela m'est si insupportable que je voudrais vraiment être morte. Comme je ne puis facilement me venger d'elle à ma convenance, il faut que vous le fassiez à ma place comme je vais vous le dire. – Parlez, dit Gaheriet. – Je veux que vous me donniez sa tête, car je ne m'estimerais pas satisfaite autrement. – Ah ! mademoiselle, au nom de Dieu, demandez-moi autre chose, car je ne porterais assurément qu'avec beaucoup de répugnance la main sur une demoiselle, surtout pour la tuer, si je n'y étais pas absolument contraint. – Il n'est pas question que je vous demande un autre don, répliqua-t-elle. Vous m'accorderez celui-là, s'il vous plaît, et en vérité, si vous ne voulez pas tenir la promesse que vous m'avez faite, je vous en ferai avoir un déshonneur si grand que vous n'en voudriez pas même en échange du meilleur château qu'ait le roi Arthur ; votre corps lui-même subira les fâcheuses conséquences de votre refus. Je vous assure en outre que, si vous manquiez à votre promesse, vous ne retrouveriez jamais plus de votre vie votre frère Gauvain, que vous cherchez. – Qu'en savez-vous, si je le cherche ? – Je le sais parfaitement, dit-elle, comme je sais parfaitement où il est retenu prisonnier, ainsi que le Morhout. Et je vous jure par tous les saints, pour mieux vous en convaincre, qu'aussi longtemps que vous vivrez, quelque peine que vous preniez et quelque effort que vous fassiez, vous ne retrouverez jamais ni l'un ni l'autre, si vous ne les retrouvez pas grâce à moi. – Me promettez-vous que vous me ferez retrouver mon frère ? – Ce n'est pas l'engagement que je prends envers vous, mais je vous promets bien que je vous y aiderai tellement et que je vous serai si utile pour cela que vous m'en saurez gré et que vous mènerez votre quête à bonne fin, si Dieu vous prête vie. – Sur ma tête, repartit Gaheriet, je vous promets donc pour ma part que je m'occuperai si bien de cette demoiselle que vous vous estimerez satisfaite. » Alors, la jeune fille déclara qu'elle ne demandait rien de plus. « Menez-moi donc, reprit Gaheriet, là où elle demeure. – Venez, dit-elle, car je suis prête et disposée à partir. »

560. Là-dessus, quittant le chemin principal, la demoiselle s'engagea sur un petit sentier étroit et longea la forêt sans s'en écarter, tandis que Gaheriet et son écuyer la suivirent. Ils n'avaient pas fait beaucoup de chemin, lorsqu'ils arrivèrent à l'orée de la forêt, où deux grandes tentes absolument magnifiques étaient dressées. Il y avait, sous l'auvent[505] de l'une, un grand cheval de combat qu'un nain tenait par le mors, ainsi qu'un bouclier, que l'on avait suspendu, et une lance. « Seigneur, dit la demoiselle, le moment est venu de vous battre, car vous trouverez certainement là mon ami qui voudra défendre la demoiselle contre vous, et qui la défendra, j'en suis sûre, car c'est un excellent chevalier. – Peu m'importe, dit

---

[505] *Suite*, § 560, l. 6 : *a l'entree* ; la suite montre que l'endroit où se trouve le cheval et les armes du chevalier n'est pas complètement extérieur à la tente (v. § 562, ll. 1-10).

Gaheriet, qu'il la défende, pourvu que je puisse vous satisfaire, car je viendrai bien à bout de lui, s'il plaît à Dieu: Mais avant que j'en fasse davantage, dites-moi si voulez toujours avoir la tête de la demoiselle. » La jeune fille répondit que, pour rien au monde, elle ne s'estimerait satisfaite autrement. « Elle est donc à vous, dit-il, car je ferai ce que vous voulez, même si le monde entier devait me le reprocher, puisque je ne pourrais pas m'acquitter envers vous d'une autre manière. »

561. Sur ce, tous trois se dirigèrent vers les tentes, devant lesquelles ils mirent pied à terre. Comme Gaheriet s'engageait sous l'auvent où se trouvait posté le nain qui gardait le cheval, le petit homme lui cria : « Vous avez tort d'entrer là ! Assurément, vous êtes un impudent et un grossier personnage pour faire intrusion de la sorte chez des gens que vous ne connaissez pas ! » Gaheriet ne lui prêta aucune attention mais pénétra dans la tente. Quand il fut à l'intérieur, il vit, sur un grand lit, un chevalier et une demoiselle qui parlaient ensemble. Au pied du lit, assise un peu plus bas, il y avait une autre demoiselle ; mais elle n'était pas, de beaucoup, aussi belle que l'autre. Sachez aussi que le chevalier qui était sur le lit portait toutes ses armes, à l'exception de son bouclier. Quand il vit Gaheriet s'approcher de la sorte, il lui dit : « Demi-tour, seigneur chevalier, et ne faites pas un pas de plus, car votre entrée ici, sans permission, est à elle seule une grossièreté et une impudence bien grande. Sachez que je ne vous en sais aucun gré et qu'il pourrait très facilement vous en cuire.
– Il me fallait entrer, répliqua Gaheriet, que je le veuille ou non, car j'ai promis de donner la tête de cette demoiselle,

qui est sur le lit, à une autre demoiselle, qui m'en a prié. » Quand le chevalier entendit cela, il se remit sur pied d'un bond, comme fou, et répondit : « Au nom de Dieu, vous pouvez vous considérer comme un parfait imbécile d'avoir fait pareille promesse, car il n'était pas en votre pouvoir de la tenir aussi longtemps que je pourrai manier l'épée. Le moment est venu de vous battre, car vous ne l'aurez pas si facilement, s'il plaît à Dieu. »

562. Alors, il se précipita vers l'endroit où son bouclier était suspendu, s'en empara et tira son épée du fourreau. Puis il dit à Gaheriet : « Je vous défie, seigneur chevalier. Gardez-vous de moi, car je défendrai la demoiselle contre vous aussi longtemps que j'aurai un souffle de vie. – Vraiment ? Je suis convaincu que vous auriez intérêt à vous en abstenir, répliqua Gaheriet. Mais, puisque vous voulez le combat, allons-y. Prenez votre cheval, si tel est votre plaisir, ou combattons à pied. » L'autre répondit qu'il n'avait assurément pas besoin de prendre sa monture pour mener un chevalier à la défaite ; il quitta donc l'auvent de sa tente, suivi de Gaheriet. Alors, à pied, ils commencèrent à manier leurs épées tranchantes, livrant un combat si acharné et si cruel qu'il était prodigieux qu'ils pussent endurer de tels assauts. Ils se mirent mutuellement en pièces boucliers et cottes de mailles, se défoncèrent les casques, et ils se poussèrent et se repoussèrent si bien l'un l'autre à coups de lames d'acier qu'ils perdirent tous deux du sang en abondance. Mais, finalement, l'ami de la demoiselle ne put en supporter davantage et il lui fallut au contraire esquiver, qu'il le voulût ou non, les coups que Gaheriet lui assenait sans relâche. Il avait déjà perdu tant de sang, il avait tant de blessures, petites et grandes, qu'il pouvait à peine tenir debout ; mais rien ne lui était aussi pénible que son casque, qui lui coupait presque la respiration.

Voyant qu'il ne pouvait plus se défendre, Gaheriet attrapa le chevalier par la tête et l'attira si brutalement à lui qu'il le fit voler à la renverse sur le sol, puis il lui arracha le casque et le lança sur le chemin, le plus loin possible, après quoi il se laissa tomber à genoux sur le ventre de son adversaire et lui donna de très violents coups d'épée sur le crâne, en sorte que le sang se mit à ruisseler sur son visage. Il lui dit : « Si tu ne te reconnais pas vaincu, je te tuerai, sans aucune pitié. » L'autre répondit qu'il ne s'avouerait jamais vaincu s'il ne renonçait pas à toute poursuite contre la demoiselle. – Je ne puis le faire, répliqua Gaheriet, car j'ai promis sa tête à celle qui m'accompagne, et pour cette raison il faut qu'elle meure, car je ne manquerais pas à la parole que je lui ai donnée. – Vous refusez ? Au nom de Dieu, je ne me reconnaîtrai donc pas vaincu, reprit le chevalier, car je préfère mourir devant elle plutôt que de la voir mourir sous mes yeux. Faites donc de moi ce qu'il vous plaira, car je vous le répète : je ne me reconnaîtrai pas vaincu. – Alors c'est non ? Sur ma tête, tu mourras donc, dit Gaheriet, si nul n'y remédie. » Il s'apprêta aussitôt à lui couper le cou.

Quand la demoiselle qui était venue avec Gaheriet vit son ami en si grand danger de mourir, lui qu'elle aimait plus que tout au monde, elle craignit tant que son vainqueur ne lui tranchât la tête qu'elle se laissa tomber entre eux et s'écria : « Ah ! noble chevalier, laisse-moi mon ami : si tu le tuais, je deviendrais assurément folle.

– Voulez-vous, demanda-t-il, que je vous le laisse ? – Oui, répondit-elle. Au nom de Dieu, laisse-le-moi, car il serait au dessus de mes forces de le voir mourir, mais, pour la demoiselle qui me l'a volé, fais ce que tu m'as promis. – Soit », dit Gaheriet. Il lâcha aussitôt le chevalier et courut vers la demoiselle pour lui couper la tête. Quand celle-ci le vit arriver, elle s'enfuit, affolée, terrorisée au dernier point. Lorsque le chevalier vaincu vit celle qu'il aimait de tout son cœur en danger de mourir, il se précipita vers la demoiselle qui l'avait sauvé de la mort, la jeta au sol, brandit son épée et lui dit : « Que Dieu m'abandonne si je mens, tu es morte si tu ne fais pas en sorte que ce chevalier renonce à toute poursuite contre cette demoiselle et qu'elle soit relâchée. – Comment ! aurez-vous donc le courage de me tuer, moi qui vous ai sauvé de la mort ? – Oui, répondit-il. Si tu ne la fais pas relâcher, que Dieu n'ait aucune pitié de moi si je ne te tue pas sur-le-champ. » Il leva alors son épée et, du plat, lui en donna un coup sur la tête, de sorte qu'elle en fut tout étourdie et qu'elle eut peur de mourir. Quand elle se vit à cette extrémité, elle lui dit : « Ah ! ami cher à mon cœur, lâchez-moi et je ferai en sorte qu'elle ne soit pas inquiétée. – Promets-le moi », dit-il. Elle le lui promit et il la relâcha aussitôt. « Dépêche-toi d'aller la délivrer ; autrement, il aurait sûrement tôt fait de la tuer, car c'est le chevalier le plus enragé que j'aie jamais vu de toute ma vie. » Elle courut vers les deux autres et vit que Gaheriet tenait la demoiselle et s'apprêtait à lui couper la tête. Elle cria alors d'une voix forte : « Ah ! seigneur, laissez la demoiselle, car je renonce à toute poursuite contre elle : vous vous êtes parfaitement et loyalement acquitté de votre promesse. – Est-ce votre volonté, mademoiselle ? – Oui, seigneur, sans aucun doute ». Il en fut grandement soulagé, car l'idée qu'il lui fallait tuer la jeune fille lui était particulièrement pénible, à lui aussi. Il la relâcha aussitôt et remit son épée au fourreau. Puis il demanda à celle qui l'avait accompagné : « Que voulez-vous que nous fassions ? – Mais vous, demanda-t-elle à son tour, où comptez-vous aller ? Car je n'ai pas d'autre désir que le vôtre. – J'irais très volontiers, répondit-il, à la Roche aux Pucelles, car c'est d'abord pour cela que j'ai quitté la cour. – Sans mentir, répliqua la demoiselle, vous avez bien parlé ; je suis prête à vous y accompagner et à vous conseiller autant que je le pourrai. » Gaheriet l'en remercia beaucoup.

563. Alors, elle s'approcha du chevalier qu'elle aimait tant et lui dit : « Cher seigneur, puisqu'il se trouve que vous me préférez cette demoiselle, je vous la laisse, et s'il vous vient du bien de son amour prenez-le ! » Alors, elle monta à cheval, ainsi que Gaheriet et l'écuyer, et tous trois quittèrent les tentes et chevauchèrent ensemble toute la journée sans trouver d'aventure qui mérite d'être racontée.

Le troisième jour, il advint, au milieu de la matinée, qu'ils arrivèrent en vue d'une grande et belle bourgade bâtie au bord d'une rivière. Quand ils en furent tout proches, ils rencontrèrent un vieux chevalier qui chevauchait tout seul, avec un nain pour tout compagnon ; ce chevalier venait du bourg qu'ils voyaient devant eux. Quand il fut à la hauteur de Gaheriet, il le salua et celui-ci lui rendit son salut. « Cher seigneur, dit le chevalier, aimez-vous beaucoup cette demoiselle ? – En vérité, oui, répondit Gaheriet, mais pas de cet amour auquel vous pensez peut-être. – Si vous tenez tant soit peu à elle, reprit le chevalier, ne la faites pas entrer dans ce bourg, car on vous l'enlèverait. – Je peux vous affirmer, répliqua le jeune homme, que si on me l'enlève il m'en coûtera beaucoup, et je ne pourrai alors pas la défendre[506]. Mais quoi qu'il puisse arriver nous entrerons quand même dans cette cité, puisque notre chemin nous y conduit. – Que Dieu vous aide, reprit le vénérable vieillard, car assurément je ne disais cela que dans votre intérêt. – Je l'entends bien ainsi », repartit Gaheriet. Ils se recommandèrent mutuellement à Dieu et se séparèrent aussitôt les uns des autres. « Alors, mademoiselle, demanda Gaheriet, que dites-vous de ce que ce chevalier vient de nous apprendre ? – Seigneur, répondit-elle, je ne sais qu'en dire, sinon que l'on fera là-dessus ce qu'il vous plaira. – Sur ma tête, reprit-il, quoi que nous puissions apprendre, nous ne nous écarterons certainement pas de notre route avant de savoir ce qu'il en est, car celui qui s'effraie pour des paroles est un lâche. »

---

[506] *Suite*, § 563, l. 19-20 : *ne dont ne la pourray je deffendre* ; G. Roussineau (*op. cit.*, p. 692, n. 563,19) suggère que « Gaheriet craint de ne pas être en mesure de protéger la demoiselle parce que ses armes sont endommagées » et renvoie au § 565 (ll. 58-59). L'attitude résolument belliqueuse que montre Gaheriet au § 564 (l. 17 et ss) ne va pas dans le sens de cette interprétation. Le sens est plus 'naïf' selon nous (et nous sommes ici d'accord avec A.J. Holden, *op. cit.*, p. 276) : si l'on me prend la jeune fille, je ne pourrai plus la défendre, puisque je ne serai plus à ses côtés. Une lapalissade de l'espèce *vulgaris* en somme.

564. Ils parvinrent alors à un pont de bois qu'ils franchirent et pénétrèrent dans le bourg. Dès qu'ils y furent, ils virent que l'on fermait derrière eux la porte par laquelle ils étaient entrés, afin qu'ils ne pussent rebrousser chemin. En voyant cela, la demoiselle ressentit une vive inquiétude, qui lui fit dire aussitôt : « Monseigneur Gaheriet, nous sommes enfermés ici. Dieu fasse que nous trouvions une meilleure sortie, car il ne faut pas compter sur celle-ci. – Ne vous inquiétez donc pas, dit-il ; sur ma tête, on ne pourra jamais si bien nous enfermer que nous ne trouvions quelque endroit par où sortir. » Ils cheminèrent donc à travers la ville. Peu après, ils entendirent sonner, dans la forteresse du bourg, un cor dont le son fut entendu non seulement dans la cité elle-même mais aussi fort loin aux environs. Quelques instants plus tard, ils rencontrèrent, dans la rue principale, jusqu'à vingt chevaliers armés et quarante hommes d'armes bardés de fer. « Seigneur, dit la demoiselle, comment allons-nous nous en sortir ? Nous sommes pris. – Calmez-vous donc, répondit Gaheriet, j'aimerais mieux être mort que de tomber en leur pouvoir aussi longtemps que j'aurai un souffle de vie. – Ah ! noble chevalier, s'écria-t-elle, pour l'amour de Dieu, ne te frotte pas à ces hommes, car tu ne tiendrais pas longtemps contre eux ! » Cependant, ceux qu'ils avaient rencontrés s'approchèrent rapidement. Avant d'avoir prononcé un seul mot, ils attrapèrent la monture de Gaheriet par le mors et le saisirent lui-même, et ils furent au moins dix à le retenir de la sorte. Ils le jetèrent à bas de son cheval et lui sautèrent sur le corps, puis ils lui arrachèrent sans ménagement le casque de la tête et lui ôtèrent son épée et tout son armement. Les autres s'assurèrent de la demoiselle et de l'écuyer et les trois captifs furent emmenés dans le donjon du bourg où ils furent emprisonnés, le chevalier et l'écuyer dans un cachot, la demoiselle dans un autre. Les murs et les portes de ces prisons étaient si solides qu'ils n'auraient jamais pu en sortir si on ne les en avait tirés.

Gaheriet, qui était au comble de l'affliction, appela vers le soir par une fenêtre une demoiselle de passage dans la région[507] et lui parla ainsi : « Mademoiselle, dites-moi donc, au nom de Dieu, pourquoi ces chevaliers m'ont fait prisonnier de cette façon ? Ni moi ni personne de ma compagnie ne leur avions jamais causé le moindre tort. – On vous a fait prisonnier, répondit-elle, à cause de la demoiselle qui allait avec vous. – Mais elle ne leur avait absolument rien fait, répliqua Gaheriet. – Non, reprit la jeune fille, mais telle est la coutume de cette ville que chaque année il convient que ses habitants livrent à un géant, qui demeure près d'ici, douze demoiselles en guise de tribut légal*. Pour cette raison, ils retiennent les demoiselles à mesure qu'elles entrent dans la cité, jusqu'à ce qu'ils en aient douze, car ces douze-là doivent être remises au géant. – Et moi, demanda-t-il, que me veulent-ils pour m'avoir mis en prison ? Je ne suis assurément pas une demoiselle ! – Ils vous y ont mis, répondit-elle, parce qu'il vous faudra jurer sur les reliques, avant d'en sortir, que vous ne chercherez pas à nuire à la cité, quoi qu'ils aient pu vous faire : ils ne vous veulent pas de mal, en effet, et

---

[507] *Suite*, § 564, l. 32 : *une damoiselle qui aloit parmy le païs* ; la présence de cette demoiselle apparemment étrangère à la ville est quelque peu incongrue au regard des révélations qui suivent.

ils vous l'ont bien montré, lorsqu'ils vous ont capturé, car ils vous auraient alors tué, s'ils l'avaient voulu. – En vérité, répliqua le jeune homme, c'est bien possible, mais j'aurais encore préféré être tué plutôt que d'avoir perdu la demoiselle de cette manière, car elle connaîtra bientôt un sort ignoble et lamentable, puisqu'elle sera livrée aux mains du géant. »

565. Ce soir-là, Gaheriet resta dans sa prison, fort malheureux et fort en peine, et il ne voulut absolument rien boire ni manger, imité en cela par son écuyer. Toute la nuit, il veilla et se livra à de véhémentes lamentations, se disant à lui-même que son honneur était à jamais perdu, car cette demoiselle était vouée à un traitement infâme alors qu'il l'avait prise sous sa protection.

Le lendemain, quand le soleil fut levé, une dame vint le trouver et lui dit : « Seigneur chevalier, vous êtes notre prisonnier. – Madame, répliqua-t-il, vous ne vous trompez pas. – En vérité, reprit-elle, on ne vous y a pas mis pour vous faire du mal, mais pour respecter la coutume de ce lieu et vous en sortirez très vite si vous voulez faire ce que je vous dirai. – Assurément, déclara le jeune homme, je n'en sortirais pas volontiers si la demoiselle que j'ai amenée ici ne m'était pas rendue. – Quant à celle-ci, répondit la dame, vous l'avez perdue. Même si vous étiez le roi Arthur en personne, vous ne l'emmeneriez pas aussi longtemps qu'elle serait entre nos mains, comme elle l'est à présent. – J'en suis bien fâché, répliqua Gaheriet, que Dieu m'abandonne si je mens. – C'est fort possible, repartit la dame. Néanmoins, je vous répète que vous sortirez d'ici avec votre écuyer, si c'est bien ce que vous voulez, mais la demoiselle restera à coup sûr avec nous. – Vraiment ? Mais sortira-t-elle jamais d'ici ? – Certes oui, répondit la dame, elle ne restera ici qu'aujourd'hui, car les habitants de cette ville la remettront demain au géant auquel ils doivent un tribut de douze demoiselles. – Et le géant viendra la chercher ? – Oui, sans nul doute, répondit la dame. – Et qui l'accompagnera ? – En vérité, il viendra tout seul, car il agit toujours ainsi, et la demoiselle lui sera remise à l'extérieur de la ville, car il n'y pénètre absolument jamais. – Quand il l'aura, reprit Gaheriet, qu'en fera-t-il ? – Il l'emmènera dans une montagne, non loin d'ici, où il a récemment établi une très puissante forteresse. – Et de quel côté se trouve cette forteresse ? » demanda-t-il. Elle le lui indiqua. « Dites-moi donc, reprit Gaheriet, ce que vous voulez que je fasse pour sortir de prison. » Elle lui répéta exactement ce que la demoiselle lui avait dit. Quand il eut bien entendu les conditions qu'on lui imposait, il déclara : « Je suis disposé à prêter ce serment. » La dame lui fit aussitôt apporter les reliques et il jura, renonçant à l'aide de Dieu et de ses saints s'il mentait, qu'il ne ferait jamais de tort à la cité ni à un chevalier qui en fût, quoi qu'on eût pu lui faire jusqu'alors.

On ouvrit aussitôt les portes de son cachot et il sortit. Les gens du château coururent vers lui et l'accueillirent avec une joie extraordinaire, en disant : « Seigneur chevalier, ne nous en veuillez pas d'avoir porté la main sur vous. En vérité, nous y étions obligés. Et puisque vous avez prêté le serment que l'on vous a demandé nous sommes prêts à vous rendre tous les services et tous les honneurs qui vous sont dus. – Si vous faisiez ce que je veux, répliqua le jeune homme, vous ne remettriez pas au géant la demoiselle qui est venue ici en ma compagnie, mais vous me la rendriez. » Ils répondirent qu'ils ne pouvaient pas la lui rendre, mais qu'ils l'auraient fait volontiers s'ils l'avaient pu. « N'en parlons plus, dit-il. S'il plaît à Dieu, je ne l'ai pas perdue aussi définitivement que vous le pensez. » Ils répondirent : « Nous voudrions avoir donné plus que ne vaut cette cité pour que vous puissiez la reprendre à celui à qui nous la livrerons, car si vous le faisiez, vous pourriez nous libérer du douloureux servage où nous sommes. » Il n'en dit pas davantage à ce sujet et se contenta d'ajouter : « Mes armes ne valent pas grand-chose et sont en mauvais état, en sorte qu'elles ne me serviraient guère en cas de besoin. C'est pourquoi je voudrais vous prier de m'en donner de meilleures. » Ils répondirent qu'ils lui donneraient celles de son choix et lui en firent aussitôt apporter plusieurs sortes, parmi lesquelles il prit celles qu'il voulut. Quand il fut armé exactement à sa convenance, il lui amenèrent un vigoureux cheval, beau et rapide, et ils en donnèrent un autre à son écuyer. Tous deux enfourchèrent leur monture et s'en allèrent ainsi. Quand il fut sorti de la cité, Gaheriet s'en alla en suivant le chemin que le géant devait emprunter pour venir et il s'installa chez un ermite qui vivait très pauvrement dans une grotte. C'était à deux portées d'arc du chemin.

566. Cette nuit-là, Gaheriet coucha chez l'ermite et, pour son dîner, il partagea les ressources que le saint homme avait à sa disposition. Le lendemain matin, dès qu'il fit jour, il se leva et alla écouter la messe, non sans avoir dit à son écuyer : « Va dehors guetter le passage du géant sur le chemin et viens m'avertir lorsque tu le verras. » L'autre répondit qu'il le ferait volontiers. Alors, Gaheriet entra dans la chapelle de l'ermite pour entendre la messe du Saint Esprit que le saint homme avait commencée. Il n'avait pas fini lorsque l'écuyer vint trouver Gaheriet et lui dit : « Seigneur, j'ai vu arriver un géant sur le chemin. Je ne sais pas si c'est celui dont vous m'avez parlé. » Gaheriet bondit aussitôt hors de la chapelle pour voir si c'était lui. On lui avait si bien décrit son aspect, sa façon de se comporter, sa stature qu'il lui aurait été absolument impossible de ne pas le reconnaître. Dès qu'il le vit, il le reconnut donc et, comme le géant allait chercher la demoiselle, il pensa que si Dieu lui faisait reprendre le même chemin il ne l'emmènerait pas aussi tranquillement qu'il l'imaginait, bien au contraire : il aimait mieux mourir et être découpé en morceaux sur place que de ne pas la lui disputer à coups d'épée tranchante. Cependant, le géant était si redoutable que c'en était tout bonnement prodigieux, car il était plus fort qu'aucun autre chevalier, et, avec son épée bien affilée et sa grosse massue de fer, si bien armé qu'on ne pouvait l'être mieux.

567. Le géant passa donc, comme je vous le raconte, devant l'ermitage. Gaheriet y demeura et se fit armer le mieux possible par son écuyer. Quand il fut armé, il se confessa de tous les péchés dont il se sentait coupable envers Notre Seigneur et le saint homme lui imposa une pénitence qu'il estimait compatible avec le métier des armes. Le jeune homme sortit ensuite de la chapelle et alla s'asseoir dehors pour guetter le retour du géant. Le bon ermite vint le rejoindre et lui demanda : « Qu'attendez-vous ici ? – J'attends, répondit Gaheriet, un géant qui doit passer sur ce chemin et qui, d'après ce que je sais, devrait amener avec lui une jeune fille qui m'a été enlevée dans la cité qui se trouve là-bas, devant nous. Je conduisais cette demoiselle sous ma protection, et j'avais tant d'affection pour elle, en tout bien tout honneur, qu'il m'est fort pénible de l'avoir perdue ainsi. Si je le pouvais, je l'arracherais bien volontiers des mains de ce géant, qui ne va pas tarder à l'emmener. – En vérité, reprit le saint homme, je ne vous conseillerais en aucune façon de lui livrer combat : la partie ne serait pas égale entre vous, car dans cet affrontement vous perdriez tout, je le sais bien, à moins d'être sous la garde toute puissante de Notre Seigneur. Cependant, s'il Lui plaisait que vous puissiez le mettre à mort, jamais, en aucun pays, l'action d'un chevalier seul n'aurait été aussi bénéfique et aussi charitable que l'aurait été la vôtre dans celui-ci ; vous auriez en effet ôté du servage maints hommes de mérite, auxquels ce géant impose une domination honteuse et infâmante. Eux-mêmes auraient bien envie, pourtant, de le tuer quand il se présente tout seul aux portes de leur ville, mais ils ne veulent pas manquer à la loyauté qu'ils lui doivent en le mettant à mort, car ils lui sont liés par un serment de fidélité. – Laissons cela, repartit Gaheriet. Quoi qu'il en soit de leur serment, il n'emmènera pas la demoiselle, si je le puis, car je l'ai amenée de loin, et je la conduirai encore plus loin, si Dieu m'en donne le pouvoir. »

568. Le bon ermite déconseilla vivement à Gaheriet d'affronter le géant ; le jeune homme lui répondit : « Mon père, pourquoi voudriez-vous m'en dissuader ? Que Dieu m'abandonne si je mens, même si c'était monseigneur

Gauvain, mon frère, qui emmenait la demoiselle contre mon gré, comme ce géant s'apprête à le faire, je combattrais contre lui si je ne pouvais pas la ravoir autrement. » Le saint homme lui répliqua que ce serait une très grande folie que de combattre contre son frère. « En pareilles circonstances, reprit Gaheriet, j'aurais plus d'honneur à le combattre que je n'en aurais à le laisser emmener celle dont je devrais assurer la protection. » Ainsi tous deux parlèrent-ils du géant jusque vers le milieu de la matinée. Un moment plus tard, peu avant midi, tournant leurs regards vers la plaine, ils le virent arriver, menant devant lui la jeune fille, qui était assise sur un cheval de marche[508]. Jamais encore vous n'avez vu de demoiselle en proie à un chagrin aussi grand que celui qu'elle manifestait. Lorsque Gaheriet vit que c'était le géant, il joignit les mains vers le ciel et s'écria : « Ah ! cher père Jésus-Christ, prêtez-moi, par votre pitié, puissance et force, afin que je sois capable de venir à bout de ce diable, de ce démon qui tourmente ainsi ce pays ! » Il monta alors sur son cheval, prit son bouclier et sa lance et se dirigea vers le géant. L'écuyer se mit à pleurer quand il vit que son maître persistait à

---

[508] Assez curieusement, il n'est plus ici question que de la demoiselle de Gaheriet, alors que la coutume semble prévoir la remise de douze demoiselles en une seule fois (§ 564, ll. 38-44). Il est vrai que les conditions décrites au § 565 (ll. 21-32) suggèrent plutôt, mais le texte est ambigu à ce sujet, qu'il ne prendra livraison que de la seule compagne de Gaheriet. Une fois de plus, l'auteur détermine un cadre symbolique (un tribut de douze jeunes filles) puis cela fait va droit à l'essentiel ; la description de la coutume n'a pas plus d'importance qu'un décor de théâtre. Ce n'est pas un élément narratif.

vouloir combattre ce démon et le bon ermite pria Notre Seigneur autant qu'il le put de donner force et puissance au chevalier et de le protéger pour le bien et le secours du pays. Cependant, Gaheriet cria au géant, dès qu'il le vit à sa portée : « Canaille, il vous faut relâcher la demoiselle ; il n'est pas question que vous l'emmeniez plus avant ! Vous ne l'avez que trop longtemps retenue ! » Quand le géant le vit arriver vers lui, lance baissée, il n'en fut guère troublé, car de sa vie il n'avait jamais éprouvé la moindre peur devant un homme seul. Sachez en vérité que ce géant était le père de Carados le Grand, le seigneur de la Tour du Malheur, que monseigneur Lancelot tua depuis de sa main, comme la partie de l'histoire consacrée à celui-ci doit le raconter en détail. Il s'appelait Aupatris. Quand il vit venir vers lui Gaheriet, il sortit son épée du fourreau[509].

569. Gaheriet, qui venait de toute la vitesse qu'il pouvait tirer de son cheval, le frappa en pleine poitrine de sa lance tranchante, d'un coup si violent qu'il lui transperça bouclier et cotte de mailles, lui enfonçant très profondément dans le côté gauche le fer de son arme avec une bonne

---

[509] Le texte ne précise pas si le géant est lui-même à cheval ; d'après la notation du § 568 (ll. 13-14) : « le jayant [...] amenoit la damoiselle devant lui sur ung pallefroy », il faut plutôt supposer qu'il pousse une monture devant lui. Le fait aussi qu'il mettre « la main a l'espee » (§ 568, l. 37) suggère qu'il combat à pied. Ici encore, les circonstances du combat, traité avec beaucoup de désinvolture, sont sans importance, au regard de deux leçons récurrentes de l'œuvre : Dieu fait triompher qui lui plaît ; le méchant se condamne lui-même.

partie du bois. Quand le géant sentit qu'il était aussi grièvement blessé, tout son courage lui fut inutile et, qu'il le voulût ou non, le coup qu'il avait reçu le priva de sa force, car il était frappé à mort. Son adversaire le poussa alors avec une telle vigueur qu'il le renversa sur le sol et, lorsque le géant tomba, la lance se brisa, si bien que le fer lui demeura bien planté dans le corps. En le voyant à terre, Gaheriet ne resta pas bouche bée à le contempler mais mit la main à l'épée et fonça sur lui sans descendre de cheval. Comme le géant tentait de se relever, non sans difficulté, il le heurta du poitrail de sa monture, en sorte qu'il le précipita de nouveau sur le sol, puis il le fit tellement piétiner par sa bête qu'il lui meurtrit tout le corps. L'autre s'évanouit, tant fut grande la douleur qu'il ressentit ; il était dans un tel état qu'il ne pouvait plus bouger ni pied ni main. Gaheriet descendit alors de cheval et s'approcha de lui ; il trancha les lacets de son casque et, constatant que son adversaire avait perdu connaissance, il pensa qu'il en débarrasserait aussitôt le pays ; il brandit donc son épée et le frappa des deux mains, si violemment qu'il lui fit voler la tête du tronc à plus d'une lance de distance, puis il remit aussitôt son arme au fourreau et alla ramasser la tête.

L'ermite, la demoiselle et l'écuyer coururent vers lui et manifestèrent autant de joie que s'ils avaient vu Dieu devant eux. « Ah ! seigneur, s'écria l'ermite, bénie soit l'heure de votre naissance, et béni soit Dieu qui vous a amené dans ces parages, car vous avez apporté dans cette contrée la plus grande joie qui y soit advenue depuis plus de cent ans, par la mort de ce démon que vous avez tué et qui avait imposé à tout ce pays un servage honteux. En vérité, si les habitants de Taraquin apprenaient maintenant que ce géant a fini de vivre, tous accourraient aussitôt ici, car ils ne désiraient rien au monde plus que sa mort. – Et où est Taraquin ? demanda Gaheriet. – C'est précisément la cité où l'on vous a enlevé la demoiselle, seigneur ; c'est ainsi qu'on l'appelle. » Le jeune homme déclara qu'il se rendrait là-bas avant de continuer sa route et d'aller ailleurs, car il abolirait, si jamais il le pouvait, la coutume qui y avait cours auparavant, « en sorte que, ajouta-t-il, les chevaliers voyageurs qui viendront aprés moi puissent, en toute sécurité, y entrer et en sortir. – Assurément seigneur, dit l'ermite, ils l'aboliront volontiers pour l'amour de vous et par reconnaissance pour le bienfait que vous leur avez procuré. »

570. Alors, Gaheriet monta à cheval et dit à son écuyer : « Prends la tête de ce géant ; nous allons nous rendre à Taraquin. Quant à vous, mademoiselle, viendrez-vous avec nous ? – Oui, seigneur, répondit-elle, j'irai, en vérité, car désormais nous n'y risquons plus rien, à mon avis. »

Ils quittèrent alors l'ermite et cheminèrent tant et si bien qu'ils parvinrent à la ville. Vous n'avez jamais vu de joie ni d'enthousiasme plus grands que ceux que manifestèrent tous les habitants de Taraquin quand ils virent la tête du géant. Gaheriet leur dit : « Nobles seigneurs, je vous ai délivré de la douloureuse servitude et de la cruelle sujétion que vous avez si longuement supportées et dont vous vous désoliez tant. Je vous prie maintenant de m'accorder ce que je vais vous demander*. » Ils répondirent : « Demandez-nous sans crainte ce que vous voulez, car vous aurez tout ce que nous pouvons avoir, nos corps, nos biens, nos femmes et nos enfants. Et ce n'est que justice, car vous avez gagné le droit de disposer de nous tous. – Je veux, déclara le jeune homme, que vous me le juriez sur les reliques. » Ils le firent aussitôt et Gaheriet reprit : « J'exige que vous n'arrêtiez plus jamais aucun de ceux, chevaliers, demoiselles ou écuyers, qui passeront par ici, et je veux au contraire qu'ils puissent aller et venir dans cette ville et dans tout le pays aussi librement qu'ils le font à travers la cité de Camaalot. Et s'il arrivait ici un chevalier voyageur las et éprouvé, ou une demoiselle désemparée, je veux que vous ayez pour eux les mêmes égards que ceux que vous auriez pour moi-même. » Ils lui promirent loyalement qu'ils agiraient désormais ainsi. « Et de plus, seigneur, parce que nous tenons ce qui est arrivé pour un miracle, nous en garderons si bien le souvenir que vos descendants, après vous, en verront les marques et les témoignages authentiques. » Ils ne manquèrent pas de faire exactement ce qu'ils avaient dit, car ils réalisèrent une grande statue de cuivre qui représentait un géant armé et, à côté de celle-ci, une autre représentant Gaheriet en train de lui couper la tête. Quand ces deux effigies furent faites de la manière que je vous ai dite, ils les placèrent au milieu de la ville sur une grande pierre de marbre, de sorte que tous ceux qui y venaient pouvaient les voir et les examiner. Elles restèrent là jusqu'à l'avènement des deux fils de Mordret, qui régnèrent après le roi Arthur. Lorsque ces deux frères furent les maîtres du royaume de Logres et qu'ils vinrent à Taraquin, ils ne manquèrent pas d'éprouver une vive contrariété en voyant les statues qui prouvaient et rappelaient les exploits que le lignage du roi Arthur avait accomplis, aussi les firent-ils abattre et brûler et soutinrent que le combat de Gaheriet et du géant ne méritait pas qu'on l'eût donné en exemple, sous le prétexte qu'il advenait beaucoup d'autres prodiges plus grands que celui-ci. Ils les firent donc renverser, sans qu'elles fussent jamais refaites par qui que ce soit depuis.

Les habitants de Taraquin retinrent Gaheriet pendant deux jours et ils lui témoignèrent tant d'honneur, ils le fêtèrent avec tant d'enthousiasme qu'ils auraient difficilement pu faire mieux en quelque façon que ce fût. Quand il put leur échapper, il se remit en route, avec la demoiselle et l'écuyer, et tous trois chevauchèrent tant et si bien de la sorte qu'ils parvinrent à la Roche aux Pucelles. Lorsqu'ils se trouvèrent devant cette éminence et qu'ils l'eurent bien examinée, Gaheriet déclara qu'il n'avait jamais vu, de toute sa vie, une roche aussi haute, aussi belle, aussi fièrement dressée vers le ciel, « car, ajouta-t-il, il me semble qu'elle a été taillée à angles droits. – Ce n'est pas le cas, dit la demoiselle, mais c'est la nature qui l'a faite comme vous pouvez la voir. »

571. Alors, Gaheriet leva les yeux et vit les demoiselles qui étaient assises sur la roche, les unes à côté des autres ; elles parlaient des événements à venir, comme elles avaient coutume de le faire. Il savait déjà parfaitement qui elles étaient et à quoi elles occupaient leur temps, aussi leur cria-t-il : « Demoiselles, écoutez-moi ! » Sans lui prêter la moindre attention, elles continuèrent de parler, en femmes qui avaient grand plaisir à converser de la sorte. Il cria de nouveau, si haut cette fois que les demoiselles, agacées de l'entendre, interrompirent aussitôt leur entretien. La plus clairvoyante d'entre elles prit alors la parole et lui dit :

« Chevalier si importun, que nous demandes-tu ? – Je veux, répondit-il, que vous me disiez comment je mourrai. » Elle répliqua aussitôt : « Tu ne devrais assurément pas être impatient de le savoir, car ta mort sera un très grand malheur ; et pourtant ce sera le chevalier étranger que tu aimeras le plus qui te tuera, mais il le fera sans que telle soit son intention lorsqu'il te donnera le coup mortel. Et avec toi sera tué ton frère Agravain, ainsi que Guerrehet. Tu peux maintenant t'en aller quand il te plaira, car je t'ai dit exactement ce que tu voulais savoir. – Au nom de Dieu, répliqua-t-il, je ne partirai pas ainsi, car je ne suis pas venu pour entendre ces nouvelles, mais pour reprendre mon frère Gauvain et le Morhout. – Fais-le donc, si tu le peux, car tu n'auras aucune aide de ma part. – Je crois que j'y réussirais, dit-il, si je pouvais monter là haut et les rejoindre. – Tu ne monteras jamais ici, car tu n'as rien à y faire, mais attends-les en bas jusqu'à ce qu'ils aillent à toi. – Au nom de Dieu, fit une autre des demoiselles, s'il voulait rester là jusqu'à ce moment, il lui faudrait y passer beaucoup de temps ! – Comment ! s'écria Gaheriet, il n'y a donc pour moi aucun moyen de vous rejoindre là-haut ? – Si tu peux monter jusqu'ici, dit la dame, monte ; ce n'est certainement pas moi qui t'en empêcherai. » Il se mit aussitôt à faire le tour de la roche pour voir s'il y trouverait une porte ou un escalier par lesquels il pût monter. La demoiselle qui l'avait accompagné dit alors : « Êtes-vous fou ? Vous imaginez-vous pouvoir monter là-haut tout de suite ? Ceux qui s'y trouvent n'y sont pas montés par leur propre force ou par leur intelligence, mais ils y ont été transportés par magie, et c'est par magie qu'ils y sont retenus et qu'ils y resteront aussi longtemps que les demoiselles le voudront. – Foi de chevalier, répliqua le jeune homme, puisqu'il m'est absolument impossible d'aller là-haut, je suis donc venu pour rien, car, si je pars d'ici et que je ne monte pas à l'endroit où se trouve mon frère, je ne pourrai jamais le retrouver, quoi que je fasse. – Ne vous inquiétez donc pas tant, repartit la demoiselle, mais allez-vous-en d'ici ; je crois que je vais vous conseiller aujourd'hui même de telle sorte que vous vous estimerez pleinement satisfait. »

572. Ils quittèrent alors la roche et s'en allèrent à vive allure à travers la plaine. Quand ils se furent éloignés de deux bonnes lieues anglaises, la demoiselle dit à Gaheriet : « En y réfléchissant bien, j'ai trouvé la façon dont vous pourriez facilement ravoir monseigneur Gauvain, votre frère, et le Morhout, et cela ne vous coûtera guère de peine. – Parlez donc, répliqua-t-il, car, si les choses pouvaient se passer comme vous venez de le dire, il me semble que je serais né sous une bonne étoile. – Eh bien, voici ce dont il s'agit, reprit la jeune fille. La vérité est que les demoiselles de la roche ont un frère chevalier qui habite près d'ici, et elles l'aiment tant que le chagrin qu'on leur causerait en s'en prenant à lui les rendrait folles, je crois. Je vais donc vous dire ce que vous pourrez faire. Vous allez vous rendre à l'endroit où il se tient et quand vous l'aurez trouvé vous le défierez aussitôt ; vous combattrez contre lui et vous le vaincrez facilement : je sais bien qu'il n'est absolument pas de taille à pouvoir résister longtemps contre vous. Quand vous l'aurez vaincu, vous le menacerez de lui couper immédiatement la tête s'il ne vous promet pas de vous faire rendre aujourd'hui ou demain votre frère et le Morhout, et je sais parfaitement que s'il vous le promet il le fera sans faute. Je ne vois pas comment vous pourriez achever votre quête autrement que de la manière que je viens de vous dire. » Gaheriet répondit qu'il ne voyait en effet rien de mieux à faire. « Conduisez-moi donc, ajouta-t-il, là où le chevalier demeure et montrez-le-moi. – Nous y allons tout droit », dit-elle.

573. Ils cheminèrent tant et si bien de cette façon qu'ils parvinrent devant un petit manoir fortifié ; à côté, il y avait une prairie, au milieu de laquelle étaient dressées quatre tentes particulièrement magnifiques. Devant ces tentes[510], sous un auvent, il y avait un cheval entièrement noir, grand et robuste, ainsi qu'un bouclier, tout noir également, et une lance de la même couleur. La demoiselle dit à Gaheriet : « Là où vous voyez ce bouclier suspendu, vous pourrez, à mon avis, trouver le chevalier que nous cherchons. – Restez donc ici avec mon écuyer, répliqua le jeune homme ; je vais aller de ce côté pour voir s'il s'y trouve. – Allez-y, dit-elle. Que Dieu vous protège ! »

Gaheriet se dirigea alors droit vers la tente à laquelle le bouclier était accroché. Quand il fut parvenu à l'entrée, il regarda à l'intérieur et vit, assis sur un lit, près d'une demoiselle, un chevalier qui portait toutes ses armes,

---

510 *Suite*, § 573, l. 4 : *Devant l'uys des pavillons* ; on attend plutôt *devant l'un(g) des pavillons*, comme le sens (les attributs du chevalier propriétaire du campement se trouvent généralement devant l'une des tentes) et la suite (l. 12 : « Lors s'en vait Gaheriet droit au pavillon ») le suggèrent. Cf. § 560 (l. 7-8) et § 561 (ll. 1-2).

hormis son casque, qu'il avait posé à côté de lui. Dès que Gaheriet le vit, il lui demanda sans le saluer : « Monsieur le chevalier, êtes-vous le frère des demoiselles qui ont une roche escarpée pour demeure ? – Oui, seigneur, répondit l'autre, certainement. Que me voulez-vous à ce propos ? – Je vous veux tout le mal et toute la honte possibles, et je vous hais si mortellement à cause de cette parenté que, si ce n'était pas un déshonneur pour moi que d'attaquer un homme désarmé, j'irais vous tuer à l'endroit même où vous êtes assis. – Comment ! répliqua le chevalier, vous êtes sur ma terre, dans mon domaine privé, et vous menacez par dessus le marché de me tuer ? Comment pouvez-vous être aussi téméraire ? – Trêve de discours, dit Gaheriet, et montez immédiatement à cheval, sinon je vous tuerai dans l'état même où vous êtes, car je vous hais plus que j'ai jamais haï qui que ce soit jusqu'à ce jour, à cause de vos sœurs. – Au nom de Dieu, je n'ai jamais encore rencontré quelqu'un d'aussi impudent que vous l'êtes, monsieur le chevalier, vous qui voulez me faire combattre par la force, que je le veuille ou non. – Je vous ai laissé le choix, dit Gaheriet. Ou vous vous battez contre moi ou je vous tue sur-le-champ ; vous me ferez ainsi commettre une vilaine action, car je suis armé et vous ne l'êtes pas. – Au nom de Dieu, s'écria le chevalier, j'aime encore mieux combattre que d'être tué de cette façon, car, si je me laissais tuer aussi longtemps que je peux me défendre, je serais alors le chevalier le plus indigne et le plus lâche du monde ! » Il laça aussitôt son casque. Quand il fut entièrement prêt, il monta sur son cheval, prit son bouclier et sa lance, puis il dit à Gaheriet : « Seigneur chevalier, vous avez fait tout ce que vous avez pu pour m'humilier et vous m'avez mis fort en colère. Gardez-vous donc de moi, car je me vengerai de cet affront, si je le peux. » Alors, ils s'élancèrent l'un contre l'autre de toute la vitesse qu'ils purent tirer de leurs chevaux et se frappèrent avec une telle brutalité que leurs lances volèrent toutes deux en morceaux. Le chevalier passa par dessus la croupe de son cheval et s'écrasa sur le sol, fort meurtri par sa chute, tandis que Gaheriet poursuivit sa course. Quand il vit son adversaire à terre, il descendit de cheval, confia sa monture à son écuyer, puis, l'épée dégainée et le bouclier relevé, s'approcha du chevalier qui était encore étendu sur le sol, tout contusionné à cause de la chute qu'il avait faite. Lorsque celui-ci le vit approcher, ainsi prêt à l'assaut, il ne se sentit pas trop rassuré, aussi se releva-t-il le plus vite qu'il put et sortit son épée du fourreau ; mais Gaheriet, ayant levé haut son arme pour donner de la puissance à son coup, le frappa si violemment sur le casque que l'autre, incapable de tenir debout en recevant une telle charge, s'écroula face contre terre, tandis qu'il laissait échapper son épée. Gaheriet lui saisit alors le heaume des deux mains et le tira avec tant de rudesse vers lui[511] qu'il le lui arracha de la tête, lui écorchant en même temps le front et le nez. L'autre s'évanouit de douleur. Gaheriet le plaqua sur le sol de tout son poids, lui abaissa la mentonnière de son capuchon de mailles et lui dépouilla la tête de toute protection. En revenant à lui, le chevalier poussa une très grande plainte, ouvrit les yeux et regarda Gaheriet qui faisait mine de vouloir lui couper le

---

[511] « Le » renvoie à « heaume », si l'on en juge d'après le § 284 (ll. 21-23).

cou. Quand il vit cela, il eut peur de mourir, aussi demanda-t-il grâce en disant : « Ne me tue pas, noble chevalier : tu commettrais une très grande infamie, car à ma connaissance je ne t'ai jamais causé de préjudice pour lequel tu doives me tuer ! » Gaheriet répondit : « Le moment est venu pour toi de mourir, de sorte que nul, hormis Dieu, ne pourrait te sauver si tu ne me promets pas, de ta main nue, de faire en sorte que mon frère Gauvain et le Morhout me soient rendus, aujourd'hui ou demain, en aussi bonne santé qu'ils l'étaient lorsqu'ils furent amenés sur la roche. » L'autre le lui promit aussitôt. « Il faut, reprit Gaheriet, que tu agisses par l'intermédiaire d'un messager, car je ne te laisserais pour rien au monde t'éloigner jusqu'à ce que je les voie devant moi. – Aussi, je ne demande rien de tel, répliqua le chevalier, car je suis persuadé de faire cette besogne sans bouger d'ici. »

574. Alors, à ces mots, Gaheriet lâcha le chevalier. Celui-ci appela aussitôt son amie, qui pleurait à chaudes larmes à cause de ce qui était arrivé ; il lui parla longuement à voix basse, après quoi la demoiselle monta sur un cheval de marche et dit à Gaheriet : « Seigneur, attendez-moi ici, car je vais vous amener bientôt, s'il plaît à Dieu, ceux que vous demandez. – Allez-y, répondit-il, et hâtez-vous de revenir, car il me tarde beaucoup de les voir. »

La jeune fille s'en alla aussitôt à vive allure, tant et si bien qu'elle parvint à la roche. Quand les demoiselles qui vivaient là-haut la virent arriver, elles se turent, car elles savaient bien qu'elle avait besoin d'aide. Dès que la messagère fut assez proche pour pouvoir l'entendre, la plus clairvoyante des sœurs s'écria : « Je sais parfaitement pourquoi vous êtes là. Vous venez chercher Gauvain et le Morhout, car Gaheriet tuerait mon frère s'ils ne lui étaient pas rendus aujourd'hui ou demain. – C'est exact, madame, répondit la jeune fille. Au nom de Dieu, ayez pitié de lui et ne le laissez pas tuer de cette façon, car ce serait un très grand péché et tout le monde vous le reprocherait. – En vérité, répliqua la demoiselle, je ne laisserai en aucune manière mourir mon frère aussi longtemps que je pourrai le protéger. Mais si j'en avais l'occasion je me vengerais volontiers de celle qui a conseillé à Gaheriet d'agir de la sorte, car c'est elle qui nous a causé tout ce mal : sans elle, mon frère n'aurait pas été vaincu et jamais Gauvain et le Morhout ne nous auraient été repris. – Madame, repartit la jeune fille, ce point est sans importance, mais occupez-vous de votre frère, vous ferez preuve de noblesse d'âme, car il est assurément en danger de mort. – Je m'en occuperai si bien, répliqua la demoiselle, qu'à votre retour aux tentes, d'où vous êtes partie il n'y a pas longtemps, si vite que vous y parveniez, vous trouverez Gauvain et le Morhout étendus sur un lit. – Vraiment ? Au nom de Dieu, ce sera donc bientôt, car je ne tarderai pas y être. »

575. La jeune fille s'éloigna alors de la roche à vive allure, très satisfaite de la manière dont les choses venaient de se passer, et elle chemina avec tant de hâte qu'elle parvint au campement où les autres l'attendaient. Quand ils la virent arriver, ils allèrent à sa rencontre et lui demandèrent : « Quelles nouvelles ? – Bonnes, répondit-elle, s'il plaît à Dieu. » Elle descendit alors de cheval et dit à Gaheriet : « Regardez à l'intérieur de ces tentes, car je crois que vous y trouverez endormis ceux que vous cherchez. » Le jeune homme déclara : « Seigneur chevalier, prenez garde qu'il n'y ait ni sorcellerie ni ruse : que Dieu m'abandonne si je mens, je vous ferais mourir de la mort la plus cruelle que je pourrais imaginer. » L'autre répondit : « Sachez, seigneur, qu'il n'y a nulle tromperie, et si ce n'était pas eux, en chair et en os, je consentirais que vous fassiez de moi ce que l'on doit faire d'un chevalier traître et déloyal. » Gaheriet déclara que telle était bien son intention.

576. Alors, ils pénétrèrent dans une des tentes et n'y trouvèrent personne, pas plus que dans la deuxième ; mais, dans la troisième*, ils ne manquèrent pas de trouver, étendu sur un lit, monseigneur Gauvain, et le Morhout à son côté, tous deux dormant à poings fermés. Gaheriet les examina avec tant d'attention qu'il reconnut son frère, aussi déclara-t-il alors : « Ou celui-ci est mon frère, ou je suis ensorcelé ; mais quant à celui-là je ne sais pas si c'est le Morhout, car je ne l'ai jamais rencontré. – Seigneur, dit le chevalier, soyez sûr que ce sont eux.

577. – Il n'est pas question que je vous croie, répliqua Gaheriet, avant d'en avoir confirmation, et par eux, et par moi-même, car les demoiselles de cette terre feraient, par leurs enchantements, des hommes les plus sensés du monde les plus fous, et à de simples bêtes elles donneraient l'apparence de tel chevalier qu'on voudrait. C'est pourquoi je ne vous croirai que lorsqu'ils auront chevauché avec moi un jour ou deux. Mais, passé ce délai, je vous tiendrai alors quitte de tous les différends qui nous ont opposés. » L'autre fut tout à fait d'accord avec cette proposition.

578. Alors, il réveilla monseigneur Gauvain, qui se releva d'un bond, ainsi que le Morhout. Mais quand ils virent la tente dans laquelle ils étaient couchés il en furent profondément stupéfaits, car ils étaient persuadés d'être encore devant la roche, sous l'orme, là même où il s'étaient endormis le soir de cette fameuse nuit au cours de laquelle ils avaient été transportés par enchantement auprès des douze sœurs, et ils ne pensaient pas y être restés plus de temps qu'il n'y en a entre le soir et le matin. Toutefois, leur aventure s'était si bien terminée qu'ils avaient recouvré la raison et la mémoire.

Lorsque monseigneur Gauvain vit Gaheriet, il courut vers lui, les bras tendus, et lui dit : « Je suis heureux de vous voir, cher frère ! Quel hasard vous a amené par ici ? – Seigneur, répondit le jeune homme, ce sont les nouvelles de vous qui sont arrivées à la cour, si mauvaises que les gens croyaient vraiment vous avoir définitivement perdu. – Mon Dieu ! répliqua Gauvain, pourquoi sont-ils inquiets à ce point ? Il n'y a assurément pas encore trois mois que j'ai quitté la cour avec mon cousin, monseigneur Yvain. – Combien de temps dites-vous être resté hors de la cour, seigneur ? » demanda Gaheriet. Gauvain répondit : « Je n'ai pas été absent trois mois. » Gaheriet se mit alors à se signer et s'écria, profondément affligé : « Ah ! seigneur mon frère, maudites soient les demoiselles de la roche qui vous ont ainsi abusé et trompé ! – En quoi, demanda Gauvain, m'ont-elles abusé ? – Seigneur, répondit Gaheriet, je vais tout vous dire. Sachez véritablement qu'il y a plus de deux ans que vous avez quitté la cour avec monseigneur Yvain ; vous avez donc mal tenu la promesse que vous lui aviez faite de le retrouver à la Source des Aventures, où vous auriez dû revenir à la fin de la première année, car il s'y est rendu mais vous pas, non plus que le Morhout, et vous avez au contraire manqué à votre engagement envers lui. » Alors, monseigneur Gauvain se mit à se signer d'étonnement, ainsi que le Morhout. « Et où est monseigneur Yvain ? demanda-t-il. – Foi de Gaheriet, il demeure à la cour, bon gré mal gré, car le roi l'y retient pour ainsi dire de force, et il y a bien déjà six mois qu'il y est revenu. – Ma parole, s'écria monseigneur Gauvain, voilà le plus grand prodige dont j'aie jamais entendu parler, car il me semble impossible que nous ayons passé, où que ce soit, plus de temps qu'il ne s'en est écoulé depuis hier soir, lorsque nous nous sommes couchés sous l'orme. – Sans mentir, dit Gaheriet, vous avez été sur la roche avec les demoiselles pendant plus d'un an et demi[512], et monseigneur Yvain vous y a vus, il a parlé avec vous et le Morhout, mais vous ne l'avez pas reconnu et vous lui avez dit au contraire de s'en aller. » Alors, ils se signèrent plus de dix fois et chacun déclara : « Ma parole, c'est vrai que je l'ai vu, mais je croyais avoir rêvé ! » Monseigneur Gauvain poursuivit : « Ah ! Dieu, nous avons été victimes

---

[512] Si les souvenirs de Gauvain s'interrompent au terme de ses trois premiers mois de voyage et que son absence a duré plus de deux ans, sa 'captivité' pourrait avoir duré au moins vingt-et-un mois. Du reste, Gaheriet ne peut évaluer que grossièrement le temps passé par son frère sur la roche*.

d'un terrible enchantement pour être restés si longtemps avec les demoiselles. En vérité, je croyais que tout ce que j'ai vu distinctement là-haut n'était qu'un songe. »

579. Il demanda ensuite des nouvelles du roi, de la reine, de la cour, et son frère lui apprit ce qu'il en savait. « Et avez-vous eu récemment, reprit Gauvain, des nouvelles de Baudemagus ? – En vérité, répondit Gaheriet, je puis bien vous assurer que ce sera l'un des meilleurs chevaliers du monde, si le temps lui en est laissé, car ses débuts sont très prometteurs. » Il lui fit alors part de ce que l'on avait appris à son sujet à la cour. « Et vous, cher frère, demanda encore Gauvain, quand avez-vous été fait chevalier ? » Gaheriet le lui indiqua précisément et lui révéla pourquoi il avait quitté la cour, expliquant que, sans les nouvelles que Merlin y avait fait parvenir, il n'aurait pas encore reçu l'ordre de chevalerie. « Au nom de Dieu ! s'écria le Morhout, béni soit Merlin qui a fait savoir que vous deviez être fait chevalier, car si vous n'étiez pas venu par ici nous aurions passé le restant de nos jours dans l'état d'enchantement où nous avaient mis ces fées ; ainsi n'aurions-nous jamais été délivrés si, par chance, Merlin n'avait pas parlé à Baudemagus. » Monseigneur Gauvain et le Morhout posèrent beaucoup de questions à Gaheriet ; il leur raconta certaines de ses aventures et en passa d'autres sous silence.

Les deux frères prirent congé du Morhout et monseigneur Gauvain le remercia vivement d'avoir été pour lui un bon compagnon ; ils s'embrassèrent en se séparant. Le Morhout aurait volontiers emmené Gaheriet en Irlande avec lui, car sa compagnie lui plaisait beaucoup, mais par égard pour son frère le jeune homme remit ce voyage à plus tard.

Cependant, il lui promit fermement que, dès qu'il aurait raccompagné monseigneur Gauvain à la cour du roi Arthur, il en repartirait et le rejoindrait en Irlande. Là-dessus, les deux frères se séparèrent de leur ami et cheminèrent tant et si bien, par étapes, qu'ils arrivèrent à Camaalot, où ils furent reçus très joyeusement. Le roi Arthur posa beaucoup de questions à monseigneur Gauvain, qui lui répondit, ainsi qu'à tous ceux de la cour, expliquant comment il croyait n'avoir demeuré sur la roche qu'une seule nuit : aussi lui semblait-il que tout ce qu'il y avait vu n'était qu'un songe. Que vous dirais-je de plus ? La joie et la gaîté furent bien grandes à la cour, à cause de l'arrivée de monseigneur Gauvain et des beaux débuts de Gaheriet dans la carrière de chevalier. Celui-ci repartit au bout d'un mois pour s'en aller en Irlande chez le Morhout. Il chemina tant et si bien qu'il y parvint, non sans avoir auparavant accompli maints beaux faits d'armes, que le récit ne rapporte pas. Mais nous ne parlerons pas davantage de Gaheriet et nous suivrons le valeureux Morhout.

XXVIII

580. A présent, le récit raconte que, lorsque le Morhout, qui était un chevalier excellent et confiant dans sa force, eut quitté monseigneur Gauvain et Gaheriet, il chevaucha, fort songeur, pendant toute la journée, sans trouver d'aventure digne d'être rapportée. Le soir, il coucha dans une abbaye de moines de Cîteaux qui mirent tout ce dont ils disposaient au service de son bien-être. Le lendemain matin, il s'en alla et chevaucha quatre jours entiers, droit vers l'Irlande. Le cinquième jour, vers le milieu de la matinée, il advint qu'il s'engagea sur une vaste étendue de terres incultes. Quand il eut parcouru environ la distance de deux portées d'arc, il vit arriver, de l'autre côté de cette lande, cinq chevaliers armés de toutes leurs armes, selon l'usage des chevaliers en voyage. Si quelqu'un me demandait qui étaient ces hommes, je répondrais que c'étaient cinq jeunes chevaliers de la maison du roi Arthur, fort alertes et vaillants, qui s'étaient retrouvés à peine deux jours auparavant dans une ville proche de là et qui cherchaient les aventures pour acquérir considération et honneur. Deux d'entre eux s'appelaient Agravain et Guerrehet : c'étaient les frères de monseigneur Gauvain. Le troisième, extraordinairement grand, mais jeune encore, s'appelait Mador de la Porte. Le quatrième était Dodinel le Sauvage[513] et le cinquième était Sagremor l'Impétueux : il était fils du roi de Hongrie et petit-fils de l'empereur de Constantinople[514] ; c'était un très bon chevalier, qui devenait si impétueux, quand il était en colère, qu'il se

---

[513] Rappelons que ce personnage est censé être le fils de Balaan le Sauvage, frère de Balaain (§ 104, l. 12), le neveu du Chevalier aux Deux Épées, donc.

[514] Cette généalogie est en contradiction avec celle donnée au § 79. Sur ce point, v. G. Roussineau (*op. cit.*, p. 692, n. 580,21). La contradiction s'explique assez naturellement par le changement de ms. entre le § 79 et le § 580. V. n. 476.

livrait alors à de remarquables faits d'armes, et pour cette raison Keu le sénéchal l'avait surnommé *l'Impétueux*[515].

581. Quand les jeunes gens aperçurent le Morhout qui venait dans leur direction, ils n'eurent aucun doute sur sa qualité de chevalier voyageur : l'homme qu'ils virent arriver chevauchait de fort belle manière et donnait vraiment le sentiment d'être quelqu'un de valeureux. Agravain se tourna alors vers ses compagnons et les pria de lui accorder le combat à la lance contre ce chevalier, ce que les autres firent très volontiers.

Le jeune homme se prépara donc à combattre et se mit à crier au Morhout : « Seigneur chevalier, gardez-vous de moi : il vous faut jouer de la lance ! » Le Morhout, qui ne demandait rien d'autre et qui ne craignait pas de se battre contre un seul chevalier à la fois, s'apprêta le mieux possible à l'affronter et laissa son cheval courir vers lui. Agravain, qui arrivait de toute la vitesse qu'il pouvait tirer de sa monture, heurta si brutalement le bouclier de son adversaire que sa lance vola en morceaux. Celui-ci, de son

---

[515] La présence d'Agravain, mentionné comme s'il ne s'était rien passé, est fort surprenante et laisserait penser que ce § n'entretient qu'un rapport primitivement assez lâche avec ce qui précède. On pourrait supposer, par exemple, que tout l'épisode qui met en scène la jalousie d'Agravain à l'égard de Gaheriet est une interpolation qui va dans le sens du climat fratricide que l'auteur a cherché à introduire dans son œuvre. On ne peut invoquer ici le changement de ms. : toute l'histoire de Gaheriet appartient au même ms. que la fin du roman.

côté, le frappa de telle manière qu'il l'envoya au sol tout étourdi.

Il avait à peine achevé sa course, que Guerrehet, très contrarié par la chute de son frère, s'élança à son tour vers le Morhout et lui assena un coup si rude qu'il lui transperça le bouclier, mais la cotte de mailles était robuste et résistante, aussi la lance ne put-elle que se briser. Quant au Morhout, qui n'était pas un novice en cette matière, il frappa Guerrehet avec une telle violence qu'il lui transperça bouclier et cotte de mailles et lui infligea une blessure au côté gauche ; d'une forte poussée, il abattit ensuite son adversaire, qui se retrouva au sol dans un tel état qu'il ne savait plus s'il faisait jour ou nuit, puis il continua sa course, rapide comme un faucon.

Quand les trois autres virent les deux frères ainsi abattus, leur étonnement fut grand. Alors, Mador de la Porte se détacha du groupe et cria au Morhout : « Seigneur chevalier, tournez votre bouclier par ici, car je vengerai la honte de mes compagnons, si jamais je le puis. » Il éperonna sa monture, rassembla son courage et ses forces et répéta qu'il l'abattrait, s'il le pouvait. Il mit toute son énergie dans le coup qu'il porta à son adversaire, de sorte qu'il fit voler sa lance en morceaux. Pour sa part, le Morhout atteignit le haut du bouclier de Mador, si bien qu'il le lui plaqua au cou ; il ôta ainsi au jeune homme la capacité et la force de se maintenir en selle et le précipita à terre, passablement étourdi.

Quand Sagremor et Dodinel virent leurs compagnons jetés au sol, ils se signèrent plus de cent fois d'étonnement et dirent : « Sainte Marie, qui peut être ce chevalier qui s'est si facilement débarrassé de nos trois compagnons ? –

Que Dieu m'abandonne tout de bon si je mens, reprit Dodinel, j'aime mieux tenir compagnie à mes camarades qui sont tombés que de ne pas m'efforcer de les venger. » Alors, il s'apprêta à combattre et cria au Morhout de se garder de lui. Celui-ci se prépara également, voyant bien que les choses étaient allées si loin qu'il lui fallait tomber à son tour ou les abattre tous les cinq. Il ne lâcha donc pas son arme, qui était encore entière, et, voyant Dodinel arriver lance baissée, il s'élança vers lui à son tour, bruyant comme la foudre. Dodinel lui assena un tel coup qu'il lui transperça le bouclier et la cotte de mailles et lui infligea une blessure assez importante au côté gauche : il aurait été absolument impossible en effet que sa lance se rompît, car elle était très solide. De son côté, son adversaire le frappa avec une telle force qu'il ne fit qu'un seul tas du cavalier et de sa monture, aussi le jeune homme fut-il tout meurtri par sa chute. Le Morhout le dépassa pour achever sa course, en se disant à lui-même que celui qui lui avait donné un tel coup était vraiment un excellent chevalier, et il était tout heureux de voir qu'il avait désarçonné quatre de ses adversaires et qu'il n'en restait plus qu'un à abattre.

Le Morhout cria donc de toutes ses forces en direction de Sagremor pour lui proposer le combat. « Très volontiers », répondit celui-ci, ajoutant qu'il aimerait mieux mourir que de ne pas venger ses compagnons. Il tourna donc la tête de son cheval vers le Morhout et fonça sur lui aussi vite qu'il le put. Celui-ci, qui avait récupéré la lance de Dodinel le Sauvage, la sienne étant brisée, n'aurait pas pensé grand-chose de lui-même s'il n'avait pas fait de son adversaire ce qu'il avait fait des autres. Il s'élança vers Sagremor, qui, persuadé de le porter à terre, le frappa de toutes ses forces, de sorte qu'il lui transperça le bouclier et la cotte de mailles ; il lui fit ainsi passer le fer de sa lance au ras du côté avant qu'elle volât en morceaux. Quant au Morhout, qui avait déjà donné bien des coups puissants et qui arrivait dans un vacarme pareil à celui de la foudre, il lui assena un coup si violent qu'il lui transperça également le bouclier et la cotte de mailles, lui infligeant une profonde blessure en pleine poitrine ; il le fit passer par dessus la croupe de son cheval et le précipita très violemment sur le sol.

Comme le Morhout voulait poursuivre sa course, sa monture heurta celle de Sagremor, ce qui le désarçonna, et il se retrouva au sol, fort contrarié de la chute de son cheval. Il se releva le plus vite possible et sa blessure saigna abondamment. Cependant, Sagremor, qui s'était déjà relevé et qui avait retrouvé ses forces, marchait sur lui, l'épée brandie. Le Morhout, voyant bien qu'il lui fallait l'affronter, fit de même. Ils reprirent donc le combat, en jouant de l'épée d'une façon vraiment extraordinaire, se tâtant mutuellement de leurs armes tranchantes, tantôt d'un côté, tantôt de l'autre. Ils montraient on ne peut plus clairement qu'ils ne s'aimaient pas du tout.

Le premier assaut dura si longtemps que chacun des deux aurait eu plus grand besoin de se reposer que de combattre, aussi furent-ils bien forcés de s'y résoudre. Le Morhout, moins éprouvé que Sagremor, examina son adversaire ; il lui sembla qu'il était jeune, aussi conçut-il une grande estime pour lui dans son cœur. Pris d'une vive compassion à son égard, il lui dit d'une voix forte : « Seigneur chevalier, nous avons tant combattu, vous et moi, que nous savons bien ce que nous valons, et le sujet de cette querelle n'a pas tellement d'importance, de sorte que, si vous y consentez, nous en resterons là. Je vous demande donc, au nom de la civilité, de me dire votre nom, car je désire beaucoup le connaître à cause des belles qualités de chevalier que vous m'avez montrées. » En entendant le Morhout parler ainsi, Sagremor éprouva une grande joie, car il voyait bien que l'autre viendrait finalement à bout de sa résistance. Cependant, il répondit très hardiment, en homme de grand courage : « Seigneur chevalier, j'ai entendu ce que vous m'avez dit et, à cause des grandes qualités de chevalier que j'ai moi aussi trouvées en vous, je suis content de vous dire mon nom et celui de mes compagnons, car je dois plus que vous me féliciter d'interrompre ce combat, où j'avais en effet nettement le dessous. Sachez donc que je m'appelle Sagremor l'Impétueux. » Il lui nomma ensuite tous ses compagnons. « Et, ajouta-t-il, nous sommes de la Maison du roi Arthur. » Quand le Morhout entendit que c'était Sagremor et que les autres étaient de la Maison du roi Arthur, il regretta beaucoup ce qu'il avait fait. Il ôta son casque, et Sagremor, ainsi que tous ses compagnons qui s'étaient approchés, en fit autant. Les jeunes gens et le Morhout manifestèrent une très grande joie en se voyant à visage découvert. Celui-ci leur demanda pardon et ils lui pardonnèrent très volontiers : ils avaient en effet plus de torts que lui, car ils l'avaient attaqué ; dès lors, il avait agi comme un chevalier voyageur doit le faire en s'étant bien défendu contre eux.

Les cinq chevaliers et leur compagnon s'entretinrent fort gaîment. Celui-ci leur raconta comment monseigneur Gauvain avait été délivré et ils ne cachèrent pas leur joie en apprenant cette nouvelle. Le Morhout leur expliqua qu'il ne pouvait rester davantage avec eux, aussi les autres prirent-ils congé de lui pour se diriger vers un château qui était près de là, où ils demeurèrent jusqu'à ce qu'ils fussent guéris. Quant au Morhout, il s'en alla de son côté séjourner chez un chevalier qu'il connaissait. Quand il se sentit en état de porter les armes, il se mit en route et chemina tant et si bien, par étapes, qu'il arriva en Irlande, où il fut reçu avec beaucoup de joie. Il n'y était pas depuis huit jours que Gaheriet arriva. Le Morhout le reçut très chaleureusement et le fit demeurer avec lui jusqu'au moment où il partit en Cornouailles chercher le tribut[516]. C'est là que le Morhout combattit contre monseigneur Tristan, qui lui ingligea une blessure mortelle, comme le récit le racontera.

[516] On retrouve en effet Gaheriet aux côtés du Morhout lorsque celui-ci se rend en Cornouailles pour chercher le tribut imposé par le roi d'Irlande (*Le Roman de Tristan en prose*, éd. R. L. Curtis, t. 1, Munich, Max Hueber, 1963, p. 147).

I

INDEX DES ÉLÉMENTS DU RÉCIT ET DE LEUR COMMENTAIRE

Les chiffres renvoient, sauf mention contraire, aux paragraphes dans lesquels l'entrée est mentionnée ou, plus généralement, à ceux dans lesquels l'être ou la chose qu'elle désigne joue un rôle.

A – PERSONNAGES

1 - Désignés par leur nom, par leur titre ou un sobriquet

2 – Anonymes

B – Animaux

C – Végétaux

D – Lieux

1- Noms propres

2- Noms communs

E – Calendrier

F – Allégories, notions abstraites et motifs arthuriens

G - Objets et matières

II
Index critique

Les chiffres renvoient aux notes.

A – Auteurs cités

B – Œuvres médiévales citées ou mentionnées

C – Références bibliques, littéraires (auteurs, œuvres, types) et mythologiques

D – Problèmes de composition et divers

NOTES ADDITIONNELLES

Note 9 : On peut ajouter, à ces ouvrages d'initiation, A. Berthelot, *La Légende du roi Arthur*, Paris, éd. du Chêne, Hachette Livre, 2004, 184 p.

Note 18 : Si l'on suppose que notre *Suite* (composée vers 1235-1240) est postérieure au cycle entier de la Vulgate, les dates proposées par T. Delcourt paraissent évidemment les seules plausibles.

p. 30 : A cet égard, l'épisode de la Roche aux Pucelles, qui nous rappelle entre autres choses que la vie n'est qu'un songe, métaphorise la constante hantise du chevalier : mourir sans avoir vécu pour n'avoir connu qu'une félicité sans *histoires*.

p. 34 : Sur le rôle d'Arthur dans la gloire reconnue à ses chevaliers, v. Chrétien de Troyes (*Le Chevalier au Lion*, éd. Mario Roques, Paris, Champion, [CFMA 89], vv. 39-41) : "par lui sont amenteü/li boen chevalier esleü/qui a enor se traveillierent".

Note 51 : L' 'entombement' de Faunus (§ 326) et celui des enchanteurs (§ 339) sont également des figures de celui de Merlin (§ 386).

Note 79 : Si l'on donne le pas à la haine sur le meurtre proprement dit, la véritable figure de Caïn, dans notre roman, est bien sûr Agravain.

Note 80 : Inceste et climat fratricide sont également associés dans l'histoire d'Œdipe et de ses fils.

§ 5 : *fontainne* (ll. 10-11) ; nous traduisons généralement ce mot par "source", mais "fontaine" conviendrait peut-être également, au vu des représentations de *fontaines* données par le ms. 2537 de la Bibliothèque Nationale de Vienne (réalisé en France vers 1410), reproduit dans Dagmar Thoss, *Tristan et Iseut. Manuscrit enluminé du XVe siècle*, Paris, Seghers, 1978, aux p. 31, 48, 79, 92, 110. Pour les copistes au moins des mss utilisés par l'éditeur de la *Suite*, composés entre le début du XIVème s. et la fin du XVème s., la représentation des *fontaines* ne devait guère être différente de celle que donne le ms. de Vienne, soit un bassin de pierre monté à faible hauteur, au rebord plus ou moins travaillé, pourvu d'un écoulement sous la forme d'une simple ouverture ou d'une courte gouttière.

§ 7 : Nous n'avons pas systématiquement harmonisé les alternances du tutoiement et du vouvoiement, sans expliquer chaque fois les raisons de nos choix. Disons pour faire court que cette alternance est souvent porteuse de sens et qu'on ne saurait impunément la faire disparaître à tous coups. Dans le cas présent, le chevalier inconnu, pressé, tutoie Arthur en s'adressant à lui avec rudesse (§ 7, ll. 14-15) ; le roi lui répond civilement, en le vouvoyant (ll. 16-17), et le chevalier radouci se met au "vous" (l. 17) ; insulté, Arthur, imité par le chevalier (§ 9, l. 33), passe au "tu" (l. 27), qui rompt définitivement la civilité de l'entretien et s'accompagne d'un défi. Ailleurs, on voit Merlin (par ex. au § 10), mentor d'Arthur, parler au roi tout à la fois avec familiarité et respect ; selon que l'une de ces attitudes prédomine le devin use du "tu" (l. 21) ou du "vous" (l. 16). On pourrait multiplier les exemples. Selon les cas, le tutoiement marque la familiarité ou le mépris, le vouvoiement, le respect ou la distance.

§ 13 : Nous traduisons ainsi *vavasour*. On pourrait aussi proposer « arrière-vassal » ou « vassal du dernier rang ». Le mot s'applique généralement au chevalier pauvre, sédentarisé et vivant chez lui (comme l'ermite, il a pour vocation d'accueillir ou d'orienter les chevaliers voyageurs).

§ 17 : *Et cil avra non Percheval li Galois* (l. 22) ; dans *La Queste del Saint Graal* (éd. A. Pauphilet, Paris, Champion [CFMA 33], 1984, p. 201, l. 24), le père de Perceval est nommé "Pellehen". On verra (§ 150, l. 28) qu'il est ici nommé "Pellinor", alors que Pellehan (§ 194, l. 41) est le nom du roi saint de Listinois, blessé par Balaain.

§ 33 : Arthur porte le nom du prêtre qui l'a baptisé, comme son neveu Gauvain (*Mort Artu*, § 154, ll. 15-16). Merlin, quant à lui, a reçu à son baptême le nom de son grand-père (*Merlin*, § 10, ll. 53-55).

Note 190 (§ 33) : Cette traduction s'appuie également sur les observations de Fr. Garnier sur la "tenue du poignet d'autrui", dans *Le Langage de l'image au moyen âge. Signification et symbolique*, Paris, Le Léopard d'Or, 1982, pp. 199-205.

§ 40 : *se Diex m'aït* (l. 28) ; trad. fondée sur l'analyse de ce tour proposée par Chr. Marchello-Nizia, *Dire le vrai : l'adverbe "si" en français médiéval. Essai de linguistique historique*, Genève, Droz (PRF 168), 1985, pp. 73-92. Cette formule de jurement apparaît encore dans les romans de G. Simenon (« La folle d'Itteville », 1931 et *Les Pitards*, 1935, repris dans *Tout Simenon*, t. 18, p. 84 et t. 19, p. 280, Paris, Presses de la Cité, 1991 et 1992) sous la forme *ainsi m'aide Dieu*.

§ 44 : Les prétentions de l'empereur de Rome sur le royaume d'Arthur, puis celles du roi Rion (§ 71), font peut-être écho à celles de Jean sans Terre qui, associé à l'empereur excommunié Otton IV de Brunswick, avait été vaincu par Philippe Auguste à Bouvines en 1214. Rappelons que Jean sans Terre avait, quelque dix années avant la défaite de sa coalition, fait disparaître son neveu et rival, soutenu par la couronne de France, un certain... Arthur de Bretagne.

§ 46 : *vous m'avés tant conjuré* (l. 22) ; généralement rendu par 'prier avec instance' (d'apr. Gdf 9,159 ; v. aussi éd. G. Roussineau, gloss. p. 726, s. v.), *conjurer* signifie plus précisément ʻmettre celui qu'on interroge en demeure, par l'invocation d'une autorité qu'il ne peut récuser, de répondreʼ (sens particulièrement net au § 517, ll. 13). La conjuration nous paraît être le résidu d'un formulaire magique par lequel on lie l'interlocuteur, comme le sorcier lie le démon en le sommant d'apparaître par la profération de formules incantatoires. D'où le caractère extrêmement inhabituel, que nous avons signalé à la n. 75, de la réponse de Balaain à la *conjuration* d'un chevalier qui l'interroge "pour l'amour de la riens qu'[il] plus [aime] el monde" (§ 176, 8-9). V. aussi les réf. citées dans TL 2,700,1-44 et le gloss. de Ph. Ménard, *Le Roman de Tristan en prose*, t. 1, Genève, Droz (TLF 353), p. 301, s. v.

§ 76 : G. Roussineau (p. 645, note 76,6) suggère que la blessure au front de Mordret est une marque d'infamie. Nous y verrions plutôt le jalon d'une future reconnaissance (et si tel était le cas, le détail aurait son importance, car cela accréditerait le fait que l'auteur envisageait de donner une suite à son oeuvre). Cette mention est à rapprocher du § 310 (ll. 36-37), où la mère de Tor identifie Pellinor, quinze ans après l'avoir vu, par une blessure qu'il avait à la joue.

§ 77 : Chez les Hébreux (Moïse) et les Romains (Rémus et Romulus), l'enfant sauvé des eaux est un fondateur. Dans le cas présent, Mordret n'est sauvé que pour détruire le royaume de Logres. Comme il le fait à plusieurs reprises, notre auteur semble jouer ici avec les mythes.

Note 228 (§ 96) : Considérée dans son ensemble, la prédiction de la demoiselle est d'interprétation particulièrement délicate. Il s'agit en effet de trois annonces : 1) le premier homme que vous tuerez de cette épée sera celui que vous aimez le plus au monde (ll. 36-38) ; 2) vous vous repentirez d'avoir pris cette épée avant deux mois (ll. 40-41) ; 3) avant la fin de l'année, vous combattrez un chevalier qui vous tuera et que vous tuerez de cette épée (ll. 41-45). Or la suite semble indiquer que ces trois annonces, présentées comme distinctes, coïncident (v. sur ce point éd. G. Roussineau, p. 648, n. 96,40, qui avoue son embarras). De surcroît, la chronologie des événements ultérieurs (v. n. 227) ne colle aucunement avec le délai de survie très court – un an au plus – assigné au Chevalier aux Deux Épées (§ 96, ll. 44-45 et § 104, l. 24 : les mss A et B semblent d'accord sur ce point, bien que la mention du § 104 soit plus ambiguë). Il nous paraît donc qu'à ce stade du récit l'auteur n'a pas une idée claire de la suite qu'il donnera aux événements, à moins, ce qui n'est pas moins plausible, que l'histoire de Balaain soit le fait de plusieurs auteurs (v. n. 6).

§ 98 : *un mien frere* (l. 21) ; on pourrait aussi traduire "mon frère". Le tour *un* possessif *N.* ne dénote pas toujours "l'un parmi d'autres", comme on peut le constater par exemple dans *La Queste del Saint Graal*, *op. cit.*, p. 177 (l. 26), où "un mien frere" désigne, dans la bouche de Bohort de Gaunes, le seul frère de celui-ci, Lionnel (cf. *Lancelot*, éd. A. Micha, Paris-Genève, Droz [TLF 288], t. 7, p. 32, § 1). Cela semble être également le cas au § 572 (l. 10) de notre texte pour "un leur frere" qui désigne vraisemblablement l'unique frère des demoiselles de la Roche. Linguistiquement, *un* possessif *N.* peut s'employer lorsque la pluralité est *possible* (ce qui exclut absolument *un mien pere*). Inversement, "mon frere" (§ 99, l. 11) ne réfère pas nécessairement à un frère unique, puisque, comme on le verra, Balaain a au moins un autre frère. Cette dernière observation résout selon nous la difficulté soulevée par G. Roussineau au sujet de la fille de Pellinor (p. 656, n. 192, l. 10 ; v. n. 381) : le "sa fille" du § 314 (l. 9) peut fort bien se comprendre comme "l'une de ses filles".

Note 239 (§ 115) : Il faut supposer que le nom du chevalier a été révélé par le nain. Mais ici encore on constate une anomalie : au § 105, Lançor est présenté comme un "chevaler d'Irland" (l. 12), qui "n'estoit mie si tres bons chevalers com il quidoit" (ll. 14-15) ; au § 113, on apprend qu'il est fils de roi et "uns des vaillans chevaliers del monde" (l. 18). Cet écart peut s'expliquer par le changement de ms. (le § 105 est édité d'apr. le ms. B, le ms. de base étant ici lacunaire).

Note 246 (§ 126) : Le fait que l'association *lune/b(i)ele/clere* apparaisse ailleurs à trois reprises (§ 219, l. 10 ; § 288, l. 5 ; § 481, l. 4) nous incite à considérer avec une certaine méfiance l'association *biele/biele/clere* que l'on pourrait proposer de conserver ici. Même si *biele* 'lune' est bien attesté, un lapsus n'est pas à exclure.

§ 131 : La présence d'Arthur à Tarabel étonne, compte tenu de ce qui a été dit au § 92 (ll. 3-5). Si Rion assiège ce château avec une armée aussi imposante qu'il est dit, on voit mal comment Arthur a pu y pénétrer sans combattre, et le texte ne laisse aucunement entendre qu'il s'agit là d'une manoeuvre de Rion pour enfermer Arthur.

§ 131 : Balaain et son frère paraissent impatients de rencontrer Arthur en personne. On verra pourtant qu'ils se contenteront de lui livrer les prisonniers sans chercher à le rencontrer (v. *infra*).

§ 139 : *avroie s'acointance et s'amour aussi que jou avoie avant que je ochesisse la damoisiele* (ll. 36-37) ; cette relecture du passé par Balaain paraît bien idyllique : avant l'épreuve de l'épée, Arthur a purement et simplement ignoré l'existence de Balaain ; après cette épreuve, dans les très brefs instants qui ont précédé le meurtre de la demoiselle, Arthur a certes manifesté de l'intérêt pour le chevalier mais celui-ci a refusé l'amende honorable du souverain.

§ 153 : Je signale, à propos de ce paragraphe, ces lignes de Plutarque (*Vies* XIV, "Vie de Marcus Brutus" I, 1, éd. R. Flacelière et É. Chambry, Paris, « Les Belles Lettres », 1978, p. 94) qui présentent avec lui une analogie frappante : « Quant à Marcus Brutus, il descendait de Junius Brutus, celui dont les Romains d'autrefois avaient dressé une statue de bronze au Capitole, au milieu des rois, l'épée nue à la main, parce qu'il avait chassé définitivement les

Tarquins. » Merci infiniment à Danielle Porte de m'avoir retrouvé ce passage à partir d'une mention intriguante de l'*Histoire romaine* de Victor Duruy (Paris, 1884, p. 25) que je lui avais soumise.

§ 166 : Cette 'crise' prophétique, qui semble se produire indépendamment de la volonté de Merlin et qui le met ici dans un état de soudaine *fureur*, se renouvellera au § 330 (l. 4).

§ 170 : *vous m'avrés mort et malbailli* (ll. 21-22) ; nous ne suivons pas G. Roussineau (gloss., p. 766, s. v. *malbaillir*, 'déshonorer') ; nous fondant sur les autres ex. signalés par l'éditeur, nous interprétons plutôt "malbailli" comme un équivalent de "mort".

§ 170 : *il me couverra a laissier ceste queste ou je sui entrés* (ll. 36-37) ; l'objet de cette *queste* ne nous sera jamais révélé explicitement ; nous ne pouvons que supposer, d'après la suite et le § 169, ll. 17-18 ("ou desservi jou qu'il me convenist a faire si grant mal ne si grant dolour ?"), que ce chevalier doit venger un compagnon tué dans les mêmes conditions qu'il le sera lui-même, et que, prévenu comme le sera Balaain des conséquences de son acte, il gémit d'avance sur la catastrophe qu'il doit immanquablement provoquer. Au demeurant, ici comme ailleurs, l'auteur ne s'embarrasse d'aucune vraisemblance.

§ 179 : Ces propos jusqu'au-boutistes de Balaain sont bien différents de ceux qu'il tenait au § 116 (ll. 31-34) : "Et se je cuidoie que si dolereuse chose avenist par moi comme tu devises, je m'ochiroie anchois que ne t'en fesisse menteour". Il est vrai qu'il s'agit maintenant de venger un compagnon tué par traîtrise.

Note 310 (§ 202) : Contrairement à ce que j'ai écrit (v. n. 80), je pense maintenant que c'est cet événement, plutôt que le péché d'Arthur, qui, dans notre œuvre, découpe la temporalité arthurienne entre un avant et un après (marqué par le climat fratricide). Cette scène me paraît en effet de plus en plus être une métaphore de Gen. III, dans laquelle Ève-Balaain (§ 116, l. 11) transgresse, librement et consciemment (§ 202, ll. 26-27), l'interdit qui porte sur l'usage de l'arbre-lance, avec des conséquences similaires, comme si l'histoire de l'Humanité, en ses débuts, pouvait être périodiquement rejouée, soumise à l'exercice d'une liberté absolument maîtresse d'elle-même. Cette scène, centrale dans notre roman, me semble confirmer le fait que notre texte institue la liberté comme fondement métaphysique (avec peut-être une tentation pélagienne) et social.

Note 323 (§ 222) : Ce jeu sur les possibles n'est pas propre à notre auteur (v. par ex. Renaut de Beaujeu, *Le Bel Inconnu*, éd. G. Perrie Williams, Paris Champion [CFMA 38], vv. 6253-6266).

§ 215 : *nouvielement* (l. 12) ; depuis quelque six années, si nos estimations sont justes (v. n. 227, 270).

§ 225 : *il estoit bien lettrés* (l. 9) ; la chose semble moins évidente au § 183, après la découverte de l'inscription sur la tombe du compagnon de Balaain.

§ 232 : *.IIII. plaies morteus* (l. 22) ; au § 231 (l. 32-33), il était question de ".VII. plaies [...] dont uns autres hom en cuideroit bien morir". La contradiction n'est peut-être qu'apparente ; nous avons certes compris *cuidier* comme le suggère G. Roussineau (gloss., p. 731, s. v., 'pouvoir'), mais on pourrait lui donner son sens usuel de 's'imaginer', en sorte que les quatre blessures mortelles du § 232 s'opposeraient aux sept blessures supposées mortelles par des combattants moins valeureux.

Note 343 (§ 245) : Sur la Table Ronde, v. aussi M. Pastoureau, *Les Chevaliers de la Table Ronde. Histoire d'une société imaginaire*, Doussard, Éditions du Gui, 2005, 304 p.

§ 248 : Le pouvoir du *Siege Perilleus* ne fait pas ici, comme dans le *Merlin* (§ 50), l'objet d'une démonstration. Cette remarquable sobriété – et nous inclinons à penser que les lecteurs et les auditeurs de l'époque attendaient ce morceau de bravoure – va dans le sens de l'économie revendiquée par l'auteur, qui affirme ne pas vouloir répéter ce qui est dit ailleurs (§ 20, 548), principe (dont curieusement il n'excipe pas ici) qu'il met en oeuvre pour les relations intertextuelles mais aussi dans son propre texte (v. par exemple tout le second épisode du *Perron du Cerf* [§§ 503-504], qui s'abstient soigneusement de répéter ce qui a été dit lors du premier épisode [§§ 480-482], ou l'affaire du poison destiné à Arthur [§ 301], qui nous est indirectement rapportée par son instigateur et dont nous imaginons sans peine qu'elle a la même issue que celle du manteau empoisonné, intégralement racontée par le narrateur [§§ 441-443]). Cette économie procède également d'une esthétique qui se passe résolument de toute grandiloquence narrative et dont nous constatons ailleurs les effets. L'auteur procède ainsi par récit bref (par ex. le combat de Gaheriet contre le géant, expédié en une vingtaine de lignes au § 569) ou se contente de récits indirects (le combat d'Yvain contre un géant est sobrement évoqué par un personnage au § 489, ll. 20-30). V. aussi n. 86, 135, 152.

§ 259 : *Li grans palais* (ll. 2-3) ; unique occurrence de cette lexie dans notre texte ; il est difficile de dire si "li grans palais" s'oppose à un autre palais, moins somptueux, où s'il s'agit d'une épithète de nature.

§ 275 : *je feroie vilounie, puis que vous n'estes fors escuiiers* (ll. 11-12) ; l'attitude de la dame est difficile à interpréter. Son refus d'accepter le serment de Gaheriet semble en tout cas indiquer que l'écuyer, subalterne en toute chose et presque toujours anonyme, n'a pas même la condition d'une personne juridique. Pour une vue générale du statut de l'écuyer, à une période antérieure à notre roman il est vrai, v. J. Flori, "Les écuyers dans la littérature française du douzième siècle", in *Et c'est la fin pour quoy sommes ensemble. Hommage à Jean Dufournet*, Paris, Champion (Nouvelle bibliothèque du moyen âge 25), 1993, t. 2, pp. 579-592.

§ 293 : Remarquons qu'il n'est plus question du nain, dont la dernière mention figure au § précédent. Cette brusque disparition pourrait être une inadvertance de l'auteur.

Note 368 (§ 294) : L'interprétation de "furent apparilliet" (l. 12) reçoit le soutien de *La Queste del Saint Graal* (*op. cit.*, p. 187, l. 5) : "Mes Cil en qui servise vos estiez *mis* i *fu* en leu de vos", où nous interprétons *i fu mis* comme *s'i mist.*

§ 296 : *la damoisiele* [...] *se seoit sour l'erbe verde* (ll. 5-6) ; nous l'avions laissée "en un pavillon" (§ 295, l. 62).

§ 310 : Le dogue signifie l'humble condition sociale de la jeune fille ; le lévrier, sa noblesse de corps et d'esprit, qui la rend digne d'un roi.

§ 314 : Le mécanisme de compensation que nous avons plusieurs fois évoqué (n. 81, 89, 150, 330) est ici explicitement formulé et commenté. Dans le cas de Pellinor, il s'exprime d'ailleurs doublement, comme un gain (ll. 12-14) et comme une menace (ll. 16-18).

§ 348 : *li houme le roi Artu, dont il i avoit grant partie eschapé* (ll. 13-14) ; assertion qui contredit de plein fouet celle du § 345 (l. 10) : "tout vostre houme sont ja mort".

§ 350 : Ce messager, qui informe l'ennemi mais ne semble pas inquiet pour sa propre sécurité, pourrait être un espion (notre texte [§ 301] suggère du reste que la cour d'Arthur est largement infiltrée).

§ 355 : Cette auto-critique de Baudemagus, qui évoque dans sa virulence celle d'un César "quasi pertaesus ignaviam suam" et follement désireux d'imiter Alexandre (Suétone, *Vies des douze Césars* 1,7,1), doit peut-être être versée au fonds indo-européen de la matière arthurienne, s'il est vrai que "la gloire [...] apparaît comme la préoccupation essentielle" des peuples ayant en commun cet héritage (v. J. Haudry, *Les Indo-européens*, Paris, PUF [Que sais-je ? n° 1965], 1985, p. 16).

Note 405 (§ 358) : Réflexion faite, l'interprétation donnée par G. Roussineau nous paraît bien meilleure en contexte.

§ 382 : Avec beaucoup d'habileté, l'auteur masque, par l'histoire d'Anasten, dont l'amour heureux s'oppose symétriquement à celui de Faunus, ce que l'histoire de celui-ci peut avoir d'inquiétant et de prémonitoire pour Merlin, lequel ne manque pas de s'identifier au seul Anasten.

§ 385 : Comparer cette inconséquence de Nivienne avec la remarque du chevalier du roi Orian (§ 86, ll. 25-27) et celle du nain sauvé par le Morhout (§ 479, ll. 70-72).

§ 414 : *crestiiens* (l. 16) ; nous traduisons ici ce mot par "habitants" ; cette extension sémantique est légitime à la lumière de la note 375 ; v. aussi en it. mod. : "Nell'immobilità della campagna il minimo moto di un uccello, di un animale, di un *cristiano* appare nitidissimo" (Carlo Levi, *Le Parole sono pietre*, Einaudi, 1957, p. 168).

§ 415 : *il trespassa cheus qui del chemin estoient assés pres* (ll. 18-19) ; on pourrait comprendre, avec une relative déterminative, "celles de ces créatures qui étaient tout près du chemin". Nous supposons plutôt que Morgane et ses compagnons sont restés groupés.

Note 432 (§ 421) : Sur *chemin ferré*, v. également l'ex. de TL 4,702,10, s. v. *gros*.
§ 427 : Sur ce pouvoir de Gauvain, v. éd. G. Roussineau, p. 681, n. 427,3. Dans *Mort Artu* (§154, ll. 37-38), il est rapporté que l'ermite qui a baptisé Gauvain a déclaré que "touz jorz a eure de midi, en cele eure meïsmes qu'il fu bautisiez, amendera sa force et sa vertu".

§ 437 : Le silence de Gauvain et du Morhout ne peut être interprété que comme un signe de peur (cf. la réaction des chevaliers d'Arthur au § 535, ll. 71-72). Dans le cas présent, la réticence des deux chevaliers, beaucoup plus expérimentés qu'Yvain et pour cette raison plus conscients de la difficulté de l'épreuve imposée par la demoiselle, ne s'explique que rapportée à la coutume du royaume de Logres, non mentionnée ici, qui autorise n'importe quel chevalier à ravir une demoiselle qui fait route sous la protection d'un chevalier ; *conduire* une demoiselle qu'il faudra protéger contre tout prétendant est donc une tâche particulièrement périlleuse. Pour une application de ce droit coutumier, v. par ex. *Le Roman de Tristan en prose*, éd. R. L. Curtis, t. 2, Leiden, E. J. Brill, 1976, § 669, ll. 1-18.

§ 443 (l. 7) : *Damoisele* (l. 7) ; Arthur s'était précédemment adressé à Nivienne en l'appelant "dame" (§ 441, l. 25). Il n'est pas certain que l'auteur se souvienne que Nivienne s'était présentée au roi sous l'apparence d'une femme âgée.

§ 443 : *et li rois remest a Carlion* (ll. 35-36) ; inadvertance : Arthur, qui ne s'est pas déplacé, était jusqu'alors à Cardeul (§ 440, l. 2).

§ 444 : *plain* (l. 21) ; nous traduisons par "plateau", comme au § 128. Nous ne suivons donc pas ici G. Roussineau (gloss., p. 780, s. v.) ; au § 455 (l. 4), c'est le mot "montaigne" qui désigne le même endroit.

§ 447 : On pourra comparer cet épisode à l'histoire de Quinados qui figure aux pp. 205-219 du recueil d'extraits de *Guiron le Courtois*, roman écrit vers 1235, édités et traduits sous la direction de R. Trachsler par S. Albert, M. Plaut et F. Plumet, Alessandria, Edizioni dell'Orso, 2004.

Note 443 (§ 448) : La réaction des compagnons de Gauvain est cependant moins surprenante, l'accusation de lâcheté moins incohérente qu'il n'y paraît si l'on se souvient que l'hôte a fait état de considérations de prudence pour retenir le chevalier (§ 446, ll. 22-23) : "ains pourriés bien tost morir ou estre mehaigniés". V. aussi *supra*, la n. add. du § 437.

§ 449 : *vous m'avés navré a mort* (l. 22) ; la suite semble montrer que cette remarque est fortement exagérée.

§ 457 : *n'a gaires que je suis chevalier* (ll. 33-34) ; Gauvain est chevalier depuis au moins huit ans (v. n. add. du § 526).

§ 463 : *Et Pellias se couche tout nus* (ll. 49-50) ; la suite montre que Pellias n'est pas entièrement nu (§ 467, ll. 2-3) : "il sault de son lit tout nu em braies". V. n. 455.

§ 465 : *onques mais homme de mon lignage ne s'entremist de desloyauté faire* (ll. 26-27) ; on a cependant vu (§ 150, ll. 26-28) combien avait été stigmatisée l'attitude du roi Loth lors de la bataille contre Néro. Gauvain, qui cherche à venger son père, refoule absolument le fait que celui-ci ait été légitimemement tué alors qu'il s'attaquait à son "lige signour" (§ 150, l. 27).

§ 476 : *Et lors dist a son filz* (l. 12) ; la neutralité de cette mention est étrange, compte tenu de la célébrité des fils de Pellinor (cf. § 150, ll. 29-38).

§ 477 : *or me suivez tout bellement* (l. 17) ; nous ne suivons pas G. Roussineau (gloss., p. 720, s. v. *bielement*, 'doucement'). La suite montre que le Morhout ne cherche aucunement à arriver discrètement ; nous suggérons que le sens de cet adverbe est plutôt ici 'sans se presser, à son rythme'.

§ 478 : *assés* (l. 4) ; on pourrait rendre ici cet adverbe par "très", mais la séquence "moult belle et assés jeune" (ll. 4-5), plus que la considération de l'âge même de la dame, invite à préférer la première solution.

§ 488 : Il est étrange que le texte ne fasse aucune allusion aux débuts de Gaheriet (§ 537 et ss.), qui sont pourtant rapportés dans le même ms.

Note 467 (§ 496) : Comme le signale G. Roussineau dans la note citée, le modèle de la Roche aux Pucelles apparaît sans doute dans le *Meraugis de Portlesguez* de Raoul de Houdenc, dont une nouvelle édition, procurée par Michèle Szkilnik, est désormais disponible (Paris, Champion, [Champion classiques - série "moyen âge" 12], 2004). La description de l'*Esplumeoir* de Merlin, aux vv. 2601-2638, évoque en effet précisément la Roche aux Pucelles (la traduction de "roche" par *promontoire*, suggérée par Michèle Szkilnik [*op. cit.*, p. 237, n. 83], est inadéquate *stricto sensu*, tant pour *Meraugis* que pour notre texte). V. également sur ce thème E. Baumgartner, "Le « Château des Pucelles » : variations sur un motif arthurien", in *Le Monde et l'Autre Monde*, textes réunis par D. Hüe et Chr. Ferlampin-Acher, Orléans, Paradigme, 2002, pp. 37-49.

§ 501 : Nous maintenons, non sans regret tardif pour cette pusillanimité, la lexie d'origine ; *Roche aux Jeunes Filles* ou, mieux encore, *R. aux Filles* auraient été préférables.

§ 526 : *n'a encore pas long temps* (ll. 43-44) ; Baudemagus a été fait chevalier avant Gauvain (§ 242, ll. 9-10) ; Yvain, qui avait alors environ sept ans, doit avoir entre dix-sept et vingt ans, voire davantage, à ce moment du récit (en supposant qu'il ait été adoubé à quinze ans, comme Tor [§ 253, l. 8], plus d'un an et demi s'est écoulé depuis son départ avec Gauvain ; v. n. add. 512). Baudemagus est donc chevalier depuis au moins dix ans. V. aussi n. add. du § 457.

§ 528 : Ce brusque passage du coq à l'âne rappelle, s'il n'est pas une maladresse de l'auteur, les propos de Merlin au § 314 (ll. 25-27) : "quant je m'en serai partis [...] m'averés moult tost oublié."

§ 531 : Cette parole qui jaillit d'une bouche jusque là muette pour révéler le dessein de Dieu sur son élu devait évoquer, chez les lecteurs et les auditeurs de l'époque, l'épisode de Zacharie qui, frappé de mutisme pour son manque de foi, retrouve soudainement la parole à la naissance de son fils, Jean, futur Baptiste (Lc 1, 64).

§ 564 : *de treu et de rente* (l. 41) ; "légal" traduit le mot *rente* ; le tribut exigé par le géant ne l'est pas seulement au nom de la contrainte, mais constitue un revenu dont le versement s'inscrit dans le cadre d'une relation vassalique. V. aussi au § 44 (l. 4).

§ 570 : Sur ce motif du « don contraignant », déjà rencontré au § 43, 64, 98, 236, 254, 291, 530, 553, voir la thèse de C. Cooper-Deniau, présentée dans *Perspectives médiévales*, 27 (2001), pp. 37-41. On en relève des exemples chez G. Simenon, *La Veuve Couderc*, 1942 et *Les Noces de Poitiers*, 1946, repris dans *Tout Simenon, op. cit.*, t. 23, p. 175 et t. 25, p. 575, 1992.

§ 576 : Gaheriet retrouve son frère dans la troisième tente, comme Pellias découvre Gauvain et Arcade dans la troisième tente du campement de celle-ci (§ 461) et comme Balaain trouve la Lance Vengeresse dans la troisième chambre du palais de Pellehan (§ 202). On peut supposer qu'il y a une affinité entre cet ordinal et l'idée de révélation. V. aussi les n. 86 et 398.

Note 512 (§ 578) : Les souvenirs de Gauvain viennent troubler une chronologie des événements somme toute assez claire et cohérente dans son ensemble. Précisons d'abord qu'entre le moment où les deux cousins quittent la cour et celui où Gauvain, Yvain et le Morhout se séparent il a dû s'écouler à peine une semaine (les repères se trouvent aux § 421, l. 31 ; 422, ll. 1-13 ; 434, l. 1 ; 435, l. 5 ; 435, l. 9). Au § 578 (l. 16 et 20), Gauvain déclare donc avoir quitté la cour depuis moins de trois mois ; le fait qu'il ait perdu la mémoire de ce qui s'est passé ensuite est une indication qui suggère qu'il est arrivé sur la Roche moins de trois mois après le début de son voyage. Comme Gaheriet lui apprend qu'il a été absent deux ans ou plus (l. 24), on en déduit qu'il est resté sur la Roche plus de vingt-et-un mois. Mais cela ne colle pas avec d'autres repères. En effet, le chevalier qui conduit Yvain à la Roche, un peu plus d'un an après la séparation des trois amis, déclare que Gauvain est arrivé à la Roche "n'a pas encor mie plus de demy an" (§ 510, ll. 61-62), évaluation qui concorde à peu près avec cette autre, faite par Yvain, qui estime, quinze jours avant de retourner à la source où les amis sont convenus de se rencontrer un an après leur séparation – il précise bien du reste qu'il n'a pas vu Gauvain depuis presque un an (§ 503, ll. 65-66) – qu'« il a bien demy an passé qu['il] n'en po[t] oïr nouvelles » (§ 503, ll. 68-69), justement, pense-t-on, parce que Gauvain a été soustrait du monde depuis cette période approximativement. Si donc la captivité de Gauvain commence quelque six mois avant que prenne fin le délai d'un an fixé pour les retrouvailles des trois chevaliers – délai qui commence à courir une semaine environ après le départ de Gauvain et d'Yvain de la cour (v. *supra*) – et si d'autre part l'absence de Gauvain a duré quelque deux ans (l. 24), les deux chevaliers ont dû rester dix-huit mois sur la Roche. Or c'est bien la durée, incompatible avec les souvenirs de Gauvain, que donne Gaheriet (l. 39). On notera d'autre part que Gaheriet déclare qu'Yvain est revenu à la cour depuis six mois (l. 33-34) ; il est donc rentré après dix-huit mois d'absence. Rappelons qu'au § 421 (l. 26) il avait juré de ne pas remettre les pieds à la cour avant deux ans, sauf cas de force majeure, lequel s'est en effet produit avec la rencontre de la reine (§ 516).

Je signale pour finir quelques coquilles évidentes de l'édition : § 251 (l. 7) : *li* (lire *il*) ; 297 (l. 56) : *je* (lire *ja*) ; 309 (l. 2) : *connisteroit* (lire *connisterois*) ; 335 (l. 22) : *pas* (lire *par*) ; 453 (l. 22) : *par* (lire *pas*).

TABLE DES MATIÈRES

DANS LA MÊME COLLECTION (suite)

30. *La Queste del saint Graal*
31. *Le Garçon et l'aveugle*
32. HÉLINANT *Les Vers de la mort*
33. *Le roman d'Eneas*
34. *Le Conte de Floire et Blanchefleur*
35. PHILIPPE DE RÉMI *Jehan et Blonde*
36. *Amadas et Ydoine*
37. *Ami et Amile*
38. RAYMOND LULLE *L'Arbre des exemples*
39. GUERNES DE PONT-SAINTE-MAXENCE *Vie de saint Thomas Becket*
40. *Le Roman de Renart*, branche XI. *Les Vêpres de Tibert le chat*
41. *Le Bel Inconnu* [ou RENAUT DE BEAUJEU *Le Bel Inconnu*]
42. *Le Roman de Renart*, branche X. *Renart et le vilain Liétard*
43. Pierre JONIN *Anthologie thématique de la poésie française du Moyen Âge*
44. *Le Roman de Thèbes*
45. *Le Roman de Tristan* en prose, t. I
46. *Rutebeuf et les frères mendiants*
47. *La Mort du roi Arthur*
48. JEAN RENART *L'Escoufle*
49. *Aliscans*
50. JEAN BODEL *La Chanson des Saxons*
51. GAUTIER D'ARRAS *Ille et Galeron*
52. THOMAS *Le Roman de Tristan*
53. RENAUT *Galeran de Bretagne*
54. GAUTIER D'ARRAS *Éracle*
55. BORON, Robert de *Le Roman de l'histoire du Graal*
56. SALE, Antoine de la *Saintré*
57. FROISSART, Jean *Le Joli Buisson de jeunesse*
58. STURLUSON, Snorri *La saga d'Harald Fourrure-Grise*
59. THÜRING DE RINGOLTINGEN *Mélusine* et autres récits
60. *Saga de Théodoric de Vérone* (þiðrekssaga af Bern) *Légendes héroïques d'Outre-Rhin*
61. CHARTIER, Alain *Le Quadrilogue invectif*
62. *Le Roman de Jehan de Paris*

63. *Le Siège de Barbastre* 2002
64. *Le Jongleur de Notre-Dame* 2002
65. ZATZIKHOVEN, Ulrich von *Lanzelet* 2003
66. HENRI D'ANDELI *Les Dits* 2003
67. WIRT VON GRAVENBERG *Wigalois le chevalier à la roue* 2004
68. *Richard le beau* 2004
69. *Les Cent Nouvelles nouvelles* 2005
70. *La Suite du Roman de Merlin* 2006
71. *Les Chansons de Colin Muset* 2005
72. *Histoire orientale de Jacques de Vitry* 2005
73. *Les Jeux de la Passion dans l'Allemagne du XIVe siècle* 2006
74. *Girart de Vienne* 2006
76. Le Débat sur le *Roman de la Rose*. Traduit en français moderne par Virginie Greene. 2006.

Achevé d'imprimer en 2006
à Genève (Suisse)